U0785733

中国语言文学
一流学科建设文库

乾嘉学术札记训诂理论研究

曹海东 著

商务印书馆
创于1897 The Commercial Press

图书在版编目（CIP）数据

乾嘉学术札记训诂理论研究/曹海东著. —北京：商务印书馆，2020

ISBN 978-7-100-18460-1

Ⅰ.①乾… Ⅱ.①曹… Ⅲ.①训诂—研究 Ⅳ.①H13

中国版本图书馆CIP数据核字（2020）第095613号

权利保留，侵权必究。

QIANJIA XUESHU ZHAJI XUNGU LILUN YANJIU

乾嘉学术札记训诂理论研究

曹海东 著

商 务 印 书 馆 出 版

（北京王府井大街36号 邮政编码 100710）

商 务 印 书 馆 发 行

天津旭丰源印刷有限公司印刷

ISBN 978-7-100-18460-1

2020年8月第1版　　开本 889×1194 1/16

2020年8月第1次印刷　　印张 30.75

定价：128.00元

序

黄树先

经学是中国出现最早的人文学科，也是历时最长，集中人才最多，用功最勤，发展得最完善的传统学科。西汉以来，历时两千余年，其间以经学名家者，不可胜数。经学以其成果丰硕、底蕴深厚而影响深远。可以毫不夸张地说，一部经学史就是一部中国文化史，一部浓缩了的中国学术史。

经学的基础是文献，文献的解读，形成了传统的文献学。在当今各个学科飞速进步的时代，除了继承借鉴以往小学、文献学的方法和成果外，我们还可从很多方面来研究文献。比如历史考察，或提升到哲学层面，以阐释学为其进路。作为哲学思潮的阐释学诞生于十九世纪上半叶，上世纪80年代传入我国，在国内也译成解释学、注释学等。朱国均先生的《解释学的过去和现在》，发表在《光明日报》1987年1月7日第3版，我至今还保留着这份剪报。也有学者称之为诠释学，金克木先生有《谈诠释学》，收录在他的《比较文化论集》（三联书店，1987年）。

历史上影响甚大的程朱理学、阳明心学，都是在解读儒家文献的基础上形成的；也可以说，它们是在对儒家经典文本的重新解释中发展出来的。我的朋友曹海东教授，对朱熹的解释学做过系统的研究，早在2007年，其《朱熹经典解释学研究》就由湖北人民出版社出版。海东教授认为朱熹是我国古代最早全面深入研究经典解释学的学人。朱熹解释学形成了一套较为成熟、颇具特色的解释理论和解释方法，留下了一批精心结撰的经注类著作，将中国古典解释学的发展推向了一个高峰。这本30多万字的著作，深入讨论了朱熹的经典意义论、经典理解论、经典解释方法论等，系统地梳理了朱熹在经典解读上的一些具体方法和手段，并做出深入论析。该书出版后，引起了学界广泛关注。阮忠教授、陈美容等先生有专文评说，给予很高的评价。我觉得海东教授研究朱熹的解释学，所追求的整体化、学理化、现代化、明晰化、体系化，均较完满地做到了。

经典文献内涵丰富，除了可从阐释学的路径对其进行研讨之外，还可从其他不同的角度予以解释。文献是用文字记载的古典书面语资料，故尔文献的基础性研究，还得依赖传统的小学；以解释字词义为主的训诂学，应该是研究经学的基础。王念孙在《说文解字注序》里说得好：“训诂、声音明而小学明，小学明而经学明。”说的就是这层意思。乾嘉诸老早就明白语言跟文献的这种密切关系。乾嘉以迄民国初年，学者多从小学入手来研究经史。段玉裁引述他的老师戴震的话说：“昔东原师之言：‘仆之学，不外以字考经，以经考字。’余之注《说文解字》也，盖窃取此二语而已。”（陈焕《说文解字注跋》）

传统的小学，经典的训诂学，是解释经典的基础。作为语言工作者，我们应该从语言学出发，运用最新的语言学成果来解释文献。海东教授长期研读经典，大学毕业后留在母校华中师范大学图书馆工作，坐拥书城，经眼秘籍珍本自是不少，识见固非我辈可比。转入教学岗位后，一直跟古代汉语打交道。这样的学术经历，才有海东教授“新意迭见”的古典解释学研究。

多年前，海东教授受校方重托，参与《中华大典·语言文字典·训诂分典》的编纂工作，担任该分典的副主编。《中华大典》是国务院批准启动的建国以来最大的文化出版工程，是以国家的名义组织强大的科研队伍纂修的大型系列文化类书。海东教授偕同一批专业教师，持之以恒，孜孜不倦，十余年用力于斯，始克功成。训诂大典选录辛亥革命以前中国典籍中具有代表性的训诂学原始资料，分类整理，汇编成册，共计一千余万字。我曾多次当面听海东教授讲述编纂大典的诸多有趣故事。编纂组里有一群皓首穷经的老教授，作为副主编的海东兄，协助调度方方面面的事宜。这不禁让人想起唐初的孔冲远，奉唐太宗敕命编纂《五经正义》，与一班老师宿儒，齐心协力，融铸南北经学，终集魏晋南北朝以来经学之大成。

以编纂训诂大典为契机，海东教授复回归到以小学为利器的经典研究上。但这不是简单的回归，朱熹解释学的体悟，使得海东兄胸次迥非旧时格局。对经典的深刻理解，不止是年齿的增加，也不仅仅是阅历的丰富，更不单单是读书厚度的增叠。解释学作为哲学的分支诞生后，不再只是研究具体文献，也不仅仅是探讨经典的解释方法和规则，它还要研究包括各个领域理解外的一般性理解。解释学也由此成为一种哲学认识论和方法论。在施莱尔马赫看来，解释学的目的就是要克服误解，正确地理解语言中表达出来的作者本意。游弋于朱熹解释学的海东兄，回归到古典训诂学，撰写《乾嘉学术札记训诂理论研究》，所写的就不仅仅只是乾嘉训诂学了。在本书里，海东教授在好几个地方拿乾嘉训诂跟解释学比较，更能看出解释学对海东教授治学的深刻影响。

海东教授编纂训诂大典，十余年间翻检了大量相关文献，积累的资料是丰富的。限于篇幅，只有其中一部分编进大典。剩下的宝贵材料，弃之可惜。海东恃其余力，一鼓作气，选取乾嘉时期学术札记中的训诂材料，类而纂之。训诂学历史悠久，到乾嘉段王抵达顶峰。选择这个时期的训诂材料，确有见地；剖析这个时期的训诂，可得中国经典训诂学之精髓。

海东教授是勤勉的，收集工作勤苦而扎实。是书材料，除了编纂训诂大典的剩稿外，海东教授还从目录学入手，借助《清史稿·艺文志》《清史稿艺文志拾遗》《中国丛书综录》等书的著录找寻所需资料，复以《清人笔记条辨》《清人笔记随录》《清人学术笔记提要》等著作的提示，对乾嘉时期合而成卷的学术札记进行了全面的盘点和清理，从中挑选出一批基本书目。学术札记，是中国传统文体，《容斋随笔》谓其“意之所之，随即记录”，质朴而自然，诚如王若虚所说“典实过于浮华，平易多于奇险”。可以说，乾嘉学术札记的这些“意之所之”的“随即记录”，是乾嘉诸训诂大师发自内心的心得。

海东教授所收录的学术札记，除了学界一般所认定的学术短札，还扩展到乾嘉学者所撰的序跋、书牍类文章。范围的拓展，选材余地更大，所得更为宏富，益发能窥见乾嘉时期训诂研究的全貌。序跋、尺牍的搜罗亦殊为不易，个中甘苦，只有真正踏实的学人才能体会。

跨学科的学术累积，长期的学术浸润，多年的辛勤耕耘，收获的就不是一般的果实。读老友著作，特别服膺以下三点。

原始资料的汇集。是编纂集乾嘉时期大量原始训诂学资料，保留了乾嘉学术札记的原始面貌。编纂者复精心校订标点，便于读者系统阅读。是书有类书的性质。

独到的学术见解。网罗乾嘉时期海量资料，条分缕析，发凡起例，书中融入了作者多年的解释学、训诂学心得，是一部独出机杼的训诂学著作。书中学术见解值得学界重视。

特色鲜明的训诂学史。所精选的乾嘉学术札记中的训诂资料，代表清代学术的繁盛，可以看作是有清一代的训诂学史。书中涉及传统的经学、文献学、语文学，亦可视为一部有特色的清代传统文化研究史。

乾嘉朴学，实事求是，扎实坚确。这是中国最优良的传统学风，既有理论高度，又有扎实的研究。段王之学，大处着眼，小处入手，用具体的研究贯彻他们的思想。这种扎实的学风，主要表现是，当他们悟出了某个理论或方法时，不是奢谈理论，而是把他们的学术理论或者方法，用具体的、大量的材料来证明，坐实他们的学术设想。

跟段王不同，学术界也有另一类学者，他们的想法很多，思想超前。可惜的是，他们议论多，而实干少。齐思和先生就如此评价跟段王同时代的章实斋，说："他因厌薄考据，不免专讲体例而不讲事实。史学而不重事实，独断别裁，从哪里表现呢？他因不愿做考据工作，所以一部史书也没有作出，他所修的几种方志，也往往论体例的话多过事实，并且有的时候不免因迁就体例而往上凑材料，殊难令人满意，并且他的议论，初看惊人，实甚肤浅。"（《晚清史学的发展》）"初看惊人，实甚肤浅"，评述不无道理。只讲体例，空谈理论，亦已成为当下一些人的做法。这是值得我们反思的。

海东教授类聚原始资料，依据材料作文，形成体系，示人以规矩。这继承的就是段王学风，从学术源流上看，更是远绍宋元先哲。海东教授的《乾嘉学术札记训诂理论研究》，颇得《近思录》的神韵，有《传习录》的功效。从这里依稀又能看到海东兄解释学的痕迹。

濂溪、横渠先生，及吾乡黄陂二程先生，人称北宋四子。诸先生倡导道学，天理人欲，理一分殊，日用躬行，天下归心。宋淳熙乙未（1175年）之夏，东莱吕伯恭先生自东阳来到福建，与朱子晤谈于寒泉精舍。两位理学大师，感叹四位先生学问"广大闳博，若无津涯"，而恐"初学者不知所入"，"因共掇取其关于大体而切于日用者"，辑为《近思录》十四卷。两人坚信"诚得此而玩心焉，亦足以得其门而入矣"。

愚谓海东教授《乾嘉学术札记训诂理论研究》，得乾嘉训诂诸大师精髓，爬梳整理，类而聚之，凡乾嘉训诂根源、治经体要、为学法式等，皆汇于此编，直揭乾嘉训诂学的真谛。后之学者，发而读之，"则其宗庙之美，百官之富，庶乎其有以尽得之"。其将嘉惠于后学，亦居可知矣。钱穆夫子曾谓后世治宋代理学者，无不首读《近思录》。愚愿后之治乾嘉训诂者，亦宜先读《乾嘉学术札记训诂理论研究》，“循是而进，自卑升高，自近及远”，登堂而入其室，以见宫室之堂皇伟丽，则庶几不失纂集之指。

时下有的学术史著作，摒弃了往昔以资料详赡见长的传统，空疏无物。读《乾嘉学术札记训诂理论研究》，可以近距离接触大量原始资料，不特可以领略乾嘉大师的训诂思想，也可以追随乾嘉训诂大师，训练思辨逻辑，练习文章章法，提升遣词造句的能力。

海东教授早年酷爱先秦古典文学，大学尚未毕业就写出《楚辞》论文，在学校学报发表，引得同学无比企羡。后又追随温洪隆教授，攻读古代文学硕士学位。系统的学科训练，长期的文学熏陶，使得海东兄的文章典雅古洁，赡蔚典丽，功力深厚，而笔端绝少迂腐枯涩之学究气。读是书者，自可一目了然。

41年前，我有幸跟海东兄同学于桂子山上。又兴趣相投，同治训诂学，服膺乾嘉段王之学。我们还有同乡之谊。我的家乡黄陂跟海东兄的红安，田地搭界，云树相望；要是再回溯到明代嘉靖之前，我们两家原本就是一个县。

我们在特殊的时期长大，又躬逢改革开放的伟大时代，四十多年来，我们一起见证了太多的历史。己亥岁杪，新冠病毒开始肆虐武汉，海东教授及其他亲朋故旧，深陷疫区中心。各种信息铺天盖地，心常忧悸难安。武汉封城整整76个日夜，幸亲友平安无恙，又闻海东教授的新作不日问世，为之欣慰不已。捧读大作，不禁三掩其卷，感慨系之。聊书数语，以报挚友；词不达意，难尽无限之思绪。

2020年5月2日于望京花园寓所

目　录

绪 论

清代乾隆、嘉庆二朝，是传统训诂学大放异彩、臻于鼎盛的时代，也是学术札记层出不穷、竞显其妙的时期。此时，训诂学的昌盛对学术札记的发展起过促进作用，而学术札记的发达对训诂学研究亦有积极的影响，二者良性互动，交相资益。因此，利用学术札记资料来研讨乾嘉时期的训诂之学，不失为一条切实可行的路径。本书对散见于乾嘉学术札记中的训诂理论材料进行发掘、整理与研究，以期彰显乾嘉学人的训诂学思想。

一、“乾嘉学术札记”界说

什么样的文字作品可以算作札记？对此问题，古今学者有一些或深或浅的论述，从中可以窥见他们有关札记的一些基本认识。例如，清人姜宸英在《湛园札记·自序》中解释自己以“札记”名书的缘由：

> 余本题“札记”，淮阴阎征君乙之而改为“劄记”。按《尔雅·释器》：“简谓之毕。”郭璞云：“今简札也。”《春秋传疏》云：“简、札、牍、毕，同物而异名。凡为书，字有多有少。一行可尽者，书之于简；数行可尽者，书之于方；方所不容者，书之于策。”又云：“小事传闻，记于简牍。”简牍即札。余所记者，大抵多小事传闻而一行可尽者，故取名以此。“劄”之与“札”，义虽通用，然劄子古人颇用以奏事，注疏家未尝及之；兼“劄记”名书，古人多有，余欲少异其字，以自别耳，故不从征君，仍为“札记”。

可见，“札”即所谓“简”“牍”之类，是指古代用来书写文字的载体材料；“札记”本谓把简短的文字书之于札牍，也用指一种撰述样式：有关小事传闻的记述文字，篇幅短小。清人钱绮《左传札记·自序》云：

> 绮年稍长，于此经遂有当阳之癖，继获《开成石经》，摘其胜于版刻者数十科。自后课授生徒，每有心得，辄于书眉条记，合而录之，积条成卷，此“札”之所由名也。

显然，钱绮此所谓“札记”，意思是说，把自己研读《左传》的心得体会条记在书眉之上，然后积条成卷。

由上看来，札记是一种随笔而录、随感而记的文字作品，用以载录作者知见的传闻琐事、读书时的心得体会等，每篇（条）的体制一般较为短小。这就像今人所编《汉语大词典》“札记”条释云：“读书时摘记的要点、心得或随笔记事等文字。”《辞海》“札记”条释云：“把读书的心得、体会或闻见所及随时记录下来、累积成篇之称。”

在许多古代学者看来，有些人的著述虽不以“札记”命名，但却有“札记”之实。例如：

> 《畏垒笔记》四卷，国朝徐昂发撰。……是编乃其随笔札记，凡一百八十一条，略以类相从，皆举古人成说，参以己见，以订正其舛讹。（周中孚《郑堂读书记》卷五十五《子部十之四》之《畏垒笔记》）
>
> 札记之书，逐日晉辑，不暇依经文次弟，武进臧氏《经义杂记》，犹髣髴可见。今悉为更次，取便阅者，则后死者校刊之职。（方东树《考槃集文录》卷四《七经纪闻序》）
>
> 予一日夜过定甫，定甫出书一卷曰《读左漫录》者眡予，其从大帅广西军营时读书札记之辞也。所得仅百余条，而于邱明之意及后世注家之说多有发明。（孙衣言《逊学斋文钞》卷八《王定甫读左漫录序》）
>
> 《勤有堂随录》一卷，元陈栎撰。……此其随笔札记之文也。（永瑢《四库全书总目》卷一百二十二）

由此可见，古人所撰的文字作品中，以“笔记”“杂记”“漫录”“随录”等词语命名者，其实乃为随笔札记之属。

观今之相关著作，学者们往往是以“笔记”之名来统摄和指称古人归于札记类的一些著述。如《中国大百科全书·中国历史》“笔记”条释云：“意谓随笔记录之言……有随笔、笔谈、杂识、日记、札记等异名。”[①]又如，白寿彝主编的《中国通史》云：

笔记有多种名称，如笔谈、随笔、杂录、丛谈、丛话、随录、随钞、杂识、杂记、杂笔、杂著、杂忆、札记、丛录、琐言、琐谈、见闻录、记闻、旧闻、新语、客话、纪闻、偶谈、新语、述闻，等等。清代是笔记集大成的时代，内容充实，形式多样，多达数百种。比较有名、质量较好的清人笔记有《广东新语》《浪迹丛谈》《履园丛话》《啸亭杂录》等数十种。[②]

这足以说明，今人习惯于以“笔记”的名目来统称各种各样的札记之文，而“札记”“杂记”“随录”等名目便成了“笔记”的异称。笔记研究名家刘叶秋也曾说到这一点：“后人就总称魏晋南北朝以来‘残丛小语’式的故事集为‘笔记小说’，而把其他一切用散文所写零星琐碎的随笔、杂录统名之为‘笔记’。”[③]

以古今学者的论述来看，札记（笔记）类的著述，在内容和形式上都具有自身的一些特点。且看清代学者对几种札记之书的述评：

吾友王君东溆……以其绪余成《随笔》六卷。搜遗佚，则可以补志乘；辨讹缪，则可以正沿习。以至考诗笔之源流，究名物之根柢，著《虞初》《诺皋》之异事，标《解颐》《抚掌》之新闻，盖不出碎文琐语，而谈苑之质的，艺文之标准，胥有赖焉。以古人著书之例拟之，亦容斋洪氏之遗意也。（顾士荣《柳南随笔序》）

因思古人有笔录、笔记、随笔之举，是以不揣冒昧，聊为效颦，遂将耳目所接有关于日用民生、文章政事者，随得而随笔之，不觉成帙，爰为随类而分次之。（卢秉钧《红杏山房闻见随笔·小引》）

白田先生笃志经史，撰述甚富。《读书志疑》十六卷，乃其随笔

①《中国大百科全书》总编辑委员会：《中国大百科全书·中国历史》，中国大百科全书出版社1998年版，第46页。
②白寿彝总主编、周远廉等主编：《中国通史》第10卷，上海人民出版社2015年版，第29页。
③刘叶秋：《历代笔记概述》，北京出版社2003年版，第1页。

札记之书也。凡九经诸子之义蕴，历代史传之事实，唐宋诸大家诗文之得失，有所见辄记之，区其类而录之，实事求是，细入无间，而三《礼》之学尤为精邃。（俞樾《春在堂杂文续编》卷二《王白田先生读书志疑序》）

由是观之，札记（笔记）文的特点较为鲜明：内容涉及广泛，包罗宏富，庞杂而零碎；写作自由灵活，随得随记，不拘定格。对于札记（笔记）文的特点，今人也有不少论述。如刘叶秋说："笔记的特点，以内容论，主要在于'杂'：不拘类别，有闻即录；以形式论，主要在于'散'：长长短短，记叙随宜。"[①]郭预衡说："以'笔记''笔谈''随笔''杂记''纪闻''笔录'之类名书者，宋代为多。这类著作可以统称之为'笔记之文'。这类文章，正如王若虚所说，'典实过于浮华，平易多于奇险'。也如近人吕叔湘所说：'作者不刻意为文，只遇有可写，随事写去，是"质胜"之文，风格较为朴质而自然。'（《笔记文选读序》）……洪迈于《容斋随笔》卷首曾说：'予老去习懒，读书不多，意之所之，随即记录，因其后先，无复诠次，故目之曰随笔。''意之所之，随即记录'，就是说，写时是很随便的。"[②]

以上对"札记"的名与实做了简要的诠说，下面再对"学术札记"概念做一些解释。顾名思义，"学术札记"是一种以学术问题探讨为主要内容的札记（笔记）之文，它以阐发、论证作者特定的学术观点或学术主张为旨归，是古人所撰札记（笔记）中重要的一类。刘叶秋有言："归纳一下从魏晋到明清的笔记看，大致可以分为三大类：第一是小说故事类的笔记……第二是历史琐闻类的笔记……第三是考据、辨证类的笔记。始魏晋迄明清的读书随笔、札记，从晋崔豹的《古今注》、唐封演的《封氏闻见记》、宋沈括的《梦溪笔谈》、戴埴的《鼠璞》等，到清钱大昕的《十驾斋养新录》、孙诒让的《札迻》等，都属于这一类。"[③]刘氏此处提及的考据、辨证类笔记，其实也就是我们所说的"学术札记"。张舜徽论及清人笔记，曾说："今兹所采百家笔记之言，有辨章学术者，有考论经籍者，有证说名物制度者，有订正文字音义者，有品定文艺

①刘叶秋：《历代笔记概述》，北京出版社2003年版，第6页。
②郭预衡：《中国散文史》，上海古籍出版社2011年版，第734—735页。
③刘叶秋：《历代笔记概述》，北京出版社2003年版，第4页。

高下者……得失互见，多可商榷。”[①]张氏此处所说的清人笔记之言，也属于本书所言“学术札记”的范畴。

学术札记是我国古代学者常用的撰作形式，也是我国传统学术研究成果的重要载体，它与西方人讲究形式之系统、整饬的著述样态有所不同。正如论者所云：“札记体这一学术形态为中国传统学人所惯用，其体例如同诗话，由若干没有直接关联或逻辑联系的知识片段连缀而成，结构松散。”[②]“以札记体为代表的中国传统人文学术的著述形态，确乎迥异于以‘精密推理’和‘详细论证’为特征的‘系统化’的西学论著。”[③]

以下，再对本书所谓“乾嘉学术札记”的“乾嘉”做一点说明。

这里的“乾嘉”是一个时间概念，指清代乾隆、嘉庆二朝，其时分别为1736—1795年、1796—1820年。然则，依据什么来判定一部（篇）学术札记是否可系以“乾嘉”之名呢？本书一般依据学术札记作者的生卒年来判定。具体言之，有如下几种情形：第一，如果某作者的生活年代主要在乾隆、嘉庆二朝，则其所撰学术札记理所当然地称作“乾嘉学术札记”。例如，翁方纲生于雍正十一年（1733年），卒于嘉庆二十三年（1818年），主要活动于乾隆、嘉庆之时，故其所撰《礼记附记》自当目为乾嘉学术札记。第二，如果某作者生于康熙或雍正之时，但卒于乾隆朝，则其所撰学术札记亦划归“乾嘉”之列。例如，王懋竑生于康熙七年（1668年），卒于乾隆八年（1741年），其所撰《读书记疑》仍以“乾嘉学术札记”之名统之。第三，如果某作者卒于道光朝或更晚之时，但生于乾隆朝，则其所撰学术札记仍划归“乾嘉”之列。例如，宋翔凤生于乾隆四十四年（1779年），卒于咸丰十年（1860年），其所撰札记《过庭录》亦划归“乾嘉”之列。第四，如果某作者卒于道光朝以后，但生于嘉庆朝，且在嘉庆朝有一定的学术经历，那么其所撰学术札记仍划归“乾嘉”之列。例如，钱绮卒于咸丰八年（1858年），但生于嘉庆二年（1797年），且在嘉庆之时已从事经史方面的研究[④]，故其所撰《左传札记》亦以“乾嘉学术

①张舜徽：《清人笔记条辨·自序》，华中师范大学出版社2004年版，第2页。

②李建中、李小兰：《批评文体论纲》，武汉大学出版社2013年版，第262页。

③龚刚：《钱锺书与文艺的西潮》，南开大学出版社2014年版，第209页。

④钱绮《左传札记·自序》称：“绮少承庭训，初读《左氏春秋》，先子手自缮写一部，以经文冠于当篇之首，俾合属辞比事本旨。密行细楷，日书数叶，昼或不暇，必于镫下补之，目为之昏，弗卹也。字有歧异，择善而从；讲授时遇杜解未安，参考孔疏及诸家之说；课余则贯穿后先，究论其人事之得失。”

札记”统称。由上可见，本书中的“乾嘉”作为时间概念，使用上较为灵活，其具体所指往往各有偏重（即偏指“乾”或“嘉”，而连及“嘉”或“乾”），未可一律而论。

从具体的文本形态上看，本书所谓“乾嘉学术札记”主要包括如下三个方面：

其一，分条记录、合而成卷之书。

乾嘉学术札记，有很多是古籍考辨之书，其为乾嘉学者研读古书时有所心得感悟，乃随笔分条记述，后又集之成帙者。本书研究所涉的对象也主要是此类学术札记。举其要者有：惠栋《九经古义》，姚范《援鹑堂笔记》，汪师韩《韩门缀学》，卢文弨《钟山札记》《龙城札记》，王鸣盛《蛾术编》，赵翼《陔余丛考》，钱大昕《十驾斋养新录》，倪思宽《二初斋读书记》，姚鼐《惜抱轩笔记》，翁方纲《礼记附记》《论语附记》，桂馥《札朴》，孙志祖《读书脞录》，洪亮吉《晓读书斋杂录》，李惇《群经识小》，王念孙《读书杂志》，王引之《经义述闻》，梁玉绳《瞥记》，陈鳣《简庄疏记》，凌扬藻《蠡勺编》，洪颐煊《读书丛录》，臧庸《拜经日记》，牟庭相《雪泥书屋杂志》，周中孚《郑堂读书记》，严元照《娱亲雅言》《蕙櫋杂记》，秦笃辉《经学质疑录》，俞正燮《癸巳类稿》《癸巳存稿》，梁章钜《退庵随笔》，邓廷桢《双砚斋笔记》，朱士端《强识编》等。

其二，单篇序跋题识。

序跋题识是对特定图书（或文章）的有关情况进行介绍或评论的文字。依照古今学人的看法或做法，有些序跋题识可以纳入随笔札记的范畴。如王世贞的《弇州史料后集》卷二十八，总题《札记题跋》，下录十三篇题跋文章与二十二条札记文字，显然是将题跋与札记等量齐观[①]；又如阎若璩《潜邱札记》卷五收录了《补刻唐百家诗选序》《跋素问》《跋家礼》《题刘随州诗集》等，陆继辂《合肥学舍札记》收有《古镜录序》等，周寿昌《思益堂日札》收有《史纬书后》《书渊明先生集后》等，亦以序跋题识为札记之文。又如今人唐弢有言：“在我看来，觉得序跋也是随笔的一种。”[②]又如，杨绛《“隐身”的串

①王国强《中国古籍序跋史》（武汉大学出版社2015年版）第102页也说道：“（明人的）跋文内容逐渐广泛，撰写随意，尤其是藏书、读书题跋，类似于读书札记。”

②唐弢：《〈晦庵随笔〉后记》，见《唐弢文集》第5卷，社会科学文献出版社1995年版，第217页。

门儿：读书随笔》一书收有《“小癞子”译本序》等文[①]；《李埏文集》第5卷《札记与杂文》收录了《〈中国封建经济史论集〉序言》《薪尽火传 继长增高——书〈中国民族史〉后》等文[②]。有鉴于此，本书研讨乾嘉学术札记，也注意到了序跋题识之文，将有些乾嘉学者所撰的此类文字视同随笔札记。此类单篇文字，有的弁于卷首，有的缀于文末，还有的收在作者文集之中。本书在引用它们时，对相关信息做了较为详明的标注，以便读者检核。例如，引用段玉裁、钱大昕等人为臧琳《经义杂记》所作序文，注明了版本、页码等信息，即：臧琳《经义杂记》叙录，《续修四库全书》第172册，上海古籍出版社2002年版，第288—289页。又如，引用陆宗楷《孟子注疏考证跋》，因未得该书的单行本，而只见《四库全书》所收《孟子注疏》附载其文，于是注明了如下信息：文渊阁《四库全书》第195册，台湾商务印书馆1986年版，第331页。有些序跋题识之文，因原书（文）失传或流布不广而无法觅得，遂取作者文集中所载者用之，并注明文集之名与卷数。例如，吴騫为周春（号松霭）《读经题跋》一书所作序文，因《读经题跋》已佚而无法取自原书，但其载录于吴騫文集，故在引用时注作：吴騫《愚谷文存续编》卷一《读经题跋序》。

其三，单篇书信。

古今不少学人将一些论学的单篇书札视作学术札记。如清人阎若璩《潜邱札记》卷六收录了《与徐胜力书》《与宋既庭书》等，陈立《句溪杂著》卷一收有《答薛介伯论邱区书》，今人陈原称自己所撰的《书林漫步》是“随手写下的札记汇编”[③]，其中就收有《关于蔡元培撰序言》《关于〈绿色的五月〉》等书信之文。乾嘉学者之间往来的书信，有不少是讨论学术问题的，也可视为学术札记的一种文本形态。本书研究所涉的乾嘉学术札记，有些即为乾嘉学者论学的书信，但数量相对较少，如胡培翚《上罗椒生学使书》（载《研六室文钞补遗》）、翁方纲《答金秋史》（载《复初斋文集》卷十一）等。

本书研究所涉的乾嘉学术札记，大致有上述三类，并以其中第一类（分条记录、合而成卷之书）为主。当然，还有少数其他类型的文本，在此就不一一详述。

---

①杨绛：《“隐身”的串门儿：读书随笔》，生活·读书·新知三联书店2015年版。
②李埏：《李埏文集》，云南大学出版社2018年版。
③陈原：《书林漫步》，生活·读书·新知三联书店1998年版，第311页。

二、乾嘉学术札记与训诂学研究

在乾嘉时代，学者们普遍重视学术札记这一撰述形式在问学求知、学术研究乃至心性修养等方面的作用。如章学诚曾说：

> 札记之功，必不可少；如不札记，则无穷妙绪，皆如雨珠落大海矣。……今使日逐以所读之书与文，作何领会，札而记之，则不致于漫不经心。且其所记虽甚平常，毕竟要从义理讨论一番，则文字亦必易于长进，何惮而不为乎！札记之功，日逐可以自省；此心如活水泉源，愈汲愈新，置而不用，则如山径之茅塞矣。（《文史通义》卷九《外篇三·家书一》）

> 文章者，随时表其学问所见之具也。札记者，读书练识，以自进于道之所有事也。（《文史通义》卷九《外篇三·与林秀才》）

正因为如此看重札记的功用，所以章学诚对一些前辈学者的学术札记甚为推赏，给予了较高评价："顾氏之《日知录》，则空前绝后矣，其自序乃日逐札存，晚年删定而类次者也。阎氏之《潜邱札记》，则例类未清而编次杂乱，盖其未定之本，然其随时札录，中有定见，故义例虽未清析，而书足自成一家，不可废也。"①

乾嘉时期，学者们不仅清醒地认识到了学术札记对于读书练识、进学修业的必要性和重要性，而且在平时的学习与研究中也常常运用札记的形式来记述感悟、考究原委、辨析疑滞，等等。如乾隆时学者翟灏（字晴江）即是其例：

> 苟可资多识者，靡不览。诸子之瑰论，百家之琐语，山经地志之异闻，荒冢破壁之奇字，包孕而贯串之；下至街谈巷说，亦必考所由来，有所得辄札记之，意或龃龉，则旁参互订，穿穴以求其合。自壮至老，手搦翰一管，撰述无倦。（梁同书《频罗庵遗集》卷九《翟晴江先生传》）

由此传记资料可知，翟灏一生勤于治学，笔耕不倦，以札记为重要的立学

---

①章学诚：《文史通义》卷九《外篇三·与林秀才》。

进业之具。又如乾隆时学者倪思宽，自谓“焻温故学，心有所得，辄自录记，以待他时再思”[①]。时人评之曰：

华亭倪二初先生以颖悟之才，深思好学，自经传史籍以逮诸子百家，靡不殚精研究。所作《读书记》十卷，盖于披吟时心有默契，随时登录；或亦间采前人，并不屑为坚白同异之辨，而旁搜远绍，提要钩元，能使古先哲未发之精蕴跃然纸上。（沈业富《二初斋读书记序》）

可见，倪思宽以札记的形式记录自己研读古籍的心得体会，已成惯习，于其究学问道颇有裨助。再看乾嘉时人方东树自叙其为学之事：

余少贫贱，而困穷益甚，既无所因极，乃壹以学自广。顾为仁不熟，未能默识一贯，当其耳目暂交，天光偶发，惝惚有象，须臾亡逋，不可追忆，故每于旅枕不寐之余，舟车波尘之际，忽有所悟，随即札记之；或紬思故书，欣然有会，则直记其词，以当书绅。（《考槃集文录》卷三《待定录自序》）

方氏的这番夫子自道，说明札记在其积学修业的历程中扮演了重要的角色。

正因为乾嘉学者治学喜用札记，加之考据之风盛炽于世，所以当时的学术札记蔚为大观，数量远超前代。梁启超在《清代学术概论》中说到了清代（主要是乾嘉时期）学术札记的繁盛：

大抵当时好学之士，每人必置一“札记册子”，每读书有心得则记焉。……训诂学之模范的名著，共推王引之《经传释词》，俞樾《古书疑义举例》。苟一察其内容，即可知其实先有数千条之札记，后乃组织而成书。又不惟专书为然耳，即在札记本身中，其精到者，亦必先之以初稿之札记，——例如钱大昕发明古无轻唇音，试读《十驾斋养新录》本条，即知其必先有百数十条之初稿札记，乃能产出。——故顾氏谓一年仅能得十余条，非虚言也。由此观之，则札记实为治此学者所最必要，而欲知清儒治学次第及其得力处，固当于此

①倪思宽：《二初斋读书记》卷一。

求之。札记之书则夥矣，其最可观者，《日知录》外，则有阎若璩之《潜邱札记》，钱大昕之《十驾斋养新录》，臧琳之《经义杂记》，卢文弨之《钟山札记》《龙城札记》，孙志祖之《读书脞录》，王鸣盛之《蛾术编》，汪中之《知新记》，洪亮吉之《晓读书斋四录》，赵翼之《陔余丛考》，王念孙之《读书杂志》，王引之之《经义述闻》，何焯之《义门读书记》，臧庸之《拜经日记》，梁玉绳之《瞥记》，俞正燮之《癸巳类稿》《癸巳存稿》，宋翔凤之《过庭录》，陈澧之《东塾读书记》等。其他不可殚举。①

由此不难看出，学术札记是清代学者们常用的为学之具，清代是学术札记大行其道的时代，而清代乾嘉时期尤其如此。因此，今人郑宪春说："到了乾嘉时代，那些饱学之士……无论是笺释经史百家，还是对古籍施之以正伪、校勘、辑补，甚至治小学，网罗金石，证明地理等等，'大部分是用笔记或专篇体裁，为部分的细密研究'。乾嘉时期这类学术笔记可谓汗牛充栋，如辨证考据经学者，仅《皇清经解》《皇清经解续编》所收作者，凡一百五十七家，为书三百八十九种，共二千七百二十七卷，其中大部分出自乾嘉时期，亦相当部分为读书笔记。"②

上引梁启超、郑宪春之言所提及的乾嘉学术札记，从研究内容上讲，有很大一部分是"笺释经史百家"、辨证考据古籍的，涉及训诂之学。这一点，今有不少学者明确论及。如方一新说："除了传统的训诂专书外，还有一类是属于对古籍作考释、校订或归纳古书义例的训诂著作，包括历代有名的考据笔记和札记型专著。……清代学者撰著的考据笔记很多，如……卢文弨《钟山札记》《龙城札记》、孙志祖《读书脞录》、桂馥《札朴》、王念孙《读书杂志》、王引之《经义述闻》、赵翼《陔余丛考》、臧庸《拜经日记》、洪颐煊《读书丛录》、俞正燮《癸巳类稿》《癸巳存稿》……都具有很高的学术价值。"③姚继荣说："在清代，考据辨证类的笔记，名作不绝。……偏重于经史训诂考证的札记，像王鸣盛的《蛾术编》、钱大昕的《十驾斋养新录》和桂馥的《札朴》。"④

①梁启超：《清代学术概论》，上海古籍出版社1989年版，第62—63页。
②郑宪春：《中国笔记文史》，湖南大学出版社2004年版，第991—992页。
③方一新：《训诂学概论》，江苏教育出版社2008年版，第151—152页。
④姚继荣：《清代历史笔记论丛》，民族出版社2014年版，第18页。

明乎上之所述，则知不少乾嘉学术札记含有训诂学研究的内容，学术札记在乾嘉学者那里也是重要的训诂体式之一，对训诂学的发展具有推助作用。

乾嘉学者汪远孙有云："盖古人学有专家，不如后人之泛博。唐以后往往不注一书，而偶有所得，杂见于笔录丛说者，其中不乏精邃之论。"[①]依此观照乾嘉时代那些关涉训诂研究的学术札记，情形也正是如此：它们往往记下了学者们思索训诂问题时乍现的灵光，或者载录了学者们积数年之功探究某一训诂问题所得的结果……其中多有新创之见、精粹之论，具有很高的训诂学价值。如清人胡培翚论乾嘉学术札记之书云：

> 盖惟上有稽古同天之圣人，而后下之服习者众，彬彬乎超轶两汉也。诸儒所注群经，成书具在。……又有札记之书，所释非一经，每经不数条，顾较通释全经者时有创获，裒而辑之，诚通经之轨辙已。（《研六室文钞》卷六《国朝诂经文钞序》）

这说明，学术札记所载者，多为作者在训诂释义上的深造自得之言，有真知灼见存乎其间，其价值有时甚至超过通释全经之书。此与清人凌扬藻的一种看法不谋而合："盖传注之文，全释一经，或不免敷衍以足篇目。杂家之言，偶举一义，大抵有所独得，乃特笔于书，说多可取。"[②]关于乾嘉学术札记在训诂研究上的贡献和价值，今人赵守俨有如下宏观性论述：

> 乾嘉以来的学者，对古籍的校勘、训诂、订误、辨伪、辑佚，精核缜密，超越前代。尽管有些研究失之琐细，但就其总体而言，解决了古书中的许多悬案、疑点，提出了不少很好的意见，有些是发前人之所未发，为后世读书人提供了极大的方便。……清人的成果，一部分见于专著、别集或他们所整理的古籍，还有一部分则散见于记载个人读书心得的随笔——学术笔记。他们遗留下的笔记数量很大，考据成果很丰富，但由于记录得比较零碎和分散，因而最难掌握。学术笔记中包含了许多精辟的见解，它的价值和作用绝不下于某些专著。[③]

---

①汪远孙：《经典释文补条例》，见《丛书集成续编》第15册，台北新文丰出版公司1989年版，第180页。

②凌扬藻：《蠡勺编》卷三十五"经稗"条。

③赵守俨：《学术笔记的整理出版与评议》，《书品》1992年第4期。

此言乾嘉学术笔记在古籍之校勘、训诂等方面有许多精辟的见解，其“价值和作用绝不下于某些专著”，是乃客观公允之论。从古今学者对一些乾嘉学术札记的具体论述来看，情形确如赵守俨所言。例如：

训诂声音，经之门户。不通声音，不知训诂。训诂不知，大道乃沮。字异声同，义通形假。或转或因，比例互著。高邮王氏，郑许之亚。借张揖书，示人大路。《经义述闻》，以子翼父。（焦循《雕菰集》卷六《读书三十二赞》）

伯申推广庭训，遂成《经义述闻》十五卷、《经传释词》十卷，精博过于惠、戴二家。凡前人误解者，独能旁引曲喻，以得其本原之所在，使人颐解心折，叹为确不可易，而又百思不能到，使古圣贤见之，必曰：“吾言固如是。沿误数千年，而今乃得明矣！”（李元度《国朝先正事略》卷十六）

《读书杂志》一书……讲“连语”（包括联绵词和同义复词两类），所举误解连语之例共二十三例，极为精彩。至于书中考证字词古义，发明通假以阐发古书义例，可谓俯拾即是，美不胜收。王引之所著《经义述闻》一书，驳正汉唐旧注二千零六十九条，附《通说》上下两卷，发明训诂通例，纠正旧注谬误，亦极精彩。……王引之的训诂理论，集中地表现在《经义述闻·通说》所收各篇论文中，其中批评前人望文生训和增字解经的弊病以及论经文假借各条，尤为明白剀切，为研究训诂学和注释学者所不可不反复细读的重要文献。[①]

以此观之，高邮王氏的学术札记《读书杂志》《经义述闻》在训诂研究上辨疑纠谬，创通义例，精彩纷呈，诚为学者不可不读之书。又例如：

《十驾斋养新录》廿卷，乃随笔札记经史诸义之书，学者必欲得而读之，乞刻于版。凡此所著，皆精确中正之论，即琐言剩义，非贯通原本者不能，譬之折杖一枝，非邓林之大不能有也。（阮元《十驾斋养新录序》）

嘉定钱氏之《十驾斋养新录》、高邮王氏之《经义述闻》《读书杂

①郭在贻：《训诂学》，中华书局2005年版，第141页。

志》等书，亦考证经籍，殚洽见闻之助，学者所当朝夕览玩者。（龙启瑞《经德堂别集》卷上《到任告示》）

这说明，钱大昕《十驾斋养新录》于经籍之义多有考辨，且发论精审。再看古今学者对洪颐煊《读书丛录》的评说：

于原书中摘句为解，繁简适均，考据精确，绝无向壁虚造、剿袭陈言之病，而于辨证舆地，尤简而明，即此可想见其沉笃澹雅之才矣！（周中孚《郑堂读书记》卷五十五《子部十之四》之《读书丛录》）

每条标有事目，先引原书文句，再以按语考证异同，辨析得失。以声音文字通其原，以转写讹舛究其变，论证有据，简而得要，不袭陈说。[1]

可见《读书丛录》在古书词句的考证训解上用力甚勤，创获亦多。

古今学人对一些乾嘉学术札记在训诂学上的成就和贡献多有论述，未可一一备述。仅就上文所论列的一些学术札记来看，我们很容易获得如下几点印象和认识：

其一，乾嘉学者在训诂研究中喜用札记的形式记录其所思所得，因而相关学术札记为数甚众，精品亦多；学术札记既是乾嘉学者训诂研究成果常见的载体形态，也是后人考察、研究乾嘉训诂学乃至整个清代学术的重要文本依据。

其二，乾嘉学术札记在训诂研究上涉及面甚广，除了考证古书词句之义外，还有订正讹文、发明通假、阐发义例、辨证舆地等方面；其研究虽然多为具体问题的微观考辨，但亦间有理论性的宏观探讨。无论是哪方面的研究，都常有精妙新颖之见。因此，由乾嘉学术札记也可以窥见当时训诂学研究的基本面貌及其所达到的学术水准，知其研究的广度与深度。

其三，乾嘉学者在学术札记中所进行的训诂研究，从态度上讲，严谨审慎，实事求是，无轻妄蹈袭之弊；从方法上讲，多用因声求义、旁引曲喻、比例互著等训诂之术；从效应上讲，引证博洽，考据精确，立论平正，令人颐解心折。如此之类，充分彰显了乾嘉时代训诂学研究的非凡实绩。

---

①吴枫：《简明中国古籍辞典》，吉林文史出版社1987年版，第753页。

基于上之所述，可知前引梁启超所谓“札记实为治此学者所最必要，而欲知清儒治学次第及其得力处，固当于此求之”，洵非虚妄之言。

三、研究缘起及研究价值

我国传统训诂学既有其长，亦有所短，显现出了自己鲜明的个性特点。比如，它以实用性为主导，重视对具体问题的研讨，特别是对古代文献中字句的考释，而不太注重对研究对象进行宏观思考和理论探讨，更不措意于训诂学理论体系的建构。因此，今人张世禄说：“中国训诂学过去并非纯粹属于字义的理论研究，而是大部分偏于实用的研究，实际上，可以认为是读书识字或辨认词语的一种工具之学。”[①]陆宗达、王宁说：“传统训诂学曾经处于经学的附庸地位，这给它带来了堆积材料而缺乏独立、系统的理论总结的弱点。……旧训诂之学多搜集编纂之功，而少归纳概括之力，理论的论述零零散散，原理性的东西往往淹没在材料之中。”[②]

传统训诂学的这一特点，在那些以训诂为主要研究内容的乾嘉学术札记中也体现得很突出、很明显。此类札记大多是致力于古书语言文字的考证辨释，言其然者多，言其所以然者少，对问题的研讨主要是依赖个人阅读和解释的经验，不太重视理论上的探究。当然，此类札记也并不是完全没有理论探讨，其中也可见到一些训诂理论材料，只是多为只言片语、零珠碎玑般地散见于各处。下面不妨以邓廷桢《双砚斋笔记》为例来说明。

邓廷桢《双砚斋笔记》的内容“以论文字、音韵、训诂为主”[③]，属于学术札记的范畴。该书对训诂学问题有一些理论阐述和概括，但零散而粗简，基本上是依附于作者对古书语言文字所作的具体考订、训释而存在。譬如，该书对不拘字形、因声求义的训诂方法就有一些零星的论述，散见于不同的考证性条目之中。如卷一考论《论语》“鞠躬”一词的释义问题：

《论语》：“入公门，鞠躬如也。”《注》：“孔曰：敛身。”《疏》：“鞠，曲敛也。躬，身也。”“执圭，鞠躬如也。”《注》：“包曰：鞠躬

①张世禄：《训诂学与文法学》，见《张世禄语言学论文集》，学林出版社1984年版，第221页。
②陆宗达、王宁：《训诂方法论》，中国社会科学出版社1983年版，第10—12页。
③马文熙等：《古汉语知识辞典》，中华书局2004年版，第886页。

者，敬慎之至。”合二注绎之，孔但云“敛身”，包但云“敬慎之至”，而皆不云“曲”，《疏》乃以“曲敛”训“鞠”，非古义也。按《乡党》一篇，如“恂恂”“侃侃”“訚訚”“踧踖”“与与”“愉愉”，皆是以双声叠韵字形容圣人之言貌。“鞠躬”双声，亦是此例。若以“鞠躬”为曲身，则“如”字为不辞矣。《聘礼》郑注作“鞠穷”。《史记》：“匑匑如畏。”《大戴礼》：“躬为匹夫而不愿富，贵为天子而无财。”“躬”与“贵”相对为文，乃假“躬”为“穷”。然“鞠躬”即“匑匑”之转，“鞠躬”双声，“匑匑”叠韵。《左传》：“有山鞠穷乎?”《说文》：“营藭，香草也。”亦是以双声名物，非有义可诂也。

此言“鞠穷”之类的语词，“以双声名物，非有义可诂”，实际上是说，此类双声之词以声见义，不可训之以字面义。其言具有一定的理论价值。又如卷一考究《论语》“文质彬彬”句的异文：

先儒解经，因声求义，故说字必先审声。《说文》“份”字解曰：“文质备也。从人分声。《论语》曰：‘文质份份。’”又出“彬”字曰：“古文份。从彡、林。林者，从焚省声。”按：今《论语》作“彬彬”，用古文也。“份”字虽以“分”为声，而“分”有分半之义，故“份”训为“文质备”，谓文质各居其半也，与“彬”字包咸注曰“文字相杂之貌”、郑注曰“杂半貌”，义正相合，则“分”亦其义，是形声而兼会意字也。篆文作“份”，古文作“彬”，“分”声之字在文部，“林”声之字在侵部，恐学者疑其声之不类也，故申言之曰“从焚省声”。从“焚”则亦隶文部，与“份”同声矣。盖古训之重声如此。许书“彡”字训为毛饰画文，“彣”字从之。是“彬”字以“焚”为声，以“彡”为义，亦形声兼会意字也。于此可知，经典异文，凡义同者其声必同，不在字形之别也。

其中加点的文字，明显是在探究异文“彬”“份”之间音义关联的基础上所生发出的理论判断与概括。又如该书卷三考释古籍中的双声叠韵之字，有云：

古双声叠韵之字，随物名之，随事用之，泥于其形则龃龉不安，通乎其声则明辨以晰。如“果蓏”，草木之实也（《说文》曰“在木曰果，在草曰蓏”），叠韵也，以名二物也。以名一物，则为“果蠃”。其于虫也为“果蠃”（《诗·小宛》“果蠃负之”，《毛传》曰：“果蠃，蒲卢也。”）“鼎董”，草也（《尔雅·释草》曰“蘱，鼎董”），双声也。其于木也为“朾橦”（《说文》曰“朾，橦也”），其于地也为“町畽”（《诗·东山篇》“町畽鹿场”，《毛传》曰：“町畽，鹿迹也。”）……“营藭”，草也，叠韵也。声之转则为“鞠穷”，其于人也则为“鞠躬”（见《论语·乡党篇》），亦为“匔匑”（见《史记·鲁世家》），亦为“鞠穷”（见《聘礼》注）。……以上所说，皆见于六经及周秦两汉人文字传注者。……若夫晋宋以后，藻翰缤纷，字孳乳而寖多，音歧旁而遣出，悉数之不能终矣。

此言双声、叠韵之词以声为主，义在声中，故训释者须通乎其声而不可泥于其形。

由上引邓廷桢《双砚斋笔记》中文字可以看出，乾嘉学术札记在训诂研究上尽管注重考据实证，不太究心于理论阐述，但并不是全然排斥理论探讨，也有一些训诂理论材料（像上引邓氏《双砚斋笔记》文字中加着重号者）零星地夹杂在考据性文字之中；同时还可以看到，乾嘉学术札记中的训诂理论材料虽然多为散见的只言片语，所论显得不够周详、系统，但往往有真知灼见存焉，包蕴着较深厚的理论内涵，未可忽之而轻弃。如上引邓氏《双砚斋笔记》中的三条材料，其理论阐述尽管较为零碎简质，但内涵甚有可取之处：其对词之音义关系的认识较为深刻、科学，由此而倡言因声求义之法，也具有合理性。这样的训诂理论材料，在今天仍有研究的价值和意义。今有学者说得好：“早在清代，训诂家就已开始了原理的探讨，尽管由于受到当时学术发展的总体局限，还有许多问题没有弄清，甚至有的反而越弄越糊涂，但他们将经验训诂学引向理论训诂学的尝试是可贵的。他们在大量成功的训诂实践中，摸索出很多已被验证而且行之有效的经验，而正确的经验中便包含着科学的原理。有些训诂原理，已陆续为他们所论及，只是总结未能尽善，归纳未能全面，论证未能系统，因而其中难免还夹杂着一些模棱两可的思想、似是而非的解释，以及未经剔除的错误之说。只要经过去粗取精、去伪存真的整理，经过系统的论证，便会出现一批来源于实践，又被实践检验过，从而切合汉语实际的理论原理。”[①]

总而言之，随着传统训诂学臻于全盛，乾嘉学术札记中出现了一些训诂理论材料，虽然多是零星散论，不成体系，但在注重微观考证而缺乏理论性探讨的旧训诂学时代，犹如吉光片羽，弥足珍贵。即使在今天看来，有很多仍然具有较高的理论价值和实践意义，值得发掘和探讨。笔者正是有感于此，才选择乾嘉学术札记中的训诂理论进行专题研究。这也可谓是笔者写作本书的根本动因所在。

对乾嘉学术札记中的训诂理论材料，过去学人们虽然有所关注，做了一些发掘和研讨的工作，但总体上还不够全面、充分，有待于向前推进。

就目前已有的相关研究成果看，学人们对乾嘉学术札记中训诂理论的探讨，主要集中于王念孙《读书杂志》、王引之《经义述闻》二书。学者们在论述王氏父子的训诂学或语言学研究成就时，对此二书中的训诂理论材料有所征引和论析。如韩陈其《汉语词汇论稿》（2002年）第八章第三节，依据《经义述闻》中的训诂实例，论叙了王氏因声求义等三种训诂方法，并引《经义述闻》中部分理论材料予以阐发。张先坦《〈读书杂志〉词法观念研究》（2007年）、《〈读书杂志〉句法观念研究》（2011年）二书在讨论语法与训诂的关系时，对《读书杂志》中的训诂理论有所涉及。薛正兴《王念孙王引之评传》（2008年）第三章分类述评王氏训诂学训释方法，引证了《读书杂志》《经义述闻》中部分理论材料。刘精盛《王念孙之训诂学研究》（2011年）一书在讨论王氏“就古音以求古义”等理论主张时，引述了《读书杂志》《经义述闻》中若干理论材料。张其昀《〈读书杂志〉研究》（2013年）一书结合《读书杂志》中的校勘、训诂实例，“全面系统地挖掘了王氏的校勘学、训诂学方法”[②]，对《读书杂志》中有关训诂方法的论述材料有所阐析。彭慧《“高邮王氏四种”汉语语义学研究》（2014年）对《读书杂志》《经义述闻》中涉及语义学的理论材料做了一些清理和论述。有些学术史、典籍评介、训诂通论等方面的专书也曾约略论及《读书杂志》《经义述闻》中的训诂理论，如胡朴安《中国训诂学史》（1939年）、张舜徽《清代扬州学记》（1962年）、陆宗达与王

①王宁主编：《训诂学》，高等教育出版社2010年版，第5页。
②祝鸿熹等：《全面挖掘王氏校勘、训诂精髓的一部力作》，《台州学院学报》2014年第2期。

宁《训诂方法论》(1983年)、何九盈《中国古代语言学史》(1985年)、胡奇光《中国小学史》(1987年)、李建国《汉语训诂学史》(2002年)、赵航《扬州学派概论》(2003年)、方一新《训诂学概论》(2008年)、单殿元《王念孙王引之著作析论》(2009年)等。论文方面,如许嘉璐《新印王引之〈经义述闻〉弁言》(1984年),征引了《经义述闻》中“诸说并列则求其是”等材料,以论王氏治学精神;王云路《〈读书杂志〉方法论浅述》(1990年),钩稽了《读书杂志》中一些论说材料(如“转语之相因”等),以探讨王氏的训诂方法论。此外,还有一些论文在阐述王氏的训诂学思想或方法时,对《读书杂志》《经义述闻》中训诂理论材料有所引用和阐释,如孙雍长《王念孙“义类说”笺识》(1985年)、《王念孙语义学说阐微》(1988年),胡奇光《论王念孙的“上下文”观》(1987年),徐兴海《王念孙杰出的训诂学思想》(1988年),李运富《王念孙父子的“连语观”及其训解实践》(1990年),黄爱平《王念孙王引之父子与乾嘉扬州学派》(1996年),朱小健《王念孙札记训诂所体现的治学方法与精神——以王念孙对〈毛诗〉旧注的纠正为例》(2001年),郭明道《王氏父子的训诂思想和方法》(2005年)等。

对于《读书杂志》《经义述闻》之外的乾嘉学术札记中的训诂理论,学界迄今很少关注,只有少数专著与论文偶尔提及,如刘叶秋《历代笔记概述》(1980年)、张舜徽《清人笔记条辨》(1986年)、郑宪春《中国笔记文史》(2004年)、高振铎《赵翼及其〈陔余丛考〉》(1996年)、王纯《从〈蛾术编〉与〈十驾斋养新录〉看王鸣盛与钱大昕的文献学成就》(2002年)、赵四方《〈九经古义〉与惠栋汉学思想的形成——以该书撰写过程为中心》(2016年)等。

上面提及的相关成果,对乾嘉学术札记中训诂理论的研究多有创获,是后续研究的重要基础。但也要看到,此类研究还不够充分:其一,缺少整体性、综合性的研究。已有的专著及论文,所涉及的研究对象多为单部学术札记,且集中于《读书杂志》《经义述闻》等少数几部,而对乾嘉时期其他一些重要的学术札记则较少措意或付之阙如,难以全面展现乾嘉学术札记中训诂理论的基本面貌。其二,缺少专门而系统的研究。现有的专著及论文对乾嘉学术札记的研究,侧重于对清儒训诂实践经验的探讨以及训诂具体问题的考辨,而对其中的训诂理论通常只是附带涉及,因而对其中零散的训诂理论材料缺少全面的发掘、系统的梳理和深入的阐释。

综上所述，对乾嘉学术札记中训诂理论的研究，虽然取得了一定的成就，但总体上还显得较为薄弱，专门而系统的研究更是缺乏，故其研究还有待于向前推进，需在广度与深度上拓展。这也是笔者选择乾嘉学术札记中训诂理论做专题研究的一个重要原因。

在笔者看来，本书所进行的专题研究，具有多方面的学术价值和意义。举其要者如下。

第一，有助于传统训诂理论焕发出生机与活力，融入现代学术语境。清代学术札记中的训诂理论材料，零珠碎玑般地散见于各处。其中有的材料为今人所关注，但也有相当一部分仍然湮没于浩繁的考据性材料之中，不为今人所知所用。本书对此表而出之，连而贯之，类而聚之，剖而析之，推而演之，议而评之，可以促进传统训诂理论与现代科学接轨，重新焕发出精神与活力，从而使它在现代学术语境下获得充分的利用与持续的发展。

第二，有助于现代训诂学的基础理论建设。二十世纪初期以来，学者们注重训诂学的理论建设，致力于学科体系的构建、训诂原理的探讨、训诂方法的总结、训诂学史的梳理，等等，为训诂学增添了较为系统的理论知识，促进了经验训诂学向理论训诂学的转化。但是，训诂学的理论建设至今仍处于初始阶段，还有必要在立足传统、吸收前人成果的基础上进行长期的探索，不断推进。本书从事乾嘉学术札记中训诂理论的发掘、整理与研究，以标揭前人的相关成果，能为当下训诂学的基础理论建设提供一些参考借鉴的资料以及思想观念上的启示，从而促进训诂学的科学化、系统化。

第三，有助于清代学术史的研究。清儒的学术札记是清代学术的重要载体，对于考察和研究清代学术的成就、特点、发展等能发挥巨大作用。正如前引梁启超关于清代学术札记价值的论述所云："欲知清儒治学次第及其得力处，固当于此求之。"本书选取清代传统学术繁盛时期（乾嘉）的学术札记作为研究对象，发掘、整理并探讨其中的训诂学理论，有助于丰富和深化清代学术研究的内容，能为清代训诂学史、清代语言学史、清代经学史乃至整个清代学术史的研究提供一些有益的参考。

第四，有益于今人的训诂实践与经典解读。乾嘉学术札记中的训诂理论，虽为学者们随手撮录而得，零散而不系统，但每见精义，是学者们长期训诂实践的结晶，凝聚着一些成功的经验和方法。本书对此加以发掘和总结，示诸公众，既可为今天的专业人士从事训诂实践提供一些借鉴，也能为今天一般学人解读古代典籍提供指导。

四、研究工作之说明

基于上文所述的一些认识，笔者很早就萌生了研究乾嘉学术札记中训诂理论的想法，并于前几年开始从事实际研究，撰写本书。笔者从事此项研究，是想实现如下主要目标：对乾嘉学术札记中零散、孤立的训诂理论材料，通过发掘、整理，使其论述整体化；通过体系建构，使其思想系统化；通过阐释与推演，使其内涵明晰化、学理化；通过综考与评析，使其理论的特点、贡献等得到彰显。由此，以期比较全面深入地揭示清儒训诂理论的主要内涵及独特价值。

围绕上述目标，本书主要做了如下一些研究工作。

（一）对学术札记中训诂理论材料的发掘和搜集

这里所谓“训诂理论材料”，是指探讨训诂问题且含有一定理性认识成分的论说文字，其能体现学者特定的训诂学思想观念。像前文所引《双砚斋笔记》中相关文字（加着重号者）即是其例。本书的研究对象为乾嘉学术札记中的训诂理论，因而发掘和搜集札记中的训诂理论材料便成为前期研究首先应做的工作，犹似行军作战而须以粮草为先。

做好上述研究材料的发掘和搜集工作，并非易事。首先要面对的问题是，乾嘉学术札记资源浩繁驳杂，对其权衡取舍颇难决断，披阅查检也耗时费力。笔者在前文说到，本书研究所涉及的乾嘉学术札记，主要为分条记录、合而成卷之书，如王念孙《读书杂志》、王引之《经义述闻》之属，其次为乾嘉学者所撰写的序跋、书牍之类。仅以分条记录、合而成卷的札记来说，数量是相当庞大的。张舜徽曾言：“自己买到的清人笔记，不过百余种，而我曾经看过的，便有三四百家。”[①]徐德明有云：“根据我们的初步调查……整个清代的学

①张舜徽：《自强不息　壮心未已——略谈我在长期治学过程中的几点体会》，见《浙江日报》编辑部编《学人谈治学》，浙江人民出版社1982年版，第137页。

术笔记至少有500种……成为清代学术最重要的一个组成部分。”[①]据此而推测，流传至今、影响较大的乾嘉学术札记著作，应当是数以百计。至于序跋、书牍之类的文章，则更是不可胜数。面对如此庞杂繁富的学术札记资源，显然有必要在摸清“家底”、掌握全局的基础上进行甄查遴择，以取其精华而汰其芜杂。为此，笔者通过查阅《清史稿·艺文志》《清史稿艺文志拾遗》（郭霭春撰）、《中国丛书综录》等目录之作的著录，以及《清人笔记条辨》（张舜徽撰）、《清人笔记随录》（来新夏撰）、《清人学术笔记提要》（徐德明撰）等著作的介绍和评论，对乾嘉时期合而成卷的学术札记进行了盘点和清理，从中挑选出一批作为基本书目。这些札记大多是出自乾嘉时代的大师或名家之手，都具有一定的学术价值，能够代表当时训诂学研究的水平和成就。对这些书，笔者基本上是采用人工浏览的方式，从头至尾进行查检，遇有可用的训诂理论材料便随手摘录。平日事务繁杂，只能利用碎片化的时间阅览排查，一有空暇，即取书（有的为纸质本，有的为电子版）浏览一二卷或一二页。像这样坚持不懈，历时一年有余，才将这些基本的札记之书翻检完毕，获得了一批研究所需的基础性资料。如前所述，本书研究所涉及的乾嘉学术札记，还包括乾嘉学者所撰的序跋、书牍类文章。此类文章浩如烟海，要想从中撷取有价值的训诂理论材料，也需下一番钩稽旁搜的功夫。搜集这方面的材料，笔者主要采用了如下方法和策略：首先，从乾嘉时期一些价值较高、影响较大的学术著作（多为语言文字学著作）入手，查看其中所载的序跋之文（既有著作者自撰的，也有他人撰作的），从中获取有关训诂问题的论述材料；其次，查阅乾嘉时期一些较有影响的学者的文集，如戴震《戴东原集》、钱大昕《潜研堂集》、翁方纲《复初斋文集》、段玉裁《经韵楼集》、焦循《雕菰集》、阮元《揅经室集》、王引之《王文简公文集》等，重点检索其中所载序跋、题识、书信等类别的文章，由此获取相关论述材料；再次，利用一些清代文人总集（如清代王昶编《湖海文传》、李祖陶编《国朝文录》、贺长龄编《皇朝经世文编》等）来寻检序跋、题识、书信之文，此等文章经过了编者的甄选别择，其中多有富于学术价值的材料。

本书研究所据的基本材料，主要是通过如上一些方式、途径取得的。除此

---

①徐德明：《清人学术笔记提要·前言》，学苑出版社2004年版，第2页。

之外，还有部分材料是笔者参与《中华大典·语言文字典·训诂分典》编纂工作时搜集和积累的。《中华大典》是以国家名义和力量组织编修的大型系列类书，是由国务院正式批准启动的新中国成立以来最大的文化出版工程，被列为国家级重点古籍整理项目。笔者有幸参与了其中《训诂分典》一书的编纂工作（并任副主编），历时十余年告竣。此书选录辛亥革命以前文化典籍中具有代表性的训诂学原始资料，进行分类整理，汇编成册，一千余万字。在编纂该书的十余年中，笔者曾做过文献的调查、搜集工作，对清代乾嘉学术札记多有涉猎，并从中发掘出了一些训诂理论材料，有些材料已收于上述《训诂分典》，有的材料则存积至今，为本书的研究、写作奠定了资料基础。

查阅、搜集乾嘉学术札记中训诂理论材料，其困难除了缘于文献头绪纷繁复杂、文献数量繁夥难悉之外，还在于此类理论材料大都为只言片语，缺乏系统，寥若晨星地散见于不同的古籍之中。因此，要想查检到一条有内涵、有价值的训诂理论材料，需费很多时力；有时劳神费力查检了半天、一天或几天，最终却一无所获。笔者经常遇到这种劳而无功、令人沮丧的情形，深感此项工作是对一个人耐心、毅力的挑战和考验。此外，还深有感触的是，查阅材料不仅要有耐心、毅力，还需有细心、定力，这是因为乾嘉学术札记以考证辨析为主，零星简短的训诂理论材料往往羼杂于大段的考据性文字之中；若此，如果缺乏严谨细致的为学态度，不细心检读，那些被考据性文字所湮没的训诂理论材料就有可能不被注意和发现，说不定就与那些有价值的理论材料失之交臂。

我们深知上述理论材料的获取之难，更知写出一部具有价值的学术著作须有扎实可靠的材料支撑，所以在普查资料的过程中，时常告诫自己应当力戒浮躁之气，想方设法，克服困难，做好检索排查工作，尽量做到不遗漏重要材料，不疏略权威观点，特别是被过去研究者们所忽略的一些珍贵材料，应尽力表而出之。附带提及的是，为了确保资料检索工作尽可能少地出现重大漏略，我们曾有意识地利用现代计算机检索技术以助查检：除了一些价值较高、影响较大的札记及文集主要采用人工浏览的方式查检之外，对于一些影响稍小、相对次要的乾嘉札记之书以及乾嘉学者文集，则以主题词或关键词作为检索单位，在一些古籍电子数据库（如《中国基本古籍库》《文渊阁四库全书》等）中进行了全文检索，由此也获得了一些有用的材料。

总而言之，通过上述工作，我们企望将散见于乾嘉学术札记中零星碎杂但具有一定思想内涵的训诂理论材料发掘出来，然后加以汇整条贯，在原本散乱的材料之间建立起有机的联系，使人们能由此窥见清代乾嘉学者之训诂学理论研讨的主要内容和重要成果。心怀如此良好的愿望，并也为此付出了最大的努力，但受主观和客观条件的限制，资料的发掘、搜集最终不一定能全然如己所愿，难免有遗珠之憾。

（二）对乾嘉学者训诂学思想体系的整理和建构

前文反复说到，乾嘉学者在学术札记中对训诂问题虽然进行了一些理论性的探讨和论述，但这种探讨和论述一般是碎片化的，只言片语，随境而发。也就是说，乾嘉学者的训诂学理论从形式上看是零散的、片段的，没有独立、完整的显性体系。但我们认为，这种情形的存在，并不意味着其理论缺乏内在的系统性。如果把那些零散的训诂理论材料加以整合，进行总体性观照，则不难发现，乾嘉学人的训诂学理论其实不乏内在的思想理路，存在着一个潜在的、为一定逻辑秩序所支配的系统，即通常所谓的“潜体系”。正因此，今有论者说：“汉代有训诂的学术，而清代已经有初步的训诂学学科。”“如果说汉唐之儒在经典解释的过程中有训诂的实践的话，我们似乎可以说，清儒已然将传统经典训诂的实践发展成为一种训诂学，使训诂成为一种具有一定内在逻辑结构的古典人文知识体系。”[①]还有论者说：“总观先秦以至清初的训诂发展史，我们发现，还没有建立起系统的训诂学理论体系。训诂学理论体系，至戴震才初步建立，后来得段玉裁、王念孙、王引之的实践验证，又得章太炎、黄侃及今人的补充完善，完整的训诂学理论体系才建立起来。”[②]由此我们认为，对乾嘉学者的训诂学理论，应当运用现代学术思维与方法予以审视、梳理和重构，使其体系变得显明清晰起来。在本书中，我们做了一些聚“散”为“整”、化“潜”为“显”的工作：对采自乾嘉学术札记中零散、孤立的训诂理论材料进行宏观的整体性把握和解读，提炼和抽绎出这些材料中蕴含的论题、论域，探寻和厘清这些材料背后隐藏的网络结构、逻辑层次等，并参酌现代训诂学的体系构架，大致构建出了乾嘉学者的训诂学思想体系。本书目录所列示的框架与内容，如“学术札记中的训诂总论”（训诂之名实、训诂之作用、训诂之条

①吴根友、孙邦金：《戴震、乾嘉学术与中国文化》，福建教育出版社2015年版，第377—378页。
②陆忠发：《戴震朴学研究》，中国文联出版社2001年版，第99页。

件)、“学术札记中的训诂对象论”(论文本之文字、论文本之词汇、论文本之文法、论文本之文理)、“学术札记中的训诂体式论”(传注体、辞书体、考辨体)、“学术札记中的训诂方法论”(因声求义、依形解义、考求故训、循文求义、旁通互证、以图解经、方言证古、名字证发、以目验之)、“学术札记中的训诂弊病论”(轻改经字、穿凿附会、望文生训、增字解经、不识文法、以今例古)、“学术札记中的训诂发展论”(汉代训诂、魏晋六朝训诂、唐代训诂、宋代训诂、元明训诂、清代训诂),等等,就大体上反映了我们对乾嘉学者训诂学理论体系进行初步建构的成果,自信此类建构对于乾嘉学者训诂学思想要义的系统化、明晰化,会有所助益。我们也知道,对乾嘉学者训诂学理论体系的构建,是一件繁难之事,无法毕其功于一役,故仅靠本书的探究而欲构建出完备无遗、切近本真的体系,显然不太现实,还有待于不断探索、完善。

(三)对乾嘉学者训诂学思想内涵的诠释和阐发

乾嘉学者们对训诂问题所作的理论性阐述,不仅零散,而且粗简,一些概念范畴往往没有明确的界定,意涵较为模糊;一些学术命题,也往往是以一种简约平易的言语出之,缺少严密的逻辑论证或充分的理论解释。有鉴于此,我们在参稽辨察原始材料、究其本意的基础上,对乾嘉学者所使用的一些术语概念的含义进行了考证疏释,对乾嘉学者的相关具体论述做了具有普遍意义的理论概括以及具有建构性的现代阐释,对乾嘉学者的一些略启其端、意甚隐微的论述进行了发掘、演绎和推阐,如此之类,不一而足,以期充分彰显乾嘉学者训诂学思想的精神要义,并使这种精神要义以一种学理化、知识化的言说形式呈现出来,让今人能比较深入地了解和认识乾嘉时代乃至整个清代训诂学的主要内涵及独特价值。下面列举一些实例加以说明。

比如,乾嘉学者在论说古代文献文本的文理问题时,经常用到“脉”“语脉”之类的概念,多有“细绎其脉”“以本文语脉求之”等说法。然则,何谓“脉”或“语脉”?乾嘉学者没有具体明确的界说,我们遂依其相关论述进行了界定:“脉”或“语脉”指文本的语言在组织、表达上所呈现出的一种具有贯通性、条理性的逻辑线索,它体现着文本语言内部的逻辑联系,关涉文本语言的衔接、连贯等问题。又如,乾嘉学者普遍认为“古人立言,随文见义”,“言非一端,各有当矣”,因而在学术札记中总是提倡后人训释古人之言应当做到“循文求义”“依文衍义”“依文以立解”等,这都是主张依据语境来理解和解释古书的意义，其所谓“文”即指各种各样的语境因素。然而，究竟有些什么样的语境因素？乾嘉学者未有系统而明确的论说，我们便综合考察乾嘉学术札记中的一些具体论述材料，并借鉴吸收现代文章学、语法学、语境学等领域的理论和成果，对前述问题进行了理论上的梳理、归纳和解释，指出其语境因素主要包括：文理因素，一般为文献文本中蕴含的语脉、文势之类；情境因素，即现代语境理论所说的“与语言形式相连的具体事物或事件”[①]；语法因素，即特定词句的语法状态；文例因素，即古书遣词造句、行文表达上的一些习惯或规律。又如，乾嘉学术札记论述训诂弊病，以为“轻改经文，亦说经之一病也”，并对古今学人在训诂实践中轻改经字的具体情形时有论列，但一般比较零散粗略，而本书在其基础上做出了比较系统的理论概括，指出轻改经字之弊常有“不得其解而臆改”“曲护误说而强改”“依据他本而误改”“随意破字而滥改”“径以本字易借字”等具体表现，并借助现代语义学、文字学、校勘学等方面的知识进行了阐释。

总之，本书以采自学术札记中的原始材料为基础和依据，引进和借鉴现代相关学科的理论知识，对乾嘉学者在训诂研究上所提出（或使用）的概念、命题和理论观点的本意进行了考辨阐说，甚至对某些范畴、命题和理论背后潜藏的余意进行了发覆、推演和归纳，并以现代学术话语予以陈达。如是为之，目的主要有二：一是使乾嘉学者的训诂学思想内涵得到较大限度的敞显；二是使乾嘉学者的训诂学思想能够进入并融入当下的学术语境之中，焕发出活力与光彩。

（四）对乾嘉学者训诂学理论的综合考察和评价

本书对乾嘉学术札记中的训诂理论进行了宏观层面的考察分析、理性反思，并对其特点、缺陷、贡献及影响等做出了总体的定性判断与评估，试图揭示其在学术史上的价值和地位。通过综合考察与全面反思，本书概括总结了学术札记中训诂理论的主要特点：学术精神上具有崇实性、求真性，学术思维上具有创新性、辩证性，学术品格上具有实践性、实用性，学术观点上具有会通性、开放性。同时，分析指出了学术札记中训诂理论存在的局限与不足，如缺乏形式上的系统，术语、概念模糊不清，缺少充分的论析阐释，有些观点囿于

①周淑萍：《语境研究——传统与创新》，厦门大学出版社2011年版，第28页。

门户之偏；评议、昭揭了学术札记中训诂理论的学术贡献与影响，如改变了训诂重形不重音的观念，促使传统训诂学向科学的语言学转轨，给后代训诂学研究以路向、方法上的启导，等等。

我们在本书中所做的研究工作，主要有如上四个大的方面。下面再简要阐述本书的研究方法和创新之处。

本书主要采用了如下一些研究方法。

第一，微观研究和宏观研究相结合。从微观研究入手，对乾嘉学术札记中的训诂理论材料进行发掘、梳理、考释等，然后上升到对其训诂理论的宏观考察与论析。

第二，理论研究与实践研究相结合。本书虽然以对乾嘉学者学术札记中训诂理论的发掘、整理与研究为主，但同时对乾嘉学者的相关训诂实践也做适当的研讨，以其训诂实践证发其训诂理论。

第三，封闭性研究与开放性研究相结合。本书重在对乾嘉学术札记中的训诂理论做封闭式研究，但同时也关注乾嘉学者其他类型著述（如注疏、校勘等）中的相关理论阐述，以及其他历史时期学者著述中的相关理论阐述，并做适当征引、研讨，以与学术札记中的训诂理论相证发、相比较。

第四，考辨分析与理论演绎相结合。对乾嘉学术札记中的训诂理论材料，本书一方面进行了甄辨、考证和分析，做出释读，提炼出理论要点，另一方面借鉴和吸收现代中外学者在训诂学、词汇学、音韵学、文字学、文献学、普通语言学、诠释学等学科领域取得的相关理论成果，进行了具有建构性的现代阐释和演绎，以彰明其精神要义。

本书的创新点主要体现在以下四个方面。

其一，研究领域的新拓展。本书选取清代乾嘉时期一批重要的学术札记，从中发掘清理出训诂理论材料，进行专门而全面的考察研究，这与过去个别性、片断性研究相较，增强了系统性、综合性，且对过去人们未曾关注或关注不多的问题进行了较为深入的探讨，因而扩大了研究对象、研究范围，令研究领域有较大的拓展。

其二，研究思路的新尝试。本书的总体研究思路可以概括为：发掘理论材料⟶建构理论体系⟶阐释理论内涵⟶评估理论价值。以此思路施之于乾嘉学术札记中训诂理论的整体性研究，为新的尝试。

其三，研究内涵的新掘进。本书专注于乾嘉学术札记中的训诂理论材料，进行汇整抽绎，做出理论概括，搭建理论框架，给予富有建构性的理论阐释，以期彰显其理论的总体结构及内在精神。这相对于以往相类的研究来说，加强了理论性探讨，内涵有所深化。

其四，研究资料的新发掘。从乾嘉学术札记中发掘出一些鲜为人知的训诂理论材料，并进行系统的梳理与汇整，由此形成的研究成果能以其研究资料的新颖性、丰富性显现出它的特点和价值。

最后，附带交代一下本书引文之出处的标注方法。本书引录了古今文献中的一些材料，并注明了材料的出处，但标注方式视古、今而小异之：一般情况下，对今人的著作，标注了作者、书名、出版社、出版时间、页码等信息，而于古人的著作一般只标注作者、书名、卷数、篇名等信息（只有少数今天出版社印行的古籍，引用时标注了出版社、出版时间、页码等）。特别说明的是，所引古人著作的版本信息，绝大多数没有在标注引文出处时一一予以注出，而是集中著录于后面所附的《引用古籍书目》中，这主要是为了避免繁复。

本书的研究、出版得到了国家社科基金项目“乾嘉学术札记中训诂理论的发掘与研究”（15BYY151）以及华中师范大学文学院学科建设项目“一流学科建设文库”的资助。周光庆、胡亚敏、王武子、李家傲等老师在本书写作过程中给予了热情的关心或帮助，黄树先老师在百忙之中为本书撰写了序言，乔永、谢晓明、李拴牢等老师对本书的出版给予了大力支持，在此一并致以诚挚的谢意！限于学识、水平，本书中不免有种种疏漏乃至舛误，深望博雅君子不吝赐教。

第一章　学术札记中的训诂总论

考据之学在清初已逐渐形成，至乾嘉时期臻于繁盛，究心于此学者为数甚众，影响亦大，因而有“乾嘉学派”之称，其为中国封建社会晚期占统治地位的学术流派。“此一学派，以内容言，称为‘考据之学’，而实以文字训诂为主”①。观此季之学者，确然是津津乐道于“训诂”，言必称《尔雅》《说文解字》之类，著必为考订、训释之属，并在学术札记中对训诂的一些根本性问题有所探讨和论述。

第一节　训诂之名实

既然乾嘉学者热衷于训诂研究，那么他们对“训诂”之名究竟是如何理解和解释的呢？于其所指谓的对象又是怎样进行学术定位的呢？对此，本节拟在稽考乾嘉学术札记中相关论说材料的基础上，做一些梳理和阐发。

一、“训”“诂”分用之义

在乾嘉学术札记中，学者们通过引证和推考相关故训资料，对“训”“诂”之名的意义内涵有所论究。依其所见，“训”“诂”二字分言单用时，既可作名词解，又可作动词解。作名词解时，“训”指字词之意义，“诂”则指古代语言。试观如下论述文字：

《烝民》云“古训是式”……《说文》引《诗》作“诂训”（《言

①徐复观：《中国思想史论集续篇》，上海书店出版社2004年版，第336页。

部》)，云："训故言也。"张揖《杂字》云："诂者，古今之异语也。训者，谓字有意义也。"郭氏《尔雅》有《释诂》《释训》，樊、孙等《尔雅》皆为"释故"。(惠栋《九经古义》卷六)

"诂"亦故言也。……《尔雅》第一篇曰《释诂》，谓释故言也。……毛公曰："诂言，古之善言也。"则"诂"亦故言也。《易·大畜·象传》："君子以多识前言往行，以畜其德。""前言"即故言也。(邓廷桢《双砚斋笔记》卷二)

由惠栋所引张揖之解看，"训"字单用为名词时，指字词的意义。这颇近于郝懿行所云："'训'之一字兼意、义二端：'明明、斤斤'之类为释义，'子子、孙孙'之类为释意，意、义合而为训。"[①]合观惠氏和邓氏之所言，"诂"字单用为名词时，可指"古今之异语"或"故言""前言"，亦即古代语言，特别是异于今语的古代语言。观上引惠栋之言又可知，"诂"亦可写作"故"，二字古通用。因此，惠氏又曾言："汉时谓之故训，又谓之诂训。"[②]

在乾嘉学者看来，"训""诂"分而用之，还可用作动词，都有"诠释""训释""疏通"之类的意义，指解释疏通古代语言文字之义。例如：

盖"诂""训"第就经文所言者而诠释之，"传"则并经文所未言者而引申之，此"诂""训"与"传"之别也。……"诂"第就其字之义旨而证明之，"训"则兼其言之比兴而训导之，此"诂"与"训"之辨也。(马瑞辰《毛诗诂训传名义考》)

"诂"字注引《诗》"诂训"。《诗》，《嵩高》之诗[③]。章怀引《说文》曰："诂，训古言也。音古度反。"是读与"故"同。(王鸣盛《蛾术编》卷二十一《说字七》"卷三上考证"条)

陆氏《音义》曰："故训，旧本多作'故'，今或作'诂'，音古，又音故。……"范按：《汉·艺文志》作"故"，小颜云："故者，通其指义也。"(姚范《援鹑堂笔记》卷六)

---

①郝懿行：《尔雅义疏·释训》"释训"疏。
②钱大昕：《潜研堂文集》卷三十九《惠先生（栋）传》。
③清人迮鹤寿案云："《诗·烝民》云：'古训是式。'……《烝民》乃《崧高》之下一章，(王)先生误记矣。"

上引第一例明言“训”“诂”皆含“诠释”之义；第二例中“章怀引《说文》”云云，是指李贤注《后汉书·郑兴传》“传诂”时所引《说文解字》之文，其谓“诂”指训释古言；第三例则以为“故”与“诂”同，有疏通指义的意思。就上引论述文字来看，马、王、姚三人对“训”“诂（故）”之动词义的理解与解说虽然互有差异，但有一点是共同的，即认为二者都可指诠释或疏通古言古字之义。

二、“训”“诂”合用之义

通考乾嘉学术札记的相关论述，“训”“诂”二字若合而用之，可以组配为“训诂”“诂训”二语，且此二者往往实为一事，在一些语境中相互置换而不会影响表达和理解。例如：

> 《舜典》“教胄子”，……《说文·云部》引作“教育子”……《史记·五帝纪》作“教稚子”，是以训诂字代经文。《诗·谷风》笺：“育，稚也。”（沈涛《铜熨斗斋随笔》卷一“教胄子”条）

> 史公述《尚书》，每以诂训之字相代。故《五帝纪》云“遂见东方君长”……以“见”代“觐”，以“君长”代“后”。（王念孙《读书杂志·史记第二》“遂觐东后”条）

第一例中的“训诂”与第二例中的“诂训”两相比勘，其义明显一律，均含“解释”“翻译”之类的意思。所谓“训诂字”“诂训之字”，都是指用以解释或翻译的今言今字，其与对应的古言古字在意义上相同或相近。这就像今人张舜徽所说：“编述体例之善，未有逾于《太史公》者也。其善奚在？一言以蔽之，曰：能以当代语言文字翻译古书而已。盖惟古文《尚书》多古字古言，必通贯故训，以今语解古语，而后能通其意。《太史公》所采《尚书》，率以训诂代经文，犹今日之翻译，在当时固尽人能知，至今日犹浅明易了，为功于天下后世甚大。”[①]再看如下几条札记材料：

> 臧玉林先生……积久成三十卷，名《经义杂记》，大都深于汉唐训诂之学。（钱泰吉《曝书杂记》卷一“臧氏经义杂记”条）

①张舜徽：《广校雠略》，华中师范大学出版社2004年版，第14页。

汉人诂训之学，字不苟下。（王鸣盛《蛾术编》卷二十八《说字十四》“卷十下考证”条）

汉儒注经，多明训诂名物。（王玉树《经史杂记》卷一“赵岐注孟子”条）

其宏纲细目，必以例为主，有非诂训名物所能赅者。（周中孚《郑堂读书记》卷四《经部三之一》之《礼经释例》）

将此四条材料分成前后两组各相比较，亦可见其中的“训诂”与“诂训”在意义、用法上相同。

从乾嘉学术札记中的论述材料来看，“训诂”“诂训”均有动词、名词两种用法。二者作动词用时，都含有“解释”“疏通”之义，指解释疏通古代的语言。例如：

《史记·封禅书》……释之曰：“渎山，蜀之汶山也。”凡训诂之法，以今释古。谓今之汶山即秦之渎山也。（段玉裁《古文尚书撰异》卷三“岷嶓既艺”条）

训诂所以通雅言，古言雅义既明，其间展转取义者自能通晓。（俞正燮《癸巳存稿》卷一《皇极》）

（庠、校、序）三学均教导之名，《孟子》就同音释之，训诂体当然耳。（戚学标《四书续谈外编》卷下“庠者养也三句”条）

以上是涉及“训诂”的论述材料。再看有关“诂训”的材料：

《孟子》说“庠”“序”“校”，皆以其同音之字义释之，古古相传诂训之法也。（段玉裁《经韵楼集》卷十二《与黄绍武书》）

由今通古皆曰“诂训”，亦曰“训诂”。（马瑞辰《毛诗诂训传名义考》）

凡诂训之例，皆以易晓之语释难知之文。（沈涛《铜熨斗斋随笔》卷一“坏木当作瘣木”条）

《释诂》一篇，周公所作。诂者，古也，所以诂训言语，通古今之殊异，故足以辨言。（孔广森《大戴礼记补注》卷十一）

合观上引七条论说材料，不难发现，其中“训诂”“诂训”的用法和意义相同（马瑞辰说已明示；以段玉裁的两条论说材料相较，亦甚易见），二者都是指由今通古、以易释难的语言诠释行为，其要义在于“释”和“通”，即解释、疏通（或沟通）古代语言，使其意义明晓易知。这颇似乾隆朝四库馆臣所认为的，训诂包括“解释名物”“解释其字义”等[①]。又似晚清陈澧所云：“盖时有古今，犹地有东西、有南北，相隔远则言语不通矣。地远则有翻译，时远则有训诂，有翻译则能使别国如乡邻，有训诂则能使古今如旦暮，所谓通之也。训诂之功大矣哉！”[②]另，上引孔广森之说，实际上是源自唐人孔颖达。孔颖达《毛诗正义·周南·关雎》有云：“诂者，古也，古今异言，通之使人知也；训者，道也，道物之貌，以告人也。……然则‘诂训’者，通古今之异辞，辨物之形貌，则解释之义尽归于此。”于此亦可见，“诂训”用作动词，意为解释疏通古代语言。

“训诂”“诂训”作名词用时，都可指对语言文字所作的解释。先看学术札记中有关“训诂”的材料：

> 历稽古今字书，如《说文》《玉篇》《类篇》，偏旁之书，所以正其画；《广韵》《集韵》《韵会》，反切之书，所以辨其音；《尔雅》《方言》《释名》，训诂之书，所以释其义。（陶澍《印心石屋文钞》卷五《声韵辨讹序》）

> 及观其书，惟训诂多用《字说》，余皆依经解义，多所发明。（王玉树《经史杂记》卷二“安石周礼”条）

> 以其依经起义，别有训诂，故谓之传。（周中孚《郑堂读书记》卷五《经部三之三》之《缁衣集传》）

> 官名各有其义。《虞书》百揆四岳，《周礼》六官，先儒释经，各有训诂矣。（汪师韩《谈书录》“历代官名”条）

第一条材料中“训诂”与“偏旁”“反切”对举，显为名词，指对字词意义的解释；第二条中“训诂”具体指对《周礼》经文之义的解释；第三条中“训诂”具体指对《缁衣》经文之义的解释；第四条中“训诂”具体指对古书官名之义的解释。再看有关“诂（故）训”的材料：

---

①永瑢等：《四库全书总目》卷四十一，中华书局1965年版，第344页。

②陈澧：《东塾读书记》卷十一《小学》。

《尔雅》诂训，乃所以解古今语耳。……所谓古文《尚书》者，正须《尔雅》诂训而后通，岂今之文从字顺者乎？（姚范《援鹑堂笔记》卷二）

郑康成《论语注》云：“正名，谓正书字也。古者曰名，今世曰字。……”此汉儒相承之诂训。（钱大昕《廿二史考异》卷三十四《隋书二·经籍志一》）

遗文垂绝，今古县隔……屦屦赖夫经师故训乃通，无异译言以为之传导也者。（戴震《戴东原集》卷十《古经解钩沈序》）

这三条材料中的“诂（故）训”，指对古代语言所作的具有“传导”作用的解释；如果参酌乾嘉学者的一种别解①，此类“诂（故）训”则是指“古昔典训”，即古时典范性的解释。

除上文所述外，作名词用的“训诂”“诂训”还有其他的意涵。比如，其可指语言文字的意义。例如：

《尔雅·释训》一篇，释《诗》之训诂。……《尔雅》“便便，辩也”，此释《诗·采菽》“平平左右”也。（臧庸《拜经日记》卷十二“尔雅毛诗异文”条）

宋儒每有执后世文字习用之义，辄定为诂训者，是尤蔑古之弊。（翁方纲《复初斋文集》卷七《附录与程鱼门平钱戴二君议论旧草》）

结合语境看，第一例中的“训诂”是指古言古字的意义，有似近人黄侃所云：“训诂者，文字之义也。”②此以引文中“释《诗》之训诂”句与清人著述中“《释训》多释《诗》义”③之类的文句相比较，亦可得而知。上引第二例中的“诂训”，当指语言文字之古义，近于戴震所言“故训音声，相为表里”之“故训”④。

①例如，李黼平《毛诗紬义》卷一有云：“毛诗诂训传，《正义》有二说：一云‘毛以《尔雅》之作多为释《诗》，而篇有《释诂》《释训》，故依《尔雅》训而为《诗》立传’；一云‘定本作故……《毛传》云：古，故也。则故训者，故昔典训，依故昔典训而为传义……’许释‘诂训’为‘故言’，与毛分章为故言亦合，然则‘诂训’是故昔典训。《正义》后说近是。”

②黄侃述、黄焯编：《文字声韵训诂笔记》，上海古籍出版社1983年版，第4页。

③陈鳣：《简庄疏记》卷十七。

④马文熙等编著《古汉语知识辞典》（中华书局2004年版）第329页，谓戴震此言中“故（诂）训”指词语意义。

三、训诂与相关学术

训诂是传统语言文字学的一个重要组成部分。早在宋代，已有学者明确地指出“训诂”是传统“小学”中的一个重要门类。如欧阳修说：“《尔雅》出于汉世，正名命物，讲说者资之，于是有训诂之学。……许慎作《说文》，于是有偏旁之学。五声异律，清浊相生，而孙炎始作《字音》，于是有音韵之学。……虽小学，不可阙焉。”[①]晁公武说：“文字之学凡有三：其一体制，谓点画有纵横曲直之殊；其二训诂，谓称谓有古今雅俗之异；其三音韵，谓呼吸有清浊高下之不同。……三者虽各名一家，其实皆小学之类。”[②]到了乾嘉时期，学人们也往往是将训诂划归于小学的畛域。这在一些学术札记的论述中有所反映：

> 六书之义，乃小学一端耳。后世小学既废，而移其名于“六书”，史志所载类然。《旧唐书·经籍志》以训诂、小学分二门，抑知训诂亦小学也？（凌扬藻《蠡勺编》卷二十一“小学”条）
>
> 初学治经，当从诂训入，所谓小学也。定宇《九经古义》于汉法诂训、古字古言，多疏通证明。（钱泰吉《曝书杂记》卷二“元和惠氏所著书”条）
>
> 诸经皆有旁注。允升尝曰：旁注之作，知其粗者，以为小学训诂之入门；悟其妙者，知为研精造道之要法。（盛百二《柚堂笔谈》卷一）

这些言论的意旨甚为明著，均是把训诂（诂训）视为小学之一端，其实也就是把训诂（诂训）置于语言文字学的领地。

在乾嘉时代，也有一些学者将训诂纳入经学的范畴。学术札记中有这样的论述：

> 世之谈经学者有二焉：一为训诂之学，一为义理之学。言训诂

①欧阳修：《崇文总目叙释·小学类》，见李之亮笺注《欧阳修集编年笺注》第7册，巴蜀书社2007年版，第79—80页。

②晁公武著、孙猛校证：《郡斋读书志校证》卷一，上海古籍出版社1990年版，第145—146页。

者，初以《尔雅》为宗，爬搜古义，神而明之，足以蕲至圣贤格物致知之妙，故两汉经师莫不从事于此。①

斗南辨析汉事、掊击师古，甚有功，稍嫌援引多，裁断少耳。至纠缠诸经训诂，于史学中搀入经学，横加掎摭，攻击不休，则非也。(周中孚《郑堂读书记》卷十五《史部一》之《两汉刻误补遗》)

依钱大昭所言，经学研究涵括了训诂搜考与义理探求两个方面，训诂之学从属于经学；而观周中孚所论，其谓宋人吴仁杰（字斗南）在史学著作《两汉刻（刊）误补遗》中“纠缠诸经训诂”，乃是“于史学中搀入经学”，这也明显是将训诂归属于经学范畴。平心而言，钱、周二人的看法不无道理，颇为符合古代训诂之学发展的客观实际。众所周知，长期以来，儒家经学处于独尊的地位，古代的训诂之学乃为经学的入门学问，服务于儒经的研治，是作为解经的工具而存在的，其支撑着经学但又依附于经学。这就像梁启超所说：“文字训诂，此学本经学附庸——因注释经文而起。”②观乾嘉学术札记的论述，有些学者虽然以训诂为小学之一门，但同时也认为训诂与经学的因缘未可断绝。如桂馥云：

古人于小学，童而习之。两汉经师之训诂，相如、子云之辞赋，皆出于此。今以小学、经学、辞章之学判为三途。经学不辨名物，辞章不识古字，吾不知其可也。(《札朴》卷七《匡谬》“小学”条)

以此所论而观之，在清代的学术研究中，小学虽可与经学并肩而立，但并不能与经学截然划界，互不相谋，经学仍需要以小学为其辅翼，小学之名物训诂仍有必要为其提供助力。

在乾嘉学者看来，训诂与文字、音韵虽然俱为传统小学的重要门类，但各为一家，皆有所专：“夫文字者，其形也；声音者，其响也；训诂者，其义也。小学之类，别之虽有三，大指所归，约之则惟两：传其形者谓之文字，传其响者谓之声音。……训诂由文字、声音而后有。”③因此，学者从事小学研究，有时需要顾及学科门类的属性或特性，注意训诂与文字、音韵之间的差异

①钱大昭：《四书就正录序》，见王昶所辑《湖海文传》卷二十一。
②梁启超：《中国近三百年学术史》，天津古籍出版社2003年版，第19页。
③凌廷堪：《校礼堂文集》卷三十四《苍颉庙碑》。

性，不可淆而乱之。如王鸣盛论戴震的转注之说，曾言：

戴震曰："转注者，其义可以转相注释。如《尔雅·释诂》《释训》等'初、哉、首、基'之类皆'始'也，而'始'亦可训'初'。许云转注'考老是也'，《老部》'老'字注云'考也'，'考'字亦注云'老也'，则知'始也'者，建类一首也，'初、哉'等皆同意相受也。"愚谓戴说非也。文字之学与训诂之学，各专一家。《说文》虽兼训诂，然以文字为主；《尔雅》通释文字，却以训诂为主，不可猥并。况许《自叙》此段方说造字本原，训诂在后。戴拘于"考""老"之互相训而为此说。若审如此，则《说文》中属转注者寥寥，何足以为六书之一乎？（《蛾术编》卷十五《说字一》"六书大意"条）

王氏此论表明，小学中的文字与训诂，各为专门，"不可猥并"；《说文解字》之"转注"，着眼于字之构形本原的揭示，属于文字之学；《尔雅》之义训，措意于词之语义内涵的通释，属于训诂之学；戴氏据《尔雅》义训之同释，以求《说文解字》"转注"之名实，实则混并了文字学、训诂学之间的疆界，致使二者的学术特性被消解，甚不可取。这也颇似今人江举谦所说："戴、段将文字训诂当作文字构形原理之六书……其误显然。"[①]

小学中的训诂、文字、音韵，虽各一家，未可随意猥并，但彼此之间并非水火不相容，而是有着密切的关系。在乾嘉学者的观念里，"凡小学，皆以其形、声相训诂"[②]；"欲通古义，必先明古音。……文字之音读正，而义亦无不昭"[③]；"诂训之学，以声音、文字为本"[④]。也就是说，训诂需要从文字、音韵方面入手，使形、音、义有机结合，相辅相成。因此，在训诂研究中，有必要借助并综合运用文字学、音韵学的知识和方法来全面考求形、音、义。段玉裁说：

小学有形、有音、有义，三者互相求，举一可得其二；有古形、

①江举谦：《转注原论》，见《"中央"研究院国际汉学会议论文集·语言文字组》，台湾"中央"研究院1981年编印，第488页。
②孔广森：《礼学卮言》卷五"小戴礼记杂义"条。
③方东树：《考槃集文录》卷四《许氏说文解字双声叠韵谱序（代）》。
④郝懿行：《晒书堂文集》卷二《又与王伯申学使书》。

> 有今形，有古音、有今音，有古义、有今义，六者互相求，举一可得其五。……义属于形，是为转注；义属于声，是为假借。稚让为魏博士，作《广雅》，盖魏以前经传谣俗之形音义汇绛于是。不孰于古形、古音、古义，则其说之存者，无由甄综；其说之已亡者，无由比例推测。形失，则谓《说文》之外字皆可废。音失，则惑于字母、七音，犹治丝棼之。义失，则梏于《说文》所说之本义而废其假借，又或言假借而昧其古音。是皆无与于小学者也。怀祖氏能以三者互求，以六者互求，尤能以古音得经义，盖天下一人而已矣！[①]

段氏认为文字之形、音、义的关系密切，研究小学应当把这三者综合起来进行考证，相互推求，这其实是要求把文字、音韵与训诂结合起来。如此，训诂就自然不能弃逐文字学、音韵学的认知视角和研究方法。乾嘉学者普遍具有这样的学术理念，故训诂与文字、音韵相资为用的研究范式总能得到他们的深刻认同。如周中孚评价戴、段之学：

> （戴震）研精汉儒传注及《方言》《说文》诸书，由声音、文字以求训诂，由训诂以寻义理，实事求是，不偏主一家。（《郑堂读书记》卷五十九《子部十之八》之《戴氏遗书》）
>
> （段玉裁）尤精于小学，凡文字、音韵、训诂之精微，无不一以贯之。（《郑堂读书记》卷七十一《集部一》之《经韵楼集》）

周氏对戴震、段玉裁以训诂与文字、音韵相贯通，可谓充满了无限的激赏和钦服之情。

乾嘉之时，考据之学呈炽盛之势，此季的训诂之学又往往被目为考据学大纛之下的一支："自乾隆盛时表章六籍，老师大儒，承风兴起，为实事求是之学。其间专门名家言考据者又约有三途：曰训诂，研审文字，辨析毫芒；曰考证，循求典册，穷极流别；曰雠校，搜罗古籍，参差离合。"[②]训诂被归于考据一门，在乾嘉学术札记的论述中可以窥见：

> 古之学者有四，曰义理之学，曰经学，曰史学，曰辞章之学，而

①段玉裁：《广雅疏证序》，见王念孙《广雅疏证》卷首，中华书局1983年版，第1页。
②郭嵩焘：《王氏校定衢本郡斋读书志序》，见《郭嵩焘诗文集》，岳麓书社1984年版，第28页。

> 考据不与焉。非无考据也，考据即寓于四者之中也。我朝学者始有考据专门。……大令负颖异之姿，博极群书，自六经诸史、象纬舆地、财赋河渠、算数历律之学，与夫六书、声韵、方言、风俗之类，罔不根究其原委，剖悉其疑似。所列书目有六：首《温经》，以汉唐注疏为本，参以各家之说，其折衷之榷当，则安溪、望溪也；次《览古》，其援据之宏富，考核之精详，则百诗、自南也……虽曰考据专门，而引证奥博，词藻古雅，实能兼义理、经、史、辞章四者之长，而自成一家之言。[①]

翁广平在此将桂馥的《札朴》定性为"考据专门"之书，实际上是把训诂划归于考据学领域，因为桂馥此书是"偏重于经史训诂等方面考证的笔记"[②]，且被时人段玉裁誉为"训诂家断不可少之书"[③]。

第二节　训诂之作用

乾嘉二朝，是训诂学发展的鼎盛时期，取得了前所未有的辉煌成就。这个时期的许多学人，在训诂研究上孜孜矻矻，穷年累月而不懈，倾注了极大的热情和精力。《清史稿·儒林传》载："大兵征金川，挽输络绎，（段）玉裁处分毕，辄篝镫著述不辍……于周秦、两汉书无所不读，诸家小学，皆别择其是非。于是积数十年精力，专说《说文》，著《说文解字注》三十卷。"该书又载："（王念孙）以邵晋涵先为《尔雅正义》，乃撰《广雅疏证》；日三字为程，阅十年而书成，凡三十二卷。"如此事例，不胜枚举。乾嘉学者为何能潜心于训诂研究而亹亹不倦、无怨无悔呢？推究其故，原因很多，其中一个重要的因素就是他们对训诂之价值、作用有着真切的体悟与深刻的认知，由此获得了致力训诂研究的内在驱动力。他们对训诂之价值、作用的认识及看法，在其学术札记中往往有或明或隐的表达。今对札记中一些零散的相关论说材料加以

①翁广平：《札朴序》，见桂馥《札朴》卷首。
②刘叶秋：《历代笔记概述》，北京出版社2003年版，第235页。
③段玉裁：《札朴序》，见桂馥《札朴》卷首。

条贯，并综会其旨，抽引出了如下主要观点。

一、训诂有助于古书解读

在乾嘉学者眼里，训诂是一把利器，于语言文字密码的破解具有强大功用，读古书者必赖其助。钱大昕说："六经皆载于文字者也，非声音则经之文不正，非训诂则经之义不明。"[①]邵晋涵说："通古人之训诂，则六艺九家之传，皆文从字顺，而无诎屈之言。"[②]训诂之于古书解读的作用可谓大矣。就乾嘉学术札记的论述来看，其作用主要体现在如下方面。

（一）训诂通则校勘精

训诂、校勘二者同源异用，各奏其能，但在古书解读过程中又相辅相济，互成其功。训诂得校勘之助，读者则能廓清讹文脱字，探明文本语言文字的本意；校勘获训诂之资，读者则能决疑辨惑，明断是非，以正舛误。段玉裁曾言，"校书之难，非照本改字不讹不漏之难也，定其是非之难。是非有二：曰底本之是非，曰立说之是非。……校经之法，必以贾还贾，以孔还孔，以陆还陆，以杜还杜，以郑还郑，各得其底本，而后判其义理之是非，而后经之底本可定，而后经之义理可以徐定"；而要"判其义理之是非"，须借文字训诂之助力，否则缘辞生训，"所释之义非其本义"，无法求其是[③]。翁方纲曾盛赞乾隆时人丁杰精于校书，"审正罅漏，如对古人"，并分析其原由说："卢抱经精校雠，王石臞、桂未谷精训诂，而君（按指丁杰）兼有之，每竟一编，校签细字压粘，倍其原书，皆目光髯影栩栩飞动处所定。"[④]由段、翁之论可知，乾嘉时期的学者已深刻认识到校勘离不开训诂，训诂可助校勘臻至精善之地。

由乾嘉学术札记中的具体论述观之，校勘不精，乃至错校轻改，往往是缘于训诂未通，义犹未得。如王念孙云："其古训未闲，雠校犹略。"[⑤]"古训之不通，其势必至于妄改矣。"[⑥]臧庸云："王肃好与郑难，因改《传》以诬

①钱大昕：《潜研堂文集》卷二十四《小学考序》。
②邵晋涵：《南江文钞》卷五《汉魏音序》。
③段玉裁：《经韵楼集》卷十二《与诸同志书论校书之难》。
④翁方纲：《复初斋文集》卷十三《丁小疋传》。
⑤王念孙：《王石臞先生遗文》卷三《读管子杂志叙》。
⑥王念孙：《读书杂志·淮南内篇第三》"比于正音"条。

毛。……晋郭景纯鲜通古义，不从樊、孙，而从王肃，深可取笑。”[①]王玉树云：“（对《毛传》之训诂体例）俗儒不知，往往私意妄改者，殊失毛公训诂之义矣。”[②]一言以概之，训诂明则校勘精，训诂昧则校勘失。兹取札记中的一段材料为例，再做进一步具体阐发：

> 不可休思，今《毛诗》作“不可休息”。朱子《诗集传》旧本“休息”下有注云：“吴氏曰：《韩诗》作‘思’。”故王浚仪《诗考序》谓文公《集传》“不可休思”从《韩诗》也。案：吴氏谓才老。才老不及见《韩诗》，当即据《外传》言之。瀚谓此字韩、毛本同。自陆氏《释文》主“息”字，孔氏《正义》知当作“思”，而不敢擅改，后世遂踵其讹。近世学者皆信其当作“思”矣，而其致误之由未明也。谨案：此由误读《郑笺》之故。《笺》云：“木以高其枝叶之故，故人不得就而止息也。”人见《笺》有“息”字，疑经文本有“息”字，故见误本而不敢改，不知“止息”乃“休”字之训。《大雅·民劳》“汔可小休”，《笺》云：“休，止息也。”是其明证矣。《说文》：“休，息止也。”《尔雅·释诂》：“休，息也。”郭注：“劳苦者宜止息。”皆与郑义同。《毛传》无训者，毛尚简括，往往后先互见，疑乃重出，全书之通例也。《大雅·瞻卬》“休其蚕织”，《传》：“休，息也。”毛义盖见此。郑云“止息”，申毛义也。知《郑笺》“止息”为“休”字之训，且其义本于毛，则知毛经本非“息”字，与韩适同，而元朗、冲远之疑亦可以释然矣。（许瀚《攀古小庐杂著》卷二“不可休思”条）

今本《毛诗·周南·汉广》中“不可休息”之“息”，在许瀚看来是“思”字之误。为何原本“思”字会被人误改作“息”字？为何后人“见误本而不敢改”？甚至连孔颖达（字冲远）这样的饱学之士心知其误而也“不敢擅

①臧庸：《拜经日记》卷四“冥窈也”条。笔者按：引文中“改《传》以诬毛”，指《诗经·小雅·斯干》“哕哕其冥”毛传“冥，窈也”之“窈”，王肃诬妄改之，作“幼”。引文中“晋郭景纯”云云，谓郭璞注《尔雅·释言》，拙于故训，不从樊光、孙炎之本作“冥，窈也”，而从王肃之妄改，注言“幼稚者冥昧”，谬甚。

②王玉树：《经史杂记》卷一“毛传体例”条。

改”[①]？依许瀚之见，这根本在于人们“误读《郑笺》”，错解了其中“人不得就而止息”一句的意思，误以为此中“止息”是训“休息”二字之义，进而认定经文“休”字后面的“思”字当作“息”，殊不知“止息”只是经文“休”字之训，“休”字之后的“思”字不误，同于《韩诗》。揣许瀚之意，后人如果明于“休”字之义，又知《郑笺》《说文解字》《尔雅》《毛传》中“休”字已有“止息”“息止”或“息”之类的训释，就不至于为《郑笺》“人不得就而止息”一句所牵扰，改“思”作“息”，也不至于“见误本而不敢改”。由许瀚的论述文字，很容易悟出一点：校改古书须通训诂，训诂有助于校勘。

（二）训诂得则句读确

古人读书，讲究“沉潜乎训义，反复乎句读”，以其为不易之良法。乾嘉学者也是如此，极重训诂、句读，且认为训诂得则句读通，训诂失则句读误。在乾嘉学术札记中，常常可以见到这样的论说文字：“《注疏》解经既谬，故句读亦误”[②]；“故文义失而句读亦舛也”[③]；“故训失而句读亦舛也”[④]；“盖训诂疏而句读亦舛矣”[⑤]。融贯于这些言论中的一种观念意识甚为显明：解读古书而分句读，须以训诂为根柢；得其训诂者，才可得其句读之正；失其训诂者，则往往会导致句读舛误。兹举一例以明之：

> 王弼本第十七章“信不足焉有不信焉”，河上公本无下“焉”字。念孙案：无下“焉”字者是也。“信不足”为句，“焉有不信”为句。焉，于是也。言信不足，于是有不信也。《吕氏春秋·季春篇》注曰：“焉，犹于此也。”……王弼注十七章云：“信不足则有不信，此自然之道也。”“则有不信”即“焉有不信”，是王弼亦以“焉有不信”为句。今本王注作“信不足焉，则有不信”，“焉”字亦后人所加。二十三章注云：“忠信不足于下，焉有不信也。”（《永乐大典》本如此）今本“也”字作“焉”，亦后人所改。此皆由不晓“焉”字之义，而读“信不足焉”为一句，故训诂失而句读亦舛。既于下句末

①孔颖达《毛诗正义》有云：“疑经‘休息’之字作‘休思’也。何则？诗之大体，韵在辞上，疑休、求字为韵，二字俱作‘思’，但未见如此之本，不敢辄改耳。”
②姚范：《援鹑堂笔记》卷九。
③王念孙：《读书杂志·史记第三》“如齐故俗诸儒以百数”条。
④王引之：《经义述闻》卷三“无遗育”条。
⑤王引之：《经义述闻》卷四“昭武王惟冒”条。

加“焉”字，遂不得不改注文以就之矣。（王念孙《读书杂志余编》卷上“信不足焉有不信焉”条）

由王念孙的论述可知，王弼明于训诂，以《老子》第十七章中“焉有不信”为句，甚是；而后人将其中的“信不足焉”读作一句，误也，究其因则是“训诂失”，具体言之，后人昧于其中连词“焉”的“于是”之义，不知它应连下“有不信”为句，而误以为“焉”是用于句末的语气词，表停顿，遂将其属上“信不足”三字而读之。王氏的论说表明，分析句读须精于训诂，训诂得则句读确，反之则舛，训诂之于句读的作用非可小视。

（三）训诂明则文义显

古书文本是以语言文字为物质媒介符号构造而成的。其语言文字作为作者思想观念的载体，都有其客体化内容，即乾嘉学术札记中常所谓“经文本旨”的“本旨”，“得其本义”“非其本义”的“本义”。这种内容是由作者的意识特性决定的，在作者遣词造语时就被赋予，具有客观性、确定性和指向的唯一性。在乾嘉学者看来，解读古书，读者应当进入到作者的意识，通过客观性重构，以诠明语言文字的本有之义。王引之说：“经典之文，自有本训。得其本训，则文义适相符合，不烦言而已解；失其本训而强为之说，则阢隉不安。”[①]然则，如何求得古书语言文字的本有之义，使其文义明著而通畅呢？对此，乾嘉学者有一个共识，那就是由训诂以会其义：“专治一经，先求训诂于注疏”[②]；“求之故训，故训明则古经明”[③]。“圣贤之言，不但深远者非训诂不明，即浅近者亦非训诂不明也”[④]；“训诂不明则经不通”[⑤]。综上所论而言之：“经非诂不明。”[⑥]乾嘉学者们普遍坚信，解读古书，只要是由训诂以通文辞，审求其是，则不仅可使古书的文义显明通贯，且能深得其文义之本真。这从学者们对经籍训诂类著述的评议中可略见一斑：

《道德经注》二卷，国朝徐大椿撰。……于篇中字句之多少异同，则从诸本校对，取其明白确当者从之；其训诂，视其上下文脉络

①王引之：《经义述闻》卷三十二“增字解经”条。
②王鸣盛：《西庄始存稿》卷二十四《赠任幼植序》。
③戴震：《戴东原集》卷十一《题惠定宇先生授经图》。
④阮元：《揅经室一集》卷二《论语一贯说》。
⑤桂馥：《晚学集》卷六《上阮学使书》。
⑥阮元：《定香亭笔谈》卷四。

而通贯，使其上下连属，词义颇属通达而浅显，可以便学者之循诵。（周中孚《郑堂读书记》卷六十九《子部十四》之《道德经注》）

我朝小学训诂远迈前代。……怀祖先生家学特为精博……经义之外，兼核诸古子史。哲嗣伯申继祖，又居鼎甲，幼奉庭训，引而申之，所解益多。著《经义述闻》一书，古儒所误解者，无不旁征曲喻，而得其本义之所在，使古圣贤见之，必解颐曰："吾言固如是，数千年误解之，今得明矣。"①

上引材料分别对《道德经注》《经义述闻》所作的论评，说明小学训诂在古书解读中扮演着不可或缺、不容小觑的角色，其有因言核实、沟通古今之能，足以裨助于古书上下文义的疏通昭揭，以及古书语言文字之本义的重建。

依乾嘉学者的观点，解读古书如果昧于小学训诂，则往往会强通曲解，或者凿空立说，从而导致文义不明，古训湮晦。如王引之说："（《周易》）'圣人以此洗心'，……解者不知读'洗'为'先'，而谓'洗濯万物之心'……增义以解经，于文有所不合。若谓自洗其心……义更有所不安。"②又如钟褱云："以物遗人谓之'问'。……《论语》'问人于他邦'，注家独略。……窃谓'问人''馈药'连类而书，记者原非无意。今人专讲蹈空，不识训诂，古义之湮没者多矣。"③又如，《穀梁传·隐公五年》"诛不填服"，范宁注云："来服者，不复填厌之。"王引之以范注为误，辨曰："'填'读为'殄'，谓殄戮之也。不殄服，犹言不杀降也。作'填'者，假借字耳。《小雅·小宛篇》'哀我填寡'，《毛传》曰：'填，尽也。'《释文》：'填，徒典反。'《尔雅》曰：'殄，尽也。'《集韵》：'殄，或作填。'是其证也。"④对于范、王的"填"字之训，柳兴恩评曰："范疏于声音训诂之学，而经义因以不明，王氏纠之，可见古学有所不明，即未足以治经也。"⑤乾嘉学术札记中的此类评说文字甚夥，它们共同传达出一个声音：训诂明，则古书之文义著；训诂不精，则古人之言亦从而晦矣；疏于训诂，"轻语言文字，是犹渡江河而弃舟楫，欲登高而无阶梯也"⑥。

①阮元：《经义述闻序》，见王引之《经义述闻》卷首。
②王引之：《经义述闻》卷二"圣人以此洗心"条。
③钟褱：《赍厓考古录》卷一"问"条。
④王引之：《经义述闻》卷二十五"诛不填服"条。
⑤柳兴恩：《穀梁大义述》卷十一。
⑥此为戴震语，见段玉裁《戴东原先生年谱》"四年己未十七岁"条所引。

（四）训诂晓则义理知

在一些乾嘉学者看来，读者解读古书（特别是解读儒家经典），应以求道明理为志趋，以修身进德为指归，培养起理想的人格，实现自我身心与道（理）的合一。这一点，从学术札记的相关论说中可约略窥见：

发千古名山石室之藏，则必析疑义于豪芒，证遗文于荒坠，抉先圣之精神，扩后贤之灵智，沉潜反覆，而书中之义且日出矣。[①]

今之学者自入塾即读《三百篇》，然及其修于身、行于家、施于有政，卒懵然无所得。何哉？古之读书，专务义理，故旁推而交通之，皆有用也；今则墨守传注，胶固浅隘，故《诗》虽存不能用，其人亦终身如未尝读。（姚文田《邃雅堂集》卷一《读诗论》）

治经者不拘汉学、宋学，总以有益身心、有裨实用为主，否则无论汉学无益，即宋学亦属空谈。说经者亦期于古圣贤立言之旨，愈阐而愈明，方于学者有益。（梁章钜《退庵随笔》卷十四）

此类论说文字，都蕴含着一种求道明理的价值诉求，即主张解读古书，应注重研求其中的义理，达成对古圣先贤之思想观念、生命体验的知悟与重建，从而深于理、造于道，以益于身心。

然则，解读古书如何研求义理、深知其实呢？依乾嘉学者之见，“有诂训而后有义理；诂训者，义理之所由出”[②]，“正文字，辨音读，释训诂，通传注，则义理自见，而道在其中矣”[③]，因此，读者以训诂考据为门径、为梯级，才能登堂入室，进到文本语言文字背后所潜藏的深层意义世界——圣贤之道、天地之理，窥其精奥，悟其妙旨，从而真有所见，实有所知。如阮元说：“圣人之道，譬若宫墙，文字训诂，其门径也。门径苟误，跬步皆歧，安能升堂入室乎？学人求道太高，卑视章句，譬犹天际之翔，出于丰屋之上，高则高矣，户奥之间未实窥也。”[④]胡承珙说：“治经之法，义理非训诂则不明，训诂非义理则不当，二者实相资而不可偏废。自有谓汉学详于训诂，宋学晰于义理者，遂若判为两途，而于是讲训诂者拘于墟，谈义理者奋其臆，沿流而失源，

①沈维鐈：《援鹑堂笔记序》，见姚范《援鹑堂笔记》卷首。
②钱大昕：《经籍籑诂序》，见阮元主编《经籍籑诂》卷首。
③王鸣盛：《十七史商榷·自序》。
④阮元：《揅经室一集》卷二《拟国史儒林传序》。

骛末而忘本。……博求训诂而审择其是，则于古人之微言大义，必更有所得者，岂惟四书？充之以治诸经，皆是法也。”[①]钱大昕说：“国朝通儒，若顾亭林、陈见桃、阎百诗、惠天牧诸先生，始笃志古学，研覃经训，由文字、声音、训诂而得义理之真。”[②]纪昀说：“圣人之心，与天地通。诸大儒阐发圣人之理，其精奥亦与天地通。……夫汉儒以训诂专门，宋儒以义理相尚，似汉学粗而宋学精，然不明训诂，义理何自而知？”[③]综会以上诸家之言，不难看到，读者解读古书而欲研求义理，特别是解读儒经而欲窥见圣学之堂奥，标揭大道之精微，则必自训诂始；训诂明晓，读者则可通乎古圣先贤之心志，知见古书义理之精蕴。也就是说，训诂能在古书的“言”与“理”之间架设一座沟通的桥梁，读者如果通行其上，便可由此而达彼，由“言”而及“理”，获得对圣贤之道、天地之理的真知实见。

研讨乾嘉学者所论训诂、义理二者之间的关系，以及训诂考据之于义理探求的作用，我们不能忽略乾嘉学派代表性人物段玉裁的相关看法。段玉裁在为严元照的学术札记《娱亲雅言》所作序言中说：

> 考核者，学问之全体。学者，所以学为人也。故考核在身心性命、伦理族类之间，而以读书之考核辅之。今之言学者，身心伦理不之务，谓宋之理学不足言，谓汉之气节不足尚，别为异说，簧鼓后生，此又吾辈所当大为之防者。[④]

由是观之，学术研究上的考核，不仅应以知识论意义上的“求真”为鹄的，还应以究明身心伦理之所以然、所当然的“求道”为指向，换言之，考核应以探求义理为归趋；而且，读书之考核可以辅助学人探明义理。因此，钱穆将上述段玉裁言论的大旨要义归结为“以考核为义理之源”，并说：

> 东原以义理为考核之源[⑤]，而懋堂以考核为义理之源，此非明背师说，乃正所以善会师说也。圣人制作，此义理为考核之源也；后人

---

①胡承珙：《求是堂文集》卷四《四书管窥序》。

②钱大昕：《经义杂记序》，见臧琳《经义杂记》叙录，《续修四库全书》第172册，上海古籍出版社2002年版，第288页。

③纪昀：《阅微草堂笔记》卷一。

④段玉裁：《娱亲雅言序》，见严元照《娱亲雅言》卷首。

⑤笔者按：戴震曾言：“有义理之学，有文章之学，有考核之学。义理者，文章、考核之源也。孰乎义理，而后能考核，能文章。”

钻研经籍，因明义理，此考核为义理之源也。懋堂之说，正是东原平日戒人凿空以求义理之旨耳。而懋堂之所谓考核，其意并不专在名物、字句间。[①]

钱穆的分析应该说是切于实际的，段氏并没有违戾戴震之说，而是强调循文究义，通过经籍考核以探明圣贤之义理，使经典解读运行在“由文字以通乎语言，由语言以通乎古圣贤之心志”[②]的理性轨道上，以避免空言义理，不得其真。其说可谓凸显了寻源究本、本立道生的为学信念。上引段氏序言中所谓“考核”，亦即考据，而训诂考据乃为其中重要内容之一，故序言中所贯穿的“以考核为义理之源”的理念，实际上也包含有“以训诂为义理之源”的义旨。其与段氏自己如下一些言论的旨趣实相通贯：“训诂必就其原文……经明而后圣人之道明。”[③]“经之不明，由失其义理。义理所由失者，或失其句度，或失其故训，或失其音读；三者失而义理能得，未之有也。”[④]

乾嘉学者们极力阐扬训诂考据之于义理探求的作用，倡言义理从训诂出，是为了避免脱离文本的语言文字而谈空说玄，防止以向壁虚造之说遮蔽义理的真实所在。因此，乾嘉时人解读经典求义理，也就自然将经典文本的语言文字摆到了显要位置。今人周裕锴说：“到了乾嘉时期，经学阐释学的重心更几乎完全倾斜到语言文字上来。孔子‘必也正名乎’的古老呼唤，激荡起‘说文解字’的强烈共鸣；‘言以足志，文以足言’的古老箴言，转化为‘以字考经，以经考字’的治学原则。意义再也不是‘无迹可求’的镜花水月，阐释再也不是‘得意忘言’的醉翁寐语，圣人之道切切实实地蕴藏在每一个可见可闻的字词的形、音、义之中。”[⑤]

二、训诂有利于经世济时

在有些乾嘉学者看来，训诂考据之学与经世致用之学并非势如冰炭、两不相入，而是可以相通互足、冶于一炉的。训诂考据能够助人推明古训，从古代

---

①钱穆：《中国近三百年学术史》，中华书局1986年版，第366页。
②戴震：《戴东原集》卷十《古经解钩沈序》。
③段玉裁：《周礼汉读考·自序》。
④段玉裁：《经韵楼集》卷三《在明明德在亲民说》。
⑤周裕锴：《中国古代阐释学研究》，上海人民出版社2003年版，第349页。

经传中悟到应事接物之道，求得经世济民之术，从而达到鉴古资治的目的。如阮元在为段玉裁《周礼汉读考》所作的序言中说：

> 稽古之学，必确得古人之义例，执其正，穷其变，而后其说之也不诬。政事之学，必审知利弊之所从生，与后日所终极，而立之法，使其弊不胜利，可持久不变。盖未有不精于稽古而能精于政事者也。……（段）先生于语言文字剖析如是，则于经传之大义，必能互勘而得其不易之理可知；其为政亦必能剖析利弊源流、善为之法又可知。而一行作吏，即引疾养亲、食贫乐道二十年所矣，其诸所得于己者深欤。①

其中所谓“稽古之学”，实际上主要是指训诂考据之学；所谓“政事之学”，则属于经世致用之学。由上引阮元之言看，稽古之学与政事之学具有内在的通约性，稽古有补于政事，精于稽古者则能精于政事，使道、学、政达成一体，臻于善美之境。段玉裁问学、为政的经历就很好地诠释了这一点。其精于训诂考据，对儒家经传的语言文字能做深入的剖析，对经传中蕴含的不易之理能有透彻的领悟，深造自得，内得于己，因而在经世济民的践履之中能鉴古知今，“剖析利弊源流、善为之法”，由稽古的求真达于为政的求善。阮元对段玉裁稽古之学的称许，又不禁让人联想到段玉裁对戴震训诂考据之学的评赞：“（戴）先生之治经，凡故训、声音、算数、天文、地理、制度、名物，人事之善恶是非，以及阴阳气化、道德性命，莫不究乎其实。盖由考核以通乎性与天道，既通乎性与天道矣，而考核亦精，文章亦盛，用则施政利民，舍则垂世立教而无弊。”②阮、段对训诂考据之功用的论叙，可谓旨趣相合，均揭橥了训诂考据对于经世治人的裨助作用。嘉庆时人邓显鹤也有与之相似的看法：“小学之教亦不一，而训诂为先。诚如钧谕所云：由训诂而识义理，由义理而博通乎古先圣王制度名物及历象躔次、河渠水利、兵刑名法、民生休戚、时政得失，与夫天人相与、休咎征验、古今治乱循环之故，洞悉详究，灿然为体用明备之学。”③可见，训诂对于成就经世利民之实学有所助益。这有点近似于德国

①阮元：《汉读考周礼六卷序》，见段玉裁《周礼汉读考》卷首。
②段玉裁：《戴东原集序》，见戴震《戴东原集》卷首。
③邓显鹤：《南村草堂文钞》卷九《复程春海先生书》。

学者伽达默尔对现代诠释学功能的定位："不只是去认识善，而且还要共同创造善"[①]。

此外，在一些乾嘉学者的眼里，训诂之术不仅可以用于圣经贤传、高文大典的解读，也可以施于日用常行之际语言文字的考辨，或究明原委，或匡正俗讹，能起到劝世励人、利济群生的作用。如《归田琐记》是梁章钜辞官还乡后撰写的一部笔记，其中多有语言文字的训诂考辨。该书之前后分别载有弟子许惇书所作的序、跋。其序有云：

> 仿唐人之《闽书》，沿宋稗之旧例，穿穴百氏，剿窃一家……小亦足以正汝长之说，补华佗之书，洵可纲维世风，利泽群汇已。公之经济，具见一斑，垂诸艺林，嘉惠来学。

许氏跋文有云：

> 欧书多录朝廷遗事，士大夫笑谈，吾师书亦同其意，而考订详明，包孕繁富，中间如议马头、议江口、议大钱、戒停葬、戒厚殓、戒锢婢诸条，尤为济时之要务，警俗之苦衷。

显然，序、跋包含着这样一个观点：训诂考据之学也能发挥"济时""警俗"的作用，产生"纲维世风，利泽群汇"的效应，而成为经世致用的实学。许惇书的如此看法，并非凭空而起，而有其事实依据。下面不妨移录《归田琐记》卷一"屠苏酒方"条中的文字以为佐证：

> 或问屠苏酒之义，记得《七修类稿》中有之。"屠苏"本古庵名，当从"广"字头。《广雅》释"庵"作"廜廯"二字，孙思邈特书此二字于己庵。《集韵》云："廜廯酒，元日饮之，可除瘟气。亦作屠苏。"今人因思邈庵中出辟疫之药，遂有屠绝鬼气、苏醒人魂之说，可笑也。尝忆得三因方上有此药酒，用大黄配以椒桂。盖孙思邈出庵中之药，与人作酒，因遂名为屠苏酒耳。其方为大黄、桔梗、白术、肉桂各一两八钱，乌头六钱，菝葜一两二钱，各为末，用袋盛。[②]

---

①［德］伽达默尔：《伽达默尔集》，上海远东出版社1997年版，第277页。
②梁章钜：《归田琐记》卷一。

在此，梁章钜运用训诂的手段考订名物，论究“屠苏酒”之义，力辟“屠绝鬼气、苏醒人魂”之谬说，备彰屠苏消除疫气之药效，无疑能产生良好的社会效益。具体言之，其钩考纠驳，正本清源，可起到开启民智、惠济民生、净化民俗的作用，同时亦可“补华佗之书”。因此，许惇书所言“济时”“警俗”者当不虚也。

三、训诂有裨于博物识古

博物多识，可谓是古代儒者在知识结构上的一种目标选择和理想追求。早在春秋时代，孔子提出读《诗经》而“多识于鸟兽草木之名”，就体现了对儒者博学多闻的期许。中古时期，史书总是以充满激赏的笔调来叙写历史上的博通之士，显现出了崇尚博物多识的价值取向。如《三国志·王粲传》记王粲“博物多识，问无不对”，《孟光传》记孟光“博物识古，无书不览”，《后汉书·曹褒传》记曹褒“博物识古，为儒者宗”，均是其例。至清代，学人们品鉴人物、议论学行，仍然是以“博物多识”相尚。如潘耒《赠程穆倩》诗云：“博物推斯人，考古得精蕴。”[①]孙星衍盛赞孙志祖云：“既家居奉亲，杜门著述，博物识古，无书不览。”[②]

然则，儒者如何使自己博闻多识、旁通古学呢？依乾嘉学者的看法，训诂考据著作的研读，训诂考据方法的运用，均有助于儒者博物识古。例如，桂馥（字未谷）的《札朴》以考据见长，注重“通过文字训诂来解说经史，考辨名物”[③]。其所考辨的对象较广，涉及鸟兽虫鱼、树木花草、居处器用、山川地理，等等。段玉裁评该书曰：

> 未谷深于小学，故经史子集、古言古字有前人言之未能了了，而一旦砉然理解者，岂非训诂家断不可少之书耶？况其考核精审，有资于博物者，不可枚数。[④]

周中孚评之曰：

①潘耒：《遂初堂诗集》卷二。
②孙星衍：《平津馆文稿》卷下《清故江南道监察御史孙君志祖传》。
③刘秋叶：《历代笔记概述》，北京出版社2003年版，第241页。
④段玉裁：《札朴序》，见桂馥《札朴》卷首。

> 根究其原委，剖悉其疑似，引证奥博，词藻古雅，其有资于博物者亦不可枚数，洵考据之专门，而自成一家之言者。（《郑堂读书记》卷五十五《子部十之四》之《札朴》）

段、周二氏均言《札朴》的训诂考辨多“有资于博物者”，说明训诂考据在乾嘉学者的心目中具有资多识、广博闻的功用。以《札朴》之书的具体考辨文字观之，段、周所言洵非溢美之词。兹列举《札朴》中的三条材料如下，以实其言：

> 以鳊为鲂，始误于《诗》毛传“鱼劳则尾赤”之一语，《孔疏》遂断云：“鲂尾本不赤。”独《说文》以鲂为赤尾鱼。余在沅江买得一鱼，鳞白而尾赤，肉细多脂，形似赤鲤，此真鲂也，益信许说有据。郭璞、陆玑并失之。《释鱼》：“鲂，魾。魾，大鳠。”《尔雅》何尝以鲂为鳊耶?《古今注》：“白鱼雄者曰魾。”余所得即雄者，重四斤，非魾而何？今之鳊岂无劳者，绝不见赤尾，是知鲂、鳊不同物矣。（《札朴》卷五《览古》“鲂”条）
>
> 刘渊林注《吴都赋》云：“箭竹，细小而劲实，通竿无节。”戴凯之《竹谱》云：“箭竹高者不过一丈，节间三尺。”馥案：刘所谓“通竿无节”者，俗呼通天竹；戴所谓“节间三尺”者，即谢康乐《山居赋》注所称“苦箭大叶”者也。故《字统》云：“大身小叶曰竹，小身大叶曰箭。”（《札朴》卷五《览古》“竹箭”条）
>
> 滇中有草似马齿苋，而叶尖茎青，盛于冬，拔之不死，折而弃之，得土复生，俗名“打不死”。案：即《尔雅》“卷施草，拔心不死”也。郭以为“宿莽”，故盛于冬。（《札朴》卷十《滇游续笔》“打不死”条）

桂馥在此考释古人所言“鲂”“箭竹”“卷施草”，或引经据典，或目验详悉，以别其是非，校其名实，通其古今，能让人知晓古所谓“鲂”非同于“鳊”，古所谓“箭竹”实有两类，古所谓“卷施草”即今之俗称“打不死”者。上引诸条，因有训诂之术施于其间，考核精审，故读之能让人大长见识，对相关动植物的物名、物态、物性、物理等获得较为深入的了解。因此，段、周二氏称其书“有资于博物者”，确为平允切实之论。

再看一例。明人黄佐所撰《乐典》，是研究古代音乐的专著，该书“立乐均，述乐义，详载名物度数，而阐明其理，合《大司乐》《乐记》《诗乐》共三十六卷……多扩前哲之所未发者”[①]。黄佐在“明人之中，学问最有根柢”[②]，其《乐典》于名物度数亦多以训诂考据之法进行辨核阐释。周中孚评之曰：

> 名之曰《乐典》，……辑古训而通释之，并详载名物度数，以阐明其理。……是书行，则宫倡商和，而《韶》庶几可兴，彼《宋史》所志蔡元定所谓“夹钟紧五、混宫于商”者，俗乐郑声，自不容于世矣。（《郑堂读书记》卷七《经部四》之《乐典》）

由此可见，运用训诂考据之法来研讨古代音乐的相关问题，有助于后人恢复古乐的本来面目，认识古乐的理致精神，故其于学者博闻识古自有不可轻忽的意义。

第三节　训诂之条件

如所周知，传统训诂学是一门实践性和综合性很强的学术，它“以训释实践为其主要形式，以文献语言的内容和形式为其对象……语言以及用语言形式表现的名物、典章、文化、风习等等都在其诠释范围之内”[③]，其研究所涵盖的范围十分广泛，所牵涉的问题甚为复杂。因此，研治训诂之学者，需有广博的知识储备、良好的学术素养，以此满足从事训诂实践所必备的条件。正如乾嘉学者所说：“作者不易，笺疏家尤难。……为之笺与疏者，必语语核其指归，而意象乃明；必字字还其根据，而证佐乃确。才不必言，夫必有什倍于作者之卷轴，而后可以从事焉。空陋者固不足以与乎此，粗疏者尤未可以轻试也。”[④]“诠释之学，较古昔作者为尤难……学必贯三才而穷七略。”[⑤]“著书难，注书更难。……注古人书，无一字无来处，目中不尽见古人读本，必欲察

①屈大均：《广东新语》卷十一，中华书局1985年版，第327页。
②永瑢等：《四库全书总目》卷一百七十二，中华书局1965年版，第1503页。
③许嘉璐：《关于训诂学方法的思考》，《北京师范大学学报》1988年第3期。
④杭世骏：《道古堂文集》卷八《李太白集辑注序》。
⑤杭世骏：《道古堂文集》卷八《李义山诗注序》。

及渊鱼、辨穷河豕，曰某事出某书……条举件系，如数家珍，难矣！”[①]总览乾嘉学术札记的论述，可以看出，从事训诂实践所应具备的知识学养条件，具体而言主要有如下一些。

一、识文字

文献典籍是以文字符号作为传递信息的主要载体，故“读书必自识字始”[②]，训诂释义须求之文字。早在康雍之时，学者陈仪解读《论语》就倡言：“读之不遽探其意，而先求通其词；而欲通其词，则不敢忽其字。晰其字以思之，字与字之际有自然会者，词之所从生也；离其词以思之，词与无词之际有自然合者，意之所从出也。”[③]时至乾嘉，学者们在研经治学上更是明确主张训诂不离于文字，由文字以通乎语言，以得释义之正。如齐召南说：“治经必先识字。”[④]戴震说：“经之至者，道也。所以明道者，其词也；所以成词者，未有能外小学文字者也。由文字以通乎语言，由语言以通乎古圣贤之心志，譬之适堂坛之必循其阶，而不可以躐等。”[⑤]又说：“今人读书，尚未识字，辄目故训之学不足为。其究也，文字之鲜能通，妄谓通其语言；语言之鲜能通，妄谓通其心志，而曰傅合不谬，吾不敢知也。”[⑥]

稽考乾嘉学术札记中的考论材料，不难发现，治训诂者识文字，需要辨识字的形、音、义，对它们的古今演变、相互间的关系等有深入的了解和准确的把握。如解读《礼记·内则》“左佩纷帨”，当知《经典释文》曰：“纷，或作帉。”又当知“《说文》云：‘帉，楚谓大巾曰帉。从巾分声。’《广雅》云：‘帉，巾也。’是‘帉’为正字，‘帉’为隶变。”[⑦]又如，训释《管子·法法》中“是君父之不智也”的“智”，当知“‘智’字古有二音二义：一为智慧之‘智’，一为知识之‘知’”[⑧]，训作知识之“知”乃其正解。治训诂者识文

①黄本骥：《李氏蒙求详注序》，见《黄本骥集》，岳麓书社2009年版，第120页。
②盛大士：《朴学斋笔记》卷八。
③陈仪：《陈学士文集》卷十一《有竹斋读论语记》。
④齐召南：《宝纶堂文钞》卷四《尔雅补注序》。
⑤戴震：《戴东原集》卷十《古经解钩沈序》。
⑥戴震：《戴东原集》卷三《尔雅注疏笺补序》。
⑦陈鳣：《简庄疏记》卷十。
⑧王念孙：《读书杂志·管子第三》“不智”条。

字，又需要辨识古书中的通假现象，求其本字而释读，“读本字而其义始明”[①]；还需要辨识古书在流传过程中产生的舛讹之字，复其旧观而训解，“如此则文意自顺”[②]。诸如此类，不一而足。一言以蔽之，能够识文辨字，训诂则“义无不明，而其字义迁流之故，亦即于字中可见”[③]。如果不识文字，则训诂难明；易言之，“训诂之不明，繇于字学之无本”[④]。请看札记中的具体例子：

荀子言性恶，盖疾人之为恶，特恐人恃性善之说，任自然而废学，故力言性之不可恃，当勉力于先王之教，则其大旨仍不谬于圣人。……纪文达师曰：“荀子言：‘凡性者，天之所就也，不可学、不可事；礼义者，圣人之所生也，人之所学而能、所事而成者也。不可学、不可事而在人者谓之性，可学而能、可事而成之在人者谓之伪。是性、伪之分也。’其别白‘伪’字甚明。杨倞注亦曰：‘伪。为也。凡非天性而人作为之者，皆谓之伪，故伪字人旁加为。’后人昧于训诂，误以为真伪之‘伪’，遂哗然掊击，谓荀卿蔑视礼义，如老庄之所言。”（梁章钜《退庵随笔》卷十七）

这里考论《荀子》中的“伪”字之义，梁章钜引录了纪昀的辨析文字，以为“伪”字的构形是“人”旁加“为”，于六书乃属会意，会“人作为”之意，《荀子》中的“伪”字正用此意，具体指人为地改造先天的本性，即其所谓“所学而能、所事而成者”；然而，后人不辨此字的形义关系，狃于常解，以其意为真伪之“伪”，遂致训诂谬失，并进而谬诋荀子蔑视礼义，悖违圣人之旨。再看一则材料：

《小雅·常棣》首章“鄂不韡韡”，《笺》云：“承华者曰鄂。不，当作‘柎’。柎，鄂足也。古声‘不’‘柎’同。”震按：鄂不，今字为“萼跗”。《国语》“华不注之山”，韦昭云：“华，齐地。不注，山名。”又“韎韦之跗注”，《杂问志》作“不注”，杜预云：“戎服，若袴而属于跗，与袴连。”盖“不注”，今字为“跗属”也。此“跗”通

①王引之：《经义述闻》卷二十三“子游”条。
②牛运震：《读史纠谬》卷五《晋书·宣帝纪》。
③刘文淇：《青溪旧屋集》卷六《梦陔堂文说序》。
④倪涛：《六艺之一录》卷二百五十九所引田艺衡语。

用“不”之明证。学者不究六书之义，习于所知，骇所不知，于是经益不可治矣。程子云：“常棣，华萼相承甚力，故以兴兄弟。”（戴震《毛郑诗考正》卷二）

揣味戴震的论述之意，“鄂不韡韡”的“不”实际上是一个通假字，本字为“跗”，意指花萼的底部，即花蒂；但有的学者“不究六书之义”，不明古书通假用字之例，习于所知，以致错解“不”字之义。程子即是如此。其以“华萼相承甚力”为解，是把“不”读作“拊”，但以“拊”为动词，将其义理解为依倚、承托[①]，这其实误会了《诗经》原文以及郑玄笺注的意思，究其因，在于不明古书字例，不究经文字义。就乾嘉学术札记的论述看，像程子这样误解“鄂不韡韡”句的情形在宋代并不鲜见。如朱熹《诗集传》注云：“鄂，鄂然外见之貌。不，犹岂不也。韡韡，光明貌。”吴玉搢疵摘其失云：

（《说文》引）《诗》曰“萼不韡韡”，今《诗·小雅·常棣》作“鄂”。按《说文》：“萼，华下跌也。”“萼”“鄂”音同形近，故误作“鄂”。……自《毛传》解“鄂”为“鄂鄂外发”，于是宋人解“不”为“岂不”，字义不明，训诂转晦。“鄂”既为“鄂鄂外发”，“韡韡”又为“光明貌”，一句之中字重义复，无此文理也。（吴玉搢《说文引经考》卷上）

在吴氏看来，朱熹将“鄂”释为“鄂然外见”，将“不”释为“岂不”，均晦失经旨，且由乎“字义不明”也。这就像明人杨慎所说：“鄂，花苞也，今文作‘萼’。不，华蒂也，今文作‘跗’。……至宋人解之，乃云：‘鄂然而外见，岂不韡韡乎？’非惟不知诗，亦不识字矣。汉儒地下有灵，岂不失笑？”[②]

由上观之，文字明则训诂通，训诂须始于辨文识字；“夫文字之未能通，妄谓通其语言，语言之未能通，妄谓通其心志，此惑之甚者也！”[③]所以，今人钱锺书评曰：“乾嘉‘朴学’教人，必知字之诂，而后识句之意，识句之意，而后通全篇之义，进而窥全书之指。”[④]

---

①二程《经说》有云：“‘不’当作‘拊’亦可，如字亦可。以花萼相依，生相亲，力相承，兴人之莫如兄弟也。”见程颢、程颐《二程集·河南程氏经说》，中华书局1981年版，第1071页。

②杨慎：《谭苑醍醐》卷二“常棣之华”条。

③钱大昕：《潜研堂文集》卷三十九《戴先生（震）传》。

④钱锺书：《管锥编》，中华书局1986年版，第171页。

二、分句读

古人著书作文，一般不施加句读符号，故凡阅读古书、从事训诂研究者，“必先画句读，正文字，辨述作，而后义理可寻”[①]。因此，金埴说：“古人读书，以识字、分句读为第一义。按唐人《资暇录》云：‘学识何如观点书。’点书之难，不惟句度、义理，兼在知字之正音、借音。”[②]周中孚说：“学者诚因句读以辨其文，因文以识其义，因其义以通制作之原，不难矣。”[③]钟裦说：“句读不明，不足以通义训。”[④]牛运震说：“句读既误，解更支离可笑。”[⑤]由这些论说不难看出，乾嘉学者是把辨通章句、分析句读视作古书解读、文义训诂所当做的基础性工作和所应具备的基本技能。

在乾嘉学者看来，如果昧于句读，强作解事，那么会带来种种负面后果：或乖于文理，令文义难通；或悖于情理，使意脉不伦；或妄加改窜，致韵律未谐……如此之类，不一而足。举一些实例来说明，如对《周礼·夏官·邍师》中“辨其邱陵坟衍邍隰之名物之可以封邑者”云云的句读问题，学者历来有不同的看法：

> 宋王安石以“名物”连读，郑锷以“辨其邱陵坟衍邍隰之名物之可以封邑者”十七字作一句读。引之谨案：《山师》《川师》皆云：“辨其物。”《地官·大司徒》亦云：“辨其山林川泽邱陵坟衍原隰之名物”，则“物”字当上属为句。但如郑锷连上下作一句读，则文不成义：名物岂可以封邑乎？（王引之《经义述闻》卷九“物之可以封邑者”条）

宋人郑锷将上述经文十七字读为一句，在王引之看来，为句读之失，致使文不成义。又如，《史记·廉颇蔺相如列传》：“赵奢曰：‘胥后令邯郸。’”对此句的读法，钱大昕有如下论述：

---

①武亿：《句读叙述》引明代师道《洪范衍义后序》之语。
②金埴：《不下带编》卷一，中华书局1982年版，第1页。
③周中孚：《郑堂读书记》卷四《经部三之二》之《仪礼郑注句读》。
④钟裦：《敔厓考古录》卷四“尔雅句读”条。
⑤牛运震：《读史纠谬》卷一《史记·佞幸列传》。

胡三省以“胥”为一句，“后令邯郸”为一句，谓敢谏者死，邯郸之令耳，今即进军近阏与矣，不当用邯郸之令以杀之，故曰“后令邯郸”也。大昕谓“胥后令邯郸”五字当作一句读。邯郸，赵王所都，言当待赵王之令耳。赵奢出令时，已去邯郸卅里矣，岂得云“邯郸之令”邪？胡说亦未确。（钱大昕《三史拾遗》卷一）

于此可见，胡三省的句读，虽于文义可通，但于情理难合，导致上下文所反映出的事理逻辑杌陧不安。又如，王念孙曾以后世传本《淮南子·要略》中的文字为例，论曰：

有句读误而又加字以失其韵者。《要略》曰：“……合同其血气，与雷霆风雨，比类其喜怒，与昼宵寒暑。”与者，如也。言血气之相从，如雷霆风雨；喜怒之相反，如昼宵寒暑也。“暑”与“雨”“怒”为韵，后人不知“与”之训为“如”，而读“与雷霆风雨比类”为句，遂于“与昼宵寒暑”下加“并明”二字以对之，则既失其句，而又失其韵矣。（王念孙《读书杂志·淮南内篇弟廿二》）

王氏在此明确地指出，句读失误，很容易引发臆改原文、失其韵读等弊端。再看崔述关于《论语》句读问题的一段论说：

近世读书，句读多有误者。余幼时见人读《论语》，或当断而连，或当连而断，以为余乡僻陋，无名师为正其误耳。渐长，读明人时艺，乃知自明中叶以来即如是，不始于今，亦不独余乡为然也。《论语》“礼之用”章云：“有所不行，知和（读）而和不以礼节之（句），亦不可行也。”盖和本可贵，但和不以礼节则不可行。六字连读，不容断也，而读者乃以“知和而和”作一句。既知和矣，岂容不和？和既贵矣，又何讥焉？……“仰之弥高”章云：“夫子（读）循循然善诱人（句）。”“循循”乃形容善诱光景，犹所谓“谆谆然命之”也。此六字亦不可断者，而读者乃以“夫子循循然”作一句，离却“善诱”，不知“循循然”又当作何解乎？“子羔”章云：“何必读书然后为学（句）？”子路意以学之所该者广，政事亦即是学，不止在读书耳。此八字亦不可断者，而读者乃以“何必读书”为一句。子路，圣门高弟，安有教人不读书之理？且截断此四字，“然后”二字又从何来？《论语》岂有此文理乎？诸如此类，不可枚举。……嗟夫，章句之学其浅焉者也，犹舛误若此，况欲以究圣贤之精义乎？（崔述《论语余说》）

崔述的论述表明，读古书而昧于句读，则会造成文义不通、文理不顺、义理不明等弊患，其于古书之训诂妨害亦大。

总而言之，阅读古书，从事训诂研究，须明于句读；“离析经读，亦其为小学之所先事”①，是训诂研究者所当具备的学术素养和技能。如果拙于离经析句，强为属词，会导致种种弊害，譬如“俗流未能离经辨义而牵缀，乖隔纷扰，不复成文，然后以曲解傅之，以凿说锢之，于是展转侵易，古训沉没”②。

三、知音韵

清代的训诂学家普遍重视语音在训诂中的作用，主张因声求义，以声音通训诂，因而大力提倡“知音”。清初，顾炎武呼吁“读九经自考文始，考文自知音始，以至诸子百家之书，亦莫不然”③，已开声音训诂之学的先声；至乾嘉时，学者们又张大其说，旗帜鲜明地提出由古音以求古义，训诂须知音。如惠栋说：“经之义存乎训，识字审音，乃知其义。”④王引之引段玉裁曰：“学者不知古音，不可与读古者。”⑤洪亮吉说：“古之训诂即声音。《易·说卦》曰：‘乾，健也。’‘坤，顺也。’《论语》曰：‘政者，正也。’……展转相训，不离初音。汉儒言经，咸臻斯义，以迄刘熙《释名》、张揖《广雅》，魏晋以来《声类》《字诂》诸作，靡不皆然。声音之理通，而六经之旨得矣。……夫求汉魏人之训诂，而不先求其声音，是谓舍本事末。”⑥

在训诂研究上，乾嘉学者重视音韵，强调知音，将其作为从事训诂实践的基本条件，是因为他们已认识到语言中音与义的关系密切，明晓“义存乎声”

①武亿：《经读考异·后序》。
②同上。
③顾炎武：《亭林文集》卷四《答李子德书》。
④惠栋：《九经古义·述首》。
⑤王引之：《经义述闻》卷二十七“硈巩也”条。
⑥洪亮吉：《汉魏音·自叙》。

"音近义通"等原理，深知在考求古训、破除假借、探求语源、系联同源词等方面必须利用语音的线索，依音求义。所以，钱大昕说："因文字而得古音，因古音而得古训。"[①]朱骏声说："不知假借者，不可与读古书；不明古音者，不足以识假借。"[②]许瀚说："未有字，先有音。不明古音，无以识古训也。古书多假借，假借必同音，不识古韵部分，无以辨假借也。"[③]这都表明，在训诂研究中欲识古训、破假借等，需借助语音的线索，故研究者须知音韵。且看学术札记中如下一段具体论述：

> 《乡射礼》"豫则钩楹内"，郑注云："豫，当作'榭'。《周礼》作'序'。"谨案："榭"字今音与"豫""序"若不相近，而古音读若"豫"，"豫""榭""序"三字音相近，故彼此参错互异，而其义一也。"榭"字从"射"得声，"射"字古音亦读若"豫"。《孟子》曰："庠者，养也；校者，教也；序者，射也。"古人作字，谐声者十之七八，即训诂亦多取音相近者。《春秋》经文、三传参错，亦多因音近而异，不知古音，遂不知其讹异之故，且亦不见古人训诂之妙矣。（李惇《群经识小》卷四"豫榭序"条）

李惇在此结合具体的训诂实例，阐述了"知古音"的必要和重要：知古音，方可知晓"豫"字与"榭""序"二字虽然今音相差较大，但古音相近[④]，例得通用，故《仪礼·乡射礼》中"豫则钩楹内"的"豫"字，当读如《春秋·宣公十六年》"成周宣榭灾"之"榭"[⑤]，或读如《周礼》"射于州序"之"序"（此指州党之学校），其乃"因音近而异"也；知古音，方可深刻领悟古人取读音相近者以为训诂（如《孟子》以"射"解"序"，郑玄以"榭""序"注《乡射礼》之"豫"）的精妙所在。关于经文之异及其解读方法，徐鼒也有与李惇相近的看法："汉以前，经文字多以声音改字。盖声音在

①钱大昕：《潜研堂文集》卷二十四《小学考序》。

②朱骏声：《传经室文集》卷三《说文通训定声自叙》。

③许瀚：《攀古小庐杂著》卷五《求古韵八例》。

④笔者按："榭"字上古音属邪母铎部；"豫""序"二字古音皆属鱼部，前者的声纽为喻母，喻四古读定，上古为舌音，后者的声纽为邪母，上古为齿音，二者发音部位极近。古铎部与鱼部阴入对转，故此三字古音相近。

⑤郑玄注《乡射礼》"豫"字云："今言豫者，谓州学也。读如'成周宣谢（榭）灾'之'谢'。"李惇引之，有所省略。

文字之先，因声音而文字生，因文字而训诂生。有于文字中求其义不得者，就其声音之转求之，则得矣。”①

总之，训诂要由声音以求义，故须知音韵。这一点，透过本书第四章对“因声求义”之训诂方法的考述和阐论，更易得见，兹不详言。

四、达古语

语言随时而变，一个时代有一个时代特有的语言，故“古之语不与今同也”②，“有古人最称说之恒言要义，而后人置之不讲者”③。比如《尚书》中的言词，“或佶屈聱牙，读者不易知。……今所云艰倔难通，古则上下皆晓者也。……朱子曰：‘……（《尚书》）训、诰皆是记录当时号令于众之本语，故其间多有方言及古语，在当时则人所共晓，而于今世反为难知。’”④这亦似章学诚所说：“古今语异，如先儒所论三《盘》、八《诰》，当日只是常语，而后人不解，转以为古。”⑤又如，“《玉藻》‘纩为茧，缊为袍’，郑注云：‘衣有著之称纩，今之新绵。缊，今之纩及旧絮。’……盖有表有里又有著之衣，若今人之绵袍也。但古无木棉，著皆以絮为之。絮，丝余也，盖丝之乱者，如今之丝绵是也。郑谓纩为今之新绵，缊为今之纩及旧絮者，指汉末而言。古以新绵为纩，旧絮为缊，汉则以精者为绵，而粗者为纩，古今语异也。”⑥又如，“今人之所谓‘字’，古人目之为‘书’，《周礼》‘保氏养国子，教以六书’是也；亦目之为‘文’，《礼记》‘书同文’是也；亦目之为‘名’，《周礼》‘外史掌达书名于四方’，注云：‘古曰名，今曰字。’”⑦因此，阅读古书，从事训诂研究，当知古今之语有异，须达古语之意义与用法。如梁章钜说：“后人欲读古书，先求古义，舍此（按：指《尔雅》）无由入也。”⑧此谓解读古书，应利用《尔雅》之类的训诂专书探明古词之义。又如，俞正燮说：“古语上下共

①徐鼒：《读书杂释》卷五“国中以策彗卹勿驱尘不出轨”条。
②汪中：《述学·释三九中》，辽宁教育出版社2000年版，第3页。
③阮元：《揅经室一集》卷一《释顺》。
④姚范：《援鹑堂笔记》卷二。
⑤章学诚：《丙辰札记》。
⑥李惇：《群经识小》卷六“缊袍”条。
⑦盛大士：《朴学斋笔记》卷八。
⑧梁章钜：《退庵随笔》卷十五。

之，秦汉以后始定于一。今读古书多险词，当知古今之所以异。”[①]此谓古书中多有“上下共之”的古词语，属于“险词”，训解时应了解其用法的古今之异。

读古书、治训诂，如果不达古言古义，则会致使训释、校勘、句读等方面出现疑滞或偏误。这一点，通过乾嘉学术札记中的相关例证和论说便可见一斑。如姚鼐《惜抱轩笔记》卷四《史部一·汉书》有云：

> 谓假摄曰“兼”，此盖汉制。旧已有此语，《王莽传》“县宰缺者，数年守兼”是也。故张晏注《项羽传》“假守”曰：“假，兼也。”今人不达古时俗语，观晏此注，反增惑矣。

这是说，不达汉代俗语词“兼”的意义（即暂时代行职权），那么对汉人著作中的“兼”字及其旧注则无法理解，转生疑惑。此与卢文弨所说的一种情形颇相似：“其书多古言古义，往往有不易得解者，则又或以其难通而疑之。”[②]又如，王引之《经义述闻》卷四“小人之依”条：

> 《无逸》：“先知稼穑之艰难，乃逸，则知小人之依。”引之谨案：依，隐也。……“小人之隐”，即上文“稼穑之艰难”，下文所谓“小人之劳”也。云“隐”者，犹今人言“苦衷”也。《传》曰：“知小人之所依怙。”如此，则经文当增“所”字矣。且下文曰：“旧为小人，爰知小人之依。”以其为小人之隐衷，故身为小人，备尝艰苦，乃得知之。……《传》释“则知小人之依”，则以为依稼穑；释“爰知小人之依”，则以为依仁政。同一“小人之依”，而前后异义，盖昧于古训，所以说之多歧也。

其意是说，《尚书传》的作者昧于“依”的古义（即苦衷），故对同篇之中两次出现的“小人之依”做出了不同的训释；说之多歧，但不得其解。这颇似周中孚评议宋人蔡沈《书经集传》时所说：“蔡氏解经，本未谙古义，而于《禹贡》尤多迁移之说。”[③]又如：

①俞正燮：《癸巳类稿》卷七《书隐三年左传后》。笔者按：俞氏此处所谓“上下共之”之词，是指上下尊卑同用之词。譬如，上古尊卑之分未严，臣杀君曰“弑”，而君之杀臣也称“弑”。例如《公羊传·昭公二十五年》：“昭公将弑季氏，告子家驹曰：‘季氏为无道，僭于公室久矣，吾欲弑之，何如？’”其中的“弑”即指君杀臣。

②卢文弨：《抱经堂文集》卷三《段若膺说文解字读序》。

③周中孚：《郑堂读书记》卷九《经部五之下》之《禹贡会笺》。

“振罢露”，尹注曰：“疾惫裸露者，振救之。”念孙案：……以“露”为裸露，则尤未解“露”字之义。今案：罢露，谓室家疲敝也。……字或作“路”，又作“潞”。《孟子·滕文公篇》：“是率天下而路也。”赵注曰：“是率导天下之人以羸路也。”（今本“羸路”作“羸困之路”，此后人不晓“路”字之义而妄改之也。）……《吕氏春秋·不屈篇》曰：“士民罢潞。”高注曰：“潞，羸也。”皆其证矣。又《四时篇》：“不知五谷之故，国家乃路。”“路”亦与“露”同。露，败也。尹注云：“路，谓失其常居。”亦失之。又《七臣七主篇》：“故设用无度，国家路；举事不时，必受其菑。”“度”“路”为韵，“时”“菑”为韵。今本“路”作“踣”，乃后人不知古义而妄改之耳。（王念孙《读书杂志·管子弟二》“振罢露、国家乃路国家踣”条）

此条主要论述《管子》中“露”“路”的训释问题，兼及文本校雠之事。由此可知：“露”“路”实为一词，其古义为疲敝、衰败；而后人不达古义，乃望文生训，以“裸露”“失其常居”释之，甚至将原文“路”字妄改为“踣”字，均失其旨。再看一例：

“吊”字有祥善之义，而学者皆弗之察。《大诰》曰：“弗吊天降割于我家。”《多士》曰：“弗吊闵天大降丧于殷。”《君奭》曰：“弗吊天降丧于殷。”“弗吊天”“弗吊闵天”，俱当连读，谓天之不祥也。《小雅·节南山》曰：“不吊昊天，乱靡有定。”郑笺曰：“吊，至也。至，犹善也。”《汉书·五行志》载《哀十六年左传》“闵天不吊”，应劭注曰：“闵天不善。”……作《书传》者，以“弗吊”绝句，解为“殷道不至”“周道不至”，固属龃龉不安；颜师古注《汉书·翟义传》“不吊天降丧于赵、傅、丁、董”，曰“不吊，不为天所吊悯”，亦于文义不协。皆由古训未通，故句读亦舛矣。……《玉篇》《广韵》并不收“吊，善也”之训，盖失其传久矣。（王引之《经义述闻》卷三十一“吊”条）

“吊”字的祥善义，为失传已久的古义，后世作《尚书传》者以及注《汉书》者于此义未能通达，故不仅所作训释龃龉难安，与文不协，而且还导致句读失误。

五、晓文例

文例是古人行文表达的习惯或规则。今人白兆麟说："所谓'文例'，又称'辞例'，是指古人的'属辞之例'。……'辞例'的内容较广，从现代语言学的角度来看，涉及构词法、句法、修辞等方面的一些规则。"[①]杨琳说："训诂学中所说的文例指的是遣词造句的惯例，具体来说，就是指同样或同类的词句在不同语境中有规律地重复出现的言语现象。"[②]

乾嘉学者普遍认为，研治训诂者应当通晓古人著述的属辞之例，了解和掌握一部古书或众多古书行文表达上的规律或规则。如钱大昕说："古人著书，简而有法。好学深思之士，当寻其义例所在，不可轻下雌黄。"[③]王引之说："解经者不考全经之例，宜乎多方推测，而卒无一当矣。"[④]阮元说："经有经之例，传有传之例，笺有笺之例，疏有疏之例。通乎诸例，而折衷于孟子'不以辞害志'，而后诸家之本可以知其分，亦可以知其一定不可易者矣。"[⑤]阮氏此论，虽然是针对文本文字的校勘而言，但其实也涉及文本意义的理解与辨释。

对上述观点和主张，乾嘉学术札记在研讨具体训诂问题时，往往有更为具体的阐论。下面摘引札记中相关材料以明之：

> 《鼎·彖传》"巽而耳目聪明"，虞注曰："……三在巽上，动成坎离，有两坎两离象，乃称'聪明'。……"引之谨案：如虞说，则是坎而耳目聪明矣，岂巽之谓乎？三动则成未济，未济之象，火在水上，亦与以木巽火之象不合，其误甚矣。仲翔必欲为此说者，盖以外卦离为目为明，而无耳聪之象，故云"三动成坎"以迁就之。不知古人之文多有连类而及者，离固为目为明，而但云"巽而目明"，则文单而义不显，故必以"耳聪"并称，而明目达聪之义始著，非谓卦中有耳聪象也。《乐记》曰："乐行而伦清，耳目聪明，血气和平。"乐

①白兆麟：《新著训诂学引论》，上海辞书出版社2005年版，第236页。
②杨琳：《论文例求义法》，香港浸会大学《人文中国学报》编辑委员会编《人文中国学报》（第18期），上海古籍出版社2012年版，第136页。
③钱大昕：《十驾斋养新录》卷四"说文连上篆字为句"条。
④王引之：《经义述闻》卷一"至于八月有凶"条。
⑤阮元：《毛诗注疏校勘记序》，见《十三经注疏》，中华书局1980年版，第266页。

以听为主，当云“耳聪”，而《记》并称“目明”，亦是连类而及也。遍考《彖传》之文，若是者多矣。……离之为象日也，而《彖》则曰“日月丽乎天”，非谓卦有月象也。坎之为象川也，而《彖》则曰“地险，山川邱陵也”，非谓卦有山与邱陵象也。……比物连类，多有因此及彼者，读者心知其意，斯为得之。（王引之《经义述闻》卷二“巽而耳目聪明”条）

此论《周易·鼎卦》中“耳目聪明”的解诂问题，认为欲得其正解，须知晓古人“连类而及”之文例：古人行文时“比物连类”“因此及彼”，将两个（或两个以上）意义相类的语词组合在一起，只让其中一个表示意义，另外的不表实义，仅起某种修辞作用。虞翻解《易》，不晓此类复合偏义的立言之例，以为连类而用的“耳聪”亦表实义，以致穿凿为解。再看一条材料：

古人辞多倒装，《易》尤多此。如“见舆曳”，先“舆曳”而后“见”之；先“帅师”而后“长子”，先“舆尸”而后“弟子”，其例同也。……“君子豹变，小人革面，征凶，居贞吉”，言君子所以豹变者，以小人革面。若不豹变，则征凶矣；能豹变，则居贞吉。……因丧而易，因易而牛，而云“丧牛于易”。以此类推，其辞之“清明条达”[①]，信有然矣。（焦循《易话》卷上“易辞举要”条）

此谓解《易》应当晓于《易》辞的倒装之例，并依例类推，以揭明其“清明条达”之义。其中“先‘帅师’而后‘长子’”云云，涉及《周易·师卦》中“长子帅师，以中行也；弟子舆尸，使不当也”等句。近人刘师培曾引焦氏之言，论曰：“明于《易经》句法之例，庶几可以解《易》，即古书句法，亦可援此类推矣。”[②]

---

①笔者按：《淮南子·泰族训》有云：“淳庞敦厚者，《书》之教也；清明条达者，《易》之义也。”焦氏此所谓“清明条达”者，当本此。

②刘师培著、陈居渊注：《经学教科书》第2册，上海古籍出版社2006年版，第257页。

六、精校勘

从事文献训诂研究，须掌握和运用校勘之术，因为受各种因素影响，古代文献在传抄或刊刻过程中有各种各样的讹误文字出现，需加勘正。“学者读古人书，而不能正其传写之误……岂非古书之大不幸乎？”[①]在乾嘉训诂学家那里，训解古书须精于校勘，已成了一种无可置疑的铁律，一种心相肯许的共识。其所谓“精”，含义有二：一为精通、精晓。如周中孚所说：“精于雠校……罕所穿凿。”[②]二为精细、精审。如王鸣盛所说：“欲读书，必先精校书。校之未精而遽读，恐读亦多误矣。”[③]

依乾嘉学者之见，从事文献训诂实践，只有精于校勘，方能订讹纠谬、补阙删衍，恢复古书的原有面目，从而对古书的文义做出正确的解读，求得古书作者的本意。如王引之说：“经典之字往往形近而讹，仍之则义不可通，改之则怡然理顺。”[④]卢文弨说：“一字之异，高下悬殊。……读书之法，必如此研校，而后古人用意之精可得也。”[⑤]如果疏于校勘，为误本所惑，则会是因讹袭谬，依文曲附，缘辞生训，违失古书作者之本意。即如段玉裁所说：“守讹传缪者，所据之经并非其本经。……经文之不误者，尚惧缘辞生训，所释非其本义，况守讹传缪之经耶？”[⑥]观乾嘉学术札记中所论列的一些实例，情形正如此：

“果敢而振，猛贪而戾。”引之曰：“振”当为“很”，字之误也。“果敢而很，猛贪而戾”二句一意相承，故《广雅》曰：“戾，很也。”若“振”则非其类矣。杨注“振，动也”，引《公羊传》“桓公振而矜之”。此望文生意，而非其本旨。（王念孙《读书杂志·荀子弟一》“果敢而振”条）

“养山林薮泽草木鱼鳖百索。”引之曰：“百索”二字义不可通。

---

①王念孙：《读书杂志·淮南内篇弟廿二》。
②周中孚：《郑堂读书记》卷五十五《子部十之四》之《订讹杂录》。
③王鸣盛：《十七史商榷·自序》。
④王引之：《经义述闻》卷三十二“形讹”条。
⑤卢文弨：《抱经堂文集》卷十三《题贾长江诗集后》。
⑥段玉裁：《经韵楼集》卷十二《与诸同志书论校书之难》。

> “索”当为“素”，字之误也。“百素”即“百蔬”。《富国篇》曰：“荤菜百疏。”《鲁语》曰：“能殖百谷百蔬。”作“素”者，借字耳。《月令》曰：“取蔬食。”《管子·禁藏篇》曰：“果蓏素食。”是“蔬”“素”古字通。杨云：“百索，上所索百物也。”此望文生义，而非其本旨。（王念孙《读书杂志·荀子弟三》“百索”条）

这两条材料均论及《荀子》的原文及其杨注。以王氏父子之见，后世传本《荀子》中“果敢而振”（《荣辱篇》）的“振”，以及“百索”（《王制篇》）的“索”，分别为“很”“素”之误，而唐人杨倞作注时疏于校勘，不知其误，乃因讹文而立训，遂失作者之本意。

由上可见，训诂有赖于校勘之资，故于此不可疏怠；疏于校勘，则训诂易谬，失古人之旨。乾嘉学者的此类认识，其实渊源有自。其前辈学者已有一些这方面的理论探讨和理性总结，如康熙时人阎若璩曾言：“疏于校雠，则多脱文讹字，而失圣人手定之本经；昧于声音训诂，则不识古人之语言文字，而无以得圣人之真意。”①

以上通过发掘和爬梳乾嘉学术札记中的论说材料，从中抽绎出了有关训诂条件的六点：识文字、分句读、知音韵、达古语、晓文例、精校勘。当然，这些只是其荦荦大端者。除此，还有其他一些方面，譬如“凡说经者，当先具论世之识”②；“说经传者，当知其时布算立度，而各申其旨，则于天学沿革当明，古宪不可不知也”③。如此之类，未可殚述。

卢文弨曾言：“古人谓：‘一卷之书，必立之师。’童子入小学，师为之辨声音、审文字、离句读，皆必以口相传授，而后终身不至于讹谬。今世亦无此师，间有偶及此者，反笑以为迂矣。”④这表明，在乾嘉学者的意识中，古书训诂涉及面广，欲其不至于讹谬，需要读者具备多方面的知识和技能；而且，相关知识的储积以及技能的训练甚至要从童蒙时期开始。

---

①阎若璩：《经义杂记序》，见臧琳《经义杂记》叙录，《续修四库全书》第172册，上海古籍出版社2002年版，第287页。

②顾栋高：《毛诗订诂》卷五。

③俞正燮：《癸巳类稿》卷十《古宪论》。

④卢文弨：《钟山札记》卷一“长言短言”条。

第二章　学术札记中的训诂对象论

传统训诂学是为解读古代文献语言（或曰书面语言）服务的一门学问，故有学者称之为“书本子上的考古学”①，或谓“传统训诂学是以研究古代文献语言的语义规律和训释方法为主要内容和任务的”②。因此，简单而通俗地讲，也可以说传统训诂学是解释古代文献的学问。如所周知，要想正确地解释古代文献，首先应该对古代文献文本自身有足够的了解，特别是对文献文本的语言文字有深入的认识。观乾嘉学术札记，学者们对训诂研究的对象——古代文献文本，多有关注，对文献文本中的语言文字更有深入的探讨和论述。

第一节　论文本之文字

古代文献文本是由文字构成的一种符号世界，文献训诂离不开文字。乾嘉训诂学家们对文献文本的文字讨论甚多，这在学术札记中有所反映。

一、文字之讹误

古代文献文本脱离“生产领域”而进入社会传承系统后，在传写或刊印过程中会出现各种各样的舛误，故后人在训诂实践中所面对的文本，“鲁鱼亥豕，沿袭承讹，此类甚多”③；训诂学者若“不知鲁鱼亥豕之误，而望文生

①胡朴安：《中国训诂学史·自叙》，上海书店1984年版，第1页。
②王宁：《训诂学原理》，中国国际广播出版社1996年版，第33页。
③方祖范：《四书解琐言》卷一《论语上》。

义，殊属可笑”[①]。据乾嘉学术札记的论述，文献传本文字的舛误主要有讹、脱、衍、倒等：

经传文辞……流传讹误，或字形同异，或语句衍脱。（章学诚《丙辰札记》）

大约古书翻刻，烂脱讹误实甚，刻者不能校，读者不能详。经史类然，矧兹驳书耶！（方东树按语，见姚范《援鹑堂笔记》卷二十八）

孔颖达《易正义》多衍字、讹字及脱落字。如《乾卦》“不成乎名”，衍“乎”字。……《屯·象》“君子以经纶”，定本“纶”作“论”。《蒙·彖》曰“匪我求童蒙，童蒙来求我”，脱“来”字。……《鼎·彖》“圣人亨以享上帝”，定本“上帝”二字衍。“莫大乎蓍龟”，定本作“莫善”。（惠栋《九经古义》卷二）

《御览》一千卷，今世通行，仅明黄正色刊本，脱误傎倒，据用甚难。明活字本亦如此。（严可均《铁桥漫稿》卷八《书明刻本太平御览后》）

可见，乾嘉学者已认识到古代文献传本中的文字存在着讹、脱、衍、倒等舛误现象。至于导致舛误的原因，乾嘉学者则认为多种多样。譬如，有因字形或字音相近而致误者：

凡古书舛误有因，或以形近，或以声近。（朱士端《强识编》卷四“跋汉延熹封龙山颂”条）

考之诸经，除字形近而讹、音近而讹外，无非双声叠韵者，其例莫备于《周礼·考工》一册。（刘逢禄《刘礼部集》卷七《诗声衍条例》）

“直其正也，方其义也”，颇疑与下“敬”义不合。考《戴记·深衣篇》曰：“负绳抱方者，以直其正，方其义也。故《易》曰：‘《坤》六二之动，直以方也。’”先儒谓“政”“正”二字古通用。谨案：《戴记》“政”字疑是“敬”字之讹。“政”“敬”二字音既相近，字形亦近，故《戴记》“敬”字讹写作“政”；后人因《戴记》之

①徐鼒：《读书杂释》卷六“具曲植籧筐”条。

误，更于《文言》去“攵”作“正”耳。（李惇《群经识小》卷一“直其敬也”条）

后一条材料谓《礼记·深衣》“以直其正”之“正”，本作“敬”，因与“政”字形音相近，而被后人讹写作“政”；《周易·坤卦·文言》“直其敬也”之“敬”，遂因《礼记》之误，讹为“政”字后又作“正”，其说较为有理。今人陈鼓应等亦以“正”为误字，谓“‘直其正也’当作‘直其敬也’”[①]。又如，有因后人不解古书文字之义而轻改致误者：

《哀公问》：“今之君子，好实无厌。”……“实”谓货财也。……《大戴》作“好色无厌”，乃后人不知古义而妄改之。（王引之《经义述闻》卷十六“好实”条）

昔顾亭林以唐石经校明监本，惟《仪礼》讹脱尤甚。经文且然，况注疏乎？《贾疏》冗蔓郁轖，不及孔氏《五经正义》之条畅。传写者不得其意，脱文误句往往有之。（梁章钜《退庵随笔》卷十五）

这表明，后人不解古书文字之义而辄改，是导致文字讹误的一个重要因素。这亦如顾广圻所说：“书籍之讹，实由于校，据其所知，改所不知。”[②]

总之，导致古书文本文字讹误的原因有很多，乾嘉学术札记论之甚备。其中，尤以王念孙《读书杂志》中的相关论述至为详明而精审。其究《淮南子》传本文字致误之由，有云：

是书自北宋已有讹脱……推其致误之由，则传写讹脱者半，凭意妄改者亦半也。有因字不习见而误者……有因假借之字而误者……有因古字而误者……有因隶书而误者……有因草书而误者……有因俗书而误者……有两字误为一字者……有误字与本字并存者……有校书者旁记之字而阑入正文者……有衍至数字者……有脱数字至十数字者……有误而兼脱者……有正文误入注者……有注文误入正文者……有错简者……有因误而致误者……有不审文义而妄改者……有因字不习见而妄改者……有不识假借之字而妄改者……有不审文义而妄

①陈鼓应、赵建伟：《周易今注今译》，商务印书馆2005年版，第46页。
②顾广圻：《思适斋集》卷十五《书文苑英华辨证后》。

加者……有不识假借之字而妄加者……有妄加字而失其句读者……有妄加数字至二十余字者……有不审文义而妄删者……有不识假借之字而妄删者……有不识假借之字而颠倒其文者……有失其句读而妄移注文者……有既误而又妄改者……有因误字而误改者……有既误而又妄加者……有既误而又妄删者……有既脱而又妄加者……有既脱而又妄删者……有既衍而又妄加者……有既衍而又妄删者……有既误而又改注文者……有既误而又增注文者……有既误而又移注文者……有既改而又改注文者……有既改而复增注文者……有既改而复删注文者……有既脱且误而又妄增者……有既误且改而又改注者……有既误且衍而又妄加注释者……若夫入韵之字，或有讹脱，或经妄改，其韵遂亡，故有因字误而失其韵者……有因字脱而失其韵者……有因字倒而失其韵者……有因句倒而失其韵者……有句倒而又移注文者……有错简而失其韵者……有改字而失其韵者……有改字以合韵而实非韵者……有改字以合韵而反失其韵者……有改字而失其韵又改注文者……有改字而失其韵又删注文者……有加字而失其韵者……有句读误而又加字以失其韵者……有既误且脱而失其韵者……有既误且倒而失其韵者……有既误且改而失其韵者……有既误而又加字以失其韵者……有既脱而又加字以失其韵也。（王念孙《读书杂志·淮南内篇弟廿二》）

王氏在此将旧本《淮南子》正文、注文中文字的致误之由概括为六十余条，总结出了古书文字讹误的一些规律，把对古书讹误现象的认识上升到了理论的高度，具有普适性，能为后人了解其他众多古书文本讹误的外在表现形式和内在原因提供重要的参考。

二、文字之校勘

亥豕鱼鲁之类的讹误现象的存在，使文献文本失去了本真状态，以致“文义全不可解”①，文本的原有意义世界因而也无法真实、自然地显露。所以，

①李惇：《群经识小》卷四“脱文讹字”条。

有乾嘉学者说："读书须读古本，往往一字之误，而文义遂至判然。如《周语》……'瞽献曲'，注云：'曲，乐曲也。''曲'字与'典'字笔画相近，今本遂多误刊，而不知瞽之于典，初不相蒙也。"①这样，治训诂者欲求文本作者立言的本意，于文字之讹误不可不加论究，因而校勘是训诂释义过程中应做的功夫。卢文弨说："古书流传，讹谬自所不免，果有据依，自当改正。"②在训诂释义过程中，如果疏于校勘，乃沿讹文误字而曲为之解，强为之通，那么自然是郢书燕说，晦失古书作者的本意。崔述曾言："言语不同，名物各异，且易竹而纸，易篆而隶，递相传写，岂能一一之不失真？而学者必欲为之说以通之，此古书之所以晦也。"③

既然训诂研究要注意文字校勘，恢复文本的原貌，那么如何勘正讹文误字呢？乾嘉学者在学术札记中提出了一些很好的方法。譬如，利用同一古书的不同版本进行对勘：

> 陆放翁《跋历代陵名》云："近世士大夫所至喜刻书版，而略不校雠。错本书散满天下，更误学者，不如不刻之愈也。"是南宋初刻本已不能无误矣。张淳《仪礼识误》、岳珂《九经三传沿革例》所举各本异同甚多，善读者当择而取之。若偶据一本，信以为必不可易，此书估之议论，转为大方所笑者也。（钱大昕《十驾斋养新录》卷十九"宋椠本"条）

> 《和帝纪》既称宝寅入魏矣，而《宝寅传》则云"中兴二年谋反诛"（《南史》云"谋反奔魏"），岂子显修史时宝寅在魏，尚无音耗，而以"诛"字了此局耶？汲古阁本如是，或系传刻之误，当别求他本校对。（赵翼《廿二史札记》卷九"齐书书法用意处"条）

这些论述表明，校正古书文字，当搜求一书的不同版本进行比勘，辨其异同，择其善者而从之。此实即今人所谓"对校法"。又如，利用辞书、旧注所引古书文字进行校勘：

> 校正字画，自以《说文》为主，而参之以《释文》，从古而不必

①王应奎：《柳南随笔》卷三。
②卢文弨：《钟山札记》卷一"蔡中郎集"条。
③崔述：《考信录提要》卷上《释例》。

泥，博考以折其衷。其必遵《说文》者，如“祡”字从示不从木……而《易》之“絪缊”不必改为“壹壼”……《论语》之“荷蓧”“荷蕢”不必改为“荷莜”“荷臾”也。其必依《释文》者，如《尔雅·释诂》“讯，告也”当作“谇”，“废，止也”当作“厎”，而《诗》之“绿竹”不必改为“菉”与“藩”。……《五经文字》《九经字样》中《说文》、隶省并列，有不甚异者，“吿”“告”二字是也；有迥不同者，“夲”“本”二字是也。当取其是，而去其非。（钟褱《菣厓考古录》卷一“校正字画”条）

此言依据《说文解字》《经典释文》等辞书、古注中引录的文字来校正《周易》《论语》《尔雅》《诗经》等经典传本中的异文及讹误，可归于今人所谓“他校法”的范畴。又如，利用本书中遣词造句的惯例进行校勘：

“吾欲藉于台雉，何如？”引之曰：台为宫室之名，雉乃筑墙之度。“台雉”二字意义不伦。遍考诸书，无以“台雉”并称者。《国蓄篇》曰：“夫以室庑藉谓之毁成。”《轻重甲篇》曰：“寡人欲藉于室屋。”以此例之，“台”下之字亦当为宫室之名，“雉”盖“䠶”之讹也。“䠶”与“射”同（见《说文》），即“榭”字之假借。……《乘马数》《事语》《地数》《轻重甲》诸篇言“台榭”者屡矣，则此亦当然。（王念孙《读书杂志·管子弟十》“台雉”条）

旧本《管子·海王篇》中“吾欲藉于台雉”的“雉”，在王氏父子看来，系误字，当校作“䠶”，即“榭”之借字。其理由是，依《管子》一书的行文之例，连文的两个字（如“室屋”“室庑”）在意义上往往相同或相近，且该书中“台榭”并称者屡见。近人刘咸炘曾说：“近世小学大明，校书者不徒恃异本，而沿汉儒读若读为之法，以字例文例通之，始于高邮王念孙，及其子引之……特以校正连文。”[①]上述校例即是依据《管子》本书中的文例来抉择正误，校正连文，采用了内部互证的手段，属于今人所谓“本校法”。

乾嘉学者在学术札记中对校勘方法论述较多，兹不备举。此外，乾嘉学者还就校勘的具体操作提出了一些原则性意见。例如：

①刘咸炘：《刘咸炘论目录学》，上海科学技术文献出版社2008年版，第113页。

> 盖即一篇之中，其当改订者不少，但究须审慎，疑者宁阙，以俟后之人或有能通其意者。若遽凭臆改定，而又全没旧文，则似是而非之弊，又有不可胜言者矣。（卢文弨《钟山札记》卷一“蔡中郎集”条）

此谓校勘古书应当抱持审慎的态度，有疑则阙，不可以私见改作。又如：

> 《法言》云：“鸿飞冥冥，弋者何篡焉？”注：“宋衷云：篡，取也。”《后汉书·逸民传序》引“鸿飞”二语，注云：“篡字，诸本或作慕。今人谓以计数取物为慕，慕亦取也。”张九龄有“弋者何所慕”，是用《后汉书》或本及唐时今人之义，后人不当强诬之为用《法言》，又强谓之误也。……凡校书，误者当改，不同者不当改也。（俞正燮《癸巳类稿》卷七《弋者何慕仁欲方义》）

此谓校勘古书当改正文字之误，不当擅改因渊源不同而出现的文字之异。又如：

> 古人引经，略举大义，多非原文。……今人多据书传所引以增改经文，虽曰治经，实乱经也。可不慎乎！（桂馥《札朴》卷七《匡谬》“引经”条）

此谓利用他书引文作校勘，只可参证，而未可尽据。有如卢文弨所言：“大凡昔人援引古书，不尽皆如本文。故校正群籍，自当先从本书相传旧本为定，况未有雕板以前，一书而所传各异者，殆不可以遍举。今或但据注书家所引之文，便以为是，疑未可也。”[①]又如：

> 宋本亦未必佳。《石林燕语》言有教官出题：乾为金，坤亦为金，何也？检福建本《易经》，果有“坤为金”，盖脱“釜”上二点，乃为“金”也。……是亦真宋本也。然则藏真宋本者，可不详校乎？近人刻书，喜仿旧本，存其误字，而后载校勘语，以为古雅。（俞正燮《癸巳存稿》卷十二《校文选李注识语》）

此谓校勘古书文字，虽可利用宋本、旧本，但不可迷信和盲从，宋本、旧

---

①卢文弨：《抱经堂文集》卷二十《与丁小雅进士论校正方言书》。

本亦有讹误。这就像清初学者陆贻典所说："古今书籍，宋板不必尽是，时刻不必尽非，然较是非以为常。"[①]又似王士祯所说："今人但贵宋椠本，顾宋板亦多讹舛，但从善本可耳。"[②]总之，乾嘉学术札记就文本校勘问题提出了不少很好的原则性意见，限于篇幅，只做如上举例性简述。

三、文字之通假

通假，也称"通借"，前人又习惯称作"假借"，指用音同或音近的字来代替本字。它是古代文献文本中常见的一种用字现象。嘉庆时人刘文淇说："古人文字重声而不重形，故得其声，凡与声相近之字皆可通假。"[③]对于通假现象，乾嘉学术札记常有论说。例如：

> 古书多通假。（臧寿恭《左氏古义》卷五"夏五月甲午遂灭偪阳"条）

> 古书字多通叚，随举数十条以见例，间及省文，藉资考订。（李赓芸《炳烛编》卷二"古字通叚举例"条）

> 《小雅》之"鼠"，即《尔雅》之"写"。古字多通借，俗师失其读久矣。（王引之《经义述闻》卷二十六"写繇忧也"条）

> 古人好假借，不但无其字者假借，即有其字亦假借。（王鸣盛《蛾术编》卷二十六《说字十二》"卷八上考证"条）

> 余高祖玉林先生撰《经义杂记》有云："《毛诗》为古文，三家为今文。古文多假借，今文多正字。"如《毛诗》"俔天之妹"，《传》："俔，磬也。"而《韩诗》便作"磬天之妹"。（臧庸《拜经日记》卷一"反予来赫"条）

这些论述表明，乾嘉学者在训诂研究中十分关注文字通假问题，认为通假是古代文献文本中普遍存在的一种现象。

在乾嘉学者看来，古代文献文本中的通假是一种本有其字、依音借用的用字现象，与"六书"中本无其字的假借有所不同。王引之《经义述闻》卷三十

①陆贻典：《管子校宋本后跋》，见黄丕烈《士礼居藏书题跋记》，书目文献出版社1989年版，第81页。
②王士祯：《居易录》卷二。
③刘文淇：《青溪旧屋集》卷五《黄白山先生义府字诂序》。

二“经文假借”条有云：

> 许氏《说文》论“六书”假借曰：“本无其字，依声托事，令长是也。”盖无本字而后假借他字，此谓造作文字之始也。至于经典古字，声近而通，则有不限于无字之假借者，往往本字见存，而古本则不用本字，而用同声之字。

可见，“六书”中的假借是“无本字而后假借他字”，是文字造作层面上的依声托事；通假则是“不用本字，而用同声之字”，是文字使用层面上的依声托事。

通假作为一种依声托事的用字现象，是建立在通假字与本字之古音相同或相近的关系之上；一般情况下，通假字与本字之间不必有意义上的关联。乾嘉学术札记中有如此论述：

> 古人文字多叚借。叚借之例……有以音同音近相叚者，有以语转相叚者。考“藉”“籍”，《说文》虽“艸”“竹”二部分列，实皆从“耤”得声，故以同音通叚。（朱士端《强识编》卷三“释藉”条）
>
> “讯”古亦读若“谇”。《小雅·雨无正篇》“莫肯用讯”，与“退”“遂”“瘁”为韵……则“讯”字古读若“谇”。……惟其同声，是以假借。（王引之《经义述闻》卷五“歌以讯止”条）
>
> “轩”“昕”双声，汉儒所谓“声相近”也。古书声相近之字，即可假借通用。如《诗》“吉蠲为饎”，或作“吉圭”；“有觉德行”，或作“有梏”。《春秋》“季孙意如”，或作“隐如”；“罕虎”，或作“轩虎”。此类甚多，未易更仆。“昕”之为“轩”即同此例。（钱大昕《十驾斋养新录》卷五“沈休文不识双声”条）
>
> 唐石经《毛诗·扬之水》“人实迋女”，《毛传》：“迋，诳也。”《言部》“诳”字注：“欺也。从言狂声。居况切。”“迋”与“往”虽系两字，其义则同；与“诳”则音但相近，义固异也，而《毛诗》假借用之，可见古假借字，音近即可借。（王鸣盛《蛾术编》卷二十《说字六》“卷二下考证”条）

由是观之，两字音同或音近，是通假关系得以建立的必备语音条件，而其义固可相异。依乾嘉学者之见，两字之古音如果既不相同又不相近，则难以形成通假关系：

有其字而通以音，亦得为假借。音同为假借，音不同而音相近亦得为假借。若字音迥殊，则必不得为假借矣。（许瀚《攀古小庐杂著》卷五“转注举例”条）

《卫世家》：“嗣伯卒，子疌伯立。”徐广《音义》曰：“疌，音捷。”《索隐》曰：“《世本》作‘挚伯’。”余谓“疌”与“挚”声不相近，无由通借。当本是“疐”字，声与“挚”相近，故字亦相通也。（王念孙《读书杂志·汉书弟二》“疌”条）

这足以说明，“古人字多假借，所重惟音”[①]。因此，有学者说：“先儒谓古人字少，多用假借，余不谓然。大抵古人简略，惟取音同。如‘欧阳’，《尚书》汉碑作‘欧羊’；‘望阳’，《家语》作‘望羊’。古字虽少，岂无阴阳字哉？”[②]又有学者说：“郝敬曰：‘古人用字尚音。’是读秦汉以上之书之要言也。”[③]

在乾嘉学者眼里，“古人之假借，由来久矣”[④]，文献文本中“古音古字之通假，不必定是后人改字”[⑤]；“古人声相近之字，每叚借通用”，此乃“经典常事”[⑥]。因此，于通假字不能以讹文误字目之：

古字通借，非误也。（梁玉绳《史记志疑》卷十一“恭侯则”条）

“待”作“时”，皆古字假借。或以“时”为“待”之讹，非也。（王引之《经义述闻》卷六“曰止曰时”条）

基于这样的认识，不少乾嘉学者明确地指出，不能将古书中的通假字径直改易为本字。如段玉裁说：“凡治经，不得以本字易其假借字。”[⑦]钱塘说：“汉人假借之文，何必一一而刊之哉？”[⑧]王引之说：“（《淮南子》）道藏本

---

①段玉裁：《古文尚书撰异》卷三“淮海惟杨州”条。
②何琇：《樵香小记》卷上“古字假借”条。
③王筠：《菉友蛾术编》卷下。
④朱亦栋：《群书札记》卷六“易水生”条。
⑤徐鼒：《读书杂释》卷二“平秩南讹”条。
⑥参见朱士端《强识编》卷一“春秋经……答问”条，王筠《说文解字句读》卷六“赣”字注。
⑦段玉裁：《古文尚书撰异》卷一上“帝曰畴咨若时登庸”条。
⑧钱塘：《溉亭述古录》卷二《汉隶字原考正叙》。

‘或’并作‘惑’……此浅人不知‘或’为‘惑’之假借而改之也。”[①]

乾嘉学者同时也意识到：“古字通借，不定是误，然因此亦颇淆混矣”[②]，不易辨识，给后人解读古书带来了很大的困扰，妨碍读者对古书之字词的训解和文意的疏通。王引之曾言：常有“说经者不察古人假借之例，故其说迂曲难通”[③]；甚至有些“古字之假借，在汉人已有不能尽通其义者”，譬如《诗经》中“王事靡盬”之“盬”，毛亨、郑玄“皆读‘盬’为良盬之‘盬’……训为‘不功致’‘不坚固’，而不知其即《尔雅》‘苦，息也’之‘苦’”[④]。

朱骏声有云：“小学之纲有三：曰形体，曰音声，曰训诂。……假借者，亦训诂之事，而实音声之事也。”[⑤]既然如此，那么从事训诂研究就有必要关注古代文献中的通假现象。尽管通假用字如上文所述难于辨察其例、疏通其义，但治训诂者还得尽量采用正确的途径和方法予以考订辨释。乾嘉学者在学术札记中就古书通假字的考释问题提出了一些意见。如王引之说：

> 学者改本字读之，则怡然理顺；依借字解之，则以文害辞。是以汉世经师作注，有“读为”之例，有“当作”之条，皆由声同声近者，以意逆之而得其本字，所谓好学深思，心知其意也。（《经义述闻》卷三十二“经文假借”条）
>
> “大飨不问卜，不饶富。”郑注曰：“富之言备也。备而已，勿多于礼也。”引之谨案：如郑说，则是富而不饶也。但经言“不饶富”，不言“富不饶”。不得如郑所说也。“饶”当读为“侥”（“饶”“侥”二字皆从“尧”声，故借“饶”为“侥”），“富”当读为“福”（“富”“福”二字皆从“畐”声，古字多借“富”为“福”，说见《尚书》“惟讫于富”下）。“侥”之言要也，求也。……古人字多假借，循声而改之则得，如字以求之则塞矣。（《经义述闻》卷十四“不饶富”条）

---

①见王念孙《读书杂志》所附《淮南内篇补遗》。
②梁玉绳：《史记志疑》卷六“别攻城阳”条。
③王引之：《经义述闻》卷七“幅陨既长”条。
④王引之：《经义述闻》卷五“王事靡盬”条。
⑤朱骏声：《传经室文集》卷三《说文通训定声自叙·转注》。

由此二条的论述来看，破假借而求本字的要领在于：（1）循声求字。即所谓“由声同声近者，以意逆之而得其本字”。例如《礼记·曲礼下》中“不饶富”的“富”，由与其音同或音近之字以意逆之，可求得“福”字（此字与“富”古音相同)。(2）观察语境。即联系具体语言环境，考察循声改读之字能否贯通上下文意。如“富”字改读为“福”字后，能使文意怡然理顺，故“福”当为本字。(3）寻求佐证。认定两字构成通假关系，要有较多的文献资料作为旁证。如认定“富”与“福”通，须在其他古代文献中找到一些旁证材料。《经义述闻》卷四“惟讫于富”条下列有如下材料：《周易·谦卦》中“鬼神害盈而福谦”，京房本“福”作“富”。《礼记·郊特牲》：“富也者，福也。”《诗经·大雅·瞻卬》“何神不富”，《毛传》曰：“富，福也。”可见，古代文献中多有借“富”为“福”之例，故以“不饶富”的“富”为“福”之通假字，于古有征，无可疑矣。在王引之看来，对于古文献文本中的通假字，只可像上文所述那样循声改读以本字，而不可径直改为本字。他曾以古本《公羊传·僖公三十三年》“匹马易轮无反者”之“易”为例说：

> 大抵假借之字，不以本字读之，则义失其真；径改为本字，则文非其旧。存其假借之“易”，而读以本义之“只”，斯两得之矣。臧氏《经义杂记》乃谓“易”为误字，又谓传文当作“踦轮”，注当作“踦，只也”，非是。(王引之《经义述闻》卷二十四“一本又作易轮”条)

此之所述，显现出了一种理性的训诂学态度。还有其他一些乾嘉学者也持有与之相类的观点。如朱大韶说：“释经者于古人通借之字，心知其意可也。不知其通借而意为之说，固不可，知其为通借而径改亦不可。”①

除王引之外，还有不少乾嘉学者对古书通假字的考订辨释问题进行了理论上的阐述。兹摘录几条材料如下：

> “置”字《毛传》无正训，唯引《明堂位》文曰：“殷人置鼓。”《郑笺》遂谓“置读曰植”，孔氏申之曰：“《明堂位》作‘植’，《传》依此经而改之。”……凡经文如字读之而有不可通，必不得已，

---

①朱大韶：《实事求是斋经义》卷二《偏徧辨》。

有他经可据改作某字，而其义划然，改之可也；若无经典明证改之，而反不若如字读之顺也，曷用改之乎？欧阳公谓“置”读如置器之“置”，《吕记》《朱传》俱从之，省却许多缠扰，岂非一快！（黄中松《诗疑辨证》卷六“置字”条）

汉人传经不同者，或字形相近，或字音相借，或字义相通……推之皆可言其故，然须识经文本字，证据明确。群言淆乱，今并不从。（戴祖启《尚书协异》卷上“宅嵎夷曰旸谷”条）

大抵五方转语，由于声音。知此，可以推经典古文之通叚与文字转写之讹错。（朱士端《强识编》卷二“方言补义”条）

其中第一条论《诗经·商颂·那》“置我鼗鼓”之“置”字，谓此字在无经典明证的情况下，不可贸然改作“植”；经文之字倘若如字读之而可通，则无烦视为借字而改读。这种看法，对于我们今人考订古书通假字仍有启发意义。

第二节　论文本之词汇

因为文献训诂要“由字以通其词，由词以通其道”[1]，须解决词语训释方面的问题，所以治训诂者应具备词汇学知识，了解古代文献文本中词汇的基本特点。乾嘉学者在学术札记中对文本的词汇问题有不少论说，今择其论说较多的方面撮述如下。

一、联绵词

联绵词，前人又称作“联（连）绵字”“连语”[2]“连字”“骈词”等。依今通行的说法，联绵词是由两个音节连缀成义而不能分割的词。如今人王力云：“所谓联绵字，就是声音相通或相近的两个字，叠起来成为一个词。”[3]郭

①戴震：《戴东原集》卷九《与是仲明论学书》。
②笔者按：清人所言“连语”，所指较为宽泛，有时也包括今之所谓双音合成词。
③王力：《中国语法理论》，见《王力文集》第1卷，山东教育出版社1984年版，第384—385页。

在贻云："所谓连语（又写作謰语，又叫联绵词）是指用两个音节来表示一个整体意义的双音词，换句话说，它是单纯性的双音词。"[①]

乾嘉学者对古代文献中联绵词的相关问题有所讨论，且有不少理论上的创获。其中尤以钱大昕、段玉裁、王念孙、王引之、陈鳣、王筠、朱骏声等人的研究成果值得关注，其多有精到之论。稽考札记材料可知，学者们的联绵词研究有如下一些主要观点。

（一）联绵词是双音节词，合二字以成之，表示一个整体意义。这是很多乾嘉学者对联绵词的一个基本认识。请看如下论述材料：

"鸱鸮"之"鸮"读吁骄切，即"鸱鸺"，语之转耳。"鸱鸮"合二字为名，不可单言"鸮"，亦不可单言"鸱"。鸱者，今之鹞也。说者往往溷鸮与鸱鸮为一物。（戴震《毛郑诗考正》卷一）

《尔雅》草木鸟兽之名，往往多合双声。至于草之邛巨，木之柜柳，兽之蛩岠，以二字相合为一物，大抵无甚意义，不过取双声耳。此亦天地自然之理。（吴骞《尖阳丛笔》卷四）

"偓促谈于廊庙兮，律魁放乎山间。"王注曰："偓促，拘愚之貌。律，法也。魁，大也。言拘愚蔽闇之人，反谈论廊庙之中，明于大法贤智之士，弃在山间而不见用也。"念孙案：王以"律"为法，"魁"为大，又云"明于大法贤智之士"，殆失之迂矣。今案："律魁"犹"魁垒"也。……《汉书·鲍宣传》曰："朝臣亡有大儒骨鲠、白首耆艾、魁垒之士。"服虔曰："魁垒，壮貌也。"转之则为"律魁"。……"偓促""律魁"皆叠韵也。凡叠韵之字，皆上下同义，不宜分训。（王念孙《读书杂志余编》卷下"律魁放乎山间"条）

戴震、吴骞、王念孙在此分别讨论了古文献中的联绵词"鸱鸮"（《诗经》）、"邛巨""柜柳""蛩岠"（《尔雅》）、"律魁"（《楚辞》），三人都有这样的共识：联绵词是合二字以成一词，为双音词；二字联结起来表示一个意思（如"邛巨"二字相合，表示一种草），其字面"无甚意义"，不可析而言之、分而训之，否则便与联绵词的整体意义相左（如"鸱鸮"二字如果拆裂，单言"鸮"或单言"鸱"，其义则不同于"鸱鸮"之所指；"律魁"二字如果分

①郭在贻：《训诂五讲》，见《训诂丛稿》，上海古籍出版社1985年版，第316页。

训作“法”和“大”，其义则与“律魁”之“壮貌”义有别)。乾嘉学者的其他类型著作中也多有相似的见解。如段玉裁《说文解字注》“嫛”字注：“‘嫛婗’合二字为名，不容分裂。”又“苦”字注：“合二字为名者，不可删其一字，以同于他物。如单云‘兰’，非‘芄兰’。”此谓联绵词“芄兰”是以二字表示一个整体意义（即一种多年生草质藤本植物)，不可拆分而解，否则单个的“兰”字便别指他物，而与“芄兰”作为联绵词的整体意义无关。

再看一例。《诗经·大雅·板》：“无为夸毗。”其中的“夸毗”为联绵词，意谓屈已卑身以取媚于人。陈鳣论之曰：

> 《释虫》云：“蚍蜉，大蚁。”郭注：“俗呼为马蚍蜉。”《说文》云：“蠪蠹，大蚁也。”今有一种大蚁，长足大腹白色，最能蠹物，名曰白蚁。吴越方言状人之工于媚说而蠹人者为“白马蚁”，殆亦“夸毗”之意。《集传》：“夸大毗俌也。”分为二义，不从《雅》训。考《后汉书·崔骃传》云：“夫君子非不欲仕也，耻夸毗而求举；非不欲室也，恶登墙而搂处。”李注：“夸毗，谓佞人足恭，善为进退。”盖与“登墙”为对，不当分训二字也。(《简庄疏记》卷五)

由此可见，“夸毗”二字连缀成一个不可分割的整体，表示一个意义（本指蠹物的大蚁，喻指人之工于媚悦而蠹人者)，不可拆开来单解，在释义上具有不可分割性。故朱熹《诗集传》训“夸”为夸大，“毗”为毗俌（附)，分作二义，甚不可取。此亦如马瑞辰所说：“夸毗，《尔雅释文》引字书作‘舿𩨏’，《玉篇》《广韵》皆作‘舿𩨏’；《尔雅》与‘籧篨’‘戚施’同释，三者皆连绵字，非可分析言之。”①

（二）组合成联绵词的二字大多具有语音上的联系，或为双声关系，或为叠韵关系。这一点，乾嘉学术札记论之较多。例如：

> 一字不能成义，必连两字而后成义，其文多双声叠韵。(许瀚《攀古小庐杂著》卷五“转注举例”条)

> 皮日休《杂体诗序》曰：“《诗》云‘螮蝀在东’‘鸳鸯在梁’，双声之始也。”……按古人亦有不全句叠韵，但二字叠韵者；亦有不

①马瑞辰：《毛诗传笺通释》卷二十五，中华书局1989年版，第928页。

全句双声，但二字双声者。杜诗于此等处最严，如“支离”对“漂泊”，则双声也；“怅望”对“萧条”，则叠韵也。(赵翼《陔余丛考》卷二十三“双声叠韵”条)

草木虫鱼之名多双声：蒹葭、萑苇、薢茩、芙芜……铫芅，草之双声也；唐棣、柜柳、茎著、枸檵，木之双声也；蜘蛛、蟦衙……蠛蠓、蛈蝪、詹诸、蝤蛴、蛴螬、蟋蟀、蟰蛸、伊威、熠燿，虫之双声也；鸳鸯、流离、秸鞠、夷由、鹧鹕，禽之双声也；驹骁、距虚，兽之双声也。(钱大昕《十驾斋养新录》卷五“双声叠韵”条)

即此而观之，联绵词在古代文献中出现的年代很早（《诗经》中已见），而且记录联绵词的二字多为双声、叠韵关系；以双声、叠韵的方式构成的联绵词，不仅可以指事（如“支离”“萧条”），而且可以指物（如“蟒蛛”“鸳鸯”“蒹葭”“唐棣”“蜘蛛”“驹骁”等），即既可用作事之称，又可用为物之名。职斯之故，王引之曾言：

《尔雅》：“鼀䵹，蟾诸。”一曰“去父”，或作“蚨”，盖“去”与“鼀”“蚨”古今字耳。古者庶物之名，多取双声叠韵。“去䵹”，叠韵字也。“去”字古音在鱼部，“䵹”字古音在幽部（《释文》“䵹”音秋）。古鱼、幽二部之声相为出入。(《经义述闻》卷二十八“鼀䵹蟾诸”条)

这也就是说，古代庶物之名多为联绵之词，且以双声、叠韵者为常，如“鼀（去）䵹”（意指蟾蜍）即是其例。在乾嘉学者看来，古代文献中不仅事名、物名常为双声、叠韵的联绵词，甚至连人名、地名亦如此：

钱学士大昕曰：“古人以二字名者，多取双声叠韵。……弥明、弥牟、灭明、由于、于姚，双声也。龙降、台骀、钼吾、围龟、且居、髡顽、州仇、魁垒，叠韵也。”“鞫居”亦取双声……然地名亦有取双声者。(梁履绳《左通补释》卷九“狐鞫居”条)

可见，古代典籍中有一些以二字连缀而成的人名、地名，为联绵之词，且大多是用双声、叠韵的方式构成。

（三）联绵词大多是以声为义，义寄于声，记录其词的二字通常只起标音作用，故不可泥于字面之义以训之。如王筠曾言：

> 夫双声之正例，曰“参差”、曰“黾勉”、曰“磬控”、曰“鬌发”、曰“栗烈”……；若夫叠韵之正例，曰“虺隤”、曰“委蛇”、曰“籧篨”、曰“栖迟”、曰“鞅掌”……。以上诸字，皆合二字之声以成一事之意，故泥字则其义不伦，审声则会心非远，但当用《公羊传》之“耳治”，必不可用其目治者也。（《毛诗双声叠韵说》）

王筠此论表明，联绵词一般是合二字之声以成一义，义存乎音，其二字只起记音作用，故不能拘泥二字之形，望文生训（即所谓“目治”），而当依音求义（即所谓“耳治”）。王氏又曾在学术札记《菉友蛾术编》上卷中结合实例分析，充分阐述了这一观点：

> 《孟子》曰：“一游一豫。”“游豫”者，双声字也，二字同意，只是游耳，故服虔注《左氏》引作“一游一誉”，“豫”“誉”二字皆无游义，以与“游”同母而谓之游也。游戏者必从容，从容者必不决然舍去，故依违不决者谓之“犹与”，见《曲礼》；亦作“犹豫”，见《史记·吕后纪》。其字皆同声也。虽变声而仍是双声，仍以从容为义者，《楚词·湘君》《湘夫人》皆言“容与”是也。故《孟子》赵注曰：“王者巡狩观民，其行从容，若游若豫。豫亦游也，游亦豫也。”……《左氏》作“誉”，（服虔）注引夏谚即作“游誉”。是知形容之词，以声为重，不必拘拘于字体也。乃杜元凯失此师传，遂改注曰“誉其好”，是读为称誉之“誉”矣。浸假而孔仲达《曲礼正义》曰：“犹，玃属；与，象属。二兽皆进退多疑，人多疑惑者似之，故谓之犹与。”案其失理已远，而尚以为两物也。浸假而《集韵》曰：“犹居山中，闻人声，豫登木，无人乃下，世谓不决曰犹豫。”是又合为一物矣。夫犹豫登木，而割裂两字，谓之“犹豫”，殊属不词，且象乃智兽，不得言迟疑不决。仲达，唐人也。唐以前久有双声之目矣，特以好为异论，故不顾其安如此。且即如其说，则《楚词》之“容与”亦可云有兽名容耶？《鸿烈解·兵略训》云：“击其犹犹，凌其与与。”缘重言、连语，皆即声为义，故以“犹与”而长言之则曰“犹犹与与”。苟以为兽，将可呼牛为“牛牛”，马为“马马”耶？恐

不如汉人之说为安也。

在此，王筠着重讨论了经典文本中双声联绵词“游豫”“犹豫”的特点及训释问题。依其所见，“游豫（誉）”“犹豫（与）”作为连语，实为一词，其以音为重，因音见义，即所谓“皆即声为义”，故对其训释应当依音求义，“不必拘拘于字体”，即不能拘泥于字形，割裂标音的两字而望文生义。因此，杜预（字元凯）将“游誉”之“誉”解释为称誉，孔颖达（字仲达）将“犹与（豫）”二字解释为玃属和象属，谓“二兽皆进退多疑”，以喻人之多疑惑者，这在王筠看来，都是“拘拘于字体”的误解。王筠在“犹豫”释义问题上的看法，具有一定的代表性，乾嘉学者有不少人亦作如是观。如段玉裁云：“古有以声不以义者，如‘犹豫’双声，亦作‘犹与’，亦作‘冘豫’，皆迟疑之貌。……《离骚》‘心犹豫而狐疑’，以‘犹豫’二字貌其狐疑耳。李善注《洛神赋》，乃以犹兽多豫、狐兽多疑对说。王逸注《离骚》，绝不如此。《礼记正义》则又以‘犹’与‘豫’二兽对说，皆郢书燕说也。”[①]王念孙云：“‘嫌疑’‘狐疑’‘犹豫’‘蹢躅’皆双声字，‘狐疑’与‘嫌疑’一声之转耳。后人误读‘狐疑’二字，以为狐性多疑，故曰‘狐疑’；又因《离骚》‘犹豫’‘狐疑’相对成文，而谓‘犹’是犬名，犬随人行，每豫在前，待人不得，又来迎候，故曰‘犹豫’；或又谓‘犹’是兽名，每闻人声，即豫上树，久之复下，故曰‘犹豫’；或又以‘豫’字从象，而谓‘犹豫’俱是多疑之兽。……夫双声之字，本因声以见义，不求诸声而求诸字，固宜其说之多凿也。”[②]

对联绵词的义例及训释问题，王筠不只是于学术札记中有所研讨，在其他类型的著述中也经常论及。如其《说文释例》卷十二云：“《毛诗》形容之词，不过重言、连语。……连语有二：‘窈窕’叠韵，兼取义者也；‘参差’双声，但取声者也。要之，形容之词之所重者，以声为主，无论其字之有义无义，其义皆在声中，当用《公羊传》‘耳治’之说读之。”乾嘉时期，在联绵词的理论研究上，有不少学人持与王筠相类的观点。如朱骏声云：

有重言形况字，如“朱朱”状夫鸡声，“关关”用为鸟语；有叠韵连语，如“窈窕”无与心容，“蒙戎”非关草寇；有双声连语，如

①段玉裁：《说文解字注》，上海古籍出版社1981年版，第477页。
②王念孙：《广雅疏证·释训》“踌躇，犹豫也”条。

《易》爻多说“次且”，《书》歌肇言“丛胜”……此皆本无正文，依声托事，谊不在形而在音，意不在字而在神。(《传经室文集》卷三《说文通训定声自叙·假借》)

显然，朱氏也认为连语多为双声叠韵者，往往是借声托义，义寓于音，故不可泥于字形以释其义，比如对“蒙戎”不能望文生义而训为草寇。

（四）联绵词的词形多不固定，一个词往往有多种不同的书写形式。乾嘉学者普遍认为，多数联绵词以声见义，用字不拘形体，但取音谐，故书写形式灵活多变，字不必一。例如：

渠蒢，《公羊》曰“籧篨”。按：凡双声叠韵，四声见义，本无定字，故音同皆可通假。(臧寿恭《左氏古义》卷六“齐侯卫侯次于渠蒢”条)

“狐裘蒙戎”，《释文》云：“蒙，如字，徐武邦反。戎，如字，徐如容反。”……按：貌状之词，音同者字通。此诗徐仙民读作“尨茸”，而《左传释文》云：“尨，莫江反，又音蒙。茸，如容反，又音戎。”是陆氏又读《左传》为“蒙戎”，《正义》引《左传》及杜预注，亦直作“蒙戎”。……《史记·晋世家》作“蒙茸”，知字通也。(李黼平《毛诗紬义》卷二《旄邱》)

“谁侜予美”，《传》：“侜张，诳也。”按：与《尔雅·释训》同。《书·无逸》“诪张为幻”，马季长本作“辀张”。《说文》“诪”云“读若畴”，引《书》“诪张为幻”。《玉篇》“嚋”云：“嚋张，诳也。”杨雄《国三老箴》云：“奸寇侏张。”“侜”“辀”“诪”“畴”“嚋”“侏”六字音皆同。貌状之词，音同者字可通。(李黼平《毛诗紬义》卷八《防有鹊巢》)

《五经文字·仌部》有“溧”字，知《七月》作“溧”也。……《释文》云：“栗烈，《说文》作‘颲颲’。”考《风部》不引此诗。按：“滭冹”“溧冽”皆叠韵字……如“氤氲”“壹郁”之类。(段玉裁《诗经小学》卷一“二之日栗烈”条)

由上可见，古书中的联绵词因声见义，用字以音为主，音同者即可通用，因而一个词往往有不同的写法，字无定体：“渠蒢”可写作“籧篨”，“蒙戎”

又可作“龙茸”“蒙茸”，“侜张”又写作“辀张”“诪张”“嚋张”“侏张”等，“栗烈”又可作“飕飗”“溧冽”。

联绵词书写形式的多样化，还表现为组成其词的两个字在前后次序上往往无定，可以颠倒。在乾嘉学者看来，“同义之字尚可倒置，况连绵字义寄于声，本无顺逆乎？”[①]因此，古人临文而用连绵之字，“或有语颠倒而于理无害者，如韩退之以‘参差’为‘差参’，以‘玲珑’为‘珑玲’，是也”[②]。又如：

> 鼿卼，《说文》无此字，引《易》作“槷魁”。……《尚书》之“阢陧”，见引于《说文·阜部》……与本经适倒置。（王颺《学易》卷十四《周易校字》）

> 《说文》引《周书》“邦之阢陧”，云：“班固说‘不安’也。”按《易》作“鼿卼”，《说文》引作“槷魁”，音义同，但颠倒其字耳。（戴祖启《尚书协异》卷下“邦之杌陧”条）

这说明，文献中“鼿卼”“槷魁”二者与“阢陧”实为一词，是“阢陧”的颠倒变化形式。

依乾嘉学者之见，联绵词的书写形式纷繁多歧，主要是由于音同（或音近）替代、同声通写造成的，即所谓“叠韵连语，借声托谊，本无正字”[③]，“以音借者其常也……取其入耳即通也”[④]。此外，还有一个原因值得注意：后人对原本记录音节的文字加以改造，或增添偏旁，或更换偏旁。例如：

> 《上林赋》谓之“昆吾”，《广雅》作“琨珸”。《南山经》之“砆石”，郭注：“谓之武夫。”……《四子讲德论》作“碔砆”。此皆古本单名，后人加以叠韵字作双名，故字有声无形，后又并加偏旁以为之形。（王筠《毛诗双声叠韵说》）

> “觳觫”本恐貌，以《孟子》言“若无罪而就死地也”，引申之为惧死貌；为其为惧死貌也，又转而为死、为殪，而别制“殑殊”二形以当之。其原本一，其流为二，今亦不能分别观之。又《广韵》《集

①王筠：《毛诗双声叠韵说》。

②杭世骏：《订讹类编》卷三“脂习西巴”条引前人语。笔者按：道咸时人蒋超伯《南漘楛语》卷八也有类似的看法：“凡双声叠韵之字，如‘澜漫’‘漫澜’，‘琅珑’‘珑琅’，逆顺读并无一定。”

③朱骏声：《说文通训定声·丰部第一》“东”字注。

④王筠：《毛诗双声叠韵说》。

> 韵》有“偈俫”二字，训“动貌”，又云“偈俫不宁”，此亦“觳觫”之异文，从“人”，盖以人言也。又……槲樕，木也；樸樕，小木也；蹼蜨，虫也。形随义变，犹“旖施”之变为“旑旎”“婀娜”“袅袅”“樢樢”“阿难”“猗傩”“阿那”。（许瀚《攀古小庐杂著》卷三“觳觫解”条）

可见，古人在使用联绵词的过程中，喜欢将原本记音的二字加以改造，赋予其标示义类的偏旁，以使形义统一，从而导致纯粹记音的文字发生义化，同时也使一个联绵词产生不同的写法。如联绵词“昆吾”意指美玉，后人遂在原字的基础上增加“玉”旁而作“琨珸”；“武夫”意指似玉之石，后人遂加“石”旁而作“碔砆”。“觳觫”一词引申指死或殭，后人便将“觳觫”二字改成“殑殜”以表“死”“殭”之义，又改作“偈俫”以表与人事相关的意义；“殑殜”“偈俫”实为“觳觫”之异文，只是“形随义变”而已，“不能分别观之”。联绵词用字还存在着偏旁趋同的现象，即一字已有标示义类的偏旁，另一字便被同化而获得相同的偏旁。如“乌呼”又作“呜呼”，“展转”又作“辗转”，“朱儒”又作“侏儒”，即是如此。王引之曾言：“家大人曰：经典之字，多有因上下文而误写偏旁者。如……《盘庚》‘乌呼’，‘乌’字因‘呼’字而误加‘口’。《周南·关雎》‘展转反侧’，‘展’字因‘转’字而误加‘车’。……《乐记》‘及优朱儒’，‘朱’字因‘儒’字而误加‘人’。”[①]总之，上述形随义变、偏旁同化之情形的存在，均使一些联绵词产生了不同的写法。推究此类情形出现的原因，当与人们以形表义、见形知意的诉求有关。王卫峰说：“汉民族在语言使用中强调形义的统一和联系，形成了很强的以形表义、因形索义的语言文字观念。作为记录汉语词汇的书写系统，汉字对语词从语音和意义两个方向上都要有所反映。对于形义脱节的联绵词，人们往往要赋予它以有理性的偏旁，使其在字形上对语词的义素或运用对象有所展现。联绵词中表音的符号就被赋予标示义类的形符，确定它的意义指向和使用对象。”[②]

---

①王引之：《经义述闻》卷三十二“上下相因而误”条。

②王卫峰：《联绵词的探源与释义》，见徐时仪等编《语苑集锦——许威汉先生从教五十周年纪念文集》，上海教育出版社2001年版，第30页。

二、同义复词

同义复词是古代文献语言中较为多见的一种词汇现象，通常由两个意义相同的单音词作为语素构合而成，表示一个意义。对此，“古人早就注意，称为‘重言’‘连言’‘复语’‘连文’‘复词’‘语词复用’‘两字一义’‘连语’等”，“当今学者则称为‘同义词连用’‘复语单义’‘同义连文’‘同义字复用’‘同义并行复合词’‘同义字连用’‘同义复词’‘同义复合词’”[①]。郭在贻说：“同义字复用：有二字复用者，亦有三字复用者。二字复用者最多见，此即所谓同义复词。”[②]

乾嘉学者对同义复词这一语言现象甚为措意，而且有比较深刻的认识和精彩的论述。其中，以王念孙、王引之父子对同义复词的论述最多，也最为明审。在《读书杂志》《经义述闻》中，经常可以见到王氏父子使用“古人自有复语耳”“古人自多复语”“古人之文不嫌于复”“古人语不避复”“二字平列，其义相同”之类的理论话语来讨论古书的同义复词问题，阐述自己的相关见解。如《读书杂志·汉书弟九》“何遽不若汉”条云：

> “使我居中国，何遽不若汉！”师古曰：“言有何迫促而不如汉也。”念孙案：师古以“遽”为迫促，非也。“遽”亦“何”也。连言“何遽”者，古人自有复语耳。“遽”字或作“讵”“距”“钜”“巨”。

《经义述闻》卷七“曾是强御”条云：

> 《荡篇》“曾是强御”，《毛传》曰：“强御，强梁御善也。”《正义》曰：“御善者，见善事而抗御之。”家大人曰：“御”亦“强”也。“曾是强御，曾是掊克”，“强御”与“掊克”相对；“不侮矜寡，不畏强御”，“强御”与“矜寡”相对。皆二字平列，其义相同。《史记·周本纪》集解引《牧誓》郑注曰：“强御，谓强暴也。”……《昭元年左传》曰“强御已甚”，《十二年传》曰“吾军帅强御”，皆二字同义，非强梁御善之谓也。

①黄金贵：《古汉语同义词辨释论》，上海古籍出版社2002年版，第60页。
②郭在贻：《训诂学》，中华书局2005年版，第13页。

又卷九“正岁年”条云：

> “正岁年以序事”，亦夏时也。“年”犹“岁”耳。《夏官·司士》：“掌群臣之版，辨其年岁。”“年”与“岁”正同义。……解者徒谓“岁年”不可以无别，故必欲分以为二，不知古人之文，自有复语。如“人”与“民”同义，而《地官》屡言“人民”；“土”与“地”同义，而屡言“土地”，是也。又何疑于“岁”与“年”之同义而并举乎？

这三条材料所论述的“何遽”（《汉书》）、“强御”（《诗经》）、“岁年”“人民”“土地”（俱《周礼》）等词，实际上均属于今之所谓同义复词。由王氏父子的论述，我们至少可以获得如下两点认识：第一，同义复词以双音节为主，一般是由两个意义相同（或相近）的语素连在一起组成，即由“二字同义”者连用构成，意义上不可“分以为二”。如“何”与“遽”同义而组成“何遽”，“人”与“民”同义而组成“人民”，均是两字一义。第二，从词的内部结构方式来看，同义复词是并列式（或曰联合式）的合成词，其中的两个单音同义词（或近义词）作为语素，地位平等，不分主次，即王氏所谓“二字平列”。如“强御”中的“强”与“御”，“土地”中的“土”与“地”，都是并列关系。

除王氏父子之外，乾嘉时期的学者还有不少人常在学术札记中讨论同义复词问题。例如：

> 后儒因谓“正鹄”皆小鸟之黠捷难中者。此说亦非。……“正鹄”之名，但取正直之义而已。……盖直则必正，正则必直，故连言曰“正鹄”。……单举之，或曰“正”，或曰“鹄”……散文则通也，其义一也。（金鹗《求古录礼说》卷六《正鹄考》）
>
> 夫日月所会为辰，辰非有实也。《大宗伯》“以实柴祀日月星辰”，“辰”与“星”连言之耳，乌得析为二宗乎？（姚鼐《惜抱轩九经说》卷三“六宗说”条）

此所论者，实谓《礼记》中的“正鹄”、《周礼》中的“星辰”都是同义复词，构成其词的两个语素的意义相同。附带提及的是，乾嘉学者在其他类型著作中也常论及同义复词。如王筠《说文释例》卷七云："'食气（饩）'只是一义，古人正多复语。即今语'能耐''做作'，一以两字皆借者合为一语，一以正俗字合为一语，便于语言，不为重复也。"又卷八有云："盖曰'薪采'，犹曰'樵苏'，两字同意，自是复语。"

观乾嘉学术札记的论述，古代文献文本中的同义复词以词性言之，既有实词性的，也有虚词性的。例如：

（《尔雅》）"讯，言也。"注云："相问讯。"元照案：《说文·言部》："讯，问也。"《诗·大雅·皇矣》："执讯连连。"《笺》云："讯，言问。执所生得者而言问之。"又《小雅·采芑》："执讯获丑。"《笺》云："执其可言问。"《周官·大祝》云："言甸人。"先郑云："大祝主言问其具梯物。"是"言问"连文。《广雅·释诂二》："言，问也。"可证《尔雅》《说文》两义具同。（严元照《娱亲雅言》卷六）

古人用语助，多与后世不同。如"岂况"二字似无连用之理，而《三国志注》及《维摩经》却有之。按《蜀志·许靖传》注："王朗与靖书云：诗人比一日之别于三秋，岂况悠悠历累纪之年者哉？"又《维摩诘经·弟子品》云："转论法王以少福故，尚得无病，岂况如来？"余修《奉贤县志》，曾用之于小序中，浅学不知，有传为笑柄者。（王应奎《柳南续笔》卷四"岂况连用"条）

以上引第一条论述观之，"言"与"问"同义，故在古代文献中连文而可构成动词性同义复词。王念孙父子也有类似的看法，云："（《汉书》）'臣闻圣主言问其臣，而不自造事'，师古曰：'欲发言则问其臣。'引之曰：师古以'言'为发言，非也。'言'亦'问'也。连称'言问'者，古人自有复语耳。……《曲礼》'君言不宿于家'，注曰：'言，谓有故所问也。'《曾子问》'召公言于周公'，《正义》曰：'言犹问也。'……此古人谓'问'为'言'之证。《周官·冢人》'言鸾车象人'，注曰：'郑司农云：言，言问其不如法度者。'……《大雅·皇矣篇》'执讯连连'，《笺》曰：'讯，言也。执所生得者而言问之。'此'言问'二字连用之证。"①"言问"既为动词性同义复词，则

①王念孙：《读书杂志·汉书第九》"言问其臣"条。

其无疑属于实词。以上引第二条论述观之，古人所用的“语助”（即虚词），其中即有二字连用而成的同义复词，《三国志注》《维摩经》中的“岂况”是为其例。今人周正举论此云：“复式虚词一般是作为一个独立的语言单位来使用的……‘岂况’是由虚词‘岂’和‘况’组成的复式虚词，属连词性结构。它本是连词的连用形式……其作用与单用‘况’字相当。”①

在乾嘉学者看来，构成同义复词的两个语素，语序往往不够稳定，可以相互颠倒，出现同素异序现象，但词性和意义一般不变。学术札记中有这样的论述：

> 《儒效篇》曰：“分不乱于上，能不穷于下，治辨之极也。”《王霸篇》曰：“有加治辨强固之道焉。”……《礼论篇》曰：“君者，治辨之主也。”以上凡言“治辨”者，皆两字同义。倒言之则曰“辨治”，《小雅·采菽》传曰：“平平，辨治也。”（王念孙《读书杂志·荀子弟一》“治辨”条）
>
> “百仞之山，任负车登焉。”……余谓“负”亦“任”也。《鲁语》注曰：“任，负荷也。”《楚辞·九章》注曰：“任，负也。”连言“任负”者，古人自有复语耳。倒言之则曰“负任”，《齐语》“负任担荷”是也。（王念孙《读书杂志·荀子弟八》“任负车”条）
>
> 《野客丛书》：“《汉皋诗话》曰：‘字有颠倒可用者，如罗绮、绮罗之类，方可纵横。唯韩愈、孟郊辈才豪，故有慨慷之语，后人亦难放效。’……古人颠倒用字，又不特‘慨慷’而已，‘凄惨’作‘惨凄’，‘琴瑟’作‘瑟琴’，‘参商’作‘商参’，皆随韵而协之耳。”……愚按：倒用成字，随韵而协。（张宗柟附识，见王士祯《带经堂诗话》卷十五）

古代文献中的“治辨”“任负”“罗绮”“凄惨”等，皆两字同义（或近义），为同义复词，均可颠倒而用。依乾嘉学者之见，因为同义复词多是由两个同义（或近义）单音词作为语素构合而成，所以它的语素之序不仅常可颠倒，而且它的意义往往与其构词语素单用时的意义相同，即所谓“两字同义，

①周正举：《文言虚词趣话》，巴蜀书社1992年版，第103页。

可单言，亦可连语”，“单言、复语同义也”[①]。例如：

《左氏桓二年传》云：“衡纨纮綖。”杜注：“衡，维持冠者。”……是衡笄男子亦有之……即固冠之笄也。《诗·卫风》“副笄六珈”，《毛传》云：“笄，衡笄也。”“衡笄”为一物明矣。连言曰“衡笄”，单言曰“衡”，一也。（金鹗《求古录礼说》卷十二《笄瑱考》）

楛僈，犹苟且也。（《荣辱篇》云：“其定取舍楛僈。”……）《强国篇》云：“恭俭、敦敬、忠信而不楛。”《非十二子篇》云：“君子佚而不惰，劳而不僈。”……或言“楛”，或言“僈”，或言“楛僈”，其义一而已矣。（王念孙《读书杂志·荀子弟一》“君子安燕……”条）

依上所论，古代文献中的同义复词“衡笄”“楛僈”，均与其成词语素作为单音词独立使用时的意义相同。此类情形，“犹‘左’谓之助，‘右’谓之助，‘左右’谓之助。诂训中有此分合同义之例”[②]。

乾嘉学者十分重视古代文献中同义复词的训释问题，在其学术札记中常常论及同义复词的训诂方法，提出了一些具有批评性和建设性的意见。如王引之《经义述闻》卷三十二“经传平列二字上下同义”条有云：

古人训诂不避重复，往往有平列二字，上下同义者，解者分为二义，反失其指。如……《节南山篇》“不敢戏谈”，解者训“谈”为“言语”，不知“谈”者戏调也，“谈”亦“戏”也。《小宛篇》“人之齐圣”，解者训“齐”为“正”，不知“齐圣”皆聪明睿知之称也。……《文王官人篇》“进退工故”，解者以“故”属下读，不知“工故”犹“工巧”也。《曾子问》“以此若义也”，解者训“若”为“顺”，不知“此若”二字连读，“若”亦“此”也。

又卷二十一“惑蛊”条云：

“将以骊姬之惑蛊君而诬国人”，韦注曰：“蛊，化也。”家大人曰：“蛊”亦“惑”也。《左传·庄二十八年》“楚令尹子元欲蛊文夫

---

①王筠：《说文解字句读》，见《续修四库全书》第217、218册，上海古籍出版社2002年版，第151、149页。

②陈奂：《诗毛氏传疏》卷二十八《敬之》疏。

人”，《宣八年》“晋胥克有蛊疾”，皆谓惑也。《昭元年》医和论蛊疾曰：“……淫则生内热惑蛊之疾。”《哀二十六年》：“大尹惑蛊其君。”是“蛊”即“惑”也。古人自多复语，不必分为二义。

合此二条而观之，王引之以为同义复词多是“平列二字”而成，上下二字（实即两个语素）意义相同，所以在理解和解释时“不必分为二义”，即不能把其中两个语素分别训释为两个不同的意义，简言之，对两个语素不可异训。如《国语·晋语二》中“惑蛊”二字均是“迷惑”之义，不可分别解作“迷惑”“变化”而致二字异训。基于此类认识，他在上述“经传平列二字上下同义”条下，曾列举了前人误释古书同义复词、分其为二义的例子六十四个，一一指摘其上下异训而失经之旨，上引《诗经·节南山》“戏谈”、《小宛》“齐圣”、《大戴礼记·文王官人》“工故”、《礼记·曾子问》“此若”，即为其中的四例。以“戏谈”例言之，前人将其分释为“戏调”和“言语”，上下异训，不知“谈”亦戏调之义，故王氏指之为“失其指”。在同义复词的训释上，王念孙也有与王引之相同的看法，其《读书杂志·汉书弟十六》“连语”[①]条有云：

凡连语之字，皆上下同义，不可分训。说者望文生义，往往穿凿而失其本指。如训“流貤”则曰“无有差次，不得流行”。……“劳倈”则曰“劳者恤其勤劳，倈者以恩招倈”。（《宣纪》：“今胶东相成，劳来不怠，流民自占八百余口。”师古曰：“劳来者，言慰勉而招延之也。”又《平当传》：“使行流民幽州，举奏刺史二千石劳倈有意者。”师古曰：“劳倈，谓劝勉也。劳者，恤其勤劳；倈者，以恩招倈之。”念孙案：“劳来”双声字，“来”亦“劳”也。字本作“勑”。《说文》曰：“勑，劳勑也。”经史通作“来”，又作“倈”。“劳来”二字有训为劝勉者，有训为恩勤者。……《尔雅》曰：“劳、来，勤也。”《小雅·大东篇》“职劳不来”，《毛传》曰：“来，勤也。”……《宣纪》之“劳来”对下文“流民八百余口”而言，《平当传》之“劳倈”亦承上文“行流民”而言，皆是恩勤之义。师古训为劝勉，已失其指，又以“倈”为招倈，而分“劳倈”为二义，愈失之矣。）……

①王云路指出：王念孙此所谓“连语”，大致包括现在所谓“同义复词”和“联绵词”。参见《词汇训诂论稿》，北京语言文化大学出版社2002年版，第73页。

"惊鄂"则曰"鄂者阻碍不依顺"。(《霍光传》:"臣皆惊鄂失色,莫敢发言。"师古曰:"凡言鄂者,皆谓阻碍不依顺也。后字作'愕',其义亦同。"念孙案:"鄂"亦"惊"也。若以为阻碍不依顺,则上与"惊"字不相比附,下与"失色"二字不相连属矣。《广雅》曰:"愕,惊也。"……今人犹曰"惊愕"、曰"愕然",岂阻碍不依顺之谓乎?)凡若此者,皆取同义之字而强为区别,求之愈深,失之愈远,所谓大道以多岐亡羊者也。

王氏在此强调构成"连语"的二字"上下同义,不可分训",以同义复词言之,实际上是说上下两个构词语素的意义相同(或相近),不可"强为区别",分别训作不同的意义。此与上述王引之的主张相一致,谓同义复词之平列二字不当异训。所以,在上引论述文字中,王念孙明确指出《汉书》里的同义复词"劳倈",其"劳"与"倈"均为"勤"义,意指恩勤、慰勉,而颜师古训"劳"为恤其勤劳,训"倈"为招倈,分为二义,失之远矣;"惊鄂"二字,均为惊讶、震惊之义,而颜师古训"鄂"为阻碍不依顺,将同义之字强作分别,亦失其本旨。

关于同义复词的训释,乾嘉学者还有不少人持与王氏父子相同的主张。如周柄中说:"'缉熙'连文,其义为光,此古训也。……'缉熙'不用分释,以二字连文,不可分耳。"[①]胡承珙说:"颜注《汉书·叙传》,以'掊克'为'好聚敛、克害之人',则似两字分为二义。不知此等皆见成称目,虽非双声叠韵,亦必二字为一意。"[②]此皆以为同义复词不当分释为二义。

三、同源词

按今人的一般说法,"所谓'同源词',是指音近义通或音同义近,可以认为同一词源,即表示相关意义的音素所派生出来的词。例如《说文·走部》:'走,趋也';'趋,走也';'走'和'趋',是音近义同的同源词。"[③]也有学者将"同源词"称作"同源字"。如王力说:"凡音义皆近,音近义同,或义近音

①周柄中:《四书典故辨正续》卷一"于缉熙敬止"条。
②胡承珙:《毛诗后笺》,黄山书社1999年版,第1390页。
③张世禄:《汉语同源词的孳乳》,见《张世禄语言学论文集》,学林出版社1984年版,第529页。

同的字，叫做同源字。这些字都有同一来源。……同源字，常常是以某一概念为中心，而以语音的细微差别（或同音），表示相近或相关的几个概念。例如：……水缺为‘決’，玉缺为‘玦’，器缺为‘缺’，门缺为‘阙’。”[①]

乾嘉时期，学者们虽然没有“同源词”“同源字”之类的说法，但却有“同源词”的观念和同源词的研究。今有论者说得好：“上古汉语的同源词研究实际上从清代乾嘉学派起已经成为传统小学的重要内容，并且取得了相当的成绩，尽管他们没有‘同源词’这个名称。”[②]综考包括学术札记在内的各类著述，便知乾嘉学者对古代文献中词的音义关系多有关注和探讨，提出了一些富有思辨色彩的观点，实已关涉同源词的理论研究。例如：

> “禛，以真受福也。从示真声。”此亦当云“从示从真，真亦声”，不言者，省也。声与义同原，故谐声之偏旁多与字义相近。此会意、形声两兼之字致多也。（段玉裁《说文解字注》“禛”字条）

> 程君瑶田曰：……音既相通，义亦因之相贯，以之命名，自可互为一物。余定《说文》“藋”字之释为“堇”，盖亦求之声音字形，有四通六辟之妙。（桂馥《说文解字义证》卷三“藋”字注）

> 《孟子·梁惠王篇》：“老而无妻曰鳏，老而无夫曰寡，老而无子曰独，幼而无父曰孤。”……“鳏”“寡”“孤”一声之转，皆与“独”同义，因事而异名耳。（王念孙《广雅疏证·释诂三》“孤、寡，独也”条）

从乾嘉学者注疏类著作中撷取的这三条论述材料，均对同源词的相关问题做了精辟的论述。第一条材料“既阐明了亦声字产生的一个原因，也揭示出了亦声字都是同源字的道理，亦声字是同源字的一部分”[③]，同时说明“从以根字（或源字）兼作声意二符的形声兼会意字入手，也是辨识同源字和同源词的一个有效方法”[④]。由第二条、第三条材料的论述看，同源词是从同一语源中派生出来的一组词，其在语音上有相近（或相同）、相转之类的关系，在语义上有相同、相贯等特征，譬如：“‘鳏’古音见母文部，‘孤’‘寡’并为见母

①王力：《同源字典》，商务印书馆1982年版，第3页。
②周及徐：《汉语印欧语词汇比较》，四川民族出版社2002年版，第35页。
③吴泽顺：《〈说文解字〉亦声字论》，《吉首大学学报》1986年第1期。
④邵文利：《试论同源字》，《内蒙古民族师院学报》1989年第2期。

鱼部，‘独’为定母屋部，其音同或音近的关系不言而喻；意义上，四者虽然各有侧重，但却均含‘孤单、孤独’之义。因此，结合音义来看，‘鳏、寡、孤、独’显然同出一源……‘孤’‘独’或许应是源词，而‘鳏、寡’则是其孳生词，因表意需求而各有所指。”①

在学术札记中，乾嘉学者对同源词问题也常有论说，且有不少精审之见。例如：

古者命名辨物，近其声即通其义。如："天"之为"颠"，"日"之为"实"（《说文》）；"春"之为"蠢"，"秋"之为"愁"（《乡饮酒义》）；"岳"之为"桷"，"岱"之为"代"，"华"之为"获"（《白虎通》）；"子"之为"滋"，"丑"之为"纽"（《律书》）；"卯"之为"冒"，"辰"之为"振"（《律志》）；"仁"之为"人"，"义"之为"我"（《春秋繁露》）；"礼"之为"体"（《礼器》）……无不以声之通，而为字形之借。故闻其声即知其实，用其物即思其义。（焦循《易话》卷下"周易用假借论"条）

焦循此“所谓假借，实包含一部分声训在内……如‘日实’‘春蠢’‘仁人’‘义我’诸条”②，触及了同源词的特点、训释等问题。依其所见，“天”“日”“春”等词，分别与“颠”“实”“蠢”等词音近义通，具有同源关系，故可运用声训之法以释义。其所言“近其声即通其义”，可谓概括和揭示了同源词音义结合的重要规律。

就乾嘉学术札记的论述来看，古代文献中同源词之间的音义关系较为复杂，其情形不一。譬如，有音相同而义相同、相近或相关者：

棊者，箭茎之名。《说文》曰："萁，豆茎也。"豆茎谓之萁，箭茎谓之棊，声义并同矣。（王念孙《读书杂志·淮南内篇弟一》"棊卫之箭"条）

音同者义亦相近。如此经"秩秩"与"大猷"连文，"秩秩"自当有大义，故《说文》"戴"字训"大"而音与"秩"同，是"秩"有大义之证也。（臧庸《拜经日记》卷六"秩秩大猷"条）

①彭慧：《“高邮王氏四种”汉语语义学研究》，上海古籍出版社2014年版，第55页。
②沈兼士：《声训论》，见《沈兼士学术论文集》，中华书局1986年版，第277页。

同源词“綦”与“萁”，“秩”与“戴”，其音各相同，而义亦相同或相近。又如：

“猱蝯善援”，“貜父善顾”，“威夷长脊而泥”。家大人曰：此举其物之情状，因以著其命名之义也。善援，故曰蝯；善顾，故曰貜父；长脊，故曰威夷。……“貜”之为言，犹“矍”也。（《广韵》“矍”“貜”并俱缚切）《说文》：“矍，视遽貌。”徐锴曰：“左右惊顾也。”（王引之《经义述闻》卷二十八“猱蝯善援”条）

同源词“蝯”与“援”，“貜”与“矍”，音各相同，义各相关，其所指事、物在情状特征上具有关联性：“蝯”指善于攀援的动物，“援”指攀援的动作；“貜”指善于顾视的动物，“矍”指顾视的动作。

有音相同而义相足者，如：

《周礼·大司乐》疏引郑氏《尚书注》云：“西方之乐谓之庸。庸，功也。西方物熟有成功亦谓之颂。颂亦是颂其成也。”此说视《礼注》较详。“颂”与“庸”同声不同字，而其义相足。颂者，颂其庸也。（徐养原《仪礼古今文异同》卷二“颂磬东面”条）

“颂”与“庸”古音相同，而其义互补，相足相成：“庸”为“成”义、“功”义，“颂”则为“颂其成功”之义，亦即“颂其庸”之谓。

有音相近而义相通者，如：

《吕氏春秋·报更篇》：“人主胡可以不务哀士？”《淮南·说林篇》：“鸟飞反乡，兔走归窟，狐死首邱，寒将翔水，各哀其所生。”高注并曰：“哀，爱也。”“哀”与“爱”声相近而义相通，故字亦相通。《乐记》“肆直而慈爱者”，郑注曰：“爱，或为哀。”（王念孙《读书杂志·汉书弟十四》“见哀”条）

“哀”与“爱”作为一对声近义通的同源词，从所指内容的性质来看，属于事名同源词，且其所指之事在事理上相因，即欢喜谓之“爱”，痛失所爱谓之“哀”[①]。又如：

①参见孙雍长：《训诂原理》，语文出版社1997年版，第164—165页。

“醉而不出，是谓伐德”，《笺》曰：“醉至若此，是诛伐其德也。”家大人曰：“德”不可以言“诛伐”。伐者，败也。《微子》曰“我用沉酗于酒，用乱败厥德于下”，是也。《说文》：“伐，败也。”《艺文类聚·武部》引《春秋说题辞》曰：“伐者涉人国内，行威有所斩坏。伐之为言败也。”……声相近，故义相通。（王引之《经义述闻》卷六“是谓伐德”条）

“伐”与“败”为事名同源词，二者声相近，义相因：有所伐则有所败坏。有音相近而义相同或相近者，如：

《西京赋》“杪木末”，薛综注：“杪，犹表也。”案《说文》：“杪，木标末也。”“标，木杪末也。”二字声义相近。赋以“杪”为“标”，故训为“表”。（桂馥《札朴》卷五《览古》“杪”条）

“杪”与“标”为物名同源词，其音相近，而义实相同，指树木的末端。《后汉书·马融传》：“陵乔松，履修樠，踔攳枝，杪标端。”李贤注：“杪、标，并木末也。”又如：

《特牲馈食礼》注：“酳，犹衍也。是献尸也。云酳者，尸既卒食，又却颐衍养乐之。”《少牢馈食礼》注：“酳，犹羡也。既食之而又饮之，所以乐之。”……“羡”“衍”声义皆相近，与“酳”为一音之转，皆取尸既卒食又羡饮安乐之也。（臧庸《拜经日记》卷十一“仪礼今文”条）

同源词“羡”“衍”“酳”，声义相近，均含“丰饶安舒”之意。正如清人胡培翚所说：“演（衍）有通润之义，羡有饶溢之义。……谓之酳者，以尸方卒食而饮之，有衍引颐乐之义。”①

在文献训诂中，很多时候需要依循“音近义通”之理，运用因声求义之法考察同源词，探究同源词之间的语音关系和语义关系，明辨词的语义理据，以推求或证明古代文献中一些词句的意义。乾嘉学者注意到了这一点。如焦循说：

①胡培翚：《仪礼正义》卷三十五。

> 《恒》二之五而后《益》上之三，即是“西邻礿祭”，而为“君子豹变”也。“豹”即“礿”也，祭而后礿为“礿祭”，变而后豹为“豹变”。变通而后约，是“纳约自牖”也。“豹”“礿”“酌”“约”四字同声假借也。《易》之辞，多用六书假借、转注以为贯通，当于声音、训诂间求之。……陆绩注“豹变”云：“豹为虎类而小者也。”以“小”字发明“豹”字，在陆氏指上六阴爻为小，虽未得《易》义，而“豹”之取义于小，则有精义焉。凡字之从“勺”者多有小义。盖勺之受小，故《中庸》言“水一勺之多”。《广雅》：“约，俭也。”又云：“约，少也。”《释名》：“要，约也，在体之中约结而小也。”小则薄，故“礿祭”即为薄祭。豹小于虎，故名“豹”，犹瓜绍小于先岁之瓜，故瓞一名“瓟”（《诗·大雅》笺疏）。莲房中之实，视莲为小，故名“的”。《文选·七发》注引字书云：“约亦的字也。”的又名“薂”（俱《尔雅·释草》）。“薂”“徼”俱从“敫”。《老子》：“常无欲以观其妙，常有欲以观其徼。”《释文》云：“徼，小道也。”“徼”之小犹“薂”之小。“薂”音同“要”，“薂”之为“的”，犹“要”之为“约”也。籥之小者名“箹”，斗之柄小于魁，名“杓”。《广雅》：“杓，末也。”“末”与“少”义同。每卦以上爻为末，此上之三所以为“约”，即所以为“豹”也（“貌”从“豹”省声，“貌”虽不训小，而从“貌”之“藐”则训小）。（《易通释》卷十“约酌豹禴”条）

在此，被焦循视作同声假借之字的“豹”“礿”“约”等，以今观之，其实亦为同源之词。因此，上引焦氏所谓“《易》之辞，多用六书假借、转注以为贯通，当于声音、训诂间求之”，实际上也包含这样的意思：对《周易》中的同源词，当从声音、训诂入手来推求和贯通其义。焦氏在上述文字中考释《周易》之“豹”“礿”“约”等词，就正是如此而为。他在“声近义通”的训诂理念的导引之下，利用声音的线索，不仅将《周易》中“豹”“礿”“约”等具有同源关系的词贯串起来，而且引申触类，将其他典籍中与“豹”“礿”“约”等之音义相关的同源词（如“要”“瓟”“的”“薂”“徼”“箹”“杓”等）也广泛地加以系联、沟通，进行综合性考察，以声通义，结果发现：不唯“豹”

“礿”“约”等从“勺”得声的字含有“小”义、“少”义，即使非谐“勺”声，但与“勺”声相近的“要”“葽”“儌”“藐”等字亦有此义。如此一来，潜藏于《周易》“豹”“礿”“约”等词背后的公共隐性语义（即语源义）遂被发掘出来，词的命名之义得以昭揭，构词理据得以凸显，《周易》中相关词句的深层意涵也随之变得明晰而易于理喻了：如“君子豹变”，是与“大人虎变”对举而言，豹小于虎，则豹变较之虎变而成效微，君子较之大人而地位次；“禴（礿）祭”实际上是一种薄祭；“纳约自牖”的“约”含有“简约”“简要”的意思，即所谓“坎成屯，而有束于三者为要”[①]。如是为解，能让人感到《周易》之言辞、义理均同条共贯，精微有致，至赜而不乱。由此，“学者能推隅反之义例，为触类之引申，凡难通者无不可通”[②]。对以上焦氏所论，今人黄永武给予了高度评价，称其“非仅证发从勺声之字，且扩及从敫声、貌声之字，其证脉络钩贯，曲折相达如此，实已脱略字形之局限，而晋入于音同义近之语根范畴矣”[③]。

就训诂实践而言，研究同源词，推求语源义，有助于深刻认识词的特征义素，深入了解词的得义之由，从而析疑辨惑，解决古书字词训释上的疑难问题。乾嘉学者戚学标曾言：“古训诂取同音。《易》：‘爻也者，效此者也。象也者，象此者也。’《中庸》：‘仁者，人也。义者，宜也。’并此法。……凡从‘夅’字声皆近‘洪’，《说文》：‘夅，读若鸿。’……《尚书》‘北过降’，即共水。然则‘洚水者，洪水也’，亦非二音也。大抵古以声为义，字固无一定耳。……又‘畜’字古音同‘好’，故《祭法》曰：‘孝者，畜也。’……《雪宫》篇：‘畜君者，好君也。’并是同音作释。古音亡，圣贤之本旨全失矣。”[④]时人许宗彦（号周生）评戚氏之言曰：“眼前之书，一经拈出，殊觉向读皆在梦中。或以为怪说，此狂者以不狂为狂也。”戚、许之言，可谓道出了以声通义、推本求源之于文献训诂辨疑的重要意义。举一个例子来具体说明，《孟子·告子上》：“性犹湍水也。”赵岐注云：“湍者，圜也。谓湍湍萦水也。”《说文解字》云：“湍，疾濑也。”可见古人于“湍”字颇有异解。对此，戚学标在

①焦循：《易章句》卷一。
②皮锡瑞：《经学通论》，中华书局1954年版，第39页。
③黄永武：《形声多兼会意考》，台湾文史哲出版社1984年版，第25页。
④戚学标：《鹤泉文钞续选》卷一《训诂取同音说》。笔者按：下文所引许宗彦之语，见戚氏此文之后的附识。

学术札记中表达了自己的看法：

> 向主《说文》“疾濑”解，细思赵注训“圜，谓湍湍萦水”亦是。“湍湍”犹“团团”，圆转不定，故可东可西，最得告子意。急疾，非东即西矣。凡字从“耑”多有圜义。《玉篇》：“圌，圜也。”《仓颉篇》：“篅，圜仓也。”（《四书续谈内编》卷下“湍水”条）

臧氏在此将“湍”与同源词“圌”“篅”比勘互证，发现“耑”声所负载的语源义应是“圜”，进而认定赵岐之注为确诂。臧氏之论，足令疑义涣然释矣！近人杨树达也有与臧氏相类的见解：“《仓颉篇》：‘篅，圜仓也。’此许义所本。按耑声字多含圜义。……《孟子·告子篇》云：‘夫性犹湍水也。’赵岐注云：‘湍者，圜也。’《论衡·变动篇》云：‘果蓏之细，圆圌易转。’皆其证也。专与耑古音同（二字同端母寒韵），故专声字亦多含圜义。”①

四、词义的存现、发展

词义是一个多侧面的综合体：既包括语词存储于特定词汇系统中的固有意义，又包括语词呈现于特定语境中的具体意义；既包含词在词汇层面上的主体意义，又包含词的关系意义、功能意义等。词义又是一个不断发展的动态系统：随着时间的推移、社会的发展，词义会有各种各样的变化。上述这些，其实与词义的存现、发展问题相关。对古代文献文本中词义的存现、发展现象，乾嘉学者在札记中常有论究。兹择其主要观点分述如下。

（一）随文见义，各有所当

古代文献文本中的语言文字，是作者思维活动的物化形式，是作者的思想、情感在特定时间、空间中的具体表达，故其意义各有特定的时空维度性，非可执一而观。具体到文献语言的词义，也是如此：文献中一个词的具体意义，在特定语境的关联、规约中才得以显现和确定，具有指向的唯一性；一个词在不同的语言环境中往往会呈现出不同的语义内涵，各有攸当，亦各有其独特性。对上述词义存现的情形，乾嘉学者出于一种理论上的自觉，多有研讨。他们在学术札记中常言“随文见义”“随文立义”“言非一端”“各有所当”

①杨树达：《积微居小学述林》卷三《释篅》，中华书局1983年版，第74页。

等，就体现了对词义存现规律的一种认识。例如：

古人立言，随文见义，当以意会。（唐仲冕《陶山文录》卷二《经说》“社祭后土说”条）

无妄之“妄”，或训为“虚妄”（《释文》《正义》），或训为“望”（《释文》引马、郑、王肃注），又或训为“亡”（虞注《象传》“物与无妄”）。随文见义，固各有所当也。（王引之《经义述闻》卷二“正乎凶也”条）

《表记》云：“虞夏之质，殷周之文，至矣。”……《论语》言“文质”，皆就周礼为说，以其得中而不偏胜也。《表记》与《论语》词义不同，所谓言非一端，各有当矣。（刘宝楠《愈愚录》卷三“文质”条）

其中所言“随文见义”“言非一端”云云，意谓一个词在实际使用过程中，受不同语境因素的支配、调控，会传达出各种具体、独特而且匹合语境的语义信息。其所谓“随文见义”之“文”，即指上下文语境。

依乾嘉学者所论，语词在具体使用中随文见义，可分两种情形来看：一是多义词在特定语境条件的限制下只取用某一个义项，二是一个词进入特定的语境中生成临时性意义。

先说上述第一种情形。许多乾嘉学者已意识到，多义词在具体使用中，受上下文语境因素的制约，只用其一义，其在静止储存状态下的多义性特征遂被消解，而以单义的性质出现。举两条材料以明之：

京氏《易传》曰：“水上见风，涣然而合。”则“涣”又训为“合”矣。《杂卦传》曰：“涣，离也。”《序卦传》曰：“涣者，散也。”谓离而合，散而聚。一字有数训，夫言岂一端而已，亦各有所当也。学《易》者见《序卦传》训为“散”，故《涣卦》爻辞皆以“散”解之。九五：“涣王居。”《象》曰：“正位也。”位可散乎？失之甚矣！（惠士奇《易说》卷六）

可见，《周易》中的“涣”字兼有数训，是个多义词，但在不同的语境中各用一义，或为“合”义，或为“散”义，等等，都以单义的形式出现；《周易》中的“涣”字各随语境而取义，皆有所当，故在训释时不可执此例彼，强作一律，均以“散”义解之。又如：

> “君子矜而不争”一章。愚按：“而”字须缩上看，又须折下看。“矜”“群”皆美德，与“和”“泰”一例。汪武曹谓“矜”即“民有三疾”之“矜”，非是。《集注》于此章曰“庄以持己”，于“三疾”章曰“持守太严”，最得移步换形之义。盖此对“争”言，与“群”一例，彼与“狂”“愚”一例，经文各别。“群”者，“敬业乐群”之“群”，与《易》“涣其群”之“群”亦不同。凡字义有两训者，只宜随文解之。如“泰而不骄”之“泰”为安舒，“拜”下之“泰”为侈肆，又可比而同之乎？（秦笃辉《经学质疑录》卷十三）

秦笃辉在此着重讨论了《论语》中“矜”“泰”的词义理解和解释问题。依其所见，“矜”既有“庄重”义，又有“谨守”义，《论语·卫灵公》“君子矜而不争，群而不党”中的“矜”即取义于前者，而《阳货》“古者民有三疾……古之矜也廉”中的“矜”取义于后者；《子路》“泰而不骄”的“泰”以“安舒”为义，而《子罕》“今拜乎上，泰也”的“泰”是以“侈肆”为义。多义词“矜”“泰”在不同的语境中皆各用一义，出现了互有差殊的“移步换形之义”，此亦即“言非一端”“随文见义”之谓。正因此，秦氏明确地指出，于《论语》中的“矜”“泰”只宜随文解之。

再说上述第二种情形。古代文献中的语词随文见义，还表现在有些语词进入到特定的语言环境中后，其意义范围有临时性变化。即如乾嘉学者所说，其有时为“统举之词，不必有所专指也”[①]；有时则“辞意各有专主，非泛言也”[②]。比如，“《大传》‘易’字凡数十见，或统指全经，或专指奇耦，或指伏羲所画之卦……不得专执一解”[③]。这实际上有涉于今人所谓词的泛指义和特指义：“如果一个词在某一具体语言环境中其使用义比其通常所代表的意义临时有所扩大，便是‘泛指’。……如果一个词在某一具体语言环境中其使用义比其通常所代表的意义临时有所缩小，便是‘特指’。”[④]且看札记中的几条

①夏炘：《读诗札记》卷八“雝”条。
②卢文弨：《钟山札记》卷二“驷驷牡马”条。
③雷学淇：《介庵经说》卷一“日月为易”条。
④孙雍长：《训诂原理》，语文出版社1997年版，第386—387页。

具体论说材料：

《尧典》"朔方"，《孔传》只作泛说。《尔雅·释训》云："朔，北方也。"舍人曰："朔，尽也。北方万物尽，故言朔也。"……郭璞云："谓幽朔也。"诸说解"朔方"，皆未实指其地。或疑朔方为北方，则朔方实有其地，而非泛指可知。《毛传》云："方，朔方，近玁狁之国。"此说是也。（王鸣盛《蛾术编》卷四十二《说地六》"朔方"条）

古"亮""谅"一字。"岂若匹夫匹妇之为谅也"，注："谅，小信。""君子不亮，恶乎执？"则注："亮，信也。"皆随文立义，言非一端。疏："亮之为义，其体在信，其用在明；惟明为能明善，在信为能诚身。"（赵佑《四书温故录》"君子不亮恶乎执"条）

第一条材料是说《尚书·尧典》中的"朔方"并非泛指北方之地，而是特指北方的"近玁狁之国"。第二条的论述表明，古代文献中"亮""谅"在"诚信"的意义上实为一词；《孟子·告子下》"君子不亮"的"亮"作"信"解，是其常训，而《论语·宪问篇》"匹夫匹妇之为谅"的"谅"作"小信"讲，临时缩小了该词通常的意义范围，是为特指之义。又如：

《新唐书·南蛮传·骠国》："乐工皆昆仑，衣绛氎，朝霞为蔽膝，谓之裓𧞣。"董冲《音义》云："裓，古得切，释典有'衣裓'。"……今案《一切经音义·阿毗昙毗婆沙论第二十一卷》，元应音孤得切，云："相传云衣襟也。"……"衣裓"用于释氏为多，然亦可以通用。虞龢《论书》云："晋时有一好事少年，故作精白纱裓衣，著诣子敬，子敬取书之两袖及褾略遍。"然则"裓"非专指衣襟也。（卢文弨《钟山札记》卷二"裓"条）

此言"裓"之为词，释氏多用，通常指衣襟，但南朝时人虞龢《论书》中的"裓"并非专指衣襟，而是临时扩大了词义所指称的范围，通指衣饰。

总之，古代文献中的语词随文见义，能在上下文语境的各种制约关系中获得语义的单一性和确定性，同一语词在不同的语境中往往会显现出不同的语义内容，义各有当，故读者宜当各依文势，随文解义，不可执一以求、妄加牵混。乾嘉学者普遍意识到了一点，故而常有这样的论说："古人之文，随人随事立义，不必牵连漫衍。"[①]"近代字学不明，故往往以一义注释古书，而不知一字有数义存焉，安可以一义该之？"[②]

（二）名异实同，同中有异

在古代文献的词汇意义系统中，存在着词义的聚合关系。词义聚合的类型较多，同义词即为其中重要的一种。依乾嘉学者的看法，同义词就是名异而实同的词。例如：

> 炮，当作"包"。周，犹遍也。义皆可通。古书以音近而讹及同事而异名者甚多。……《庄子》："周、遍、咸三者，异名而同实，其指一也。"则字义本同。（方苞《周官析疑》卷二十三"辨九祭"条）

> 《尔雅》曰："骏、壮，大也。"又曰："奘，驵也。"《方言》曰："奘，大也。秦晋之间，凡人之大谓之奘，或谓之壮。"……然则"壮""奘""驵""骏"四字名异而实同。（王念孙《读书杂志余编》卷下"乘牡骏之乘"条）

即此而观之，同义词作为名异实同之词，其实是以意义联系类聚而形成的一种词义聚合系统；同义类聚是词义在古代文献语言中的存现方式（或曰"存在状态"）之一。

据乾嘉学术札记之所论，能够构成同义关系的一组词，在文献语言训诂中一般可以相互训释，即所谓"互训"。例如：

> 家大人曰："移""易"二字同义，人所共晓，然书传多训"移"为"易"，未有训"易"为"移"者。今案：《盘庚》曰："我乃劓殄灭之，无遗育，无俾易种于兹新邑。"言毋使移种于新邑也。……《鲁语》曰："譬之如疾，余恐易焉。"言恐祸之移于我也。凡同义之字，皆可互训，而注疏多未之及。（王引之《经义述闻》卷三十一"易"条）

> "如鸟斯革"，《传》："革，翼也。"……《韩诗》作"勒"，云

①刘青芝：《周礼质疑》卷一《天官》"外饔"条。
②杭世骏：《订讹类编续补》卷上"厕"条。

"翅也"。"翅""翼"二字，《说文》互训，则韩义亦与毛同。惟其字作"勒"，疑当为"翱"，《说文》"翱"正训"翅"。（李黼平《毛诗紬义》卷十二《斯干》）

第一条材料是说，"移""易"为同义之词，故可相互训释；第二条材料谓"翅""翼"为同义之词，故《说文解字》以二者互训。乾嘉学人多有与之相似的看法。如马瑞辰有云："《尔雅·释诂》'忽''灭'二字并云'尽也'，是'忽''灭'二字同义。凡二字同义即可互训。《毛传》训'忽'为'灭'，犹之《尔雅》'搂''敛'并训为'聚'，而《角弓》郑笺即训'娄'为'敛'，'娄'即'搂'也。"①

从古代文献中语言运用的层面上看，同义词往往可以互用、通用。这是语词形成同义关系的一个重要标志。例如：

《管子·国蓄篇》曰："大国之君不相中，举兵而相攻。"谓不相得也。《齐策》："是秦之计中，而齐燕之计过矣。"高注亦曰："中，得也。""中""得"义相同，故二字可以互用。宋玉《风赋》曰："中唇为胗，得目为蔑。"《韩诗外传》曰："动作中道，从容得礼。"（王引之《经义述闻》卷八"中"条）

古者"而"与"以"同义。《顾命》曰："眇眇予末小子，其能而乱四方。"言其能以治四方也。……"而"与"以"同义，故二字可以互用。《同人·彖传》曰："文明以健，中正而应。"《系辞传》曰："蓍之德圆而神，卦之德方以知。"《宣十五年左传》曰："易子而食，析骸以爨。"皆以二字互用。"而"与"以"同义，故又可以通用。《系辞传》"上古结绳而治"，《论衡·齐世篇》引此"而"作"以"。（王念孙《读书杂志·荀子弟八》"到而独鹿"条）

上述"中"与"得"，"而"与"以"，分别为同义关系，所以它们能够出现在上下相连的文句之中，对举而用，收错综避复之效。此即王氏父子所谓"互用"。此外，因为"而""以"同义，又可相互替换而用，所以《周易》中的"而"被《论衡》引用而换作"以"。此即王念孙所谓"通用"。

①马瑞辰：《毛诗传笺通释》卷二十四，中华书局1989年版，第856页。

乾嘉学者认为，古代文献中的同义词，彼此之间往往存在着一些细微的差别，如语义的差别、语用的差别、表达色彩的差别等。因此，他们在学术札记中常常使用“散文”“对文”“浑言”“析言”等术语来辨析同义词，以明其同中有异、大同小异。例如：

《大司寇》：“以两造禁民讼，入束矢于朝，然后听之。以两剂禁民狱，入钧金，三日乃致于朝，然后听之。”讼者，财物土田之事，如今云钱谷案也。狱者重罪，如今云刑命案也。“讼”“狱”字散文则通，对文则异。（姚鼐《惜抱轩九经说》卷十“大司寇禁民讼狱说”条）

这表明，“讼”“狱”虽然同义，都可指官司、讼案，但它们所表示的意义内容略有差异：前者指民事诉讼案件，后者指刑事诉讼案件。又如：

“岁”“年”对文则异，散文则通。郑注《周礼·太史》云：“中数曰岁，朔数曰年。”是对文则异也。“年”取禾一熟，即以“岁”计，禾亦一熟也。“岁”取岁星一周，谓十二岁也。“年”则有闰以正其月，则十二年而岁星亦一周矣。是散文则通也。（王鸣盛《蛾术编》卷七十三《说制十一》“岁年”条）

“岁”“年”散言之则通，都可表示一年十二月之数；若对言之，则有中数、朔数之不齐，所指时间长短稍异：“岁”为“三百六十有五日小余不及四分日之一”，而“年”则为“三百五十四五日，有闰月则三百八十四日”[①]。又如：

《王制疏》：“缟，白色生绢，亦名为素。”按：《疏》以“缟”为生绢，亦名为“素”，则“素”亦生绢也。然“缟冠素纰”，则“缟”与“素”亦有不同。……对言之，则缟粗而素细；散言之，则皆通也。（王懋竑《读书记疑》卷四《礼记》）

由是以观，《礼记》中的“缟”与“素”是一对同义词，都可指没有染颜色的白丝织物；若细究二者之间的词义差异，则其所指丝织物有精粗之分。

①戴震：《周礼太史正岁年解一》，见《戴震全书》第6册，黄山书社1995年版，第238页。

又如：

> 齍盛之“齍”，《周礼》作“齍”，《左》《国》《公》《穀》《孟子》作“粢”（今经传中“粢”皆讹为“粢”）。……其作“齍”者，以齍本实谷器，因引伸之谓其谷为齍也。……以其谷言则曰齍，以实于器言则曰盛。经传中或浑言之，或析言之，又或互言之。（孙经世《惕斋经说》卷三《释齍》）

据此所论，“齍”“盛”如浑而言之，都可指祭祀用的谷物；若析而言之，二者则有使用上的差异：前者可用以泛指谷物，或特指祭祀用的谷物；后者则用以指祭祀时置于容器中的谷物。

（三）相对言之，其义相反

古代文献的词汇意义系统中，不仅有同义聚合，还有反义聚合，其体现为一组同级的语言单位在语义上相反或相对。古代文献中的反义聚合以反义词为重点。反义词聚合也是乾嘉学者时常讨论的对象。例如，《左传·昭公二十年》：“清浊大小、短长疾徐、哀乐刚柔、迟速高下、出入周疏，以相济也。君子听之，以平其心。”李富孙论之曰：

> 此五句皆相对，其义相反。（《春秋三传异文释》卷九）

此言经文“清浊大小”等五句中的“清”“浊”“大”“小”“短”“长”“疾”“徐”等各两两相对，形成了不同的反义聚合体。其实，唐人孔颖达也早有类似的看法，其《春秋左传正义》有云：“‘周疏’以上凡十事，皆两字相对，其义相反，乃言乐声如此相反，以成音曲，犹羹之水火相反，人之和而不同也。”

又如，《周易》一书常论万物运化、对立统一、相反相成之理，故其中存在着一个个庞大、复杂的反义词群。试看该书《杂卦传》中的如下一段文字：

> 乾刚坤柔，比乐师忧。临、观之义，或与或求。屯见而不失其居，蒙杂而著。震，起也；艮，止也。损、益，盛衰之始也。大畜，时也；无妄，灾也。萃聚而升不来也，谦轻而豫怠也。噬嗑，食也；贲，无色也。兑见而巽伏也。随，无故也；蛊，则饬也。剥，烂也；复，反也。晋，昼也；明夷，诛也。井通而困相遇也。咸，速也；恒，久也。涣，离也；节，止也。解，缓也；蹇，难也。睽，外也；

家人，内也。否、泰，反其类也。大壮则止，遁则退也。大有，众也；同人，亲也。革，去故也；鼎，取新也。小过，过也；中孚，信也。丰，多故也；亲寡，旅也。离上，而坎下也。小畜，寡也；履，不处也。需，不进也；讼，不亲也。……

由此看来，"《杂卦》自乾、坤以至需、讼，皆以两两相从，而明相反之义"[①]，阐发了万事万物相反以成、变化不已的义理，充满哲思。这一点，乾嘉学者亦是心有所悟，并有甚为深入、详明的论说。摘引两条材料如下：

《杂卦》一篇"比乐师忧""临观与求"，仍取义类之相反者言之，则卦变实生于此。是为静中之动，定中之变，在《易》中实一要义，不可视为绪余剩义而轻忽之也。亦栋案：……今得江（永）先生明白言之，暗室一灯，旷若发蒙。然则微江氏，圣人之蕴殆不可得而见乎！（朱亦栋《群书札记》卷七"图书精蕴"条）

此以卦义两相对者言之，不依文王次序，故曰"杂"也。有以尽反对言者，如"师比""临观"之类是。有以义反对言者，如"乐"反为"忧"，"与"反为"求"是。盖阴阳错综而成易道，文王序卦，固有联络贯通之理，而事物变化不穷，易道亦变动不拘，故又即上下经而杂乱言之，以明相反相对皆有意义。（刘沅《周易恒解》卷五下"杂卦传"解）

此二条所论甚切，揭橥了《杂卦传》充分运用反义之词（如"乐""忧"，"与""求"等）以阐阴阳错综之理、事物变化之道的属文妙诀。

古代文献中的反义聚合，在乾嘉学者看来具有较高的学术利用价值，可助解决字词校勘、训诂等方面的疑难问题。仍以《杂卦传》为例：

《杂卦传》："晋，昼也；明夷，诛也。""诛"当是"昧"字之讹。盖《杂卦》皆反对而义亦相反，晋既为"昼"，则明夷自当为"昧"。（俞樾《易学管窥》卷六"上六不明晦"条）

此据《杂卦传》用词"皆反对而义亦相反"的特点，推定相关传本中"诛"字当是"昧"字之讹，昏暗不明之义，与"昼"义相反。其说较为有理。

---

①苏轼：《易传》，见《三苏全书》第1册，语文出版社2001年版，第349页。

在此，附带提及古代文献中另一种相反为义的现象：同一个词表示相反或相对的两种意义。此亦如胡承珙所说："古训诂多相反为义。鞅掌，不自如之貌，故反之又为自得。"[①]此类情形，乾嘉学术札记论之甚多。如：

古用字有与字义相反者："乱"之为"治"也，"息"之为"长"也，"扰"之为"顺"也，"荒"之为"定"也，"结"之为"解"也，"浮"之为"沉"也，"面"之为"背"也，"臭"之为"香"也，"粪"之为"除"也。（袁枚《随园随笔》卷二十四"字义相反"条）

古人之字辄有相反为训者，如"乱"为"治"，"故"为"今"，"徂"为"存"是也。（王鸣盛《蛾术编》卷三十三《说字十九》"尔雅不可驳"条）

"放"之训"依"，犹"乱"之训"治"。古人多以相反者见义。（戚学标《四书偶谈内编》卷上"放于利而行"条）

以上所述者，亦即今所谓"反训"现象。依据反训之理，乾嘉学者对古代文献中的字词做了一些考释辨核的工作。例如：

《毛传》："罹，忧也。"训本《尔雅》，朱注因之。窃谓"罹""离"古字通用，言人莫不群居得所养，宜臼独被逐，他往而远离也。于，往也。正与"提提群飞"喻意反对。下章"不离于里"，"离"则训附丽。古多一字而两义相反者，如"乱"亦训"治"，"祇"训"病"，亦训"安"，"既"训"已往"，亦究将来之类，是也。（夏味堂《诗疑笔记》卷三《小弁》）

此谓《诗经·小雅·小弁》中"我独于罹"的"罹"字当读为"离"，训为离开，与该诗中"离"训附丽者相反为义。其论虽未可遽言确凿，但也能聊备一说。

（四）古义相因，触类而长

词汇是语言中最为活跃的要素，总是处在变动不居的状态之中。词汇的发展变化，不仅表现为新词的产生、旧词的消亡，还体现在词义的演变上。社会

---

①胡承珙：《毛诗后笺》，黄山书社1999年版，第1065页。

的变革、制度的迁演、科技的发展等，都改变着人们对世界的认识，进而引起词义发展变化。一个语词的意义，在共时和历时的层面上都往往会有各种各样的变化。对词义的变化，乾嘉学者在学术札记中既有理论性探讨，又有个案性分析。例如：

> 字义有行之今而古未备者，如“寺”字古作官府解，不指僧寺也。“兵”字古作兵器解，不指兵卒也。“字”字古作抚字解，不指文字也。有行之古而今不用者，如“毒”兼善恶，“祥”兼吉凶，“落”兼始终，“臭”兼香臭，“诞”兼信诞，“乱”兼治乱之类。又如下事上亦言“慈”，上规下亦曰“谏”，贵贱皆称“朕”，生死皆称“讳”，男女皆称“僮”。如此之类，古之异于今者，不可悉数。（陆以湉《冷庐杂识》卷一“古今字义”条）

> 近代俗语“卖弄”二字，专指夸耀之意。六朝以前则谓招权揽势也。《后汉·灵帝纪》注：“闵贡厉声责张让等卖弄国恩。”《朱浮传》：“浮坐卖弄国事免。”又《杨震传》：“震疏言亲近幸臣，卖弄威福。”（赵翼《陔余丛考》卷四十三“卖弄”条）

上引第一条的论述颇有理论价值，对汉语词义演变的方式和规律有所揭示，它能让人看到：词义的发展演变，或涉及词义的引申（如“兵”由兵器义引申指兵卒），或涉及词义的扩大（如“僮”由单指男性变为兼指男女），或涉及词义的转移（如“寺”由指官府变为指僧寺），或涉及感情色彩的变化（如“祥”由兼指吉凶变为单指吉，即由中性转为褒义），等等。上引第二条对“卖弄”个案的考察，说明词义因时而异，并非一成不变。

在乾嘉学者看来，词义引申是词义在发展过程中最重要、最常见的运动形式，是词义不断衍生发展的主要途径。臧庸说：“凡字有本义，有引申之义。容貌为‘颂’字之本义，引申为美盛之形容，以诵其成功，因为歌诵字。”[①]焦循说：“《易》每以声义兼取为引申，其常例也。”[②]依乾嘉学者之见，词义引申的本质特征是相因生义、触类而长。如戴震所云：“本义外，展转引申为他

①臧庸：《拜经堂文集》卷一《释颂为古文容字》。
②焦循：《易通释》卷十七“瓶瓮”条。

义……有远有近；有似远，义实相因。”[①]下面摘录学术札记中的材料具体论之：

> “贞”训为“正”，又训为“当”；“正”训为正直之“正”，又训为正当之“正”者，古义相因，触类而长。故元亨之“元”，或训为“善”、为“长”（《文言》），又或训为“大”（《彖传》）。《屯卦》之“屯”，或训为“难”（《彖传》），或训为“盈”（《序卦传》），又或训为“固”（《闵元年左传》）。（王引之《经义述闻》卷二“正乎凶也”条）

由此可以获得两点认识：第一，词义引申是一个词的意义逐步演变的过程，其表现为词义之间相因相承，依序延伸。譬如，就《易经》而言，“元”先有“善”义，后有“长”义，再有“大”义，如环相扣。第二，词义引申是一个词的意义有规律地延伸的过程，其表现为“触类而长”，即词义的延伸是以词义之间（如引申义与本义之间，远引申义与近引申义之间）具有“类”[②]的联系性为基础、为理据。譬如，“‘元亨利贞’皆善也，而元乃为四者之长”[③]，所以“元”能由“善”义引申出“长”义；“长”者居首位，自然为“大”，此二者之间有因果关联。为了深入昭揭王引之所谓“类”的含义，及其词义引申理论的义旨，下面再引录他的另一段论说文字进行证发：

> 凡事理之相近者，其名即相同。籧篨、戚施、侏儒，皆疾也，故人之不肖者亦曰籧篨、戚施、侏儒。《邶风·新台篇》曰：“燕婉之求，籧篨不鲜。”……《郑语》曰：“侏儒、戚施，寔御在侧，近顽童也。”皆谓不肖之人也。《淮南·修务篇》注云：“籧篨偃、戚施偻，皆丑貌也。”故物之粗丑者亦曰籧篨、戚施。《方言》曰：“簟之粗者，自关而西谓之籧篨。”《太平御览》引薛君《韩诗章句》曰：“戚施、蟾蜍，喻丑恶。”是也。侏儒，短人也，故梁上短柱亦谓之侏儒。《淮南·主术篇》曰“修者以为櫚榱，短者以为朱儒、枅栌”，是也。……故事理之相近者，既有本意，即有借义。（《经义述闻》卷

①戴震：《戴东原集》卷三《答江慎修先生论小学》。

②笔者按：前人释“类”为“事类”，指彼此之间具有相似性或相关性的事物，亦指事物的相似性或相关性。

③黎靖德编：《朱子语类》，中华书局1986年版，第1703页。

二十一“嚚瘖不可使言”条）

王氏在此讨论了“籧篨”“戚施”“侏儒”三词的本义和引申义（即其所谓“借义”）。以“侏儒”而言，其本义为“短人”，引申义有二：不肖之人；梁上短柱。此二义均由本义“短人”直接引申而来。“侏儒”为何能有这样的词义引申呢？按王氏之见，在于本义与引申义所指的对象是“事理之相近者”：短人和不肖之人都有相似的性状特征（皆为病、恶），短人和梁上短柱都有相似的外形特征，故各“相近”。可见，此所谓“事理之相近者”，显与上所谓“触类而长”之“类”的意思相合，可为“类”字作注脚。

再看乾嘉学者程瑶田《九谷考》卷二中涉及词义引申的一段论述文字：

《周官》大宰之职：“以九职任万民，八曰臣妾聚敛疏材。”注云：“疏材，百草根实可食者。”引《尔雅》“疏不熟曰馑”以证之。案：百草之根，如芦菔、芜菁、姜蒜之属，百草之实，如瓜壶、菱芡之属，其形类皆粗大。据《尔雅》，“疏”“穀”对言，穀其细小者矣。蒙“疏”之义而广之，则诸穀亦有其粗大者，亦别之曰“疏”。黍、稷、稻、梁四者，稷为最大，故谓稷食为“疏食”；稻其次大者，味又美，故《曲礼》于祭宗庙，命之曰“嘉疏”。然此皆展转相因，随时生义以命名也。请循其本，凡草实之有孚甲而坚实者谓之“穀”，故其字从㱿；从禾者，穀之命名，或始于禾也。凡草根之块然成物者谓之“疏”，故其字从疋、从倒子。疋言下体，从倒子者言首在下也。是故苽为穀，其苽首，《尔雅》谓之“蘧疏”矣。“疏”字本无大义，因疏形多粗大，故通其义而假借之，于是凡物之大者皆谓之“疏”。又因而推广之，则有分疏、疏通、疏远、疏长、疏迟之义焉。高诱《淮南子注》：“疏，长也。”……王逸《九歌注》：“疏，远也。”

这里考察了古代文献中“疏”的词义引申轨迹。在程氏看来，文献中“疏（蔬）”的本义是指“百草根实可食者”，如芦菔（萝卜）、瓜壶等，引申指谷物中粗大者，如稷（疏食）、稻（嘉疏）之类，又可引申为意义较为抽象的“长”“远”等。如此引申，即为“展转相因，随时生义”；之所以能这样不断地相因生义，在于本义与引申义、引申义与引申义之间都存在着关联点——“粗大”或“大”，换言之，即本义与引申义或引申义与引申义所指对象具有相似性，各各相类。由此看来，在词义引申上，程氏所言“展转相因，随时生义”，与上述王引之“古义相因，触类而长”的说法可谓如出一辙。

第三节　论文本之文法

晚近以来，语言学中所谓“文法”，多是指语法而言，即词的内部结构及积词成句的规则。吕叔湘、朱德熙曾说：“‘语法’和‘文法’……是一个东西。……语法这门学问从外国传进来的时候，大家就管它叫‘文法’。”[①]这个意义上的“文法”，依吕叔湘之见，就是“语句组织的条理”[②]，或者说“用词造句的规则”[③]。而观中国古代语言学，虽然对这种现代语言学意义上的“文法”少有研究，没有形成专门的学问，但对传统意义上的文法——诗文写作方法，还是有所关注的，正如朱自清所说：“中国从前没有文法学，文法学是从西洋输入的。可是实用的文法技术我们也有：做文章讲虚实字，做诗讲对偶，都是的。”[④]按一般的理解，“传统意义上的‘文法’概念，义指比较笼统，泛指所有属文的方式、方法，其中包括具体写作中的技法，结构安排上的章法，表现过程中的手法，修辞造句中的词法等等”[⑤]。

纵览乾嘉学术札记可知，学人们对文法问题较为关注。如梁章钜《退庵随笔》卷十九云：

> 作文之法，有已标举于经传之中者。如《易》言“修辞立诚”，《书》言“辞尚体要”，《诗》言“穆如清风”，《戴礼》言“达而勿多”，《左氏》言“辞之无文，行之不远”，合而观之，作文之本末备举，后人千言万语，恐不能出其范围。

此论表明，乾嘉学者注意到了古代经传中所标举的“作文之法”，以其为诗文写作的矩则。

①吕叔湘、朱德熙：《语法修辞讲话》（第2版），中国青年出版社1979年版，第3页。
②吕叔湘：《中国文法要略》，商务印书馆1982年版，第3页。
③吕叔湘：《语法学习》，复旦大学出版社2006年版，第9页。
④朱自清：《语文学常谈》，见朱乔森编《朱自清全集》第3卷，江苏教育出版社1996年版，第171页。
⑤任遂虎：《文章学通论》，清华大学出版社2011年版，第373页。

乾嘉学术札记还对古代文献中的文法问题做了很多具体的探讨和阐论，能为文献语言的训诂实践提供有效的理论支持。其所论甚广，涉及字法、句法、章法、篇法等方面，在此无法一一胪陈，只选择其中与今之所谓语法、修辞关系较大的几个问题略述如下。（本书第五章第五节讨论“不识文法”之弊病，对文本的文法问题也有所涉及，可参阅。）

一、倒文

所谓“倒文”，指作者出于表达的需要，有意打破常规，颠倒词句的次序。其与语序问题相关。古代文献中常见此种文法，故乾嘉学术札记中多有这样的论说文字：“（此）乃倒字法，非误也。古文每有此种句法。”[①]“文法倒置，古书原有此例。”[②]“古人之文每如此，以横担句法兼倒装句法者也。”[③]对于古代文献中的倒文现象，乾嘉学术札记还有不少具体的论述。例如：

> 《信南山》诗“中田有庐”……“中田”犹云“田中”耳。古人原有此倒用文法，非必田之正中也。（赵翼《陔余丛考》卷四“五亩之宅”条）

这是说，《诗经·小雅·信南山》中的“中田”实即“田中”之倒文。此类情形在《诗经》中较为多见，所以黄中松曾说《诗经》中“诗人之语每多倒词”[④]。又如：

> 孙季昭《示儿编》所拈古人倒用成语以就韵者甚多，如“中林”“中谷”“中河”“中路”“中田”“裳衣”“衡纵”“斯螽”“下上”“羊牛”“甥舅”“孙子”“京周”“鼐鼎”“息偃”之类，皆是也。按：《汉溧阳长潘乾碑》用“蒸黎”作“黎蒸”；董仲舒《贤良策》用“勉强”作“强勉”；昌黎诗用“玲珑”作“珑玲”，“参差”作“差参”；元黄晋卿、王仲谋辈亦以“穷兵”为“兵穷”，“伤财”为“财伤”，“鹰扬”为“扬鹰”；即《孟子》亦有“子父”“子母”之语，盖古自

①朱亦栋：《群书札记》卷二“迎婆娑神”条。
②倪思宽：《二初斋读书记》卷二。
③王鸣盛：《十七史商榷》卷二十五“选郎”条。
④黄中松：《诗疑辨证》卷四“吉甫燕喜章”条。

有其法。（凌扬藻《蠡勺编》卷二十四“倒用成语”条）

即此以观，自《诗经》时代以来，一直到元代，人们作诗为文，出于表达的需要，经常倒用“成语”，改变了常规的语序；这种倒文之法可谓源远流长。再看札记中的两条材料：

《左传·隐六年》：“周之东迁，晋郑焉依。”杜注：“平王东徙，晋文侯、郑武公左右王室，故曰晋郑焉依。”芹案：“晋郑焉依”，犹云“依晋郑焉”。此古文倒句法。（朱亦栋《十三经札记·左传上》）

《制言》上篇：“故士执仁与义而明[①]，行之未笃故也，胡为其莫之闻也？”元照案：士行仁义，宜乎其有闻矣；而莫之闻者，以行之未笃故耳。此倒句法。（严元照《娱亲雅言》卷三）

由第一条的论述看，《左传·隐公六年》中“晋郑焉依”一句的动词宾语前置，实为“依晋郑焉”之倒文。观第二条的论述，《大戴礼记·曾子制言》中“行之未笃故也，胡为其莫之闻也”二句，亦涉倒文之法，若顺言之，当云“胡为其莫之闻也？行之未笃故也”。

古代诗文中的倒文现象虽然复杂多样，但概而言之，可以归结为两类，即词法方面的倒文与句法方面的倒文。前者主要是指合成词中的词素次序倒置，异于常规；后者则所包甚广，涉及现代语法学上所说的主谓倒置、定中倒置、动词宾语前置、介词宾语前置等情形。如梁章钜《退庵随笔》卷二十有云：

唐宋以来，诗家多有倒用之句，谢叠山谓“语倒则峭”。其法亦起于《三百篇》。如《谷风》之“不远伊迩，薄送我畿”，《简兮》之“赫如渥赭，公言锡爵”，《小明》之“至于艽野，二月初吉”，《闷宫》之“秋而载尝，夏而楅衡”，《殷武》之“勿予祸谪，稼穑匪懈”，是也。有倒用之字。倒一字者，如“有敦瓜苦”“菀彼桑柔”“以我齐明”“矧敢多又”。倒二三字者，如“婉如清扬”“终其永怀”“匪言不能”“式饮庶几”“何辜今之人”，是也。他若“中谷”“中逵”“中林”“中路”“中田”“家室”“裳衣”“衡从”“稷黍”“瑟琴”“鼓钟”“斯螽”“下上”“羊牛”“甥舅”“孙子”“女士”“京周”“鼒

①严元照原书注云：“许周生云‘明’字句绝。”

鼎”“息偃”之类，不胜枚举。然在古人，却非有意为之，亦大抵趁韵之故，遂开后人法门耳。

依梁氏此之所论，《诗经》中大量存在着倒文现象，且大致可分为两类：一是词法类倒文，如“瓜苦”“桑柔”“中谷”“裳衣”“衡从（纵）”“斯螽”“下上”“羊牛”等即是；二是句法类倒文，如“至于艽野，二月初吉”实即“二月初吉，至于艽野”之倒，“婉如清扬”实即“清扬婉如”之倒，“何辜今之人”实即“今之人何辜”之倒，分别具体涉及状语后置、主谓倒置等非常规语序现象。

就乾嘉学者的论说来看，古代诗文作者使用倒文之法，动因不一，多数时候是为了韵律和谐，即如前引凌扬藻所言“倒用成语以就韵”，梁章钜所言“大抵趁韵之故”[①]。举例来说，《荀子·成相》有云：“舜授禹以天下。”王念孙论之曰：“杨注曰：‘舜所以授禹，亦以天下之故也。’念孙案：此不言‘舜以天下授禹’，而言‘舜授禹以天下’者，倒文以合韵耳（‘禹’‘下’为韵），非有深意也。杨反以过求而失之。”[②]又如，旧本《逸周书·周祝解》：“故恶姑幽，恶姑明，恶姑阴阳，恶姑短长，恶姑刚柔。”王念孙校此云：“‘刚柔’当为‘柔刚’，此倒文以协韵也。……《说卦传》之‘迭用柔刚’，《西山经》之‘五色发作，以和柔刚’，皆倒文协韵也。凡古书之倒文协韵者，后人多改之。”[③]此外，古书作者使用倒文之法，有时是追求造语奇劲峭拔。洪亮吉有言：“诗家例用倒句法，方觉奇峭生动。如韩之《雉带箭》云：‘将军大笑官吏贺，五色离披马前堕。’杜之《冬狩行》云：‘草中狐兔尽何益？天子不在咸阳宫。’使上下句各倒转，则平率已甚，夫人能为之，不必韩、杜矣。”[④]又如，司空图《诗品》：“独鹤与飞。”对此，朱亦栋《群书札记》卷十六指出，其本于韩愈《罗池神碑铭》“秋鹤与飞”之语，实为“独与鹤飞”之倒文，亦得韩愈铭文造语劲健之妙，即所谓“相错成文，则语势矫健耳”。

---

①这一点，康熙时人姚际恒《诗经通论》卷七在讨论《诗经·陈风·衡门》“乐饥”一语时说得更为明白：“古文有倒字法也。倒字趁韵为多。”

②王念孙：《读书杂志·荀子弟八》“舜授禹以天下”条。

③王念孙：《读书杂志·逸周书第四》“刚柔”条。

④洪亮吉：《北江诗话》卷二，人民文学出版社1983年版，第44页。

二、省文

作者行文时，在一定的语言环境中省略那些不言自明的词句，即为省文之法。“古人语多省略”[①]，省文也是古代文献常用的一种文法。袁枚《随园随笔》卷二十五“古文省字”条云：

> 古人文多省字法。如《左氏》“使之年”者，使之言年也；“楚国第”者，楚国为政以次第也；“则如勿伤”者，不如勿伤之也。《公羊》“不能乎母”，言不能事母也。《鲁语》宗人夏父展曰“君作而顺，则故之”，言以为故事也。臧宣叔曰“齐楚同我也”，言齐楚同伐我也。《晋语》张老曰“士首之”，谓斫其首也。《左氏》“吴子门于巢”，《公羊》“无人门焉者”，皆仿此矣。东汉郅恽曰“子在，吾忧而不手”，仿《檀弓》“子手弓而可”。皆省却一字。

于此能见《左传》《公羊传》《国语》《礼记》等古代经典文本中省文情形之一斑。观其所省略者，有的是谓语成分，如“使之年”句中省“言”，“不能乎母”句中省“事”；有的是宾语成分，如“则如勿伤”之“伤”后省“之”(此句同时省“不”字)，“吾忧而不手”之“手”后省“之”(指仇人)；有的是介词，如“楚国第”之“第”前省“以”。如此之类，非一而足。古文中所省略的内容，有的较为隐晦，训解时须仔细体察上下文意，详加审究；否则，难得其解，转生疑迷。举一个例子：

> 子路曰：“不仕无义。”郑康成曰：“留言以语丈人之二子。”按：此注最为精密。盖“见其二子焉”，已为“长幼之节”伏案，此明对二子之语；其不记“告二子”者，古文省笔法也。于此可见《论语》记事之妙。赵云崧曰：吴青坛谓“见其二子焉”句当在“至则行矣”之后；不然，既无人矣，与谁言哉！使赵氏见郑注，悟出《论语》书法，必不为错简之疑矣。(秦笃辉《经学质疑录》卷十四)

对《论语·微子》中“子路曰‘不仕无义’”云云，郑玄深察文意，识其

①戴震：《尚书义考》卷一，见《戴震全书》第1册，黄山书社1994年版，第60页。

省笔之法，故能做出精密的注释；而赵翼（字云菘）未悟此处省文之法，不知其中省略了“告二子”之类的字眼，反信吴震方（字青坛）之说，以为经文有错简之嫌，徒滋疑扰耳。

据乾嘉学术札记之所论，古书省文的方式多种多样，有探下文而省、蒙上文而省、互文错见而省等。如《经义述闻》卷二十一“若无天乎云”条云：

> “若无天乎”“若云有天”，皆用《晋语》文。……穆公之意，以为若无天，则胜负尚未可知；若有天，则吾必胜之也。“若无天乎”之下，不更赘一语者，下文明言“若云有天，吾必胜之”，义见于下，故文省于上也。《晋语》记申生之言曰：“伯氏不出，奈吾君何？伯氏苟出而图吾君，申生受赐以死，虽死何悔？”《檀弓》记其言则曰：“伯氏不出而图吾君；伯氏苟出而图吾君，申生受赐而死。”“伯氏不出而图吾君”之下不更赘一语，亦是义见于下而文省于上也。

这表明，《国语·晋语》“若无天乎”句之后，探下文“若有天，吾必胜之”之意，其实省略了表达“则吾胜负未可知”之类意思的语句；《礼记·檀弓》“伯氏不出而图吾君”句之后，探下文“申生受赐而死”之意，其实省略了表达“奈吾君何”之类意思的语句。又如，金鹗《求古录礼说》卷六《正鹄考》有云：

> 《考工记》云“张皮侯而栖鹄”，但言“鹄”而不言“正”者，以正在鹄中，言“鹄”则“正”可知，故省之也。下云“张五采之侯”“张兽侯”，并不言“鹄”，蒙上省文，不言可知也。

金鹗此论，涉及《周礼·考工记·梓人》中如下一段文字：“张皮侯而栖鹄，则春以功；张五采之侯，则远国属；张兽侯，则王以息燕。”金氏谓“张五采之侯”“张兽侯”均蒙上文“张皮侯而栖鹄”而省“栖鹄”字，其说甚是。金鹗又曾言：

> 或疑大裘不言“衮”，似乎无文，不知经文每有互见之法。大裘不言“衮”，其余冕服不言“裘”，互文错见也。（《求古录礼说》卷八《冕服考》）

这是说，《礼经》叙古代服制，于大裘不言“衮”，冕服不言“裘”，似是疏漏而无文，实则因为互文错见而省略。这亦似王鸣盛解释《尚书·酒诰》“庶士有正”时所说：“举此以该彼，互文亦省文也。”[①]又如，姜兆锡《书经参义》卷五云：

> “乃惟尔辟，以尔多方大淫，图天之命，屑有辞。”……言纣富有多方，而大肆淫佚，以私意图度上帝之命，饰非拒谏，实烦有词。……节意与《多士篇》“桀大淫佚有辞”同义。旧疑本节不及桀，疑有阙文。按上下文固兼言夏，而篇意以殷为主。经传互文省文之例多如此，非有漏也。

于此可知《尚书·多方》中“乃惟尔辟”以下一节运用了互文省略之法，虽主叙殷纣，亦兼言夏桀，并非像宋代蔡沈等人所揣疑的那样阙漏了叙及夏桀的文字。

依乾嘉学者的看法，古书作者使用省文之法，主要是为了行文简洁。如，《北史·孝静帝纪》：“高澄侍帝饮，大举觞曰：‘臣澄劝陛下。’”王鸣盛评此云：“《魏书》‘下’下有‘酒’字，《北史》省此一字，欲简老。”[②]又如，焦以恕说：“经言简而义该，经文省字之法了然矣。”[③]姚范说：“史文简古，有省字无害。”[④]此外，也有因语急而省者。如钱大昕以《汉书·丙吉传》中“岂宜褒显”为例，论曰：“古人语急，以‘岂不’为‘不’，‘不可’为‘可’。此当言‘岂不宜’，亦语急而省文耳。”[⑤]又如，倪思宽解《左传·宣公十七年》“吾若善逆彼以怀来者”之“若”云：“若，不若也。与‘则如勿伤’‘如’字同例。古人辞急，故书中多有此等句法。”[⑥]又如，武亿解《公羊传·宣公六年》“己趋而辟丸”之“己”云：“案《文十四年左氏传》‘夫己氏’，注：‘犹言某甲。’大夫名多，未能悉举，故言‘己’以统之；不称‘夫己’者，语急文省故也。注以为‘己诸大夫’，其义涉迂。”[⑦]

---

①王鸣盛：《尚书后案》卷十六“庶士有正”按语。
②王鸣盛：《十七史商榷》卷六十六“臣澄劝陛下”条。
③焦以恕：《仪礼汇说》卷八。
④姚范：《援鹑堂笔记》卷十五。
⑤钱大昕：《廿二史考异》卷八。
⑥倪思宽：《二初斋读书记》卷九。
⑦武亿：《群经义证》卷六《春秋公羊穀梁传》。

三、互文

乾嘉学术札记所论古书中的互文现象，主要有两类：一是上下文中的相关语言单位参互成文，合而见义，共同表达一个完整的意思，即所谓“彼此各举一边，互见为义”者[1]；二是行文过程中作者有意使用不同的词语来表达相同的意义，以避免单调重复，即如《左传》“易子而食，析骸以爨”，其“以（‘而’‘以’）二字互用，‘而’与‘以’同义”之类[2]。先看学术札记对第一类互文的论述。如王引之《经义述闻》卷二“殷荐之上帝以配祖考”条有云：

> 《豫·象传》：“先王以作乐崇德，殷荐之上帝，以配祖考。”……上帝言荐，祖考言配，互文耳。上帝亦以德配，……《大雅·文王》曰“克配上帝”是也。祖考亦以乐荐，《周官·大司乐》曰“以享先妣”“以享先祖”……是也。言“荐之上帝”，则祖考之荐可知；言“以配祖考”，则上帝之配可知。……互文以见义也。古人之文，多有即此见彼者，非若后世之文繁词复也。

又卷八“振掌事者之余财”条云：

> 《职币》：“掌式法，以敛官府、都鄙与凡用邦财者之币，振掌事者之余财”。……上言敛币而不言振财，下言振财而不言敛币者，言币则兼财，言财则兼币，互文耳。

这两条材料均论及上述第一类互文现象，第一条谓《周易·豫卦》中“上帝”与“祖考”互文，第二条谓《周礼·天官·职币》中“财”与“币”互文。寻绎此二条所论之意，知第一类互文有一个重要特点：文省而意存，举此以见彼。也就是说，从语言结构上看，上下文中各有词语省略（如上句“荐之上帝”中省“祖考”，下句“以配祖考”中省“上帝”）；而从意义呈现上看，上下文的词语又相互补充、彼此发明（如举“上帝”则兼“祖考”，举“祖考”则兼“上帝”，二者互见为义，以相足也）。又如，黄中松《诗疑辨证》卷六“鼗鼓”条云：

---

[1] 王鸣盛：《蛾术编》卷六十四《说制二》“六乡”条。
[2] 王念孙：《读书杂志·荀子弟八》“到而独鹿”条。

“置我鼗鼓”句独言鼗，“奏鼓简简”句独言鼓，鼗言“置”而不言“奏”，鼓言“奏”而不言“置”，互文以明之。正如“钲人伐鼓，陈师鞠旅”之类是也。

此谓《诗经·商颂·那》“置我鼗鼓，奏鼓简简”二句中“置”与“奏”互文以见义。

对上述第二类互文现象，乾嘉学术札记也有所论述。例如：

《史记》多以“以”“用”互文。《秦楚之际月表序》曰：“以德若彼，用力若此。”《天官书》曰：“岁星出常东方，以晨；入于西方，用昏。”《老庄申韩传》曰：“儒者用文乱法，而侠者以武犯禁。”……皆其证也。（王念孙《读书杂志·史记弟六》“用之富”条）

由是以观，《史记》中的“以”“用”二词，在上下文中对举而用，其义往往相同，可以相互替换、彼此训释，形成了互文。又如：

第三句，首章云“纰”，末章云“祝”，皆谓“组”也。篇中文义一例，皆互文耳。（刘始兴《诗益》卷十五《诗杂辨·干旄》）

此言《诗经·鄘风·干旄》首章第三句“素丝纰之”中的“纰”，末章第三句“素丝祝之”中的“祝”，均与第二章第三句“素丝组之”中的“组”同义，是为互文。前人使用此类文法，主要是为了避免行文重复。试观以下论说文字：

《列子》“瓠巴鼓琴”，《荀子·劝学》作“鼓瑟”，盖因下有“伯牙鼓琴”句改为“瑟”也。……曹子建《表》“赦楚赵以济其难”，裴松之云：“秦亦赵姓，故互文以避上秦字。”（梁玉绳《瞥记》卷五）

“资”字当从赵邠卿训“取”。上云“资之深”，下云“取之左右逢其原”，此古人缀文之法，同一意而易字，以避复耳。（臧庸《拜经日记》卷十一“资之深”条）

上引第一条论说材料，谓《荀子·劝学》“瓠巴鼓瑟”句不依古说作“鼓琴”，而将“琴”换作同义词“瑟”，是为了不与下文“伯牙鼓琴”的“琴”相重复，亦犹曹植表文改“秦”为“赵”（但此“赵”实指秦国[①]），以避上文

---

①《文选·求自试表》：“楚赵以济其难。”李善注：“此‘秦’而谓之‘赵’者，《史记》曰：‘赵氏之先，与秦共祖。’然则以其同祖，故曰‘赵’焉。”

“秦鲁以成其功”之“秦”字[①]，因而有互文避复之效；由第二条材料来看，《孟子·离娄下》“居之安则资之深，资之深则取之左右逢其原”一段中，前用“资”字，后用“取”字，其义一律，属于同义词交替使用，实为互文之法，其用在于避复。此类互文旨在变化其文，避免重复，所以乾嘉学者也有人称之为“变文”，例如：

碑云“虔恭明祀”，即《诗》“敬恭明神”。……碑易“敬”作“虔”者，以上句云“敬天之休”，避复字而变文也。（朱士端《强识编》第四“跋汉延熹封龙山颂”条）

《封龙山颂》的作者将“敬恭明神”的“敬”换作另一个同义词“虔”，以避免与上句“敬天之休”中的“敬”相重复，这显与上述第二类互文相同，而朱士端将前者称作“变文”，可知后者在乾嘉时代又有“变文”之称。

第四节　论文本之文理

对文理问题，古人早就有所关注。如《周易·家人》云：“君子以言有物。”又《艮卦》云：“言有序。”这里所说的“言有物”即义理，是理之本；“言有序”即文理，是理之经[②]。时至乾嘉之世，学者们颇为关注各种文献文本的文理问题，并常常结合训诂研究予以讨论。此由乾嘉学术札记中的论述可窥一斑。

一、文本有文理存焉

顾名思义，“文理”是指行文的条理、理法。详而言之，它是文章的语言在组织和表达上所呈现的一种内部结构和秩序，涉及文章语言文字内在联系的线索及其联系的依据（如事理逻辑等），体现着文章的条理性、连贯性、完整

①《三国志·魏书·陈思王植传》：“明主使臣，不废有罪，故奔北败军之将用，秦鲁以成其功；绝缨盗马之臣赦，楚赵以济其难。”裴松之注云：“秦穆公有赦盗马事，赵则未闻。盖以秦亦赵姓，故互文以避上秦字也。”

②唐富龄：《明清文学史·清代卷》，武汉大学出版社1991年版，第437页。

性等；质言之，也可以说“文理”就是行文的逻辑。如孙中山有言：“文理为何？即西人之逻辑也。……以逻辑之施用于文章者，即为文理而已。”[1]郭扬说：“文理不通就是不合逻辑；文法不通就是不合语法。”[2]

检视乾嘉学术札记的论述可知，古人的文字作品，特别是影响深广的经典性文本，各有文理存乎其中。如梁章钜《退庵随笔》卷十九云：

吾友谢退谷尝与余论文，多笃实心得之语。一日谓余曰：“文有三理：善言德行者，道理足也；达于时务者，事理足也；笔墨变化者，文理足也。三者俱无，则《昭明文选》之文而已。”余初闻之，即觉其言之过已，而退谷笔之书矣，此则不可不辨者也。姑无论诸葛武侯之《出师表》、李令伯之《陈情表》、束广微之补《南陔》《白华》诗为千古言忠孝者之职志，卜子夏之《毛诗序》、杜元凯之《左氏传序》、刘子骏之《移太常博士书》开后来论经学者之津涂，即陆士衡之《文赋》，古今之言文章者亦岂能外之？且如屈子之《离骚》，李少卿、司马子长之书，可谓之文理不足而笔墨不变化乎？……大抵退谷喜讲心性之学，所最服膺者，真文忠公之《文章正宗》，其于《文选》并未尝全部翻读，故不自觉其失言。

此对友人谢金銮（字退谷）非议《文选》之文的言论进行了驳诘，认为收录于《文选》中的历代诗文（特别是历代名家的名篇）俱是文理备足的作品。其中所言“文理”，具体指行文变化之道，涉及文本语言的内部结构与秩序。又如：

《大学》依古本读讲自顺。古《大学》一篇，文理浑浩。……至于详说反约，则体会古本，自然一贯。（赵佑《四书温故录》“大学古本说”条）

“道其不行矣夫”，此引圣人慨叹之词，自与前后文理脉一贯。学者合前后文读之，而得知行合一之义。《中庸》一篇原自处处贯彻也。（翁方纲《礼记附记》卷七）

---

①孙中山：《建国方略》，见中国社科院近代史所等编《孙中山全集》第6卷，中华书局2011年版，第183页。

②郭扬：《逻辑学讲义》，生活·读书·新知三联书店1958年版，第11—12页。

其论表明，《大学》《中庸》的语言组织和表达具有逻辑上的一致性和贯通性，其文理明顺，前后文意浑然一体，理脉通彻。又如：

柯维骐《书赞后》曰：按太史公此赞，乃《平准书》之发端耳。上述三代贡赋之常，中列管仲、李克富强之术，下及嬴秦虚耗之弊，次及汉事，文理相续。（姚范《援鹑堂笔记》卷十五）

这是说，《史记·平准书赞》依世次顺序历数各代工商贸易之事，其叙秩然有条，井然不乱，因有“文理相续”之妙。又如：

以复语入辞者，《诗》多有之。“采采卷耳”，不一采也。“玼兮玼兮”，咏叹之也。“不我以，不我以”，更端也。《坊记》引《诗》云：“相彼盍旦，尚犹患之。”故郑重言之。……《荀子·宥坐》云：“汝庸安知吾不得之桑落之下？”《庄子·列御寇》云：“阖胡尝视其良？”《徐无鬼》云：“阖不亦问是已？”是乃欲言中止而又言之也。均有文理存焉。（俞正燮《癸巳类稿》卷七《复语解》）

由是观之，像《诗经》《荀子》《庄子》等古代典籍使用复语（即重叠而用的词句以及同义连用的词语），都有特定的旨趣和理路。比如，《诗经·鄘风·君子偕老》以两个“玼兮”重叠而用，回环往复，一唱三叹，是为了咏赞下文所述的翟衣。《诗经·召南·江有汜》中“不我以，不我以”二句相连叠用，其中后一“不我以”实与诗中下句“其后也悔”相连属，起引出下文、转换话题的作用，即所谓“更端也”。《庄子·列御寇》“阖胡尝视其良”中疑问代词“阖”“胡”同义连文[①]，意在显现作品中人物在当时情境下“欲言中止而又言之”的心理状态和行为趋向。这些例子，实际上也透现出了古书遣字用语、行文布局方面的理法或逻辑，由此亦见文献文本“有文理存焉”。

二、语脉与文势

在古人的文本观念中，文理往往具体表现为诗文作品中所贯通的语脉（或曰文脉）、文势。如宋人朱熹经常论及儒学经典文本中的文理，其所言“文

①王先谦《庄子集解》卷八亦云：“‘阖’同‘盍’，何不也。‘胡’亦‘何’也。‘阖胡’连文，如古书‘尚犹’‘惟独’之例，自有复语耳。……冤魂告语，深致其怨。”

理”就是“指文本（书）的结构、语脉：‘读书如《论》《孟》，是直说日用眼前事，文理无可疑。’”[①]朱熹又曾言：“授书莫限长短，但文理断处便住；若文势未断者，虽多授数行，亦不妨。”[②]此将“文势”与“文理”两个概念相提并用，表明文势与文理有着密切的关系。

以乾嘉学术札记中的材料来看，学者们对古代文献文本的语脉、文势问题多有关注，并进行了或宏观或微观的研讨和论析。如周中孚《郑堂读书记》卷十三《经部七之下》云：

> 虞廷以《大学》为《礼记》四十九篇之一，首尾完具，脉络贯通，无经传之可分，无阙亡之可补；惟其古义日湮，师传渐失，众家之说转即歧涂，一卷之书几同阓市，因成《古义说》二篇，篇各一卷，咸考诸古文，以求实是。

此处引述宋翔凤（字虞庭）的说法，以为《大学》古本是一个“首尾完具，脉络贯通”的文本，盖六代诸儒相传之旧。其中所谓“脉络”，实即语脉或文脉，指文本的语言在组织、表达上所呈现出的一种具有贯通性、条理性的逻辑线索，它体现着文本语言内部的逻辑联系，关涉文本语言的衔接、连贯等问题。又如，臧庸《拜经日记》卷十二“孔子去卫适陈”条有云：

> 《史记·孔子世家》因孔子居卫、居陈时久事多，遂覆叙三次：第一叙季桓子受女乐，孔子行，适卫，主颜浊邹家；居十月，去卫，将适陈，过匡、过蒲，月余反乎卫，主蘧伯玉家；去卫过曹、过宋、过郑，遂至陈，主司城贞子家，居陈三岁，去陈。第二覆叙过蒲，遂适卫，灵公怠于政，孔子行；赵简子攻范、中行，伐中牟，佛肸以中牟畔，使人召孔子，孔子欲往；孔子击磬，有荷蒉过门。第三覆叙孔子既不得用于卫，将西见赵简子，临河而叹，反乎卫，主蘧伯玉家；灵公见飞雁，仰视，色不在孔子，孔子遂行，复如陈，自陈迁蔡。细绎其脉，秩然不紊。

其中所谓“脉”，也是指语脉而言。由臧庸之言看，《史记·孔子世家》记

①林维杰：《朱熹与经典诠释》，华东师范大学出版社2012年版，第17页。
②黎靖德编：《朱子语类》卷七，中华书局1996年版，第126页。

叙孔子当年居留卫、陈以及离开卫、陈的时间、经过等，覆叙了三次，语脉清晰，“秩然不紊”，体现了《史记》作者行文思路的条理性、严密性。这亦似臧庸评议《史记·伯夷列传》之行文法度云：“读司马子长书，极爱《伯夷列传》，用笔纵横跌宕，不可端倪，而细寻其脉，则一线贯串，丝毫不紊，文律之谨严，后世鲜能及之。说者谓汉魏人法疏，唐宋人法密，非知言也。”[①]又如：

> （朱熹）注：“恭则能以礼接下。”“下”指民，“礼”即“动之不以礼”之“礼”，不说待士。“恭俭”字相连，如“温良恭俭”。恭俭不可伪为，皆不定用度，省啬为俭。大抵不敢有肆然民上之心，又每事收敛，皆是仁处。下句一直可接，总注在取民有制。对下“为富”，“恭俭”不必分，下句更不用分。上下语脉如是。（戚学标《四书续谈外编》卷下“贤君必恭俭节”条）

此所论者，涉及《孟子·滕文公上》中“贤君必恭俭礼下，取于民有制。阳虎曰：‘为富不仁矣，为仁不富矣’”一段文字。戚学标寻察上下语脉而认为，这段话中的“恭俭”字相连，皆是言仁，与下文“为富”相对，故解读时不应分之而说；下句“取于民有制”的语势直承上文，更不宜将“恭俭”之义分而言之。朱熹《集注》谓“恭则能以礼接下，俭则能取民以制”，则是分而言之，于经文语脉有所未合。可见，戚氏所谓“语脉”，是指《孟子》作者的思想意旨在被语言文字对象化后所呈现出的一种逻辑线索，它牵涉到作者的思想通贯性和思维条理性。

乾嘉学术札记对经典文本的文势问题也常有讨论。例如：

> “知至”以后“诚意”一节为善恶关头，尤是学者吃紧着力处，岂有一“知至”了便竟能一直到底？但此节文势却是与上节一意相承，而以七个“而后”字鞭醒上节六个“先”字、一个“在”字之意，以见其必然而不可易。（王澍《大学困学录》）

此论是针对《大学》中如下一段文字：“古之欲明明德于天下者，先治其国；欲治其国者，先齐其家；欲齐其家者，先修其身；欲修其身者，先正其

①臧庸：《拜经堂文集》卷三《上蒋祭酒书》。

心；欲正其心者，先诚其意；欲诚其意者，先致其知；致知在格物。物格而后知至，知至而后意诚，意诚而后心正，心正而后身修，身修而后家齐，家齐而后国治，国治而后天下平。”在王澍看来，这段文字可以分为两节（以“格物”“物格”之间为分界线），两节的文势紧相接续，一意贯串上下；具体言之，该段论述格物、致知、诚意、正心、修身、治国、齐家、平天下之间的次序与关系，在上节以六个“先”字（如“先治其国”等）、一个“在”字（“致知在格物”）启其端绪，在下节又以七个“而后”进一步申议于后，“以见其必然而不可易”，上下两节前呼后应，一气贯通，意脉连属，顺应了语意发展演进的内在逻辑。由此看来，王澍所谓“文势”，是指经典文本的语言在组织、表达上所呈现出的逻辑发展态势（或曰意义流转势向），它随着语言的线性展开而自然地向下运动；它融贯于上下文之中，能体现作者行文思路的流动性、方向性、连贯性和完整性，是作者思维的内在逻辑在文本语言中的反映。再看两条材料：

“艳妻煽方处”，《传》以“艳妻”为褒氏，《笺》以为厉王时七子并处位，言妻党盛，女谒行之甚也。幽王、厉王，虽无明文，但此句总结上文，玩其文势，乃七子之妻。（胡文英《诗疑义释》卷下“艳妻”条）

六章上三句亦谓王，“岂弟君子”自当以王言，不以贤言，上下文势方协，况“四方之纲”，又《假乐》所以嘉成王者乎？（顾广誉《学诗详说》卷二十四）

第一条材料涉及《诗经·小雅·十月之交》中“皇父卿士，番维司徒，家伯维宰，仲允膳夫，聚子内史，蹶维趣马，楀维师氏，艳妻煽方处”等句，胡文英以为其中“艳妻煽方处”句是承前总结七子（皇父、番、家伯、仲允、聚、蹶、楀）之事，故从文势上推论，句中“艳妻”当是指七子之妻。第二条论及《诗经·大雅·卷阿》中“颙颙印印，如圭如璋，令闻令望，岂弟君子，四方为纲”等句，顾广誉通过辨察文势之所趋，认定其中“岂弟君子”句是接续前三句而言周王。这两条材料中所说的“文势”，也明显是指《诗经》语言在组织、表达上所显现出的逻辑发展态势或意义流转势向。

乾嘉学者在学术札记中讨论古代经典文本的校读训释问题时，常常是把语脉、文势作为评判是非正误的标准和依据，以隔断语脉、乖违文势者为非、为误。例如：

> “法其法，以求其统类，类以务象效其人”，元刻无下“类”字。念孙案：元刻是也。“法其法，以求其统类，以务象效其人”三句一气贯注，若多一“类”字，则隔断上下语脉矣。宋本下“类”字即涉上“类”字而衍。（王念孙《读书杂志·荀子弟七》“法其法以求其统类”条）

> 此句之义与上下文绝不相属。“民多夭疾，六畜餢胔，殃伤厥身，失坠天下”四句一气相承，今于“六畜餢胔”下阑入此句，则隔断上下语脉矣。此不知何处错简，注曲为之说，非也。（王引之《经义述闻》卷十三“此大上之不论不议也”条）

> “泾属渭汭”，属，注也，谓泾水注于渭水之内。……《蔡传》云：“属，连属也。泾水连属渭、汭二水。”文势亦不安。渭大泾小，而汭又小于泾，且先入渭，不得以泾连之。（江永《群经补义》卷一）

上引第一条材料谓宋本《荀子·解蔽》中“类以务象效其人”的“类”字致使上下文词气不贯，语脉隔断，当为衍文，宜删。第二条谓后世传本《大戴礼记·用兵》中“六畜餢胔”之下的“此大上之不论不议也”句，令上下文义不相连属，语脉不相贯通，当是由他处错简而阑入，故不应据之为说。第三条谓宋人蔡沈将《尚书·禹贡》中“泾属渭汭”的“属”字训作“连属”，于文势未安，不为确解。

总之，乾嘉学者不仅普遍认为经典文本之中融贯着具体而微的语脉、文势，而且对此多有关注和讨论，说明他们是把经典文本视为一种前后融通、秩序井然、自足自洽、有机完整的语言客体。在今天看来，其所言“语脉”“文势”，实际上都属于文理的范畴，且为文理之大端。

三、训诂须顾及文理

由以上乾嘉学者所论来看，古代文献文本（尤其是经典性文本）有其文理存焉，上下文语脉的连属贯通，文势的顺承照应，使文本的语言文字在组织、表达上显现出了自己内在的逻辑性，形成了一个个有层次、有秩序并由关联性、连续性支配着的统一结构，亦所谓“古人立言，悉有文理，其层次毫忽不苟”[①]。因此，对文本意义的理解和训释自然应该坚持融通性原则（或曰整体性原则），细寻句脉，深察文势，考求作者行文走笔、谋篇布局的理法，从而明于文理之端绪，顺乎文理之本然。乾嘉学者曾明确指出：

治经先考字义，次通文理，志存闻道。（戴震《戴东原集》卷九《与某书》）

同字异训，经每有之。岂得不度文理，概以“肆”为“故”乎？（孔广森《经学卮言》卷二“肆不正”条）

岂可因有“新”之一字，不顾语脉之歧，强比而同之乎？（秦笃辉《经学质疑录》卷十五）

此传义颇难晓，寻其语脉，当读“有律”为句。（陈树华《春秋经传集解考正》卷十一“有律以如已也”条）

今欲以数言总其大概，亦各随其文势以立言，非可按图而索骥也。（江永《周礼疑义举要》卷七）

乾嘉学者不仅在理论上强调文献训诂须顾及文理因素，而且在训诂实践中也常常是自觉地考察文献文本的文理，依循语脉、文势以作解立说，往往有精到之见，有助于一些疑难问题的深入研讨。学术札记中有不少这样的个案。例如：

毛公“受”字、“藏”字无训，唯“言”字训“我”。……（王肃、郑玄、李樗、孔颖达）四家之说，微有不同，俱以“受”为诸侯，受此所赐之弓而藏之于家也。《吕记》王氏曰：“受言藏之者，工成而献王，王受而藏之，以待赐也。”《朱传》亦从其意，是以“受”为天子，受工人所献之弓而藏之王府也。夫“受”为诸侯受之，则“藏”亦诸侯藏之矣；“受”为天子受之，则“藏”亦天子藏之矣。窃意古说特优。吕、朱之意，以此为天子燕诸侯之诗，下文“我有嘉宾”之“我”，天子自我也；既为天子之言，不应首二句先述诸侯之

①方玉润：《诗经原始》卷十三，中华书局1986年版，第479页。

> 事，故别立说也。然以此句为天子策命之词，谓我今以彤弓赐汝，尔诸侯其受而藏之可也。如此，似于本句文理为顺，而通章文势亦可通。……且考《左传·襄公八年》，范宣子来聘，公享之，季武子赋《彤弓》，宣子曰："城濮之役，先君文公献功于衡雍，受彤弓于襄王，以为子孙藏。"则"受"与"藏"之不就天子言，其明证矣。（黄中松《诗疑辨证》卷四"受言藏之"条）

此处论辨《诗经·小雅·彤弓》中"受言藏之"句的主语认定之疑：究竟是天子还是诸侯？在黄中松看来，要想正确地认定"受言藏之"句的主语，应顺其文理，观其文势；若循此而解之，则"受言藏之"的主语应当是诸侯，全句意谓你们诸侯接受所赐彤弓而藏之。从句子的组织结构看，"受言藏之"句中动词"受""藏"为连动关系，其主语明显具有一致性，即所谓"夫'受'为诸侯受之，则'藏'亦诸侯藏之矣"云云；如以句子的主语为诸侯，则能使这种一致性得以保持，于本句文理为顺。从篇章的文势来看，首章"彤弓弨兮，受言藏之。我有嘉宾，中心贶之。钟鼓既设，一朝飨之"等句是天子策命之词，其中"我"为天子自称，"嘉宾"乃指诸侯，故其中提及的"彤弓"当为"我"（天子）所赏赐之物，而"受"之者则顺理成章地应是"嘉宾"（诸侯）。黄氏如此理解和解释，可谓深得《彤弓》之本旨。又如：

> 《丧服》"大功"章："大夫之妾为君之庶子；女子子嫁者、未嫁者，为世父母、叔父母、姑、姊妹。"郑氏分为二条，谓传文"何以大功也"下十六字文烂在下。此通会前后文势，不得不然，非好以己意为说也。后之说经者，痛加诋斥，盖但据此文，不通考前后经文故耳。夫注以"齐衰三月"章"女子子嫁者、未嫁者为曾祖父母"为例，且传文释"嫁者、未嫁者"前后并同，此亦较然可见矣。经文虽不必有例，然文成法立，其例自然不乱。"下言"云云，通传亦无此例。（李惇《群经识小》卷八"丧服大功章烂简"条）

上引材料涉及《仪礼·丧服》之经、传文字的解读问题。传文旧作："传曰：嫁者，其嫁于大夫者也。未嫁者，成人而未嫁者也。何以大功也？妾为君之党服，得与女君同。下言为世父母、叔父母、姑、姊妹者，谓妾自服其私亲也。”郑玄注释经、传云：“此不辞，即实为妾遂自服其私亲，当言‘其’以明之。‘齐衰三月’章曰：‘女子子嫁者、未嫁者为曾祖父母。’经与此同，足以明之矣。传所云‘何以大功也？妾为君之党服，得与女君同’，文烂在下尔。”郑玄此注认为，将经文“大夫之妾为君之庶子”与“女子子嫁者”云云合为一条而读之，谓大夫之妾为君之庶子、女子子嫁者、未嫁者服大功之服，此则“不辞”；经文宜分作二条而读，且传文“何以大功”等十六字当视为错简烂文。然则，郑玄的观点是否正确呢？李惇通过详考前后经传之文，会其文势，究其文例，指出郑玄所言为合理可信之论，切于文本的文理，而“非好以己意为说也”。李惇据文理考之，其说颇允。此由后世学者的相关讨论可以窥知，如今人章景明云：“（郑康成）所谓‘此不辞’，当非谓传文，而是指旧读本将此条与上条合在一起一事而言。他所据的第一个理由是：若是大夫之妾，为其私亲有服，则经文当作‘大夫之妾，为君之庶子、女子子嫁者、未嫁者，为其世父母、叔父母、姑、姊妹’，但经文无‘其’字，因此，旧读经文的文理语气，实欠通顺。其第二个理由认为：旧读本分为二条后，本条不但语意明顺，而且文例也与齐衰三月章‘女子子嫁者、未嫁者，为曾祖父母’相同。第三个理由：他认为本条下传文‘何以大功也？妾为君之党服，得与女君同’应是属上条经文的传，而所以在此条者，是由于错简的缘故。……（郑氏）说自可通。”①

在乾嘉学者看来，理解和训释文献文本之义，如果不顾及文理因素，则往往会窒碍难通，甚至谬误百出，违失作者的本意。正因此，乾嘉学术札记中多见“为说迂曲，而文理亦难通”②“文理不可通”③“非经义语脉矣”④之类的指议训诂之失的言论。且看如下具体例子：

《伯兮》一篇，郑氏以为即《春秋·桓五年》“蔡人、卫人、陈人从王伐郑”之事。朱子云：“诗言‘自伯之东’，郑在卫西，不得为此行矣。”（卫未渡河以前，郑在卫南，“西”字疑误。）其说是也。乃孔氏《正义》复曲为之解，言“兵至京师，乃东行伐郑”。京师在卫之

①章景明：《先秦丧服制度考》，台湾中华书局股份有限公司1971年版，第134页。笔者按：此处引文中“此条”“本条”，均指经文“女子子嫁者”云云。

②顾栋高：《毛诗订诂》卷八。

③姚鼐：《惜抱轩笔记》卷一《经部一·书》。

④翁方纲：《礼记附记》卷七。

西数百余里，岂得置西不言而反言东，天下有如是不通之文理乎？况诸侯之师从王伐郑，必有约会之地，断无至周而后东行之理。观《春秋传》，诸侯会晋伐郑从未有至晋而后南行者。其说之诬，亦已明矣。（崔述《读风偶识》卷二《邶鄘卫风》）

由此可见，对于《诗经·卫风·伯兮》中"自伯之东"一句，孔颖达为了附会曲成前人所谓"诸侯从王伐郑"之说，乃罔顾作者行文的思路和逻辑，在《毛诗正义》中以"兵至京师，乃东行伐郑"云云解之，不免悖于文理，竟成诬说。又如：

陈其年《侯掌亭诔词》云："或示一编，词条最优，谁与作者，畮城六侯。黄巾载乱，青盖齐飞。云俱、几道，白骨同归。茕茕智含，又弱一个。"按：所谓"六侯"者，演、洁、瀞、泓、汸、洵也。演字几道，洁字云俱，瀞字智含，为豫瞻先生之子。泓字研德，汸字记原，洵字文中，为雍瞻先生之子。《诔词》所云"云俱、几道，白骨同归"者，谓豫瞻致命，二子皆从死也。所云"茕茕智含，又弱一个"者，谓智含国变后亡命，匿扬州僧舍，未几亦死也。今其年《集》中讹刻"云俱"为"灵旗"，而程师恭遂引《楚词》"灵旗兮电骛"及《甘泉赋》"树灵旗"句以注之，绝不顾上下文理，可一喷饭也。予与掌亭之孙铨善，因得其实，为一正之。（王应奎《柳南随笔》卷四）

其中所言"陈其年"即明末清初著名文学家陈维崧（字其年）；"侯掌亭"即明末学者侯泓（又名侯涵），字研德，号掌亭；程师恭是清代康熙时文史学家，曾撰《陈检讨四六注》二十卷，收在《四库全书》中。由上引文字看，程师恭笺注《侯掌亭诔词》中"云俱、几道"句，不审旧刻"云俱"讹作"灵旗"，更"不顾上下文理"，乃据讹文误字而为解，舛谬殊甚，贻人以讪笑；程氏当年如果能审辨上下文理，寻绎诔词下文"茕茕智含，又弱一个"二句所贯穿的文势或语脉，体味其中"又"字所起的呼应上文、衔接语篇的作用，便可知上文"……白骨同归"云云当是叙写掌亭兄弟亡故之事，也就不至于做出令人喷饭的注释。

总而言之，古代文献文本的语言文字在组织、表达上往往有其特定的条理、理法，显示出了上下文联结的逻辑性、语篇构造的连贯性以及遣词用语的规律性，所以从事训诂实践，对文本“且宜从容涵咏，以玩其文理意趣”[①]，细审语脉文势，得其条理，明其法度，做出切合具体语境和作者本意的理解和解释。否则，或“强解上句，不顾下句文理之安，则其附会缘饰，触处皆是”[②]，或“文理不通，而必欲曲全夫相沿之说，真可为长太息者矣”[③]。

①崔述：《读风偶识》卷二《召南十有四篇·摽梅、野有死麕》。
②章学诚：《文史通义》卷八《外篇二·书贯道堂文集后》。
③崔述：《读风偶识》卷二《召南十有四篇·何彼秾矣》。

第三章　学术札记中的训诂体式论

历时地看，训诂活动出现的年代甚早，先秦时期已见萌芽，至汉代发展成为一种系统、专门的工作，此后相续不绝，经久不衰。历代学人从事训诂工作，都会采用一定的训诂体式，如宋人李如圭撰《仪礼释宫》，“正文仿《尔雅·释宫》之体，而采摭群经注疏以相参证”[①]；宋人刘敞撰《春秋意林》，“不标经文，止标某章某章耳，解经家本有此体”[②]；明人徐师曾撰《礼记集注》，其“解《礼记》，虽无大发明，然在传注之体，则校之陈云庄为胜矣”[③]。可见，古人的训诂都有特定的话语形态、体格样式，即有特定的体式。乾嘉学术札记对训诂体式有所讨论，且较多涉及传注体、辞书体和考辨体。

第一节　传注体

在乾嘉学者看来，传注是古代最为常见、最为重要的一种训诂体式；古代学者诠释古籍，特别是解释儒家经典，多用这种体式。就《周易》而言，“《大易》传注，卓卓不朽者，无虑数十百家”[④]；以《孝经》来讲，“世宗宪皇帝御定《孝经》书止一卷，而虞淳熙称作传注者，自魏文侯而下至唐宋有名可纪者，凡九十九部，二百二卷，元明两代不预焉”[⑤]。

①周中孚：《郑堂读书记》卷四《经部三之二》之《仪礼释宫》。
②永瑢等：《四库全书总目》卷三十六，中华书局1965年版，第303页。
③全祖望：《鲒埼亭集外编》卷二十七《吴江徐氏礼记解跋》。
④汪惟宪：《积山先生遗集》卷七《述倪山友著书》。
⑤永瑢等：《四库全书总目》卷三十二，中华书局1965年版，第266页。

观乾嘉学者的论述，传注体是一种依随古书原文而诠释其义的训诂体式，即今之所谓“随文释义”者。如阮元说：“依经文自为传注。”[①]崔述说：“自朱子与其门人作为传注以发明之，然后六经之义始著。”[②]刘开说：“传注家者，盖本乎诠释经文，寻绎义理，以阐明奥旨者也。……夫录传注各家，其有专考名物，不及文义，而体则同于笺注者，以次列入。”[③]此类诠释古书、依文解义的训诂之体，乾嘉学人也有称之为“注疏”者。如王鸣盛有云：“后人欲求传注诂训之学者，合注疏及是书求之，足矣！”[④]章学诚云：“训诂注疏，所以释经。”[⑤]

当然，乾嘉学者把随文释义的训诂体式一概称作“传注”或“注疏”，为笼统之浑称，是将“传注”或“注疏”作为集合概念来使用的。若析而言之，训诂之传注体所包甚广，涉及的具体体式多种多样，非一而足。如彭光斗说：“训诂之学，汉唐以来代不乏人，人各一说，曰故、曰微、曰笺、曰传、曰通、曰疏、曰解、曰注、曰考、曰章句、曰正义，皆释经之目也。”[⑥]刘凤诰云：“释经何为故、微、传、笺、学、解、疏、注、图、义之体，皆宜明辨者也。”[⑦]彭、刘二人所述“故”“微”“笺”“传”“疏”“注”等具体体式，实际上都属于“传注”或“注疏”的范畴。这有如近人胡朴安将“传”“笺”“注”“疏”等统摄于“传注”之名下，曰：“传注派之训诂，以《毛传》《郑笺》为之首，凡类于此者属之，以其经传注疏，皆是训诂也。传注一派，可谓训诂之总汇。”[⑧]

下面，选择传注体中几种重要的具体体式，并结合乾嘉学术札记的相关论述，做一些讨论和梳理。

①阮元：《文选楼藏书记》卷六。
②崔述：《考古续说》卷一“附论伏生传经之功”条。
③刘开：《刘孟涂文集》卷七《传注家序》。
④王鸣盛：《西庄始存稿》卷二十四《古经解钩沉序》。
⑤章学诚：《文史通义》卷一《内篇一·书教下》。
⑥彭光斗：《四书典故辨正序》，见周柄中《四书典故辨正》卷首。
⑦刘凤诰：《存悔斋集》卷八《庚申湖北乡试策问》。
⑧胡朴安：《中国训诂学史·绪言》，上海书店1984年影印本，第12页。

一、传与注

在学术札记中，乾嘉学者对“传”“注”两种体式所作的论述，涉及二者得名的由来、各自的特点、相互之间的关系等。例如：

《说文·水部》“注”字注云：“灌也。从水主声。之戍切。”两汉魏晋诸儒释经，曰注、曰传、曰笺、曰解、曰学，名称不一。后南北朝、唐宋人作疏，遂统名为注疏，则“注”可该众名。《仪礼》首题“郑氏注”，《贾疏》云：“注，如水之注。”刘知几《史通》第五：“传之义，以训诂为主。降及中古，名传曰注。传，转也，转授无穷。注，流也，流通靡绝。”（王鸣盛《蛾术编》卷一《说录一》“传注之注”条）

《孟子》：“禹掘地而注之海。”又：“禹疏九河，瀹济、漯而注之海，决汝、汉，排淮、泗而注之江。”此“注”字之正解。《说文》：“注，灌也。”“注”本言水相输灌通流。……东汉以前释古人之书者，曰解、曰说、曰传、曰故、曰章句、曰解故、曰说义，无曰注者。自郑氏始有“笺”“注”之名，以后乃多作“注”。（许宗彦《鉴止水斋集》卷十四《说记·转注说》）

由此二条的论述，我们可以看到：（1）“传”“注”两种体式出现的年代较早，“传”见于东汉以前，“注”则始于东汉郑玄。（2）训释古书的著作名为“传”，取义于“转授”，谓对古书加以注释而述其意旨，转以授人。“注”字本言水相输灌通流，而训释古书的著作名为“注”，盖谓古书加以注释乃可通，犹似江河壅塞而加输灌，乃能通流。（3）“传”“注”两种体式，大而言之，都是对古代典籍进行解释，以训诂为其主要内容。（4）“注”之名既有狭义的用法，能与“传”“笺”“解”“学”等名平列而称，又有广义的用法，可以兼赅“传”“笺”“解”“学”等名而言之。再看札记中有关“传”的两条论说材料：

《左氏》《公羊》《穀梁》三家虽同名为“传”，而其体迥别：《左氏》详于记事，史体也，司马氏列传因之；《公》《穀》重在解经，训诂体也，毛氏《诗故训传》因之。（钱绮《左传札记》卷一）

（司马）迁之作世家，亦有所本，非特创也。惟列传叙事，则古人所无。古人著书，凡发明义理，记载故事，皆谓之传。孟子曰“于传有之”，谓古书也。左、公、穀作《春秋传》，所以传《春秋》之旨也。伏生弟子作《尚书大传》，孔安国作《尚书传》，所以传《尚书》之义也。《大学》分经传，《韩非子》亦分经传，皆所以传经之意也。故孔颖达云：“大率秦汉之际，解书者多名为传。”（赵翼《陔余丛考》卷五“史记一”条）

上引二条材料均论及传体著述的内容。在钱绮、赵翼看来，以“传”命名的著述，一类为“记载故事”者，以详于记事见长，如《春秋左氏传》是；另一类是“重在解经”者，以传示经籍之义见长，如《公羊传》《穀梁传》《尚书传》是，其属于训诂体式。这后一类，亦即上述王鸣盛引刘知几所谓“以训诂为主”者。此外，据上引赵翼之言，“传”的得名，则是取“传述”“传示”之意，谓传体著述能传述（或传示）经文的意义。此与唐人孔颖达的看法相一致：“注者，即解书之名，但释义之人，多称为传。传，谓传述为义。”①“传者，传也，博释经意，传示后人。”②

二、笺

笺作为一种训诂体式，创立于东汉郑玄。乾嘉学者陆燿云：“齐鲁自伏生、辕固而还，至东京之末，康成郑氏始为诸经笺注，号为经师。”③梁章钜说：“《十三经注疏》，以《诗》毛传、郑笺、孔疏为冠……郑氏发明毛义，自命曰笺。”④

笺之为体，在作法上具有自身的一些特点。这从郑玄《毛诗笺》一书的命名之意中可略见大概。乾嘉学术札记对该书的命名之意有所阐揭：

考郑氏于诸经皆谓之“注”，此言“笺”者，吕忱《字林》云：“笺者，表也，识也。”郑以毛学审备，遵畅厥旨，所以表明毛意，记

①孔颖达：《礼记正义》卷一“曲礼上”疏。
②孔颖达：《春秋左传正义》卷二题疏。
③陆燿：《切问斋集》卷十《蒿庵书院碑》。
④梁章钜：《退庵随笔》卷十四。

识其事，故特称为“笺”。余经无所遵奉，故谓之“注”。（周中孚《郑堂读书记》卷八《经部五之上》之《毛诗注疏》）

传注之学，惟汉郑氏号为最富。……《毛诗》亦郑之所笺。夫郑于他经皆言“注”，独《诗》言“笺”者何？盖以毛义备矣，而“笺”者表也，识也，表明毛义，而记识其事，所以见尊毛之义也。此又注与笺之别也。（沈兆沄《篷窗续录》卷上引田从典说）

此二条所论，是依循孔颖达《毛诗正义》中的相关观点展开的，意谓郑玄以“笺”名其书，主要是取“表明”之义，言其训解和注释《毛诗》，遵奉《毛传》之说，并对《毛传》之旨进行引申发明，使其深者毕现，晦者易晓。这也正如郑玄在《六艺论》中所明示的那样：“注《诗》宗毛为主，毛义若隐略，则更表明。”[1]可见，笺体不仅要解释古书正文，还要阐明相关旧注。郑玄在实践中以笺体作注，也确然是如此而为。学术札记对此有一些具体论述：

《传》：“废，大也。”本《释诂》文。郭注《尔雅》引“废为残贼”，正用毛义。《笺》云：“言大于恶。”申毛而非易毛也。《释文》作“忕也”，云：“一本作大也。此是王肃义。”未之深察矣。（段玉裁《诗经小学》卷二“废为残贼”条）

“载驰载驱”，《传》：“载，辞也。”《笺》云：“载之言则也。”循按：《夏小正传》云：“则者，尽其辞也。”“则”正是辞，故《笺》以申《传》。（焦循《毛诗补疏》卷二）

“頍弁”，《传》曰：“弁，皮弁也。”《笺》云：“言幽王服皮弁之冠，是维何为乎？言其宜以宴。”此正申明毛义。《传》《笺》本同，《疏》自生分别耳。（林伯桐《毛诗通考》卷二十一）

可见，《郑笺》在笺注《诗经》之《小雅·四月》“废为残贼”的“废”、《鄘风·载驰》“载驰载驱”的“载”、《小雅·頍弁》的“頍弁”时，均对《毛传》的相关训释有所申解、阐发，使其意义更为昭显，便于读者理解和接受。因此，学术札记中又常见这样的总评：“《毛传》简略，得《笺》而明其

[1]郑玄：《六艺论》，见孔颖达《毛诗正义·关雎》所引。

义。”[①]“《传》语简直，正赖《笺》语为之申明。”[②]

郑玄以笺体解《诗》，对《毛传》之义虽有引申发明，但亦有订正和补充。换言之，《郑笺》虽宗毛氏之义，但并非一味盲从、曲为附和，而是有所扬弃，对毛义不契于心者进行了修正和补充。因此，《郑笺》中与毛氏异义的情形时可得见。乾嘉学者也注意到了这一点。如云：

《六艺论》云：“注《诗》宗毛为主，毛义若隐略，则更表明；如有不同，即下己意，使可识别。”……毛、郑义亦时有异同。（梁章钜《退庵随笔》卷十四）

《郑笺》宗毛，然亦间有从《韩》《鲁》说者。如《唐风》“素衣朱襮”以绣黼为绡黼，《十月之交》为厉王时，《皇矣》“侵阮徂共”为三国名，皆从《鲁诗》。《衡门》“可以乐饥”，以“乐”为“㾾”；《十月之交》“抑此皇父”，“抑”读为“意”；《思齐》“古之人无斁”，“斁”作“择”；《泮水》“狄彼东南”，“狄”作“鬄”，皆《韩诗》说也。（惠栋《九经古义》卷六）

《郑笺》改毛义甚多。《疏》云“郑改毛”“郑不从毛”，又或引某申毛驳郑，某据郑难毛，如此者奚止百数十条！（王鸣盛《蛾术编》卷五《说录五》“诗序断非卫宏所作”条）

其论表明，郑玄笺《诗》，以毛为主，但又不全从毛，于毛义有所订补，可谓是批判性、创造性地予以继承和发展。

自郑玄创立笺体之后，历代学人在训诂实践中亦常沿用这一体式，并对郑玄的作法有所继承，注重阐明相关旧注或旧说。例如：

是书凡《论语》二卷，《学》《庸》一卷，《孟子》二卷……皆颇见考据，而不免稍失之泛滥。然与阎百诗《四书释地》亦堪相亚，皆所以证明朱注所未及，谓之“逸笺”云。（周中孚《郑堂读书记》卷十三《经部七之下》之《四书逸笺》）

以此书所讲止《孟子》一章、《论语》五处及《辨门人》一书，非专著一书可比，故题曰“逸讲”；又以每卷俱附有门人子侄之论，

---

①严元照：《娱亲雅言》卷二。

②蒋湘南：《七经楼文钞》卷二《肇革金厄解》。

发明其师之辨，故又题曰“笺”云。（周中孚《郑堂读书记》卷十三《经部七之下》之《逸讲笺》）

这里论及清人程大中《四书逸笺》、毛奇龄《逸讲笺》二书的书名之意和内容梗概，可见古代的笺体著作也有如同郑玄《毛诗笺》者，对相关旧注（旧说）进行发明或补证。在此，还有必要提及另一种情形：后世注释之书以“笺”命名者，只是单纯解释某一古籍，并不一定兼明相关旧注。即如康熙时人陈廷敬所说：“郑康成说《三百篇》，以‘笺’为名，笺者，标也，识也，示不敢言注，但表识其不明者耳。后世于杜（甫诗）曰注、曰笺、曰笺注，类以解释为义。”①此类情形，乾嘉学者在札记中也时常论及。例如：

是编取李东壁《本草纲目》所载诸品，各缀以七言律诗一首，唯水、火、土三部则各缀七言绝句，计共八百六十首，俾读者悠然有得乎品味之正、主治之宜，亦医学之捷径也。其名曰“笺”，盖取表识其不明之义，即指以诗代笺云尔。（周中孚《郑堂读书记》卷四十三《子部五之一》之《本草诗笺》）

这里提及的清人朱钥所撰《本草诗笺》一书，虽名曰“笺”，但只是以诗歌的形式直接表识和推明李时珍《本草纲目》所载药物的品味、功效而已，未曾涉及旧注。

综上所述，笺作为一种训诂体式，系传注之属，源出东汉郑玄《毛诗笺》；古人以笺体注解古书，于先儒旧注有所宗主，并对旧注进行引申发明、补充订正。后世以“笺”为名的著作，亦有同于一般传注者，只是对古书进行解释而已。

三、疏

较之传、注、笺等训诂体式，疏体产生的年代稍晚。乾嘉学者崔述在《王政三大典考·经传禘祀通考》中曾言：

孔子以前圣人所定，谓之经；春秋、战国之间贤人所传，谓之

①陈廷敬：《杜律诗话》卷上。

传；秦汉之际儒者所记，谓之记；自汉以后解经与传记者，谓之注；自唐以后并经、传、记、注而释之者，谓之疏。故传或采于经，记或采于传，其作之先后然也。

此言传、注、疏之作，时有先后，甚确，而谓唐以后始有疏体，则不可信。观其他乾嘉学者的考论，疏体应当产生于南北朝时期。如王鸣盛说："若夫义疏之体，起南北朝。"[①]沈钦韩说："义疏之学，六朝尚矣。百川并流，尽以唐人正义为壑谷。"[②]王、沈之说可以据信，至今尚存的《论语义疏》（南朝人皇侃所撰）即其明证。王、沈所谓"义疏""正义"，实即"疏"。乾隆时人张方湛云："先儒释经之书，曰传、曰笺、曰解、曰学，今通谓之注。其后儒辨释之书，曰正义、曰义疏，今通谓之疏。"[③]可见，"疏""义疏""正义"名异而实同[④]。

乾嘉学者认为，疏体在作法上注重对古籍及相关旧注的意义进行疏通证明。试观他们对疏体著述所作的述评：

是编以疏通《蔡传》之意，故命曰"疏"；以纂辑诸家之说，故命曰"纂"。（《四库全书总目》卷十二《尚书集传纂疏》提要）

宋人张舜元、洪庆善俱尝为之解，而今失传。海昌吴君槎客乃复起而缉综之，为之疏通证明；以薛虞《记》遵畅传意者也，亦取而系焉。书成二卷，名曰"义疏"。（卢文弨《抱经堂文集》卷三《吴槎客子夏易传义疏序》）

这说明，以疏体注释古书，重在疏通证明古书（如《易传》）、旧注（如《尚书》蔡传）之意。再看几条学术札记的论述材料：

又取诸儒之说，自注疏、义疏引用诸条，辑为是书。其于"正义""辨正"之疏通证明者，例如疏家之释注。（周中孚《郑堂读书

①王鸣盛：《蛾术编》卷二《说录二》"南北学尚不同"条。
②沈钦韩：《幼学堂文稿》卷六《刘文淇左传疏考证序》。
③张方湛：《稽古日钞》卷八"诸经传授注疏"条。
④"正义"与"疏""义疏"相较，只是出现的年代稍晚而已。吴骞《愚谷文存》卷一《孙氏尔雅正义拾遗序》云："'正义'之名，起于隋唐间，前此未闻也。"朱彝尊《经义考》卷十四引王袆曰："唐初，孔颖达受诏撰定诸经之疏，号曰《正义》。自是以来，著为定论，凡不本于《正义》者，谓之异端。"

记》卷四《经部三之二》之《仪礼汇说》)

唐代诸经作疏者，孔、贾并称。……贾释《周》《仪》二礼，私撰之书，于康成之注最为有功，特文辞拙晦，多不明了……故贾后至今，说《礼》之家，探求精研、疏通证明，往往出于贾氏之外。(方东树按语，见姚范《援鹑堂笔记》卷八)

《集解》之外，搜辑郑说独多，且以愚意疏通证明之，所以补疏家之未备也。(陈鳣《论语古训·叙》)

于此亦知，训诂之疏体重在“疏通证明”；进而论之，以“疏”为解书之名，当是取“疏通”之义，意谓犹似水道壅塞，加以疏导而使畅通[①]。

在乾嘉学者看来，“汉魏之尊传注，隋唐之信义疏”[②]，使得“注多出于汉魏晋人，疏多出于唐人”[③]。以学术札记的论述观之，唐代的疏体著作不仅要解释古书的正文，还要疏释先儒的注文，而且讲究学有所宗，严格依守先儒旧注的观点进行解说，对于旧注只作疏通申述，而不另立新义、有所违越：

唐人作诸经正义，博采群言，以释经注。(王鸣盛《蛾术编》卷八《说录八》“邢疏剿袭”条)

魏晋以后，说《公羊》者益稀，故徐氏(彦)罕所征引，只确守何注，疏通证明。(周中孚《郑堂读书记》卷十《经部六之上》之《春秋公羊传注疏》)

唐人作疏之体，不驳注文，注纵有失，必强伸其说。(姚鼐《惜抱轩笔记》卷二《经部二·仪礼》)

其中所谓“确守何注”“不驳注文”云云，是言唐人疏体著作之解经义、释注文，讲究遵修旧文，恪守注义，亦即严格守持“疏不破注”的诠释原则，甚至于“注纵有失，必强伸其说”。乾嘉学术札记中列举了不少这方面的实例。如：

“妾为君”，传曰：“君，至尊也。”注：“妾谓夫为君者，不得体

①这也如同晚清时人简朝亮《尚书集注述疏》卷一所说：“古之释经者皆称曰‘传’；今‘注’之称，汉则有然，自郑注始也。虽然，水之注不有待疏者乎？治经犹治水，其疏之宜也。此六朝以来群疏所繇作也。”

②凌廷堪：《校礼堂文集》卷二十三《与胡敬仲书(癸丑夏)》。

③张方湛：《稽古日钞》卷八“诸经传授注疏”条。

之，加尊之也。虽士亦然。”廷堪案：经所谓“君”，指士而言也。然则士卑无臣，不得称君，即注亦不能自守其说矣。君者，对臣妾之称也。“缌麻”章：“士有贵臣贵妾。”妾既称君，则臣亦得称君。注亦知己说之难通，故于“贵臣贵妾”下注云：“此谓公士大夫之君也。”郑前注以士为卿士，盖曲护己说，不知“缌麻”章承上文“士为庶母”而言，尚得云“士卑无臣，士妾又贱”乎？疏不破注，自是唐人师法，然经既云“士有贵臣”，则不得云“士无臣”，违经而从注。考《特牲馈食记》“私臣门东，北面西上”，是士有臣之明证也。（凌廷堪《礼经释例》卷八）

此处提及的“贵臣贵妾”等句，见于《仪礼·丧服》，郑玄注云：“士卑无臣，则士妾又贱，不足殊。”贾公彦疏曰：“云‘士卑无臣’者，《孝经》以诸侯、天子、大夫皆云‘争臣’，‘士有争友’，是士无臣也。”在凌廷堪看来，经文“贵臣”之“臣”指士之私臣；郑注乃以士卑无臣，遂言“臣”指公士大夫之君，实为不达经旨的误解；而贾疏严守“疏不破注”之例，违经而从注，仍袭郑注之误，甚至引《孝经》之文以申郑注“士卑无臣”之说，此乃曲意回护，不足为训。再看一例：

纣有二名：曰辛者，殷以生日名子也；曰受者，别立嘉名也，犹天乙又名履，上甲又名微也。《史》不书名受，偶不及也。……先儒谓纣为谥，非。至康成谓纣字受德，则不足信。盖德为虚位，有凶有吉。“受德”云者，犹《汤誓》言“夏德”，《立政》言“桀德”，非字之谓也。……伪《孔传》于《戡黎篇》从马融，读“受”为“纣”，谓声转相乱；于《立政篇》依康成作“受德”，谓“帝乙爱焉，为作善字”，更属歧说，而仲达曲为之疏曰：“或言受，或言受德，呼有单复耳。”（梁玉绳《史记志疑》卷二“天下谓之纣”条）

由是观之，伪《孔传》解释《尚书·立政》“其在受德暋”句，以其中“受德”为商纣王之字，并谓“帝乙爱焉，为作善字”，是为无稽之歧说；孔颖达（字仲达）撰《尚书正义》，乃因其说，又以“呼有单复”云云为之疏解，属于强词曲说。

唐代义疏因有上述情形存在，所以拘泥株守、缺乏识断、委曲求通等短弊十分显见。对此，乾嘉学者常以直言指摘。如梁玉绳说："唐人义疏之学最拘。"[①]陶澍说："汉人传授，皆号专门，尊奉本师，罔敢弃家法。……后儒作疏，亦墨守传注，惟恐逾越。"[②]陶定山说："惟是《孔传》之伪，至宋以后始确有证据，而冲远往往曲为附会，斯固不待马嘉运摭其疵，王元感纠其谬矣。……疏之为体，不使稍有出入，其识亦似太拘。"[③]

当然，在乾嘉学者眼中，唐人的义疏也有不少可取之处。譬如，对经注的疏解十分周备，甚至"于注经之人所作之序，皆随为之疏，《尚书》、三《传》《论语》《孝经》皆然。宋人疏《论语》《尔雅》者遵之"[④]。又譬如，对经注的疏解详博、细密，有助于发明其奥义微旨。像孔颖达疏《礼》，"夫礼学固冲远之所长，而又兼采南北著录，凡古《左氏》说、《公羊》说、《周礼》说、《五经异义》及郑氏、张逸、赵商答问，一一旁证而疏通之，注固简奥精微，疏亦详赡博雅"[⑤]。因此，唐人正义于经注一般能做到"绎其义蕴，彰其隐赜"[⑥]。

义疏在唐以后一直是学者们常用的训诂体式，至清代乾嘉之时达于高峰。晚清孙诒让有云："言经学者，莫盛于义疏；为义疏者，尤莫善于乾嘉诸儒。后有作者，莫能尚已。"[⑦]据学术札记的论述，乾嘉学者在训诂实践中对义疏体既有所继承，又有所发展。例如，洪震煊自述其《夏小正疏义》一书的撰作之例云：

> 解必衷诸古训，说或资乎时贤，但蕲依传释经，以希笃信好古，不至为向壁虚造之谈，并尽黜不知而作之论。违传义者，虽梁、唐旧说，必举正焉；鲜依据者，虽朱、金大儒，不敢从焉。恪守疏家之前规，冀表行时之绝学。（《夏小正疏义·自序》）

此所云"依传释经""恪守疏家之前规"者，表明洪氏撰作《疏义》，更多的是继承了疏体的传统，谨守家法，不违传注。因此，时人评其书曰："援据

①梁玉绳：《史记志疑》卷三"诗人道西伯"条。
②陶澍：《蛾术编序》，见王鸣盛《蛾术编》卷首。
③陶定山：《唐孔颖达五经义疏得失论》，见王端履《重论文斋笔录》卷六所引。
④严元照：《娱亲雅言》卷三。
⑤陶定山：《唐孔颖达五经义疏得失论》，见王端履《重论文斋笔录》卷六所引。
⑥邵晋涵：《尔雅正义·自序》。
⑦孙诒让：《籀庼述林》卷九《刘恭甫墓表》，中华书局2010年版，第295页。

多本正经，训诂一依古义。”[①]在继承传统的同时，乾嘉学者于义疏体又往往有创新性的运用。如胡培翚所撰《仪礼正义》即是其例。他曾在《上罗椒生学使书》中自述该书撰作之例云：

> 翚撰《正义》，约有四例：一曰补注，二曰申注，三曰附注，四曰订注。何谓补注？郑君康成生于汉世，去古未远，其视经文，多有谓无须注解而明者，然至今日，非注不明，故于经之无注者一一疏之，疏经即以补注也。何谓申注？郑君之注，通贯全经，囊括众典，文辞简奥，必疏通而证明之，其义乃显；昔人谓读经凭注，读注凭疏，是故疏以申注，乃疏家之正则也。然六朝、唐人之作疏，往往株守注义，不参众说，故有“宁言周、孔误，莫道郑、服非”之谣；又孔冲远作《五经正义》，于《礼》则是郑而非杜，于《左传》则又是杜而非郑，令人靡所适从，此岂非疏家之过乎？今惟求之于经，是非得失，一以经为断，勿拘疏不破注之例，凡注后各家及近儒之说，虽与注异而可并存者，则附录之，以待后人之参考，谓之附注。其注义有未尽确者，则或采他说，或下己意，以辨正之，必求其是而后已，谓之订注。（胡培翚《研六室文钞补遗》）

由此可以看到，胡氏《仪礼正义》于疏体有所继承与发展。其所言“补注”“申注”两例，一为补苴旧注所未备，一为疏通证明旧注之义，此二者实即传统疏体之所常为，尤其是申注，更为疏家之正则。胡氏《正义》于此二者皆有所为，体现了疏体运用的继承性。其所言“附注”“订注”两例，一是刺取异于旧注之义的诸儒之说，附而存之，以求旁通；一是对旧注释义不确之处加以辨订，以求其是。此二者乃传统疏体之所难为，而胡氏《正义》着力为之，体现了疏体运用的创新性。观上引论述文字，胡氏致力于“附注”“订注”二事，其意在有以匡纠六朝、唐人旧疏“株守注义，不参众说”“拘疏不破注之例”等流弊。这也表明，胡氏以疏体注书，力求打破传统而开新，是出于学术观念上的一种自觉。胡氏《正义》敢于突越郑注贾疏，创发新义，亦颇得古今学者赞赏。如清人汪士铎评曰：“《仪礼正义》凡四十卷，上推周公、孔子、子夏垂教之旨，发明郑君、贾氏得失，旁逮鸿儒经生之所议，张皇幽

---

①胡承珙：《求是堂文集》卷二《与洪榭堂明经书》。

渺。”[①]张文虎赋诗云：“精心作《义疏》，众说探其微。文参古今异，义补郑、贾遗。视彼孙、焦、邵，各足建鼓旗。”[②]今人田汉云说：“他的祖父胡匡衷是有名的经师……胡匡衷说经，不分汉宋门户，与前人不苟同异，但求确解。治《周易》析程、朱之异同，并多有订正。治三《礼》，宗郑注而不盲从。这种优良学风深深感染了胡培翚。在《仪礼正义》中，他宗郑注而不无扬弃，对宋人见解也有取有舍，与其祖如出一辙。”[③]

乾嘉学者中，像胡培翚这样拥有破旧注、作新疏的自觉意识，勇于从事新疏撰作实践的学人，不在少数。例如，周中孚以为《周礼》贾公彦之疏，于经注多有“未能疏通证明”者，因而呼吁“好学深思之儒，据贾疏为本，去其谬误及伪纬书，择唐宋人说《礼》之可从者，加以半农（士奇）……任子田（大椿）诸家之说，勿拘疏不破注之例，博考而详辨之”[④]，以成新疏。又如，邵晋涵撰《尔雅正义》，大力阐扬不偏一家、推陈出新的诠释理念：“窃以释经之体，事必择善而从，义非一端可尽。汉人治《尔雅》，若舍人、刘歆、樊光、李巡、孙炎之注，遗文佚句，散见群籍。梁有沈旋集注，陈有顾野王音义，唐有裴瑜注，征引所及，仅存数语。或与郭训符合，或与郭义垂违。同者宜得其会通，异者可博其旨趣。今以郭氏为主，无妨兼采诸家，分疏于下，用俟辨章。”[⑤]邵氏如是为说，亦循是而行：其撰作《正义》，虽主郭注之义，但又不为郭注所拘，而能旁搜博征，择善而从，唯求其是，使义疏体在清代焕发出了新的活力。今人李嘉翼评曰：“邵书多所发明创新，解决了《尔雅》许多疑难问题。邵氏《正义》虽推崇郭注，然能打破‘疏不破注’的惯例，对《尔雅》旧注，择善而从，对郭注的缺失一一指出，加以辨证。这种不宗一家、博采众说的作风，逾越前人。邵氏创立的六则注疏体例，为雅学的研究提供了范式。”[⑥]

最后，通过稽考学术札记，简要梳理一下乾嘉学者对疏与经注分合问题的看法。依札记之论可知，早期的注疏文本，义疏与经注文字本来是分别单行

①汪士铎：《汪梅村先生集》卷十一《户部主事胡先生墓志铭》。
②张文虎：《舒艺室诗存》卷二《送胡竹村农部之泾》。
③田汉云：《中国近代经学史》，三秦出版社1996年版，第119页。
④周中孚：《郑堂读书记》卷三《经部三之一》之《周礼注疏》。
⑤邵晋涵：《尔雅正义·自序》。
⑥李嘉翼：《邵晋涵〈尔雅正义〉评介》，《杭州师范大学学报》2014年第3期。

的，各为一书，不相连附；至宋代，义疏开始附于经注而合为一书。下举札记的论述文字以明之：

> 唐人撰《九经疏》，本与注别行，故其分卷亦不与经注同。自宋以后刊本，欲省两读，合注与疏为一书，而疏之卷第遂不可考矣。（钱大昕《十驾斋养新录》卷三“注疏旧本”条）
>
> 卢氏文弨曰：“唐人之为义疏也，本单行，不与经注合。单行经注，唐以后尚多善本。自宋后附疏于经注，而所附之经注，非必孔、贾诸人所据之本也，则两相钼铻矣。南宋后，又附《释文》于经疏间，而陆氏所据之经注，又非孔、贾诸人所据也，则钼铻益多矣！浅人必比而同之，则彼此互改，多失其真，益滋钼铻矣。”……阮氏元《十三经校勘记》云：“古人义疏，多不附经注而单行。单行之疏，北宋皆有镌本。南宋时所刊《正义》，多附载经注之下，其始谓之‘兼义’，其后直谓之‘某经注疏’……”据此，则先生所讥于毛本之陋，实沿于宋本。（方东树按语，见姚范《援鹑堂笔记》卷一）
>
> 唐人撰《九经正义》，宋初邢昺撰《论语》《孝经》《尔雅》疏，皆自为一书，与经注别行。（本《校勘记》）……今之板本以疏附入经注，据《十三经注疏校勘记》考之，盖起于南、北宋之间矣。（胡培翚《研六室文钞》卷二《周易分传附经考》）

由此可见，义疏与经注文字合为一书，应该始于南、北宋之间，且主要是为了使义疏与经注文字两相连属，以“省两读”，方便阅览。但义疏与经注合刊成一书，使原始注疏文本的存在形态、组织结构、语言文字等发生了一些变化（如分卷的异动、文字的互改），与原本“钼铻益多”，甚至导致书名也出现各式各样的变易，像上引方东树按语提到的“先生”（指姚范）所讥毛刻本之书名即是，姚范言曰：“凡毛氏诸经，标题类不画一，或云‘某经正义’，或云‘某经注疏’，或云‘兼义’。……又何氏《公羊解诂》而云‘注疏’。”①

附带提及的是，据乾嘉学术札记所论，不唯疏与经注存在分合问题，更早的传注与经文也有分合的变化。从札记中摘引几条材料如下：

①姚范：《援鹑堂笔记》卷一。

《孔疏》云："毛为诂训，亦与经别。及马融注《周礼》，乃云'欲省学者两读，故具载本文'。然则后汉以来，始就经为注。"是知前汉儒者作注，尚不敢继经后。(王筠《菉友蛾术编》卷下)

《诗疏》又云："汉初为训传者，皆与经别行。"《艺文志》云："《毛诗经》二十九卷，《毛诗故训传》三十卷。"是毛为《诂训传》，与《经》别也。及马融为《周礼注》，乃云"欲省学者两读，具载本文"，此注附入经之始。(胡培翚《研六室文钞》卷二《周易分传附经考》)

费直以《十翼》本解上下经，故不自为章句，非变乱十二篇之旧也。戴东原先生尝辨之矣。志祖则谓十二篇次弟，康成亦未尝改易。高贵乡公所云："孔子作《彖》《象》，郑氏作注，其释经义一也。今《彖》《象》不与经文相连，而注连之，何也？"盖谓孔子《十翼》亦即《易》注，仍自为一书，不附经文之下，与郑氏之以己注附于经文者不同。……然则以传附经，实始乱于王弼；以为始于费直、郑康成者，皆误。(孙志祖《读书脞录续编》卷一"郑易"条)

这三条材料体现了乾嘉学者们的一个共识：传注与经文最初也是各自单行的，没有合为一书；把传注文字附于经文之下，以成一书，则是稍晚之事。但是，传注与经文相合究竟始于何时何人，从上引材料来看，学者们见仁见智，异说纷纭。以其他札记的论述观之，即使是同一经、传，学者们对其分合情况的认识也往往存在很大的分歧。如对《春秋左传》之经传相合时间的推定即是：

杜（预）谓集古刘、贾、许、颍之不违者，以其解随经年传年先后相附，先见传者则经不注，先见经者则传不注，故名《经传集解》，不名《集经传解》也。以《汉志》《传》及杜十八卷首注言之，知合经传及分卷，皆刘歆、贾逵旧式，惟服虔注为《左传》单行本。(俞正燮《癸巳类稿》卷二《春秋左传书式考》)

先儒之说，多以《左氏》原本经自经，传自传，杜氏（预）始分经以合传，逐年以比事，于是经传牵缀而为一。(赵佑《读春秋存稿》卷三《分经合传考》)

依上引第一条所论，经传相合始于刘歆，时在西汉；据第二条所述，经传相合从杜预开始，其时则在西晋。二者的看法可谓悬若霄壤。

四、章句

“章句”作为一个普通语词，指文字作品中的章节和句子。如清人黄中松说：“夫累字为句，累句为章，累章为篇，篇有数章，章句多少不同。”[①]刘宝楠说：“章句者，《说文》云：‘章，乐竟为一章。从音从十。十，数之终也。’本言乐竟，故文字每节已终则谓之章。……《诗·关雎》疏云：‘句者，局也。联字分疆，所以局言者也。’”[②]而“章句”作为训诂学的一个术语，是指解释古书（主要为儒家经典）意义的一种著作体。如杭世骏说：“经之有章句者，《诗》则齐之杜抚……《孟子》则赵岐是也。……章句者，训解科段之名。”[③]汪绂说：“训诂章句，所以释经。”[④]在乾嘉学者看来，“章句训诂，通经之蹊径也”[⑤]，“章句通，则蕴奥自见”[⑥]，故章句是一种重要的训诂体式。

作为训诂体式的章句，产生的年代甚早。旧说章句起于子夏，如《后汉书·徐防传》载徐防之疏有云：“臣闻《诗》《书》《礼》《乐》，定自孔子；发明章句，始于子夏。”但乾嘉学者一般不太认同这一说法。如秦笃辉云：“子夏曰‘富哉言乎’二节，按此可见子夏悟道之妙，迥非后儒之所能及也。汉儒谓章句发明，始于子夏，岂后世之所谓‘章句’者与?”[⑦]多数乾嘉学者认为，章句之体起于汉代。如吴昌宗说：“意断曰章，言断曰句。章句之说，起于汉儒。《前汉·艺文志》有《欧阳章句》《大小夏侯章句》《公羊章句》《穀梁章句》等篇。”[⑧]方东树说：“《易》有四家，《书》与《诗》三家，《礼》《春秋》两家，号为十四博士，则章句所由兴，家法所由异。汉儒之功，万世不可没矣。”[⑨]此类看法，实与《新唐书·艺文志序》的观点一脉相承：“自六经焚于

---

①黄中松：《诗疑辨证》卷四“笙诗一”条。
②刘宝楠：《论语正义》卷二十四，中华书局1990年版，第774页。
③杭世骏：《道古堂文集》卷一《经解》。
④汪绂：《双池文集》卷五《诗经诠义序》。
⑤夏炘：《述朱质疑》卷三按语。
⑥周中孚：《郑堂读书记》卷五《经部三之三》之《乐记补说》。
⑦秦笃辉：《经学质疑录》卷十。
⑧吴昌宗：《四书经注集证·大学》“大学章句序”条。
⑨方东树：《考槃集文录》卷四《汉学商兑后序》。

秦而复出于汉，其师传之道中绝，而简编脱乱讹缺，学者莫得其本真，于是诸儒章句之学兴焉。其后传注、笺解、义疏之流，转相讲述，而圣道粗明。”章句体能在汉代兴起乃至盛行，究其因，盖与当时经师以章句为教授生徒之术，士人以章句为进身禄位之阶有关。乾嘉学者曾言及此。如沈钦韩云：“章句者，经师指括其文，敷畅其义，以相教授。《宣二年传》疏，服虔载贾逵、郑众、或人三说，解‘叔牂曰子之马然也’，此章句之体。”[①]洪颐煊亦云：“（汉）诸儒章句……敷衍文义，其大指如今之乡塾讲章。盖当时博士传习，设科射策，利禄所在，士争趋之，通儒不之览焉。”[②]

据乾嘉学术札记的论述，章句体著述所做的工作主要有两方面：一是对古书文字进行分章析句，二是对古书的词句、篇段进行注释诠解，畅发其义。请看札记中的论述：

> 《学》《庸》载在《礼经》，至宋始列为四子。紫阳朱子离章析句……旁推交通，以大畅其指。（王步青《巳山先生文集》卷六《书史学山先生四书述解后》）
>
> 作为《章句》，一篇之中画其节目，一节之内析其句读，其训释多本郑、贾《笺》《疏》，间亦采他说，附案以发明之。至《丧服》一篇，尤为教孝要道，故更加详审，列朝服制亦兼附焉。余谓是书章分句断……诚学《礼》者之阶梯也。（周中孚《郑堂读书记》卷四《经部三之二》之《仪礼章句》）
>
> 余自十龄，即受读是编，心领神会，服膺有年。因取郑氏原注，附以讲说诸子，勒成《集解》四十卷。既又分其章段，定其句读，会众说而约其词，别为《章句》一编，庶好古之士足资考订。[③]

此所论述者，有如明人王彝所云：“章句者，分章析句以发明之也。”[④]又似清人焦循论赵岐《孟子章句》注释之体说：“盖经各有义，注各有体；赵氏于《孟子》既分其章，又依句敷衍而发明之，所谓‘章句’也。章有其旨，则总括于每章之末，是为‘章旨’也。叠诂训于语句之中，绘本义于错综之

---

①沈钦韩：《汉书疏证》卷二十四“大小夏侯章句”疏证。

②洪颐煊：《读书丛录》卷二十二“五经章句”条。

③韦协梦：《仪礼集解序》，见王昶所辑《湖海文传》卷二十。

④王彝：《大学章句序说》，见《王征士集》附录，黄山书社2013年版，第619页。

内。”[①]综此以观，以章句体注释古书，首先要做的基础性工作便是分章析句，即于古书原文划分章节，确定句读。这颇类于后世分段解读法。如晚清时人刘光蕡有云：“后世读书分段法，即朱子名为‘章句’之意，所以醒眉目也……是学者欲通经文，所以求通之法，非割裂经文也。”[②]其次，以章句体注书，需要依文诠解，发明其义，有时还要概括说明句意或章旨。对章句体著述之分章析句、畅发义旨，乾嘉学术札记有不少具体论述，下面摘录其中一些材料予以讨论：

《朱子文集·书中庸后》曰：“《中庸》一篇三十三章。其首章推本先圣所传之意以立言，盖一篇之体要，而其下十章，则引先圣之所尝言者以明之也。至十二章，又子思之言，而其下八章，复以先圣之言明之也。二十一章至于卒章，则又皆子思之言，反覆推说，互相发明，以尽所传之意者也。某尝伏读其书，而妄以己意分其章句如此。”谨案：《注疏》本《中庸》分三十三段，与朱子所分之三十三章不同，而《注疏》亦未尝题以某章也。至程子分为三十七节，晁氏说之《中庸传》分八十二节，亦皆未尝言章也。至朱子《中庸章句》始分定为三十三章，其后若黎氏立武、吴氏征之辈，又或有改，分章次之不同。窃详《礼记》，惟《乐记》分十一篇，此自刘向《别录》所原有，学者不可数典忘祖者也。至其他诸篇，皆原无章次，学者但当精研其义，未可径代古之作者划分某章之次第尔。杨氏守陈谓“《中庸》难以分章”，此言是也。至若朱子《章句》，于此经义蕴阐发精深，自足以折衷千圣，垂教万世，学者亦勿以其分章之非古轻议而妄改之，可矣。（翁方纲《礼记附记》卷七）

“自诚明”章，朱子《章句》云：“子思承上章夫子天道、人道之意而立言也。”此可见朱子虽分为三十三章，初未尝如讲家必划分三大支之界也。又卫湜《集说》在朱子后，中间历引朱子分章之说，而其第一百三十一卷之末，补四明袁氏一条下注云：“凡为天下国家有九经章内。”则可见分章之界，尚有不必尽泥者，而况所谓三大支

①焦循：《孟子正义》卷一，中华书局1987年版，第27页。
②刘光蕡：《大学古义》，见《刘光蕡集》，西北大学出版社2015年版，第360页。

乎？（同上）

此二条主要论述朱熹《中庸章句》的分章之事，有五点值得关注：其一，章句体著述应重视对古书文本章次的划分，以助文本义蕴的阐发；其二，章句体著述的作者总是依凭自己对古书文本内在逻辑的理解来切分本文的意义单元，划分出章节（如朱熹《书中庸后》所述即是明证），所以不同的作者对同一文本会有不同的划分结果；其三，划分古书文字的章节，并非容易之事，作章句者应当精研文本之义；其四，作章句者应尽量尊重古之作者对文本章句次第的划分，不可数典忘祖；其五，古书文本的章次之间有时没有截然分别的界限，而具有分合无定的灵活性，所以作章句者大可不必拘滞执泥。下面，继续引录札记中的论说文字进行讨论：

《意林》云："蜀郡赵台卿作《章句》，章句曰指事。"广业案：……"章句曰指事"者，谓断章而揭其大指，离句而证以实事也。《意林》录自梁庾仲容《子钞》，当是庾所见旧本标题如此。今"章句"之名，朱子《集注》仍之，而"指事"之义罕有知之者矣。或云《史记》称"庄周善属书离辞，指事类情"，"指事"之名本此。案：指事为六书之一。许慎《说文序》云："视而可识，察而可见，上下是也。"赵盖兼取显著之义。（周广业《孟子四考》卷三《古注考》）

章指者，檃括一章之大指也。董生言《春秋》，文多数万，其指数千。知文必有指，赵氏因举以为例，唐人多引用之。（同上）

赵岐注《孟子》，每章之末括其大旨，间作韵语，谓之"章指"。《文选注》所引赵岐《孟子章指》是也。南宋后伪《正义》出，托名孙奭所撰，尽删"章指"正文，仍剿掠其语，散入《正义》。（钱大昕《十驾斋养新录》卷三"孟子章指"条）

三条材料均论及赵岐《孟子章句》。由其所论可知，章句体著述一方面要分章析句，即所谓"断章""离句"，另一方面要对章、句之旨进行阐揭、释证，令其显著，即所谓"揭其大指""证以实事"。《孟子章句》旧本或又题作《孟子指事》，其意便是指上述两方面的工作而言。此外，《孟子章句》在解释上重视"章别其旨"（赵岐《孟子题辞》），其书原有概括说明每章大意的"章指”，只因被宋代伪造《孟子正义》者删除，后世遂不可得而见。附带一提的是，据学术札记而观，不少学者持有与上引钱大昕之文相似的观点，以为宋代作伪者尽删《孟子章句》中的“章指”之后，又割截、剽掠“章指”之文以入于伪《正义》。如姚范说：“今刊本赵《注》非全文，伪《疏》每章之首，总举大意，其语多协韵者，皆割赵《注》为之。”①赵佑说：“《疏》本各卷题、各章首所载‘正义曰’‘此章言’以下云云者，今谓之提纲，原皆赵氏正文，系在各章注末，间用韵语，与全《疏》体绝不类。”②基于这样的认识，赵佑曾从伪《正义》中辑出赵岐《孟子章指》一卷。今从其所辑《章指》中摘引两条，以见赵岐是如何阐揭章旨的：“王之臣章：此章言君臣上下，各勤其任，无堕厥职，乃安其身也。”“矢人章：此章言各治其术，术有善恶，祸福之来，随行而作；耻为人役，不若居仁，治术之忌，勿为矢人也。”

再看札记中一条论述章句的材料：

> 其曰“章义”者，谓章，章句；义，义理也。义理在章句中，亦在章句外。不舍章句以言义理，故首定章句；不执章句以言义理，故次审义理大旨，逐篇分章，以循绎其义理。而于其所指为错简者，但注于每节每句之下，而不敢移易其次。（周中孚《郑堂读书记》卷五《经部三之三》之《礼记章义》）

可见，清人姜兆锡《礼记章义》作为章句体著述，其作法是“首定章句”“逐篇分章”，然后依顺章句寻究义理，支分节解，于每章每句之下立训作注，发明其大旨要义。

古人（特别是汉儒）的章句体著述，大多具有训解详明的特点。例如，“赵氏（岐）《章句》既详为分析，则为之疏者不必徒事敷衍文义”③；“（班）固曾为《白虎通》及《离骚章句》，皆训诂详明”④；“朱子《大学章句》皆灿然明白”⑤。训解详明，这可谓是章句不同于一般传注的重要方面。乾嘉学者也时常说到章句与一般传注有繁简之别。如齐召南说：“《孔传》诂经，义质

①姚范：《援鹑堂笔记》卷十四。
②赵佑：《四书温故录》“重辑孟子章指”条。
③周中孚：《郑堂读书记》卷十二《经部七之上》之《孟子正义》。
④段玉裁：《古文尚书撰异》卷三十一“邦之杌陧”条。
⑤赵佑：《尚书质疑》卷下。

辞简，虽有迂曲，要非若牟长、朱普、秦延君辈章句，动至数十万言之烦猥也。”[①]沈钦韩说：“解故者，《管子·刑法解》《墨子·经说》《尚书大传》《毛诗传》之类。解故不必尽人能为，章句各师具有，烦简不同耳。”[②]但是，章句的末流也往往陷于烦言琐说、繁碎芜杂。南朝文论大家刘勰在《文心雕龙·论说》中言：“若秦延君之注《尧典》，十余万字，朱普之解《尚书》，三十万言。所以通人恶烦，羞学章句。若毛公之训《诗》，安国之传《书》，郑君之释《礼》，王弼之解《易》，要约明畅，可为式矣。”乾嘉学者也有类似的看法和论评。如马瑞辰云：“章句者，离章辨句，委曲支派，而语多傅会，繁而不杀。”[③]

五、集解

集解是一种较为重要的训诂体式，古代学者注书常用之，特别是注释儒经。如《中庸》一经，在南宋时“为集解者凡三家：会稽石𡼖初集濂溪以下十人之说，晦庵先生因其《集解》删成《辑略》，别为《章句》，以总其归。……吴郡卫湜再为集解，增入石氏元本及附入石氏元所不集。……天台贾蒙又为集解，杂列诸家”[④]。对集解之体，乾嘉学术札记论之较多。例如：

> 说经家凡云“集解”者，有二义：《论语》何晏集解，谓集孔、包、周、马、郑、王、周诸家之说也。杜预《左氏传》亦名“集解”者，谓聚集经传为之解也。（顾堃《觉非盦笔记》卷一）
>
> 平叔集孔安国、包咸、周氏、马融、郑玄、陈群、王肃、周生烈诸家之说，善者存之，各记其姓名，示无剿说；其不善者，则自下己意，改易旧说，故题曰《集解》。（周中孚《郑堂读书记》卷十二《经部七之上》之《论语集解义疏》）
>
> 杜预作《春秋经传集解》三十卷，《释例》十五卷。其《自序》云：“分经之年与传之年相附，比其义类，各随而解之，名曰《经传

①齐召南：《宝纶堂文钞》卷三《尚书注疏考证后序》。
②沈钦韩：《汉书疏证》卷二十四“大小夏侯章句”疏证。
③马瑞辰：《毛诗诂训传名义考》。
④翁方纲：《礼记附记》卷七引宋人黄震语。

集解》。”盖杜以前，经自为经，传自为传，杜氏按年合之，故称《集解》，非若何晏之《论语集解》以博采众说而名也。（钱绮《左传札记》卷一）

由上可见，古之集解体著述从作法上讲实际上有两类：一是汇集多家的解释（有时附以已见）以为某一古书作注。如何晏（字平叔）所撰《论语集解》即为此类。何晏采集汉魏时孔安国、包咸等八人有关《论语》的解说文字，时或“自下己意”，汇为一书，以成《论语》之注本。二是聚集经、传之文而加以通释。如杜预所撰《春秋经传集解》即为此类。该书将《春秋经》与《左传》合编作注，使传之于经“各随而解之”。这两类有所不同，故刘宝楠说：“（何晏名）‘集解’者，集诸家解《论语》之义；杜预注《春秋左传》，合经传诸文，比其义类，亦名‘集解’，与此言同旨异。”[①]下面，主要讨论第一类集解。

集解之为体式，在古代的称名颇为繁杂，通常又称作“集注”“集说”“纂义”等，不一而足。这在学术札记的论述中可窥一斑：

朱子《四书》原本，首《大学》，次《论语》，次《孟子》，次《中庸》。……《论语》《孟子》，融会诸家之说，故谓之“集注”，犹何晏注《论语》裒八家之说称“集解”也。（梁章钜《退庵随笔》卷十五）

《礼记集说》十卷，云间华氏敬业堂刊本。元陈澔撰。（澔字可久，号云庄。）……云庄以应氏（镛）《集解》于《杂记》《大小记》等篇皆阙而不释，因会萃衍绎，而附以己见，名曰《礼记集说》。（周中孚《郑堂读书记》卷五《经部三之三》之《礼记集说》）

第一条材料的意思甚明：朱熹的《论》《孟》之注曰“集注”，亦犹何晏的《论语》之注称“集解”，都是指裒集诸家的解说以作注。据第二条材料而论之，陈澔之书其实是为补苴宋人应镛《礼记纂义》（今佚）的阙略而作，体式当与应氏《纂义》相同，故陈书名曰“集说”，则相侔于应书之称“纂义”；而周中孚对应氏《纂义》又以“集解”称之，则“纂义”亦犹“集解”。综此，

---

①刘宝楠：《论语正义》卷二十四，中华书局1990年版，第786页。

"纂义""集解""集说"名异而实同矣！

集解体有其优长之处，在训诂实践中如果科学地予以运用，能取得理想的诠释效果。比如：吸取众说之善，避免一己之偏；打破门户之限，兼存不同之见；资于博稽参考，以求义旨之是，等等。对此，乾嘉学者有不少论说。例如：

> 张君于海殚一生之心力，著成《四书集解》一书。其书博采诸家之说，仍以朱子为归。其有与朱子异同者并存之，以备参考，此真儒者本原之学也。夫道若大路然，东西南北之人并行而不悖。自朱、陆异同之说起，而学者各存门户之见，以读书谈道为角胜之场。……张君此书，不执古注疏，不执朱子《集注》，胪陈众说而折其衷。此古人所谓实事求是者欤！（石韫玉《独学庐四稿》卷二《张氏四书集解序》）

此之所论，有似沈钦韩评古人集解体著述云："何晏于《论语》，杜预于《左氏传》，范宁于《穀梁传》，薛瓒于《史记》《汉书》，虽极研究，义既奥衍，新学小生不能独了，故高挹群言，胜于穿凿私智，然不敢自专，故曰集解、集注。"[①]此外，集解体还可发挥其他一些功用，譬如保存古代的文献资料，特别是训释资料。乾嘉学者钱泰吉论及唐人李鼎祚《周易集解》，曾言："汉儒《易》学，赖李氏《集解》存其崖略，至国朝惠半农父子始大阐发。"[②]这也有如清初学者孙承泽所说："唐人李鼎祚《集解》，重康成而薄辅嗣。康成之《易》言象，实胜于辅嗣。至唐著《正义》，一宗辅嗣，而康成之书遂亡，赖《集解》犹存十一。"[③]

在乾嘉学者看来，集解体虽可征引、辑集各家之说，但对被引诸家的姓名或著作名应作明确的标举，以示不掩他人之美；如果引据他人的说解而又隐没其名，致使人己不分、古今莫别，则为剽掠攘取之举，不足为法。钱大昕曾言："元凯名其书曰《集解》，盖取何平叔《论语》之例，顾平叔于孔、包、马、郑诸解，各标其姓名，而元凯于前贤义训隐而不言，则又近于伯尊之攘善

①沈钦韩：《汉书疏证》卷一"颜师古注"疏证。
②钱泰吉：《曝书杂记》卷二"元和惠氏所著书"条。
③孙承泽：《藤阴札记》。

矣。”[①]对于此类“攘善”之举，学术札记多有疵摘。例如：

《史记》裴骃注引《汉书音义》，考之《汉书》，往往为孟康等家之言，间亦有无诸家名而直为师古之言者；若果为师古之言，则裴骃是宋人，安得引之？可见师古剿袭旧注、不著其名者亦时时有之。张守节于《集解序》注云：“《汉书音义》中有全无姓名者，裴氏直云《汉书音义》。大颜以为无名义，今有六卷，题云孟康，或云服虔，盖后所加，皆非其实，未详指归也。”大颜即游秦。即如是，师古亦宜如《九经疏》引《尔雅》某氏之例，称“某氏”，不当攘为己说。况如《地理志》末总论一段内“雒邑与宗周通封畿”句下颜注一段，今《毛诗·王风》谱疏引之，以为臣瓒注；孔颖达与师古同时，目睹旧注，知其为臣瓒而引之，师古公然攘取以为己有，此类非一。（王鸣盛《十七史商榷》卷七“汉书叙例”条）

颜师古《汉书集注》多掩他人之说以为己说，颐煊以《史索隐》证之：《张苍传》“柱下方书”师古曰，是姚察说；《淮南王安传》“会有诏即讯太子”师古曰，是乐产说；《郊祀志》“周始与秦国合而别，别五百载当复合”师古曰，是颜游秦说。如此类甚多。（洪颐煊《读书丛录》卷十九“汉书集注”条）

对颜师古撰《汉书集注》而“剿袭旧注、不著其名”的做法，王、洪二人提出了批评，指其为“公然攘取”、掩人之功，字里行间充满了鄙夷不屑，于此亦见乾嘉学者实事求是、讲求诚信的学术伦理意识。乾嘉学者不仅主张作集解者应标注他人的姓氏或书名，不可攘人之善，而且还要求此类标注正确、明晰，不得讹误、模糊。例如：

《集说》所采，大率取之《孔疏》。或以《疏》文太繁，约举其说，此亦不得不然。然纂述之体，直载其说者，当载其书名；以己意约举其义者，则不必载其名。今案：《集说》有约举其义者，或加“疏曰”二字；有直载其文数行者，反不加“疏曰”二字，并有以《疏》说嫁名他人者，如石梁王氏，未详何人，陈氏屡载其说，实多

①钱大昕：《春秋内传古注辑存序》，见严蔚《春秋内传古注辑存》卷首。

疏谬；又有浩齐者，亦不知何人，《集说》不载其姓，其说亦即《疏》说。陈氏岂欲采《疏》说而畏人议之，乃更为此展转，以示其采用之博，不专一书欤！似失纂述之体矣。（李惇《群经识小》卷四“集说错误”条）

此处指议元人陈澔《礼记集说》在注家姓氏、书名标注上存在的问题，称其有失集解纂述之体，可谓显现出了乾嘉学者严谨务实的治学态度。

对古代一些集解体著述的具体作法，乾嘉学者在札记中时常有所论列，有助于后人了解和掌握这些著述的撰作特点，从而更好地加以阅读和利用。例如，梁章钜谓：当兼载异说时，依“（朱熹）《集注》之例，以前说为长”。[①]赵佑有言：解《论语》“三嗅而作”，朱熹取邢疏之说，其“《集注》乃载为正说，而附晁、刘二说于后”。[②]梁、赵之论表明，二说（或多说）俱通时，朱熹《集注》往往兼而存之，但有正、附之分，并以前说为正。又如，姚鼐有云：“朱子以明道、伊川二程子之学如一人，故于《集注》内但称程子，更不分别。有连引二人之说者，但以‘又曰’隔之，正以为如一人也。至‘朝闻道’章、‘贤哉回也’章、‘饭疏食’章、‘子在川上曰’章、‘子路曾皙’章，皆引伊川在前，明道语在后，亦止用‘又曰’字。”[③]方东树引王樵曰：“朱子《集注》之例，于程子偁子，诸家偁氏。子者，师偁也。氏有二等：有不敢以字偁而偁氏者，如程子门人尹氏、谢氏、杨氏之属是也；有自汉以来注授经师亦偁氏者，如孔氏、马氏、郑氏、赵氏之类是也。”[④]姚、王之言表明，朱熹《集注》在称谓的使用上有一定之例。又如，周中孚述论宋人蔡节《论语集说》，以为其中义例分明，并予称举，譬如：“一、集曰例：全用诸家之说，则独书姓氏于下；兼用诸家之说，则各书姓氏于下；杂用诸家之说，则于末后总书姓氏；添入己意三数语，则于末后书‘本某氏说’。一、释曰例：全附以己意。一、注书例：集曰已编正说，有他说可以互相发明者，则附注于下。”[⑤]

---

①梁章钜：《论语旁证》卷十二《子张问崇德辨惑章》。
②赵佑：《四书温故录》“三嗅读”条。
③姚鼐：《惜抱轩笔记》卷三《经部三·论语》。
④方东树：《考槃集文录》卷三《刻屈子正音序》所引。
⑤周中孚：《郑堂读书记》卷十二《经部七之上》之《论语集说》。

第二节　辞书体

乾嘉学术札记对训诂体式的论述，除了主要针对上面所述传注体之外，还比较多地涉及辞书体（或曰通释语义的专书体）。以下稍作抉发、论析。

一、辞书体专书概述

乾嘉学者有云："诂训之书，权舆《尔雅》，自后《小尔雅》《方言》《说文解字》《释名》《广雅》赓之。"[①]"古小学之书，《说文》《尔雅》《方言》外，惟刘氏《释名》仅存。其书雅俗兼通，义数并举，与《尔雅》《方言》最相似。顾《尔雅》义主释经，《方言》旨在通俗，《释名》义例，盖在二者之间。"[②]"舍《尔雅》《说文》，无以言训诂也。"[③]这些论述表明，被今人通常称作"辞书"的《尔雅》《方言》《说文解字》《释名》等专书，在乾嘉学者眼中也是古代训诂学著作的一种类型；易言之，辞书体也是古代训诂体式之一。乾嘉学者言及古代训诂学著作的研读，常将辞书体著述作为重要的一类加以列示。如梁章钜云：

> 读《尔雅》者，不可不兼读《广雅》。段懋堂（玉裁）云："小学有形、有音、有义。形书以《说文》为首，《玉篇》以下次之；音书以《广韵》为首，《集韵》以下次之；义书以《尔雅》为首，《方言》《释名》《广雅》以下次之。"按：魏张稚让（揖）因《尔雅》旧目，博采汉儒笺注及《三苍》《说文》诸书，以增广之。明人取其书与《尔雅》《小尔雅》《广雅》《埤雅》合刻，名曰《五雅》。近得王怀祖（念孙）殚精极虑撰成《广雅疏证》二十卷，盖雅训之渊海，小学之钤键，空前绝后之书，又不但为读《广雅》者之善本而已。（《退庵随笔》卷十五）

①朱骏声：《传经室文集》卷四《小尔雅约注序》。
②黄廷鉴：《广释名序》，见张金吾《广释名》卷首。
③惠栋：《九曜斋笔记》卷二"趋庭录"条。

这里提及的《尔雅》《方言》《说文解字》《释名》《广雅》《玉篇》《广韵》《集韵》《小尔雅》《埤雅》等，均为古代辞书体训诂专书。这些专书可以分为三类，即以释形为主者、以释音为主者和以释义为主者，亦即上引文字中所谓“形书”“音书”和“义书”。以今观之，这些专书实为字典、词典之类。

据乾嘉学术札记的论述，与释义相关的辞书体训诂专书有一个共同点，就是纂集有关字、词的训释资料，汇为一书，具备通释语义之作的特性：

《尔雅》乃总释群经之书。……凡《尔雅》所释之文，皆经典所有；其不见经典者，盖后世逸之。……《尔雅》虽主今文，亦不谬于古文，此所以为经义之总汇，而汉学之权舆也。①

（扬）雄采集之意，详见于《答刘歆书》。……答书有云：“语言或交错相反，方复论思，详悉集之。”……孔颖达疏云：“扬雄以《尔雅》释古今之语，作书拟之，采异方之语，谓之《方言》。”盖是书汉末晋初乃盛行，故应劭举以为言，而杜预以释经。（戴震《方言疏证·自序》）

馥以此知《说文》非许氏创作，盖总集《苍颉》《训纂》、班氏《十三章》三书而成。……《说文》集三书之大成，两汉训诂萃于一书，顾不重哉！②

《释名》八卷，汉征士北海刘熙成国撰。《序》云：“名之于实，各有义类，百姓日称而不知其所以然之意。故撰天地、阴阳、四时、邦国、都鄙、车服、丧纪，下及民庶应用之器，即物名以释义，凡二十七篇。”……疑此书兆于刘珍，踵成于熙，至韦曜又补官职之阙也。其参校方俗，考合古今，晰名物之殊，辨典礼之异，洵为《尔雅》《说文》以后不可少之书也。（凌扬藻《蠡勺编》卷二十一“释名”条）

《广雅》一书，综集古训而成，凡《毛传》《郑笺》之义训不见于《尔雅》者，皆备载之。（严元照《娱亲雅言》卷二）

由上引材料观之，《尔雅》《方言》《说文解字》《释名》《广雅》等书都是

①徐养原：《尔雅匡名序》，见严元照《尔雅匡名》卷首。
②桂馥：《说文附说》，见桂馥《说文解字义证》附录，中华书局1987年版，第1349页。

汇集文献或口语中的字词而加以训释，且其训释往往吸收和综会了古今训诂研究成果。其所收集、训释的字词，从意义上讲，包罗众有，非止一类；从来源上讲，途径甚广，非止一书。即以《尔雅》而言，其为“经义之总汇”，所释之文为众多经典所具有。这就像乾嘉学者余廷灿所说：“夫《尔雅》，包罗天地，囊括诗书，标训诂之指归，通古今语言之同异。”[①]又如林伯桐所云：“贾、董书中有经训者，辄符《雅》义；《史记》引《尚书》，以训诂字阐绎经文，亦依《雅》义；其他诸子百家之古者，皆与《尔雅》疏通证明，则其书不专释《诗》昭然矣。”[②]还如四库馆臣所称：“《尔雅》所解，或出诸子杂书，不尽释经，而释经者为多。”[③]

除上所述外，古代辞书体训诂专书（特别是优秀的专书）在编撰上一般都有自己的一定之规，是按照特定的编排体例、训释体例编纂而成的，因而在形式、内容上都能达到和谐统一，形成一个有机的整体。以编排体例、训释体例而言，《尔雅》《说文解字》是古代辞书体训诂专书中最具范式意义和影响力的两种。乾嘉学者尝言：“《尔雅》为训诂之祖”[④]，“《说文解字》一书为千载字学之祖”[⑤]，“《尔雅》……以义为主，而形从之，《说文》以形为主，而义从之，正相为错综而互为筦摄者也”[⑥]，二者对后世之主义、主形两类专书的编纂体例产生过深刻的影响：“若《尔雅》后，有张揖能广之，陆佃能埤之，罗愿能翼之”[⑦]；“自《说文》以偏旁形声为别，可以济《尔雅》之穷……后世字书皆仿《说文》。”[⑧]

①余廷灿：《存吾文稿·杂著·书尔雅正义后》。
②林伯桐：《尔雅足以辩言说》，见阮元等编《学海堂文集》第二集。
③永瑢等：《四库全书简明目录》卷四，上海古籍出版1985年版，第156页。
④阮元主编：《经籍籑诂·凡例》。
⑤李富孙：《说文辨字正俗·自序》。
⑥王筠：《说文解字句读·自序》，见《续修四库全书》第216册，上海古籍出版社2002年版，第338页。
⑦齐召南：《宝纶堂文钞》卷四《尔雅补注序》。
⑧汪家禧：《说文尔雅相为表里论》，见严杰编辑《经义丛钞》。
⑨王筠：《说文解字句读·自序》，见《续修四库全书》第216册，上海古籍出版社2002年版，第337页。

二、《尔雅》式

"《尔雅》者，小学专书以此为最古"⑨，其编排体例、训释体例往往为后起的同类之书所本，具有代表性、典型性。乾嘉学术札记对《尔雅》的体例多有论述，例如：

> 《释诂》篇首训"始"，篇末训"死"，两端具矣。篇内次第亦各以义类相从。《释言》篇有一字兼两义者，则汇置一所，"基，经""基，设"之类是也；有字异而义同者，则汇置一所，"斸，明""茅，明"之类是也；有义训递嬗而下者，汇置一所，"速，征""征，召"之类是也；或字义皆异而音同者，汇置一所，"挟，藏""浃，彻"之类是也。次序皆有深义，盖非适然。（严元照《娱亲雅言》卷六）

> 夫《尔雅》，古小学书也。……其以类聚，何也？曰：此古小学书之式，比类合义，连缀成文，学僮便于讽习。……《尔雅》自张揖后无能继者，盖通贯六书，发挥经籍，聚类同条，杂而不越，非圣贤不能作。②

上引严元照、汪家禧的论述文字，对《尔雅》的编排体例有所揭示，概而言之，就是"以类聚""以义类相从""聚类同条"，亦即按照语词的意义分类编排。细究《尔雅》全书的体例可知，严、汪的上述观点是较为可信的：《尔雅》分为释诂、释言、释训、释亲、释宫、释器、释乐、释天、释地、释丘、释山、释水、释草、释木、释虫、释鱼、释鸟、释兽、释畜等十九篇，用以统摄收入书中的语词，其分篇正是依据词义系统和事物类别，可谓是"以类聚"也；从每篇之中词条的排列来讲，《尔雅》同样是注重建构"类"的网络，尽量将意义有关联的词条编列在一起，如上引严氏所举《释言篇》中"基，经也""基，设也""斸，明也""茅，明也""速，征也""征，召也"等条，即是其例，此可谓"以义类相从"也；就每篇之中的具体条目来看，《尔雅》往

---

⑨王筠：《说文解字句读·自序》，见《续修四库全书》第216册，上海古籍出版社2002年版，第337页。

②汪家禧：《说文尔雅相为表里论》，见严杰编辑《经义丛钞》。

往是将意义相同、相近或相关的语词集中在一起训释，组成一条，如开篇《释诂》第一条“初、哉、首、基、肇、祖、元、胎、俶、落、权舆，始也”，是为其例，此可谓“聚类同条”（此“条”意为条理）也。综上以观，《尔雅》在编排体例上具有很强的系统性、一致性，法度谨严，因而全书的结构完备，叙次井然，形成了一个有机而有序的整体，即所谓“杂而不越”“次序皆有深义”。附带提及的是，前引严氏所言“《释诂》篇首训‘始’，篇末训‘死’，两端具矣”，的确能说明《尔雅》在条目的组织编排上颇费匠心，体例严密而精巧。其所谓“篇首训‘始’”者，指上文所述《释诂》第一条；所谓“篇末训‘死’”者，指《释诂》“崩、薨、无禄、卒、徂落、殪，死也”条。

乾嘉学者普遍认识到了《尔雅》编排体例上“类聚”的特点，所以在遇到《尔雅》研究中的一些疑难问题时，时常依据这一特点来析疑辨难，寻求答案。举一个小例：

> 《尔雅》，《汉志》二十篇，今惟十九篇。晴江翟氏曰：“祭名与讲武、旌旂三章俱非天类，而系于《释天》，邢氏强为之说，义殊不了；古《尔雅》当更有《释礼》一篇，与《释乐》相随，此三章乃《释礼》文之残缺失次者耳。”按：此说甚为有理，可取。（崔应榴《吾亦庐稿》卷四）

此引清人翟灏（字晴江）《尔雅补郭》中的说法来辨释《尔雅》的篇目之疑，并以翟说为是。翟、崔二人为什么都认为今传本《释天》中“祭名”“讲武”“旌旂”三章均处非其所，当是由古本他篇文字残脱而阑入呢？原因就在于他们认定此三章的语词“俱非天类”，而属礼类，若置其于《释天》，则有乖于《尔雅》以“类聚”为特点的编排体例。

《尔雅》不唯编排体例有其特点，且训释体例亦具个性。学术札记对此时有讨论。例如：

> 或疑《尔雅》虽古，亦多不足深据者。如《释诂》“台、朕、赉、畀、卜、阳，予也”，“台、朕、阳”谓予我之“予”，“赉、畀、卜”为赐予之“予”，似误合为一。……愚谓或说非是。古人之字辄有相反为训者，如“乱”为“治”，“故”为“今”，“徂”为“存”是也。反义且可训，况异义而同字者乎？自当并为一训。若分异之而两

言“予也”，一言“间”，一言“言之间”，则重累矣。……《尔雅》与《说文》皆斯文之幸存者，不可驳也。（王鸣盛《蛾术编》卷三十三《说字十九》“尔雅不可驳”条）

王鸣盛此条所论，是针对戴震的观点而发。戴氏在《答江慎修先生论小学》中曾言“《尔雅》亦多不足据”，并举《释诂》“予也”条，谓其“不得错见一句中”；又举“间也”“厌也”条，斥其“此皆掇拾之病”。王氏反驳了戴说，为《尔雅》做了辩护。持平论之，王氏的“《尔雅》不可驳”的看法并不是十分合理，但他对“予也”“间也”“厌也”三条义旨的理解和分析基本上是正确的，并在客观上揭示了《尔雅》的一个重要训释体例：“异义而同字”，即在同一个条目中，意义不同的两类词，共以同一个训释字作解（此训释字实际上代表两个不同的词）。此即后世常所谓“二义同条”之例。譬如，“予也”条中的“台、朕、阳”，都是第一人称代词，以“予”训之，其义为“我”；“赉、畀、卜”则为动词，以“予”训之，意为赐予。这样，训释字“予”代表着两个不同的词，表示两种不同的含义。再看朱士端《强识编》中的两条材料：

《尔雅·释诂》之例，有一字两义者，或合词以释之。如此文“缉、烈、显、昭、晧、颎”训光明之“光”，“熙”训广大之“广”，故统以“光也”释之。（卷一“缉熙通释”条）

《尔雅》转相训之例，或取意相近为训，或取声相同声相近为训，或取经典段借字为训，往往以一词括数义，一义包群声。（卷二“谂念也”条）

此对《尔雅》“二义同条”、展转相训等训释之例也有所发揭。

《尔雅》问世以后，历代学人仿拟《尔雅》的体制、作法编纂了不少辞书体训诂专书。譬如，“扬雄《方言》、刘熙《释名》，皆仿《释诂》而作者也。……《唐志》有刘伯庄《续尔雅》，刘杳撰《要雅》……宋元丰中陆佃为《埤雅》，罗愿作《尔雅翼》。”[①]汪师韩曾在学术札记中论及一些与《尔雅》具有渊源关系的辞书体专书：

①方中履：《古今释疑》卷三“尔雅”条。

> 吾乡郎公在取《小尔雅》《广雅》《逸雅》（即《释名》）、《埤雅》四种，合《尔雅》刊行，谓之《五雅》。窃谓此四者中，惟《广雅》可继《尔雅》……张揖采《苍》《雅》遗文为书，凡不在《尔雅》者著于篇，其篇目皆依《尔雅》，是以谓之“广”也。……书之近《尔雅》者，汉则扬雄《方言》、史游《急就章》、许慎《说文解字》，唐则陆德明《经典释文》，宋则郭忠恕《佩觿》，皆现今所有，并有功学林。若李商隐之《蜀尔雅》、刘温润之《羌尔雅》，特以“尔雅”为名耳。……宋程端蒙作《小学字训》，朱子以《大尔雅》称之，惟所释乃仁义道德之字，与《尔雅》体例不同。（《韩门缀学》卷一“五雅”条）

这里提到的专书，其中有不少是受了《尔雅》的编纂方法的影响，因而在体例上与《尔雅》有不同程度的关联性。乾嘉学者谢启昆曾引张崇缙之言云：“训诂之书，莫先于《尔雅》。……自汉以下，列诸经籍，布诸学官，儒者靡不览诵。嗣是作者，若《释名》《埤雅》《广雅》《博雅》《小尔雅》诸书，虽各陈所见，以足未完，其实大纲咸肇于《尔雅》。”[①]这也就是说，后世很多重要的辞书体著述，其“大纲”（主要指编纂体例）实际上是源于《尔雅》。具体考察此类著述，情形确实如此。比如，“《广雅》篇弟，一依《尔雅》”[②]；又如明朱谋㙔《骈雅》，“依《尔雅》体例分章训释，自《释诂》《释训》以至《虫》《鱼》《鸟》《兽》，凡二十篇”[③]。

三、《说文解字》式

乾嘉学者有言：“六书之中自兼训诂体制，故《尔雅》《说文》实相为表里。《说文》所详者，字之体；《尔雅》所详者，字之用。”[④]可见，《说文解字》与《尔雅》是古代辞书体训诂专书中互为表里、学术地位同等重要的著作。

作为一部字书（或曰字典），《说文解字》是以形义相贯、分部类从、牵联

①谢启昆：《小学考》卷三，四川大学出版社2015年版，第24页。
②孙志祖：《读书脞录续编》卷二“尔雅叙篇”条。
③永瑢等：《四库全书总目》卷四十，中华书局1965年版，第342页。
④胡秉虔：《说文管见》卷上“尔雅说文相表里”条。

系属为基本规则来处理、编排收入书中的所有汉字。也就是说，《说文解字》是以部首为纲编次汉字，书中的部首以形相联，同一部首中的汉字以义相属，从而令全书所收汉字分别部居，不相杂厕。试看乾嘉学术札记对《说文解字》全书部首的论说：

> 《说文解字》十四篇，分五百四十部，九千三百五十三文，重一千一百六十三，凡十三万三千四百四十一字，首“一”终“亥”。检以六文，贯以部分，使不得误。（王端履《重论文斋笔录》卷四）
>
> 《说文》部居始“一”终“亥”，以类相从，有条不紊。（严可均《铁桥漫稿》卷五《说文翼叙》）
>
> 许氏《说文》推究六书之义，分部类从，至为精密。（梁章钜《退庵随笔》卷十五）
>
> 分五百四十部，其先后次叙，据《后叙》云：“方以类聚，物以群分，同条牵属，共理相贯，杂而不越，据形系联，引而申之，以究万原，毕终于亥，知化穷冥。”据此意以观全书，牵联系属之例，灼然可知。……部叙多以字形相似牵连，不必定有意义。……如“玨”下次“气”，“气”遥接“三”……“气”下次“士”，“士”推十合一，遥接一贯三为王……“士”下次“丨”，不过因“士”推十合一，而“十”中有“丨”，聊以字形相似牵连。……“夂”下次“桀”，此上自“舛”以下，“舜、韦、弟、夊、久”五部皆以字形稍相似牵连，“桀”亦然，谓之不必定有意义可也。（王鸣盛《蛾术编》卷十七《说字三》“分部次叙”条）

合观以上所引文字可见，《说文解字》一书收汉字9353个，外有重文1163个，并以540个部首来编排、统辖这所有的汉字。540个部首始于“一”部，终于“亥”部，部与部之间的排列井然有序，主要是着眼于字形，即许书《后叙》所谓“据形系联”，也即王鸣盛所云“部叙多以字形相似牵连”；直白言之，就是把笔画形体相近或相关的部首牵连、类聚在一起，以为次第。这亦如段玉裁解释“据形系联”云：“五百四十部次弟，大略以形相连次，使人记忆易检寻。如八篇起《人部》，则全篇三十六部皆由‘人’而及之。”[①]在上列引

①段玉裁：《说文解字注》，上海古籍出版社1981年版，第781页。

文中，王鸣盛所举“玨”下次“气”，“夂”下次“桀”等例，都可为《说文解字》“以字形相似牵连”的部首编排体例提供明证：《说文解字》第一篇中的部首依次有“三”“王”“玉”“玨”“气”“士”“丨”等，第五篇中的部首依次有“舛”“舜”“韦”“弟”“夂”“久”“桀”等，许慎将它们分别编排在一起，各置于一篇，正是因为它们“字形相似”而可据形牵连、群居类聚。于此可见，许慎对《说文解字》中各部首之间的排列次序做了精心的思考和设计，可谓“至为精密”。段玉裁对《说文解字》部首的设计、编排给予了高度评价：“合所有之字，分别其部为五百四十，每部各建一首，而同首者则曰：‘凡某之属皆从某。’于是形立而音义易明。凡字必有所属之首，五百四十字可以统摄天下古今之字。此前古未有之书，许君之所独创，若网在纲，如裘挈领，讨原以纳流，执要以说详，与《史籀篇》《仓颉篇》《凡将篇》乱杂无章之体例，不可以道里计。”①

再看《说文解字》同一部首中字的编排体例。乾嘉学者认为，《说文解字》部内之字的排列同样经过了精心设计与规划，大体上遵循“以义相属”的编排规则，即把意义相关、相近或相类的字排列在一起，形成序次：

> 《说文》之字，以义相属。“儒”字下则为材过千人“俊”，过万人“傑”，可知“儒”名为最尊矣。（孙星衍《平津馆文稿》卷上《释儒》）

> 每部中字之前后，亦以意义为次叙。即如《一部》五字“一、元、天、丕、吏”，《上部》四字“上、帝、旁、下”，此字少之部，其凿有先后次叙，不言可知。若字数稍多之《示部》，首之以“祜”，汉安帝名故也。此下自“礼”至“禔”皆吉祥之字，自“神”至“禓”皆鬼神祭祀之字，自“祲”至“禫”皆凶恶之字，先后、意义亦自按文可求。至于字数极繁之部，则间有随手位置，不拘次叙者，如《木部》“松”“柏”，自当居众木之长，乃位置甚后，而首冠以“橘”……似随意者。又每部中字各以类相从。今《木部》椅木可为大车轴，枋木可作车，樲木可作大车輮。……《邑部》所载郡邑乡亭之名，《水部》所载水名，皆从西而东、自北而南，迤逦叙次。然其

①段玉裁：《说文解字注》，上海古籍出版社1981年版，第764页。

中或有不能尽拘者，以随类相从，顺便及之故也。大规模皆有条理，而小小者随意置之，著述之法，此为最善。《艸部》字数极繁，首以“莊”，汉明帝名。次“蓏”，在木曰果，在地曰蓏，此字似可作部首，然既从艸、㼌，下又无从“蓏”字，故次二，别嫌明微也。次神艸，次五谷，次似谷者，次可为布者，次菜蔬可茹，次可染可忘忧者，次香艸。以上条理甚密。（王鸣盛《蛾术编》卷十七《说字三》“每部中字次叙”条）

由此可见，《说文解字》各部所辖的单字，在编排上据义牵属、以义为次，因而显得秩然不乱。这有如段玉裁所言：“凡每部中字之先后，以义之相引为次。《颜氏家训》所谓‘檃栝有条例’也。《说文》每部自首至尾，次弟井井，如一篇文字。”[①]即以上列引文中王鸣盛所举之例来看，《示部》中先列“礼”“禔”等含有吉祥之义的字，再列“神”“禓”等表示鬼神祭祀之义的字，然后列“祲”“禫”等与凶祸义有关的字，就正是“以义之相引为次”，显示出了极强的逻辑性、条理性。此外，王鸣盛所提及的《木部》《水部》《艸部》中字，均是依据义类编列，也皆有条理。

《说文解字》不仅有科学性、条理性和实用性都很强的编排体例，而且有严整而完善的训释体例，能助其说解文字取得理想的效果。乾嘉学者论其训释体例曰：

其言《说文》也，谓《说文》五百四十部，次第以形相联；每部之中，次第以义相属；每字之下，兼说其古义、古形、古音。训释者，古义也；“象某形”，“从某、某声”者，古形也；云“某声”，云“读若某”者，古音也。三者合而一篆乃完也。[②]

《说文》之为书，以文字而兼声音训诂者也。……《说文》之训，首列制字之本意，而亦不废假借。凡言“一曰”及所引经，类多有之，盖以广异闻，备多识，而不限于一隅也。（王念孙《王石臞先生遗文》卷二《段若膺说文解字读叙》）

由上引阮元、王念孙之论看，《说文解字》解释文字的通例大致是：先训

①段玉裁：《说文解字注》，上海古籍出版社1981年版，第1页。
②阮元：《汉读考周礼六卷序》，见段玉裁《周礼汉读考》卷首。

其义，次析其形，后释其音；所训释的字义一般是“制字之本意”；解释时，还常使用术语“一曰”举引异说，以备参考。为印证阮、王所述之例，兹从《说文解字》中撷取三条释文，移录于此：《糸部》：“糸，细丝也。象束丝之形。凡糸之属皆从糸，读若覛。”《目部》：“矇，童矇也。一曰不明也。从目蒙声。”《言部》：“謅，往来言也。一曰小儿未能正言也。一曰祝也。从言匋声。”

以学术札记观之，乾嘉学者不仅对《说文解字》宏观性的训释通例多有阐论，而且对一些微观的或较为特殊的义例也有所关注，往往能见人之所未见，发其隐覆。例如：

许君因文解义，或当叠正文者，即承上篆文连读。如“昧爽，旦明也”，“肸响，布也”，“湫隘，下也”，“脙嘉，善肉也”，“烽燧，候表也”，“诂训，故言也”，“頻痴，不聪明也”，“参商，星也”，“离黄，仓庚也”，“巂周，燕也”，皆承篆文为句。诸山水名，云“山在某郡”“水出某郡”者，皆当连上篆读。《艸部》“蔎”“蓝”“菌”“薛”诸字但云“艸也”，亦承上为句，谓蔎即蔎艸，蓝即蓝艸耳，非艸之通称也。“芙”“葵”“葅”“蒙”“薇”“蓶”诸字但云“菜也”，亦承上读，谓芙即芙菜，葵即葵菜也。……古人著书简而有法，好学深思之士，当寻其义例所在，不可轻下雌黄。（钱大昕《十驾斋养新录》卷四“说文连上篆字为句”条）

此谓《说文解字》中有些条目涉及“连篆读”的体例，即释文开头的第一个字与篆文字头须相连而读为一句，如“昧（篆）爽旦明也”条应该读为“昧爽，旦明也”，“参（篆）商星也”条应该读为“参商，星也”。钱氏独具只眼，发揭此例，为不少学者所称赏。如清人乔松年说：“‘参商’是连文为一句，‘星也’乃释义为一句，此解新而确。”[①]今人姚孝遂说：“这一体例是钱大昕的一大发明……是正确的。”[②]又如：

《说文》注解往往一句之中连载数义。如《长部》“肆”字注云：“极陈也。”极也，陈也，此二义也。《左传》“穆王欲肆其心”，《周语》“薮释肆既”，杜、韦皆训为“极”。《书·牧誓》“昏弃厥肆祀弗

①乔松年：《萝藦亭札记》卷四。
②姚孝遂：《许慎与说文解字》，中华书局1983年版，第14页。

答”，《诗·大雅》“肆筵设席”，毛、孔皆训为“陈”，是也。……《土部》“瘗”字注云：“幽薶也。”幽也，薶也，此二义也。《尔雅·释言》云：“瘗，幽也。”《祭法》云：“瘗埋于泰折。”《尔雅》云：“祭地曰瘗埋。”（胡秉虔《说文管见》卷上“说文解一句数义”条）

胡氏此条揭示了《说文解字》一句多义的训释体例，即以一条释文兼解一个字的多项意义。此与《说文解字》一句一义的训释通例有所不同。又如：

一字两“从”。如《食部》“飧”字注“从夕食”，只用一“从”字，而《玉部》“琥”字注“从玉从虎”，则用两“从”字。此亦有例，盖飧，餔也；餔，申时食也；申时则夕矣，故“夕食”连言。若“琥”则发兵瑞玉，为虎文，故用两“从”，而其下复云“虎亦声”，非两“从”之字皆有此一句。（王鸣盛《蛾术编》卷十七《说字三》“一字两从注各有例”条）

此条讨论《说文解字》训释术语“从”的用法，以为“从某某”与“从某从某”的说解形式存在差异：前者表示两个构字字素连属成文，连读表义，如“从夕食”，表示“夕”“食”连读以为意，指晚夕之食，即晚饭；后者只是表示两个构字字素的意义与被释字之义相关，而非直接连文表义，如“从玉从虎”即其例。这颇近于段玉裁所说：“会意者，合谊之谓也。凡会意之字，曰‘从人言’，曰‘从止戈’。‘人言’‘止戈’，二字皆联属成文，不得曰‘从人从言’‘从戈从止’。而全书内往往为浅人增一‘从’字，大徐本尤甚，绝非许意。”①

《说文解字》是我国现存最早的一部字典，是汉民族语言文字学的经典之作，在中国文化史上产生了深远的影响。从训诂体式的角度看，《说文解字》对后代辞书类专书编纂的影响尤为巨大。乾嘉学者有云：

近人论字学，推宣城《字汇》。予尝论之：字学以《说文》为宗，《玉篇》《字林》《广韵》渐加推广。（陈昌图《南屏山房集》卷十八《百尺楼杂录》）

今字书传世者，莫古于《说文》《玉篇》，而《字林》实承《说

①段玉裁：《说文解字注》，上海古籍出版社1981年版，第755页。

文》之绪，开《玉篇》之先。（任大椿《字林考逸·自序》）

这表明，东汉以后《字林》《玉篇》等辞书均是承《说文解字》之遗绪，并受其沾溉而产生的。由学术札记的论述看，《说文解字》所创立的字书编撰体例，特别是部首编排法，为后世辞书体专书的编纂奠定了坚实的基础，树立了良好的典范：

字学分类，当以《说文》始“一”终“亥”为准。……顾野王《玉篇》分类，本之《说文》。（袁栋《书隐丛说》卷十六“分韵字学”条）

六书之学，莫善于《说文》始“一”终“亥”之部，自《字林》《玉篇》以至《类篇》，莫之改也。（钱大昕《潜研堂文集》卷二十七《跋龙龛手鉴》）

可见，《字林》《玉篇》《类篇》等重要字书都沿袭了《说文解字》的部首编排之例，群分而类聚。当然，较之《说文解字》，后世有些字书的部首数量和部首次第往往有所变动，但基本格局乃至编纂理念并无根本变化。以《玉篇》为例：

《说文解字》凡五百四十部，《玉篇》删并“哭、延、教、眉、白（与自同）、䀠、歙、后、六、弦”十部，而别增“父、云、喿、冘、處、兆、磬、索、床、弋、单、丈”十二部，共五百四十二部。又《说文》“書”字在《聿部》，今改为部首，而并《畫部》入焉，此部分之不合于《说文》者也。（钱大昕《十驾斋养新录》卷十三“玉篇”条）

《玉篇》的部首较之《说文解字》，只是略有增删而已，未有本质性的改变。诚如朱彝尊所云：“许慎据以撰《说文解字》，古本部分自‘一’至‘亥’者是已。顾氏《玉篇》本诸许氏，稍有升降损益。”①

以上，通过稽考学术札记中的论说材料，我们着重梳理了乾嘉学者对《尔雅》《说文解字》两部辞书编撰体例的认识和见解，企望将这两部具有代表性、典型性的辞书的体例作为两类“标本”，借以展示辞书类专书体式的大致

①朱彝尊：《曝书亭集》卷三十四《重刊玉篇序》。

面貌。乾嘉学者在札记中的相关论述是十分繁夥、细致的，涉及面也非常广泛，但限于篇幅，只能举其大端而略加阐发。

第三节 考辨体

乾嘉学术札记所讨论的考辨体训诂体式，主要涉及两类：一是考辨型的笔记著作，二是考辨型的单篇短章。

一、笔记著作类

古人的著述中有较特殊的一类：内容庞杂，包罗甚广；形式散漫自由，不拘于体；书名常以“随笔”“笔记”“札记”“杂记”“漫录”等字眼命之。此类著述，在古代一般被人归入“说部”“杂家”类。如嘉道时学者叶廷琯有云：“常熟王东溆应奎箸《柳南随笔》《续笔》二书，于近代说部、杂家中颇为有名。”[①]又云：“姜西溟《湛园札记》，考订精核，为国初人说部之佳者。”[②]在今天，人们常以“笔记”“札记”之类的名目统而称之。

依乾嘉学者的看法，归于说部、杂家类中的前人随笔札记，有一部分是学人们撰写的学术笔记，侧重对文献的语言文字进行考证辨释，与训诂研究相关。例如，宋人《杨公笔录》一卷，“《宋志补·小说类》亦载之。是书杂论字义训诂，兼述旧闻轶事。”[③]清人陈祖范《掌录》一书，“乃其札记之文，皆考证名义训诂”[④]。由是观之，考证辨释性的笔记，也是古代学者在训诂实践中常用的一种载体和形式。这一点，通过考察乾嘉学者所记述的一些训诂学家的治学事迹，也不难知见。如钱大昕记述臧琳《经义杂记》之成书过程：“（玉林先生）谓：‘不识字，何以读书？不通诂训，何以明经？’孳孳讲论，必求其是而后已。潦倒诸生三十年，未尝一日不读经，偶有所得，随笔记

①叶廷琯：《吹网录》卷五“湛园札记记事误”条。

②叶廷琯：《吹网录》卷五“柳南随笔续笔有应订正处”条。

③周中孚：《郑堂读书记》卷五十六《子部十之五》之《杨公笔录》。

④永瑢等：《四库全书总目》卷一百二十六，中华书局1965年版，第1092页。

之。”[①]王昶记述江永著书之勤：“（江先生）举郑君之注，以正疏误，因为《深衣图考》；晚年读书有得，随笔撰记。”[②]李兆洛记述凤韶治经之事：“先生经说盈笥，皆随手条记，羼杂无次第，厘订逾月，始成此编。”[③]

乾嘉学者认为，历代考辨型笔记，不仅多有考究典籍、研求古义，与训诂研究密切相关者，而且其中不乏精谨宏通之作。比如，元代李治《敬斋古今黈》，“其书专为考证而作，取四部中疑义，各为条辨，其间逞其胸臆、横施议论，以致失之疏舛者正复不少，而爬罗剔抉，以典籍佐其证据而折衷于一是，亦极为精审。似博赡典核之书，求之宋人说部，惟袁质甫《瓮牖闲评》、王厚斋《困学纪闻》二书可以相仿佛焉”[④]。又如清初黄生《义府》，“此书皆考证札记之文，……于古音、古训皆考究淹通，引据精确，不为无稽臆度之谈。”[⑤]

乾嘉学术札记对考辨型笔记讨论较多，有不少精审平允之见；从训诂学的角度看，其有如下一些见解、看法是值得关注的。

（一）考辨型笔记是学人们训诂研究成果的一种表达形式，其中较多地保存了古今训诂资料，可以视其为训诂体式之一种。如梁章钜有云：

> 子书杂家最多，而有数部不可磨灭之书，必须专读者。如班固之《白虎通义》、颜之推之《家训》、王应麟之《困学纪闻》、顾炎武之《日知录》，皆当家有其书。《白虎通义》本考订经义之书，而其说不免兼涉谶纬。《颜氏家训》……非专以儒理立言，故《四库》皆不列之儒家，而入之杂家。《困学纪闻》包罗宏富，证据精博，宋以来说部莫之或先；阎百诗、何义门皆有评本，近刻愈多，而以翁方伯（元圻）之《集注》为最详备。《日知录》则积三十年之功，始定三十二卷之稿，于经史之疑义、政事之得失，皆能择精而语详……今人以阎百诗之《潜邱札记》相提并论，然阎书精博有余，而条理不足，似是未成之稿本，较之顾书瞠乎后矣。（《退庵随笔》卷十七）

---

①钱大昕：《经义杂记序》，见臧琳《经义杂记》叙录，《续修四库全书》第172册，上海古籍出版社2002年版，第288页。
②王昶：《春融堂集》卷五十五《江慎修先生墓志铭》。
③李兆洛：《养一斋文集》卷三《凤氏经说序》。
④周中孚：《郑堂读书记》卷五十六《子部十之五》之《敬斋古今黈》。
⑤永瑢等：《四库全书总目》卷一百一十九，中华书局1965年版，第1029页。

梁氏在此列举的自汉至于清代的一些子部杂家之书，在今天看来，实际上都是考辨型笔记。譬如其中的《白虎通义》《颜氏家训》，今有学者论之曰："笔记这种体裁，汉代已有，如班固的《白虎通义》，应劭的《风俗通义》，实际就是考据辨证类的笔记。"[①]"《颜氏家训》是一部笔记体的杂著……其中《书证》篇汇集有关典籍及诗歌俗文的训诂校勘，开创了一种脱离专书而广泛论述各种书籍所见错讹的札记体式。"[②]由梁章钜对《白虎通义》至《潜邱札记》的论说，我们可以看到，考辨型笔记包罗宏富，涉及谶纬、儒理、政事等，但同时也承载着"考订经义"、考辨"经史之疑义"等与经籍训诂有关的内容。这表明，文献的训诂研究是考辨型笔记内容的一个组成部分，而考辨型笔记则是古今学人用以呈现其训诂研究成果的文本形式之一，是古今训诂资料存在的样态之一。梁氏之后的清儒亦多有类似的看法。如李光廷曾言：

> 自稗官之职废，而说部始兴。唐宋以来，美不胜收矣。而其别则有二：穿穴罅漏，爬梳纤悉，大足以抉经义传疏之奥，小亦以穷名物象数之源，是曰考订家，如《容斋随笔》《困学纪闻》之类是也；朝章国典、遗闻琐事，巨不遗而细不弃，上以资掌故而下以广见闻，是曰小说家，如《唐国史补》《北梦琐言》之类是也。[③]

此与上引梁章钜之论的旨趣颇合，谓古代笔记有"考订"一类，偏重于经义传疏、名物象数的考证，这也同样是认为古人训诂有以考证型笔记为体式者。

（二）考辨型笔记作为一种训诂体式，既有其优势，也有其短处。就优点而言，它自由灵活，不拘一格，可以"随所见之书而笔之，随所闻之言而笔之，随所历之事而笔之"[④]，"或识大于经史，或识小于稗官……疑信并传，回冗不计"[⑤]，等等。此外，更为重要的是，学者利用这种体式，可以随性地表达自己研读经籍的心得体会，客观地载录自己在训诂研究上的独得之见。如凌扬藻有云：

①刘叶秋：《历代笔记概述》，北京出版社2003年版，第7页。
②白兆麟：《校勘训诂论丛》，安徽大学出版社2001年版，第39页。
③李光廷：《蕉轩随录序》，见方濬师《蕉轩随录》卷首。
④梁章钜：《退庵随笔·自序》。
⑤袁枚：《随园随笔·自序》。

《经稗》六卷，建安郑方坤（荔芗）撰。采诸家笔记中说经之语，排次成书，以补传注之阙。因多采自说部，故取稗官之义，以“稗”为名。盖传注之文，全释一经，或不免敷衍以足篇目。杂家之言，偶举一义，大抵有所独得，乃特笔于书，说多可取，良以此也。凡《易》《书》《诗》《春秋》各一卷，三《礼》共一卷，《四书》共一卷。愚之《蠡勺编》，其体例实肇诸此也。（凌扬藻《蠡勺编》卷三十五“经稗”条）

这说明，前人的考辨型笔记中往往载有“说经之语”，其虽为“杂家之言，偶举一义”，但因为是作者心有独得、见有可喜而笔之于书，所以大多具有较高的训诂学价值；在凌氏眼中，此类笔记体式的训诂材料，较之一些“敷衍以足篇目”的传注体文字更有学术含量和利用价值。再看段玉裁的一段论说：

以说部为体，不取冗散无用之言，取古经、史、子、集，类分而枚举其所知以为书，在宋莫著于《困学纪闻》，当代莫著于《日知录》。近日好学之士，多有效之者，而莫著于吾友严君九能《娱亲雅言》。余尝以为学者记所心得，无忘所能，可以自课，可以持赠同人，莫善于是。……闻之东原师曰：“知十而皆非真知，不若知一之为真知也。”……九能所说，皆得诸真知。①

这同样说明，以笔记为体式，学者可以“记所心得”，“枚举其所知”，真实地呈示自己对各类典籍的训诂之思、考证之悟。当然，以笔记为训诂体式，也有其不足之处，譬如难成系统，易致“零星杂碎，尚少端绪”②等弊。

（三）考辨型笔记源远流长，著述为数甚巨，既有精品佳构，也有平庸之作，学术质量参差不齐。先看乾嘉学术札记的两段论述：

杂家者流，自古有之，至唐宋而寖盛。予于唐得四家焉，曰颜氏《匡缪》、李氏《资暇》、苏氏《演义》、邱氏《兼明》；于宋得四家焉，曰沈氏《笔谈》、洪氏《随笔》、王氏《丛书》、王氏《纪闻》。此

①段玉裁：《娱亲雅言序》，见严元照《娱亲雅言》卷首。
②周中孚：《郑堂读书记》卷六十五《子部十二之三》之《见闻录》。

八书者，皆足为考镜之资。而曲阜、浚仪两家最善，以其长于经也。夫学不本于经，无足观者。今读九能之书，其于经也钩覈异同，宣释疑滞，如庖丁解牛，排击割剥皆中理解。于《尔雅》尤多所发明，往往补郭氏所未备。其它论议，亦俱不苟，抑颜、王之流亚欤？其可概以杂家目之哉！（徐养原《娱亲雅言序》）

（周君）又言：宋元人小说盈箱累案，漫无关要，近代益多，枉费笔札耳。今与君约，无复效尤。馥曰：宋之《梦溪笔谈》《容斋五笔》《学林新编》《困学纪闻》，元之《辍耕录》，其说多有根据；即我朝之《日知录》《钝吟杂录》《潜邱札记》，皆能沾溉后学。说部非不可为，亦视其说何如耳。（桂馥《札朴·自序》）

综合两条论说材料来看，考辨型笔记在唐代以前就已出现，唐以后渐趋繁盛，历代都有一些经典性著述出现，如唐代颜师古《匡缪（谬）正俗》、李匡乂《资暇录》、苏鹗《苏氏演义》、邱光庭《兼明书》，宋代沈括《梦溪笔谈》、洪迈《容斋随笔》、王楙《野客丛书》、王应麟《困学纪闻》、王观国《学林新编》，元代陶宗仪《辍耕录》，清代顾炎武《日知录》、冯班《钝吟杂录》、阎若璩《潜邱札记》、严元照《娱亲雅言》等。依上引材料的观点，在训诂考据上若能笃谨而为，即便是以一向被人视为杂说小道、漫无关要的笔记为其体式，也可有所成就，产出精品，像上列《匡缪正俗》《困学纪闻》《潜邱札记》等笔记即是其例。此类笔记之所以堪称精品佳作，足资考镜，沾溉后学，主要是因为它们的训诂考证能做到本于原典，释疑决惑，多所发明创获，且持论不苟，说有据依。在乾嘉时期，有不少学者是秉持如此评判理念来衡鉴考辨型笔记的。如王念孙评论李惇（字成裕）《群经识小》云：

余自壮年有志于郑、许之学，考文字、辨音声，非唐以前书不敢读也。逡巡里下，同志者卒鲜，唯（李）进士与余有声气之应，晨夕过从，无间风雨。……岁在丙申，余乞假归，进士始裒集说经之文，颜以《群经识小》。……进士好学深思，必求其是，不惑于晚近之说，而亦不株守前人。如《皋陶谟》之“戛击搏拊”，《禹贡》之“漆沮”，《甘誓》之“六卿”，《洪范》之“子孙其逢”，《鄘风》之“济盈不濡轨”，《齐风》之“展我甥兮”，《周官》之“诸侯封地”，《考工记》之“轵”，《丧服》之“出妻之子为母”，《檀弓》之“期而犹哭”及“悼公之丧”，《左氏传·僖十四年》之“虢射”，《定四年》之“豫章”，其说皆确不可拔。其有先儒说本不误而后儒辄生异义者，必申明旧说，以决其是非。其最为谫劣者，若陈氏之《礼记集说》及近世之《四书讲章》，皆直指其缪，不使贻误后人。而各经中饮食、衣服、宫室、器皿之制，皆考定精审，而言之凿凿，故能以古义之宏深启后学之锢蔽，使沉溺俗说者一见而失其所守，学识通明者一见而旷然大变。其发聋振聩之功，岂可一二数哉！是宜传之百世，使家有其书，人知其说，则晚近凿空之论、谫陋之学，无自而囿学者之耳目，而旧说之间有未当者亦得去非从是，而不至为成见所拘矣。（《群经识小序》）

王念孙称李惇的考据笔记于经义训诂具有“发聋振聩之功”，评价不可谓不高！王氏视李书为“宜传之百世”的精品佳作，原因就在于该书考释群经之义，能做到实事求是，“不惑于晚近之说，而亦不株守前人”；或“申明旧说，以决其是非”；或指驳谬解，“不使贻误后人”；“言之凿凿”，“考定精审”。为佐证王氏之所言，兹引录李惇《群经识小》卷八“轨牡为韵”条的文字，列示如下：

《释文》云：“轨，旧龟美反，谓车輢头也。依《传》意，宜音犯。案《说文》云：‘轨，车辙也。从车九声。龟美反。’‘軓，车轼前也。从车凡声。音犯。’车輢头，所谓轵也。相乱，故具论之。”谨案：《毛传》云“由辀以上为軓”，陆所谓“依《传》意，宜音犯”也。又引《说文》，以为“轨”是辙迹，不可言“濡”；“軓”是轼前，又云“车輢头，所谓轵也。相乱，故具论之”。其说未明，不知“轨”字自有二义：《说文》训为“辙迹”者，《中庸》“车同轨”是也。若《少仪》“左执辔，右执爵，祭左右轨、范，乃饮”，“轨”“范”并言，则显然两物矣。下注云：“轨，谓輢头也。”《周礼·大驭》：“祭两轵，祭軓，乃饮。”“轨”与“轵”同谓輢头也。合两处观之，盖《记》之“左右轨”与《大驭》之“两轵”，皆谓车輢头也。輢头在軓之下，车之济盈，必濡其輢头，不必作“軓”也。且以古音言之：轨，居酉反；牡，莫九反。此节“鷕、游”“盈、鸣”“轨、牡”用韵甚密，若“轨”字从“軓”，则走矣，无是理也。此处训诂，当用郑“车轊头”之说为确。《集传》读“轨”作“九”音，最是，但训“轨”为“辙”，辙乃是车之迹，非车上可指之物，则不可以言“濡”矣。

此条着重讨论《诗经·邶风·匏有苦叶》“济盈不濡轨，雉鸣求其牡”中“轨”的音义问题，并兼及校勘之事。此“轨”字，依陆德明《释文》之说，当作“軓”，音“犯”，盖以“车轼前”为训。而在李惇看来，陆氏之说未明；“轨”字本有“辙迹”“车轊头”二义，在《匏有苦叶》中当取“车轊头”之义，此字与“牡”谐韵，不烦改作“軓”。为证成其说，李惇引经据典，结合上下文语境进行了周密的辨析考论，真可谓言之凿凿、考定精审！王念孙对其考释赞赏不已，在上述《群经识小序》中又说：“儿子引之撰《经义述闻》，载进士经说二条，一为‘子孙其逢’，一为‘济盈不濡轨’，皆至当不易之论，可谓独有千古矣。”今检《经义述闻》，王引之的确引用了李惇的“轨”字之说，并谓“成裕此说，足正唐以后传注相沿之误”。

在乾嘉学者看来，古今考辨型笔记中，也有一些粗浅平庸的著述，训诂学价值不高。此类著述多有一个通病，即钞掇群书，剿袭陈说，殊少创获。例如：

（袁）栋字漫恬。……生平以读书为事，无他嗜好。凡所披览，中有所得，随时札记，名曰《书隐丛说》。……其议论考据，辨驳援引，总期解世之惑，立意未尝不善，然皆前人所已言，漫恬不过加以钞撮，而参以己见，非别有所心得；即间及当代见闻，亦皆他书所已具也。以拟容斋《五笔》、亭林《日知》，其犹珷玞之于美玉云尔。（周中孚《郑堂读书记》卷五十七《子部十之六》之《书隐丛说》）

钞撮旧文，袭取陈言，不作深考详辨，这不仅是《书隐丛说》之类的平庸之作普遍存在的问题，而且也是一些知名度较高的著述偶或显露的弊端之一。例如：

《随园诗话》载“五马”三说，引《南史·柳元策传》：“兄弟五

> 人，同为太守，各乘一马出入，时人荣之，号‘柳氏门庭，五马委蛇’。”志祖案：《南史》无《柳元筴传》，此事不知所出。《湛园札记》则云：“宋人《五色线集》：北齐柳元伯五子同时领郡，时五马参差于庭，故时人呼太守为五马。”与随园所引《南史》又异。然检《北史》，亦不见柳元伯事。大抵说部书之沿讹袭谬，皆不可信也。（孙志祖《读书脞录》卷七“五马”条）

袁枚的《随园诗话》、姜宸英的《湛园札记》，向称佳作，素为士林所推重，但有时也难以尽免随笔札记的捃摭蹈袭之陋。此二书在训释“五马立踌蹰”（《陌上桑》）之类文句中的“五马”时，正是因为摭拾旧论、疏于考辨而导致沿讹袭谬。

（四）历代考辨型笔记，就其内容而言，大致有两种情形：一是以训诂考释为主，兼及其他；一是以训诂考释为辅，其内容在全书中所占比重较小。例如：

> 《吹景集》十四卷，明董斯张撰。……是书惟卷一为《朝元阁杂语》四十则，皆短章札记，《静啸斋呓》三十二则，皆禅悦绪言；卷二以下皆考证古书，间为补注，且于古音古义亦颇诠释，援据精核，足资参考。（周中孚《郑堂读书记》卷五十五《子部十之四》之《吹景集》）
>
> 《停骖录》一卷，《续停骖录》三卷，明陆深撰。……皆杂记古今典章、诗文评语，间及经传疑义。（周中孚《郑堂读书记》卷五十七《子部十之六》之《停骖录》）

有的笔记以“考证古书”、诠释古音古义为主，有的笔记只是“间及经传疑义”，说明训诂考释方面的内容在不同的著述中所占比重有大小之别。今人徐德明对清人学术笔记的分类和评述，就反映了这一点：“按照其内容，清人学术笔记大致可分为经史汇释、群书集校、杂考琐议三类。李惇的《群经释小》、邵晋涵的《南江札记》、陈鳣的《简庄疏记》、严元照的《娱亲雅言》、郑献甫的《愚一录》、邹汉勋的《读书偶识》等，为经史汇释。……群书集校类的笔记则博涉子史、校勘精审，补遗拾阙，如卢文弨的《群书拾补》……孙诒让的《札迻》等……堪称清代朴学的典范之作。杂考琐议类学术笔记的情况较为复杂……大致似可分为三小类：一类是综合性的丛考杂辨，如《日知录》《蒿庵闲话》《陔余丛考》《潜邱札记》……一类是偏重经史训诂校勘等方面的札记，如《十驾斋养新录》《札朴》……一类是一般的琐谈杂论，如《天禄识余》……《天香楼偶得》等。"[①]据此可知，"经史汇释"类笔记以及"杂考琐议"类笔记中的部分，是以训诂考释为主，其余的则是不同程度地涉及训诂而已。

二、单篇短章类

据乾嘉学术札记的论说，考辨体的训诂研究成果，除了上面所讨论的以专书形式出现的学术笔记之外，还包括以单篇形式出现的各种短章小札，如书信、序、跋、记等。先看乾嘉学者翁方纲的一段论述：

> 右朱竹垞先生文稿手迹，凡跋十二，记一。……《续兰亭考跋》于沈虞卿历官皆一一著其岁月，然则先生《经义考》于著录序跋偶或删其岁月者，特小史钞胥之脱漏耳，予尝深惜。此书纲领节次，详整有要，为功于经学匪细，安得尽得先生当日手草，一一为之追录补正乎？（《复初斋文集》卷三十二《跋朱竹垞文稿》）

翁氏在此称言自己"尝深惜"朱彝尊（号竹垞）《经义考》中所载的序跋偶或被删其岁月，结合其他文献看，确有其事。他曾在一首送别诗中如是感喟："朱翁考经义，浩博谁津逮？顾于序跋尾，多删月时岁。来者何以考，祖述凭谁计？"[②]他还在《考订论》一文中说："吾所最憾者"，是《经义考》所载序跋之尾的年月被删，将使读者于经义难以"得其师承之所自"，"参验其沿革同异。"[③]合观翁氏之跋与诗文可知，学人们所撰的序跋文，有一些是考辨经籍的学术文章，不乏与训诂研究相关者。这说明，古代学人们的训诂研究成果有些是以考辨性的序跋之文呈现的；从训诂体式上讲，此类序跋与上面所讨论的笔记文字的性质相侔。再看阮元的一段论述：

---

①徐德明：《清人学术笔记提要·前言》，学苑出版社2004年版，第2—3页。
②翁方纲：《复初斋诗集》卷十六《集述萚廷尉郑学斋送丁小山归湖州》。
③翁方纲：《复初斋文集》卷七《考订论》上之一。

> 元又尝思国朝诸儒说经之书甚多，以及文集、说部，皆有可采，窃欲析缕分条，加以翦截，引系于群经各章句之下。譬如休宁戴氏解《尚书》“光被四表”为“横被”，则系之《尧典》；宝应刘氏解《论语》“哀而不伤”即《诗》“惟以不永伤”之“伤”，则系之《论语·八佾篇》，而互见《周南》。如此勒成一书，名曰《大清经解》。徒以学力日荒，政事无暇，而能总此事，审是非、定去取者，海内学友惟江君与顾君千里二三人。他年各家所著之书，或不尽传，奥义单辞，沦替可惜，若之何哉！[①]

由是观之，阮氏意欲编纂《大清经解》一书，拟将清人有关儒家经典的解释材料加以剪裁，引系于群经各章句之下；其解释材料的来源除了诸儒说经的专书之外，还有重要的两途，即文集和说部。为了明确文集、说部中何种材料可采用，阮氏还特地各示一例：文集举戴震《戴东原集》中考释《尚书》的例子，说部举刘台拱学术笔记《论语骈枝》中考释《论语》的例子。其所示文集之例，具体言之，出自《戴东原集》卷三《与王内翰凤喈书（乙亥）》。这是戴震写给王鸣盛（字凤喈）的一封书信，对《尚书·尧典》“光被四表”之“光”进行了考辨。现节引其文如下：

> 昨仆偶举篇首“光”字，引《尔雅》“光，充也”，仆以为此解不可无辨。……《孔传》：“光，充也。”陆德明《释文》无音切，孔冲远《正义》曰：“光，充，《释言》文。”据郭本《尔雅》：“桄、颎，充也。”注曰：“皆充盛也。”《释文》曰：“桄，孙作光，古黄反。”……《尔雅》“桄”字，六经不见。《说文》：“桄，充也。”孙愐《唐韵》：“古旷反。”《乐记》：“钟声铿，铿以立号，号以立横，横以立武。”郑康成注曰：“横，充也。谓气作充满也。”《释文》曰：“横，古旷反。”《孔子闲居篇》：“夫民之父母乎，必达于礼乐之原，以致五至而行三无，以横于天下。”郑注曰：“横，充也。”疏家不知其义出《尔雅》。《尧典》古本必有作“横被四表”者，横被，广被也，正如《记》所云“横于天下”“横乎四海”是也。“横四表”“格上下”对举，溥徧所及曰横，贯通所至曰格。四表言“被”，以德加

①阮元：《国朝汉学师承记序》，见江藩《国朝汉学师承记》卷首。

> 民物言也；上下言“于”，以德及天地言也。《集传》曰“被四表，格上下”，殆失古文属词意欤？“横”转写为“桄”，脱误为“光”。追原古初，当读“古旷反”，庶合充霩广远之义。

此书信认为《尧典》“光被四表”的“光”，古本应作“横”字，训为“广”或“充霩广远”；“横”字因与“桄”古可通用，遂被人转写为“桄”，“桄”后又脱误为“光”。这封考辨“光”字的书信，在阮元看来，可以作为解经材料编入《大清经解》之中。这足以说明，在乾嘉学者那里，学者文集中有些考辨性的书信文字也属于训诂资料，书信也是学者们训诂学研究成果的一种表现形式。

总览清代相关文献可知，像上述翁方纲、阮元那样将考辨性的单篇序跋以及文集中的考辨性文字视为训诂资料之一类，还大有人在。例如，清初学者孙承泽自述其《五经翼》一书的编撰情况，说：“病废之余，犹取诸书有裨经学者，或录其序跋，或录其论说，久之成帙。”[①]又如，嘉庆时学者刘文淇撰作《左传旧注疏证》一书，“上稽先秦诸子，下考唐以前史书，旁及杂家、笔记、文集，皆取为证佐，期于实事求是，俾《左氏》之大义炳然著明”[②]。这都说明，清代很多学者已注意到了序、跋、杂考之类的小文短札的训诂学价值，并将其作为一种较重要的训诂资料用于相关研究之中。

---

①孙承泽：《五经翼自序》，见朱彝尊《经义考》卷二百五十一所引。
②刘毓崧：《通义堂文集》卷六《先考行略》。

第四章　学术札记中的训诂方法论

德国著名诠释学家施莱尔马赫曾提出了一个诠释学的理想目标，即诠释者“把一切异化的以及导致误解的东西——由时间距离、语言用法的变化、词义以及思维模式的变化等引起的误解——排除掉”[①]，“通过客观的和主观的重构使自身与作者等同”[②]。无独有偶，我国乾嘉时代的训诂学家也有着与之相近的理想追求，如阮元盛赞《经义述闻》对“古儒所误解者，无不旁征曲喻，而得其本义之所在，使古圣贤见之，必解颐曰：‘吾言固如是，数千年误解之，今得明矣’”[③]，其所肯许、希图的，就正是通过排除误解和有效的重构来“使自身与作者等同”，亦即“精思所到，如与古作者晤言一室，而知其意指所在”[④]。为达成这样的理想目标，乾嘉训诂学家付出了艰苦的努力，特别是在训诂方法上矻矻致思，进行了不懈的探索和构建，使之趋于完备、理性。胡适曾言：“清代讲训诂的方法，到王念孙、王引之父子两人，方才完备。”“清代学者的科学方法出现，这又是中国学术史的一大转机。中国旧有的学术，只有清代的‘朴学’确有‘科学’的精神。”[⑤]在此之时，学者们对训诂方法问题从理论上做了不少探讨，提出了一些富有建设性的观点和主张。本章选取乾嘉学术札记中论述较多的训诂方法进行专题研讨。

---

①［德］汉斯—格奥尔格·伽达默尔：《哲学解释学》，上海译文出版社2016年版，第7页。

②［德］施莱尔马赫：《诠释学讲演》，见洪汉鼎主编《理解与解释——诠释学经典文选》，东方出版社2001年版，第61页。

③阮元：《经义述闻序》。

④王念孙：《王石臞先生遗文》卷二《刘端临遗书序》。

⑤胡适：《清代学者的治学方法》，见《胡适文存》（壹），华文出版社2013年版，第282、277页。

第一节　因声求义

乾嘉时期，学者们对语言的本质特征已有比较理性的认知，以为语言中的词是音、义结合的统一体，音是词的形式，义是词的内容，即其所谓“古人以音载义”[①]，“故训音声，相为表里”[②]，“义存乎声”[③]，“声之中有意也”[④]。此外，乾嘉学者对汉语词与汉字的关系也有较为深刻的理解，认为“古人制字，象形、指事外，谐声为多，故字从声肇，义以声生。”[⑤]“义从音生也，字从音义造也……字出乎音义，而义皆本乎音也”[⑥]；“诂训之要，在声音不在文字”[⑦]，意识到了汉字表义的关键在于它所代表的语词之音，而不是它本身的形体[⑧]。基于上述认识，乾嘉学者普遍形成了一种科学的训诂理念：训释文献语言中的语词，不应拘泥于记录语词之文字的形体，而当注重运用因声求义之法，从文字的声音出发去探究和诠释词义。如其有云：

> 字书主于故训，韵书主于音声，然二者恒相因。……凡故训之失传者，于此亦可因声而知义矣。（戴震《戴东原集》卷三《论韵书中字义答秦尚书蕙田》）

> 诂训之旨，本于声音。故有声同字异，声近义同，虽或类聚群分，实亦同条共贯。……就古音以求古义，引伸触类，不限形体。（王念孙《广雅疏证·自序》）

> 先儒解经，因声求义，故说字必先审声。……经典异文，凡义同者其声必同，不在字形之别也。（邓廷桢《双砚斋笔记》卷一）

> 说经者不求之于声，而泥于形以诂义，鲜有不纡曲者矣。（同上）

---

①钱大昕：《潜研堂文集》卷二十四《诗经韵谱序》。
②戴震：《戴东原集》卷十《六书音均表序》。
③邵晋涵：《尔雅正义·自序》。
④王绍兰语，见王引之《王文简公文集》卷三《王南陔中丞困学说文图跋》所引。
⑤黄廷鉴：《广释名序》，见张金吾《广释名》卷首。
⑥阮元：《揅经室一集》卷一《释矢》。
⑦王引之：《经义述闻》卷二十三《春秋名字解诂叙》。
⑧孙雍长：《训诂原理》，语文出版社1997年版，第27页。

后人不达古音，往往舍声而求义，穿凿傅会，即二徐尚不能免，至介甫益甚矣。古人之意不传，而文则古今不异，因文字而得古音，因古音而得古训，此一贯三之道，亦推一合十之道也。（钱大昕《潜研堂文集》卷二十四《小学考序》）

古韵失传，音义遂淆。……然六经、诸子具在，区分界别，实自较然。大抵不外因形以求声，因声以求义，而毫厘之间可以烛千里之谬矣。（陶澍《印心石屋文钞》卷五《声韵辨讹序》）

综此以观，乾嘉学者极为重视因声求义之法，以其为文献语言解释的灵方妙法，意识到了“声音之道与训诂并隆，是当声入心通，以穷其要眇，不可形求惟肖，以滞于迹象也”①。乾嘉学者在理论上大力提倡不拘字形，因声求义，以声音通训诂，并在训诂实践中亦如是而行，使训诂研究由以形训为主发展为以音为纲，形、音、义三者互求，这在训诂学史上具有里程碑式的意义。今人王力曾言：“重形不重音的观点，控制着一千七百年的中国文字学（从许慎时代到段玉裁、王念孙的时代）。直到段玉裁、王念孙，才冲破了这个藩篱。文字既是代表有声语言的……只要音同或音近，也还可能是同义的。这样，古代经史子集中许多难懂的字都讲清楚了。这是训诂学上的革命。”②

据乾嘉学术札记的考论，先秦时代的文献正文中已见利用音同或音近的关系进行词义训释的材料，开启了因声求义之法的端绪：

古人训义，多以同音或相似之音释之。“仁者，人也；义者，宜也”，“义”“宜”古音皆为俄。“彻者，彻也；助者，藉也”，“藉”字当与“助”叶。“庠者，养也；校者，教也；序者，射也”，皆以相近之音训义。（江永《群经补义》卷五）

《孟子》凡言古人制度文章，往往自为训诂，以声阐义，遂为汉儒说经家法。……《滕文公篇》：“彻者，彻也；助者，藉也。”助，“且”声，“且”古音俎；藉也，“昔”声，“昔”古音厝。是“彻、彻”“助、藉”同声也。（邓廷桢《双砚斋笔记》卷一）

《孟子》云：“畜君者，好君也。”予弟晦之曰：古音“畜”与

①王筠：《清诒堂文集·鄂宰四稿序》，齐鲁书社1987年版，第97页。
②王力：《中国语言学史》，山西人民出版社1981年版，第156—157页。

> "好"同。《孟子》借同音之古训以晓人，如"洚水者，洪水也"，"庠者，养也"，"校者，教也"，"序者，射也"，"彻者，彻也"，"助者，藉也"，"征之为言正也"，皆其例也。《祭统》"孝者畜也"，亦以声见义。（钱大昕《十驾斋养新录》卷四"畜有好音"条）

上引论述文字都提到，《孟子》一书的正文中有一些训释词义的材料，如"彻者，彻也""助者，藉也""庠者，养也""校者，教也"之类，它们都是依据被释词的语音线索推求语义，并取音同或音近之字予以阐释。再看札记中的如下论述：

> 《尔雅·释草》："葭，华。蒹，薕。葭，芦。菼，薍。"李巡云："分别苇类之异名。"非也。……《卫风》"葭菼揭揭"，《传》云："葭，芦。菼，薍也。"《秦风》"蒹葭苍苍"，《传》云："蒹，薕。葭，芦也。"《豳风》"八月萑苇"，《传》云："薍为萑，葭为苇。"尤截然分明。……《尔雅》《毛传》皆以音之协者释之，声音、训诂通一为道也。（李惇《群经识小》卷八"葭菼蒹葭萑苇"条）
>
> 许氏《说文解字》，小学家形声之书也。书为形声作，而顾汲汲于训诂者，盖因声求义，义明而声亦愈以无疑。尝考其例，以叠韵训者十之五，以双声训者十之一二。如"天、颠"之为叠韵，"旁、溥"之为双声，明显易知。（方东树《考槃集文录》卷四《许氏说文解字双声叠韵谱序（代）》）
>
> 古人训诂，多取音同音近。如《释名》："车，舍也。""库，舍也。"（朱士端《强识编续》"古舍舒通"条）

由此可见，两汉时代，在通释语义的辞书体专书《尔雅》《说文解字》《释名》以及随文释义的传注体著作《毛诗故训传》中，也有通过语音推求语义、以声音通训诂的释词之例，其所用的方法即为因声求义。钱大昕曾深有感触地说："古人训诂，多以声见义。《易传》《礼记》《论》《孟》已启其端，班固、许慎、刘熙益畅其旨。好古之士，能讲明而深究之欤！"①

因声求义之法在训诂实践中具有重要的作用。以乾嘉学术札记的论说来

①钱大昕著、何元锡编：《竹汀先生日记钞》，上海古籍出版社2010年版，第262页。

看，其作用主要有如下三个方面。

一、探求语源

当语言发展到一定阶段之后，新生之词往往是由特定的旧词孳乳而出，并在音义上与旧词保持了一定的联系：语音上相同或相近，语义上相同或相关。这样，就形成了所谓“同源词”。乾嘉学者对于语词的同源现象有所关注，亦有所论说。如云：“声与义同原，故谐声之偏旁多与字义相近”①；“声相近，而义亦相通”②；“声之相同相近者，义每不甚相远”③。又云：“凡事物有间可进，进而靡已者，其音皆读若门，或转若免、若每、若敏、若孟，而其义皆同。……器破而未离谓之‘璺’。……‘釁’为以血涂物之间隙。音转为‘盟’，盟誓者亦涂血也。……‘河水浼浼’，‘浼浼’即‘勉勉’之义，水之进靡已也。”④这表明，乾嘉学者已认识到：汉语中的一些语词往往有其音义来源（即语源）；在创制新词之时，人们习惯在旧词的基础上，以相同或相近的语音形式来表示意义相同或相近的概念，遂使一些不同的语词孳生于同一语源，因而出现“声近义通”现象。

基于上述认识，乾嘉学者认为，在训诂实践中需要运用因声求义之法，根据语音的线索探求语词的音义来源，从而客观、明确地诠释语词之义。如嘉庆时人沈垚有云：

> 古人解经，皆取声相近字为故训，或声不相近者，则音之转也。许氏《说文》、刘熙《释名》等书皆然。……“读如”“读若”之等，义即寄于声；“宗尊”“庙貌”之言，声皆兼乎义；双声叠韵，无非转注之指归；内言外言，总属释经之要义。此古人之所以多取声相近字为训也。……后世儒者不考声音，专求义理，穿凿附会，横生意见，卒之古音不知，古义亦无由明，惜矣！（沈垚《落帆楼文集》卷二十四《毛诗传以重言释经一字考》）

①段玉裁：《说文解字注》“禛”字注，上海古籍出版社1981年版，第2页。
②王念孙：《读书杂志·战国策弟一》“不察其至实”条。
③王引之：《经义述闻》卷二十三《春秋名字解诂叙》。
④阮元：《揅经室一集》卷一《释门》。

此之所言，对古人解经注重因声求义，多取音近之字为训，表示了高度赞赏。其中所举“宗尊”“庙貌”之例，出自刘熙《释名·释宫室》：“宗庙，宗，尊也；庙，貌也，先祖形貌所在也。”刘熙沿着语音的线索推求“宗”“庙”的音义之源，取声近之字“尊”“貌”分别训之，揭示了“宗庙”得名的由来，足以让人明白宗庙是置放祖先遗像、供后人尊祭的场所。这在沈垚看来，能使古义彰明，值得后世儒者效法。

在乾嘉学术札记中，常见运用因声求义之法探求语源的例子，充分彰显了因声求义法在训诂释义上的重要功用。就这方面的例子看，学者们通过因声求义之法的运用，或探寻和确定某一语词直接所由出的源词，以明语词的音义之源，准确地训释语词之义；或旁推交通，阐明某一语词的得义之由；或系联同出一源的音同或音近之词，考求它们语义上的共同点（即语源义），以揭示语词的命名理据。例如：

> “聚偻”谓柩车饰也。众饰所聚，故曰聚偻；亦以其形中高而四下，故言偻也。……《释名》曰：“舆棺之车，其盖曰柳。柳，聚也，众饰所聚，亦其形偻也。”《檀弓》曰：“设蒌翣。”《荀子·礼论篇》曰：“无帾丝歶缕翣，其貊以象菲帷帱尉也。”“柳”“蒌”“缕”“偻”并字异而义同。（王念孙《读书杂志余编》卷上“豚楯之上聚偻之中”条）

> 《大雅·生民》笺曰：“介，左右也。”《乡射礼记》注曰：“居两旁谓之个。”此犹门有左右谓之閜，（《说文》：“閜，门扇也。胡介切。”案：閜之为言介也。门扇有左右，故谓之閜），鱼有左右谓之魪也。（王引之《经义述闻》卷三十一“个”条）

> 《本孝篇》：“孝子恶言死焉，流言止焉，美言兴焉。”元照案：《荀子·大略》引“流言止焉，恶言死焉”，杨倞注：“死，犹尽也。郑康成云：‘死之言澌。’澌，犹消尽也。”卢注谓“死且不行”，不如杨注之当。《淮南·主术》：“上车执辔，则马死于衡下。”字法相类。（严元照《娱亲雅言》卷三）

观上引第一例，王念孙征引《释名·释丧制》中释“柳”之语，旨在说明柩车上所聚的饰物是因其“形偻”（即中高而四下的弯曲形）而名为“柳”，

“柳”的语源即为“偻”[①]，而《庄子·达生》中所言“聚偻”实同于《释名》所载之“柳”，意指柩车上形状曲偻的饰物。第二例中，王引之称“閛之为言介”，是把“閛”的语源推定为“介”，而“介”可指左右，故“閛”当是指左右门扇。第三例考释《大戴礼记·曾子本孝》中“恶言死焉”之“死”，依严元照之见，卢辩注言“死且不行”，其实是以“死”的常见义“死亡”训之，未当；杨倞《荀子注》以“尽”训“死”，则为确诂，因为据《礼记·曲礼下》“庶人曰死”之郑玄注，“死”的语源为“澌”[②]，而“澌”有“尽”义。以上三例，都是根据语音的线索推考或确定词的语源，并据以训释词义，均发挥了因声求义之法的功用。又如：

> 《尔雅·释诂》“初、哉、首、基”，训“哉”为“始”；“孔、魄、哉、延、虚、无、之、言”，训“哉”为“间”。《说文》“哉”字训为“言之间”也，盖许氏既以“哉”隶《口部》，则取义于口，故但云“言之间”，不复兼用“始”义，此著书之例也。哉，“𢦏”声；𢦏，“才”声。《说文》曰：“才，艸木之初也。”《尔雅》训“哉”为“始”，乃由声得义，故诂经者不可不求之于声。（邓廷桢《双砚斋笔记》卷二）

《尔雅·释诂》所载之“哉”何以能训为“始”？对此问题，邓廷桢因声求义，认为“哉”字实际上是从“才”得声，而“才”声负载了“初始”之义（考《说文解字》“才”字注可知），故“哉”由“才”声得义，自然就有了“始”义。又如：

> 《说文》：“稭，禾举出苗也。”《玉篇》：“稭，长禾也。”“䅌，同上。”《广韵》“稭”字两见，一云“长禾”，一云“禾长”。案：《说文》：“竭，负举也。”（《礼运》：“五行之动，迭相竭也。”郑注：

---

①笔者按：今亦有学者认为“柳”“偻”具有同源关系。如刘钧杰《同源字典再补》一书收录了“柳”“偻”，并谓“柳因弯曲得名”。见该书之语文出版社1999年版，第34页。

②笔者按：不少学者也认为“澌”是“死”的音义来源。如陈建初《〈释名〉考论》一书云：“‘霤，流也，水从屋上流下也。’（释宫室）‘人始气绝曰死。死，澌也，就消澌也。’（释丧制）……在表现形式上都是声训，实际上是刘熙根据被释之名的音义推出一个与之相通的语词，这个语词即表示了被释之名的‘所以之意’，它们是各被释词的音义来源。……《说文》：‘死，澌也。’‘澌，水索也。’段玉裁注：‘《方言》：澌，索也，尽也。是澌为凡尽之称，人尽曰死。’即如刘熙所说的人的气绝尽、生命消尽为死，故得名于‘澌’。”见该书之湖南师范大学出版社2007年版，第86—87页。

"竭，犹负戴也。"）"揭，高举也。"《庄子释文》引《三苍》云："揭，举也。"《匏叶》之诗"深则厉，浅则揭"，"揭"者褰衣，谓举衣也。《史记·陈涉世家》："揭竿为旗。"盖"揭"本训高举，因之"揭"亦训长。《诗·硕人》"葭菼揭揭"，《毛传》："揭揭，长也。"《楚辞·远游篇》"貌揭揭以巍巍"，王逸注："揭揭，高貌也。"高、长义同。"竭""揭"从"曷"得声，"稭"亦从"曷"得声，是知其音同，其义亦即相近也。（刘宝楠《释谷》卷一"苗高举稭茂美稭"条）

在此，刘宝楠为了阐明"稭"的词义，运用因声求义之法，从声符字入手，系联了与"稭"音相同、具有同源关系的"竭""揭"；又通过比较互证，推考出了这三个词所共有的核心义素——"高""长"，明确了它们的公共语源义，从而也揭示了"稭"命名取义的理据（即因禾之高、长而名之）。

二、破假借字

乾嘉学者认为，"古字假借，经典尤多也"[①]；"不但无其字者假借，即有其字亦假借"[②]，故经典"往往本字见存，而古本则不用本字，而用同声之字"[③]。本有其字的假借，给古代文献的解读带来了很大的困难；稍有不慎，"辄望文生义，以借字作正字，遂至傅会迁就，缪于古训"[④]，故"解经者当破其叚借释之"[⑤]。然则，如何破假借而求其本（正）字读之，从而避免望文生义呢？从根本上讲，这要依助于因声求义法。在乾嘉学者看来，假借关系的形成必须满足一定的语音条件，即"所借之字必与正字同音，不则叠韵，或取双声，舍兹三者，无缘借也"[⑥]，所以欲破假借而求其本（正）字，还得从语音入手，"由借字之古音，以考同音之本字，惟求合于经文"[⑦]。也就是说，应当由借字之音出发，沿着音同或音近的线索，考求出意义贴合语境的本字，然后

①陈树华：《春秋经传集解考正》卷二十七"荣驾鹅"条。
②王鸣盛：《蛾术编》卷二十六《说字十二》"卷八上考证"条。
③王引之：《经义述闻》卷三十二"经文假借"条。
④朱骏声：《传经室文集》卷四《六书叚借经征序》。
⑤朱士端：《强识编》卷三"说文……不同义"条。
⑥朱骏声：《传经室文集》卷十《拟乙未江南乡试对策》。
⑦王引之：《经义述闻》卷三十二"经文假借"条。

依据本字来诠释词义。因此，在破假借而求本字的过程中，需要发挥因声求义法的作用。如王引之云：

> 大人曰：诂训之指，存乎声音，字之声同声近者，经传往往假借。学者以声求义，破其假借之字而读以本字，则涣然冰释。如其假借之字而强为之解，则诘𥶍为病矣。故毛公《诗传》多易假借之字而训以本字，已开改读之先。（《经义述闻·自序》）
>
> 夫古字通用，存乎声音。今之学者不求诸声，而但求诸形，固宜其说之多谬也。（《经义述闻》卷三“王道平平”条）

王引之在此表达了一个观点：古代经籍中所用的假借字，切断了字形与词义的联系，训释者如果拘执字形，求义于假借之字，那么就会不得其解，说之多谬；只有运用因声求义之法，通过字音的线索去探究，方能求得本字，并据本字做出正确的训释。再看段玉裁的论说：

> （郑君）于经字之当定者，必相其文义之离合，审其音韵之远近，以定众说之是非，而以己说为之补正。……凡易其字者，例曰“读为”“读曰”，谓易之以音相近之字而义乃憭然也。……其序《周礼》有曰：“二郑、卫、贾、马之文章……犹有差错。同事相违，则就其原文、字之声类，考训诂，捃秘逸。”夫就其原文，所谓相其文义之离合也。就其字之声类，所谓审其音韵之远近也；不知虞、夏、商、周之古音，何以得其假借训诂？①

郑玄能够准确地辨定经文中的假借字，并易之以音近之本字，令字义憭然，这在段玉裁看来，得益于他成功有效地运用了“就字之声类考训诂”的训解方法。这种方法，从本质上讲就是审其音韵远近以考义，亦即因声求义之法②。

在训诂实践中，乾嘉学者们常常是执持因声求义的利器，破古书之假借而求其本字，创获甚多。乾嘉学术札记中有不少这方面的实例。如：

---

①段玉裁：《经义杂记序》，见臧琳《经义杂记》叙录，《续修四库全书》第172册，上海古籍出版社2002年版，第289页。

②李建国在《两汉经学和郑康成》一文（载《文史知识》1986年第11期）中指出：“（郑玄）主张从古书文字的声音上‘考训诂，捃秘逸’。这是因为，‘读先王典法，必正言其音，然后义全。’这样，因声求义……就成了郑玄注经的主要方法。”

《子衿篇》“挑兮达兮”，《毛传》曰：“挑达，往来相见貌。”后之解者乃以为轻儇放恣之词，非古义也。案：《说文》曰：“叏，滑也。”引《诗》云“叏兮达兮”。又曰：“达，行不相遇也。”引《诗》曰“挑兮达兮”。古“达”与“泰”同音，“泰”亦训“滑”，“叏”“达”二字同义。毛训为“往来相见”，许不用其说，而训为“行不相遇”，义正相反。观是诗首章言“悠悠我心”，二章言“悠悠我思”，三章言“一日不见，如三月兮”，皆谓相期之数而相见之难，似许说为更确矣。《毛诗》作“挑”，许书两引，一作“叏”，盖本三家《诗》。“叏”训“滑”，与“达”同义；“挑”训“挠”，不与“达”同义。然则“叏”当是正字，“挑”乃同音假借耳。“叏”“达”双声，“滑”“达”叠韵。因声求义，庶为得之。（邓廷桢《双砚斋笔记》卷一）

《诗经·郑风·子衿》“挑兮达兮”一句中的“挑”，邓廷桢认为是假借字，本字当作“叏”，其理由在于：《说文解字》两引《子衿》此句，一作“挑”，一作“叏”，二字古音相同，具备通借的条件。再者，“达”与“叏”“滑”“泰”俱有语音上的联系，其与“叏”双声，与“滑”叠韵，与“泰”古音同，而“叏”“泰”均可训“滑”，则“达”亦有“滑”义[①]；因此，将《说文解字》所引之“叏”认作是“挑”的本字，则在音义上可与句中“达”字相类而相配。可见，邓氏在破假借、求本字的过程中，如他所说，用到了“因声求义”之法。又如：

陈寿《吴志·朱桓传》：“桓子异，字季文，权谓异从父据曰：‘本知季文憎，定见之复过所闻。’”何氏焯云：“憎，疑即快字。”案：何说是也。陆云《与陆典书书》云：“此君公私并憎，年长而志新，齿迈而曾勤，家宗美者也。”近人文中用“憎定”二字，“定”字必是误写，不当连上“憎”字读。又官本《吴志》径改“憎”为“狯”，谓言其狡狯，则与上文“辞对称意”语意全失。盖“快”自是

①这一点，有些乾嘉学者也曾言及。如王筠《说文解字句读》“达”字注：“‘达’与《水部》‘泰’当同音他达切。泰，滑也。则‘达’亦是‘滑’也，与‘叏’一义。”段玉裁《说文解字注》“达”字注：“此与《水部》‘滑泰’字音义皆同，读如挞。今俗说不相遇，尚有此言，乃古言也。”

吴人赞美常语。张承《与吕岱书》称“其事事快”，顾荣荐甘卓谓“其胆干殊快”，则知“憎”亦正与“快”字同。且字之从口作“哙”者亦有快义。《诗·小雅·斯干》“哙哙其正”，《笺》云：“哙哙，犹快快也。”《淮南·精神训》：“哙然得卧。”《宋书·乐志四·吴鼓吹曲·从历数篇》：“览往以察今，我皇多哙事。”“哙”“憎”音皆与“快”同，而义亦随之，古人所以多通用也。（卢文弨《龙城札记》卷二“憎”条）

此释《三国志·吴志·朱桓传》中“憎”字。曾有人读之以“狯”，训作“狡狯”，卢文弨以为此训不可通，遂用因声求义之法考之，认定“憎”是借字，本字当作“快”，为吴人常用的赞美之词。平心论之，卢说甚是。今人吴金华说：“卢文弨释‘憎’为‘快’，至为精审；《梁诗》卷二十九横吹曲《幽州马客吟歌辞》曰：‘快马常苦瘦，剿儿常苦贫。’其中‘快’字一本作‘憎’，是二字通假之的证。……‘憎’读为‘快’，犹言精明强干。”[①]又如：

“正名而期，质请而喻”，杨注曰：“质，物之形质。质请而喻，谓若形质自请其名，然因而喻知其实也。”念孙案：杨说甚迂。质，本也。请，读为“情”。情，实也。言本其实而晓喻之也。……古者“情”“请”同声而通用。（《成相篇》“明其请”，杨注：“请，当为情。”《礼论篇》“情文俱尽”，《史记·礼书》“情”作“请”，徐广曰：“古情字或假借作请，诸子中多有此比。”《列子·说符篇》：“发于此而应于外者，唯请。”张湛曰：“请，当作情。”又《墨子·尚同》《明鬼》《非命》诸篇，皆以“请”为“情”。）（王念孙《读书杂志·荀子弟七》“质请而喻”条）

《荀子·正名》“质请而喻”之“请”，杨倞以“自请其名”训之，在王念孙看来，是泥于其字而读之，训义甚迂。王氏乃用因声求义之法，沿着语音的线索考究，以为“请”与“情”古同声，当是“情”的音借字，义为“实”。王氏又以古籍中借“请”为“情”的大量实例予以佐证，其说更显得颠扑难破。

---

①吴金华：《三国志校诂》，江苏古籍出版社1990年版，第267页。

由上所举实例不难看出，因声求义之法在破假借、求本字的训诂实践中的确可以起到很大的作用，它就像神奇的魔杖，能够撩开罩在假借字上的雾纱，让假借字背后的本字露出真身。据乾嘉学者所论，运用因声求义之法破假借、求本字，也有一些事项需要注意。譬如：

《汉书》通畼之“畼”俱作“鬯”。《房中歌》“清明鬯矣”，师古曰：“鬯，古畅字。”昌按：古书以“畼”为通畼字者，非借也。《艸部》：“蕩，艸茂也。”畼茂、通畼字本皆作“蕩”，古书字多省母，故省“艸”作“畼”。以“鬯”为“蕩”者，声同而借也；以“畼”为“蕩”者，形繁而省也。读古书者不明古书之字有借、省两例，而弟执音以求义，多见其不通矣。（席世昌《席氏读说文记·说文解字弟十三》“畼”字）

凡治经，经典多用叚借字，其本字多见于《说文》。学者必于《尔雅》、传注得经义，必于《说文》得字义，既读经注，复求之《说文》，则可知若为叚借字，若为本字。此治经之法也。（段玉裁《经韵楼集》卷二《聘礼辞曰非礼也敢对曰非礼也敢》）

这说明，通过语音的途径破假借、求本字，要注意把“声同而借”与“形繁而省”区别开来，要尽量参看《说文解字》及相关传注的训释，力求做到实事求是，信而有征，不妄自立说。

三、释联绵词

在乾嘉学者看来，联绵词大多是以声为义，“合二字之声以成一事之意”[①]，其用字重音不重形，即所谓“重言謰语（关关、交交、委蛇、阿傩之类），只取其声，以相形容者，可以随宜用之”[②]。既然记录联绵词的两个字通常“只取其声”，起标音作用，那么就意味联绵词的词义与标音之字的形义没有必然的联系。因此，乾嘉学者认为，训释联绵词不能泥于字形以为解，而当因声求义，据音以明义：

---

①王筠：《毛诗双声叠韵说》。
②王筠：《清诒堂文集·文字通别说》，齐鲁书社1987年版，第37页。

大氐双声叠韵之字，其义即存乎声；求诸其声则得，求诸其文则惑矣。（王引之《经义述闻》卷三十一“无虑”条）

高邮王观察曰：“双声叠韵之字，义即存乎声；求诸声则得，求诸字则惑且凿。”……此皆知主于求声以明义。（方东树《考槃集文录》卷四《许氏说文解字双声叠韵谱序（代）》）

“由胡”二字，一在幽部，一在鱼部，二部古多合用，故“由胡”叠韵，“旁勃”双声。古者草木之名，多用双声叠韵，非可执其字以求解也。孔（广森）用黄尚书说，以“旁勃”为四旁皆勃然生，殊属附会。（汪喜孙按语，见汪中《大戴礼记正误》）

可见，对于双声叠韵之词（此实即联绵词），只有使用因声求义之法进行训释，方可得其正解；若拘执其字以求解，则不免望文生训，穿凿附会。

乾嘉学术札记中，多有讨论联绵词训释问题的材料。学者们不拘字形，因声求义，往往有独到的发现和见解。例如：

《释文》引《韩诗》云：“畔援，武强也。”……按：毛云“畔道援取”，是分“畔援”为二，郑不从，而笺以“跋扈”，与《韩诗》所云“武强”合也。《玉篇》引《诗》云：“无然伴换。”《汉书·叙传》云“项氏畔换”，师古曰：“畔换，强恣之貌，犹言跋扈。《诗·大雅·皇矣篇》云：‘无然畔换。’”又《魏都赋》云“云彻叛换”，又《卷阿》云“伴奂尔游矣”，并同声通用。“伴唤”与“畔援”俱属连绵形容之字，《毛传》分训，郑皆不从。王肃于《卷阿》“伴奂”有意难郑，不知“伴奂”与“优游”并是叠音，如《易》云“盘桓”之类是也。（陈鳣《简庄疏记》卷五）

此例所论“畔援”，出自《诗经·大雅·皇矣》，《毛传》云：“无是畔道，无是援取。”《郑笺》云：“畔援，犹跋扈也。”观上引论述文字，陈鳣所表达的意思是：“畔援”为联绵形容词，其用字取音不取义，解释者只可因声求义，而不能望文生训，故《毛传》割裂“畔援”二字而分训之，解作“畔道援取”，正属望文生训；如果即声以通其义，则知“畔援”与文献中“伴换”“畔换”“叛换”“伴奂”实为一词，并同声通用，均以音为义，犹言“跋扈”，意指强恣、恣纵之貌。再看一例：

《方言》："凡怒而噎噫。"注："噎，谓忧也。"案："噎谓忧也"当作"谓噎忧也"。《诗》"中心如噎"，《传》曰："噎忧不能息也。"《正义》以为"忧深不能喘息，如噎之然"。此说非也。忧在心，与喘息何与？天下岂有忧而不得喘者乎？"噎忧"，双声字。《玉篇》引《诗》"中心如噎"，"谓噎忧不能息也"。增一"谓"字，最得毛氏之意。"噎忧"即"欧嚘"，气逆也。《说文》"欧"字注："嚘也。"《玉篇》"嚘"字注："《老子》曰：'终日号而不嚘。'嚘，气逆也。"……"噎噫""噎忧"一声之转。戴本作"噎噫谓忧也"，不知其义而妄增之，非是。（刘台拱《经传小记》卷三）

此所论者，涉及《方言》卷一"凡怒而噎噫"之郭注文字"噎谓忧也"的校勘，以及《诗经·王风·黍离》"中心如噎"之《毛传》文字"噎忧不能息"的训释。据上引刘台拱的考论，"噎忧"与"噎噫"一声之转，俱为双声联绵词[①]，因此，旧本《方言》郭注作"噎谓忧也"，遂致"噎忧"由骈变单，违失联绵词的形式特征，非也；而戴震《方言》校本增一"噫"字而作"噎噫谓忧也"，亦非；注文当校作"谓噎忧也"。在"噎忧"的释义上，孔颖达不知此词为双声联绵词，乃泥于字形求义，并在《正义》中以"忧深不能喘息，如噎之然"解之，显然误不可从；如果因声求义，则知"噎忧"的音义同于"欧嚘"，当训作"气逆"，意即气不顺畅。对于刘台拱的校释，王念孙深表赞同，在《方言疏证补》中说："注内'谓噎忧也'，各本作'噎谓忧也'。余故友宝应刘氏端临《经传小记》云：'此当作谓噎忧也。……'念孙案：端临此说，实贯通《毛传》《方言》之旨。今据以订正。"

总而言之，乾嘉学者对字之形、音、义的关系有着理性而科学的认识，在理论和实践上都十分强调从声音出发研究词义；他们高擎"因声求义"的大旗，勇于探索，将训诂学推向了一个高峰，为近代语言学的发展奠定了坚实的基础。

---

①后世也有不少学者以"噎噫"为双声联绵词。如闻一多云："'噎噫'双声连语，亦呼吸疾促之谓。"见《闻一多全集》第5册，湖北人民出版社2004年版，第262页。又如符定一《联绵字典》收录有"噎噫"一词。

第二节　依形解义

对于依形解义这一传统的训诂方法，乾嘉学者颇为关注和重视，在学术札记中做过一些理论性探讨。

一、依形解义法概述

汉字是一种表意性很强的文字，其形体与意义之间往往有一定的联系：意义寓含于字形之中，字形结构不同程度地体现语义。这一点，乾嘉学者已有清晰的认识。如其有云："依形而制字为象形，因字而生形为指事。如'日''月'之字：日，实也，太阳之精不亏，故从日，象其帀也。月，太阴之精，三五而盈，三五而缺，故外郭不匌，象其缺也。是之谓'画成其物，随体诘诎'也，故曰依形而制字为象形。……若如'上''下'之字，上下本无定形，置'一'以为准，佪'丨'于其上则为'上'，缀'丨'于其下则为'下'，斯上下之形见矣。是之谓'视而可识，察而见意'也，故曰因字而生形为指事。"①又云："文字既立，则……意寄于字，而字有可通之意"②，"义与字之形声相附。"③既然汉字之形中有义，形与义的结合较为密切，二者之间的关联具有可言说性、可诠释性，那么，在训诂实践中，通过字形分析以探求古汉语字词的意义，就自然是切实可行的路径。乾嘉学者有这方面的论述。如：

> 凡字书，以形为主，就字形而得其本义。（段玉裁《古文尚书撰异》卷一上"帝曰畴咨若时登庸"条）
>
> 陆农师解是书，能增成其是，而不回护其非。其于小学功尤深，故往往有依字形立解处，最为释书之善。（卢文弨《抱经堂文集》卷十《书陆农师解鹖冠子后》）
>
> 自宋以来，三代法物日出而不穷，其文字龠皇淳茂，倜傀离奇，

①江声：《六书说》，见钱基博《国学文选类纂》，华中师范大学出版社2013年版，第147页。
②戴震：《戴东原集》卷三《答江慎修先生论小学》。
③雷学淇：《介庵经说》卷三"古文古韵"条。

《说文》不尽有，以形声求之，都可识也。（严可均《铁桥漫稿》卷五《说文翼叙》）

审点画之所由分，偏旁之所由合，以求形声象意之本，以渐窥乎书契创制之源。（李兆洛《养一斋文集》卷三《六书敷古编序》）

这些论说文字，显然含有一个共识性判断：通过分析汉字的形体以探求、解释字词之义，是可行的，也是可取的。此类观点，具有训诂方法论的意义，我们可以将其所标举的方法称作“依形解义”或“以形求义”等，此亦即今人所谓“形训”的方法。

历时地看，依形解义之法古已有之；推究其源，可追溯到先秦时代。如“圣人说字之形曰：……‘黍，可为酒，禾入水也。’‘牛羊之字，以形举也。’‘视犬之字如画狗也。’此皆以形而言也。……春秋时人亦多能言其义，如‘止戈为武’‘反正为乏’‘皿虫为蛊’‘二首六身为亥’，皆见于《左氏传》”[①]。且看一条有关“反正为乏”的论说材料：

“故文，反正为乏。”服曰：“言人反正者，皆乏绝之道也。”案：乏，《说文》篆作[illegible]，引《春秋传》曰：“反正为乏。”段注：“此说字形，而义在其中矣。”今作“乏”，隶变也。《射礼》：“受矢者曰正，拒矢者曰乏。”亦以二字向背为义。云“人反正，皆乏绝之道”者，自释字义。《周礼·服不氏》杜子春注、《车仆》郑司农注并云：“乏，读为匮乏之‘乏’。”《礼记·月令》：“振乏绝。”是“反正”者，字之形；而“匮绝”者，字之义也。（李贻德《春秋左氏传贾服注辑述》卷九）

由此例来看，先秦古书《左传·宣公十五年》中“反正为乏”一句，解释“乏”字，以“反正”（意即“正”字之反写）说其形体构造，提示字形中所含的意义为乏绝、匮绝。此即段玉裁所谓“此说字形，而义在其中矣”，所使用的训释方法实际上就是依形解义。据乾嘉学术札记所论，至汉代，依形解义之法已发展成为一种专门的训诂方法，为学者们所常用，许慎所撰《说文解字》就是一个典型的例证：

①卢文弨：《抱经堂文集》卷三《段若膺说文解字读序》。

《说文》于形得义，皆本字本义。[①]

许氏《说文解字》，主于形以解义之书也。（方东树《考槃集文录》卷四《许氏说文解字双声叠韵谱序（代）》）

对许书的这一训解方法，乾嘉时代的《说文解字》研究专著有更为明确的阐论。如段玉裁《说文解字注》云："许造此书，依形立解。""许君之书，主就形而为之说解。其篆文则形也，其说解则先释其义。"[②]又如王筠《说文解字句读》"壴"字注："许君之说字义，纯由字形得之。"又"觳"字注："许君说字义，必与字形相比附也。"在此略示一例：《说文解字·大部》："臭，大白也。从大白。"段注："各本'白'下有'泽'字，其误。……全书之例，于形得义之字不可胜计。'臭'以'白''大'会意，则训之曰'大白'也。"

二、依形解义法的主要作用

观乾嘉学术札记之所论，依形解义之法在训诂实践中能够发挥较大的作用。约而言之，主要有如下三方面：

（一）有助于探求字（词）的本义，并厘清其引申义、假借义；有利于准确理解和把握字（词）际关系。

依乾嘉学者之见，"古圣人造一字，必有一字之本义"[③]，"依形以说音义，而制字之本义昭然可知"[④]。学术札记中有如是实例：

《说文》曰："困，故庐也。从木在口中。朱，古文困。"《说文》所谓"故庐"者，盖是圜转之器。今俗语谓车轮曰故庐，犹汉时之遗言也。《大戴记·曾子制言》曰："行无据旅。"《考工记》注曰："等为萬蒌，以运轮上；轮中萬蒌，则不匡刺。""据旅""萬蒌"皆即"故庐"之声也。《墨子·备城门篇》曰："试借车之力而为之困。"又曰："夫长二十四尺，以下不用。治困以大车轮。"《墨子》所谓"困"者，圜转之器，似车轮而大，即《说文》云"故庐"者也。今

①阮元：《尔雅注疏校勘记序》，见《十三经注疏》，中华书局1980年版，第2565页。
②段玉裁：《说文解字注》，上海古籍出版社1981年版，第513、764页。
③阮元：《揅经室续一集》卷一《释敬》。
④段玉裁：《说文解字注》，上海古籍出版社1981年版，第757页。

验车轮，以木为辐在其中，而辋周回其外，此所谓“木在口中”也。古文从“止”者，止，足也。轮在下可以运行，如人之足，故从止。今俗语谓圜木曰滚子，谓故庐之转行亦曰滚，皆“滚”之古音也。《方言》曰：“逭，周也。”“逭，转也。”《淮南·精神训》注曰：“浑，转行貌。读如大珠挥挥之‘挥’。”《吕氏春秋·大乐》注曰：“浑，读如衮冕之‘衮’。”扬雄之读“逭”，高诱之读“浑”、读“挥”，皆与“困”古音同。然则“困”之古义与“逭”“滚”“挥”“浑”皆同矣。（牟庭相《雪泥书屋杂志》卷三）

《说文解字》释“困”之本义为“故庐”，而后人一般将此“故庐”理解为老旧的庐舍。如徐锴《说文解字系传》云：“旧所居庐，故其木久而困弊也。……‘止’即庐舍。”段玉裁《说文解字注》云：“庐者，二亩半一家之居。居必有木，树墙下以桑是也，故字从囗木。”而观上引牟庭相之文，对许慎所言“故庐”的解读颇具新意，以其义为车轮（实即后世所谓轱辘）。牟氏在考辨过程中综合运用了多种训诂方法，其中即有依形解义之法。他以此法考察了“困”字及其古文“朱”的形体结构与意义，以为“困”字之“囗”像轮辋，而其中的“木”乃为木辐；至于“朱”字之形，则取义于“轮在下可以运行，如人之足”。牟氏对“困”字之本义的解析，对许慎“故庐”之训的解读，虽然未可遽言精确不刊，但其据形求义以为说，并有其他材料辅证，亦可谓持之有故，成一家之言。

依形解义之法不仅有助于探求字（词）的本义，还有利于明辨字（词）的引申义和假借义，因为“本义明而后余义明，引申之义亦明，假借之义亦明”[①]。例如：

（《释诂》）“應，当也”，《释文》云：“應，本或作膺。”《释鸟》“鹰隼丑”，《释文》云：“鹰，或作應。”按《说文》“雁”字从“隹”，即“鹰”之本字，“鹰”乃籀文也。鹰敢当群鸟，而群鸟不敢当鹰，故凡从“雁”之字皆有当义。應者，心为许诺，敢以身任其事也，故字或作“膺”。膺者，胸之别名。《释言》曰：“膺、身，亲也。”即此义。必详分之，使各从本义，则鹰宜作“雁”，身亲其事

①江沅：《说文解字注·后叙》，见段玉裁《说文解字注》，上海古籍出版社1981年版，第788页。

> 者宜作“膺”，心许之而未行者止宜作“應”。然古经之文必皆用本字，虽通儒不能成诵矣。如《书》云：“惟天阴骘下民。”《尔雅》曰：“骘，升也。”此尽人所能解者，今若改为“阴陟下民”，则人必呵为别字。然“升”乃“陟”之义，“骘”是牡马之名，马而好陟，即《礼》之“腾马”也。《尚书》之用“骘”，乃古文之假借耳。《夏小正》曰“执陟攻驹”，此字本应作“骘”，亦因其义假借作“陟”也。读古书，必须明通用假借之义。（雷学淇《介庵经说》卷十“骘膺陟骘古文互通”条）

这段材料的论述，有三点值得注意：运用依形解义之法考辨，可知何者为本义，亦知何者为引申义。如“膺”，以其从“肉”，知“胸”为其本义，而其“身亲其事”义则是由“胸”义派生出来的引申义。此其一。依形求义，可知“陟”的本义是“升”，“骘”的本义是“牡马”，则《尚书》《尔雅》中表“升”义的“骘”字，《夏小正》中表“牡马”的“陟”字，均是假借之字；“升”义、“牡马”义分别是“骘”“陟”二字的假借之义。这说明，依字形而探明本义，对于“明通用假借之义”能够提供帮助，亦犹段玉裁曾言：“惟就字说其本义，知何者为本义，乃知何者为假借，则本义乃假借之权衡也。”[①]此其二。第三，依形解义，探明本义，可助准确地理解和把握“應”“鷹”“膺”三者的字（词）际关系：此三字均从“雁”声，义有相通之处，即“皆有当义”；以今言之，三者当是同源关系。因此，《尔雅》传本中有把“應当”之“應”写作“膺”者，实为字之同源通用现象。

（二）对古人制字之意“知其然而因知其所以然”[②]，能深化对字词之义的理解，正确评判前人的训诂研究成果，于其是者从之证之，于其非者驳之正之。

例如，《左传·定公三年》：“夷射姑旋焉。”杜注：“旋，小便。”阮元《释矢》云：“‘旋’当为‘施’。施者，谓便溺也。”王绍兰又以“施”为“屎”字之借，并对“屎”以及相关的“菡”字做了如下考辨：

> 《说文·尾部》：“屎，人小便也。从尾从水。”此小便正字。《艸

①段玉裁：《说文解字注》，上海古籍出版社1981年版，第784页。
②翁方纲：《复初斋文集》卷十七《书诸友人原艺后》。

> 部》："菌，粪也。从艸，胃省。"此大便正字。《肉部》："胃，谷府也。从肉、图，象形。"象形者：囗象府形，㣺象谷形。《華部》："粪，弃除也。从廾推華弃米也。官溥说：似米而非米者矢字。"此"矢"即"菌"之假借。"菌"从"胃"省，图象胃形，㣺象图中之谷，故云"似米而非米"矣。（王绍兰《王氏经说》卷五"夷射姑旋焉"条）

王绍兰在此据形考义，以《说文解字》对"屎""菌"的训释为不误，并在其基础上做了更为翔实的证说和阐释，使二字各自的形义关系显得更加明晰。又如，《周礼·地官·大司徒》："令野修道委积。"又《遗人》："掌邦之委积"，郑玄并注云："少曰委，多曰积。"对此，姚鼐论曰：

> 委积者，少曰委，多曰积。聚物之名，不必定主何物。《周礼·遗人》"掌邦之委积，以待施惠"，郑君云："廪人、仓人计九谷之数，足国用……"此是言谷委积也。郑又云："职内邦之移用，亦如此也，皆以余财共之。"此是言财货委积也。……然推字之本义，从"禾"，当以谷为主。"孔子尝为委吏"，赵注："主委积仓廪。"（《惜抱轩笔记》卷三《经部三·孟子》）

可见，姚鼐认同郑注之义，但同时又依形解义，认为"委积"字从"禾"，其指聚物，"当以谷为主"。其说于郑注有所补益。又如，《诗经·小雅·瞻彼洛矣》："韎韐有奭，以作六师。"郑玄笺云："韎韐者，茅蒐染也。茅蒐，韎声也。"郑笺意谓古代用以护膝的韎韐是以茅蒐（草名）染色；"韎"的读音与"茅蒐"相近。这其实认为"韎"乃"茅蒐"的合音，其本义即为茅蒐①。胡培翚不以之为然，驳正道：

> 《驳异义》云："韎，草名，齐鲁之间言韎（此下《孔疏》引亦衍'韐'字），声如茅蒐。"培翚按："茅蒐，韎声"，此郑氏增出一义，非"韎"之本义也。"韎"是染韦之色名，非草名。古人制字，有义由声出者，有义本形具者。此"韎"字先有义而后有声，非由声得

①王引之《经义述闻》卷六"韎者茅蒐染韦也"条云："郑以'韎'为'茅蒐'之合声，则以茅蒐为韎。"

义。盖以韦一入茅蒐染赤，其色蒙昧，不甚鲜明，故制“韎”字，旁从“韋”，而取“未”声兼有昧义。“韎”与“昧”通。《周礼》“韎乐”亦作“昧”，可证。凡染韦不如染丝帛之鲜明，故有昧义。（《研六室文钞》卷一《释韎》“自郑氏以声诂韎而韎字之本义晦”条）

胡培翚在此以“韎”字的创制类型为“义本形具”者，并运用依形解义之法探求了此字的造字本意，认为其由表意偏旁字“韋”与表声兼义之字“未”（其兼表昧义）构合而成，本义应是指染韦之色蒙昧，不甚鲜明；又由此指出“韎”字“非由声得义”，其本义也非如郑玄所认为的“草名”（指茅蒐草）。

（三）有助于订正古书在流传过程中产生的讹误之字。

乾嘉学者普遍认为，运用依形解义之法考求古书传本中的文字，有助于辨识和校订讹文误字。卢文弨曾明确指出：

古书误字，以形声求之，犹有可考而复者。《释名·言语篇》：“事，倳也。倳，立也，凡所立之功也，故青徐人言立曰倳也。”旧本“倳”并误作“伟”。以形求之，当作“倳”，与“事”音正相近。《周礼·天官·大宰职》：“六曰事典，以富邦国，以任百官。”郑注云：“任，犹倳也。”陆德明云：“倳，侧吏反。犹立也。”（《钟山札记》卷三“事训倳”条）

此条的论说与示例表明，以形求义，方可知旧本《释名》中的“伟”字于义不协，乃“倳”形近之讹；改作“倳”字，不仅与前文“事”字之义相应，而且与“事”字之音相近，合于《释名》训释之通例。再看一例：

《玉人》“侯用瓒”，郑注曰：“瓒，读为餈饘之‘饘’。瓒，杂名也。”《释文》：“饘，作旦反。”《内则》注曰：“以膏煎稻米，则似今膏饘矣。”《释文》：“饘，本又作餈，又作餰，并同，之然反，又音赞。”钱氏晓征《答问》曰：“据《玉篇》，餰即饡之古文。《说文》云：‘饡，以羹浇饭也。’《释名》：‘膳，饡也。以米糁之如膏饡也。’凡从赞之字皆有相佐义，故郑以瓒为杂名。”引之谨案：“饘”字《说文》缺载，以六书之例求之，“饘”盖从食，“展”省声（展隶省作展）。“饘”音作旦、之然二反，并与“展”字声相近也。字当作

“⿸尸饡”，俗书讹而为“⿸尸飻”，则谐声之理不明。其又作“⿸尸食”者，“⿸尸饡”之省耳。《楚辞·九思》：“时混混兮浇饡。”注曰：“饡，餐也。混混，浊也。言如浇饡之乱也。”则“⿸尸饡”有杂乱之义，故《玉人》注读“瓒”为“⿸尸饡”而训为杂，声中兼义也。（王引之《经义述闻》卷九“⿸尸飻”条）

王氏于《说文解字》缺载的“⿸尸食”字，明言“以六书之例求之”。究其实，与前引卢文弨所谓“以形声求之”云云有相通之处，均有涉于依形解义之法。在此，王氏正是从形、音入手考究字义，进而推定“⿸尸食”当是“⿸尸饡”字之误。

三、依形解义应注意的问题

据乾嘉学术札记的论述，运用依形解义之法，应特别注意如下两个问题：

（一）当依据本形本义之字。

所谓“本形之字”，指时代较早、形体没有讹变的文字，一般为隶书之前的古文字；“本义之字”，亦即通常所谓“本字”或“正字”，与“假借字”相对而言。引两条札记材料来说明：

（《说文》）建首一字，曰“凡某之属皆从某”，盖形立而义自明也。学者狃于隶体，失字本形，歧于诂训，失字本义……可悯也。（戴熙《习苦斋集》卷二《说文检字序》）

据借字作解，而不求其正字，非也。（王引之《经义述闻》卷二十四“茅旌”条）

此所引者，或诟病“狃于隶体”以说义，或直斥“据借字作解”为非，其实是主张依据本形、本义之字来探求和解释字（词）义。持此主张，当是因为本形本义之字的形与义联系密切，具有较强的一致性，能较好地体现造字意图，据之以为解，可得字（词）义之真。关于依形解义应据本形本义之字，段玉裁曾有精彩的论述。其说云：“大氐叚借之始，始于本无其字；及其后也，既有其字矣，而多为叚借；又其后也，且至后代讹字，亦得自冒于叚借。博综古今，有此三变。以许书言之，本无‘难’‘易’二字，而以难鸟、蜥易之字为之，此所谓无字依声者也。至于经传子史不用本字，而好用叚借字，此或古古积传，或转写变易，有不可知。而如许书每字依形说其本义，其说解中必自用其本形本义之字，乃不至矛盾自陷。”[①]

（二）当本“六书”条例，据实解说，切忌凭臆穿凿、妄为附会。

在乾嘉学者看来，“六书也者，文字之纲领，而治经之津涉也”[②]；“六书又为诂训根本，形体破坏，则训说游逡”[③]；因此，依形解义须本“六书”之例，遵循汉字的构造原理和表意规律，而不可随意拆合汉字，穿凿妄说。这从乾嘉学者对前人解字之失的批评中可略见一斑。如陈鳣指摘汉人董仲舒的“患”字之解：

> “毌”隶变为“串”，与“患”首相同。“患”从“心”，上贯“吅”，不从二“中”。董仲舒说书云：“止于一者谓之忠，持两忠者谓之患。”此出于纬候，非六书本义。（《简庄疏记》卷五）

此斥董仲舒不达“六书”之旨，曲解“患”字，其意近于钱锺书指议汉人的纬候之言（包括上述董氏之说）所云：“据字体之偏旁立论，望文而臆生义，复取义而臆变文……于是凿空之曲解与破体之‘俗字’相辅相生。”[④]再看一例：

> 王伯厚引王去非云：“学者学乎孝，教者教乎孝，故皆从孝字。”又引慈湖（杨简）、蒙斋（袁甫）说：“古孝字只是学字。”案古文“学”作“斈”，“斈”从“爻”，“孝”从“老”，判然两字，岂可傅会为一？宋人不讲六书，故有此谬说。（钱大昕《十驾斋养新录》卷四“宋人不讲六书”条）

其中所述宋人对“学”“教”“孝”等字的解释，在钱大昕看来，都是望文生义、穿凿附会的谬说，违背了“六书”之道。

---

①段玉裁：《说文解字注》，上海古籍出版社1981年版，第757页。
②顾堃：《觉非盦笔记》卷四引戴震语。
③罗有高：《尊闻居士集》卷四《与汪大绅书》。
④钱锺书：《管锥编》，中华书局1986年版，第977页。

第三节　考求故训

此所谓“故训”，又可称作“古训”，指古人对古代语言文字所作的训释[①]。在乾嘉学者看来，故训（古训）资料主要保存在古人通释语义的专书和随文释义的注疏之中。如徐养原云：“《尔雅》乃总释群经之书。……班固曰：‘古文读应《尔雅》。’贾逵亦言古文《尚书》与经传、《尔雅》诂训相应，则《尔雅》……为经义之总汇。”[②]戴震云：“广擥汉儒笺注之存者，以为综考故训之助。”[③]这说明，《尔雅》之类的辞书体专书以及古人的传注体著述之中，均有故训资料存焉。

一、训诂释义需要考求故训

乾嘉学者认为，解读文献，训诂释义，应当考求故训资料：

> 求之古经而遗文垂绝，今古县隔，然后求之故训。故训明则古经明，古经明则圣人贤人之理义明。（戴震《戴东原集》卷十一《题惠定宇先生授经图》）

> 不识古训，则不能通六艺之文而求其意；欲识古训，当于年代相近者求之。《尔雅》一书……其为注者，汉有犍为文学、樊光、李巡……是皆说《尔雅》者所必宗也。（卢文弨《抱经堂文集》卷六《尔雅汉注序》）

> 治经必要先通训诂，治注疏必先从《说文》《尔雅》起根。（罗有高《尊闻居士集》卷四《与彭允初》）

> 本之于经，稽之于注……采摭群经注疏以相参证……洵为治古《礼》者之圭臬也。（周中孚《郑堂读书记》卷四《经部三之二》之

①笔者按：此处所谓“古人”，主要指距离特定文献产生时代或语言文字使用时代相对较近的古代训诂学家。譬如，于《诗经》而言，则为毛亨、郑玄等。
②徐养原：《尔雅匡名序》，见严元照《尔雅匡名》卷首。
③戴震：《戴东原集》卷十《古经解钩沈序》。

《仪礼释宫》）

世之所传《十三经注疏》者，不知何时所集，而汉人之传注、唐宋人之义疏，舍是则无可求者矣。故言经者必以是为质的，然则求训诂于注疏焉，可也。（王鸣盛《西庄始存稿》卷二十四《赠任幼植序》）

这些论述材料表明，训诂释义，需要考求故训、辨识古义，以借鉴和吸收前人的相关训诂研究成果。具体言之，就是稽考前人所撰的辞书体专书（如《尔雅》《说文解字》）、群经注疏（如《十三经注疏》）中的释义材料，取以参证。在一些尊古意识较重的乾嘉学者看来，解经通训诂，尤应参稽和利用汉代的故训材料。如惠栋说："汉人通经有家法，故有五经师训诂之学，皆师所口授，其后乃著竹帛，所以汉经师之说，立于学官，与经并行。五经出于屋壁，多古字古言，非经师不能辨。经之义存乎训，识字审音，乃知其义。是故古训不可改也，经师不可废也。"[①]惠氏对汉人故训可谓是尊崇有加。

按乾嘉学者之见，从事训诂研究需用考求故训的方法，缘由大致有三：其一，古人去古未远，较之后人更熟谙古代的语言文字及社会生活，故其对古代文献语言的训释一般来说较为可靠可信，后人自当考之而以为据。如杭世骏说："班、扬去古未远，较世儒所传，当得其实。"[②]臧庸说："读书当先通诂训，始能治经。尊信两汉大儒说，……以三代下汉最近古，其说皆有所受，故欲求圣人之言，舍此无所归。"[③]其二，古人的训释多为精思深造所得，且常是师师相受之说，有其所本，故后人以之为据，可免于师心自用、凿空立论之类的弊端。如倪思宽说："古人注书，斟酌自精，原不可以妄议也。"[④]王引之说："'绳绳'之为戒慎，自周及汉，古义相承，非凿空之训也。"[⑤]钱大昕说："若昆山顾氏、吴江陈氏、长洲惠氏父子、婺源江氏，皆精研古训，不徒以空言说经，其立论有本，未尝师心自用，而亦不为一人一家之说所囿。"[⑥]其三，文本生成语境的模糊或缺失，文本语言的古今暌隔，文本文字的讹脱衍

①惠栋：《九经古义·述首》。
②杭世骏：《订讹类编续补》卷上"易无周公"条。
③臧庸：《拜经堂文集》卷三《与顾子明书》。
④倪思宽：《二初斋读书记》卷七。
⑤王引之：《经义述闻》卷二十七"绳绳戒也"条。
⑥钱大昕：《潜研堂文集》卷三十三《与晦之论尔雅书》。

倒，等等，导致文本文字的某些原初性意义在后世部分或全部无从考索，后人只能求之故训，权作训解。如王懋竑说："《集注》不辨者，以其无所考，姑从古注"；"大抵古书残阙多，不可晓，姑从古注，而其他阙之可也。"①以现代诠释学原理来审视乾嘉学者的考求故训之法，它实际上要求把先儒合理的旧说纳入诠释者的先在结构之中，使之成为一种正确的先入之见，促使文本理解生成。德国诠释学家海德格尔说："准确的经典注疏可以拿来当作解释的一种特殊的具体化，它固然喜欢援引'有典可稽'的东西，然而最先的'有典可稽'的东西，原不过是解释者的不言而喻、无可争议的先入之见。任何解释工作之初都必然有这种先入之见，它作为随着解释就已经'设定了的'东西是先行给定的。"②据此看来，乾嘉学者强调考求故训，将前人正确可信的旧说化作一种先入之见，参与对文本的理解和解释，此自有其合理合法性。

从学术札记对一些文献训诂问题的考论来看，乾嘉学者们往往是自觉地运用考求故训之法，在参稽故训、推明古义的基础上立论为说，并对蔑弃故训、凿空凭臆之类的训解行为提出批评。例如：

> "止之以力，则往者不反，来者鸷距。"尹注曰："鸷，疑也。距，止也。"念孙案："鸷"当为"騺"，字之误也。"騺""距"皆止也。言来者止而不前也。《说文》曰："樊，騺不前也。"（今本"騺"讹作"鸷"）"騺，马重貌也。"《史记·秦本纪》曰："晋君还而马騺。"《晋世家》曰："惠公马騺不行。"（今本亦讹作"鸷"，唯《秦本纪》不误。）《太玄·玄错》曰："进欲行，止欲騺。"（今本亦讹作"鸷"）字或作"駤"。《广雅》曰："駤，止也。"距，本作"岠"。《说文》曰："岠，止也。"是"騺""距"皆止也。世人多见"鸷"，少见"騺"，故"騺"讹为"鸷"。尹氏不能厘正，而训"鸷"为"疑"，既不合语意，又于古训无征，斯为谬矣。（王念孙《读书杂志·管子弟八》"鸷距"条）

尹知章将《管子·小问》中"来者鸷距"的"鸷"训为"疑"，在王念孙

①王懋竑：《读书记疑》卷四《孟子》。笔者按：前一条引文，意谓朱熹《孟子集注》对《告子下》中的"曹交"不作究辨，而依从赵注，是因为曹交其人其事已无从考知。

②［德］海德格尔：《存在与时间》，生活·读书·新知三联书店2006年版，第176页。

看来，“斯为谬矣”，原因主要在于尹注“于古训无征”。这表明，训诂释义有时需要考求故训，做到信而有征。依王氏之见，如果稽考《说文解字》“樊，騺不前也”“騺，马重貌也”[①]以及《广雅》“駤，止也”之类的故训，便知上述“鸷”字实为“騺”（或作“駤”）之误讹，其义为“止”，与“距（岠）”字之义同。王氏援据古代辞书中的故训材料以校释今本《管子》之“鸷距”，其说甚是，古今学人的著述（如清人戴望《管子校正》、今人赵守正《管子通解》）亦多从之。又如：

郑注《士冠礼》曰：“病，犹辱也。”故凡羞愧者皆曰病。《桓五年穀梁传》：“郑，同姓之国也，在乎冀州，于是不服，为天子病矣。”言近犹不服，远者可知，此诚天子之羞矣。……《襄八年传》：“人，微者也；侵，浅事也。而获公子，公子病矣。”言公子贵人也，因浅事而为微者所获，则公子羞辱矣。《哀九年传》：“取，易辞也。以师而易取，郑病矣。”言以郑师之重而令宋以易得之辞言之，此郑之羞也。……由己羞之谓之病，为人羞之亦谓之病。《庄二年传》：“病公子，所以讥乎公也。”言为公子羞之也。《九年传》：“外不言取，言取，病内也。”言为内羞之也。乃徐邈注《襄传》“公子病矣”云：“公子病，不任为将帅。”（见《疏》）则误以为疾病之“病”。杨氏疏《哀传》“郑病矣”云：“由君不任其才，故为郑国病患。”则误以为病患之“病”。古训疏而经说遂踳矣。（王引之《经义述闻》卷二十五“病”条）

此条钩考古代传注中的故训材料“病，犹辱也”（《仪礼·士冠礼》“以病吾子”郑玄注），以为“病”之古义可指羞愧、羞辱，遂据以推定《穀梁传》“公子病矣”“郑病矣”之类文句中的“病”亦为羞辱、羞耻之义。在王引之看来，徐邈将《襄八年传》“公子病矣”之“病”误解为疾病之“病”，杨士勋将《哀九年传》“郑病矣”之“病”误解为病患之“病”，均是未考故训而昧于古义所致。又如：

---

①笔者按：桂馥《说文义证》注此云：“‘马重貌’者，《史记·晋世家》：‘惠公马騺不行。’《索隐》：‘谓马重而陷之于泥。’《秦本纪》：‘晋君弃其军，与秦争利，还而马騺。’《国语》：‘晋师溃，戎马还泞而止。’馥谓马重易陷，陷则益重。”可见《说文解字》所言“马重貌”，实谓马止而不前。

《孟子》："汤始征，自葛载。"赵注："载，始也。言汤初征自葛始也，十一征而服天下。"是读"载"字绝句。赵又云："一说'载'当作'再'字。再十一，凡征二十二国也。"以"载"字属下读。武虚谷《经读考异》云："《文选·谢元晖〈辞隋王笺〉》注引《孟子》曰'汤始征自葛'，亦以'葛'字绝句。若用《孟子》证之，于'齐人伐燕'章引《书》作'自葛始'，则此'载'字属上句，不可易也。"志祖案："载"本训"始"，安可言汤始征自葛始乎?《书》之"一征"，与"始征"异文，不当引以为例，则"载十一征"之说，亦必经师相传古训，不可废也。（孙志祖《读书脞录续编》卷二"载十一征"条）

此条所论，涉及《孟子·滕文公下》中"汤始征自葛载十一征而无敌于天下"一段文字的断句和"载"字之义的解释。参酌《孟子》赵岐注中所载故训，并观察上下文语境，孙志祖以为经文当于"葛"字绝句，而"载"字通"再"，与下文"十一征"连读成句，意谓凡征二十二国。此用考求故训之法训解经义，其说虽然未必精确不移，但毕竟是依古人相承之训，亦有所本，可成一家之言。

二、考求故训应注意的问题

从乾嘉学术札记的论说看，运用考求故训之法训诂释义，从总体上讲不可执滞拘泥，而当通达平允，唯求其是。具体言之，要注意如下问题。

（一）对故训资料不可轻信、拘守，而应予以辨识和验证，择其善者而从之。

焦循说："治经者患拘执而不能通。……揆之于义，是非不诡，庶几不泥古、不违古，为说经之通。"[①]钱大昕说："后儒之说胜于古，从其胜者，不必强从古可也；一儒之说而先后异，从其是焉者可也。"[②]阮元说："古注之善者采之，浅者、误者弃之，其有新义，即下己意，不拘郭氏一家之学，兼采友人精确之说。要当以精义古音贯串证发，多其辞说为第一义，引经传以证释为第

①焦循：《雕菰集》卷十五《代阮抚军撰春秋上律表序》。
②钱大昕：《潜研堂文集》卷九《答问六》。

二义也。”[①]“余以为儒者之于经，但求其是而已矣。是之所在，从注可，违注亦可，不必定如孔、贾义疏之例也。”[②]这都是说，考求故训应当抱持尊古求实而不佞古墨守的态度，对古人的研究成果批判性地继承与吸纳。从训诂实践来看，不少乾嘉学者也是如此而行。例如：

（《东山》）“蜎蜎者蜀”，《传》：“蜎蜎，蜀貌，桑虫也。”……《大雅·韩奕》“鞗革金厄”，《传》云：“厄，乌蠋，大如指，似蚕。”不言桑虫者，以此《传》已明，且《韩奕》非正言“蜀”故耳。《说文》云：“蜀，葵中蚕也。”此今本《说文》之误。《韩子》云：“蟺似蛇，蚕似蜀。”《淮南子》云：“蜀与蚕相类，而爱憎异也。”《韩奕》传、《尔雅》郭注，皆言蜀似蚕。今以蜀为蚕，其误显然。是以《广韵》引《说文》云“葵中虫也”，已不作“蚕”字，然犹是葵虫，非桑虫。许用《毛诗》古文，何至相戾？《尔雅释文》引《说文》云：“桑中虫也”，此乃与《毛传》合，当是许氏原本。罗愿云：“蜀，葵中虫。亦食于藿，似蚕，而不食桑。《诗》云‘桑野’者，葵藿之下，亦桑野之地也。”罗氏据误本《说文》而为此说，不可从。《玉篇》亦以为桑虫，而别有“蝎蠋”，音之欲切，《广韵》亦然，盖以《尔雅》“蝎蠋”非此诗之“蜀”。然樊光汉人，其注《尔雅》已引此诗[③]，当不误也。（李黼平《毛诗紬义》卷九《东山》）

在此，李黼平综考《尔雅》《毛传》《说文解字》《玉篇》《经典释文》《广韵》《尔雅翼》《尔雅》樊注、郭注等故训资料，以释《诗经·豳风·东山》中“蜀（蠋）”字之义。在考释过程中，李氏对上述故训资料没有盲从，而进行了辨析甄覈，并断其是非，有所决择。观其所论，《韩奕》传、《尔雅》郭注皆言蜀似蚕，知蜀非为蚕，故今本《说文》“蜀”字注文“葵中蚕也”显然有误，当据《经典释文》所引而订正为“桑中虫也”，此与《毛传》“桑虫”之训相合；由此亦知《广韵》、罗愿《尔雅翼》中的“葵中虫”说均不可从。此外，据《尔雅》樊光注，又知《尔雅·释虫》“蚅，乌蠋”之“蠋”亦即《东

①阮元：《揅经室一集》卷五《与高邮宋定之论尔雅书》。
②阮元：《揅经室一集》卷十一《焦里堂（循）群经宫室图序》。
③笔者按：孔颖达《毛诗正义·东山》疏曰：“《释虫》云：‘蚅，乌蠋。’樊光引此诗。”

山》之“蜀”，而《玉篇》《广韵》以此二者不相关，非是。李氏对故训资料的辨订颇为精详，去取亦甚得当。段玉裁《说文解字注》“蜀”字注也有与李氏相近的见解，认为“葵中蚕”的“葵”当从《释文》作“桑”，并谓“蜀”指“桑中蠹，即蛸蛴”。又如：

“郤犨见，其语迂。单子曰：迂则诬人。”韦注曰：“迂回加诬于人。”家大人曰：迂，《贾子·礼容语篇》作“訏”。《说文》：“訏，诡讹也。”诡讹之言，以无为有，故曰“迂则诬人”。《说文》：“謣，妄言也。”《法言·问明篇》曰：“謣言败俗，謣好败则。”“訏”“謣”“迂”声义并同。……《汉书·五行志》载《周语》，亦作“迂”，颜师古注曰：“迂，夸诞也。”义长于韦矣。（王引之《经义述闻》卷二十“其语迂”条）

由是观之，王氏父子训释《国语·周语下》中“迂”字，参酌了韦昭、颜师古的注解，但进行了考辨验证，以为韦注不确，颜注可取。

（二）通释语义的专书和随文释义的注疏中的训释材料，是否属于古时故训，不能拘执于材料出现的年代来判定，而应根据所释语义的实际使用情况来定夺。例如：

“五行之动，迭相竭也。”郑注：“竭，犹负戴也。”《释文》云：“义作揭，负担也。”……按：《说文》：“竭，负举也。”即郑注“负戴”义，岂必作“揭”乎？然《玉篇》云：“竭，败也，尽力也。”“尽力”即“负举”义，“败”即《广韵》“尽也”义。此经“迭相竭也”，则当主《广韵》“尽也”训义。或谓郑注“负戴”义与《说文》合，此古训也，《广韵》“尽也”则后来训义，岂若存郑注古训之为正乎？愚谓“竭”字在古时有“尽力负举”之义，亦有“休尽”之义，《说文》仅载其一义，而郑氏遂主此以为训耳，然不得因此而谓“竭”训“休尽”之义不出于古训也。即如《考工记》“凡铸金之状，金与锡，黑浊之气竭，黄白次之；黄白之气竭，青白次之；青白之气竭，青气次之”，此“竭”字正即《礼运》“五行之动，迭相竭也”“竭”字之明证。郑氏于《考工记》注云：“消湅金锡精粗之候。”此郑注“消”字，即“竭”训“休尽”义也。不然，必以“负戴”之训为古，则《考工记》“竭”字亦岂可训为“负戴”乎？凡训义，有必宜从古者，有古训两见而不宜执滞者。今之学者，或沿习宋元以后之文义而不知古训，固为寡陋，而其必执古训以驳宋儒者，亦当视其证据何处，而无泥于一成之见可矣。（翁方纲《礼记附记》卷二）

对于《礼记·礼运》“迭相竭也”的“竭”，翁方纲认为不当依郑玄之注训为“负戴”，而应以《广韵》所载“尽也”之义训之。在翁氏看来，《广韵》在成书年代上较之郑玄时代出现的《说文解字》为晚，但《广韵》所载“尽也”之义从实际使用上看甚古，《周礼·考工记》“气竭”之“竭”即其明证：郑玄训作“消”，正是“尽”义。因此，“竭”在古时除了有《说文解字》所载的“负举”之义外，还有“休尽”之义，二义皆出于古训。如果拘泥于通常所谓“从古”之例，则必以“负举”之训为古，以“休尽”为后来训义，而解“迭相竭也”之“竭”，亦必定是取“负举”之训；若此，则有“执滞”之弊，不足为法也。

（三）对伪书中的训释材料，不可拘泥于偏见，一概排斥、摒弃，而应客观地看待其价值，并视具体情况加以择用。例如：

朱子《文集》云：“棐，本木名，而借为‘匪’字。颜师古注《汉书》云：‘棐，古匪字，通用。’是也。‘天畏棐忱’，犹曰天难谌尔。《孔传》训作‘辅’字，殊无义理。尝疑今《孔传》并《叙》皆不类西京文字气象，未必真安国所作，只与《孔丛子》同是一手伪书。……”志祖案：《尔雅·释诂》明云：“弼、棐、辅、比，俌也。”郭注引《书》“天畏棐忱”为证，则“棐”之训“辅”，渊源《尔雅》，真汉魏以来相传之古训，岂可以其出于伪《孔传》而疑之乎？（孙志祖《读书脞录》卷一“棐字”条）

平心而论，孙志祖如此看待伪《孔传》中的训释材料，是通达、理性而公允的。乾嘉时代有不少学者持与孙氏相似的看法，如其有云：“孔安国《传》，虽晋人伪托，大抵多袭用古注。”[①]“故尚存古训也。”[②]“不可以人而废言。”[③]

①戴震：《尚书义考·义例》，见《戴震全书》第1册，黄山书社1994年版，第11页。
②王鸣盛：《尚书后案》卷六“予迓续乃命于天”按语。
③刘逢禄：《尚书今古文集解·自序》。

（四）对待故训材料，特别是汉代故训材料，不可拘守学派门户之见，或率然臧否是非，或执一义以相格，而当公允以论。如阮元说："汉儒传经，各有师承，文字训诂多有互异者，……要未必郑是而伏非也。"①彭蕴章说："三《传》之有异同，当时各有师承，孰是孰非，千载下未易辨别。……两说皆可通，而无庸执一说以断之者也。"②李富孙说："（《礼记》）自汉以来，诸儒皆承师说，多有异同。……（今）为旁通曲证，参究详审，别是非而订得失，亦所以阐前人之异谊，而辨古今之文字音声，与假借通用之义类，俾学者廓所见闻，探其奥赜，不仅囿于一家之训说已也。"③以上所引者，主张弃除门户之私，客观公正地对待前人的训诂研究成果，这在今天看来无疑是理性而可取的治学态度。当然，乾嘉时期，在训诂研究上也有人主张独宗汉儒、专主一家，则显露出了治学理念上的拘狭偏执。

总而言之，在训诂实践中有必要考求故训，以得古代文献语言之本意。即如王引之所说："去凿空妄谈之病而稽于古，取古人之传注而得其声音之理，以知其所以然；而传注之未安者，又能博考前训以正之，庶可传古圣贤著书本旨。"④

第四节　循文求义

乾嘉学者从事文献训诂研究，是把追寻和还原古代文献的本意作为自己的根本目标，由此强调从文献文本的实际出发，"揆之本句及上下文义"⑤，在准确把握文本自身客观确定性的基础上进行训诂释义。因而，他们对循文求义的训诂方法表现出了高度的关注和深切的信重，并在学术札记中常有论说。

---

①钱大昕：《潜研堂文集》卷五《答问二》。
②彭蕴章：《归朴龛丛稿》卷六《三传异文录序》。
③李富孙：《校经庼文稿》卷十一《礼记异文释自序》。
④王引之：《经籍籑诂序》，见阮元主编《经籍籑诂》卷首。
⑤王念孙：《读书杂志·汉书第十》"扬旌拑"条。

一、循文求义为解经之善道

本书第二章第二节讨论“词义的存现”问题时提到，乾嘉学者普遍认为同一个词在古代文献的不同语言环境中，往往会呈现出不同的语义内涵，因而他们在学术札记中常有“古人立言，随文见义”“言非一端，各有当矣”之类的议论。其实，不只语词如此，古代文献中其他语言单位也往往是这样。譬如相同或相近的句子，在不同的语境中常常有不同的意义，即如清儒所说：“经传中字句同而义异者甚多，不可以此驳彼也。”[①]

既然古代文献的语言文字是在特定语境的各种制约关系中获得语义的单一性和确定性，同一字句在不同的语境中往往会具有不同的意义，那么训诂释义就十分有必要关注文本的语境，根据具体的语境因素来探求和训释语言文字的意义。乾嘉学者对此已有深刻的体认，因而倡导依据语境来理解和解释文本的意义，明确主张运用循文求义的训诂方法：

> 贵在好学深思，心知其意，循文求义，各申厥旨，而后进求精密。（俞正燮《癸巳类稿》卷十《古宪论》）

> 若夫历代注家，或从古文，或从今文，亦兼采其说……间或申以己说，皆循文绎义，不为臆断。（周中孚《郑堂读书记》卷一《经部一》之《孝经通释》）

> 循文考义，务在求是，不可苟同，亦不可立异。（陈寿祺《左海文集》卷四上《经郛条例》）

> “禄在其中矣”。愚按：此处“禄”字跟“食”对“馁”言，自主俸禄之“禄”，与“子张学干禄”同。《诗》意就福言者[②]自别，不可因此章遂以“干禄”之“禄”亦作俸；言福固兼廪禄，如“五福二曰富”是也，然所该者广。《四书》中字义一律者多，微别者亦有，须各随文义，从其清切者言之。（秦笃辉《经学质疑录》卷十三）

> 郑、孔《注》《疏》……其依文衍义，使后人于训诂之间思而得

①陆陇其：《松阳讲义》卷一“物有本末节”条。

②笔者按：此当指《诗经》中“干禄岂弟”“福禄攸降”（《大雅·旱麓》），“干禄百福，子孙千亿”（《大雅·假乐》）之类的诗句而言。

之，正解经之善道也。（秦笃辉《经学质疑录》卷十五）

毛公之传《诗》也，同一字而各篇训释不同，大抵依文以立解，不依字以求训。[①]

在这些学术札记材料中，学者们大力倡导的所谓“循文求义”“循文绎义”“循文考义”“各随文义（言之）”“依文衍义”“依文以立解”等，意涵基本相同，均是指言一种训诂方法，可用“循文求义”一目概而称之。融会上引札记材料而观之，循文求义作为一种训诂方法，其实是指解释者在训解古代文献语言时，从考察分析文本的语境入手，在语境的各种制约关系中探求和确定特定语言单位的意义。这种训诂方法，注重从文献文本的实际出发，探究语言文字的客体化内容，做出贴合具体语境的训解，其有据文申旨、务得其真的求是之风，可避游离文本、率凭己意的臆断之弊，故被乾嘉学者视为“解经之善道”。乾嘉学者所倡扬的这种训诂方法，在旨趣上与现代诠释学研究所标举的释义整体性规则（或曰融贯性规则）颇有相通之处。意大利学者贝蒂在讨论整体性规则时说：“每一部分通过整体而获得意义。……整体的意义必定是从它的个别元素而推出，并且个别元素必须通过它是其部分的无所不包和无所不进的整体来理解。正如一个词语的含义（Signification）、意向（Intensity）、字面意义只可以相对于它被说出的意义——语境而被理解，同样，一个语句以及与之相联系的诸语句的含义和意义只能相对于讲话的意义——语境、有机的结构布局和结论性的相互融贯而被理解。”[②]

二、循文求义所依语境因素

据上所述，“循文求义”之“文”实即文本的语境，它包括文本中与某一语言单位有关联的前言后语、上下文句、篇章段落等。然则，循文求义究竟要考察和依循哪些语境因素呢？据乾嘉学术札记的论说，因素很多，择其要者有如下方面。

---

①阮元：《毛诗注疏校勘记序》，见《十三经注疏》，中华书局1980年版，第266页。

②［意］贝蒂：《作为精神科学一般方法论的诠释学》，见洪汉鼎主编《理解与解释——诠释学经典文选》，东方出版社2001年版，第132页。

（一）文理因素

此主要指文献文本中蕴含的语脉（文脉）、文势之类。语脉、文势，都是贯通于文本语言中的逻辑理路，能体现文本内在的思想意蕴发展变化的轨迹和趋向，能反映文本作者思想的连贯性和思维的条理性。对此，本书第二章第四节讨论文本的文理时已有所涉及，可参看。乾嘉学者认为，训解古书，应“以本文语脉求之”[①]，当“据其上下文势”[②]。学术札记中有不少依循语脉、文势以求义的实例。如，《论语·八佾》云：“仪封人请见，曰：‘君子之至于斯也，吾未尝不得见也。’从者见之。出曰：‘二三子何患于丧乎？天下之无道也久矣，天将以夫子为木铎。’”对其中“见之”之“见”，乾嘉学者戚学标释曰：

> 此句面是从者，前后语脉却以封人为主，只作“入见”两字看，始接得下文“出”字。（《四书偶谈内编》卷上“从者见之”条）

照戚氏的看法，上述《八佾》之文的语脉以封人为主，其中“见之”之“见”与下文“出”字在语脉上紧相贯接，且“出”的主语为封人，故此“见”的施事者当是“封人”，而非字面上的“从者”，其意为“（封人）入见”。这亦如明人郝敬释云：“封人求见，自言己素不为君子所弃，因以求通，委曲谦逊，殆贤者也，故从者为绍介入见。”[③]以今论之，“从者见之”涉及使动用法，许世瑛有云：此句“不是普通的叙事简句，而是由‘从者使之（进）见（孔子）’这样一句致使繁句，采用致动用法，转变而成‘从者见之’的一句叙事简句”。[④]再看一例：《礼记·祭义》：“夫人曰：‘此所以为君服与。’遂副袆而受之，因少牢以礼之。古之献茧者，其率用此与。及良日，夫人缫。”对其中“古之献茧者”云云，翁方纲论曰：

> “古之献茧者，其率用此与”，此记礼者稽古约言之文，《郑注》以为“问者之辞”，非也。岁既单矣，以蚕事系祭服，而见天时之节度焉。此与《月令》之“几终更始”言各有当，不必如方氏以孟夏麦秋至为例也。大昕岁单，皆有所指之期，及良日则惟其所值，故“少牢以礼之”下，稽古而约言之；略一停顿，再接“良日”。此文势之

①王懋竑：《读书记疑》卷一《周易》。
②牛运震：《周易解》卷一“乾卦九三爻解”条。
③郝敬：《论语详解》卷三。
④许世瑛：《谈谈〈论语〉〈孟子〉里“见”跟“见于”的用法》，《大陆杂志》（台湾）1964年第8期。

定理，而泥于“与”字者，以为问也。（《礼记附记》卷六）

“古之献茧者，其率用此与”句，郑玄注其为“问者之辞”，盖视句末“与”字为疑问语气词而云然；翁方纲则依顺上下文的文势走向予以解读，认为此句是“记礼者稽古约言之文”。显然，翁说较之郑注为允。晚清俞樾有云：“‘与’亦‘也’字，乃记人之辞，以结上文言‘古之献茧者’。……郑不解‘与’字之义，误以为问者之辞。”[①]

（二）情境因素

此指某一语言单位所指涉的场合、情景等，用现代语境理论来指说，就是“与语言形式相连的具体事物或事件”[②]。在乾嘉学者看来，古人“随事立文，其义固各有所当”[③]，所以训释者应当“各就其事分别观之”[④]，“各依文以为义”[⑤]。这就像宋代学者所说，解经“当随事而观，以求经意”[⑥]，“当随文、随时、随事看，各有通彻处”[⑦]。例如，《论语·乡党》：“入公门，鞠躬如也，如不容。……过位，色勃如也，足躩如也，其言似不足者。摄齐升堂，鞠躬如也，屏气似不息者。……执圭，鞠躬如也，如不胜。上如揖，下如授。勃如战色，足蹜蹜如有循。”乾嘉学者金鹗着重考释了其中“鞠躬”一词，略云：

《论语》：“入公门，鞠躬如也。”《朱注》以“鞠躬”为曲身，非也。……以上下文例之，“色勃如也”“足躩如也”，“勃”字、“躩”字皆在下，如“鞠躬”是曲身，则当云“躬鞠如也”。今“鞠”字在上，与“色勃”“足躩”不合矣。又下文“执圭，鞠躬如也”，此执国君之器，法当平衡，手与心平，（《曲礼》：“执天子之器，则上衡，国君则平衡。”郑注“平衡”云：“谓与心平。”）则其身必直；若曲身则手必下，于心安得平衡乎？执圭之鞠躬非曲身，凡言“鞠躬”者皆非曲身可知矣。……鞠躬“躬”字当读为“穷”，郑本作“穷”。《聘礼记》：“宾入门，皇；升堂，让；将授，

---

①俞樾：《古书疑义举例》卷四，见《古书疑义举例五种》，中华书局2005年版，第78页。

②周淑萍：《语境研究——传统与创新》，厦门大学出版社2011年版，第28页。

③叶酉：《春秋究遗》卷十三“冬莒杀其公子意恢”条。

④方苞：《礼记析疑》卷一“卒食客自前跪”条。

⑤焦循：《易通释》卷九“穷”条。

⑥家铉翁：《春秋详说》卷二十三“秋七月楚子蔡侯……”条。

⑦黎靖德编：《朱子语类》卷十九，中华书局1986年版，第441页。

志趋。”郑注引“孔子之执圭，鞠穷如也”。《记》又云：“执圭入门，鞠躬焉，如恐失之。”《释文》云：“鞠躬，本一作鞠穷。”阮芸台师《仪礼校勘记》作“鞠穷”，谓“鞠穷”双声字，犹“踧踖”也。此诚卓见。……踧踖者，敬之至而足若不宁也。鞠穷者，敬之至而身不敢舒也。其义一也。……则“踧踖”即“色勃”“足躩”等之类矣。升堂鞠穷，其敬至“屏气似不息”，以视“色勃”“足躩”“言似不足”，更有加矣。故执圭之鞠穷，申之曰“勃如战色”，其甚于“色勃”可知也。曰“足蹜蹜如有循”，其甚于“足躩”可知也。盖圣人之敬随地为浅深。……入公门，去君最远，反言“鞠穷”，以前此皆舒和，至入门而一变，其敬顿生，故亦鞠穷也。（《求古录礼说》卷五《鞠躬解》）

即此而观之，朱熹《论语集注》将“鞠躬”训为“曲身”，金鹗不以之为然，认为此解一方面与上下文义不属，另一方面更重要的是，不协契于“鞠躬”所关联的场合：即以“执圭，鞠躬如也”一句而论，其中“鞠躬”一词是用以描述施行“执圭”之礼的情景，依礼制，行此礼时当做到“手与心平”，而如朱解，“曲身则手必下，于心安得平衡乎？”故从情境因素看，朱解颇不切于事理。在金鹗看来，如果循文求义，顾及情境因素的制约作用，“鞠躬”应当解释为“敬之至而身不敢舒”。此例表明，辨察语境、循文求义，有必要根据语言文字所指涉的具体情景来考求其意义。

（三）语法因素

训诂释义，当了解词、句的语法性质；其语法性质往往是由语境赋予、规定的，譬如“实字虚用，死字活用，此等用法，虽字书亦不能遍释。……然其虚用活用，必亦由上下文知之”[①]。因此，循文求义，有时须据语境了解和分析词句的语法状态。试观乾嘉学术札记中的训诂实例：

《公孙弘传》：“北发渠搜，南抚交阯。”师古曰：“言威德之盛，北则征发于渠搜，南则绥抚于交阯也。”此注文义极明妥。考其上下，皆整对句法，则师古注是矣。……若《史记·五帝本纪》云：“南抚交阯、北发，西戎、析枝、渠廋、氐、羌，北山戎、发、息

①袁仁林：《虚字说》，中华书局1989年版，第131页。

慎，东长、鸟夷。”……虽“南抚交阯”与此传文同，而彼所谓“北发”“渠度”与此传亦皆无涉。（王鸣盛《十七史商榷》卷二十五“北发”条）

元光元年诏：“海外肃慎、北发、渠搜、氐、羌徕服。”晋灼谓：“北发，国名。”……《大戴礼·少间篇》曰：“海外肃慎、北发、渠搜、氐、羌来服。”正如此诏之辞。卢注：“北发，地名。”又按《史记·五帝纪》：“北山戎、北发、息慎。”然则以“北发”为国名良是。……《公孙宏传》制文则当如瓒说[1]，各随文解之可耳。（姚范《援鹑堂笔记》卷十九）

这两例的内容有共同之处，都论及《汉书·公孙弘传》和《史记·五帝本纪》中“北发”的释义问题。依王、姚二家之见，《公孙弘传》中“北发渠搜，南抚交阯”二句为整对句法，其下句中的“南”明显为名词作状语，意为在南方，而“抚交阯”明显为动宾结构，意谓绥抚交阯地区，故依此推勘，知上句中的“北”也为名词作状语，意为在北方，而“发渠搜”也为动宾结构，意谓征发渠搜国。至于《史记·五帝本纪》中的“北发”，因为是处在具列族名、国名或地名的语境之中，故其为名词无疑，而与《公孙弘传》中的“北发”不同。可见，因受语境的语法因素制约，同一“北发”在两篇传记中的语法属性不同，意义也相异，故当各随其文而解之。又例如：

“辟田野，实仓廪，便备用。”杨注曰：“备用，足用也。《左传》曰：‘无重器备。’”念孙按：杨训“备用”为“足用”，“便足用”之语不词，且与“田野”“仓廪”不对。余谓“备用”二字平列。备，《说文》本作“葡”，字从用从苟省。《淮南·修务篇》注云：“备，犹用也。”故或谓之“器用”，或谓之“器备”。“便备用”犹言“便器用”耳。“便备用”三字，本篇凡三见，与“田野”“仓廪”对文者二，与“功苦”“完利”对文者一。（王念孙《读书杂志·荀子弟三》“便备用”条）

《荀子·王制》“便备用”的“备用”，杨倞以“足用”解之，显然是将其

[1]笔者按：“瓒说”指臣瓒对《汉书·武帝纪》元光元年诏“北发渠搜”的注释：“此举北以南为对也。”

视作状中结构的词语。而王念孙以此解为误，理由有二：如杨解，则“便足用”之语不词；再者，以语境来看，“备用”与上句“田野”“仓廪”相对成文，而“田野”“仓廪”从语法的角度看均为“二字平列”，是并列结构的名词，循此以观，“备用”也当为并列结构的名词，其义应训作“器用”，即工具、器物之义。再看一例：《诗经·小雅·伐木》：“有酒湑我，无酒酤我。坎坎鼓我，蹲蹲舞我。”郑玄注前二句云：“此族人陈王之恩也。王有酒则泲莤之，王无酒酤买之，要欲厚于族人。”注后二句云：“为我击鼓坎坎然，为我兴舞蹲蹲然，谓以乐乐己。”顾广誉解说此四句云：

> 《吕记》引程子说：“有酒则我醑之，无酒则我酤之，以至鼓舞我为之，我及暇时则相与燕饮，以笃恩意。”最是。上四句是倒文法也。《笺》以顺文解之，致上下歧异。严氏（粲）谓：“一诗之内，凡言‘我’，皆燕朋友者自我也。曰‘微我弗顾’‘微我有咎’‘迨我暇矣’及‘湑我’‘酤我’‘鼓我’‘舞我’，皆同。郑氏以为族人陈王之恩，则是臣答君之辞……”此为定说。（《学诗详说》卷十六）

由是观之，顾广誉解释上述《伐木》四句，以郑玄之说为非。在他看来，郑玄“以顺文解之”，导致“湑我”“酤我”与“鼓我”“舞我”的施事成分彼此歧异，语意因之不相伦类：前二者是说君王为我们族人莤酒、买酒，后二者则谓鼓人为我们族人击鼓，舞者为我们族人兴舞[①]。其实，此四者均为倒文句法（如“湑我”即“我湑”），其施事成分均为“我”，指“燕朋友者自我也”，与同篇“微我弗顾”等句中的“我”所指一律。

（四）文例因素

如本书第一章第三节所述，“文例”又称“辞例”，指古书的属辞之例，是古书遣词造句、行文表达上的一些习惯或规律。在乾嘉学者看来，循文求义，有时需要考察和依循具体语境中的属辞之例，即其所谓“当依前后文例”[②]，“比其例而观之”[③]。古书中的文例较多，下面选择对文、连文、互文三例讨

---

①笔者按：于郑注，孔颖达疏云：“兄弟陈王之厚己，使人为之鼓舞。……不当王亲舞也。若言王身亲舞，岂亦亲击鼓乎？”宋人严粲《诗缉》卷十七解云：“鼓人坎坎然为我击鼓。”“舞人蹲蹲然为我兴舞。”

②洪颐煊：《读书丛录》卷十九“南宫”条。

③凌廷堪：《礼经释例》卷七。

论，并举学术札记中的实例予以阐述：

《鲁颂·駉篇》毛传曰："作，始也。"（《广雅》同）"作"之言"乍"也，"乍"亦始也。《皋陶谟》："烝民乃粒，万邦作乂。""作"与"乃"相对成文，言烝民乃粒，万邦始乂也。《禹贡》"莱夷作牧"，言莱夷水退，始放牧也。"沱潜既道，云梦土作乂"，"作"与"既"相对成文，言云梦之土始乂也。《史记·夏本纪》皆以"为"字代之，于文义少疏矣。（王引之《经义述闻》卷三"万邦作乂"条）

此处求解《尚书》中"作"字之义，考察了书中的对文之例。所谓"对文"，指相同或相似的结构中对应位置上的两个或多个词语，在语义上相同、相近或相反。由以上所引来看，对"万邦作乂"中的"作"，王引之据上句"烝民乃粒"中相应位置上的"乃"考求其义，以二词为同义对文，俱有"始"义；对"云梦土作乂"中的"作"，则据上句"沱潜既道"中相应位置上的"既"以解其义："作""既"二词为反义对文，故"既"表已然，"作"则为"始"义。又如：

子曰："师挚之始，《关雎》之乱，洋洋乎盈耳哉！"谨案：始者，乐之始；乱者，乐之终。《乐记》曰："始奏以文，复乱以武。"……"始""乱"对举，其义可见。凡乐之大节，有歌、有笙，有间、有合，是为一成。始于升歌，终于合乐，是故升歌谓之始，合乐谓之乱。（刘台拱《论语骈枝》）

此释《论语·泰伯》中"乱"字之义，刘台拱以"乱"与上句中"始"为反义对文，意为乐之终。又例如：

"木处榛巢，水居窟穴。"高注曰："聚木曰榛。"引之曰："榛巢"连文，则"榛"即是"巢"，犹"窟穴"连文，则"窟"即是"穴"。"榛"当读为"橧"。《广雅》："橧，巢也。"《礼运》曰："冬则居营窟，夏则居橧巢。"字亦作"曾"。《大戴礼·曾子疾病篇》："鹰隼以山为卑，而曾巢其上；鱼鳖鼋鼍以渊为浅，而蹷穴其中。"《群书治要》引《曾子》"蹷穴"作"窟穴"。以"窟穴"对"曾巢"，正与此同。《礼运》之"橧巢"亦与"营窟"对文也。（王念孙《读书杂

志·淮南内篇第一》“榛巢”条）

《淮南子·原道训》中“木处榛巢”句，高诱将其中“榛”字训为“聚木”，则“榛巢”意指聚集木材构筑的窝巢。而王氏父子辨察语境，循文究义，见下句中“窟穴”二字平列，其义一律，为同义连文，因而认定上句中“榛巢”亦为同义连文，二字之义不殊，指窝巢；王氏父子又引辞书的训释和其他典籍的用例予以佐证，其说更显得确凿不移，较高注为胜。以学术札记中的相关训诂实例观之，在据连文之例以求义的过程中，如果与对文之例的考察结合起来，则会有更佳的训释效果，能增强结论的可信度。例如：

> “天下将因秦之强怒，乘赵之弊，瓜分之。”念孙案：此“怒”字非喜怒之“怒”。《广雅》曰：“怒，健也。”健亦强也。（《后汉书·第五伦传》“鲜车怒马”，李贤注：“怒马，谓马之肥壮，其气愤盈也。”义与此“怒”字同。）“强怒”连文，又与下句“弊”字对文（《赵策》作“因秦之怒，乘赵之敝”，“怒”与“敝”对文，亦非喜怒之“怒”），是“怒”即“强”也。上文曰“吾且因强而乘弱”，是其证。（王念孙《读书杂志·史记第四》“强怒”条）

此以《史记·平原君虞卿列传》“强怒”为同义连文，意即强；又考下句对应位置上的“弊”，明其与“强怒”为反义对文关系，进一步确证了“强怒”二字同为“强”义。

最后讨论互文之例。本书第二章第三节说到，乾嘉学术札记中所称“互文”，可分两类，其中一类为上下参互成文、合而见义者，亦即传统所谓“二物各举一边而省文”者。下面，结合此类互文的解释实例略作阐论，以见循文求义所依的语境因素中含有文例因素：

> 《礼记·祭义》：“卜三宫之夫人、世妇之吉者，使入蚕于蚕室。”《注》谓“诸侯夫人三宫，半王后也”。……愚案：前所称“卜三宫之夫人”，亦当指天子之三夫人言之，方与本文前后画一。……大抵此经都系互文见义，观前言“古者天子诸侯，必有公桑蚕室”，后又言“服既成，君服以祀先王先公”，可见；《孔疏》所谓“杂互言之”者，其义甚确矣。（倪思宽《二初斋读书记》卷三）

《襄二十六年左传》："古之治民者，将刑，为之不举[①]，不举则彻乐。"是不举盛馔，则亦不听乐，二者相因：但言"不举"，而"不听乐"已在其中。……《庄二十年左传》："今王子颓歌舞不倦，乐祸也；夫司寇行戮，君为之不举，而况敢乐祸乎？"上言"歌舞"而不言"盛馔"，下言"不举"而不言"彻乐"，互文也。（王引之《经义述闻》卷十五"公素服不举"条）

以第一例的论述观之，《礼记·祭义》"三宫之夫人"当是兼指天子、诸侯之三夫人而言，此由前后文语境中所用的互文见义之法可以揣见。从第二例来看，王引之训解《左传·庄公二十年》中"今王子颓歌舞不倦""君为之不举"二句，将其与同书之中"古之治民者"云云（《襄公二十六年》）关联起来，以审究该书的前后文例，进而推定前者上下两句的行文涉及互文之例，上句省去了"盛馔"（亦即"举"），下句省去了"彻乐"。此二例表明，观察语境，循文求义，应当顾及互文这样的文例因素。

第五节 旁通互证

清儒从事学术研究，多循比较研究的路径。梁启超说："（清儒）最喜罗列事项之同类者，为比较的研究，而求得其公则。""第一步，必先留心观察事物，觑出某点某点有应特别注意之价值；第二步，既注意于一事项，则凡与此事项同类者或相关系者，皆罗列比较以研究之；第三步，比较研究的结果，立出自己一种意见；第四步，根据此意见，更从正面旁面反面博求证据。"[②]如果考察乾嘉学者的训诂研究，便知梁氏所言不虚：乾嘉学者的训诂考据，广泛而圆熟地运用了旁通互证之法，且其运用上的路数和要领也颇合于梁氏所作的归纳总结，充分地展现出了比较研究的特点、优势和价值。

①笔者按：孔颖达疏引郑玄注："杀牲盛馔曰举。"

②梁启超：《清代学术概论》，上海古籍出版社1998年版，第47、62页。

一、旁通互证法界说

对旁通互证之法，乾嘉学者除了在训诂考据中予以广泛运用之外，还从理论层面上做了一些有益的探索，显示出了方法论的自觉意识。学术札记中就有一些关于此法的理论性探讨：

凡故训之难了者，苟能旁通曲证，未尝不可得其解。若专泥一字，有不能强为之说者矣。（严元照《娱亲雅言》卷六）

三《礼》之书，浩如烟海……而欲求择精语详之一书，则当恭读《钦定三礼义疏》。《义疏》采掇群言，分为七例：一曰正义，直诂经义确然无疑者也。……三曰通论，以本节本句参证他篇，比类以测义，或引他经互相发明者也。……七曰总论，本节之义已经训解，又合数节而论之、合一职而论之者也。三《礼》皆同此例，包罗繁富，选择精严。（梁章钜《退庵随笔》卷十四）

《大戴礼记》……孔注转有所未备。生治是经，考证已勤，立义亦多醇正，更当参稽诸经，互相通证，益扩所见。（钱仪吉《衎石斋记事续稿》卷十《粤海堂诸子课业评》）

大抵经文多简，其义可互见者往往从略，要宜参观互证，以会其全。（崔述《五服异同汇考》卷三“大功不降者”按语）

举经传中互相发明者，会而通之也。（焦循《易通释·自序》）

从内容上讲，这些理论性材料实际上都论及旁通互证之法，亦即前述梁启超所说的比较研究方法。综合这些材料的观点来看，旁通互证是一种注重语言材料之比勘会通、相互释证的训诂方法，其内涵大致可做这样的界说：在训解古书中某语言单位（如某词、某句）时，广泛参稽文献，从本书或他书之中搜求与某语言单位具有类同关系的语言材料（即上引札记材料中所谓“参证他篇”“参稽诸经”，亦即梁启超所谓“罗列事项之同类者”），进行比较分析（即所谓“参观互证”），或据这些同类材料中已知词句的意义去推导、求证某语言单位的意义（即所谓“比类以测义”），或据这些同类材料直接归纳出某语言单位的意义（即所谓“会而通之”）。由此不难看到，乾嘉学者所倡导的旁通互证法，强调训释者在大量稽考语言事实的基础上贯通、发明类例或义例，而拒斥泥于一字一句地孤立为说、片面作解，体现出了对语言之系统性原则、社会性原则的尊重和维护，因而具有科学的内在品性。

上文说到，旁通互证法要求将文献中有类同性的语言材料关联起来，由此推导或求证某一语言单位的意义，这意味着旁通互证法在运用上需依靠类比思维的运作，具有类推的逻辑特性。这正同于王引之《经传释词·自序》中所述的训诂释义之法："若斯之类，皆约举一隅，以待三隅之反。盖古今异语，别国方言，类多助语之文。凡其散见于经传者，皆可比例而知，触类长之，斯善式古训者也。"其中所谓"约举一隅，以待三隅之反""比例而知，触类长之"云云，实即旁通互证的训诂方法（与上引札记中"旁通曲证""比类以测义"等所指之法相同），而它在今天很多人看来就蕴含着类推的逻辑机理。今有学者释之曰："反，类推。"[①]"比例，以相类似的事例作比较。触类长之，指掌握了某一事物的知识或规律，对同类的事物也可类推了解。"[②]据上文所述又知，运用旁通互证法，还要依据同类语料归纳出某一语言单位的意义，这意味着旁通互证法需对语言材料进行排比、分析和总结，其又具有归纳的逻辑特性。胡适在论述清代学者的治学方法时曾言："举的例不多，便是类推（Analogy）的证法。举的例多了，便是正当的归纳法（Induction）了。类推与归纳，不过是程度的区别，其实他们的性质是根本相同的。"[③]这实际上也可看作是对清儒旁通互证法特性的阐述。

对于旁通互证之法，乾嘉学者可谓是崇尚有加，奉其为试之不爽、用而见效的高招妙术。学术札记的不少论述文字透显出了这一点：

鄙意以为守汉儒之偶误而曲为之解，终不若以经证经之为得也。（李林松《周易述补》卷五《读易述札记》"损"条）

夫子生长于鲁，不能不鲁语，惟诵《诗》、读《书》、执礼三者，必正言其音，所以重先王之训典，谨末学之流失。近人不解此义，闻愚说，或颇以为怪，用敢旁推交通，敷畅厥旨，冀学者无惑焉。（刘

①张能甫编注：《历代语言学文献读本》，巴蜀书社2003年版，第142页。
②中国逻辑史研究会资料编选组编：《中国逻辑史资料选（近代卷）》，甘肃人民出版社1991年版，第192—193页。
③胡适：《清代学者的治学方法》，见《胡适文存》（壹），华文出版社2013年版，第279页。

台拱《论语骈枝》）

吾乡林樾亭先生撰《三礼陈数求义》三十卷，……《自序》谓专取三《礼》本文，反复寻绎，以彼此前后相参证；其三《礼》所无，乃取证于诸经；诸经所无，乃取证于秦汉间人言之近古者，于是疑者释而窒者通。……是书初脱稿时，余已粗读一过，融会诸说，归于以经解经，实有涣然冰释、怡然理解之趣。（梁章钜《退庵随笔》卷十四）

引而伸之，触类而长之，而依声托事之义了如指掌矣。（王引之《经义述闻》卷十五“物至知知”条）

其中所谓“以经证经”“旁推交通”“以彼此前后相参证”“取证于诸经”“引而伸之，触类而长之”云云，究其实，均涉旁通互证之法。在学者们的眼中，此法具有很强的释证功能，优势明显，可堪大用，用之而可产生破疑祛惑、通滞解结、理畅义明等良好的诠释效应。

二、旁通互证法的运用

综观学术札记中的相关论述和训诂实例，不难看出，运用旁通互证之法，既可以求证古书中一字一词的意义，又可以推考古书中一句乃至一篇的大旨。例如：

“学而时习之”，虽是讲学、力行平说，然讲学意思终较多，观“则以学文”“虽曰未学”则可见。此童伯羽述考亭语也。案：《论语》一书明道垂训，首在此章，而“学”字之义初无指实，近世毛大可氏于此甚疑之。愚谓以后儒训释古经，不若昔圣自言尤为征信。《论语》首章“学”字，虽无指实，而循次而下，如“弟子”章之“学文”，“贤贤”章之“未学”等“学”字，先后参观，无异圣贤自为注辞，尚何疑于此字之难晓为哉？（倪思宽《二初斋读书记》卷二）

此谓《论语·学而》中“学而时习之”的“学”字，宜用旁通互证之法，参观同篇之中孔子所言“则以学文”“虽曰未学”的“学”来推求其义，因为这些“学”字均为孔子自言，其用法、意义类同（即用作动词，意指学习古文献之类的行为），可借此以明彼。又如：

《小雅·頍弁篇》："尔殽既时。"《毛传》曰："时，善也。"家大人曰：古传注及小学书训"时"为"善"者，《毛传》而外，仅一见于《广雅》。今略引经文以证之。"善""时"一声之转，"尔殽既时"犹言"尔殽既嘉"也。以类推之，则"维其时矣"犹言"维其嘉矣"也，"威仪孔时"犹言"饮酒孔嘉，维其令仪"也。他若"孔惠孔时""以奏尔时""胡臭亶时"及《士冠礼》之"嘉荐亶时"，皆谓善也。（王引之《经义述闻》卷三十一"时"条）

王引之在此排比"尔殽既时""尔殽既嘉"（《诗经·小雅·頍弁》），"维其时矣""维其嘉矣"（《诗经·小雅·鱼丽》）等同类语言材料，以其相互证发，并比类而推，揭明"时"之词义为"善"。又如：

"景员维河"，孔述毛义，谓"政教大均，如河之润物"，义既牵强；《郑笺》破"员"作"云"，破"河"作"何"，为诘问之辞，尤穿凿无理。《朱注》引或说，以"员"训周，"景"为山名，言景山四周皆大河，亦觉与上下不贯。窃谓此承上"四海"字说来[1]，言四海诸侯之来朝贡者祈祈众多，亦如河流之大，均趋于海也。殷都滨河，故指以为喻。"河"曰"景员"，与"江汉"曰"朝宗"，句意相似。（夏味堂《诗疑笔记》卷七《元鸟》）

《诗经·商颂·玄鸟》中"景员维河"一句之意，历来异解纷纭。夏味堂认为此句与《尚书·禹贡》中"江汉朝宗于海"句表达形式相类（一为比喻，一为比拟[2]），句意也相似，前者之义可比证后者加以推究、训解，故其意谓众诸侯之来朝贡，均如趋海的河流。此用旁通互证法推求句义，别出一解，而能自圆其说。其与宋人苏辙的解说有相似之处："其至者祈祈而多，其大而均如众水之赴河。"[3]旁通互证法不仅适用于释证句义，还可用来推考篇旨。例如，韩愈《赠河阳李大夫》诗："四海失巢穴，两都困尘埃。感恩由未报，惆怅空

①笔者按：《玄鸟》中"景员维河"句的前面有"四海来假，来假祁祁"二句。

②笔者按：于《禹贡》"江汉朝宗于海"句，孔颖达疏云："朝宗是人事之名，水无性识，非有此义。以海水大而江汉小，以小就大，似诸侯归于天子，假人事而言之也。"

③见吕祖谦《吕氏家塾读诗记》卷三十二所引，浙江古籍出版社2008年版，第779页。

一来。裘破气不暖，马羸鸣且哀。主人情更重，空使剑锋摧。”此诗作于何时？题中“李大夫”究竟是指何人？对此类与诗旨理解相关的问题，乾隆时人王元启《读韩记疑》卷十做了这样的考辨：

> 《赠河阳李大夫》旧注：“疑为李芃。芃德宗初为河阳节度使，时李希烈、李惟岳、田悦、梁崇义、朱滔之徒相煽继变，中原骚然，公诗故有‘四海失巢穴’之句，时年十四五。公自言‘十三能文’，理或然欤?”按《新史·德纪》：“建中二年正月，魏博节度使田悦反，河阳节度使李芃讨之。”则谓河阳李芃，其说自属有因。然公《此日足可惜》诗孙注又云：“时李元为河阳节度使。”……如果孙说可信，则彼诗“羸马”句与此诗腹联意象皆同，“主人愿少留”又与此诗落句相似，同属河阳李大夫，安知此诗不指李元？……此“李大夫”当指元淳。……然则是诗之作，公年三十有二。若谓十四五岁时作，则此诗无一作童幼之语，而“感恩未报”句更非童子所宜言。旧注“李芃”实误。

显然，王元启在考辨过程中使用了旁通互证法，以韩愈《此日足可惜赠张籍》诗中“日西入军门，羸马颠且僵。主人愿少留，延入陈壶觞。卑贱不敢辞，忽忽心如狂”云云，与此诗中“裘破气不暖，马羸鸣且哀。主人情更重”等句相互比勘，连类旁证，以其诗意相同或相似，进而推定韩愈此诗作于三十二岁时，赠给大夫李元淳（即李元①），表达了对他的感恩之意。

胡承珙云：“融会全书，彼此互证，得古人以经解经之法。”②王引之云：“经之有说，触类旁通。不通全书，不能说一句；不通诸经，亦不能说一经。制义之为道，亦如是矣。不精熟于六经之文、儒先之说，而贸然为之，则陋而已矣，俗而已矣！”③王绍兰云：“以众经诂一经，而经之本义以立；以一经贯众经，而经之通义以明。”④程大镛云：“古之称通经者，据一经以核群经，即汇群经以治一经，引伸触类，所由融会贯通也。”⑤由此可知，在训诂实践中要

---

①笔者按：方成珪《韩集笺正》卷二有云：“李元本名长荣，德宗赐名元淳。”
②胡承珙：《求是堂文集》卷四《四书管窥序》。
③王引之：《王文简公文集》卷三《中州试牍序》。
④王绍兰：《许郑学庐存稿》卷六《与伯申尚书》。
⑤程大镛：《读诗考字》卷下。

用好旁通互证之法，不可拘滞于一句一篇，而应参稽、会通全书乃至群籍，从中尽力搜求具有类同性的语料，参互比证，旁通其义。今观乾嘉学术札记中一些较为成功的训诂实例，往往能综贯全书或群书，充分获取和占有语料，从而连类旁证。例如：

“共人”，《郑笺》谓“靖共尔位，以待贤者之君”，陈少南谓“大夫之友，曾劝其勿仕者”，邱氏谓“贤而不仕者”，皆未安。《朱注》谓“僚友之处者”。窃疑“共人”谓所恭事之人，斥幽王也。虽行役毒苦，而怀念君上，惧将乱亡，故涕零而睠顾，甚至夜不能就寝也。《邶·简兮》以西周圣王为“美人”，《鼓钟》以古之贤王为“淑人”，此云“共人”，例可推矣。《菀柳》云“彼人之心”，直斥幽王为“彼人”，盖诸侯之怨益深矣。（夏味堂《诗疑笔记》卷四《小明》）

此例考释《诗经·小雅·小明》中“念彼共人，涕零如雨”之“共人”。夏味堂从《诗经》一书中搜集了一些与“共人”相类的用例，如《简兮》之“美人”，《鼓钟》之“淑人”，《菀柳》之“彼人”，以这些同类用例相互参较，发现《诗经》中“某人”构式的名词或代词往往指言君王，由此推断“共人”意谓所恭事之人，具体指幽王。此依类例而推，说较有理。又如：

曹孟德乐府：“对酒当歌，人生几何？”“当”字今人作“宜”字解，然诗与“对”字并言，则其意义相类。《世说新语》王长史语“不大当对”，言其非敌手也。元微之《寄白香山书》有“当花对酒”之语，《学斋呫哔》载《古镜铭》有云“当眉写翠，对脸傅红”，是“当”字皆作“对”字解，曹诗正同此例。今俗尚有“门当户对”之语。（赵翼《陔余丛考》卷二十四“古诗别解”条）

曹操《短歌行》中“对酒当歌”的“当”，一般训作“宜当”“应当”。而赵翼以为此“当”与“对”对举成文，义应相类，意为“面对”。为证成其说，赵氏使用了旁通互证之法，从不同时代、不同类型的文献中刺取了一些与《短歌行》“当”字相类的用例（特别是“当”与“对”对文的用例），依例推考，以类证类，其论颇令人信服。再看两条材料：

《离娄上》篇：“‘天之方蹶，无然泄泄。’泄泄，犹沓沓也。”元照案：《说文·口部》引《诗》作“呭呭”，《言部》引作“詍詍”，皆训“多言”。又《曰部》：“沓，语多沓沓也。”……又《荀子·解蔽》：“辩利非以言是，则谓之詍。”杨倞注云：“辩说利口而饰非，以言乱是，则谓之詍。”亦引《诗》证之。又《正名》：“愚人之言，諮諮然而沸。”杨注云：“諮諮，多言也。”《孟子》释“沓沓”之义云：“言则非先王之道。”亦指言而言之。又案：《诗·小雅·十月之交》“噂沓背憎”……《笺》云：“噂噂沓沓，相对谈语。”又《大雅·荡》笺有“笑语沓沓”之文，义可互证。（严元照《娱亲雅言》卷五）

《诗》言“泄泄”者，每有众多之意。《魏风·十亩之间》曰“桑者泄泄兮”，《毛传》：“泄泄，多人之貌。”多人谓之“泄泄”，犹多言谓之“泄泄”也。《荀子·正名篇》曰：“愚者之言，諮諮然而沸。”“諮諮”与“沓沓”同。……尤足与《孟子》之言相表里。（王引之《经义述闻》卷七“无然泄泄”条）

在此，严、王二人释《诗经》“泄泄（呭呭、詍詍）”及《孟子》“沓沓”之义，博综群书，旁搜广取，从《荀子》《诗经》《孟子》《郑笺》等书中抉发了不少与“泄泄”“沓沓”相类的用例材料和相关的解释材料，以之相互推勘，彼此释证，揭橥了“泄泄”“沓沓”的“多言”之义，其训可谓确凿不磨。

三、旁通互证忌于牵合

据乾嘉学术札记所论，在训诂实践中要想保证旁通互证法在合理的范围内运作，训释者应注意搜求那些确具类同性（即具有属性联系）的语料进行比证、推考，而不能将一些没有属性关联的语料随意凑集，做形式的机械类比，并引以为证。否则，将会引发强牵比附、晦失经旨之类的弊端。如王懋竑说：“大抵《周礼》《王制》《学记》所言各是一事，必欲牵合为一，则有不可以通者矣。”[①]崔述说：“（诸儒）好征引他书以释经义，支离纡曲，强使相通……周公、孔子之意，其晦于后世者岂可胜道哉！”[②]孙经世说：“牵混强凑，引为

①王懋竑：《读书记疑》卷三《礼记》。
②崔述：《考信附录》卷一《上汪韩门先生书》。

左证，不亦慎乎？”[1]周中孚说：“傅会牵合，以就其说，诚所谓郢书燕说也！”[2]举一个具体的例子：

> “若厌祭亦可乎？”郑注：“厌时无尸。”按：凡无尸者皆为厌，祭初祭末是厌，《士虞礼》有无人可为尸而祭之者，亦是厌也。曾子之问，原不谓若殇祭之厌，且祭殇之阴厌、阳厌，下文孔子答之，曾子始明。此处自是指无尸之厌。陆氏、吴氏皆谓“厌”为殇祭之名，则此句岂可通乎？陆氏亦知其难通，别为之说曰：“厌犹礼之有饫也，朝献犹礼之有飧也，馈献犹礼之有食也，燕私犹礼之有燕也。”牵强比类，皆无义理。（江永《礼记训义择言》卷四“若厌祭”按语）

此处讨论的“厌祭”，出自《礼记·曾子问》，其为古代祭礼形式之一，即直接以稷之类的祭品供奉，而不用代表死者受祭的尸。据上引江永所论，宋人陆佃以“厌”为殇祭之名，但自觉其说难通，又言“厌”相当于古礼“饫”“燕”等，指宴饮之礼，并引古代文献中有关文字予以比类、旁证[3]，欲以实其说。但在江永看来，文献中所言“饫”“燕”等礼，与此“厌祭”之“厌”有着本质的不同，它们之间缺乏属性联系，所以陆氏引之以相比证，属于“牵强比类”，不足为论。总之，运用旁通互证法，应注意选择具有内在关联性的语料进行类比互证，以保障此法适用的正当性，而不可妄作比附，率意牵援附会。这亦如道光时人钟文烝所云：“一经之义，群籍所关，固须参会而通，亦不可牵合为说。”[4]

---

①孙经世：《惕斋经说》卷一《虞周朝数说》。
②周中孚：《郑堂读书记》卷五《经部三之三》之《表记集传》。
③据卫湜《礼记集说》卷四十九载，陆佃于其说还曾引述文献以证。如云：“飧，朝食也；燕，夕事。故《诗》飧言朝，而燕同姓成于夜。燕，私也；饫，亦私也。其所从异者：饫立燕坐，饫以显物，燕以合好而已。故祭，饫私在亲，燕私在诸父兄弟。”
④钟文烝：《春秋穀梁经传补注》卷十二“极称之志不敬也”注。

第六节　以图解经

乾嘉时期，学者们解释古代经典，除了多用因声求义、考求故训、旁通互证等训诂方法之外，还用到一种较为独特的方法——以图解经，取得了不凡的成就，为后世所称道。如张惠言的解经之作《仪礼图》，梁启超曾盛赞其"先为宫室衣服之图；……不能为图者则代以表。……用图表方法说经，亦可谓一大创作"①；吕思勉谓治礼"宜明其器物之制。……古物不可得，则宜看图，张皋文《仪礼图》最便"②。关于以图解经法，乾嘉学术札记有一些论述，至今仍有一定的启发意义。

一、以图解经法的历时发展

以图解经的训诂方法，由乾嘉学术札记的论述来看，就是用绘图、列表的方式将经典文本中有关文字的内容直观地表现出来：

> 圣人之经有必借图以明之者，如礼器、礼节、宫室、寝庙之制。后人阅之，可以明古人之制，以通圣人之经。（李惇《群经识小》卷一"先天后天"条）
>
> 自圣迹至一名一物，必稽诸经传，根诸注疏，讨论源流，参证得失，宜作图谱者绘图彰之，界画表之。（江永《乡党图考·自序》）

这两条材料，均谓在经典解释过程中，对经典文本中关涉名物制度的内容有时须"绘图彰之"，或"界画表之"，以使读者易于理解。这其实说的就是以图解经之法。质而言之，此法也就是把文本的文字信息付诸视觉传达的形态而予以呈现。

据乾嘉学者考论，以图解经之法起源甚早，东汉时就已有学者使用。如戴

①梁启超：《中国近三百年学术史》，天津古籍出版社2003年版，第212—213页。
②吕思勉：《经子解题》，华东师范大学出版社1995年版，第63页。

震云："旧《礼图》有梁、郑、阮、张、夏侯诸家之学，失传已久。"[①]这是说，东汉学者梁正、郑玄、阮谌、张镒、夏侯伏朗等人都曾撰有《三礼图》，但早已失传。唐人承前代之遗规，也撰作了一些以图解经的著述。如徐鼎说："唐文宗命程修己仿晋卫协定本，重图物象，复命词臣作《草木虫鱼图》，卒不行世，罔所考据。"[②]此言唐人程修己重修《毛诗图》、杨嗣复等人作《毛诗草木虫鱼图》之事。其事在古代文献中亦有记载。如唐朱景玄《唐朝名画录》载："文宗好古重道，以晋明帝朝卫协画《毛诗图》，草木鸟兽、古贤君臣之像，不得其真，遂召修己图之，皆据经定名，任意采掇。由是冠冕之制、生植之姿，远无不详，幽无不显矣。"宋章如愚《山堂考索》前集卷九云："唐开成中，文宗命集贤院修撰《诗草木虫鱼图》，并绘物象，大学士杨嗣复、学士张次宗上之。"唐代的义疏之学发达，此时的注疏之中也偶见使用以图解经法的例子：

> 孔氏为"互约"之图，坿于《毛诗正义》。疏中有图，仅见于此。徐新田云：养原案《遂人》注"以南亩图之"云云，此注中有图者，而今亡矣。（严元照《娱亲雅言》卷三）
>
> 《干旄》疏，别图旗旐十二于后。按：当时疏复有图，可备异闻。（姚范《援鹑堂笔记》卷六）

合观学术札记中的这两条材料可知：唐人孔颖达《毛诗正义·干旄》对《周礼》中有关旗旐"互约言之"的具体内容，曾别以图表附于疏文之后进行说明。及至宋、明，以图解经之法得到了较为普遍的应用，相关著述渐多，如"《三礼图集注》二十卷，宋洛阳聂崇义，自周显德三年奉命参定郊庙器玉，因采郑康成、阮谌等六家图刊定，至宋建隆二年奏之。……《鬳斋考工记解》二卷，宋林希逸撰，每段有图。……《仪礼图》十七卷，宋杨复信斋……此图凡二百有五；又《旁通图》一卷，分宫庙、弁冕、牲鼎礼器诸类，为图二十有五"[③]；"《尚书图》一卷，宋郑东卿撰。……《毛诗图》，宋马和之撰。……《三礼图》二卷，明刘绩撰……是书大旨仿聂氏，而详于论说。……《周礼图

①戴震：《考工记图·自序》，商务印书馆1955年版，第9页。
②徐鼎：《毛诗名物图说·自序》。
③法式善：《陶庐杂录》卷四。

说》二卷，明王应电撰……以旧图如冕服类为男女之形而章服不明，井邑类为大方隔而沟洫不分，乃即经旨所未能尽者述之。《读礼疑图》六卷，明季本撰……即平日所疑，为图辨证之”[①]。

二、以图解经法的适用范围

就适用范围而论，以图解经法宜于用来解说和揭明经典文本中涉及名物制度的文字内容。如前引李惇《群经识小》所谓“礼器、礼节、宫室、寝庙之制”，“必借图以明之”云云，就足以说明这一点。经典文本中涉及名物制度的文字，宜以图表解之，主要是因为此类经文所负载的信息较为复杂，殊难明晓，若只以语言文字诠解，往往无法完整而清晰地予以传示；如果以图表解之，则或可成此信息传示之功。这一点，为不少乾嘉学者所共见。如江永说：“古人宫寝朝庙，苟无精详之图，安知门朝堂阶若何布列？聘享摈相若何行礼？衣服无图，则冠冕不知其形，衣裳不知其制，尊卑不知其差，三裘不知所用。”[②]又如刘麟瑆，“以古人左图右史，凡名物象数非图莫考，每经传为之图：于《易》有《先后天图》，于《书》有《禹贡图》《洪范五行图》，于《礼》有《彝鼎图》《车制图》《深衣图》《宫室图》，于《诗》有《草木鸟兽图》，《春秋》有《古今地势图》，考校精洽，各附己论而折衷之。”[③]又如李中简，曾论经典文本中的名物制度宜以图像为之解：

> 六经、孔孟之书……名物不明，义理终隔。……古人左图右书。自文字日繁，图象渐微，惟星躔、舆地专门之学，遗法尚入撰述。……后周时聂氏崇义被诏作《礼器图》二十卷，好古者重之。顾三《礼》无专科，从事盖鲜。而《论》《孟》《大》《中》，自紫阳《章句》出，末学徒依傍文义，以资科举，注疏且犹卤莽，矧望其绘图求也。益都明经张氏云会……命其子庠生某，持其手著《四书图考》一帙来谒。……图虽卷帙无多，然考据明晰，取舍不苟，初学便焉。夫《四子书》童而习之，白首而不得其解，名物居其半矣。恭阅《御纂

①陈昌图：《南屏山房集》卷十九《续图谱略稿上》。
②江永：《乡党图考·例言》。
③戚学标：《鹤泉文钞续选》卷七《刘文学恪亭墓碣》。

> 四经》《钦定三礼全图》，灿然大备，如日月江河之丽天行地；不有蒙求，何以津逮？余以是为明经重。往时友人江南戴君名震，邃于《礼经》，曾著《考工记图》而为之解，见者服其精诣。（《嘉树山房文集》卷五《杂文·四书图考序》）

这段文字表达了一个观点：经典文本中的名物制度难于理解和解释，解经者若遵古人“左图右书”之遗法，绘图以为解，往往能有效地发明、揭示名物制度之义，令其灿然可见。这颇近于宋人郑樵所言：“要通古今者，不可以不识三统五运，而三统之数、五运之纪，非图无以通；要别名物者，不可以不识虫鱼草木，而虫鱼之形、草木之状，非图无以别。”[①]又似明人王应电所说：“古称左图右书，凡书所不能言者，非图无以彰其形。”[②]

三、以图解经法的诠释效应

以图解经之法具有较强的诠释功能，用以诠解经典，能取得良好的效应。以乾嘉学术札记的论述观之，其效应最为显著者是：形象直观，能对经典文本文字的信息进行具象化的再现，进行整体性的传导，特别是能将文本文字所指涉的事物的特征信息真实而明晰地显示出来；这样，读者按图以考文，循文以究义，对文本文字所含的信息便可了然于心目之间。如周中孚评宋人杨复《仪礼图》《仪礼旁通图》云：

> 是书因朱子之意，取《仪礼》十七篇，各随经文节次，悉为之图二百有五，又为旁通图二十有五，附于后。凡位之先后秩序，物之轻重权衡，皆可按图以考文，据文以释义，而一经之制度名物如指诸掌，尤于古人“左图右书”之义吻合无间。（《郑堂读书记》卷四《经部三之二》之《仪礼图》）

此对杨复著作以图解经所取得的诠释效应，给予了肯定性评价。其与朱彝尊《经义考》所引明人曾棨之说颇相仿佛：“（杨复）因朱子之意，取《仪礼》十七篇，悉为之图，制度名物，粲然毕备，以图考书，如指诸掌，西山真

①郑樵：《通志二十略·图谱略》，中华书局1995年版，第1830页。
②王应电：《周礼图说自序》，见朱彝尊《经义考》卷一百二十七所引。

德秀称为千古不刊之典焉。”[①]再看阮元对张惠言《仪礼图》的述评：

> 宋杨复作《仪礼图》，虽礼文完具，而位地或淆。编修则以为治《仪礼》者当先明宫室，故兼采唐、宋、元及本朝诸儒之义，断以经注，首述宫室图，而后依图比事，按而读之，步武朗然。又详考吉凶冠服之制，为之图表；又其论丧服，由至亲期断之说，为六服加降表，贯穿《礼经》，尤为明著。（《揅经室一集》卷十一《张皋文仪礼图序》）

依阮元此论，张惠言绘图列表以解《仪礼》，将该经中涉及名物制度的文字信息转换为一种直观的可视化图形信息，能使其文字信息得到具体而明晰的传导与呈现，读者按其图表以考文，可以完整准确地理解和把握经文之义。不妨举其绘图之例来说明。如《仪礼·士冠礼》：“缁布冠缺项，青组缨属于缺。”郑玄注：“缺，读如‘有頍者弁’之‘頍’。缁布冠无笄者，著頍围发际，结项中，隅为四缀，以固冠也。项中有𦄻，亦由固頍为之耳。”又如，《仪礼·丧服》：“苴绖、杖、绞带。”“其长殇皆九月，缨绖。”郑玄注：“麻在首、在要（腰）皆曰绖。……首绖象缁布冠之缺项。”“绖有缨者……以一条绳为之。”据郑注，大致可知前一例中的“缺”字通“頍”，指古代用以束发并固定冠帽的一种发饰，可围戴于发际；后一例中的“绖”是指丧服所用的麻带，戴于头上的称首绖，象缺（頍）项，或有缨。然则，頍、首绖的形制究竟若何？只看郑注还难得其详；如果查看张惠言《仪礼图》中的图样（见下图），便一目了然，经文以及郑注的意思遂可得而悉也。这亦有如近人黄侃所说：“杨复作《仪礼图》，清张惠言继之。于是进退之度，揖让之节，秩然可观；循图读经，事半功倍矣。……学者考之以图，审之以例，则礼文同异，与夫详略、降杀之故，始可了然于心；而先哲制礼之意，虽历千载而犹有可窥见者。”[②]

①朱彝尊：《经义考》卷一百三十二。
②黄侃：《礼学略说》，见《黄侃论学杂著》，上海古籍出版社1980年版，第468页。

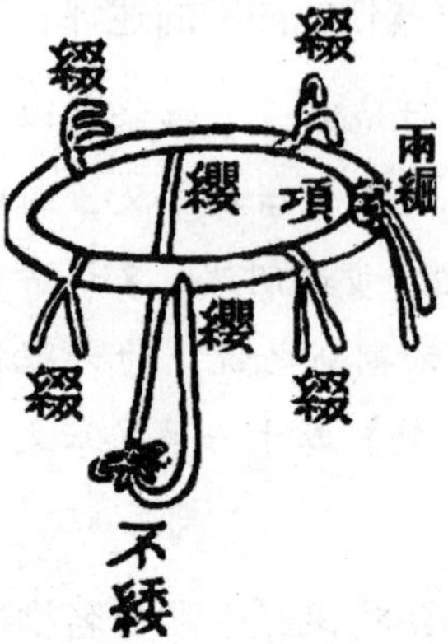

颏　图

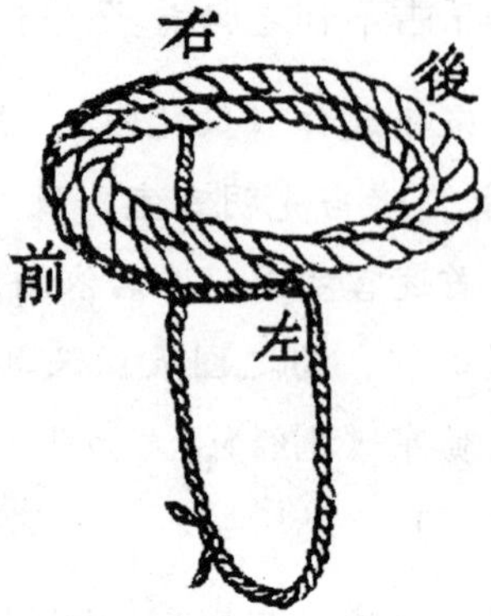

首绖图

对于以图解经之法的诠释功能和诠释效应，戴震曾结合自己图解《周礼·考工记》的训诂实践，做过如下论说：

立度辨方之文，图与传注相表里者也。自小学道湮，好古者靡所依据。凡六经中制度礼仪，核之传注，既多违误……同学治古文辞，有苦《考工记》难读者，余语以诸工之事，非精究少广旁要，固不能推其制，以尽文之奥曲。郑氏注善矣，兹为图，翼赞郑学，择其正论，补其未逮。图傅某工之下，俾学士显白观之。（《考工记图·自序》）

《考工》诸器，高庳广狭有度，今为图，敛于数寸纸幅中，或舒或促，必如其高庳广狭，然后古人制作昭然可见。（《考工记图·后序》）

由戴震的夫子自道看，用以图解经之法诠解《考工记》，至少可取得三方面的成效：一是绘制出的有关诸器制作的图像，生动可感，能够具象化地再现经文所承载的信息内容，使难读的经文变得易于理解，可俾读者显白观之，开卷了然；二是对经文所指涉的事物（诸器）之特征信息（如高庳、广狭等）进行直观的可视化处理，能清晰而完整地呈现这种信息，尽其奥曲，不失其真；三是绘制的图像能与传注相表里、相发明，具体言之，能辅翼郑注，并补其未逮。为了证实戴震的上述看法，今从其《考工记图》中选取一个小例略加论析如下：

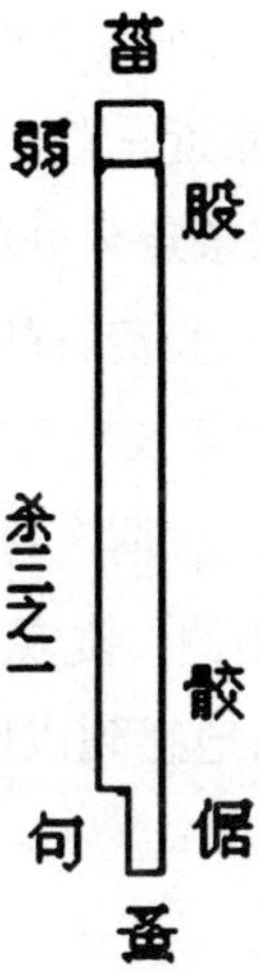

辐 图

此图之旁有戴震自注文字："牙外出三分寸之二。辐股凿不与蚤所入之凿相当，以蚤有倨句故也。外直下为倨，内曲刿之为句。"此图与注，涉及《考工记·轮人》中如下一段经文：

> 凡辐，量其凿深以为辐广。辐广而凿浅，则是以大扤，虽有良工，莫之能固；凿深而辐小，则是固有余而强不足也。故竑其辐广以为之弱，则虽有重任，毂不折。参分其辐之长而杀其一，则虽有深泥，亦弗之溓也。参分其股围，去一以为骹围。揉辐必齐，平沈必均，直以指牙，牙得，则无槷而固。

此段文字主要讲述车轮上辐条的制作工艺，认为辐条的宽度要与车毂、车牙（车轮的外周，亦即轮圈）上所凿榫眼的深浅相适应。郑玄对这段文字做了一些注释，摘其要者有："扤，凿动貌。""弱，菑也。今人谓蒲本在水中者为弱，是其类也。""杀，衰小之也。郑司农云：溓，读为黏。谓泥不黏著辐也。""谓杀辐之数也。郑司农云：股，谓近毂者也。骹，谓近牙者也。""得，谓倨句凿内相应。"观上引《考工记》经文及其郑注，都颇为费解，特别是其中的"弱""股""骹""倨""句"等专有名词，一般人更是难得其旨。在此情形下，如果参看戴震《考工记图》所绘图像，并按图以考文，那么上述经文及郑注就会变得易于理解。首先，一些专有名词可得而释：如经文中"弱"，即所谓“菑”，是辐条的一端，即插入车毂上榫眼的一端（另一端称“蚤”，插入车牙上的榫眼）。“股”是指辐条靠近车毂的部分，“骹”是指辐条靠近车牙的部分。郑注中“倨”“句”是就辐条近牙处的榫头形状而言，分别指外之平直形、内之凹曲形。其次，经文中一些费解的句子也可知其大意。比如：“参分其辐之长而杀其一”句，意谓把辐条长度分为三，而将其中近牙处的三分之一削细；“牙得，则无槷而固”句，意谓车牙上的榫眼与辐条上的榫头密合无间，不加木楔也很牢固。由这个小例，复观戴震在前引《考工记图·自序》及《后序》中所作的论说，就会真切地感到以图解经法具有较强的诠释功能，能取得良好的诠释效果。

四、以图解经应注意的事项

披览乾嘉学术札记可知，在经典训诂实践中运用以图解经之法，应当注意深入研读文献，多方考究证验，并对所依用的资料细加审辨，去伪存真，取精用弘，以求绘制的图表能准确地揭示经典文本文字的信息内容。

要用好以图解经之法，首先应当认真研读经典的原文，并稽考参酌已有的相关训释成果，由之而正确、深刻地理解和把握原文的内容。如周中孚说：

> 《考工创物小记》八卷，《磬折古义》一卷，《沟洫疆理小记》一卷，国朝程瑶田撰。……三书各以类分，俱有图以发明之。于制度、形体及命名之精意，一字不可假借处，皆反复考证，俾无遗义。其郑、贾二氏注《礼》之精，并为阐发之；其有小误，则据经文正之，不复援据他说，以经文即其左证也。（《郑堂读书记》卷三《经部三之一》）

由此以观，程瑶田对《考工记》经文及相关注疏能悉心研读、“反复考证”，深得经文本意，故其运用以图解经之法发明《考工记》之义，成效卓著。

运用以图解经之法，不仅要在书本上做功夫，即认真研读文献，还当在书本之外致思用力，即在现实生活中调查咨访、身历目验，借此准确地理解和把握文本文字的意义。徐鼎在《毛诗名物图说·自序》中曾言：

余丁束发时，兄授以《毛诗》三百篇，辄遇耳目闻见之物，忻然有所得，乃欲博考名物，蒐罗典籍，往来书肆，不惮烦，不揆梼昧，编而辑之，阅二十年矣，尤恐于格致多识之说未精详也。凡钓叟、村农、樵夫、猎户，下至舆台皂隶，有所闻，必加试验，而后图写，即分注释于下。异同者一之，窒碍者通之，烦碎者削之，谬讹者正之，穿凿傅会者汰之，止欲于物辨其名，于名求其义，得诗人类取托咏之旨而后安。

可见，徐鼎运用以图解经之法解说《诗经》的名物词语，不仅研读了《诗经》及相关典籍，而且在书本之外做了大量的调查研究工作，向钓叟、村农等咨访请益，于所闻者还“必加试验”，其意在于求得经文之本意，图写事物之真形。据上引徐鼎之言又知，以图解经，还应该对所掌握和依借的资料进行甄别审辨，并予整合、去取、订正等，即其所谓“异同者一之”云云。江永撰《乡党图考》一书，亦有与徐鼎相似的意见：

孔子先世及纪年及制度名物，当为图谱以显。图谱正未易言，《史记》《家语》《阙里志》《历聘纪年》《年谱》诸书参错不一，当加考核，以审从违。（《乡党图考·例言》）

对于制作图谱以显制度名物等，江永也主张考核和审辨相关资料，以明是非，做出取舍。

关于以图解经法，我们结合学术札记的论述，只做以上讨论，余不具述。最后，附带提及的是，乾嘉学者不仅主张以图解经，还提倡“取图经与古书合考之”①，因图以求其解，即依据前人所作的图谱、图表来解释经典文本的相关文字。札记中有如是之例：

“鼎成三足而方。”念孙案：“三足”，本作“四足”。此后人习闻鼎三足之说，而不知古鼎有四足者，遂以意改之也。《艺文类聚》《广川书跋》《玉海》引此皆作“四足”，则“三”字必元以后人所改也。《博古图》所载商周鼎四足者甚多，未必皆属无稽。（王念孙《读书杂

①周柄中：《四书典故辨正续》卷四“率西水浒”条。

志·墨子弟四》“三足”条）

天子三朝三门，与诸侯同：天子路门、应门、皋门，诸侯路门、雉门、库门（说见戴氏《考工记图》）。今言天子之门而及雉门、库门，非也。（王引之《经义述闻》卷十四“毋出九门”条）

由王氏父子的论述看，在训诂研究中有时可依据前人图谱类著述中的信息内容来立论作解。

第七节　方言证古

古人有言：“礼失而求诸野。”古书中的古词古义如果在后世散逸不传，变得难以索解，则不妨求之于方言土语。乾嘉学者也明于此理，提倡将方言土语用作考释古词古义的活依据。

一、方言证古法的理据

检读乾嘉学术札记可知，不少学者已意识到后世许多方言俗语与古代汉语有着深刻的渊源关系，是由古代汉语传承而来，所以古代汉语的一些要素往往较好地保留在后世方言俗语之中。如邓廷桢说：“古今代谢，声韵既殊，楚夏佩离，歧路更甚。然方言土语，亦颇有不谬于古者，乃知振古元音自在天壤，未可一概而非之。”①此谓古代汉语的语音成分在方言土语中有所留存。古代汉语词汇也是如此，有些古词古义在后世共同语中可能不复使用而“死亡”，但在某些方言俗语中却依然“存活”着。如邓廷桢云：“方言谚语有最近古者，不可概以里俗忽之。京师谓锡器为‘锡镴’，即《周礼·职方氏》注‘镴也’之‘镴’。……金陵人以草索束物谓之‘草约’（音似要），即《左传》‘寻约’之‘约’。《说文》：‘约，缠束也。’……其中多虚，江北人谓之‘康’，即《方言》‘康，空也’之‘康’。‘康’‘空’双声。《尔雅》：‘漮，虚也。’音义并

①邓廷桢：《双砚斋笔记》卷三。

同。”[①]又如洪亮吉云：“时俗语皆有所本。今北方人凡遇有以非礼相扰者，即曰‘汝嬲我’。今考嵇康《与山巨源绝交书》‘足下若嬲之不置’，《文选》李善注曰：‘嬲，擿挠也。’”[②]又云：“时俗之语，有古今如一者。即以吾乡而言，人面少瘦、寡精采则曰‘面白醶醶’，见《玉篇》。他若耳中有声则曰‘耳聮聮’，手出汁曰‘潩’，皆是。”[③]又如，钱绮《左传札记》卷二有云：

> 近世称谓，流俗常语，见于《传》者尤多。如今人谓尊大之极曰“天王”，《春秋》以称周天子，前此未闻，《传》自《隐元年》“天王使宰咺来归惠公仲子之赗”始。……物易售曰“利市”，吉祥事亦曰“利市”，《昭十七年》：“尔有利市宝贿。”人物单数曰“一个”，《昭三年》：“又弱一个焉。”……借物不还曰“赖”，《昭十二年》：“今郑人贪赖其田，而不我与。”……谋食曰“糊口”，《隐十一年》：“而使糊其口于四方。”……不晓事曰“不在行”，《文十二年》“不在军事”，杜云：“未尝涉知军事。”其人已死曰“不在”，《哀二十七年》：“多陵人者皆不在。”于事茫然曰“三不知”（吴语云“三个不晓得”），《哀二十七年》：“今我三不知而入之。”

上引邓、洪、钱三人之论足以说明，后世方俗之言常有合于古音、协于古义者，古词古义在后世方言俗语中往往有所遗存，仍见使用。钱大昭说得好：“古人所言，今人谓之古语；在古人自视，未尝不以为今语也。笔之于书，遂为故实。若然，则今人所为俗语，安知不为几千百年后之故实乎！”[④]依此而推论，今人所为俗语，亦有可能是千百年前“今语”的孑遗。

既然后世方言俗语保存了古代汉语的一些语词及其意义，那么后人训释古代文献中语词的意义，自可利用方言俗语资料来进行求证和解释。这一点，很多乾嘉学者已有充分的认知。譬如，杜煦认为吴越方言中多存古书之语词，像“孟书之‘舍’，荀书之‘案’，庄书之‘阖胡’，司马书之‘夥颐’，越言皆有之”，因而倡言“来者苟能读书好古，即越言以求雅训”[⑤]。又如，牟庭相评东

①邓廷桢：《双砚斋笔记》卷四。
②洪亮吉：《晓读书斋初录》卷上。
③洪亮吉：《晓读书斋初录》卷下。
④钱大昭：《迩言·自序》。
⑤杜煦：《越言释序》，见茹敦和《越言释》卷首。

汉服虔、班固（字孟坚）对《史记·陈涉世家》“夥颐”一词的解释：“服虔曰：‘颐者，助声之词也。谓宫殿帷帐，其物夥多，惊而伟之，故称夥颐也。’服虔最通方俗之音，故读古书如对面闻声矣。孟坚不识楚语，而削去‘颐’字，甚失之矣。”[①]牟庭相此论之意甚明：服虔精通楚地方言，并据所知方言以解古书中“夥颐”之义，故能得其确诂；而班固昧于楚语，不明其解，甚而在《汉书·陈胜项籍列传》中将“夥颐”削去“颐”字，失之远矣！总之，“方俗之言，有符诂训”者[②]，故以方言俗语来考辨、释证古代书面语中的古词古义，具有很强的理据性和可行性。不少乾嘉学者正因为深知于此，所以常常在学术札记中明确主张利用方言俗语来求证和训释古词古义：

> 渊如师称：有颖悟之士，能因汉魏之音，上取谐声之义，下证方俗之语，……则声音训诂之学不坠于地。（周中孚《郑堂读书记》卷十四《经部八》之《汉魏音》）
>
> 杜鹃，一名鶗鴂。……“鶗鴂”“杜鹃”一声之转，方俗所传，尤为可据。（王念孙《读书杂志·汉书弟十三》“鶗鴂”条）
>
> 或同声而别字，或合义而异文。或援古以通俗，或登谚以证经，举一三反，不能终物。（王端履《重论文斋笔录》卷四引王南陔语）
>
> 方言皆古语，今世俗多有存者，东齐人尤然。尝一一验之，亦可喜也。（郝懿行《晒书堂笔记》卷上）

此中所谓“下证方俗之语”，“方俗所传，尤为可据”，“登谚以证经”，“一一验之”，都是主张援引方言俗语以求证古词古义，其法可名之曰“方言证古”。

在乾嘉学者看来，方言证古之法早就为古代学人所信用。汉代以降，一些卓有成就的训诂学家在训解古代文献中的字词之义时，经常使用这一方法和手段。例如：

> 《司关》：“国凶札。”注：“郑司农云：凶，谓凶年饥荒也。札，谓疾疫死亡也。越人谓死为札。《春秋传》曰：‘札瘥夭昏。’”“越人谓死为札”，举方俗语言以证之也。（段玉裁《周礼汉读考》卷二）

---

①牟庭相：《雪泥书屋杂志》卷二。
②郝懿行：《晋宋书故》“阿堵”条。

《媒氏》注："媒之言谋也，谋合异类，使和成者。今齐人名麴麸曰媒。"此举方俗语证成其义也。《司马迁传》曰："全躯保妻子之臣随而媒孽其短。""孽"当为"糵"，"媒糵"犹"酝酿"，正与此郑注合。(同上)

"若苟有以藉口而复于寡君"，服（虔）曰："今河南俗语，治生求利，少有所得，皆言可用藉手矣。"案：《正义》曰："言无物则空口以为报，少有所得则于口为藉，故曰藉口。"服引俗语"藉手"以明"藉口"之义。(李贻德《春秋左氏传贾服注辑述》卷十)

《释诂》："卬，我也。"注："卬，犹姎也。语之转耳。"《释文》引《说文》云："女人称我曰姎。"盖汉晋俗有是称，郭举时验证之，故直云"卬，犹姎也"。(臧庸《拜经日记》卷二"夫之兄为兄公"条)

可见，郑众、郑玄解释《周礼》之文，服虔解释《左传》之文，郭璞解释《尔雅》之文，都曾依借当时的方言俗语材料予以考求和证说，取得了很好的效果。如此丰厚的训诂历史经验也证明，方言证古是一种合理、可行而有效的训诂方法和手段。

二、方言证古法的运用

观乾嘉学术札记又知，很多学者对方言证古的训诂方法不仅表示认同和接受，而且在具体的训诂考释中也常是自觉地加以运用，并时有理论性的阐述或概括。例如：

《荀子·劝学篇》："问楛者勿告也，告楛者勿问也，说楛者勿听也。"按："楛"当读如字，音若户。《荣辱篇》曰"其定取舍楛僈"，即今俗语谓事不功致曰"楛僈"是也。杜甫诗"忽漫相逢是别筵"，"忽漫"即"楛僈"之声也。又《富国篇》曰："芒轫僈楛。"《王霸篇》《强国篇》皆曰："忠信而不楛。"《议兵篇》曰："械用兵革窳楛不便利者弱。"《天论篇》曰"楛耕伤稼，楛耘伤岁"，《韩诗外传》作"枯耕伤稼，枯耘伤岁"，其"枯"字亦当读为"楛"。今俗皆有其语，谓楛僈耕耘，不勤力也。此篇云“问楛”“告楛”“说楛”者，即今俗谓言非典训曰“楛说”是也。《周礼》“辨其苦良”，郑注曰：“苦，读如盬。盬，粗也。”《小雅》“王事靡盬”，《毛传》曰：“盬，不坚固也。”《国语》“辨其功苦”，韦昭注曰：“坚曰功，脆曰苦。”《史记·五帝纪》“河滨器皆不苦窳”，《正义》曰：“苦，读如盬。盬，粗也。”《西京赋》曰：“鬻良杂苦。”《仪礼·丧服传》“冠者沽功也”，郑注曰：“沽，粗也。”此诸书“苦”“盬”“枯”“沽”字皆当读为“楛”，今俗语可以为证也。后儒皆失其音而读为“古”，当据《荀子》书正之，而杨倞反以“楛”字读从“苦”“沽”，甚无会也，甚可惜也！学士不通古今方语者，不可以读古书也。（牟庭相《雪泥书屋杂志》卷二）

牟庭相在此考释《荀子》中“楛”字之义，运用了以方言俗语证古的方法，其引清代方俗语中事不功致曰“楛僈”、不勤力耕耘曰“楛僈”、言非典训曰“楛说”等，证明《荀子》“楛”字之音当读若户，其义为草率、粗劣之类。牟氏之说甚为有理，今有不少学人表示认同。如许维遹注释《韩诗外传》“枯耕伤稼，枯耘伤岁”二句，引牟氏“‘枯’字亦当读为‘楛’”云云，谓“牟校是”[①]。今《汉语大字典》“枯”字条亦据其说，释云：“通‘楛’。粗糙，草率。”附带提及的是，牟氏撰有《诗切》一书，其对《诗经·唐风·鸨羽》“靡盬”的考论，与上引考释文字颇有类同之处。今人姜亮夫评之曰：“大体牟氏为学，精粹无伦……如《鸨羽》之‘王事靡盬’一语，……牟氏依《荀子》读‘盬’为‘楛’，与《周礼》《国语》之‘苦’，《仪礼》之‘沽’，《韩诗外传》之‘枯’，皆同。又以今俗语作事不精致曰楛，即诗人所谓‘盬’也。……以下更杂引《荣辱》篇、《史记·五帝纪》《淮南·时则训》而总校之……于古皆有征。”[②]另外，牟氏在上引文字中所作的理论性总结：“不通古今方语者，不可以读古书”，虽未免绝对，但有一定的方法论意义，也值得关注。下面继续列举学术札记中的例子：

黔之人呼牛马之窍为“舂”，余莫知其解。或又曰“穿”，思之，

①许维遹：《韩诗外传集释》卷二，中华书局1980年版，第38页。
②姜亮夫：《诗切序》，见《姜亮夫全集》第20册，云南人民出版社2003年版，第594页。

知当为“川”，始信土俗方言果符训诂之指归也。案：《山海·北山经》：“伦山有兽，状如麋，其川在尾上，其名曰罴九。”郭注云：“川，窍也。”而姚旅《露书》引《山海经》“川”作“穿”，盖“穿”可训“川”，故《释名》曰：“川，穿也。”颜师古《汉书·李寻传》注云：“川者，水贯穿而流通也。”裴氏《广州记》云：“南海龙川县，本博罗县之东海，有龙穿地而出，即穴流东泉，因以为号。”是“川”之训“穿”，传记多有之。又伯乐《相马经》“有马白州”，亦当是“川”字。毕中丞沅《山海经校本》疑“川”当为“州”，盖据《尔雅》之“白州驠”，不知郭氏彼注亦以为“窍”，则“州”为后人讹写无疑也。张揖《广雅》亦云“川，臀也”，可证。（张澍《续黔书》卷五“川字”条）

此所论者，涉及《山海经》《相马经》《尔雅》等典籍传本中“川”“州”字的训释和校勘问题。过去学人们对此有所讨论，但意见不一，此由上列引文中毕沅之说即可知。又如王引之《经义述闻》卷二十八“白州驠”条云：“郭曰：‘州，窍。’邢曰：‘谓马之白尻者名驠。’家大人曰：《广雅》：‘尻、州，臀也。’故马尻亦谓之州。《北山经》曰：‘伦山有兽焉，其州在尾上。’（今本‘州’讹作‘川’）郭彼注亦曰：‘州，窍也。’《内则》曰‘鳖去丑’，郑注：‘丑，谓鳖窍也。’‘丑’与‘州’声近而义同。”可见，王氏父子以为意指动物尾窍者当用“州”字，作“川”字者讹。张澍乃据黔方言呼牛马之窍为“舂”或“穿（川）”，认为上述典籍传本只有作“川”字方可表尾窍之义，作“州”乃误字。张澍在此运用方言证古之法考辨典籍中“川”字，并提出“信土俗方言果符训诂之指归”的理论观点，在今天仍有一定的参考价值。再看高邮王氏父子使用方言证古之法的例子：

“无夺民时，则百姓富；牺牲不劳，则牛马育。”尹注曰：“过用谓之劳。”念孙案：尹说非也。“劳”读为“捞”。《方言》曰：“捞，取也。”……《齐语》作“牺牲不略，则牛羊遂”，韦注曰：“略，夺也。”“略”与“劳”一声之转，皆谓夺取也。……今俗语犹谓略取人物曰“捞”矣。（王念孙《读书杂志·管子第四》“牺牲不劳”条）

水之下游谓之尾也。《瀑水注》引谚曰：“高梁无上源，清泉无下

> 尾。”是下游曰尾。后世方俗语犹然。解者乃以“大出尾下”连读，失其义矣。（王引之《经义述闻》卷二十七“瀵大出尾下”条）
>
> 《管子·轻重丁篇》：“愿以为吾贫萌决其子息之数，使无券契之责。”称贷之利名“子息”，亦取滋生之意。今俗贷钱，谓其本为母，谓其利为子，又谓之利息。（王引之《经义述闻》卷二十二“齐庆嗣字子息”条）

以上采自学术札记的五例，作者（牟、张、王氏父子）都是依用自己所搜集、掌握的第一手方言俗语资料来考证文献典籍中的古词古义。学术札记中，也有作者利用间接获取的相关资料（如从他人著述中转引的材料）来求证古词古义。例如：

> 何义门《读书记》曰：“羊枣非枣也，乃柿之小者，初生色黄，熟则黑，似羊矢。其树再接则成柿矣。余乙卯客授临沂，始睹之。沂近鲁地，可据也。今俗呼牛妳柿，一名梗枣，而临沂人亦呼羊枣曰梗枣。此尤可证柿之小者通得枣名，不必以《尔雅》‘遵，羊枣’之说为疑。若《正义》以羊枣为樲棘之属，则甚谬，此乃《本草》所收酸枣也。自出山石间，色赤味酸。”愚按：陈禹谟《名物考》云：“尝道邹，登峄山，或以羊枣啖余，其状绝类柿，大仅如芡实，盖名为枣而去枣远矣。”此皆得之亲见，盖信义门之说不诬。（周柄中《四书典故辨正》卷二十“羊枣”条）

周柄中引用清人何焯《义门读书记》和明人陈禹谟《名物考》中所载山东方言材料，对《孟子·尽心下》中“曾皙嗜羊枣”的“羊枣”进行了考辨。此“羊枣”，孙奭《孟子正义》曾训其为枣之一种，视其与《孟子·告子上》中所谓“樲棘”同类：“樲与枣一物也，然而有二名，是樲小而枣大，樲酸而枣甘耳。云羊枣，则羊枣之为大枣甘者也，其类则樲枣之属也。”[①]而周柄中依据上述何、陈之书中所载沂、邹一带的方言材料以及相关实物的性状，认定“羊枣”并非枣类，实乃柿之一种，与樲不同。以现代植物学的观点衡之，这种看法是十分正确的。《孟子》中所称“羊枣”，在现代植物学上的学名其实是“君

---

①孙奭：《孟子正义》，见《十三经注疏·孟子注疏》，北京大学出版社1999年版，第404页。

迁子”。研究资料显示：“君迁子（Diospyros lotus L.），是柿树科（Ebenaceae）柿属（Diospyros L.）植物，别名软枣、牛奶柿（河北、河南、山东）、丁香柿、遵羊枣、红蓝枣、豆柿、小柿等。”①“柿原产中国南方……春秋战国时，黄河流域栽培的有‘梬’，果小，紫黑色，古时误以为枣，称‘羊枣’。《孟子》中曾提到‘曾皙嗜羊枣’，即君迁子，这是山东栽培柿属果树的最早佐证。”②

除了考辨型的学术札记之外，乾嘉时期其他体式的学术著作，亦多见学者们使用方言证古的训诂方法。略举几例如下：

> 《释名》曰：“壤，瀼也，肥濡意也。”按：言物性之自然，壤异乎坚土；言人功，则凡土皆得而壤之。“壤”与“柔”“弱”双声。……今俗语谓弱曰壤。（段玉裁《说文解字注》“壤”字注）
>
> 肩谓任，任事以肩，故任谓之肩，亦谓之克。《释诂》云：“肩，克也。”……凡物压于上谓之克。今苏常俗语如是。（段玉裁《说文解字注》“克”字注）
>
> 《说文》：“沇州谓欺曰詑。”《燕策》云：“寡人甚不喜訑者言也。”“訑”与“詑”同。今江淮间犹谓欺曰詑，是古之遗语也。（王念孙《广雅疏证·释诂二》“詑，欺也”条）
>
> 楚人谓多为夥。“夥”与“錁”同。今人问物几许曰几多，吴人曰几夥，语之转也。（王念孙《广雅疏证·释诂三》“錁，多也”条）
>
> “庤乃钱镈”，《传》：“庤，具。钱，铫。镈，耨。”瑞辰按：……“斛”“铫”“臬”三字同，皆即“錾”之声转。《说文》：“插，刺内也。”《释名》：“锸，插也，插地起土也。或曰销。销，削也，能有所穿削也。”“销”亦“锹”之声转。今俗通以插地起土者为“铁锹”，犹古语也。（马瑞辰《毛诗传笺通释》卷二十九）

由此可见，在随文释义的注疏之作中，乾嘉学者常常运用方言证古之法，依借后代方言俗语资料来考释或佐证古书中的字词之义，取得了良好的效果：

---

①王建中、刘忠华主编：《中国野生果树物种资源调查与研究》，中国环境科学出版社2015年版，第523页。

②山东省果树研究所主编：《山东果树志》，山东科学技术出版社1996年版，第406页。

既能沟通古今，使人易于理解，又可增强注解的可信度。

王引之尝曰："上稽典文，旁及谣俗，亦欲以究声音之统贯，察训诂之会通。"[①]观上述乾嘉学人之所言所为可知，求证于四方谣俗之语，的确不失为一条可行的训诂之道。

第八节　名字证发

众所周知，清代的训诂考据之学讲究实证不诬，无征不信，注重语言文字材料的搜集和分析，力求在占有充分、扎实的材料的基础上做出判断，得出结论，显示出了敦朴严谨、实事求是的治学精神。为了获取大量可资利用的训诂材料，清儒广开路径，旁搜博引，甚至连古代文献中的人名资料亦勤加搜采。由此，依据古人名字之义求证古训、裁正疑误也成为清儒常用的一种训诂考据方法。根据乾嘉学者的相关论述，我们可将这种训诂考据方法称作"名字证发"。

一、名字证发法的合理性

欲明"名字证发"这一训诂方法的合理性，可从考察乾嘉学者对古人名、字之间语义关系的论析入手。考学术札记之所论，可以看到，乾嘉学者普遍认为古人的名与字在意义上往往有一定的联系，或相同相近，或相反相对，或相因相关，即所谓"古人命字，有因名而扩充者，有与名相反而实相成者，有名某即字某者"[②]。学术札记中有这样的具体论述：

> 子贡终于齐。宋祁曰："贡，萧该本作赣，淳化本、景本作子贡，《刊误》改作赣。"《说文》："赣，赐也。从贝竷声。""贡，献功也。从贝工声。"二字音同义异。古人字与名相应。端木子名赐，则非贡献之"贡"明矣。萧该本最为近古。（钱大昕《三史拾遗》卷三

①王引之：《经义述闻》卷二十三《春秋名字解诂叙》。

②戴晟：《寤砚斋集·为袁尹升诸子作字记》。

《儒林传》）

揖巫马期而进之。《仲尼弟子列传》云："巫马施字子旗。"……案《说文》云："施，旗貌。齐栾施字子旗，知施者旗也。"古人名字相配，故《白虎通》云："闻名即知其字，闻字即知其名。"古旌旗字无作"期"者，当从《史记》作"旗"。（惠栋《九经古义》卷十六）

此二条的论述均认为古人的名与字在意义上相应或相配：端木子贡之字"贡（赣）"与其名"赐"意义相同，巫马施之名"施"与其字"旗"意义相关。再看两条论述材料：

古人名字必相应。……《春秋传》如归生、归父之字子家，（熊）侧之字子反，（乐）喜之字子罕，（师）旷之字子野，（仲）由之字子路，（樊）须之字子迟，（罕）虎之字子皮，（高）虿之字子尾……皆义相协。……若（公孙）黑之字子皙，则又以相反为义也。（钱大昕《潜研堂文集》卷七《答问四》）

"子齹"注："子皮之子婴齐也。"《说文》引作"䶥"，从齿佐声，齿差跌貌。按：古人名与字多有取相反之义者。婴齐字子齹，犹公孙黑之字子皙也。（陆继辂《合肥学舍札记》卷八《左传音义下》）

于此可见，古人的名与字在意义上不仅有相同相近、相因相关的，而且还有相反相对的，如公孙黑之字子皙，婴齐之字子齹，即是相反相对之例。

乾嘉学者因为清楚地察见到了古人名字之义相应或相配的通例，所以认为古人的名字之间存在着相互诠释的训诂关系，古代文献中的人名资料往往能够真实地反映古代一些字词之间的语义关联性（如同义互训、反义相对、相因引申等），多存字词故训，因而具有较大的训诂学研究价值。如王引之指出："名字相应，故训所存。"[①]陈瑑说：名与字"义相比附，文相注释，三代诂训于是乎存"。[②]基于这样的认识，一些乾嘉学者已经意识到利用古代人名资料，依循名字相应（相配）之理考究，可以发明古训，窥见语言文字的古初之义，并进而提出了"名字证发"的训诂研究方法。如王引之云：

①王引之：《经义述闻》卷二十三"卫高柴字子羔"条后识语。
②陈瑑：《国语翼解》卷二"苌叔必速及"条。

名字者，自昔相承之诂言也。《白虎通》曰："闻名即知其字，闻字即知其名。"盖名之与字，义相比附，故叔重《说文》屡引古人名字，发明古训，莫著于此。触类而引申之，学者之事也。（《经义述闻》卷二十三《春秋名字解诂叙》）

这段论述文字极具方法论的价值和意义，说明训诂研究像许慎《说文解字》那样"引古人名字，发明古训"，也是一种可行的方法，它的合理性在于其运作是以古人"名之与字，义相比附"的通例为基础，有可靠的前提预设。然则，许慎《说文解字》是如何利用古人名字"发明古训"的呢？这只要检读《说文解字》中相关训释文字，便可得而知。例如《说文解字·㫃部》："㫃，旌旗之游㫃蹇之貌。……读若偃。古人名㫃，字子游。"又《黑部》："黶，虽皙而黑也。从黑箴声。古人名黶，字皙。"由这两例看，许慎训释"㫃""黶"二字的本义，都用到了古代人名资料：前者利用"名㫃字子游"的材料，并据古人名字语义相关之通例，证明"㫃"之本义与"游"有关，指旌旗上的飘带飘动；后者利用"名黶字皙"的材料，并据古人名字语义相反之通例，证明"黶"之本义与"皙"相反。明乎此，则知前述王引之所倡导的名字证发之法，其实就是利用古代人名资料，依循名字相应（相配）之理，求证和发明文献中一些字词的古义。

王引之不仅在理论上大力倡导名字证发的训诂方法，而且在训诂实践中也是自觉地运用这种方法，其所撰《春秋名字解诂》（又称《周秦名字解诂》）即为此类研究成果。清人王昌寿云：王引之"初入都时，因许氏《说文》屡就古人名字相因之义，发明古训，因作《周秦名字解诂》一书，皆就古人名字音义之相比附，以观声音训诂之会通"。[①]晚清俞樾对此书给予了高度评价，云："本朝经术昌明，诂训之学超逾前代，而余尤服膺高邮王氏之书。……《经义述闻》中坿《春秋名字解诂》二卷，于古人名字相应之义，钩深索隐，曲而能中，尤为先儒所未及。"[②]章炳麟也说："若能搜集故言，如昔儒之为《春秋名字解诂》者，其于古训当愈明也。"[③]

与王引之同时或稍后的清代学者，有很多人深知名字证发之法的合理有

①王昌寿：《王文简公行状》。
②俞樾：《春秋名字解诂补义·自序》。
③章炳麟：《正名杂义》，见《訄书》，辽宁人民出版社1994年版，第133页。

效，因而也主张运用此法来求证和发明文献中的字词古义。如朱骏声说：“解《易》先须识字，并须考此字在殷末周初时作何解。愚谓《尔雅》《说文》外，最可信者古人名字相附之义。”[①]何绍基曾言：“因《尔雅》而得大夫名字相因之义，又因名奚字黄羊而悟《尔雅》之义。”[②]

二、名字证发法的功效

以乾嘉学者的论述及相关训诂实践来看，运用名字证发之法探求古义，考辨古籍，有助于解决文献语言文字解读上的一些疑难问题，并取得理想的校释效果。这一点，可具体从如下三方面来考察。

（一）对前人在古书字词训释上的一些问题进行质疑辨证，求得正解。

乾嘉学者王绍兰曾撰《古人名字杂记》，多以名字证发法考求古书字词之义，王引之称其“援据古训，以释疑义，思力精锐，四通八达，信所谓实事求是者也”[③]。观乾嘉学术札记可知，有不少学者像王绍兰一样，在字词训诂实践中运用名字证发之法析疑辨惑，而能获其实据，得其确解，足正前人之失。例如，《礼记·檀弓上》：“子蒲卒，哭者呼灭。子皋曰：‘若是野哉！’哭者改之。”《孔子家语》卷十亦载此事：“郕人子蒲卒，哭之呼灭。子游曰：‘若是哭也，其野哉！孔子恶野哭者。’哭者闻之，遂改之。”王肃注云：“旧说以灭子蒲名。人少名灭者，又哭名其父，不近人情。疑以孤穷，自谓亡灭也。”显然，王肃是将原文中的“灭”解作“亡灭”。乾嘉学者陈鳣对《礼记》《家语》中的“灭”做了这样的考辨：

> “子蒲卒，哭者呼灭。”注：“灭，盖子蒲名。”按：“灭”为“蔑”之假借。《说文》云：“蔑，火不明也。从苜从火，苜亦声。《周书》曰‘布重蔑席’，织蒻席也。读与蔑同。”今《书·顾命》云：“敷重蔑席。”《释文》引马云：“蔑，织蒻。”盖“蔑”为织蒻，蒻即蒲草初生，故字子蒲。“蔑”读与“蔑”同，故《书》假借作“蔑”，此又假“灭”为“蔑”。郑然明名蔑，亦假“蔑”为“蔑”，“蔑”与

①朱骏声：《传经室文集》卷二《易杂说》。
②何绍基：《东洲草堂文钞》卷五《杂著·祁黄羊大夫字说》。
③王引之：《王文简公文集》卷四《与王畹馨中丞书》。

"明"义相对。(王)肃不知古人假用同声之理，乃猥曰："人少名灭者。"是奚说哉？惟哭呼其名，故子皋以为"野"；若自谓亡灭，斯哭者之常耳。(《简庄疏记》卷九)

陈鳣首先因声求义，发现"灭"为"莧"字之假借，其义同"蒻"，指初生的蒲草；然后依据古人名字相应之理，认定"灭（莧）"是子蒲之名，而非王肃所解的"亡灭"义，并指斥王注为"猥曰"。附带提及的是，为了证明古书中"蔑"通"莧"，除表示"蒻"义（如今本《尚书·顾命》"蔑席"之"蔑"[①]）之外，又指"火不明"，陈鳣也用到了名字证发的方法：依据春秋时人郑然明的名"蔑"与字"然明"相反为义，推定"蔑"字表"火不明"义，其亦即《说文解字》所载"莧"字之假借。再看一例：

古人言"施舍"者有二义：一为免繇役。……《乡师》："辨其可任者与其施舍者。"注曰："施舍谓应复免不给繇役。"是也。一为布德惠。盖古声"舍""予"相近（"舍"古音暑，见《唐韵正》），"施舍"之言赐予也。……《周语》"县无施舍"（施舍，若《遗人》"郊里之委积，以待宾客"及"庐有饮食，路室有委，候馆有积"是也），又"圣人之施舍也议之"（施舍谓赐予穷困之人），又"布宪施舍于百姓"，《晋语》"施舍分寡"，《楚语》"明施舍以道之忠"（忠谓惠爱也。《吴语》曰"忠惠以善之"是也。韦注以为忠恕，失之），皆谓赐予之也。……韦注"县无施舍"曰："所以施舍宾客负任之处。"注"圣人之施舍"曰："施，予也。舍，不予也。"注"布宪施舍"曰："施，施惠。舍，舍罪也。"注"施舍分寡"曰："施，施德也。舍，舍禁也。"注"明施舍以道之忠"曰："施己所欲，原心舍过。"同一"施舍"，而前后屡易其说，盖古训之失传久矣。(王引之《经义述闻》卷十八"旅有施舍"条)

王引之在此主要讨论《国语》"县无施舍""圣人之施舍也议之""布宪施舍于百姓""施舍分寡""明施舍以导之忠"等句中"施舍"的训释问题，认为

①笔者按：《简庄疏记》卷二又云："'敷重蔑席'，《释文》引马云：'蔑，织蒻。'……按：《说文》云：'……《周书》曰布重莧席，织蒻席也。读与蔑同。'马云'织蒻'，与《说文》合。今作'蔑'者，盖假用读若之字。"此亦可见陈鳣是以"蔑席"之"蔑"为"莧"的假借字，表"蒻"义。

三国韦昭对“同一‘施舍’而前后屡易其说”，失其古训，均非；这些“施舍”均是指“布德惠”而言，当训作“赐予”。王引之如是为解，主要是依据《孟子·公孙丑》中“孟施舍”名字之义的对应关系：

《孟子·公孙丑篇》“孟施舍”赵注曰：“孟姓舍名也。施，发音也。”案：施，其字也。先言施，后言舍者，《襄十年左传》正义曰：“古人名字并言者，皆先字而后名。故郰人纥字叔梁，《史记·孔子世家》称为叔梁纥。”“舍”之为言予也（“舍”古音暑，与“予”声相近），“施”之为言赐也，赐亦予也，故名舍字施。《襄九年左传》：“魏绛请施舍，输积聚以贷。”（“舍”与“施”同义。杜注云：“舍劳役。”非也。）《晋语》：“施舍分寡。”（韦注云：“舍，舍禁。”非也。）皆谓以德惠赐予之也。（说详《经义述闻·左传》“旅有施舍”下。）（《经义述闻》卷二十二“孟舍字施”条）

在王引之看来，《孟子》所记人名“孟施舍”是以字“施”、名“舍”同义相配，则表明此二词在上古汉语中能构成同义关系，因此，上引《国语》中的“施舍”均当为同义连文，谓给予德惠；“舍”之为言“予”，并非韦昭所释的“不予”“舍罪”之类。晚清孙诒让对王氏之解甚为认同，谓：“王说辨别‘施舍’之义甚析，实则凡‘施舍’之训赐予者，舍即予之借字。《隶续》载魏三体石经《大诰》‘予惟小子’，予字古文作舍，与此彝舍字正同，是舍即予借字之确证。”[①]近人杨树达亦曾举王氏此例，盛赞“王氏富于科学精神”，能将“施舍”之义“从古籍中钩稽而出之，此他家所未有也”[②]。

（二）考释一些在后世湮晦不彰的古词古义，使之得到明确而切当的训释。

王念孙述及王引之的《周秦名字解诂》时曾言：“小儿颇有志于学，近作《周秦名字解故》二卷，于古义间有发明。”[③]这实际上也道出了名字证发法的独特功效，即有利于发明字词的古义。以乾嘉学术札记中的相关材料来看，文献中有些古词古义，在后世书面语中较为鲜见，甚或销形灭迹，以致后人难以

①孙诒让：《古籀拾遗》卷下，中华书局1989年版，第42页。
②杨树达：《训诂学小史》，见《积微居小学述林全编》，上海古籍出版社2013年版，第616—617页。
③王念孙：《王石臞先生遗文》卷四《与刘端临书》。

理解或不得其解，但如果运用名字证发之法加以钩考，往往可使一些鲜见或散逸的古义得以昭显，变得易于理解。例如：

> 弟八行"陵惟哮虎"，"陵"与"棱"同（俗作"稜"）。棱，威也。《汉书·李广传》："威棱憺乎邻国。"李奇云："神灵之威曰棱。"后汉马棱字伯威，是"棱"与"威"同义。《集韵》"棱"又音陵，是"棱"与"陵"同音，故曰"陵惟哮虎"，言其威棱如哮虎也。《辛李造桥碑》"栈格陵陵"，亦以"陵"为"棱"。（王念孙《读书杂志·汉隶拾遗》"执金吾承武荣碑"条）

汉代碑文中"陵惟哮虎"的"陵"同"棱"，作"威"解，其义古而偏，较难理喻；而王念孙依据汉人马棱（字伯威）的名字相应之义进行推考证说，以明"棱"作"威"解在汉代当为常训。这样，以"威"训"棱"，便显得易于理解，且确凿可信。又如：

> 《羔羊篇》"素丝五紽""素丝五緎""素丝五总"……"紽""緎""总"皆数也。……《西京杂记》载邹长倩遗公孙弘书曰："五丝为䌰，倍䌰为升，倍升为緎，倍緎为纪，倍纪为緵，倍緵为襚。"《豳风·九罭》释文曰："緵，字又作总。"然则緎者二十丝，总者八十丝也。……《说文》作"稯"，云"布之八十缕为稯"，正与"倍纪为緵"之数相合。紽之数今失其传。案《释文》曰："紽，本又作佗。"春秋时陈公子佗字五父，则知五丝为紽，即《西京杂记》之"䌰"矣。（王引之《经义述闻》卷五"素丝五緎"条）

此条对《诗经·召南·羔羊》"素丝五紽"之"紽"字进行了考释。《毛传》曾言："紽，数也。"可知"紽"是计算丝缕数的单位词。然则，一紽有多少丝呢？后世失传，不得其详。王引之乃据春秋时陈公子佗字五父的名字相因之义，考求"紽"字之训，谓一紽五丝，与《西京杂记》中所谓"䌰"义相一律，从而令久已散逸的古义复明于世。古今学者于此"紽"字多有异解，但相较而言，王氏之解应该是最为确当的，故今《汉语大字典》《汉语大词典》等辞书的"紽"字条均据之以为义。

以上所举训诂实例均取自乾嘉学术札记。以乾嘉时期其他类型的著述观之，学者们同样是常用名字证发之法来求解那些隐然不彰的古词古义。举两例如下：

"薄言有之"，《传》："有，藏之也。"瑞辰按：《广雅·释诂》："有，取也。"孔子弟子冉求字有，正取名字相因，"求"与"有"皆取也。《大雅·瞻卬篇》"人有土田，女反有之"，"有之"犹取之也。《传》训"有"为"藏"，《孔疏》因谓"有之与采之为对，所以总终始"，由不知"有"亦训"取"，与"采"同义耳。[①]

古人名字相应。孔伋字子思，仲尼弟子燕伋字子思，然则"伋"字非无义矣。"人名"二字非许书之旧也。荀卿曰："空石之中有人焉，其名曰觙。其为人也，善射以好思。辟耳目之欲，远蚊虻之声，闲居静思则通。思仁若是，可谓微乎？"此盖设言善思之人，名之以觙乎？"觙"与"伋"音义盖相近。（段玉裁《说文解字注》"伋"字注）

第一例考释《诗经·周南·芣苢》之"有"义，马瑞辰据冉求字有的名字相因之义，训"有"为"取"，从而使"取"这一连唐人孔颖达都惘然不知的古义得以昭揭。第二例涉及《说文解字》的"伋"字之解。后世《说文解字》传本"伋"字之下只以"人名"二字为训，致其古义泯然不显。段氏乃循古人名字相应之理探赜索隐，并以《荀子·解蔽》之言为辅证，推定"伋"字的古义应为"思"或"善思"。

（三）辨订古书在流传过程中产生的一些文字讹误。

关于古代文献文字的辨订问题，乾嘉学术札记中时常见有这样的论议之辞："取古人名字相配之义，而不从俗本，其识卓矣！"[②]"古人名字皆相应。……若作'克'，则与字'次'不应矣。"[③]这说明，运用名字证发之法，有助于审辨和订正古代文献在流传过中产生的各种讹误之文，特别是涉及人名者。乾嘉学者借助此法辨订文字讹误，取得了不凡的成绩。下举学术札记中的例子：

---

①马瑞辰：《毛诗传笺通释》卷二，中华书局1989年版，第59页。
②王念孙：《读书杂志·史记弟四》"姓李氏名耳字伯阳谥曰聃"条。
③金鹗：《求古录礼说》卷九《孔子弟子考》。

伯虔字子析（《仲尼弟子传》）。……虔、析，皆敬也。《商颂·殷武》传曰："虔，敬也。"《说文》："惁，敬也。"（二徐本"惁"误作"悊"，音陟列切。案："悊"乃"哲"之重文，已见《口部》而训为"知"，不得又见《心部》而训为"敬"也。段氏茂堂亦沿其误。今依《玉篇》《广韵》改正。）"惁"与"析"通。（王引之《经义述闻》卷二十二"伯虔字子析"条）

王引之据《史记·仲尼弟子列传》所载孔子弟子伯虔，字子析，谓"虔、析，皆敬也"，"析"与"惁"通，进而认定二徐本《说文·心部》中"悊，敬也"之"悊"是"惁"字之误，并依《玉篇》《广韵》订正，可谓卓识。又如：

"美郑乔之仁政"，《春秋传》"乔"作"侨"。古人名字恒相应。产者，生也。木高曰乔，有生长之义，故名乔，字子产。后人增加"人"旁。（钱大昕《廿二史考异》卷十一《后汉书二·陈宠传》）

此条考订《春秋传》传本中"郑侨"之"侨"字。钱氏循名字相应之理，谓此"侨"当改作"乔"，其与"产"义相配。又如：

《襄十年》："冬，盗杀郑公子騑、公子发、公孙辄。"騑，《公》《穀》作"斐"。按：古人名字必相应。如名偃字子游，名施字子旗之类，义略可寻。公子騑字子驷，则尤显然者：驷，一乘也；騑，骖旁马也。必得騑而后成驷。《诗·干旄》正义引王肃云："夏后氏驾两谓之丽，殷益以一騑谓之骖，周人又益一騑谓之驷。"《左传·桓三年》正义云："名騑者，以驷马有騑騑之容。"然则名騑字子驷，义始相配。《公》《穀》易以声相近之字，非子驷命名本旨矣。（侯康《春秋古经说》卷二）

春秋时郑国的公子騑，《公羊传》《穀梁传》俱记作"公子斐"。侯康衡以"古人名字必相应"之理，论定"斐"当依《左传》作"騑"，以显相配于"驷"字的命名本旨。又如：

《（襄公）十九年》"郑杀其大夫公子喜"，《释文》："喜，二《传》作嘉。"……古人名字相配，嘉字子孔，宋有孔父嘉，则作"嘉"字为是。（洪颐煊《读书丛录》卷六"公子喜"条）

是谓《公羊传》传本中“公子喜”之“喜”为误字，当如《左传》《穀梁传》作“嘉”，若此，便与“孔”之字义相协，俱有美好之意。

第九节　以目验之

乾嘉时期，汉学考据之风大盛，学术研究极重证据，讲究言必有据，据必可信。梁启超《清代学术概论》将乾嘉学派之学风的特色概括为十条，其中就有“凡立一义，必凭证据，无证据而以臆度者，在所必摈”；“孤证不为定说，其无反证者姑存之，得有续证则渐信之，遇有力之反证则弃之”等条[①]，均言及对证据的崇尚。具体到训诂学研究上，也是如此：十分强调立训必有确据，注重事实验证。乾嘉学者信重、倡导并自觉运用“以目验之”的训诂方法，就体现了这一点。学术札记中有这样的论说文字：

> 《水经注》引汉武（下淇园之竹为楗）、寇恂（下淇园之竹为矢百万）事，而辨之曰：“今通望淇川，并无此物，惟王刍绿竹，不异毛兴。”此郦善长得之目验[②]，似为可信。（黄中松《诗疑辨证》卷二“绿竹”条）
>
> 古人善体物性，相承为说，当经目验，未易以一人之见轻更。（顾广誉《学诗正诂》卷一“鹊巢”条）
>
> 唐宋以降，说者纷然。……夫陈言相因，不如目验。（程瑶田《释虫小记·螟蛉螺蠃异闻记》）
>
> 《玉篇》……亦似以豌为一豆，蹓踔为一豆。今以目验之，此豆有二种。（刘宝楠《释谷》卷三）

乾嘉时期其他类别的学术著作中也多有与此相似的论述。如马瑞辰《毛诗传笺通释》：“《陆疏》云‘（伊威）似白鱼’，今以目验之，其色与白鱼相

①梁启超：《清代学术概论》，上海古籍出版社1998年版，第47页。
②笔者按：郝懿行《尔雅义疏·释草》“竹萹蓄”条亦引郦氏之说，云：“是郦据目验以申毛，与《尔雅》合矣。”

似。”[1]段玉裁《说文解字注》：“玉裁谓凡物必得诸目验，而折衷古籍，乃为可信。”[2]陈奂《诗毛氏传疏》卷二十一《宾之初筵》疏：“据程说，则羖为有角牡羊，目验之而确证。”王念孙《广雅疏证》：“《陆疏》说菲芴似葍，与郑氏《诗笺》、孙氏《尔雅注》合，又考之《方言》，得之目验，为可据也。”[3]吴其濬《植物名实图考》卷一：“尔后纪载，转相沿袭，不复目验而心究，其为诸通人所厌菲而吐弃，诚无足怪。”

合观上引材料，其中所谓“以目验之”“目验”等，其实是一种以实际调查和观察为本质内涵的研究方法，它要求把对书面语言文字的解释与调查、观察所得的事实材料结合起来，用后者辅助或验证前者，以求相关解释符合客观实际，可信可据。这种方法所贯注的一种理念是，对文献语言文字的解释应控制在事实材料所能说明、证实的范围内，而不可主观臆断、因谬袭误。显然，这种方法是实证性的，体现了训诂研究重事实、尚证据的实事求是精神。

一、以目验之法的适用范围

以目验之的训诂方法，比较适合用来考证、辨释文献中内容与天地山川、器具物品、鸟兽虫鱼、花草树木等相关的语言文字。此类语言文字所指涉的对象往往有形可睹、有象可求，故训释者自能亲见而知，辨究其实。乾嘉学术札记中的很多材料能够说明这一点。例如：

> 《舜典》“放驩兜于崇山”，马融注：“崇山，南裔也。”其地则不可的知。……沈佺期长流驩州时，尝按《九真图》，崇山至越常四十里……故诗云：“朝发崇山下，暮坐越常阴。”……佺期及罗泌所引《图经》固有之，且佺期亲至其地，以目验而知，颇为有据。（王鸣盛《蛾术编》卷四十六《说地十》“崇山”条）

这条材料考释《尚书·舜典》中所载古地“崇山”之所在，涉及山川地理，王鸣盛以沈佺期的目验之见为可据。此论与王鸣盛在释地上的一贯主张相

---

①马瑞辰：《毛诗传笺通释》卷十六，中华书局1989年版，第479页。
②段玉裁：《说文解字注》“榑”字注，上海古籍出版社1981年版，第239页。
③王念孙：《广雅疏证·释草》“土瓜，芴也”条，中华书局1983年版，第328页。

协契。王氏曾言："（古书）但称某县有某山，某县有某水出，要亦目验而知，的确可信。"[1]又如：

右器铭一字，阳文反书曰"刘"，盖古兵器。《书·顾命》"一人冕，执刘"，岂即是物也欤？《孔传》："刘，钺属。"《正义》……引郑注云："刘，盖今镵斧。"孙渊如《疏》云："《说文》云：'镵，锐也。'斧之尖锐者，其形未详。"江艮庭《疏》云："郑君举当时兵器以况，非有正据，故云'盖'也。但汉时镵斧，今其形制不可知，窃为拟之：镵者，锐也。盖其斧上有直援铦锐，不但可以斩，兼可以刺，故名镵斧焉。"今据拓本，此器长虑傂尺四寸六分，下广七分，上广五分而赢，铭在正面，背有小孔，两侧面下广同，以次上削，至颠成刀，盖取其锐而易入，与郑义恰合。孔云"钺属"，特因下文想像之词，不足为据；孙《疏》谓"斧之尖锐者"，颇得其仿佛；江《疏》谓"斧上有直援铦锐"，以意度之，未见其器，宜其不合也。（许瀚《攀古小庐杂著》卷九"周刘"条）

许瀚据流传于后世的周代兵器"周刘"的实物拓片，以考《尚书·顾命》"刘"字及其郑注"镵斧"之义，做出了颇为详明的解释，并依目验所得的资料，认定《孔传》以及江声（艮庭）《尚书集注音疏》因"未见其器"而臆说，均误，而孙星衍（渊如）《尚书今古文注疏》亦只是得其仿佛。此例表明，目验法适用于考释古书中的器具类词语。又如：

（郝兰皋）曰："余田居多载，遇草木虫鱼有弗知者，必询其名，详察其形，考之古书，以征其然否。今兹《疏》中其异于旧说者，皆经目验，非凭胸肊，此余书所以别乎邵氏也。"……录之以见郝氏《尔雅义疏》之梗概。（钱泰吉《甘泉乡人稿》卷九《曝书杂记》）

此所引郝懿行之语，说明郝氏撰作《尔雅义疏》一书多用目验之法，且主要是用于训解草木虫鱼等方面的名物词语。今从该书中撷取两例以证之：

《说文》："梧，梧桐木，一名榇。"然则此云"榇梧"，下云"荣

[1] 王鸣盛：《尚书后案》卷三"浮于济漯"按语。

> 桐”，盖二物通名。《尔雅》或曰梧，或曰桐，互言之耳。今验二树，叶形相类，但皮色异：一种皮青碧而滑泽，今人谓之青桐，即此“榇梧”是也；一种皮白，材中乐器，即下“荣桐”是也。树皆大叶浓阴。青桐尤为妍美，人多种之，以饰庭院。四月开小黄华，结荚亦黄，至秋荚裂作橐鄂，如小瓢，其子累累缀瓢间，可炰食之，其味腴美。医家作丸如桐子大，正谓此也。（《尔雅义疏·释木》“榇，梧”条）

> 《本草》陶注：“此是腐草及烂竹根所化，初时犹如蛹虫，腹下已有光，数日便变而能飞。”陶说非也。今验萤火，有二种：一种飞者，形小头赤；一种无翼，似大蛆，灰黑色，而腹下火光大于飞者，乃《诗》所谓“宵行”。《尔雅》之“即炤”亦当兼此二种。……萤本卵生，今年放萤火于屋内，明年夏细萤点点生光矣。（《尔雅义疏·释虫》“荧火，即炤”条）

可见郝氏训解《尔雅》中植物、动物方面的词语，确然是多用目验之法，且用之甚精，如这里所列第二例，“寥寥百十字，却说得确实明白”[①]。检视乾嘉学术札记中的训诂实例，亦多有据目验而释动植物之名者。例如：

> 《集传》：“萑苇，蒹葭也。”大概言之。据山阴陆氏说及《诗缉》，则有小、中、大三种：小者曰蒹、曰薕、曰荻，凡三名；中者曰菼、曰薍、曰萑、曰骓，凡四名；大者曰葭、曰芦、曰苇、曰华，凡四名。三物共十一名。……今以所见验之，则小者名荻，初生青色，既枯则赤色；大者名芦，初生青色，既枯则白色。而统名之曰柴，小曰荻柴，大曰芦柴，亦称为芦苇，止两种，盖合中与大而一之。李巡云：“芦、薍共为一草。”毛云：“菼，薍也。芦之初生。”则毛亦以葭、菼为一草。与今所见正合。严（粲）谓芦、薍为别草，非也。（王懋竑《读书记疑》卷二《毛诗》）

> 《尔雅》既曰“鲂，魾”，又曰：“魾，大鳠（音画），小者鮡（音兆）。”郭注：“鳠似鲇而大，白色。”验今鳠鱼，似鳊而尾异，色赤，其味不美，伧人食之，当为二种。（黄中松《诗疑辨证》卷二

①周作人：《萤火》，见鲍风等编《周作人作品精选》，长江文艺出版社2003年版，第365页。

"鲂"条）

由这两例以及前引《尔雅义疏》之例来看，植物、动物类词语比较适合于使用目验之法求解其义。章炳麟曾言："学术无大小，所贵在成条贯。制割大理，不过二涂：一曰求是，再曰致用。下验动物、植物，上至求证真如，皆求是耳。"[①]观前引乾嘉学者的目验之例，也多关乎动物、植物之类，且亦以"求是"为其鹄的。

二、以目验之法的实用效果

综考乾嘉学术札记的相关材料，可以看出，在训诂实践中运用以目验之的方法，能取得较好的成效。要而言之，约有如下三个方面。

（一）亲睹其物，眼见为实，能使所作的训释精确可信，周详明晰。

乾嘉学者认为，"未经目验，莫能定也"[②]，"然求之目验而信，证之经文而合"[③]，乃可悉知而确解；训诂家"得诸目验，故语详择精"[④]；"诠度物类，多得之目验，故能详其形声，辨其名实"[⑤]。下举实例说明：

> 《月令》："仲冬之月，荔挺出。"郑氏注："荔挺，马薤也。"高诱注《吕氏春秋》云："荔，马荔。挺，生出也。"……《易统验玄图》云："荔挺不出，则国多火灾。"《说文》："荔，似蒲而小，根可为刷。"《广雅》："马薤，荔也。"……余居丰润，二三月间，见草似幽兰，丛生，近根处则两叶重重相包，如菖蒲。其叶中有剑脊，至四五寸，脊之两旁渐合而为一边，其脊自为一边，直上至末，则刻其一边，如腰刀形，长者二尺许。开花藕褐色，亦略似兰（五月结实有房），土人呼为马莲，亦呼马兰，意其为《月令》之"荔"也。形与韭、薤相类，故又有马薤之名。草甚坚韧，市人以贯钱及系物皆用之。……《图经》言江东呼旱蒲，与《说文》"似蒲"之说同矣。余

①章炳麟：《葑汉三言》，辽宁教育出版社2000年版，第38页。
②梁履绳：《左通补释》卷三十一"战于艾陵"条。
③邢澍：《守雅堂稿辑存·桓水考》，甘肃人民出版社1992年版，第6页。
④管世铭：《彭蠡三江说》。
⑤邵晋涵：《尔雅正义·自序》。

寓中墙下有一本，霜降后草披靡，然绿色不改；立冬节视其根，则包中已有萌芽；小雪后旧叶尽枯黄；冬至又视之，前所生芽渐长亦渐枯，而新芽又间见错出。其为“荔”也，无疑矣。（程瑶田《释草小记·释荔》）

程瑶田考释《礼记·月令》之“荔”，在利用文献故训资料的同时，又注重实际观察，以目验所得的事实材料进行证发、解说，既精准可信，又详悉明著，充分揭示了“荔”的名实内涵。这有似陈奂评其《九谷考》中的黍稷之辨所说：“程说辨黍稷详尽，此以目验证经义，尤见确实。”[①]又如周中孚评其《释草小记》所说：“所释多《夏小正》《月令》《毛诗》《尔雅》之所具，一经疏通而证明之，而经义顿明。”[②]

（二）有效地避免盲从故训、摭拾陈言，利于匡纠、订正前人的训诂疏误。

在一些乾嘉学人的学术意识中，“自来学者之知博考旧闻，未尝得之目验，遂致承讹踵谬”[③]；得之“实验”者方可“详其形状之殊，辨其沿袭之误”[④]，进而匡正旧说之讹。兹举桂馥的训诂实例二则：

《诗》“言刈其蒌”，《陆疏》云：“其叶似艾，白色。”余目验其叶青色，背乃白色。《疏》当云“背白色”，疑转写脱谬。《本草纲目》：“蒌蒿二月发苗，叶似嫩艾，正面青，背白。”（《札朴》卷七《匡谬》“蒌叶白”条）

《诗》“南山有枸”，《毛传》云：“枸，枳枸。”孔氏《正义》引宋玉《风赋》“枳枸来巢”，李善《文选注》：“橘逾淮为枳。句，曲也。”馥案：枸，《礼记》作“椇”，见于《曲礼》者，妇人以为挚；见于《内则》者，人君以为庶羞，以其实味甘美也，故《本草》谓之木蜜。鸟之来也，贪其句曲，易结巢耳。《说文》：“积椒，一曰木名。”盖“枳枸”“枳椇”皆借字，本作“积椒”，其木枝条相交加，又谓之交加木。《雷公炮炙论》云：“弊箅淡卤，如酒沾交。”注云：

①陈奂：《诗毛氏传疏》卷六《黍离》疏。
②周中孚：《郑堂读书记》卷五十一《子部九之下》之《释草小记》。
③王端履：《重论文斋笔录》卷九。
④邵晋涵：《尔雅正义·自序》。

“交加枝，即蜜穳椒也。”至于橘化之枳，北土极多，其实如橘而殨，鸟所不食；其枝多刺，鸟所不栖；其高不过丈许，鸟所不择，从未有枝上安巢者。此皆得于目验，而知李善之失也。《周礼·掌固》“掌修树渠之固”，注云：“树谓枳棘之属，有刺者也。”夏侯湛《抵疑》云：“反耕于枳落。”《通鉴》：“董卓杀何苗母，弃尸于苑枳落中。”注云：“枳，似棘，多刺，江南为橘，江北为枳，人以栫篱。”《通鉴》：“侯景幽帝于永福省，墙垣悉布枳棘。”注云：“枳，似橘而多刺。”馥谓此则橘化之枳耳。（《晚学集》卷五《书文选风赋后》）

显然，这两例都使用了以目验之的方法，对前人训诂的疏失、舛误有所辨正。第一例明确指出《陆疏》释“蒌”为“（叶）白色”不确，当云“背白色”。第二例中，桂馥参酌文献，并用目验所获的事实资料验证李善对宋玉《风赋》“枳枸（句）”所作的注释，遂知其说有误，认为此“枳枸（句）”不是指逾淮橘化之枳，而即典籍所言“枳椇”，亦实即《说文解字》所谓“穳椒”（“枳枸”“枳椇”均为其借字），为木之一种（即又称作“交加木”者），其枝条句曲相交，适宜鸟类结巢，故宋赋云“来巢”；若如李善之注，则所指橘化之枳，枝条多刺，果实味殨，为鸟类所不栖食者，因而与宋赋文义不协。

（三）在实际的调研、观察中验证前人的故训成说，于其精善无误者能信而从之，防止主观臆断，轻改古义。

乾嘉学者有云：“余参之目验，信其不诬。”[①]“今涵泳《月令》之文，参之目验，而有悟……当以高（诱）说为正释也。”[②]“不睹其物，无由识之，安得以其俗语改古训哉?”[③]这说明，亲目所验，方能对前人故训之精善者心有所服，形成认同感，不致轻易改之。举一例以明之：

“八月，宋文公卒，始厚葬，用蜃炭。”《注》：“烧蛤为炭以瘗圹。”按：蜃、炭为二，当从刘光伯之说。杜氏误注，《孔疏》曲成其

①祁寯藻：《马首农言》“种植”条。
②程瑶田：《释草小记·芸荔二草应气述》。
③吴其濬：《植物名实图考》卷一。

违，且云“炭亦可谓灰”，谬也。《周官》既有掌炭、掌蜃，而掌炭则有炭物、灰物之征令，掌蜃则共闉圹之蜃，祭祀共蜃器之蜃、白盛之蜃，分明二事，何云一物乎？东树按：烧蛤为炭，炭即灰也。今粤中所用皆此物。树所目验，《注》《疏》似不谬。（姚范《援鹑堂笔记》卷十二，附方东树按语）

于此可见，对《左传·成公二年》中“蜃炭”一语，姚范弃斥《杜注》《孔疏》的“烧蛤为炭”之训，而信用刘光伯之说，并仅凭传世文献《周礼》中相关文字进行推论，以“蜃炭”所指为二物，即蜃与炭。而方东树目验时俗所用之物，以为杜、孔的“烧蛤为炭”（即蛤壳烧成的灰）之说较为可信，未可轻弃。

在乾嘉学者看来，以目验之的方法虽然行之有效，但并不是一能应万的神术，它也有自身的局限性。譬如，古今悬隔，语言嬗递，致使名实的对应关系发生异动，目验之法就往往难以奏效。李惇曾言：“（《正义》）又云‘今目验，毛解与世不协’，盖自晋及唐，其去古益远，目验愈不足据矣。”[①]这是说，《毛传》对一些名物的解释，唐人以目验之，不合于时，这是由于名实关系随世迁变、古今本异造成的，故唐人自然不可据今时目验以疑古。此外，对于无形之事物，目验之法也不能一展其用，像“太阴、太岁，皆与岁星相应，有名无形，非可目验”[②]。

总之，以目验之的训诂方法，虽然存在一些局限性，但在训诂实践中与其他方法相辅而用，也能发挥一定的作用，有其擅胜之处。尤其值得一提的是，它注重实证，力戒意必之谈，充满着理性的科学精神。这一点，亦为古今学人所称道。如乾嘉学者凌廷堪说：“西人言天，皆得诸实测，犹之汉儒注经必本诸目验。若弃实测而举陈言以驳之，则去乡壁虚造者几希。”[③]此将训诂的“目验”之法与近代西方天文学的“实测”之法相拟议，可见其对“目验”法之科学精神的褒赏。近人刘师培说：“以今物证古物，与以今地证古地，其功略同。昔宋儒罗愿、陆佃于古籍所详庶物，咸考其形状，证以乡曲之称，其学亦邻于征实。……至近儒高邮王氏作《广雅疏证》，凡花柳竹木，鸟兽虫鱼，皆

①李惇：《群经识小》卷八“一鱼二名”条。
②严可均：《铁桥漫稿》卷四《太初元年甲寅丙子说》。
③凌廷堪：《校礼堂文集》卷二十四《复孙渊如观察书》。

购列于所居，故诠释物类，咸以得之目验者为凭。”[①]今人吴孟复说：“（程瑶田）既博学于文，更注重目验。当时本是‘学趋专门’之时，他更以实地之考察，作科学之研究，其学之精，自非偶然。”[②]

①刘师培：《尔雅虫名今释序》，见张先觉编《刘师培书话》，浙江人民出版社1998年版，第101页。
②吴孟复：《吴孟复安徽文献研究丛稿》，黄山书社2006年版，第108页。

第五章　学术札记中的训诂弊病论

在乾嘉时代，儒者们对古今学人在训诂实践上存在的种种弊失，多所指陈和评议，从一个侧面阐扬了他们的训诂学思想和主张。观其所论，有很多是切中窾要的，足以发蒙启滞、训诱未悟，即使置于今天的学术语境之下仍有鉴戒意义。下面，对学术札记中的此类论述材料进行发掘、梳理和阐释。

第一节　轻改经字

乾嘉学者认为，训解古代经籍，当“据其本文，以疏通而证明之”①；而经典之文，“自汉以来，诸儒皆承师说，多有异同，兼简册递写，传者不无讹误”，故训解者又当“校其殊异，考其缪误”②，予以改正，以还经典文本的本来面目。但是，“经文不可轻改”③，改之则须有确凿的证据。正如王引之所言：“吾用小学校经，有所改，有所不改。周以降，书体六七变，写官主之，写官误，吾则勇改；孟蜀以降，椠工主之，椠工误，吾则勇改；唐、宋、明之士，或不知声音文字而改经，以不误为误，是妄改也，吾则勇改其所改。……但群书无佐证，吾惧来者之滋口也，吾又不改。”④在乾嘉学者看来，如果无所佐证而率意改易经典文本的文字，致失其真，则为有弊也：

轻改经文，亦说经之一病也。（徐养原《顽石庐经说》卷一《磬

①程瑶田：《仪礼丧服文足征记》“长殇中殇”四句按语。
②李富孙：《校经庼文稿》卷十一《礼记异文释自序》。
③江永：《礼记训义择言》卷七“不贰问”按语。
④龚自珍：《工部尚书高邮王文简公墓表铭》引王引之语，见《龚自珍全集》，上海人民出版社1975年版，第148页。

折说》)

《笺》之申《传》,本已作“予”。杜、顾之本竟据以易《笺》[①],则启轻改经文之弊矣!(顾广誉《学诗正诂》卷三“祈父”条)

陈云庄《集说》于“夫礼防民所淫”节内,移“以此坊民”二句于《伐柯》诗辞之下,且谓以类推之,当如此,则陈澔之妄自改经,视郑注破字之弊为害倍甚矣!郑于《玉藻》诸处断脱,仅注于其下,未尝擅移置也。(翁方纲《礼记附记》卷六)

解经而尽改经字以求通,此郢书燕说也。(孙志祖《读书脞录》卷二“坎律铨也”条)

学者读古人书,……取不误之文而妄改之,岂非古书之大不幸乎?(王念孙《读书杂志·淮南内篇弟廿二》)

校经者不贯串全经,偶据单文,私心专辄,以不误为误,此经之祸也。(朱大韶《实事求是斋经义》卷一《虞庠非小学辨》)

综观乾嘉学术札记中的这些论说材料,可以看到,随意改易经典文本的文字,以不误为误,属于经籍训诂的一大弊病,其为害甚巨。

通观学术札记的论述,古今学人在训诂实践中轻改经字,往往有如下一些具体情形:

一、不得其解而臆改

乾嘉学者卢文弨有言:“古人之书,为后人凭臆肆改者多矣!”[②]李富孙亦云:“传经者率本六书意谊,或从古文,或从假借,或以声近,或用媘文,加以南北语殊,轻重差别,故有字随读变,义因文异。后人不知古训,妄为臆改,而古人之经谊几不可通矣!”[③]从乾嘉学术札记论及的改字实例来看,卢、李所言不虚:训诂研究者往往就是因为对古代文献中的语言文字不能得其确解,乃于原文之字以其所知改所不知,究为率凭己意而臆改。例如:

①笔者按:此谓杜预《左传注》、顾野王《玉篇》依据别本,将郑笺本《诗经·小雅·祈父》“予王之爪牙”分别改作“为王爪牙”,“维王之爪牙”。

②卢文弨:《龙城札记》卷一“阳有赐音”条。

③李富孙:《校经庼文稿》卷十一《七经异文释自序》。

“愿君留意臣之计，必不为二子所禽矣！”念孙案：“必不为二子所禽矣”，本作“不，必为二子所禽矣”。“不”与“否”同，言若不用臣之计，则必为二子所禽也。《史记》作“否，必为二子所禽矣”，是其证。后人不知“不”字自为一句，而以“不必”二字连读，遂不得其解，而改“不必”为“必不”，以为陈余用李左车之计，则必不为二子所禽，不知上文明言两将之头可致戏下，岂特不为所禽而已乎？弗思甚矣！《通典·兵十三》作“不然，必为所禽矣”，《通鉴·汉纪二》作“否则必为二子所禽矣”。（王念孙《读书杂志·汉书弟八》“必不为二子所禽矣”条）

由此论说可知，《汉书·韩信传》“不必为二子所禽矣”中的“不”字，实同“否”字，独自成句，意为“不然”“否则”。后人不明于此，误以为“不”是否定副词，又以“不必”连读而义不可通，遂臆改为“必不”，以致与原文的本意相乖离。又如：

“在族长乡里之中”……引之谨案：“族”“长”皆乡党之属。……百家为族，二百五十家为长也，故与“乡”“里”并言。……《舜典》正义所引盖亦作“长”，校书者误改为“党”耳。学者多闻“族党”，少闻“族长”，则以其所知改其所不知矣。（王引之《经义述闻》卷十五“族长”）

此谓《尚书·舜典》正义引《乐记》“在族长乡里之中”，其中“长”字本不误，而校书者误改为“党”；推其误改之由，缘于校书者熟知“党”字之义，而不达“长”字之解，遂据其所知改其所不知。又如：

“觉”有与“校”音义并同者。《诗·定之方中》正义引《郑志》云：“今就校人职相觉甚异。”赵岐注《孟子》“中也养不中”章：“如此贤不肖相觉，何能分寸？”……《宋书·天文志》：“斗二十一，井二十五，南北相觉四十八度。”凡此，皆以“觉”为“校”也。后人有不得其义而致疑者，更或辄改他字，故为详证之。（卢文弨《钟山札记》卷三“觉有校义”条）

可见，后人昧于古书中“觉”字之音义可同于“校”，有比较、相差之类的意思，乃凭臆辄改为他字。又如：

> 《蜀志·先主传》："使为青州刺史田楷以拒冀州牧袁绍。"钱氏《考异》云："'为'字误，当是'助'字之讹。"志祖案："为"读去声，有助义，似不烦改字。（孙志祖《读书脞录续编》卷三"蜀志为字不误"条）

依孙氏之见，《三国志·蜀书·先主传》的"为"作动词，本有"助"义，而钱大昕昧于此义，乃于《廿二史考异》中臆改"为"字为"助"，未当。今按：孙说是。"为"作"助"解，古籍中不乏其例。如《诗经·大雅·凫鹥》："福禄来为。"《郑笺》："为，犹助也。"《战国策·魏策二》："臣请问文之为魏，孰与其为齐也？"姚宏注："为，助也。"

按照一般乾嘉学者的看法，对古代文献中的文字如果不得其解，则应采取多闻阙疑的态度，存而不论，不可逞臆妄改。如章学诚说："古经传文不可解者多矣，疑者阙之；先儒传记，误者辨之。方苞氏嫌周公践阼之说，而直删《文王世子》之文，妄诞甚矣！"①

二、曲护误说而强改

在乾嘉学者看来，"训诂家当依本字释之，无直改经文之理"②。但是，有些训诂研究者为了迁就、回护自己或他人对经典文本意义的错误解释，反且直改经典文本的文字。因此，乾嘉学术札记中常见这样的议论文字："强改经文，以就己说，真不知古训者。"③"郑氏喜改字，强经从我，未免穿凿。"④"至于说有不通，甚且改窜经文，曲就其义，不几于无所忌惮乎？"⑤且看下面的具体例子：

> 《孟子·尽心篇》："夫予之设科也，往者不追，来者不拒。苟以是心至，斯受之而已矣。"赵氏注："孟子曰：夫我设教授之科，教人

①章学诚：《丙辰札记》。
②惠栋：《九经古义》卷四。
③冯登府：《论语异文考证》卷六"浴乎沂"条。
④黄中松：《诗疑辨证》卷四"小人所腓"条。
⑤凌扬藻：《蠡勺编》卷五"敖氏集说之非"条引褚寅亮语。

> 以道德也。……诚以是学道之心来至，我则斯受之……”“夫予”以下，本孟子之言，赵氏训“予”为“我”，其义极当。朱文公《章句》改“予”为“子”，谓旧读扶余者非。此亦改本文以就己说也。“苟以是心至，斯受之而已”，与“逃杨必归于儒，归，斯受之而已”语意相同，此必孟子之言，或人岂能见及此？（钱大昕《十驾斋养新录》卷三“斯已而已矣”条）

钱大昕此论表明，《孟子·尽心篇》“夫予”之“予”字，汉人赵岐以“我”训之，知古本《孟子》固作“予”；此外，“苟以是心至”云云与同篇中孟子所谓“逃杨必归于儒”云云相较，语意相同，故前者也应出自孟子之口，“予”当为孟子自指之词，其字不误；而朱熹误以为经文所记是“或人”（馆人）之言，论议孟子之教[1]，遂将“予”字强改作“子”，意在与上字凑为“夫子”一语指孟子，以迁就、曲成己说。又例：

> “作者七人矣”，包注：“作，为也。为之者凡七人，谓长沮、桀溺、丈人、石门、荷蒉、仪封人、楚狂接舆。”《皇疏》引王弼云：“七人，伯夷、叔齐、虞仲、夷逸、朱张、柳下惠、少连也。”又引郑康成云：“伯夷、叔齐、虞仲，避世者；荷蓧、长沮、桀溺，避地者；柳下惠、少连，避色者；荷蒉、楚狂接舆，避言者。七当为十字之误。”按：《注疏》本此与上“贤者避世”四句合为一章，故七人皆以隐士当之。《风俗通义·十反篇》云：“孔子嘉虞仲、夷逸，作者七人。”此即王弼所本。《孟子章句》“古之贤士”注云：“作者七人，隐各有方。”《后汉书·黄琼传》云：“年皆耄耋，有作者七人之论。”又《逸民传序》云：“绝尘不及，同夫作者。”并与《风俗通》合。惟郑氏以“七”为“十”之误，是改经字以就己说，殊可不必。（梁章钜《论语旁证》卷十四《作者七人矣章》）

此则材料说明，汉魏时学人解读《论语·宪问》“作者七人矣”句，一般以“七人”二字不误，且认为是指古代的七位隐士；唯有郑玄提出“七”字当为“十”字之误，并谓“十人”是言古代十位不同类型的贤人。相较而言，郑

---

①朱熹《孟子集注》有云：“或人自悟其失，因言此从者固不为窃屦而来，但夫子设置科条以待学者，苟以向道之心而来，则受之耳。”

说难以据信，而有“改经字以就己说”之病。又例：

> “凡告用牲币”，郑注：“牲，当为制，字之误也。”《疏》云：“皇氏、熊氏以此为诸侯礼，不应用牲，故牲当为制。必知诸侯不用牲者，约下文云‘币帛皮圭以告’，故知不用牲也。”验此《疏》文，则其傅会郑说，以改经字，实是无所证据耳。盖《孔疏》亦明知其无所证据，而云必知此者，约下文云耳。……下条云：“天子、诸侯将出，必以币帛皮圭告于祖祢。”此是兼天子、诸侯言之，非专言诸侯也。《孔疏》言“约”者，盖亦显其未合耳。（翁方纲《礼记附记》卷一）

于此可见，郑玄误解了《礼记·曾子问》中“凡告用牲币”句的意思，盖以为此言诸侯之礼，遂无据强改其中的“牲”字为“制”；孔颖达明知郑氏无所证据，但为了附会和回护郑说，乃仍其强改之经字，并曲为申述。

三、依据他本而误改

乾嘉学者认为，校改经典文本中的文字，“不得以他书误倒之字而改不误之经文”[①]，亦不得随意“以他书所引改易本文，抑知古人所易之书未必尽同今本，且引用之际或未检寻，时有增损，义苟可通，俱难于据彼以改此乎?”[②]否则，将会导致轻于改字之弊。举例如下：

> “即此言行费也”，毕依别本及下文改“费”为“拂”。念孙案：古者“拂”与“费”通，不烦改字。《大雅·皇矣篇》“四方以无拂”，《郑笺》曰：“拂，犹佹也。”《中庸》：“君子之道，费而隐。”注曰：“费，犹佹也。”《释文》：“费，本又作拂，同，扶弗反。”是其证。（王念孙《读书杂志·墨子弟二》“费”条）

《墨子·兼爱下》“即此言行费也”的“费”，清人毕沅《墨子注》依据别本改作“拂”，并云：“旧作‘兼费’。一本如此。”在王念孙看来，“费”字可通于“拂”，作“费”者不误，故毕沅依他本改字，实属不必，亦为不允。

---

①王引之：《经义述闻》卷六“自土沮漆”条。
②臧庸：《拜经堂文集》卷二《毛诗注疏校纂序》。

再看一例。今本《经典释文》卷二“用拯”条注云：“拯救之拯，注同，《说文》云‘举也’，郑云‘承也’。子夏作‘抍’，《字林》云：‘抍，上举。音承。’”据此，段玉裁在《说文解字注》中将《说文解字》传本中的“抍”字改作“拯”，并云：“各本……‘丞声’作‘升声’，‘拯马’作‘抍马’，今皆正。……《说文》作‘拯’，《字林》作‘抍’，在吕时为古今字。”对段氏的改字，孙经世颇不以为然，云：

“用拯”字，《说文》从“升”声，训“上举”，引《易》“抍马壮”。其变从“丞”声，训“举”，盖出自《字林》。《释文》于“拯救之拯”下引《说文》“举也”，当本作“《字林》云举也”；于“子夏作抍”下引“《字林》抍上举”，当本作“《说文》同，云上举也”。亦今本失之。《说文》“抍”从“升”声，大、小徐本及《广韵》《集韵》《类篇》《韵会》并同。《释文》以“抍，上举”属《字林》，以“拯，举也”属《说文》，自系转写之误。段氏懋堂转据误本《释文》，以改不误之《说文》，何其见乃出鼎臣等下哉！（《惕斋经说》卷一《易释文引说文五十余条》）

孙经世此处的意思甚为显白：段玉裁依据误本《经典释文》所引之字，以改不误之《说文解字》，故其短于识见，病于轻改。

四、随意破字而滥改

训解古代文献，应当破其假借之字而读以本字。但如果依文献原字而读，“义自粲然，不必破字以示异矣”[①]。在训诂实践中，却客观地存在着这样的情形：有些学者将文献中一些如字读之、义自明顺的原字臆断为假借字，并改读为另一个音同或音近的字，以致所释非其本旨。这种滥用通假、随意破字的做法，在乾嘉学者看来，也是轻改经字的一种表现。因此，乾嘉学术札记常以“不必改字”“无烦改字”“不烦改字”之类的辨断之辞，指摘训诂实践中妄言通假、以意破字的现象。例如：

“白茅纯束”，《笺》：“纯，读如屯。”《正义》曰：“纯，读为屯

①庄述祖：《五经小学述》卷一。

者，以‘纯’非束之义，故读为屯，取肉而裹束之，故《传》云‘纯束，犹包之也’。”按：汉儒“读若”“读如”之例，有取其音同者，有取其音义俱同者。《战国策》“锦绣千纯”，高诱注曰：“纯，音屯，束也。”“纯”又与“屯”通。《春秋左氏传》“执孙蒯于纯留”，《释文》云：“《地理志》作屯留。”是也。“纯”“屯”音义同，故郑云“读如屯”。《正义》作“读为屯”，则改其字矣。音义同者，不烦改字。（李黼平《毛诗紬义》卷一《野有死麕》）

由此可知，《诗经·召南·野有死麕》“白茅纯束”的“纯”字，孔颖达《毛诗正义》谓其“读为屯”，实际上认为“纯”本无裹束义，是通假字，本字当作“屯”；而依李黼平的看法，此处“纯”字的音义同于“屯”，并非通假字，故孔颖达称其“读为屯”，诚有轻改经字之嫌。

妄言通假、以意破字而致轻改经字之弊，这是古今训诂研究中比较常见的情形，即使是一些成就卓著的大训诂家也不能尽免于此。譬如，遍注群经、一向以精谨求实著称的郑玄，在经籍通假字的辨释上取得了非凡的成就。其创为“读为”“读曰”等例，以阐明通假现象，使诸经疑义往往能涣然而释。正如王引之所说：“康成笺《诗》注《礼》，屡云‘某读为某’，而假借之例大明。”[①]但是，郑玄诸经之注中也存在着以臆破读、轻于易字的现象，不少乾嘉学者也以此而诟病之，如云：“郑尤破字难信也。”[②]“郑氏之经学，能存经，亦或乱经，而汰改经字尤其病也。”[③]此类言论，虽不无偏颇，但也确然指出了郑玄经注的弊端所在。下面以翁方纲的相关论说为例，对郑玄的改字之弊做一些具体阐述：

治经之道，其最宜慎者，阙疑也；其最不宜蹈者，改字也。……窃尝为郑君诸经之注计之，盖当有三例焉：一曰实有所承受于某经师，改某字为某也。二曰实有亲见某本之证据，改某字为某也。三曰以己意揆字，改某为某也。如是分条以授后学，则得以知所别择矣。郑君既无此区别，则愚窃自计之……乃又有三例焉：一曰实可改而非

①王引之：《经义述闻·自序》。
②黄中松：《诗疑辨证》卷六“景员维河”条。
③姜兆锡：《仪礼经传》内编卷一“缁布冠缺项”注。

改者……二曰可存以资考者……三曰必不可改而妄改，……若《诗·斯干篇》“似续”，郑云“读如辰巳午之巳”。（《复初斋文集》卷十六《书金坛段氏汉读考》）

凡郑君之“读某为某”，有可有不可。且如《小雅·斯干》“似续”，即《颂》之“似续”，而郑于《斯干》笺云“读辰巳之巳”，其可信乎？（《复初斋文集》卷十一《答金秋史》）

翁方纲的这两则文字均是评议郑玄经籍训诂中的改字之举，对其合理改字给予了肯定，对其“必不可改而妄改”也提出了严厉的批评。其中所举的“妄改”之例，涉及《诗经·小雅·斯干》“似续妣祖”句。对此句，《毛传》曾言：“似，嗣也。”《郑笺》云：“似，读如巳午之巳。巳续妣祖者，谓已成其宫庙也。”可见，郑玄注言“似读如巳”，其实是把“似”视作“巳”的同音通假字，并以其义为“已经”。这正如清儒所说：“毛氏以‘似’‘嗣’音训相生，训‘似’为‘嗣’；《笺》以为音同假借，故训为‘巳’。”[①]“《史记·律书》云：‘巳者，言阳气之已尽也。’……《说文》：‘巳，已也。四月阳气已出，阴气已藏，万物见，成文章。’……郑读‘似’如巳午之‘巳’者，正训‘似’为已然之‘已’，故申之曰‘谓已成其宫庙’。”[②]明乎此，复观上引翁方纲之言，知翁氏谓郑玄之注有“妄改”之弊而不可信，理由在于：《斯干》“似续”与《周颂·良耜》中“以似以续，续古之人”的“似续”义相同，后者之“似”显然不能破读为“巳”，训作“已经”，而应训作“嗣”[③]，故《斯干》之“似”亦当如《毛传》训作“嗣”；因此，郑玄将本非通假字的“似”改读为“巳”字，自然属于“必不可改而妄改”者。再看翁方纲在其学术札记《礼记附记》卷二中所讨论的一例：

前段云“成王有过，则挞伯禽”，此犹言借臣下之身以喻导其君也，故曰“于其身以善其君”，谓于其身得善君之法也。……“于”字是语辞，虚悬不着力，所以下句云“周公优为之”，方是实说以身善君之义。盖此句“于其身以善其君”是虚浑说，尚未实指挞伯禽之

---

①徐鼒：《读书杂释》卷十三“巳巳无两字”条。
②马瑞辰：《毛诗传笺通释》卷十九，中华书局1989年版，第581页。
③笔者按：《毛诗正义·良耜》云：“似，训为嗣。嗣、续俱是继前之言。”

事，至下句“周公优为之”乃完足之也。如郑说，先将“于”字着力，作“广大”义，岂惟本句“于”字文理弗通，并上下虚实之义全不照会，徒劳其改字而已。郑氏改字之弊，随处皆是，而此其尤易见者。

此所论者，相关于《礼记·文王世子》中如下文句：“仲尼曰：昔者周公摄政，践阼而治，抗世子法于伯禽，所以善成王也。闻之曰：‘为人臣者，杀其身有益于君则为之。’况于其身以善其君乎？周公优为之。”其中“于其身”的“于”，郑玄注云：“于，读为迂。迂，犹广也，大也。”此注显然是把“于”当作“迂”的通假字，以其义为“广大”。而就上引翁方纲的论说看，“于”当如字而读，其为虚词，故郑玄破读而改其字为“迂”，有轻于改字之弊。

乾嘉时代其他学者所撰学术札记，对上述郑玄的改字之弊也多有指议。兹举一例：

“其慎也，盖殡也”，（郑玄）注：“慎，当为引。礼家读然，声之误也。”《疏》云：“挽柩为引，无名慎者，以慎、引声相近，故云‘慎，当为引’。”案：《史记·孔子世家》：“孔子母死，乃殡五父之衢，盖其慎也。”“慎”亦读如本字。从《史记》读，无烦依声破字矣。《论衡·知实篇》：“孔子母死，不知其父墓，殡于五父之衢。人见之者，以为葬也。盖以无所合葬，殡之谨。”言“谨”，正亦依“慎”为解。《乡党图考》云：“郑氏破慎为引，无义理。”（武亿《三礼义证》卷九《礼记二》）

武亿此处的论证足以表明，《礼记·檀弓上》“其慎也”的“慎”非声借字，故当如字读之，解为谨慎；郑玄依声破字而改作“引”，无理无据。

五、径以本字易借字

乾嘉学者尝言：“大抵假借之字，不以本字读之，则义失其真；径改为本字，则文非其旧。”[①]“不明乎假借之指，则或据《说文》本字以改书传假借之

①王引之：《经义述闻》卷二十四“一本又作易轮”条。

字，或据《说文》引经假借之字以改经之本字，而训诂之学晦矣！”[①]“因许书字各有本义，则尽改假借之字，勒归本字……六书假借可废乎？《诗》《书》可尽改，古籍面目可尽失乎？”[②]其言之旨甚明：对古代文献文本中的借字，训释者应读以本字，据本字为解，但不可直接用借字改易本字，令古籍失其本来面目。因此，训诂实践中径以借字改易本字的做法，在乾嘉学者那里，亦被视为有轻改经字之弊。列举一些实例如下。

如《诗经·唐风·扬之水》第一章有云：“素衣朱襮。”《毛传》：“襮，领也。诸侯绣黼丹朱中衣。”《郑笺》云：“绣，当为绡。绡黼丹朱中衣，中衣以绡黼为领，丹朱为纯也。”又，《礼记·郊特牲》：“绣黼丹朱中衣，大夫之僭礼也。”郑玄注云：“绣，读为绡。绡，缯名也。《诗》云：‘素衣朱绡。’又云：‘素衣朱襮。’襮，黼领也。”由此可见，郑玄不仅将《毛传》《郊特牲》中的“绣”字均读为“绡”，而且在《郊特牲》注中将《扬之水》第二章里“素衣朱绣”的“绣”直接改易为“绡”。对此，翁方纲深所不与，评曰：

> 《诗·唐风·扬之水篇》“素衣朱襮”，《毛传》：“襮，领也。诸侯绣黼丹朱中衣。”……《释文》云：“绣，音秀。”众家申毛，并依字，郑改为“绡”。《孔疏》……云：“《郊特牲》注及《诗笺》皆破绣为绡者，以绣、黼不得同处，故破绣为绡。……此下章作‘素衣朱绣’，而《郊特牲》及《士昏礼》二注引《诗》皆作‘素衣朱绡’者，《笺》破此《传》‘绣’当为‘绡’，下章‘绣’字亦破为‘绡’，《笺》不言者，从此而略之耳。此已破为‘绡’，《礼记》注从破引之。”按：此则郑氏自用所破之字径改经文之明验矣。昔李盱江尝言“郑康成于字误处未尝引正”，岂知此“素衣朱绡”已被《孔疏》举证之乎？（《礼记附记》卷三）

翁氏在此引证孔颖达《毛诗正义》中相关论析文字，旨在说明郑玄注解《郊特牲》时“从破引之”，将《扬之水》第二章中“素衣朱绣”的“绣”改作“绡”，其实是“自用所破之字径改经文”，也就是径以本字改易经文的假借

①王念孙：《王石臞先生遗文》卷二《段若膺说文解字读叙》。
②段玉裁：《古文尚书撰异》卷一上“钦明文思安安”条。

字[①]；如此改字，实亦病于专辄轻改。

又如，表示乐器的“鐘”字，古代文献常常假借“鍾”字以为之，而后世学者往往将“鍾”字径改为本字。试举学术札记中所论二例如下：

《释文》本“和鐘”二字作“鍾”，故注云：“《说文》作鐘，而以此鍾为酒器。”今刻本于《记》文改作“鐘”，而又引《释文》于其下，校者见其不合，并《释文》改之，以贻误后人，可恨也。《说文》：“鍾，酒器。从金重声。”“鐘，乐器。从金童声。”正自分明。……然古书两字多通用，要其本义，则以《说文》为定也。（王懋竑《读书记疑》卷四《礼记》）

今《石经》定作“鍾”。彭氏元瑞《考文提要》曰：“《诗》之‘鍾’字，亦如三《礼》无‘鐘’字也。三百十一篇及《序》，‘鍾’字凡十八见，今画一作‘鍾’，从《唐石经》。”蒙案：鍾，假借；鐘，本字。《诗》古文假借，后人以意改从本字也。（顾广誉《学诗正诂》卷一“关雎”条）

第一例是说，《礼记·明堂位》“垂之和鍾，叔之离磬”的“鍾”字，《经典释文》原本亦作“鍾”，为假借字，但后人将经文改作本字“鐘”后，为了与之相合，并将《经典释文》的“鍾”字改为“鐘”，遂失其旧，甚为可恨。由第二例看，《诗经·周南·关雎》“鍾鼓乐之”的“鍾”，本为假借字，后人以意改从本字“鐘”，实有轻改经字之病。

第二节 穿凿附会

穿凿附会是训诂实践中的一种常见弊病。乾嘉学者有言：“自来释经之弊，约略数端：刻意求新者，不免流于穿凿傅会；逞辞务博者，又失之繁芜

①笔者按：“绡”为本字，“绣”为借字。段玉裁于《说文》“绡”字下注云：“《特牲礼》‘主妇缅笄宵衣’，注曰：‘宵衣染之以黑，其缯本名曰绡。’……《郊特牲》‘绣黼丹朱中衣’，注曰：‘绣，读为绡。绡，缯名也。’引《诗》‘素衣朱绡’。合此数条，知‘宵’‘绣’皆假借字。”

寡要；至于掇拾陈言，胶绕传注……更无足论。”①“说经家最忌穿凿，而穿凿者恒多。盖一部书中，未必无一二心得确然足以示后者，特未必全书皆有得也。好名之累，遂不惮附会以成其书，故不免于穿凿也。”②在乾嘉学者看来，穿凿附会之弊，古已有之，上可推溯至汉代，以下各代亦概莫能免。如崔述说：“孔子之文，六经备之矣。自秦火以来，残缺失次，儒者穿凿附会，其义之晦而不明者，盖亦不可胜道矣”③；“自《周官》一书出，汉人据之以释经，其有不合，则穿凿附会，以致离经而畔道者不少矣！”④沈兆沄引田从典之说：“孔颖达、贾公彦、杨士勋、孙奭、邢昺之徒，则又就传注之下各为之疏焉。……非唐宋诸儒之疏，则传注亦无所于明，特其中不无穿凿附会者焉。”⑤

乾嘉学术札记常常论及穿凿附会之弊，用以指称此弊的语言形式也多种多样，不拘于一；除了使用“穿凿”“附（傅）会”“穿凿附（傅）会”之类的词语之外，还以其他形式各异的词或短语予以指说。例如：

> 杜（预）误以春分为耕时，孔（颖达）曲为之说，非也。（王引之《经义述闻》卷十八“今既耕而卜郊”条）
>
> 后儒读书，凡遇两经议论相涉处，辄委曲以求其合，过矣！（倪思宽《二初斋读书记》卷七）
>
> 说有不可通，则委曲以为之解，而诗人之意尽失矣。（崔述《读风偶识》卷一《通论二南》）
>
> 禅是祭天，故许氏《说文》云：“禅，祭天也。”即经文亦只有柴望，无祀地之言，知祀地为穿凿强说。（宋翔凤《过庭录》卷四“古礼巡守封禅”条）
>
> 文义不相连属，两句之间当有脱文，尹强为之解，而终不可通也。（王念孙《读书杂志·管子第三》“财厚博惠……”条）
>
> “叔父”之文于《左氏》世次不合，故《记》有之，《传》则无，杜氏乃强为牵会，此治经无家法之蔽也。（孔广森《经学卮言》卷六

①吴骞：《愚谷文存》卷一《吴偘叔群经字考序》。
②彭蕴章：《归朴龛丛稿》卷六《三传异文录序》。
③崔述：《洙泗考信录》卷四。
④崔述：《丰镐考信录》卷五。
⑤沈兆沄：《篷窗续录》卷上。

"遇懿伯之忌敬子不入"条)

周之暮春乃夏之正月，而（王）充以为岁二月，此欲实其龙见而雩之说。龙见在二月，故牵强附合如此。(赵翼《陔余丛考》卷四"浴乎沂风乎舞雩"条)

其中所言"曲为之说""委曲以为之解""委曲以求其合""强说""强为之解""强为牵会""牵强附合"等，其意涵实际上大同小异，均指向训诂中的穿凿附会之弊。

然则，穿凿附会之弊有什么样的本质特性呢？略考学术札记中的论述，便可窥见一斑：

立说必求有据，无所据而强为之说，则失于杜撰，读书之过也。然徒泥一二字之有合，而失通篇之大旨，亦流于穿凿，而不善读矣。(黄中松《诗疑辨证》卷一"采蘋篇一"条)

六经之文，有与传记异者，必穿凿迁就其说以附会之；又好征引他书以释经义，支离纡曲，强使相通。(崔述《考信附录》卷一《上汪韩门先生书》)

若乃经传本无疑义，而注家误会其意，及与他文不合，不肯自反，而反委曲穿凿，以蕲其说之通者，亦复不少。(崔述《考信录提要》卷上《释例》)

"利涉大川"，其义未详，先儒强为之解，近于凿矣。(程廷祚《大易择言》卷三十三)

综此以观，所谓穿凿附会，从本质上讲，是指训诂研究者对古代文献中的语言文字牵强生硬作解，委曲迁就以说，于其不可合者强为之合，于其不可通者强为之通，而所解所说凿空无据，偏离了文献的本意。这类似于意大利当代诠释学家艾柯所指陈的一种现象：过分突破诠释的限度，放大诠释者的权利，使得文本的"意义没有确定性，它只是在无休无止地漂浮"①。

---

①［意］艾柯：《诠释与历史》，见柯里尼编《诠释与过度诠释》，生活·读书·新知三联书店2005年版，第33页。

一、穿凿附会的表现形态

总览乾嘉学术札记的论说可知，古今学人训诂上的穿凿附会之弊，其表现形态大致有二：

（一）强作比附，率意牵合

在训诂实践中，虽然可以考合同异，旁通互证，但不能把古代文献中本无关联性或关联性不大的言、事、理等强相比配，任意牵附，泯其参差，以求其必合；否则，即有穿凿附会之失。王引之《经义述闻》卷三十二“经义不同不可强为之说”条有云：

> 讲论六艺，稽合同异，名儒之盛事也；述先圣之元意，整百家之不齐，经师之隆轨也。然不齐之说亦有终不可齐者，作者既所闻异辞，学者亦弟两存其说。必欲牵就而泯其参差，反致溷殽而失其本指，所谓离之则两美，合之则两伤也。……以两不相侔之说，而欲比而同之，宜其说之阢陧而不安矣。

这说明，将古代文献中意义互有差殊的文字随意牵合，迁就为说，欲使两不相侔的言、事、理等比而同之，则会造成释义的混乱，其说亦将“阢陧而不安”。此所谓“阢陧而不安”，主要是指因穿凿附会而造成的违失本旨、隔塞不通之患。观乾嘉学术札记所论相关训诂实例，知王引之所言不虚。例如：

> 《采蘋序》曰：“《采蘋》，大夫妻能循法度也。能循法度，则可以奉祭祀矣。”……郑氏始以此诗之“宗室”“蘋藻”为即《昏义》之“宗室”“蘋藻”。孔氏云：“郑以《昏义》教成之祭，言芼之以蘋藻，此诗亦言蘋藻，即教成祭也。”其意右郑而左毛矣。王肃曰：“此篇所陈，皆大夫妻助夫人之祭。”此言直捷了当，最为得解，故朱子从之。……经所云“季女”者，大夫之妻也，亦犹《左传》言“季兰”（《左传》：“济泽之阿，行潦之蘋藻，置诸宗室，季兰尸之”），明其少而能敬也。岂可因“宗室”“蘋藻”四字偶同于《昏义》，而遂强《诗》以就《礼》哉？郑氏之学最博，博则不能弃其所爱，而多附会，斯亦好奇之过也夫。（黄中松《诗疑辨证》卷一“采蘋篇一”条）

由黄中松此处的论说看，郑玄见《诗经·召南·采蘋》有“于以采蘋”“于以采藻”“宗室牖下”等句，而《礼记·昏义》中亦有“蘋藻”“宗室”之类的字眼，遂引《昏义》“古者妇人先嫁三月，祖庙未毁，教于公宫；祖庙既毁，教于宗室。教以妇德、妇言、妇容、妇功；教成祭之，牲用鱼，芼之以蘋藻，所以成妇顺也”云云，以阐《采蘋》之旨，谓此诗是写女子婚前行教成之祭；殊不知《采蘋》“蘋藻”“宗室”四字只是偶同于《昏义》，本无意义上的内在关联，而将其强相比附，牵合为说，欲使两不相侔的言辞齐而同之，即病于穿凿附会。又如：

> 阳为大，阴为小，此《易》之一例。吴氏因此谓《易》中言“小”皆指阴，言“大”皆指阳。若《象传》之“大有庆”“大无功”“未大失”，皆牵合以就其说，其穿凿不经甚矣！（王懋竑《读书记疑》卷一《周易》）

这是说，元人吴澄《易纂言》解释《周易》，因见《易》中有阳为大、阴为小之例，便率意牵合，将《易》中“大”字之义都说成是指阳刚[1]，致使经文中义本相殊的“大”字混而为一，故不免于穿凿。又如：

> 《邶》《鄘》《卫风》三十九篇，玩其词意，考其时势，惟《鄘风》自《柏舟》外皆春秋时事，而《邶》《卫》二国风多似春秋以前所作，《淇澳》《硕人》不待言矣。其余诸篇，皆与《春秋》经传所载卫国之事无所关涉。……其诗在春秋以前者多矣，故《序》虽以《春秋》中事附会之，而委曲牵强，卒不能合也。（崔述《读风偶识》卷二《邶鄘卫风》）

此谓《邶风》《卫风》中的一些诗歌作于春秋之前，其所写之事与《春秋》经传所载之事本来不相关涉，而作《诗序》者将它们妄加比配，委曲牵合，欲使两不相涉之事比而同之，则深陷于牵强附会。又如：

> 《聘礼》有宾觌，则使臣之私觌礼也，而《郊特牲》则以私觌为非礼，此不可强合者也。而解者欲合为一，则云：“其君亲来，其臣

[1] 笔者按：《易纂言》解“大有庆”“大无功”，均说“大谓阳刚”；解“未大失”云：“于阳刚之道未为失。”

不敢私见于主国君矣。”（王引之《经义述闻》卷三十二“经义不同不可强为之说”条）

此所论者，涉及的经文及旧注是：《仪礼·聘礼》：“宾觌，奉束锦，总乘马。”“私觌，愉愉焉。”《礼记·郊特牲》：“朝觐，大夫之私觌，非礼也。大夫执圭而使，所以申信也；不敢私觌，所以致敬也。”郑玄注：“其君亲来，其臣不敢私见于主国君也；以君命聘，则有私见。”依王引之的观点，《聘礼》与《郊特牲》之所言“私觌”，其事看似相同（即从事外交活动时，使臣私以礼物拜会主国之君），其理则有是非之殊：前者意在通情结好，是外事活动中的正常行为，符合外交礼仪，而后者以其“执圭而使”时自拟于人君，违背“人臣无外交”的原则，故为非礼之举。因此，“《聘礼》不废宾觌，以展欢敬，此（按指《郊特牲》）则不取私觌，以杜外交，义各有当也”[①]。可见，《聘礼》《郊特牲》之“私觌”不可强合为一，而郑玄欲比而同之，并以“其君亲来”云云补缀弥合，亦不免穿凿附会之病，甚乖于经旨：“经意谓聘礼不敢私觌，以明人臣无外交之道。若云其君亲来，则其臣不敢外交，岂其君不来，遂敢于外交乎？失经意远矣！”[②]此类情形，颇似宋人朱熹所说：经书中同一言辞，往往“道理各自有地头，不可只就一面说。在这里时是恁地说，在那里时又如彼说，其宾主彼此之势各自不同”[③]，“故当随事而释之。……强而合之，不降高以就卑，即推近以为远，始倚一偏，终必乖戾。盖非理之本然，是乃所以为不一也。”[④]

（二）强通硬说，横生曲解

在乾嘉学者看来，训诂释义应做到释其所可知，而阙其所不可知，即所谓“于其所不知而阙疑焉，可也”[⑤]。训释者如果对自己无法讲通的语言文字之义强作解人，做出随心所欲的训释，以求其必通，则易致穿凿附会，即所谓“古人之书，残篇断简，诘曲聱牙，其不尽可笺也明矣。若必一一而强为之注，不

①王引之：《经义述闻》卷十五“朝觐大夫之私觌”条。
②同上。
③黎靖德编：《朱子语类》卷八，中华书局1986年版，第130页。
④朱熹：《晦庵集》卷三十七《与范直阁》。
⑤孙志祖：《读书脞录》卷三“韩姬”条。

至于凿不止”[①]；“必强为之说，即多穿凿之病”[②]。这亦如宋人朱熹所言：“晓不得底且阙之，不可强通，强通则穿凿。”[③]乾嘉学术札记常常论及强通曲解而致穿凿的训诂案例，下摘引两例。

如《诗经·小雅·车攻》：“赤芾金舄。”《毛传》曰：“舄，达屦也。”孔颖达《毛诗正义》释云：“言‘金舄，达屦’者，《天官·屦人》注云：‘舄有三等，赤舄为上，冕服之舄，下有白舄、黑舄。’此云‘金舄’者，即《礼》之赤舄也，故《笺》云‘金舄，黄朱色’。加金为饰，故谓之金舄。白舄、黑舄犹有在其上者，为尊未达。其赤舄则所尊莫是过，故云‘达屦’，言是屦之最上达者也。”段玉裁论之曰：

> 复下曰舄，单下曰屦。“达”“沓”字古通用，是重沓之义尔。不于《狼跋》言之，而于此言之者，金舄谓金饰其下，其上则赤也。达屦，盖汉人语如此。孔冲远不得其旨，而强为之说。（《诗经小学》卷二“赤芾金舄”条）

依段玉裁的看法，鞋为双层底者曰舄，单层底者曰屦，《毛传》以“达屦”训“舄”，其中的“达”即取重沓、双重之义；孔颖达（字冲远）不明汉人所言“达屦”之义，乃强作解事，谓其为“屦之最上达者”（即以为“达”取尊贵、贵盛之义），终有穿凿之病。又如：

> 《职币》：“掌式法，以敛官府、都鄙与凡用邦财者之币，振掌事者之余财。”郑注曰：“振，犹拼也，检也。先言敛币，后言振财，互之。”家大人曰：经言“敛”言“振”，注言“拼”言“检”，皆谓收取之也。《中庸》“振河海而不泄”，郑注曰：“振，犹收也。”……《广雅》曰：“收、敛、拼，取也。”又曰：“拼，收也。”《孟子·梁惠王篇》：“狗彘食人食而不知检。”赵岐注曰：“检，敛也。”《汉书·食货志赞》引《孟子》作“不知敛”，“敛”亦收也。“振、拼、检、敛”四字同义。……贾公彦不晓“振”字之义，又不晓“拼”字、“检”字之义，乃云：“以财与之谓之拼（此误以‘拼’为拼济之

①李调元：《童山文集》卷四《夏小正笺序》。
②黄中松：《诗疑辨证》卷一“国风次第”条。
③黎靖德编：《朱子语类》卷七十九，中华书局1986年版，第2041页。

> ‘拼’)，知其足剩谓之检（此误以‘检’为检察之‘检’）。”又云：“凡用国家财物，皆先振而后敛（此误以‘振’为振济之‘振’）。今于上文直言敛，不言振，亦振之；下言振，财有余，亦敛之可知。故言‘互之’也。”此不得其解而强为之辞。（王引之《经义述闻》卷八“振掌事者之余财”条）

于此可见，《周礼·天官·职币》经文及其郑注中“敛”“振”“拼”“检”四字的意义相同，皆谓收取（币、财），而贾公彦不晓其义，乃强通曲解，云“以财与之谓之拼”，“知其足剩谓之检”，究为穿凿之说。

二、穿凿附会产生的原因

据乾嘉学术札记的论述，穿凿附会之弊的产生原因主要有如下一些。

（一）拘守旧说，曲为弥缝

在训诂实践中，后人由于尊信、拘守先儒的旧说，于其舛误难通之处不敢质疑纠驳，反且曲为弥缝，往往导致穿凿附会。如崔述云：“尊信太过，先有成见在心，即有可疑，亦必曲为之解。”[1]“至于先儒之说与经传相龃龉者，咸莫敢议其失，往往反取经传之文，曲为之解，以斡旋而两全之，是以其说愈巧，其真愈失。”[2]此所言“巧”，实即穿凿之谓[3]。特别是义疏体出现后，注疏家谨遵“疏不破注”之规，于前人相关旧注墨守不移，并对旧说舛误不通之处曲意回护、竭力弥缝，更易引发穿凿附会之弊。例如《左传》，“唐时作《正义》，顾乃弃贾、服之旧注，独以杜氏为甲，其不可通处，必曲为之说，而以贾、服为非。”[4]由拘守旧说、曲为弥缝所引发的穿凿附会之弊，危害甚大。阮元云：“株守传注，曲为附会，其弊与不从传注、凭臆空谈者等。夫不从传注、凭臆空谈之弊，近人类能言之，而株守传注、曲为附会之弊，非心知其意者未必能言之也。”[5]下面列举具体例子说明。

①崔述：《考信录提要》卷下《总目》。
②崔述：《王政三大典考·三代经界通考》。
③笔者按：古人常有“愈巧愈凿”的说法。如《朱子语类》卷一百一十四：“愈巧愈凿。”纪昀《河源纪略》卷二十一《辨讹二》：“其说愈巧而愈凿矣。”
④卢文弨：《抱经堂文集》卷二《王伯厚辑古文春秋左传序》。
⑤阮元：《揅经室一集》卷十一《焦里堂（循）群经宫室图序》。

如,《礼记·王制》:“诸侯之于天子也，比年一小聘，三年一大聘，五年一朝。”郑玄注:“然此大聘与朝，晋文霸时所制也。”孔颖达疏:“按《昭三年左传》，郑子大叔曰‘文、襄之霸也，其务不烦诸侯，令诸侯三岁而聘，五岁而朝’，故云‘晋文霸时所制’。”孙经世论此曰:

>《王制》之解，一误于郑氏、孔氏，一误于韦氏（宏嗣）及王氏（介甫）。郑以“五年一朝”为晋文霸时所制，孔引《昭三年左传》文、襄令诸侯五岁而朝为证，独不思文、襄身未尝一至京师，何能使诸侯朝王？即有是令，不过令诸侯朝霸主，或令诸侯自相朝而已，与《王制》言朝天子事有何关涉，而得据以立说乎？孔既知《王制》与《左传》两“朝”字不同，而犹迁就其说，岂疏家例不破注，必当曲为之护乎？（《惕斋经说》卷一《虞周朝数说》）

据此可见，郑玄以“五年一朝”为晋文霸时所制，其说本误，而孔颖达心知《王制》《左传》中的“五岁而朝”义各不同，互不相涉，但为证成郑玄之说，乃不惜曲意弥缝，引《左传》之文以迁就之，导致穿凿附会。

又如,《诗经·大雅·公刘》第四章:“笃公刘，于京斯依。跄跄济济，俾筵俾几。既登乃依，乃造其曹。执豕于牢，酌之用匏。食之饮之，君之宗之。”郑玄注此云:“厚乎公刘之居于此京，依而筑宫室。其既成也，与群臣士大夫饮酒以乐之。群臣则相使为公刘设几筵，使之升坐。……群臣乃适其牧群，搏豕于牢中，以为饮酒之殽。”黄中松以为郑注未安，论曰:

>《毛传》以四章为公刘宫室既就，飨燕群臣……《郑笺》言公刘宫室既成，与群臣饮食以落之，其群臣执豕献酒进食，以饮食公刘。……此章既是公刘筑室成，而与群臣饮食以落之，则落室之礼当出之公家，筵几酒豕皆是公家之物，何得反谓群臣献酒饮之，进食食之乎？孔氏曲为之解（曰:“群臣之职，若使心不爱君，则苟从而已；虽有所掌，不必促遽。今言群臣相使，见其爱君之意耳”），终觉难通。且破“依”为“扆”，云“公刘既登堂，负扆而立”，亦觉穿凿。“饮”“食”是公刘饮食群臣。（《诗疑辨证》卷五“君之宗之”条）

观黄氏此处所论可知，《公刘》第四章是写公刘饮食群臣，而如郑玄所解，则谓群臣执豕献酒以宴请公刘，这既不合古人举行落室之礼的常例，又与诗歌上下文语境不相切；郑玄之说不可通，而孔颖达不予辨正，还极力曲全之，称群臣执豕献酒以饮食公刘，是“见其爱君之意”，此显为穿凿弥缝之说。

（二）不辨误字，望文生义

在乾嘉学者看来，对于古代文献在流传过程中产生的讹文误字，不可望文生义，据以为说；文本之“传写误字，欲一一求其义，则凿矣”[①]。譬如“《春秋》一书，孔子既修之后，仍有脱简误字，不一而足，而必于其脱误处曲为之说，毋怪乎益入于穿凿也”[②]。乾嘉学术札记中所指议的训诂实例，多有类此者。如：

> “桀、纣即序于有天下之势，索为匹夫而不可得也。”念孙案：“序”字义不可通，“序”当为“厚”，字之误也。（隶书“厚”“序”相似，传写易讹。说见《墨子·非攻篇》。）言桀、纣有天下之势虽厚，曾不得以匹夫终其身也。《仲尼篇》曰：“桀、纣厚于有天下之势，而不得以匹夫老。”《强国篇》曰：“厚于有天下之势，索为匹夫不可得也，桀、纣是也。”皆其证。杨云：“即序于有天下之势，谓就王者之次序为天子。”此望文生义而曲为之说。（王念孙《读书杂志·荀子第四》“序于有天下之势”条）

唐传本《荀子·王霸》中“即序于有天下之势”的“序”，为“厚”字之误，杨倞对此不能辨识，乃就此误字望文生义，训作“次序”，解全句之意为“就王者之次序为天子”，此大乖于原文之旨，而入于穿凿曲说。又如：

> “泽之萑蒲，舟鲛守之。”《注》：“舟鲛，官名。”《疏》：“舟是行水之器，鲛是大鱼之名。泽中有水有鱼，故以舟鲛为官名也。”按《说文》：“篽，禁苑也。从竹御声。《春秋传》曰：‘泽之萑蒲，舟篽守之。’魰，或从又，魚声。”今本《说文》“舟篽”误作“目篽”，上脱“萑蒲”二字，下脱“守之”二字，遂不可解。盖舟篽官名，本作

①王懋竑：《读书记疑》卷十一《荀子存校》。
②赵翼：《陔余丛考》卷二“春王不书正月”条。

“舟鮫”，《传》文转写作“鲛”，《疏》说穿凿之甚。《月令》云：“命舟牧覆舟。”亦当作“舟鮫”，形近致误。（陈鳣《简庄疏记》卷十一）

由是观之，后世传本《左传·昭公二十年》中“舟鲛”的“鲛”实为误字，据《说文解字》“䱷”字注文所引，当作“鮫”（即“䱷”字之重文）[①]；孔颖达作疏，不知“鲛”为误字，乃望文生义，谓鲛是大鱼之名，并言古代职掌薮泽的官员以“舟鲛”为名，是因泽中有水有鱼之故，其说可谓穿凿之甚！

（三）不得其解，以臆妄测

有些训诂研究者在训释古代文献的语言文字时，“不得其解而强为之说”[②]，“求其义不得，遂曲为之解”[③]，这实际上都是强不知以为知，而凭一己之臆见妄测缪说，即所谓“讳所不知而强为之说，妄矣！”[④]“知其说之不可通也，曲为之解……以臆创之者也”[⑤]。其极易诱发穿凿附会之弊。譬如《易经》，“圣人明睿，无所不照，故其释爻象之词，初不烦辞费也。后儒不能及此，于是各以私智妄相推测，而穿凿之弊以生”[⑥]。

由乾嘉学术札记所论而观之，训释者不得其解，而妄以己意强通曲说，导致穿凿附会，其具体情形多种多样。兹择其要者论列如下。

1. 不识文字而妄为曲说。例如：

古文“榭”本作“射”。《邿敦铭》曰“王格于宣射”，是也。刘逵引《国语》云：“射不过讲军实。”今本作“榭”。《说文》无“榭”字，经传通作“谢”。《荀卿子》曰：“台谢甚高。”……吴射慈亦作“谢慈”，是“射”与“谢”通。挚虞《三辅决录注》云：“汉末大鸿胪射咸，本姓谢名服，天子以为将军出征，姓谢名服不祥，改之为射氏名咸。”载见《广韵》。此由晋时不识古文，曲为之说。（惠栋《九经古义》卷十四）

此言晋人挚虞由于不知古文“射”本与“谢”字通用，遂妄为曲说，谓天

①笔者按：有不少乾嘉学者持此看法。如段玉裁《说文解字注》于“䱷”字下云：“鲛当是鮫误。”庄述祖《五经小学述》卷一：“鲛当为鮫字之讹。”
②王引之：《经义述闻》卷九“荐豆笾彻”条。
③刘始兴：《诗益》卷十四《诗辨总·小雅上》。
④盛世佐：《仪礼集编》卷十四“上射揖”按语。
⑤周炳中：《四书典故辨正》卷三“庙主”条引汪琬语。
⑥姚文田：《邃雅堂集》卷一《读易论》。

子因忌讳将军姓“谢”而改之为“射”，入于穿凿附会。

2. 不晓语词之义而妄加曲解。例如：

“於，代也。”郭注：“於义未详。”张尚书《注疏考证》云：“‘鸿昏於显’四字为句，‘间代也’三字为句。古字‘於’同‘乌’。鸿雁宿最迟，故以鸿言昏；乌鸦起最早，故以乌言显。”按：此言甚穿凿。翟教授《补郭》取之，何也？邵校理《正义》云：“於者，《孟子·万章篇》引逸《书》云：‘汝其于予治。’‘于’‘於’字通用，言汝其代予治也。赵注以为‘助我成事’，‘助’与‘代’义相通也。”此解得之。（陈鳣《简庄疏记》卷十七）

其意是说，对《尔雅·释诂》“鸿、昏、於、显、间，代也”条中的“於”，清人张照求其古义而不得，遂凭己意妄加揣测，曲为之说，在《尔雅注疏考证》中称“於”同于“乌”，与“显”连读，“以乌言显”（因为乌鸦每天最早现身于天明显见之时），其说穿凿之甚！在陈鳣看来，“於”古有“代”义，《孟子》所引逸《书》“汝其于（於）予治”，即其证。又如：

“国凶札，则无关门之征。”《注》：“出入关门，无租税。”《疏》：“此司关所掌，兼言门者，门、关同类，无征是同。”案：经文及《注》“关门”，即关之门耳，不必牵连司门为言。《疏》殆误会，妄生穿凿，于义非也。（武亿《三礼义证》卷二《周礼地官》）

其意是说，《周礼·地官·司关》中“关门”一词的意义本为“关之门”，而贾公彦昧于此词之义，作疏时乃妄加曲解，以其指“关”与“门”，并称“兼言门者，门、关同类”，以致弊涉穿凿。

3. 不明古人属辞之法而凭臆强说。例如：

《昭廿四年传》：“昭公将弑季氏，告子家驹曰：‘吾欲弑之，何如？’”元照案：以君杀臣而曰弑，犹《左氏》之“王贰于虢”“王叛王孙苏”，字法相类。古人美恶轻重不嫌同辞，读者不可以辞害志也。洪景卢（《容斋三笔》十四）、王伯厚（《困学纪闻》）执“贰”“叛”二字，诋斥左氏，其论诚正，然未明乎古人用字之法，不免冤古人矣！邵公亦未知此意，强为之说曰：“昭公素畏季氏，意者

以为如人君，故言弑。”斯则穿凿无理，不可以训。（严元照《娱亲雅言》卷四）

《左传·昭公二十四年》“昭公将弑季氏”的“弑”，指君杀臣（与“弑”通常指下杀上的用法不同），这在严元照看来，与古人美恶轻重不嫌同辞的属辞之法有关；汉儒何休（字邵公）不明于此，乃强说曲解，不免穿凿无理。

4. 不详古事（如礼制、历法、史实等）而以臆附会。举一例以明之：

《传》曰：“甫，大也。田者，大芟草以为防，或舍其中，褐缠旃以为门，裘缠质以为槸，间容握，驱而入，轚则不得入……田不出防，不逐奔走，古之道也。”盖谓广大之地有草可芟，故言“甫草”也。《毛传》甚简，此独详述古制，繁而不杀，据其师传，当不误也。《郑笺》曰：“甫草，甫田之草也。郑有圃田。”郑以下章云“搏兽于敖”，“敖”是地名，则“甫田”亦是地名矣。……朱子以前诸儒多从毛义，朱子以后诸儒多从郑说。从毛则无穿凿之病，从郑则有傅会之失。据《周礼·职方》“河南曰豫州，其泽薮曰圃田”，《左传》皇武子曰“郑之有原圃，犹秦之有具圃”，郭注《尔雅》曰“今荥阳中牟西圃田泽是也”，则“圃”固郑囿之名，与敖相近，故宣王得往田焉。……乃《周礼》《尔雅》《左传》俱作“圃”，而经文但言“甫”，不足引据。郑氏好破字，朱子尝痛讥之。此亦破字。（黄中松《诗疑辨证》卷四“东有甫草”条）

依黄中松此所论者，郑玄将《诗经·小雅·车攻》“甫草”之“甫”解为圃田，指郑之泽薮，此乃穿凿附会，未得其旨；究其因，在于郑氏未详古代的田猎之制，不知田猎应当芟除野草以为防限。“甫草”当从《毛传》以为训。

（四）标新立异，轻议旧说

段玉裁有云：“以说部为体，……余尝以为学者记所心得，无忘所能，可以自课，可以持赠同人，莫善于是。顾为之者，其弊有二，一曰好为异说，一曰剿说雷同，皆中无所得，藉是邀名，自谓知古学而已。”[1]段氏此所谓

①段玉裁：《娱亲雅言序》，见严元照《娱亲雅言》卷首。

“好为异说”之弊，其实往往与牵强附会之弊相生相伴，即如乾隆时人黄达所说：“偏执己见，支离穿凿，好为立异，以耸听闻。”[①]经籍训诂实践中的不少事例也能证明这一点。如，俞德邻《佩韦斋辑闻》一书凡四卷，“诠释《论语》独占至一卷，然欲求其胜于朱注，往往横生新义，究不免穿凿之失矣”[②]。下面再看具体实例：

“公子曰臣孽”，《注》：“孽，当为枿，声之误。”《疏》：“从枿者，枿是树生之余。”案：《疏》释“枿”为“余”，是也。《匡谬正俗文》云：“孽是庶孽，既非适子，故自云孽，不当言枿。枿者，断而复生，岂人子之所宜自称？”考颜氏说，误。《尔雅·释诂》：“枿，余也。”李巡曰：“枿，槁木之余也。”未尝作“断”解。又《太玄·居》上九：“株生孽，其种不绝。测曰：株生孽，其类乃长也。”“公子曰臣孽”，从枿余为义，犹《礼》言“余子”，盖与“庶子”同，即当庶孽之义。而颜氏偏见，据以难郑，说曲而凿，故亟辨之。（武亿《三礼义证》卷十一《礼记四》）

武亿此论表明，《礼记·玉藻》“臣孽”之“孽”，郑玄读作“枿”，以枿余为其义，甚得经旨，而颜师古驳难之，是出于家法门户的偏见，有意与郑氏立异，其说不免于“曲而凿”。今按：郑玄谓“孽”为“枿”字声误，不一定正确，但他认为指称庶子的“孽”是由木之枿余而得名，颇为有理。《诗经·小雅·白华·序》孔疏：“孽者，蘖也。树木斩而复生谓之蘖。以适子比根干，庶子比支蘖，故孽，支庶也。”段玉裁于《说文解字》“孽”字注云：“凡木萌旁出皆曰蘖，人之支子曰孽，其义略同。”可见“孽”与“蘖（枿）”为同源关系。再举一例：

（敖）君善此书不显于元明之世。……其说好与康成立异，而支离穿凿，似是而非。……《既夕篇》：“荐马，缨三就，入门，北面交辔，圉人夹牵之，御者执策立于马后。哭成踊，右还，出。”“哭成踊”者，主人也。敖氏以为圉人与御者，引《杂记》“荐马者哭踊”证之。按：彼《疏》云：“马是牵车为行之物，行期已至，孝子感之

①黄达：《一楼集》卷十八《夏醴谷读史提要录序》。
②周中孚：《郑堂读书记》卷五十六《子部十之五》之《佩韦斋辑闻》。

而哭踊。”是哭踊非荐马者明矣。主人不哭踊，而圉人、御者反哭踊，揆诸礼节，必非人情。敖之疏谬如此，乃讥郑为疵多醇少，岂其然乎？（钱大昕《潜研堂文集》卷二十七《跋仪礼集说》）

元人敖继公（字君善）《仪礼集说》训释《仪礼》之文，多有穿凿附会之弊，与敖氏喜与前贤立异、争胜以自高有关。上引钱大昕论述文字中所举说经之例，即为显证。

第三节 望文生训

望文生训，乾嘉学者在学术札记中又常常称之为“望文生义”“望文生意”“望文为义”“望文生解”“缘词生训”“泥字生义”等。如俞正燮云：“望文生义，亦非说经正义。”[①]王念孙云：“此望文生意，而非其本旨。”[②]桂馥云：“《正义》望文为义，失之。”[③]周中孚云：“《仪礼》诸条，足正《贾疏》望文生解之失。”[④]王引之云：“此皆缘词生训，非经文本义。”[⑤]王筠云：“形容之词……不可泥字生义。”[⑥]兹以“望文生训”一目统而称之。在乾嘉学者眼里，望文生训是经籍训诂的一大弊病：

求之全经，并无以刚柔分邪正之例，而旧说相沿如此，是皆望文生解之病，读《易》不见大意之病也。（边廷英《周易通义》卷十二“扬于王庭”按语）

凿空之弊有二：其一，缘词生训也；其一，守讹传谬也。缘词生训者，所释之义非其本义。（戴震《戴东原集》卷十《古经解钩沈序》）

可见，望文生训（缘词生训）是一种漠视文献中字词本然之义而凿空立说

①俞正燮：《癸巳类稿》卷二《勺药义》。
②王念孙：《读书杂志·荀子第一》“果敢而振”条。
③桂馥：《札朴》卷二《温经》“鑿”条。
④周中孚：《郑堂读书记》卷六《经部三之四》之《礼学卮言》。
⑤王引之：《经义述闻》卷五“终风且暴”条。
⑥王筠：《毛诗重言》上篇，见《续修四库全书》第69册，上海古籍出版社2002年版，第329页。

的训诂弊病。对于此弊，乾嘉学术札记中还有不少只言片语论及。如：

自隶体假借，读者望文生义，遂使古训拘而不能通矣。（桂馥《晚学集》卷二《蔡中郎名字说》）

此等皆以字之声音意想可知，后人泥字之形义训释者，非也。（江永《周礼疑义举要》卷七）

凡书传中言“无虑”者，自唐初人已不晓其义，望文生训，率多穿凿。（王引之《经义述闻》卷三十一“无虑”条）

说者望文生义，往往穿凿，而失其本指。（王念孙《读书杂志·汉书第十六》“连语”条）

综合上引材料来看，所谓望文生训，是指训释者由于受各种因素（如忽视文字假借、不明声近义通之理等）的影响，在训解古代文献中的字词时，拘泥于其字面义或常用义牵强曲说，穿凿为解，而所解实际上并非原文字词本有的意义。

综考乾嘉学术札记的论述，训诂实践中望文生训的具体情形是多种多样的。约而言之，大致有如下一些。

一、依据借字而为解

古代文献中本有其字的假借（即通假）现象较为普遍，“学者改本字读之，则怡然理顺；依借字解之，则以文害辞”[①]。也就是说，对古书中的借字，须破以本字而读，乃得其义；如依借字而为解，则堕入望文生训之地，即所谓“望文为义，不为破字，失之”[②]。如此为解，其害甚大：“望文生义，以借字作正字，遂至傅会迁就，缪于古训，此读书一大蔽也。”[③]乾嘉学术札记对前人因不明通假而望文生训的弊病多有指陈。例如：

“方今天下闻崇之反也，咸欲骞衣手剑而叱之。其先至者，则拂其颈，冲其匈，刃其躯，切其肌。”师古曰：“拂，戾也。”念孙案：

①王引之：《经义述闻》卷三十二“经文假借”条。
②桂馥：《札朴》卷七《匡谬》“萦纡”条。
③朱骏声：《传经室文集》卷四《六书叚借经征序》。

师古训“拂”为“戾”，望文生义，非其本指也。“拂”读为“刜”，刜，斫也，谓以剑斫其颈也。……《说文》曰：“刜，击也。”《广雅》曰：“刜，斫也。”……《楚辞·九叹》“执棠溪以刜蓬兮”，王注亦曰：“刜，斫也。”作“拂”者，假借字耳。《说苑·杂言篇》曰：“干将镆铘，拂钟不铮。”亦借“拂”为“刜”也。若以“拂其颈”为戾其颈，则上与“手剑”不相承，下与“冲其匈”三句皆不相比附矣。（王念孙《读书杂志·汉书第十五》“拂其颈”条）

据此所论，《汉书·王莽传》中“拂其颈”的“拂”，是通假字，其本字为“刜”，斫击之意；而颜师古训之为“戾”，乃属望文生义，未得其本旨，其误训的原因就在于不明通假，误将借字作本字。又如：

“康谓之蛊”，郭注：“米皮。”颐煊案：《说文》：“穅，谷皮也。”“康”即“穅”字之省。“蛊”与“盬”通。《诗·四牡》毛传：“盬，不坚固也。”《左氏昭元年传》：“谷之飞亦为蛊。”皆义本《尔雅》。杜预注：“谷久积则变飞虫，名曰蛊。”《论衡·商虫篇》：“谷虫曰蛊。”望文生义，失《雅》训矣。（洪颐煊《读书丛录》卷八“康谓之蛊”条）

洪颐煊在此指出，《尔雅·释器》中“康谓之蛊”的“蛊”，以及《左传》“谷之飞亦为蛊”的“蛊”，前人一般理解或解释为谷虫，此为望文生义，皆由不明“蛊”之通“盬”故也。今按：洪氏此说，虽无坚确不破之明证，但仍不乏其合理性。《尔雅·释言》云：“康，苛也。”邵晋涵《正义》卷三释此曰：“《说文》云：‘苛，小艸也。’《释器》云：‘康谓之蛊。’康、苛皆细小之物，故假借以为烦碎之名。”洪氏以为“蛊”与“盬”通，意为不坚实，此与“康”训“苛”之细碎义有相通之处。又如：

《左传》本古文，其字多假借。如《昭七年》云：“楚子享公于新台，使长鬣者相。”杜预注：“鬣，须也。”《十七年》云：“使长鬣者三人，潜伏于舟侧。”杜注：“长鬣，多髭须。”韦昭注《楚语》“长鬣之士相焉”，亦云：“长鬣，美须髯。”是皆望文生训，不知“鬣”为假借。《说文·人部》“儠”云：“长壮儠儠也。”引《春秋传》正作

“儠”。许氏所引必古文，今文假借作“鬣”耳。《传》意盖谓长壮之人儠儠然大，欲相夸耀，故特简其人置诸左右。若云长须，于义为短。“儠儠”作重文者，形容之词多作叠字。《说文·髟部》“鬣”云：“发鬣鬣也。”《囟部》“巤”云：“毛巤也。象发在囟上及毛发巤巤之形也。”然则“巤”“鬣”二字并作重文，亦俱形容之词，与“儠儠”同。“儠儠”为人长壮之貌，则知“鬣鬣”亦为发长上指之貌。（《汉书·元帝纪》“额有壮发”，“壮”亦长耳。）……韦昭、杜预不知古字假借，遂以“多须”“美须”为训。遍检经典，遂无训“鬣”为人须髯之文，益信韦、杜二注之误。（郝懿行《晒书堂集》卷七《古左传考》）

《左传》《国语》中“长鬣”之“鬣”，杜预、韦昭分别以“髭须”“须髯”为解，这在郝懿行看来，均有望文生训之病，缘于杜、韦不知“鬣”为“儠”之借字（意指人长壮、高大），乃据借字作解。今按：郝说甚是。段玉裁于《说文解字》“儠”字下注云：“《左传·昭七年》《十七年》《国语·楚语》皆云‘长鬣’。‘鬣’者，‘儠’之假借字也。韦昭、杜预释为美须髯，误。《广雅》曰：‘儠，长也。’”

二、依据误字而为解

古代文献在流传过程中，往往会产生鲁鱼亥豕、脱漏衍倒之误。治训诂者对此类文字讹误应该加以审辨，予以订正，以求得确诂；如果不予辨正，乃随误字而曲为之解，则难免于望文生训之弊。因此，乾嘉学者常有“不能订正误字，更为望文生义，以佐成其说”[①]之类的论议。下面举例说明：

“淮阴侯韩信，为连敖票客”，师古曰：“《高纪》及《信传》并云‘为治粟都尉’，而此云‘票客’，参错不同。或者以其票疾而宾客礼之，故云‘票客’也。”念孙案：《百官表》有治粟内史，掌谷货。《高纪》及《信传》并云“信为治粟都尉”（《汉纪》同），则“票”为“粟”字之讹甚明。《史表》索隐引《汉表》正作“粟客”，而师古

①洪震煊：《浙江即岷江非渐江考》，见《诂经精舍文集》卷十。

本独讹作“票客”，遂望文生义而曲为之说矣。（王念孙《读书杂志·汉书第二》“票客”条）

此谓颜师古注《汉书·高惠高后文功臣表》，对所据传本中的讹字“票”未予辨正，而依此讹字曲为之解，训其义为“票疾”，是属望文生义，甚为不当。

又如，旧本《荀子·儒效》：“用万乘之国，举错而定，一朝而伯。”杨倞注云：“伯，读为霸。言一朝而霸也。”顾广圻论之曰：

《荀子》“伯”亦“白”之误，杨所读非也。……《儒效篇》又云：“则贵名白而天下治也。”《王霸篇》云：“仁人之所务白也。”句屡见。又云：“故曰：以国齐义，一日而白，汤、武是也。”……《尧问篇》末云：“是其所以名声不白。”然则“白”也者，固荀卿习用之语，唯此处传写误为“伯”耳。杨他注或云“显白”，或云“明白”，或云“彰明”，其义皆是，而此据误字望文生义，则非。幸《外传》未误，尚可证之。（《思适斋集》卷六《与赵味辛论韩诗外传误字书》）

依顾氏此处所论，旧本原文“一朝而伯”之“伯”，实为“白”字之误（“白”字意谓名声显白），而杨倞于此不辨，遂据误字为说，堕陷于望文生义。

三、不晓古义而强作训释

治训诂者如果不晓文献中字词的古义，但执字词之后世常用义而强为之说、妄为之解，往往会引发望文生训之弊。有如乾嘉学者所说：“此皆古人谓‘诈’为‘渐’之证，说者都不寻省，望文生义”[①]；“望文生义，错迕滋多，盖古训之失传久矣。”[②]乾嘉学术札记时常论及此类训诂个案。如：

“中行寅为下卿，而干上令，擅作刑器，以为国法，是法奸也。又加范氏焉，易之亡也。”杜注曰：“范宣子刑书，中既废矣，今复兴

①王念孙：《读书杂志·荀子第一》“攫盗而渐”条。
②王引之：《经义述闻》卷三“暂遇奸宄”条。

> 之，是成其咎。”《正义》引刘炫曰：“范氏取搜之法，以为国制，虽则为非，书已废矣。……今荀寅更述其事，又加增范氏之恶焉，范氏已欲免祸，今复改易之而使亡。”家大人曰：杜、刘、孔三君皆未晓“易”字之义而强为之词，非《传》意也。（孔氏巽轩《经学卮言》读“易”为难易之“易”，亦非。）今案：“易之亡也”四字作一句读，“易”者，疾也，速也。言中行寅擅作刑器以召祸，又加以范氏之旧恶，是速之使亡也。……《汉书·天文志》：“大白所居久，其国利；易，其乡凶。”苏林曰：“易，疾过也。”是古谓疾速为“易”也。引之谨案：《孟子·梁惠王篇》“深耕易耨”，“易耨”亦谓疾耨也。《管子·度地篇》曰：“大暑至，利以疾耨杀草薉。”是其证。……后人不知“易”有疾速之义，故或以为“改易”，或以为“简易”，望文生训，而古义遂失其传矣。（王引之《经义述闻》卷十九“易之亡也”条）

由是观之，《左传·昭公二十九年》中“易之亡也”的“易”，自杜预以来，学人们多以常用义“改易”训之，或间以常用义“简易”为说，此皆由后人不晓“易”之古义而强为之训，病涉望文生义。“易”字古有疾速之义，经文“易之亡也”正用此义，意谓速之使亡也。又如：

> （郭）景纯于经术本疏，往往不考古训，望文生义。如“鸿”之训“代”，“鸿”即“洪”字，《康诰》“乃洪大诰治”，郑释“洪”为“代”可证，而景纯乃以“鸿雁知运代”为说。“肶”之训“厚”，本《诗》“福禄膍之”，《韩诗》作“肶”，而郭乃以“肶辅”为说。“窕”之训“闲”，本《诗》“窈窕淑女”，毛释“窈窕”为“幽闲”，“窈”为“幽”，则“窕”当为“闲”矣，而郭乃以“间隙”为说。（钱大昕《潜研堂文集》卷十《答问七》）

这里列举的一系列例证表明，晋人郭璞（字景纯）注释《尔雅》，由于不考古训、不晓古义，往往以后世常见的字面意义解说《尔雅》中的词语，导致望文生义之弊丛生。

四、不明语源而强作训释

检读学术札记可知，训释文献中的语词，有时需要推求和明了其语源，并综考同源之词，以知其得义之由；否则，亦有可能强通曲说，犯望文生训之病。例如：

> “造舟于河”，《正义》曰：“《诗》云‘造舟为梁’，是比舟以为桥也。《释水》云：‘天子造舟。’李巡曰：‘比其舟而渡曰造。’孙炎曰：‘比舟为梁。’郭璞曰：‘比船为桥。’皆不解‘造’义。盖‘造’为‘至’义，言船相至而并比也。”家大人曰：“造”之言“曹”也，相比次之名也。（“造”“次”一声之转，故凡物之次谓之莲。《昭十一年左传》“僖子使助薳氏之莲”，杜注曰：“莲，副倅也。”张衡《西京赋》“属车之莲”，薛综注曰：“莲，副也。”义与“造舟”并相近。）故薛综注《东京赋》曰：“造舟，以舟相比次为桥也。”李巡、孙炎皆言“比舟”，正释“造”字之义。冲远不得其解而转训为“至”，《尔雅释文》训“造”为“作”，……皆由不知“造”为比次之义，故望文生训，而卒无一当矣。（王引之《经义述闻》卷十九“造舟于河”条）

于此可见，对《左传·昭公元年》“造舟于河”的“造”，以及《尔雅·释水》“天子造舟”的“造”，孔颖达（字冲远）《左传正义》、陆德明《尔雅释文》分别训作“至”“作”，均有望文生训之失。依王氏父子的看法，如果下一番考求语源的功夫，便知“造”的音义相通于“曹”，与“次”“莲”亦有同源关系[①]，以“相比次”为语源义，故“造”宜当训为“比次”（意即依序排列）；若此，也就不至于望文生义而训其为“至”“作”之类。

---

①笔者按：今人王玉堂《“两造具备”及其他》一文（载《古汉语研究》1990年第1期）有云：“聚舟上下运行称漕，聚舟连通两岸言造，皆受义于曹。”林开甲《〈广雅疏证〉语源研究管窥》一文（载《古籍整理研究论丛》，山东大学出版社1991年版）有云：“‘造’‘曹’‘次’音近义通。……（王氏）通过语源的考察，可以证明李巡、孙炎、薛综的解释是正确的。”

五、泥于联绵词字面而求义

乾嘉学者普遍认为，古代文献中用来书写联绵词的文字，以声为义，“其意即存乎声，求诸其声则得，求诸其文则惑矣”[①]；譬如“夫‘战栗’，连语也，不可泥字求义”[②]。如果泥字求义，就自会陷于望文生训之弊。例如：

《管子·小问篇》：“桓公问管仲曰：‘寡人欲霸，以二三子之功，既得霸矣。今吾欲王，其可乎？’宾须无对曰：‘古之王者，其君丰，其臣教。今君之臣丰。’公遵遁缪然远，二三子遂徐行而进。”房注：“言公之所遵行者，皆流遁缪妄之事，欲王天下，恐未可。”案：“遵”与“逡”通，“遁”与“巡”通，“遵遁”即“逡巡”，却退之意也。房注句读不通，随文生义，失之远矣。《淮南子·精神训》：“日中有踆乌。”注：“踆，犹蹲。”则“遵”与“逡”通。《汉书·平当传》“逡遁有耻”，则“遁”与“巡”通，可证。（朱亦栋《群书札记》卷九“遵遁”条）

观此条论述材料可知，房玄龄将《管子·小问篇》中“遵遁”二字析而解之，分别训作“遵行”和“流遁”，是据二字之常训为说；在朱亦栋看来，“遵遁”实为联绵词（与“逡巡”同为一词），不可胶执其字面义以为解，房氏对此犹未识，故“随文生义，失之远矣”。又如：

京都宴会酒半，出葧脐饷客，以为特敬，而吾乡以之饤盘，则群诮其菲薄矣。《尔雅·释草》：“芍，凫茈。”即葧脐也。“凫”“葧”声之转，“茈”“脐”声相近，而李时珍谓“凫喜食之，故名凫茈”，真望文生义矣！端履案：郭注：“生下田，苗似龙须而细，根如指头，黑色，可食。”《齐民要术》引樊光注云：“泽草可食也。”皆指今葧脐而言。今吾乡呼“勃”为“蒲”，亦是一声之转，至吴音则无不读作“勃”矣。（王端履《重论文斋笔录》卷十二）

---

①王念孙：《读书杂志·荀子弟二》“离纵而跂訾”条。
②王筠：《说文释例》卷十七。

以此所论观之，《尔雅·释草》中的“凫茈”，实际上是一个联绵词[①]，如循语音的线索考察，其即后世所谓“葧脐”“蒲脐”等，指一种草本植物，其根可食；李时珍在《本草纲目》中阐释“凫茈”的得名之由，谓“凫喜食之，故名凫茈”，此说有望文生训之病，缘于李氏不知“凫茈”为联绵词，泥字求解。

六、泥于音译词字面而求义

依乾嘉时人的看法，“稽古语言文字之传，不能不随方随时，代为变易，将欲观其会通，惟音义两端为之枢筦。独是施之于翻译，则以字之不得其音而舛者，亦以字之强索其义而逾舛。……盖对音本无义也，即如国语称天曰阿卜喀，蒙古语则曰腾格哩，西番语则曰那木喀，回部则曰阿思满，以汉文求之，皆无义之可索。”[②]这也就是说，文献中记录音译词的汉字，只起标音作用，与词的意义不相关涉，故不可泥于标音之字以求索其义；否则，将有望文生义之弊。例如：

> 王巩《甲申杂记》云：“大辽谓天使为赦例郎君，依赦例，日行五百里也。”案巩《闻见近录》云：“……有赦例郎君于越者，小羌也，请得五千骑以当王师……”《契丹国志》亦载其事云：“时耶律逊宁号于越，呼为舍利郎君云云。”然则赦例郎君即舍利郎君。……《（辽史）职官志》：“舍利司掌皇族之军政，有舍利详稳、舍利都监、舍利将军、舍利小将军等官。”《国语解》：“契丹豪民，要裹头巾，纳牛驼十头，马百匹，乃给官名曰舍利。后遂为诸帐官，以郎君系之。”《钦定辽史国语解》作“锡里”，云：“蒙古语，选拔也。”王氏谓赦例日行五百里，望文生义，殊属附会。（沈涛《铜熨斗斋随笔》卷六“舍利郎君”条）

由此来看，“赦例”是辽代的官名，为音译词，来源于蒙古语，又音译为“舍利”“锡里”等，本义为“选拔”；而宋人王巩对音译词“赦例”疏于辨

---

①笔者按：以今观之，“凫茈”属于非双声叠韵的联绵词。参见徐振邦《联绵词概论》，大众文艺出版社1998年版，第22页。

②爱新觉罗·弘历：《清文鉴序》，见谢启昆《小学考》卷一，四川大学出版社2015年版，第5页。

察，将其混同于一般汉语词，依其字面义为解（即解为赦免之例），流于望文生义。在乾嘉学者看来，此类弊习亦是由来尚矣。梁章钜《退庵随笔》卷十六引《四库提要》云："译语对音，自古已然。……间有音同字异者，如'天竺'之为'捐毒''身毒''印度'……初非以字之美恶分别爱憎也。自《魏书》改'柔然'为'蠕蠕'，比诸蠕动，已为不经；《唐书》谓'回纥'改称'回鹘'，取轻健如鹘之意，更为附会。至宋人武备不修，邻敌交侮，力不能报，乃区区修隙于文字之间，又不通译语，竟以中国之言，求外邦之义。如赵元昊自称'兀卒'，转为'吾祖'，遂谓'吾祖'为'我翁'；萧鹧巴本属蕃名，乃以与'曾淳甫'作对，以'鹧巴''鹑脯'为恶谑。积习相沿，不一而足。"

第四节　增字解经

增字解经是训诂实践中常见的一种弊病，乾嘉学术札记论之甚多，从中可见乾嘉学者在训诂释义上追寻本意、得其正解的学术趣尚。

一、增字解经概说

增字解经的训诂弊病，乾嘉学术札记又往往称之为"增字为解""增义解经""增文为说"等。例如：

"稍令楗为自保就。"念孙案："保就"犹言"保聚"……"就"有聚会之义。师古训"就"为"成"，则与"保"字义不相属；乃云"令自保守，且修成其郡县"，则增字为解，而非其本旨矣。（王念孙《读书杂志·汉书第十四》"保就"条）

解者不知读"洗"为"先"，而谓洗濯万物之心。夫《传》言"洗心"，不言洗万物之心，增义以解经，于文有所不合。（王引之《经义述闻》卷二"圣人以此洗心"条）

学者不取信于《春秋》经传，而泥汉儒之记，已为舛谬，况并不

求其前后文义所在，而割裂其句，增易其文，以自为说乎？无怪乎六经之日晦也。（崔述《王政三大典考·经传禘祀通考》）

盖从《序》之说，必于本文之外增添补缀，其意始达。（黄中松《诗疑辨证》卷三“晨风篇”条）

解书之弊，最患添设而转失本义。（秦笃辉《经学质疑录》卷七）

虞、王二说，以己意添补，其非经义不待言。（苏秉国《周易通义》卷二十“节”条）

上引论说材料中“增字为解”“增义以解经”“增易其文（为说）”“增添补缀”“添设”“以己意添补”等语，实际上与通常所谓“增字解经”的意思相同或相近。

对于增字解经的训诂弊病，乾嘉学术札记有一些理论性的探讨和分析，其中尤以王引之《经义述闻》的相关论说最为详明而精辟。该书卷三十二“增字解经”条有云：

经典之文，自有本训。得其本训，则文义适相符合，不烦言而已解；失其本训而强为之说，则阢陧不安，乃于文句之间增字以足之，多方迁就，而后得申其说。此强经以就我，而究非经之本义也。如《蹇》六二：“王臣蹇蹇，匪躬之故。”故，事也。言王臣不避艰难者，皆国家之事，而非其身之事也。而解者曰：“尽忠于君，匪以私身之故，而不往济君。”（《正义》）则于“躬”上增“以”字、“私”字，“故”下增“不往济君”字矣。……《金縢》：“敷佑四方。”敷，遍也。言遍佑四方之民也。而解者曰：“布其道以佑助四方。”则于“敷”下增“道”字矣。……《吴语》：“不敢左右。”敢，犯也。言不犯君之左右也。而解者曰：“不敢左右暴掠齐民。”（韦注）则于“敢”下增“暴掠齐民”字矣。……此皆不得其正解，而增字以迁就之。

即此而观之，我们至少可以获得如下几点认识：其一，从表象上看，增字解经是“于文句之间增字以足之……而后得申其说……究非经之本义也”，亦即训释者增添经典原文所无的字句以为解说，而其所增之字句的意思又并非原文所含具。其二，从本质上看，增字解经是训释者在不得经文本训的情况下强经就我，无中生有，凿空立义，以迁就己意、自圆其说，它实为一种妄意造作言辞，以增饰其所无的诠释行为。其三，增字解经之弊产生的原因，从根本上讲，是因为训释者昧于经典之文的本训，不能得其正解，遂于所见不真之处强为之说。

依乾嘉学者的看法，在训释古代文献的实践中，如果不违作者的本意，增补文字以释义，是值得提倡的，其有助于充分透彻地诠释文献原文，能使原文隐含的意义变得明确、晓畅，此不涉于增字解经之弊。例如，“《彖传》释经，每添字见意。如‘噬嗑而亨’‘损而有孚’是也。‘否之匪人’盖亦如是，添一‘之’字而‘匪人’乃属于否时，‘不利’二字自连下‘君子贞’作一句，可无庸特释矣。此释经之妙也。”[①]又如，《孟子·万章上》：“不及贡，以政接于有庳。”赵岐注曰：“不及贡者，不待朝贡诸侯常礼乃来也。”此注于经文增出“朝”字，颇能申明经义：“因朝而贡，非若方贡、上贡，但遣使而来。《注》补出‘朝’字，明诸侯亲至，贡期即朝期。”[②]又如，《中庸》：“旅酬下为上，所以逮贱也。”朱熹《中庸章句》注云：“旅酬之礼，宾弟子、兄弟之子各举觯于其长而众相酬。”此注比之原文，增补了一些文字，但符合原文本意，且有益于揭明经旨：“燕饮之旅酬，其不举者，君子不尽人之欢；祭毕之旅酬必举者，神惠不敢虚也。故朱子于《章句》特增‘而众相酬’四字，以明酬爵之必举。”[③]

二、增字解经的成因

如前所述，训诂实践中增字解经之弊产生的根本原因，是训释者昧于经典之文的本训，不能得其正解而强说；如果论其具体原因，即就训释者不得正解而增字为训以强通的具体情形言之，则又主要有如下一些。

（一）不明词义而增字为训

训释者如果不明古代文献中字词的本训，则往往会做出随心所欲的训释，扰乱或颠覆古代文献固有的意义结构，令原文的语法关系或语义关系消解而异

①苏秉国：《周易通义》卷十九“否之匪人”条。
②戚学标：《四书偶谈续内编》卷下“不及贡以政接于有庳”条。
③任启运：《清芬楼遗稿》卷一《再与周型曾论旅酬书》。

变，从而导致“本文缺折不成句”[①]，“全经之义皆无根着，处处不可通”[②]等情形出现；这样，很容易引致训释者妄加添设、曲为弥缝，以强通其义、自圆其解，涉于增字解经之病。此类情形在训诂实践中较为多见。例如：

> “其作汝用咎”，《传》：“其为汝用恶道，以败汝善。”循按：《释文》：“其为，于伪反。”是读“为”相为之“为”。“作”之义同于“为”，“为”之义有二，“作”之义亦有二：“为”是发为之“为”，则“作”是动作之“作”；“为”是相为之“为”，则“作”是作使之“作”。韦昭《鲁语》注云：“为，犹使也。”《周礼·司士》注云：“作，谓使之也。”然则《传》以“为”字解“作”字，“其作汝用咎”犹云“其使汝用咎”也。《正义》读“为”平声，云：“其为汝臣，必用恶道以败汝善。”于“为汝”下增入“臣”字，非《传》义，亦非经义。（焦循《尚书补疏》卷下）

《尚书·洪范》中“汝虽锡之福，其作汝用咎”的“作”，据《孔传》当训作“为”，其义为“使”；孔颖达撰《正义》而不明于此，乃误解其意为“作为”“充当”，使得经文“作汝”二字原有的语义关系异变而悖于理，便在“汝”下凭臆添入“臣”字而强说，以圆其解，因而导致增字解经。又如：

> “河东、上党与河内、赵国界者，通谷数行。”如淳曰：“其溪谷可得通行者有数处。”念孙案：如以“行”为“可得通行”，则“数行”二字义不相属，故增字以释之曰“可得通行者有数处”，殆失之迂矣。余谓《尔雅》《毛传》并云：“行，道也。”“通谷数行”，言溪谷之可通者有数道也。（王念孙《读书杂志·汉书弟九》“数行”条）

依王念孙此论，《汉书·伍被传》中“通谷数行”的“行”本为名词，义为“道”，而曹魏时人如淳昧于此义，乃视“行”为动词，训之为“通行”，以致原文“数行”二字之义不相连属、融贯（因为此“数”只有连接名词才能获得语义上的自洽），“通谷数行”亦不成句，于是增字释为“可得通行者有数处”，以强通其义。又如：

①夏味堂：《诗疑笔记》卷一《谷风》。
②边廷英：《周易通义》卷一“内阳而外阴”按语。

《商书》曰："恶之易也，如火之燎于原，不可乡迩，其犹可扑灭？"杜解"恶之易"曰："言恶易长。"家大人曰：杜读"易"为难易之"易"，而以"长"字增成其义，殆失之迂矣。案：易者，延也。谓恶之蔓延也。《大雅·皇矣篇》："施于孙子。"《郑笺》曰："施，犹易也，延也。"《尔雅》："弛，易也。"郭注曰："相延易。"《盘庚》曰："无俾易种于兹新邑。"谓延种于新邑也。《秦策》曰："没利于前，而易患于后。"谓延患于后也。……上文曰："长恶不悛，从自及也。虽欲救之，其将能乎？"恶之延易，祸及于身而不可救，正如火之燎原而不可扑灭，故引《商书》以明之。（王引之《经义述闻》卷十七"恶之易也"条）

由此可见，对于《左传·隐公六年》所引《商书》"恶之易也"之"易"，晋人杜预不知其义为"蔓延"，而误解为难易之"易"（即"容易"义）；若如此解，则"恶之易也"一句的语意缺折不全，窒碍难通，故杜预又增"长"字以足其义。此乃强为弥缝，流于增字解经。

（二）不明通假而增字为训

训释者如果不能辨识古代文献中的用字通假现象，会望文生义，如其借字以解，导致所解非原文本意，而成增出之义。例如：

"我皇多有之"，《传》："我前多有之。"循按：《传》以"前"字解"皇"字，《正义》增成之云："皇训大也。我前大多有之。"非也。《诗·信南山》笺云："皇之言往也。"《少仪》注亦云："皇，读如归往之'往'。"《传》读"皇"为"往"，谓我往时多有之，即"前多有之"。（焦循《尚书补疏》卷下）

以是观之，对《尚书·秦誓》"我皇多有之"句，《孔传》以"前"字解其中"皇"字，实际上是视"皇"为通假字，以其本字为"往"，义即往时、从前。而孔颖达不知"皇"为通假字，乃泥于其字而望文生训，致使经、传均增出"大"义。又如：

《释山》："重甗，隒。""甗"即"卢"之假借，而解者曰"山形如累两甗"（郭注），则于"重甗"上增"如"字矣。（王引之《经义

述闻》卷三十二“增字解经”条）

李曰：“嵰，阪也。”（见《王风·葛藟》释文）孙曰：“山基有重岸也。”郭曰：“谓山形如累两甗。甗，甑。上大下小，山状似之，因以名云。”引之谨案：孙说是也。下文“左右有岸，厒”，与此句相连，皆谓山之厓岸也。《说文》云：“嵰，厓也。”《释邱》云“重厓，岸”，此云“重甗，嵰”，文义相合，皆厓岸之名也。……“甗”当读为“岸”。《说文》：“岸，岸高也。从山厂，厂亦声。”……岸，正字也；甗，借字也。郭未达借字之义，而以为山形如累两甑。案《释邱》云：“如覆敦者敦邱。”（……此篇亦云：“山如堂者密，如防者盛。”）“重甗”之“甗”若果为甑，则当云“如重甗者嵰”，文义乃明，何得径省其文而云“重甗嵰”乎？（王引之《经义述闻》卷二十七“重甗嵰”条）

合观上引材料可知，郭璞将《尔雅·释山》中的“重甗”解释为“山形如累两甗”，是据“甗”字的本义“甑”而为训，这其实误解了经文的本意。经文“甗”为假借字，其本字是“岸”，意指山之厓岸，而郭氏“未达借字之义”，乃依借字为解，见文意扞格不通，遂又添补“如”字以迁就其说，因有增字解经之弊。

（三）不明上下文意而增字为训

增字解经之弊的产生，往往与训释者不明上下文（包括前后文句，乃至一章一篇）的意旨有关。因此，乾嘉学术札记中常有“添此一句，与上下文义不相贯”[①]“意近添设，语气亦上下不贯”[②]“增出‘德’‘性’二层，非此节义也”[③]之类的论议。下举两例来说明：

“王天下有三重焉，其寡过矣乎！”《郑注》：“三重，三王之礼。”《孔疏》：“谓夏、殷、周三王之礼，其事尊重，若能行之，寡少于过矣。”吕氏曰：“三重，谓议礼、制度、考文。惟天子得以行之，则国不异政，家不殊俗，而人得寡过矣。”……余尝取经文读之百遍，而

①洪颐煊：《筠轩文钞》卷七《圈豚行释》。
②梁章钜：《论语旁证》卷十一《子张问善人之道章》。
③翁方纲：《礼记附记》卷五。

恍然悟"三重"于本章确有明文，盖即指下文"动""行""言"三句也。因三句倒点在下，汉、宋诸儒俱忽而不觉，因别寻柱脚，为彼纷纷之说。至于"寡过"，自以《孔疏》"寡少于过"为断，谓王天下者自寡其过耳。若如吕氏谓"人得寡过"，不惟于本句经文殊觉添设，即通章亦无此意。盖下文"远之则有望，近之则不厌"，正申言"寡过"之实，而引《诗》"庶几夙夜"以证之，"寡过"断属"王天下"，而非如"人得寡过"之说决矣。（秦笃辉《经学质疑录》卷十六）

此所引者，着重讨论了《中庸》"寡过"的释义问题。依秦笃辉之见，此"寡过"意谓王天下者自寡其过，而宋人吕大临以"人得寡过"解之，实为"添设"之说，非本句乃至通章之旨，故有增义解经之失；究其失误之由，在于吕氏未能详考上下文意，不知本章的主旨是论王天下者的立身处事之道。再看一例：

"依其在京"，《郑笺》谓"但发其依居京地之众，言其小出兵，以德不以众也"，与本句文势不合。……《毛传》训"京"为"大阜"。而《孔疏》用王肃说，谓"密人来侵周，依止我周之京丘"。案经无"侵周"之文，殊迂曲添设。窃谓：依，傍也。周所迁岐下地名京，本以高丘得名，从此至阮，皆有高丘可傍而行也。《邶·击鼓》郑笺："军行必依山林。"此必由周赴阮间道，密人猝不及备（观下"侵自阮疆"，"侵"字可见），又乘高冈以压之，本以德攻，复据胜势，故不战而服。（夏味堂《诗疑笔记》卷五《皇矣》）

《诗经·大雅·皇矣》"依其在京，侵自阮疆。陟我高冈，无矢我陵"等句，据上引夏味堂之所论，其大意是说周师穿行山林间道，经由阮地袭击密人，不战而服之；孔颖达不晓这几句的大意，反谓其中"依其在京"句是言"密人来侵周，依止我周之京丘"，增出"密人侵周"之义，非经文所有，故有"添设"之病。

（四）不明误文而增字为训

训释者如果不能明辨古代文献中的讹字误文，并予订正，则会随其讹误而解，偏离作者的本意，出现增字解经的弊病。例如：

“祭公拜手，稽首曰：‘允乃诏，毕桓于黎民般。’”孔注曰：“般，乐也。言信如王告，尽治民乐政也。”念孙案：孔训“般”为“乐”，而加“政”字以增成其义，殊有未安。予谓“桓”疑“相”之误，“般”疑“服”之误。（“服”本作“舩”，与“般”相似而误。《荀子·赋篇》：“讒人服矣。”“服”本或作“般”。《广雅》：“慑，服也。”“服”今本作“般”。……皆其证。）“毕相于黎民服”者，毕，皆也；相，治也；服，事也；于，语助耳。言王之所诏，皆治民之事也。据注云“信如王告，尽治民乐政也”，则孔所见本尚作“相”，故以“治民”解之，唯“服”字已误作“般”，故训为“乐”耳。（王念孙《读书杂志·逸周书弟四》“毕桓于黎民般”条）

此处提及的“允乃诏，毕桓于黎民般”句，出自《逸周书·祭公解》，孔晁以“乐政”解释其中的“般”字，在王念孙看来，甚为不当，且有增字（即“政”字）解经之病；其致误之由，主要是缘于不明“般”为“服”之讹，乃沿误字为训，不得不添补文字以曲成其义。今按：近年来，有学者指出，清华大学所藏战国简书《祭公》中有“乃诏毕𩥆、井利、毛班”句，此即今本《逸周书》“允乃诏毕桓于黎民般”一句的原貌，且毕𩥆、井利、毛班是穆公当时的三公[①]。如此看来，王念孙所谓“般”为“服”字之误的说法似难成立。不过，他认为不明讹字误文而易导致增字为训，还是颇为有理的。又如：

《月令》“措之于参保介之御间”，当依《吕氏春秋》作“参于”，而解者曰：“勇士参乘”（郑注），则于“参”下增“乘”字矣。（王引之《经义述闻》卷三十二“增字解经”条）

于参，《吕氏春秋》作“参于”。“参于保介与御间”，文义甚顺。《郑注》以为“勇士参乘”，非也。书传凡言“参乘”，无但曰“参”者。（王引之《经义述闻》卷十四“措之于参保介之御间”条）

这两条材料都论及郑玄对《礼记·月令》中“参”字的注释，观此可知，郑玄将“参”字训为“参乘”，增出“乘”字，未允；究其因，是由于《月令》“参于”二字在郑氏所据传本中误倒为“于参”，郑氏不能辨正，以致无法

①李学勤：《清华简九篇综述》，《文物》2010年第5期。

正确地理解“参”字在文句中的语法性质和语义内涵。

就乾嘉学术札记的论述来说，增字解经之弊产生的具体原因很多，笔者在上文所作的四个方面的归纳和阐述，只是其荦荦大端者。最后，附带提及的是，在乾嘉学者眼中，增字解经之弊与其他一些训诂弊病往往是彼此交集、相为表里、互为因果的。譬如，它与穿凿附会之弊的关系即是如此，正如王念孙批评颜师古对《汉书·张陈王周传赞》“魁梧”一词的训释所说：“师古以‘梧’为惊悟，则义与魁大不相属，故加一‘可’字以增成其义，其失也凿矣。”①

第五节　不识文法

古人所谓“文法”，是就属文的方式、方法而言，大致包括篇法、章法、句法、字法等方面。元人程端礼有云：“既于大段中看篇法，又于大段中分小段看章法，又于章法中看句法，句法中看字法，则作者之心不能逃矣。譬之于树，通看则繇根至表，干生枝，枝生华叶，大小次第相生而为树。又折一干一枝看，则又皆各自有枝干华叶，犹一树然，未尝毫发杂乱。此可以识文法矣。”②古人的“文法”概念，内涵所包较广，涉及今之所谓文章学、修辞学、语法学等领域的问题。正如近人杨树达所说：“吾国旧时所谓文法，其所讲述，有所谓起承转合，谋篇布局之法者，或应为今修辞学之所研究，有所谓神韵气味者，则神秘之谈也。若夫分析词类，辨别词位，如今之所谓文法学者，在周代已有其萌芽。”③

在乾嘉学者看来，“积字成句，积句成章，积章成篇，篇章句字，莫不有法”④；经典之文“非独理明义精，而字法、句法、章法亦足为作文楷式”⑤，且“书之古者，句法、字法与功令文凿枘不入”⑥，“古书文法正有不能以后人

①王念孙：《读书杂志·汉书第十六》“连语”条。
②程端礼：《程氏家塾读书分年日程》卷二。
③杨树达：《高等国文法》，商务印书馆1984年版，第11页。
④王步青：《已山先生别集》卷三《塾课小题分编序·论法式》。
⑤唐秉钧：《文房肆考图说》卷六引前人语。
⑥蒋湘南：《七经楼文钞》卷四《与田叔子论古文书》。

行文之法概律之者”[①]。因此，解读古代文献，训诂释义，需要“看章法、句法、字法”[②]，认真审究和深入分析文献文本的文法，以准确地把握古人遣词造句、行文表达的法则与规律；否则，难以正确地解读古代文献的意义，将有训释之弊。正如秦笃辉所说：“解经有二要：曰句法，曰字义。……若句法每于当连处反断，当断处反连，字义则好节外生枝以附益之，岂说经之正理哉？宋儒解说精当者极多，而此二弊亦间有之。”[③]观乾嘉学术札记的论述，其中指议训诂之失者，多有“不识《左氏》属文句法”[④]“不识古人文法及其语妙”[⑤]“后人不谙文法误读”[⑥]之类的言论，表明后人训解古代文献而不得其意，出现舛谬，往往是因未达古人文法所致；不识文法，亦可谓文献训诂的弊病之一。

据乾嘉学术札记之所论，训诂实践中因不识文法而误解古书之义的情形，主要有如下一些。

一、不识字（词）法而误解

此种情形，若具体言之，则又主要包括如下方面。

（一）不辨虚实，误解词性

此谓训释者由于不能正确地审辨辞气、判定词性，误把文句中的虚词当作实词训释，或者误把实词当作虚词训释。王引之曾言：“经典之文，字各有义，而字之为语词者则无义之可言，但以足句耳。语词而以实义解之，则扞格难通。……如‘与’，以也。《论语·阳货篇》：‘鄙夫可与事君也与哉？’言不可以事君也。而解者云‘不可与之事君’，则失之矣。‘以’，及也。《复》上六曰：‘用行师，终有大败，以其国君，凶。’言及其国君也。而解者训‘以’为‘用’，云‘用之于国，则反乎君道’，则失之矣。……善学者不以语词为实义，则依文作解，较然易明，何至展转迁就而卒非立言之意乎？”[⑦]这是说，古代文献中的“语词”（即虚词）没有词汇意义，只有“足句”的语法功能，而

①翁方纲：《礼记附记》卷四。
②沈赤然：《寒夜丛谈》卷三。
③秦笃辉：《经学质疑录》卷十一。
④焦循：《春秋左传补疏》卷四“以枚数阖”条。
⑤方东树：《考槃集文录》卷一《原理》。
⑥臧庸：《拜经堂文集》卷三《上钱晓征少詹书（乙卯孟冬）》。
⑦王引之：《经义述闻》卷三十二“语词误解以实义”条。

训释者由于不能明辨词之虚实，常常把虚词解以实义，失作者立言之意。乾嘉学术札记对此类误虚为实的情形时有指摘。例如：

> “乃著令，令太子得绝驰道云。”师古曰：“言云者，此举著令之文。”念孙案：师古说非也。“云”犹“焉”也，足句之词，本无意义。《封禅书》“乃令祠官进畤犊牢具，色食所胜，而以木禺马代驹焉”，《郊祀志》“焉”作“云”，是其证。《汉书》中若是者多矣，若必求“云”字之义，则皆不可通。（王念孙《读书杂志·汉书弟一》“云”条）

此谓《汉书·成帝纪》“令太子得绝驰道云”的“云”，本是没有词汇意义、用以足句的虚词，犹“焉”，而颜师古注称“此举著令之文”，其实是以实词之义解之，故有以虚为实之弊。又如，《左传·哀公元年》：“违天而长寇雠，后虽悔之，不可食已。”杜预注云：“食，消也。已，止也。”王懋竑论之曰：

> “不可食已”，“食”犹饮食之“食”，言不复灭之也。“已”字是语助，杜注非。（《读书记疑》卷四《左传》）

依王氏之见，经文中“已”字是语助之辞，即今所谓句末语气词，而杜预以“止”训之，乃是以“已”为动词，显然误解了此词的词性。今按：王氏对“已”字的看法甚确，不少乾嘉学者亦以“已”为虚词。如王引之云：“‘不可食’，不可为也。‘已’，语终词也。杜注：‘食，消也。已，止也。’皆失之。”①洪颐煊云：“案《尔雅·释诂》：‘食，伪也。’‘伪’古通作‘为’字。言后虽悔恨，不可为已。‘已’是绝决之辞。”②郝懿行云：“《释诂》：‘食，伪也。’‘伪’‘为’古字通用。‘不可食已’，犹言疾不可为已。”③

在训诂实践中，除了多见误虚为实的情形之外，还时有误实为虚的现象。例如：

> “兄弟之国者十五人”，之，往也，谓往而就封者也。周公、召公、康叔、聃季，武王时皆食采畿内，未尝就封，故数与“文昭十六”不合。《疏》以“之”为语词，谓鲁、卫皆后封，误。（雷学淇

①王引之：《经义述闻》卷二十六“载谟食诈伪也”条。
②洪颐煊：《读书丛录》卷五“不可食已”条。
③郝懿行：《晒书堂文集》卷三《经治堂解义叙》。

《介庵经说》卷七“杂说”条）

这里论及的“兄弟之国者十五人”句，见于《左传·昭公二十八年》。孔颖达疏此云：“此十五国或有在后封者，非武王之时尽得封也。……《僖二十四年传》数‘文之昭也’有十六国，此言武王兄弟之国十五人者，人异故说异耳，非武王封十五，周公始加一也。以鲁、卫验之，知周公所加非唯一耳。”显而易见，孔氏是将经文中“兄弟之国”理解为周武王兄弟的封国（含鲁、卫），并视其中的“之”为虚词（具体言之，即结构助词）。在雷学淇看来，此“之”为实词（动词），当训作“往”，孔氏之说有误实为虚之病。又如：

《荀子·非相篇》：“昔者卫灵公有臣曰公孙吕，身长七尺，面长三尺，焉广三寸，鼻目耳具，而名动天下。”杨倞注：“面长三尺，广三寸，言其狭而长甚也。”卢氏《校注》云：“‘焉’字古多以为发声，荀书或用‘焉’，或用‘案’，或用‘安’，字异语同。”绍兰按：“焉”“安”古通，此“焉”则“頞”之借字也。《说文》：“頞，鼻茎也。从页安声。齃，或从鼻曷。”荀书谓面长三尺，頞广三寸也。既言鼻茎，下文言鼻者，《史记·蔡泽列传》：“唐举熟视而笑曰：先生曷鼻、巨肩、魋颜、蹙齃。”“齃”即“頞”之或字，是古人多“頞”“鼻”并言，盖称其鼻茎则曰頞，举其全则曰鼻矣。若以“焉”为发声，则面长三尺，乃其广仅三寸，公孙吕虽有异相，恐无如此狭长之面也。杨、卢之说非是。（王绍兰《读书杂记》“焉广三寸”条）

《非相篇》：“面长三尺，焉广三寸。”杨注：“面长三尺，广三寸，言其狭而长甚也。”颐煊案：“焉”古通作“安”字，“焉”即“頞”字之假借。“焉广三寸”，言其蹙也。杨注以“焉”为语助词，非是。（洪颐煊《读书丛录》卷十五“焉广三寸”条）

这两则材料都论及《荀子·非相》中“焉广三寸”的“焉”字，认为其为“頞”之假借字，意指鼻茎，而杨倞注以其为语助之词，有误解词性之失。今按：以“焉”为“頞”字之假借，较为可信。其理由除了上引材料所阐述的之外，还在于“焉”字所处的语法位置与前二句中的“身”“面”一致，当是与身体有关的名词。

（二）昧于古人构词之法而误解

训释者对古代文献中一些词的构造方法缺乏正确的认识，会导致对词的内部结构、语义内涵等做出错误的理解或解释。学术札记中讨论了不少这方面的例子。如：

> “椒聊之实，蕃衍盈升”，《传》：“椒聊，椒也。”《笺》云：“椒之性芳香而少实，今一梂之实，蕃衍满升，非其常也。”循按：“一梂”二字训“聊”字也。经言“椒聊”，是言椒之梂，故依其文，解之为“一梂之实”。《正义》未得此旨，盖以“聊”为语助故也。《尔雅·释木》：“朻者聊。”“朻”即谓梂。《本草经》云：“蔓椒，一名家椒，与蜀椒别。”陶隐居云：“俗呼为樛。”“樛”即“朻”字。《传》言“椒聊，椒也”，固不以“聊”为语助。（焦循《毛诗补疏》卷三）

由焦循此论可知，《诗经·唐风·椒聊》中的“椒聊”是一个复合词，由两个实词语素构成，前一个语素修饰后一个语素，字面义是椒之聊（聊指梂[①]），即蔓椒（一种花椒属藤本植物）的果房，其组合方式实为偏正式；而孔颖达未达此构词之法，在《毛诗正义》中乃云：“聊、且，皆助语也。……陆机《疏》曰：‘椒聊，聊，语助也。椒树似茱萸，有针刺，叶坚而滑泽。’”此说实际上以为“椒聊”由实词语素“椒”和附加成分“聊”构成，为附加式合成词。这其实误解了“椒聊”一词的内部结构形式。乾嘉学者中也有一些人持与焦循相同的看法。如阮元说：“‘椒聊’二字，旧训为语助，谬矣。……《尔雅》云：‘椒、榝丑，莍。’‘莍’即‘梂’也。又曰：‘朻者聊。’‘朻’亦即‘梂’也。《诗》之‘兕觥其觓’，‘觓’每作‘觩’，‘丩’‘求’通也。是《尔雅》此句专为《唐风》而释，毛、郑皆知，而郭璞未详，陆玑妄为语助之说。”[②]再看一例：

> “海隅出日，罔不率俾。”郑注曰：“率，循也。俾，使也。四海之隅，日出所照，无不循度而可使也。”（见《魏志·武帝纪》注）引之谨案：经以“率俾”连文，郑训“率”为“循”，“俾”为“使”，而于“循”下加“度”字，“使”上加“可”字，殆失之迂矣。今

①笔者按：《尔雅·释木》“其实梂”邢昺疏：“梂，盛实之房也。”
②阮元：《揅经室一集》卷二《刻七经孟子考文并补遗序》。

案：《尔雅》："俾，从也。""罔不率俾"，犹《文侯之命》言"罔不率从"也。"海隅出日，罔不率俾"，犹《鲁颂》言"至于海邦，莫不率从"也。此言"海隅出日，罔不率俾"，《大戴礼·少间篇》曰"出入日月，莫不率俾"（卢辩注："俾，使也。"亦误），《五帝德篇》曰"日月所照，莫不从顺"，义并同也。（王引之《经义述闻》卷四"罔不率俾"条）

这是说，《尚书·君奭》中"罔不率俾"的"率俾"，犹"率从"，实为同义连文的复合词，构成其词的语素"率""俾"均有"顺从""遵循"之义，二者之间的结构关系为并列关系。郑玄不明于此，乃以"率俾"为短语，增字而释为"循度而可使"，失之迂曲。

（三）不明古人用字（词）之法而误解

在乾嘉学者看来，解读古代文献，当晓"古人立言之法"①，知"古人属词之常例"②，了解和掌握一个时代或一部古书遣词用字的方法或习惯；否则，"未明乎古人用字之法，不免冤古人矣"③。由学术札记所论观之，不明古人用字（词）之法，主要有如下具体情形。

1. 不明字词活用的方法。"古人用字之法，多如是死字活用"④，比如"'手'字古人多活用，如《檀弓》'子手弓而可'，《公羊传》'曹子手剑而从之'，则从以手执器之义"⑤。训诂研究者往往由于不知此类活用之法而误解古书。例如，《周易·需卦》彖辞："位乎天位，以正中也。"郑玄曾注前一"位"字曰："音莅。"（见《经典释文》引）王矗以为此注未得，云：

"位乎"，郑音莅，似未知死字活用法，当如字。（《学易》卷十三《周易校字》）

这说明，经文"位乎"之"位"实际上是名词活用作动词，意为"居""处"，故当如字读；郑玄有昧于此，注曰"音莅"，是视"位"为"莅"之假

①顾广誉：《学诗详说》卷二十三。
②王引之：《经传释词》卷十"匪"字。
③严元照：《娱亲雅言》卷四。
④郑复光：《费隐与知录》"琉璃圆缸水半鱼寿"条。
⑤李调元：《礼记补注》卷一"共饭不泽手"条。

借字[①]，有随意破字之病。今按："位"字用作动词，在古书中较为常见，如《公孙龙子·名实论》："位其所位焉，正也。"再看一个前人注书不明字词活用之法的例子：

> "总公卿之议，询封禅之事，诗大泽之博，广符瑞之富，遂作颂。"孟康曰："诗所以咏功德，谓下四章之颂也。"念孙案："诗"字若训为诗赋之"诗"，则"诗大泽之博"殊为不词，且字法与"总公卿之议，询封禅之事，广符瑞之富"皆为不类矣。……今案："诗"者，志也；"志"者，记也。谓作此颂以记大泽之溥博。（王念孙《读书杂志·汉书第十》"诗大泽之博"条）

即此而观之，孟康将《汉书·司马相如传》中"诗大泽之博"的"诗"视为名词，训作诗赋之"诗"，以致全句殊为不词，其误在于未审字法，不知此"诗"与文中"总""询""广"的词性相类，用作动词。今按：王念孙将"诗"解为"作此颂以记"，实际上以其涉于活用之法。这就像清人王先谦以为此"诗"涉及"古人实字虚用之义例。古书实字虚用，如'门焉''户焉'、'风人''雨人'之类，不可胜举"[②]。

2. 不明修辞用字（词）的技巧。例如：

> "周公奉成王命，伐诛武庚、管叔，放蔡叔。"念孙案：史公原文本作"伐诛武庚，杀管叔，放蔡叔"。今本无"杀"字者，后人以"杀"与"诛"意义相复而删之也，不知"诛武庚，杀管叔，放蔡叔"相对为文，古人之文不嫌于复也。（《卫将军骠骑传》"杀折兰王，斩卢胡王，诛全甲"，亦以"杀""斩""诛"并用。）《艺文类聚·帝王部》《太平御览·皇王部》引此并作"诛武庚，杀管叔，放蔡叔"……皆其明证矣。（王念孙《读书杂志·史记第一》"诛武庚管叔"条）

可见，在排比对仗的句子中，作者于相应位置上使用形音不同的同义词，

---

①关于郑玄注"位"音"莅"，今学者有不同的看法。如齐冲天《汉语单音词的构成问题》一文（载《词汇学论文汇编》，商务印书馆1989年版）认为郑玄是以"位"为"莅"的通假字；岳利民、张翠翠《郑玄音中的特殊音切》一文（载《语文学刊》2015年第4期）谓"'音莅'不是为'位'字注音，是以今字易古字"。

②王先谦：《汉书补注》，中华书局1983年版，第1197页。

是古文常见的一种修辞手法（今称之为“同义变文”），其“不嫌于复也”；后人不明此法，在解读《史记·周本纪》“伐诛武庚，杀管叔”二句时，遂以其中“杀”字与“诛”字意义相复而删之，殊为不审。

3. 不明特定古书或特定时代之作者用词的特点或习惯。例如：

> 叶石林云：“沧浪，地名，非水名。大抵《禹贡》水之正名而不可单举者，则以‘水’足之，‘黑水’‘弱水’‘沣水’是也。非水之正名，而因地以为名，则以‘水’别之，‘沧浪之水’是也。”《四书释地》主此，谓武当县西北四十里汉水中有洲名沧浪洲，汉水流经此地，遂得名，是“沧浪之水”四字成文，未可直曰“沧浪”。愚按：此说太泥。《禹贡锥指》曰：“沧浪者，汉水之色也，非以洲得名。……《禹贡》水名，或单举，或配‘水’字，各有所宜。如‘漆沮既从’，自不可加‘水’字；‘沣水攸同’，无‘水’字则不成辞矣。如‘沣’必配‘水’，导渭何以言‘东会于沣’乎？‘弱’‘黑’并配‘水’，‘漾’单举，‘沇’配‘水’，皆属辞之体应尔，非有他义也。《山海经》凡山水以二字为名者，其上必加‘之’字，犹此言‘沧浪之水’也，亦古人属辞之体，安见‘沧浪’为地名而非水名乎？信如叶言，则《山海经》曰‘嶓冢之山’，‘嶓冢’亦是地名，而非山名矣。”（周柄中《四书典故辨正》卷十六“沧浪之水”条）

周柄中的这段论说材料，引用胡渭《禹贡锥指》之言，着重讨论了《尚书·禹贡》篇中江河之名的称举方法。依其所见，该篇称举江河之名，方式、方法多样，或单举（如“东会于沣”的“沣”），或以水名配“水”字（如“沣水攸同”的“沣水”），或以双音节水名配“之水”二字（如“沧浪之水”）。在特定语境中使用何种方式、方法，视具体语境因素而定，各随其所宜。如“沣水攸同”句，之所以使用水名配“水”字的方式，是为了使该句文字音节和谐而成辞，且相称于上下文句式①。要之，《禹贡》中所称江河之名，单举之词以及与“水”“之水”字组配的名词，原本都是水名。而宋人叶梦得

①此亦如清人罗汝怀《绿漪草堂文集》卷十一《沧浪辨下》所云：“夫汉水之东为沧浪水，亦犹沇水之溢为‘荥’，‘荥’为水之正名，而‘沧浪’独非水之正名乎？……史家立文，繁简随宜。如‘沣水攸同’，其上下文十句皆四字成句，此句若去‘水’字则不称；导沇不著所自始，故加‘水’字，使三字成句；嶓冢导漾则已四字成句，再加‘水’字则句累。”

(号石林居士)谓《禹贡》中“沧浪之水”非水之正名,“而因地以为名,则以‘水’别之”,也就是认为“沧浪”原本是地名,而非水名;叶氏之说其实泥滞难通,缘于不明《禹贡》水名词的属辞之体、使用方法。又如:

《左传》叙事,每一篇中或用名,或用字,或用谥号,盖当时文法如此。然错见叠出,几使人茫然不能识别。如子越椒之乱,一斗般也,忽曰斗般,忽曰子扬;一蔿贾也,忽曰蔿贾,忽曰伯嬴。泌之战,一荀林父也,忽曰荀林父,忽曰桓子;一士会也,忽曰士会,忽曰随武子,忽曰随季,忽曰士季,他篇又称范武子。……此究是古人拙处,史迁以后则无此矣。……而黄常明谓“《左传》叙事,有一人而称目至数次异者,族氏、名字、爵邑、号谥皆密布其中,以寓褒贬”,则又深求之,而转非古人意矣。氏、名、号、谥错见,自是另一种文法,有何褒贬?即如泌之战,晋诸大夫忽名,忽谥号,一日之间褒贬顿异,有是理耶?(赵翼《陔余丛考》卷二“左传叙事氏名错杂”条)

可见,《左传》指称人物,或用其名,或用其字,或用其谥号,甚或在同篇之中以名、字、号等错见叠出,这只是当时的一种文法习惯而已,并未寄寓褒贬之意。宋人黄彻(字常明)于此遣词用语的习惯有所不识,在《䂬溪诗话》中乃谓《左传》指称一人,如有族氏、名字、爵邑、号谥之变异者,则褒贬之义寓焉。这在赵翼看来,深求过理,有失作者本意。又如:

“竟宁元年”,师古注:“竟者,终极之言,言永安宁也。”余按:改元之诏言:“单于复修朝贺之礼,边垂长无兵革之事。”师古注义虽近,字义未安。以“竟”字为终极之意,如释典所云“与汝安心竟”者,乃魏晋以后文法,郭景纯《山海经不死国赞》“得此遐龄,悠悠无竟”是也。汉以前绝未之见。此当作境土之“竟”。(姚范《援鹑堂笔记》卷十九)

“竟宁元年”注:“应劭曰:虖韩邪单于愿保塞,边竟得以安宁,故以冠元也。”案:应说是也。《说文》无“境”字,“竟”即“境”也。且其诏曰“边垂长无兵革之事”,意义显然。小颜拘泥诏中“长”字,故以“竟”为终极之言。果如其说,在汉人文义必曰“永

宁”矣。(钱大昭《汉书辨疑》卷二)

合姚、钱二人所言观之,《汉书·元帝纪》中年号“竟宁”之“竟”,颜师古以“终极”解之,实有未安,其解未能顾及汉人使用“竟”字的取义惯例,不知以“竟”字表终极之意乃魏晋以后文法;若依汉人用字取义之例,“竟”字当如应劭之解,训作“边境”。又如:

“我出我车”,《笺》云:“上我,我殷王也;下我,将率自谓也。”循按:郑氏不明属文之法,每于“我”字破碎解之。若一“我”殷王,一“我”将率,岂复诗人之旨?《传》不然也。(焦循《毛诗补疏》卷四)

对《诗经·小雅·出车》“我出我车”句,郑玄训其中前一“我”字为“我殷王”,后一“我”字为“将率自谓”。焦循则不以之为然,认为郑氏于同一“我”字破碎解之,未达诗人之旨,缘于不明《诗经》的遣字属文之法,不知《诗经》同篇之中重复使用“我”字,常是上下贯通,所指不异(如《诗经·小雅·伐木》中“有酒湑我,无酒酤我;坎坎鼓我,蹲蹲舞我;迨我暇矣”等句,其中“五‘我’字一贯,为属文之法”[①],即是其例)。

二、不识句法而误解

在乾嘉学者看来,训解古代文献,应当“细审句法”[②],以识古人积字成句的规则和奥秘;训解上出现偏误,往往是由于训释者对古书句法的理解和分析存在着问题。基于这样的认识,学者们在学术札记中论议他人的训诂之非,常有“于句法、文气不合”[③]“于句法亦不顺也”[④]“于经文意理、句法皆有未安”[⑤]“此未识古人句法也”[⑥]之类的归结之辞。综考学术札记的论述,训释者不识句法而误解古书,其具体表现主要有如下一些。

①焦循:《毛诗补疏》卷四。
②严元照:《娱亲雅言》卷五。
③王又朴:《易翼述信》卷五“九五枯杨生华”按语。
④王懋竑:《读书记疑》卷四《孟子》。
⑤王植:《正蒙初义》卷十五“衍忒未分”按语。
⑥王念孙:《读书杂志·淮南内篇第二》“尺之鲤”条。

（一）不明语法结构而误读

清初学人有言："句有句法。……不知连断，则不成句法。"[①]乾嘉学者有言："读清经文，不待解说，而自明此句法也。"[②]可见，句读分析与句法分析相互关联。而误解"句法"，则往往会"误绝其句"[③]。从学术札记所讨论的实例来看，不少学人就是因为不明文句的语法结构而致句读失误：

> 近人读书，句读多不能精审。……《祭十二郎文》："教吾子与汝子，幸其成；长吾女与汝女，待其嫁。"按："幸其成""待其嫁"二语本自相对，今人误以"幸其成长"为句，则"长"字既与上"教"字不对针，而下句亦不成句法矣。（王应奎《柳南随笔》卷一）

这说明，韩愈《祭十二郎文》中"幸其成"与"待其嫁"两个动宾结构相对成文，"教"与"长"两个动词对举而用，而今人不明于此，乃以"长"字属上句，误读"幸其成长"为一句，致使上下句对称的语法格局遭到破坏，"下句亦不成句法"，其义难通。又如：

> 鲍明远《行药至城东桥》诗："开芳及稚节，含采吝惊春。"吝，犹惜也。"惊春"对"稚节"而言，则亦莫春之谓也。六朝人文法往往有如此者。善注语意尚未稳惬，至张铣以为"含其光彩，惊惜春序，恐时过年谢"云云，将"吝惊"二字连读，既与上句不对，且其句法亦甚不佳矣。（倪思宽《二初斋读书记》卷三）

依此而论，鲍照诗句中的"吝惊春"，从句法结构上讲，本是以动词"吝"和名词"惊春"（其意为暮春）构成的动宾短语；"惊春"与上句的"稚节"为名词相对，此亦六朝时常见文法。而唐人张铣由于不明"吝惊春"的上述语法特点，乃将"吝惊"二字连读，致使全句的句读节奏变为"含采/吝惊/春"[④]，这种误读既失其句法之妙，又违作者本意。再举一例：

---

①徐增：《而庵诗话》。

②秦笃辉：《经学质疑录》卷十一。

③段玉裁：《古文尚书撰异》卷三"浮于江沱潜汉"条。

④笔者按：句内语词的切分也涉及句读问题。祝鸿熹《古诗文中无句读标志的句内语词的切分》一文（载《祝鸿熹汉语论集》，中华书局2003年版）以杜甫诗句为例说："如果'复却去'的主语是'我（杜甫）'，则意义句读应作上一下四切分（畏/我复却去），如果'复却去'的主语是'娇儿'，则意义句读与声律句读一致，作上二下三的切分（畏我/复却去）。"

《毛传》"作祝诅也"四字一句，言"侯作侯祝"者，谓作祝诅之事也。诅是祝之类，故兼云"诅"。经文三字不成句，故"作"字之下益"侯"字以成之。《诗》中如此句法甚多。如"乃慰乃止"，《笺》云："乃安隐其居。""乃宣乃亩"，《笺》云："时耕曰宣。乃时耕其田亩。""爰始爰谋"，《笺》云："于是始与豳人之从己者谋。"陆、孔以《毛传》"作"字为逗，"祝诅也"为句，大误。（段玉裁《诗经小学》卷三"侯作侯祝"条）

《诗经·大雅·荡》"侯作侯祝"，《毛传》以"作祝诅也"训之，孔颖达《毛诗正义》解云："'作'即古'诅'字……《传》辨'作'为'诅'，故言'作，祝诅也'。"这显然是以《毛传》"作"字为逗，"祝诅也"为句。在段玉裁看来，其句读大误，缘于对经、传句法结构的理解和分析不当。经文"侯作侯祝"从句法上看，以"作"为谓语，后一"侯"字是足句的语助词，实言"侯作祝"，故《毛传》训之以"作祝诅也"，此四字当读作一句，为动宾句式，不得在"作"下逗开。段玉裁的观点，为不少学人所认同。如陈奂《诗毛氏传疏》卷二十五有云："《传》文'作祝诅也'四字一气读，'祝诅'二字以释经之'祝'字，则'作祝'连文成义。'侯作侯祝'，侯作祝也。"俞樾《古书疑义举例》所举"两语似平而实侧"之例，亦援引段氏之说为据。

（二）不明语法结构而误校

在实践中，训诂研究者不明特定古书文句的语法结构，往往会不得句意，以致对其中文字做出错误的校改。例如：

《郑语》"是天启之心也"，韦注："启，开也。有'心'字误。"案：此与下"天夺之明"、《左传》"天诱其衷""天假之年"，同一句法，"心"字非误也。张平子《西京赋》"天启其心，人惎之谋"，盖用此也。《晋语》："非天，谁启之心？"（朱亦栋《群书札记》卷一"天启之心"条）

由此论述看，旧本《国语·郑语》中"是天启之心也"，是双宾语句，动词谓语"启"后的"之"字指季纠，是间接宾语（或曰近宾语），"心"字是直接宾语（或曰远宾语）。这样的句法结构，不仅在《国语》本书中存在（如"谁启之心"），在其他不同时代的典籍中也较多见（如"天假之年""天启其心”），故《郑语》中“心”字非误。韦昭作注，谓有“心”字误，其实是不明此句的句法结构而云然。又如：

“田农掘业，而秦阳以盖一州；掘冢，奸事也，而曲叔以起；博戏，恶业也，而桓发用之富；行贾，丈夫贱行也，而雍乐成以饶。”念孙案：“桓发用之富”本作“桓发用富”，“用”亦“以”也。（《一切经音义》卷七引《苍颉篇》曰：“用，以也。”）与上下三“以”字互文。后人于“用”下加“之”字，则失其句法矣。《史记》多以“以”“用”互文。（王念孙《读书杂志·史记第六》“用之富”条）

《史记·货殖列传》中“桓发用富”，从句法结构上看，与“曲叔以起”“雍乐成以饶”等句相同，均为“主语+介词（以、用）+动词”句式，且其介词后面的宾语皆承前省略，如“曲叔以起”之“以”后省略了宾语“掘冢”，“桓发用富”之“用”后省略了宾语“博戏”；后人于此句法特点有所不明，在“用”下增加表示宾语的“之”字，校改非其当。

（三）不明语法结构而误训

对古代文献中文句的语法结构，训释者不能做出正确的分析和判断，则易致使词义、句意的训解失误。在训诂实践中，误解文句语法结构而致误训的情形，主要有如下一些。

1. 对句法结构的成分理解、分析不当而致误训。例如：

经文数句平列，义多相类。如其类以解之，则较若画一；否则，上下参差而失其本指矣。……《昭七年传》“官职不则”与“六物不同，民心不壹，事序不类”并列，则“则”当训为“均”；解者训“则”为“法”，以为治官居职不一法，则文义不伦矣。（王引之《经义述闻》卷三十二“经文数句平列上下不当歧异”条）

其中所谓“数句平列，义多相类”，含有这样的意思：“句法结构平列（相同），其结构成分的词性一般同属一类”①。如《左传·昭公七年》“官职不则”句，与其上文“六物不同，民心不壹，事序不类”三句平列，句法结构正相同，前者之中的“则”字理应与此三句中“同”“壹”“类”的词性同属一

①孙良明：《王念孙的句式类比分析法》，《古汉语研究》1994年第4期。

类，即为形容词（其义当训为“均”“等”）。而解者（指杜预）对“则”这一结构成分缺乏正确的理解，乃以其为名词，以致不能“如其类以解之”，误训为“法”。又如：

> “天子是若”，解者皆谓山甫顺于天子，似与下句少贯串。案《尔雅·释诂》：“若，善也。”诗盖言天子善山甫而顺之耳，玩下“明命使赋”，“使”字可见：所谓“使”者，王使之，即下二节“王命仲山甫”也；“赋”即下节“赋政于外”也。《小雅·大田篇》“曾孙是若”，句法与此同。《管子·戒篇》：“桓公再拜，请若此言。”“若”字义亦同。（夏味堂《诗疑笔记》卷六《烝民》）

据夏氏此论可知，《诗经·大雅·烝民》“天子是若”句，若如常解，谓山甫顺于天子，则“天子”为该句的前置宾语，其主语便为蒙上而省的“山甫”，这在辞气、文意上与下句“明命使赋”不相贯串（此下句的主语实为“天子”），故此常解应是由错析句法结构成分所导致的误训。以“天子是若”与《大田篇》“曾孙是若”相比较，句法结构相同，后者显以“曾孙”为主语，则前者当以“天子”为主语亦居可知矣。又如：

> 《隐公元年》：“仲子者何？桓之母也。”《注》：“生称母，死称妣。”《疏》：“仲子是妾，桓未为君，其母不得为夫人，卑不得比于父，故还以母言之。”案：古人属辞，二物各举一边而省文言之。此《传》前已云“隐之考”，故此云“桓之母”。《易》：“干父之蛊，有子，考无咎。”“父”与“考”互举，亦犹是也。《疏》曲说，未达斯旨。（武亿《群经义证·春秋公羊穀梁传》）

《公羊传·隐公元年》中“惠公者何？隐之考也。仲子者何？桓之母也”，依上引武亿之论，因使用了互文见义之法，上下各有语法成分的省略：上句“隐之考”对应下句之“母”而省“父”，下句“桓之母”对应上句之“考”而省“妣”；补足言之，即“隐之父、考”，“桓之母、妣”，其中“父、考”和“母、妣”分别同指一人，只是各有生称、死称的差别而已。徐彦不知《公羊传》此处因互文见义而省语法成分“妣”，乃以“仲子是妾”云云解释经文言“母”不言“妣”的缘由，实属穿凿曲说。

2. 对句法结构的语序理解、把握不当而致误训[1]。

古书中句法单位之间的语义关系，很多时候是靠语序来体现的，故训诂释义，须正确地理解和把握古文的语序。否则，难免失误。譬如说，“古文多倒语”[2]，倒置成了古书中较多见的一种语序，而训释者对此往往疏于辨析，以致误训。例如：

> “其一二父兄惧队宗主，私族于谋而立长亲。”杜注曰：“于私族之谋，宜立亲之长者。”引之谨案：《传》言“私族于谋”，不言“于私族之谋”，杜说非也。“私族于谋而立长亲”者，私谋于族而立长亲也。倒言之，则曰“私族于谋”矣。《十一年传》：“王贪而无信，唯蔡于感。”言唯憾于蔡也。本年《传》“谚所谓‘室于怒，市于色’者”，言怒于室，色于市也。文义并与此相似。（王引之《经义述闻》卷十九“私族于谋”条）

依王引之的看法，《左传·昭公十九年》中“私族于谋”，实际上是“私谋于族”的倒文，杜预于此不能详审，训作“于私族之谋”，失经文之旨。今按：晚清马建忠《马氏文通》卷七有云：“‘私族于谋’者，‘谋于私族’也。或云‘私谋于族’也，是则‘私’为状字，而与‘谋’字不合也，于例不安。”观此，王引之的解释亦似未谛。尽管如此，王氏认为杜预不明倒置语序而误训，应当是毋庸置疑的。

古书中的文句不仅存在着语词倒置的现象，而且还常见分句倒置的情形。这也很容易引起训释者的误解。例如，《礼记·檀弓上》：“孔子少孤，不知其墓殡于五父之衢。人之见之者，皆以为葬也。其慎也，盖殡也，问于郰曼父之母，然后得合葬于防。”其中的“不知其墓殡于五父之衢”句和“其慎也，盖殡也，问于郰曼父之母”三句，自汉代以来，曾长期被人误解。如郑玄读“不知其墓”为句，并解释孔子不知其父墓的原因说：“孔子之父郰叔梁纥与颜氏之女征在，野合而生孔子，征在耻焉，不告。”郑玄又注“其慎”二句云：“慎，当为引，礼家读然，声之误也。殡引，饰棺以輤；葬引，饰棺以柳翣。孔子是时以殡引，不以葬引，时人见者，谓不知礼。”此皆误说。直到清代雍

---

①笔者按：此处所使用的“语序”概念，是取其广义。

②孔广森：《经学卮言》卷六“又加范氏焉易之亡也”条。

正年间学者孙濩孙著《檀弓论文》，才使千古疑义得以冰释，原来人们长期误解上述《檀弓》两处文意，乃由未得其句读和语序。江永曾在如下文字中言及这一学术史上颇有影响的训诂个案：

> 《檀弓》“孔子少孤”章，为后世大疑，本非记者之失，由读者不得其句读、文法而误也。近世高邮孙濩孙（字邃人……著《檀弓论文》），谓“不知其墓殡于五父之衢”十字当连读为句，而“盖殡也，问于郰曼父之母”为倒句，则文义显然。盖古人埋棺于坎为殡，殡浅而葬深。孔子父墓实浅葬于五父之衢，因少孤不得其详，但见墓在五父之衢，不知其为殡也。……至是母卒，欲从周人合葬之礼，卜兆于防，惟以父墓浅深为疑。如其殡而浅也，则可启而迁之；若其葬而深也，则疑体魄已安，不可轻动。“其慎也”，盖谓夫子再三审慎，不敢轻启父墓也。后乃知其果为殡而非葬，由问于郰曼父之母而知之，盖唯郰曼父之母能道其殡之详，是以信其言，启殡而合葬于防。“盖殡也”句当在“问于郰曼父之母”下，因属文欲作倒句，取曲折，故置在上，犹首章“檀弓免焉”本当在“仲子舍其孙而立其子”之下，乃倒置在上。《檀弓》固有此文法也。自史迁以来，读者皆误以“不知其墓”为句，遂为后世大疑；得此说，昭然若发矇矣。（《群经补义》卷三）

由此看来，上述《檀弓》两处文字，前一处的十字当连读为句，不当在“墓”字之下绝句（句读失误，其实反映出对句子的语法结构的分析有误）；而后一处文字则牵涉倒置语序，若顺言之，其当云“其慎也，问于郰曼父之母，盖殡也”，意谓孔子为审慎起见，向郰曼父之母打听当年安葬父亲时的详情，得知确系浅葬（即殡）。可见，千百年来人们只因未悟此处是倒句成文，以致徒生疑滞而莫得其正解。

3. 对句法结构的类型理解、判别不当而致误训。

例如，《诗经 · 大雅 · 皇矣》：“予怀明德，不大声以色，不长夏以革。”对其中后一句，《毛传》曰：“不以长大有所更。”《郑笺》云：“不长诸夏，以变更王法。”对毛、郑的训释，夏味堂评曰：

> 皆与上句文法不合。上句以“声”“色”两层对举，则此句

> "夏""革"例亦当尔。案:"夏""暇"字古通用,"革""亟"字古亦通用。诗盖言文王宜缓,而缓不长暇逸;宜亟,而亟不长急迫。所谓"从容中道"也。《书·多方》:"天维五年,须夏之子孙。"郑注:"夏之言暇。"(见本诗"上帝耆之"孔疏)《礼记·礼器》引《诗》"匪革其犹",又《檀弓》"夫子之病革矣",郑注并云:"革,急也。"(《诗疑笔记》卷五《皇矣》)

夏氏此论表明,要想对"不长夏以革"句做出正确的训释,首先须在分析上句"不大声以色"的文法的基础上判定其句法结构类型。上句显然是以"声""色"两层对举,故"大声以色"实言"大声与色",其系并列结构类型甚明,而"长夏以革"为并列结构亦从可知也。如果读"夏"为"暇",读"革"为"亟",则"长夏以革"意为长暇逸与长急迫,其句法结构便为并列型。若如毛、郑之训,则"长夏以革"均非并列结构,"皆与上句文法不合",故其解实谬。可见,毛、郑训解失误,主要是由于未能正确地理解和判断句法结构类型。于上述《皇矣》诗句,后世有不少学人依从夏氏之解。如朱骏声云:"夏,暇也。以,与也。革,亟也。犹'勿忘勿助长'。"①俞樾云:"'声''色'二字自是平列,谓不大其声与色也。……'夏'之言假也。……'革'之言急也。……急与宽假义正相反。"②

再举一例。《论语·先进》:"所谓大臣者,以道事君,不可则止。"又《颜渊》:"子贡问友。子曰:忠告而善道之,不可则止,毋自辱焉。"对《先进》"不可则止"句,梁章钜论云:

> "不可则止",汉儒无注,《皇疏》始以"谏不从则去"释之。孙氏奕曰:"大臣以道格君心之非,则无复有发于政、害于事者,此所谓不可则止。"此说甚新,然"子贡问友"章亦言"不可则止",句法正同,仍从《皇疏》为是。(《论语旁证》卷十一《季子然问仲由冉求章》)

梁氏此论中所引宋人孙奕之说,见孙奕著《履斋示儿编》。显然,梁氏不赞同孙奕对《先进》"不可则止"句的训释,而以皇侃《义疏》之解为可从。

---

①朱骏声:《说文通训定声·颐部》"革"字注。
②俞樾:《群经平议》卷十一"不长夏以革"条。

依梁氏之见，孙奕的训释之所以不可取，根本在于他误解了“不可则止”的句法结构类型。若如孙说，“不可”意指“发于政、害于事者”，“止”义为休止（即“无复有”），则句型是主谓结构；而《颜渊》篇中亦有“不可则止”句，与《先进》之句的句法正同，但前者显然不是主谓结构，其意谓“如果朋友不从忠告，我则作罢”，当是假设关系的紧缩复句。明乎此，知《先进》“不可则止”亦当为假设关系的紧缩复句，故《皇疏》之训甚是。

三、不识章法而误解

所谓“章法”，是篇章的组织结构、谋篇布局之法，它注重语言表达的逻辑顺序，讲究起承转合的结构安排，追求次第相承、文脉相贯、语意相属的表达效果，即所谓“作文有字法、有章法、有篇法，终篇结构，首尾相应”①。此亦如纪昀评点《文心雕龙·附会》之题名所说：“附会者，首尾一贯，使通篇相附而会于一，即后来所谓章法也。”②乾嘉学者普遍认为，经典之文在篇章结构上往往显示出了高超的经营能力，其“章法井然，首尾完密”③，“一气并读，其起伏顺逆、错综整齐、缓急疏密之妙乃见”④。譬如《诗经·邶风·匏有苦叶》，“首句统贯全篇。……济盈正雉鸣之时，下二句分承上二句，顺承之法也。济盈，深也；不濡轨，浅也。三章承‘雉鸣’推开，四章承‘济盈’挽合，逆承之法也。‘士如归妻’承‘求其牡’，‘人涉卬否’承‘不濡轨’，一头两脚之格也。……起承转合，线索分明，其神情在吞吐隐见之间。”⑤因此，训诂释义，应当审辨、考究古代文献的章法，顺随文献语言起承转合、接续连贯所形成的逻辑关系而为之解，即所谓“求之章法次第”⑥，“读者须细寻其结构脉络”⑦，然后循文求解，“视其上下文脉络而通贯”⑧。否则，于古代文献文本的意义将有可能不得其解，造成训释上的疏失、谬误。乾嘉学术札记中，时

①梁章钜：《退庵随笔》卷二十二引张绅之语。
②黄叔琳注、纪昀评：《文心雕龙辑注》，中华书局1957年版，第367页。
③崔述：《读风偶识》卷一《通论诗序》。
④周中孚：《郑堂读书记》卷十三《经部七之下》之《中庸全本》。
⑤陈仅：《诗诵》卷二。
⑥崔述：《读风偶识》卷四《鄘风补说》。
⑦陈本礼：《太玄阐秘》卷七。
⑧周中孚：《郑堂读书记》卷六十九《子部十四》之《道德经注》。

见学者们以“章法不明，脉络次第多忽而不之觉”[①]“前人理脉不清，令文气亦不顺”[②]之类的言辞评骘文献训解之失，说明不识章法也是导致训诂失误的一个重要因素。兹举例如下：

> 此篇《序》云：“文王之化，行乎汝坟之国，妇人能闵其君子，犹勉之以正也。”《朱传》云：“汝坟之人，以文王之命供纣之役，其家人见其勤苦而劳之。‘王室’指纣所都也，‘父母’指文王也。”余按：伐枚、伐肄，皆非妇人之事，而“惄如调饥”“不我遐弃”之语，亦不类妻之施于夫者。……而汝之距丰，千有余里，亦无缘谓之“孔迩”也。且前两章方言其夫，末章忽置其夫不言，而言文王与纣，前后语意毫不相贯，古人宁有此文法乎？细玩此诗词意，与《序》《传》所言了不相似。窃意此乃东迁后诗，“王室如毁”即指骊山乱亡之事，“父母孔迩”即承上章“君子”而言。汝水之源在周东都畿内，盖畿内之大夫有惠于其民者，其民爱而慕之，以其仕于王朝，故未得见；周室既东，大夫避乱而归其邑，而后民得见之，故伤王室之如毁而转幸父母之孔迩也。如此，似于文义较顺，而章法亦相贯。（崔述《读风偶识》卷一《周南十有一篇·汝坟》）

崔述在此主要从章法的角度考论《诗经·周南·汝坟》的大旨。《诗序》《诗集传》均以此诗作于殷商末年，且前者认为此诗写妇人劝勉丈夫守道行正，以显文王教化之隆，后者则认为此诗写丈夫远役，妇人在家思之、劳之。这在崔述看来，均为误说。依其所见，此诗作于周平王东迁之后，其旨非如《序》《传》所言叙写妇人劝勉或思念丈夫，而是描写畿内大夫（即诗中所谓“君子”）仕于王朝、避乱归邑时汝坟之民的思慕、哀乐。《序》《传》的说法之所以有误，除了于人物语气不合、于诗中文义不顺之外，还在于有乖诗的章法：如其所说，诗的前两章方言妇人之夫，末章忽言文王与纣，则其首尾不相照应，章法不能贯串，全诗无法成为一个有机的整体，“古人宁有此文法乎”！今按：崔述以为此诗写畿内大夫及其下民之事，不无可商之处，但其谓《序》《传》的相关解说于诗之章法有所未得，还是颇有道理的。

---

①崔述：《考信附录》卷一《先君教述读书法》。
②刘沅：《周易恒解》卷五下“上古结绳而治”等句附解。

不识章法，负面影响较大，不仅有碍于准确地把握古代文献篇章的主旨(即如上例所揭)，而且还会导致误解文献的文句之意。例如，《诗经·大雅·文王》："假哉天命，有商孙子。"朱熹《诗集传》注此云："穆穆然文王之德，不已其敬如此，是以天命集焉。以有商孙子观之，则可见矣。"乾隆时学者顾栋高以为朱熹错解了二句之意，遂在《毛诗订诂》卷六中引宋人黄震《黄氏日钞》如下之言进行了辨订：

> 晦庵解此诗，最为理精语洁；独此二句，于上下文语脉微有未顺。盖"穆穆文王，于缉熙敬止"，此二句一意，言文王之德也；"假哉天命，有商孙子"，此二句一意，言天命初本商之有也；下文再言"商之孙子，其丽不亿。上帝既命，侯于周服"，此四句一意，言商之孙子虽多，今既命周德，殷之后反皆臣于周也。一章八句，语脉相生，而其间条理次第，丝毫不紊。今若曰"文王之敬如此，而天命集焉"，是上之第二句与中之第一句跨涉取义也；又曰"以商之孙子观之可见"，是中之第二句与下之四句跨涉取义也；且云"观之则可见"，又似添语补足，本文未必有此意。

由是观之，《文王》一诗语脉相生，章法秩然有度；据其章法的逻辑结构和逻辑次序，诗中"穆穆"二句言文王敬慎，周之有德，"假哉"二句言天命本来依属于商之孙子，"商之"以下四句谓天命转而归于有德之周，商之孙子虽众，反皆臣服于周。可见，这些文句之间的承转衔接十分明畅、自然，诚是顺理成章，"条理次第，丝毫不紊"，显示了作者思维的连贯性和行文的严密性。然而，依朱熹之解，"假哉"二句则谓天命集于周人，由观周人抚有商之孙子而可见。显然，这与诗作的语脉次第不合，有"跨涉取义"之病，变乱了此诗原有的章法逻辑结构，文理因之略显不顺，且其所言"观之则可见"亦有增字解经之嫌。

不识章法，还会导致训释者对文献中字词之意做出错误的理解或解释。例如，《礼记·中庸》："天命之谓性，率性之谓道，修道之谓教。道也者，不可须臾离也，可离非道也。"其中"道也者"的"道"，孔颖达《礼记正义》以为是指"修行仁、义、礼、智、信以为教化"者。翁方纲认为其解有误，且由不审《中庸》章法所致：

首节原“性”“道”“教”所由名，而次节乃专提“道”字，《中庸》所以明道也。若因上节由“性”而“道”而“教”次第说到“教”字，而此次节仍带“教”字说，则非经义语脉矣。《孔疏》：“‘道也者，不可须臾离也’，此谓修行仁、义、礼、智、信以为教化。”此直承上节“教”字解之，非其旨也。朱子《或问》于此处云：“圣人之所修以为教者，因其不可离者而品节之也；君子之所由以为学者，因其不可离者而持守之也。”可谓精密矣！（《礼记附记》卷七）

这也就是说，《中庸》此二节从章法结构上讲，首节总论“性”“道”“教”所由名，次节则专论“道”字，所以次节中的“道”字与首节中的“教”字没有语脉、意义上的直接关联，训解时自然不得连带“教”字为说；而孔颖达直承首节“教”字解之，失经旨矣。此处“道”字当是指“君子之所由以为学者”。

第六节　以今例古

乾嘉学者在学术札记中对以今例古的训诂弊病曾进行过较为深刻的分析和批判，阐扬了他们在训诂释义上一贯所坚持的时代性原则。其言其论在今天仍不乏鉴戒意义。

一、以今例古之所以为弊

古代文献都是在特定时代、特定历史语境中产生的，因而其语言文字都是在特定时间、空间中的具体表达，具有一定的时代性特征，不同历史时期的文献的语言文字也互有时代性差异。职斯之故，解读古代文献中的语言文字，应当关注其时代性，以发展的眼光、历史的观点加以审视和分析，从而做出切合客观实际的理解和解释。对此，不少乾嘉学者已有较为清醒的认识。这从学术札记中的相关论说可见一斑：

凡讲小学，必宗《说文》，然当究其意旨，不可拘其形体。凡一

代有一代之字，何必尽泥《说文》？（臧庸《拜经日记》卷二“周礼以今证古”条引段玉裁语）

音俱相近，语有轻重，音转字移，无义例也。……《楚辞》之“些”，其字从“此”得声，当苏里切。转为苏个……又转为写耶，音泻平声，其义少也。此今音今义非古也。（郝懿行《晒书堂笔录》卷四“语助”条）

凡字音异形同者，意古止一音。声音递嬗，各就其时语音分之，作音训则当分指之。（俞正燮《癸巳存稿》卷三《书释文后》）

其云“刊校”，谓刊改校正所缮写之书也，均与刊板不同。读者不察古今语言文同义异之致，乃疑古事矣。（俞正燮《癸巳类稿》卷十二《书五代史马缟传后》）

吴江陈启源著《毛诗稽古编》三十卷，极为该博，有曰：“古今之字，音形多异，义训亦殊，执今世字训解古人书，譬犹操蛮粤乡音译中州华语，必不合也。”义训之殊，如古以“媚”为深爱，而后世以为邪；古以“佞”为能言，而后世以为谄；古以“伪”为人为，而后世以为诈伪。（袁栋《书隐丛说》卷十七“毛诗稽古编”条）

古人之文，未可以今之文义测量也。（王鸣盛《蛾术编》卷七十五《说集一》“赋比兴”条）

古书立文，各有体例，以后世文法求之，则失其意。（苏秉国《周易通义》卷十九《附编第二》“师”条）

上引文字表明，不少乾嘉学者已认识到语言文字随时而变，古代文献中的语言文字表达也因世而异，所以，他们在训诂方法论上形成了一定的辩证观念与历史观念，认为训解古人之书文应当注意语言文字的时代性差异，不可泯其参差、执一而求，不当据今（后）以测古（先）、强古（先）以就今（后）。披阅学术札记，可以看到，乾嘉学者们常常对训诂实践中出现的以今例古现象提出严厉批评，以其为训诂释义的弊病之一：

其所假借，今韵复多异音，画字体以为说，执今音以测义，斯于古训多所未达，不明其要故也。（王引之《经义述闻》卷二十三《春秋名字解诂叙》）

盖以今冒古，以己意冒圣贤，以所知冒所不知，（诸书）说经大率如是。曾氏、罗氏始大反之……是据经以折传，据三代以折汉唐，不可谓之叛古也。（凌扬藻《蠡勺编》卷二“九江”条引恽敬语）

大率以今义绳古义，以今音证古音，以今文易古文，遂使孔壁古奥之经，变而文从字顺，洵有以悦俗学者之目，然而经文变矣，经义当由兹而亡，可不惧哉！（王聘珍《大戴礼记解诂·自叙》）

于此可见，经籍训诂中的师心自用、以今例古，深为乾嘉学者所不与，被视作一种颠倒本末、荒经蔑古的诠释行为，甚至被看作是务于阿世媚俗而不惜残毁经义的可怕做派，弊害甚大。

总而言之，站在乾嘉学者的学术立场上来看，以今例古的训诂行为之所以被视作一种为害甚巨、应当极力戒除的弊病，根本在于这种训诂行为缺乏辩证观念与历史观念，扭曲了训诂对象原有的意义属性，有违于训诂释义的时代性原则，无助于文本意义的客观揭示。由此进而论究，也不难发现，乾嘉学者从事训诂研究，十分注重将训诂对象楔入文献文本创制时代的语言系统（甚至文化系统）中进行考察和辨析，强调把训诂释义建立在对文献文本自身的历史性、规定性的深刻了解和真切把握之上，以还原和复现文本语言文字的固有之义为归旨。如此训诂学理念，包含着合理、科学的成分，与近现代诠释学的观念颇有相合之处，有似德国诠释学家施莱尔马赫所倡导的：“每一在给定文本中需要充分确定的东西，只有参照作者与他最初的公众共有的语言领域才能确定。”[①]

二、以今例古的存在范围

据乾嘉学术札记所论，以今例古的弊病主要存在于训诂实践中的如下方面。

（一）对古代文献中语词之义的训释

在乾嘉学者看来，“解文字者，当以虞、夏、商、周初、周末分别观之”[②]，应注意词汇和词义的发展变化，知其古今有别，做到“以今义明古

①转引自张汝伦：《意义的探究——当代西方释义学》，辽宁人民出版社1986年版，第13页。
②阮元：《揅经室续一集》卷一《释佞》。

义，而不以今义冒古义也”[①]；但在训诂实践中，也有不少人由于缺乏历史的观点，未能深究古词古义，对一些古词古义往往以后世习用的有关语词及意义来强相牵附，并据以为解，出现以今例古之弊。这在各类语词的训解中都不同程度地存在。

1. 一般性语词的训释存在以今例古之弊。

且看学术札记中的具体论述：

> 刘（台拱）云：“……此言养心莫善于诚，即诚意之事，故下文亦言‘慎独’。”栖霞郝氏兰皋《荀子补注》云：“‘慎’当训‘诚’。《释诂》云：‘慎，诚也。’非谨慎之谓。《中庸》‘慎独’与此义别。杨注不援《尔雅》而据《中庸》，谬矣。”又云：“‘慎’字古多训‘诚’，《诗》凡四见，毛、郑俱依《尔雅》为释。《大学》两言‘慎独’，皆在《诚意》篇中，其义亦与《诗》同。惟《中庸》以‘戒慎’‘慎独’为言，此别义，乃今义也。荀书多古义，杨注未了，往往释以今义，遂致舛误。”念孙案：《中庸》之“慎独”，“慎”字亦当训为“诚”，非上文“戒慎”之谓，故《礼器》说“礼之以少为贵者”曰：“是故君子慎其独也。”郑注云：“少其牲物，致诚悫。”是“慎其独”即诚其独也。“慎独”之为“诚独”，郑于《礼器》已释讫，故《中庸》《大学》注皆不复释。孔冲远未达此旨，故训为“谨慎”耳。（王念孙《读书杂志·荀子弟一》“君子养心莫善于诚”条）

由此论述可知，《荀子·不苟》中“夫此顺命以慎其独者也”的“慎”，杨倞以“戒慎”解之，其实是以“谨慎”为其义；而郝懿行、王念孙均以杨倞此解为谬，认为应以“诚”义训之[②]。另在郝懿行看来，杨倞将此“慎”字之意解为谨慎，出现舛误，是因为他昧于“慎”的古义“诚”，而狃于其后世常用义“谨慎”，以致以今例古，释以今义。揆王念孙之论，孔颖达《礼记正义》释《中庸》“君子慎其独”之“慎”为“谨慎”，实际上也病于以今例古。又如：

①王筠：《说文释例》卷十。

②笔者按：王念孙在此谓《中庸》之“‘慎’字亦当训为‘诚’”，着一“亦”字，表明他认为《中庸》之“慎”与《不苟》之“慎”同义，俱当训为“诚”。观王氏此条下文所谓“《中庸》《大学》《荀子》之‘慎独’，其义一而已矣”，亦可见。

郑《目录》云："士冠礼，童子职任居士位，年二十而冠。"此郑就士爵言之，非古言也。士者，古人年少未冠娶之通名。……《诗》言"求我庶士"，又言"有女怀春，吉士诱之"，又言"士如归妻"，又言"以谷我士女"。《夏小正》言"绥多士女"，《孟子》言"绥厥士女"。"士"与"女"对，明是未冠娶。……《左传》晋太子将下军，士䓕曰："太子不得立矣。位以卿，先为之极，又焉得立？"天子元子，岂当先以士爵处之？……又《记》云："士也，谓总角之士。"故无贵贱。若爵弁之士，岂得言元子总角时兼戴士冠？是东汉人不知古言之证。（俞正燮《癸巳类稿》卷七《释士补仪礼篇名义》）

对《仪礼》中的"士冠礼"，郑玄以"童子职任居士位"云云为训，显然是把其中的"士"理解为爵弁之士。俞正燮颇不以之为然，并通过广泛稽检古代文献资料，以求索"士"之古义，论定"士者，古人年少未冠娶之通名"。在俞氏看来，郑玄误解"士"字，缘于不知古言古义，乃以其后世的常用义为训。今按：俞氏不囿于先儒之旧说，不惑于语词之今义，就古书求古义，训解甚为精允。近人刘师培言："俞正燮云'士者，古人年少未冠娶之通名'，引《诗》'求我庶士'……《荀子》'处女莫不愿得以为士'为证，谓士为男子未娶之称，犹女为女子未嫁之称也。其说甚确。"①

由上举两例可见，在一般性语词的训释上，前人时有以今例古之病，即使博学如古之杨倞、郑玄，亦未能尽免于此。

2. 名物类语词的训释存在以今例古之弊。

此类情形较多见。下面列举一些实例：

《释鱼》云："鲤，鳣。鰋，鲇。鳢，鲩。鲨，鮀。"皆一鱼而二名也，故舍人之解皆同。郭注以首六字分为六鱼，盖据其时目验而分之也。然璞去古已远，千余年后名目不能不变，据其时俗之名以折古人，未为得也。谨案：《诗》毛传云："鰋，鲇也。""鳣"字《诗》凡三见，《硕人》传云："鳣，鲤也。"《潜》传云："鳣，大鲤也。"《四月》笺亦云："鳣，鲤也。"是鳣之为鲤，毛、郑并同。鳢之为鲩，亦

①刘师培：《古政原始论》，见刘梦溪主编《中国现代学术经典·刘师培卷》，河北教育出版社1996年版，第698页。

与“鲤鳣”“鰋鲇”“鲨鮀”等矣。今所传定本《毛传》训“鲤”为“鲖”，与郭注同。然案《正义》云：“遍检诸本，或作‘鳢鲩’，或作‘鲤鲩’”，下又云：“毛及前儒皆以‘鲇’释‘鰋’，‘鳢’为‘鲩’，‘鳣’为‘鲤’，唯郭注《尔雅》是六鱼之名”，则《毛传》仍当作“鳢鲩”也。又云：“今目验，毛解与世不协。”盖自晋及唐，其去古益远，目验愈不足据矣。且《尔雅》一书《草》《木》《虫》《鱼》以下，皆是二名互释，无开卷举一字之名，上下无所附属者。以体例求之，益知《毛传》之当遵也。（李惇《群经识小》卷八“一鱼二名”条）

此论《尔雅·释鱼》“鲤，鳣。鰋，鲇。鳢，鲩。鲨，鮀”等词语的理解问题。郭璞据晋代语言中的鱼类名称，认为其首六字分别指六种不同的鱼；李惇细考《毛传》和《毛诗正义》中相关文字，并结合《尔雅》“二名互释”的体例，断定郭说有误，认为《释鱼》此处“皆一鱼而二名”（如“鲤、鳣”二名互释，实为一鱼），首六字实际上只指三种鱼。以李惇之见，郭璞误解《释鱼》此处的名物词，缘于不知名物词的名实对应关系会随时迁变，乃“据其时俗之名以折古人”，陷于以今例古。此外，李惇还说到唐人孔颖达据其当时的鱼类名称而目验，因疑《毛传》之解，也有以今例古之嫌。又如：

高江村《天禄识余》谓今之折叠扇，初名聚头扇，元时高丽始以充贡，明永乐间稍效为之，今则流传寖广，团扇废矣。至于挥洒翰墨，则始于成化间云。……陆深《春风堂随笔》云：“今之折扇，张东海以为贡于东夷，永乐间盛行于中国。然予见南宋以来，咏折扇者颇多。东坡谓高丽白松扇‘展之广尺余，合之止两指’，即此也。”……则折扇非始于元，盖宋金时已有之，特其时尚未盛行，民间犹多用团扇，是以陆放翁有“生绡裁扇又团团”及“团扇家家画放翁”之诗。直至永乐中，始盛行于中国耳。……南齐褚渊“以腰扇障日”，《通鉴注》云：“腰扇佩之于腰，今谓之折叠扇。”此恐误。唐时尚未有折扇，何得六朝已有之？胡三省盖以后世之物妄为附会耳。（赵翼《陔余丛考》卷三十三“折扇”条）

折扇之为物，大约产生于宋金之时，盛行于明永乐年间。而宋元之际学者胡三省注《资治通鉴·齐纪一》“司徒褚渊入朝，以腰扇障日”之语，称其中的“腰扇”亦即宋元时的折叠扇，明显是罔顾词及词义的时代性差异，率然以今冒古，故赵翼斥之“以后世之物妄为附会”。又如：

> 镯，直角切，音浊，《说文》：“钲也。从金蜀声。军法，司马执两镯。”《周礼·地官·鼓人》：“以金镯节鼓。”今人误以臂钏为镯。箫，先雕切，乐器。《风俗通》：“舜作箫，其形参差似凤翼。”《广雅》云：“箫大者二十四管，小者十六管。”即圣庙中之排箫，今人误以长笛为箫，又名洞箫。……锭，丁定切，音矴，《说文》：“镫也。”《广韵》：“豆有足曰锭，无足曰镫。”“镫”即“燈”字，今人误以银铤子作锭子。……似此古今同字而义各别者颇多，兹略举之。（汪启淑《水曹清暇录》卷八）

这里所举的一些表示名物的字词，古今同形而义别，往往被后人误解，究其因，皆是以今例古的陋习所致。

3. 典制类语词的训释存在以今例古之弊。

在乾嘉学者看来，典制类语词的内容所涉甚广，举凡古代的治教礼俗、乐律历法等，均有所及，解释起来颇为不易，需要具备丰厚的知识储备，即所谓“六经各有名物制度，不明乎天文、地理、图书、律吕，不可以读书”[①]；而且，典制类语词随着时代嬗替、社会发展而总是处在变动不居的状态之中，“古之名物制度不与今同也，古之语不与今同也”[②]。这样，后人解释古籍中的典制类语词，很容易出现各种各样的偏弊，其中就包括以今例古。下面举一些实例说明。

如《左传·昭公五年》有云：“日之数十，故有十时，亦当十位。自王已下，其二为公，其三为卿。”杜预注曰：“十时，甲至癸。……日中当王，食时当公，平旦为卿，鸡鸣为士，夜半为皂，人定为舆，黄昏为隶，日入为僚，晡时为仆，日昳为台。隅中、日出，阙不在第，尊王公，旷其位。”可见，杜预以为古人计时，将一天划分为日中、食时、平旦、鸡鸣等十二个时段，而经文

①徐养原：《顽石庐经说》卷一《易论》。
②汪中：《述学·释三九中》，辽宁教育出版社2000年版，第3页。

取其中的十个（不列日出、隅中两个时段）来比配社会上的十个阶层，故有“十时”之说。对此，汪师韩提出了质疑：

所谓“十时”“十位”者，即《昭公七年》芋尹无宇言“天有十日，人有十等”：王臣公，公臣大夫，大夫臣士，士臣皂，皂臣舆，舆臣隶，隶臣僚，僚臣仆，仆臣台。凡数以十计者，古皆以甲、乙为次，而十时则自日中以至日昳，其序自日中而逆数至食时，又逆至旦时。若以今十二时计之，乃以午、辰、寅、丑、子、亥、戌、酉、申、未为十位一、二、三、四之次。古但以昼夜各分五时耳。而杜注谓“隅中、日出，阙不在第，尊王公，旷其位”，是乃以后世之十二时而论古之十时，误矣。（《韩门缀学》卷一“左传筮法”条）

在汪师韩看来，经文所谓“十时”，是以昼夜各分五时而为言；而杜预以为日中、食时、平旦、鸡鸣等十二个时段因故不计其中的隅中、日出，乃为“十时”，这其实是以后世之十二时而论古之十时，失于以今例古。

又如，郑玄注经，以文王元年、鲁隐公元年均为己未之岁。如孔颖达《毛诗正义·大雅·文王》引郑注《书序》云：“十一年，本文王受命而数之。是年入戊午蔀四十岁矣。”由是推之，“文王元年当入戊午蔀三十岁，戊午蔀以庚寅为蔀首，三十岁为己未为文王元年”①。孔颖达于《文王》又引郑注《雒师谋》云：“数文王受命至鲁公末年，三百六十岁。”其中的“鲁公”指鲁惠公，“则隐公元年当三百六十一岁，又值己未，是郑依《雒师谋》数之，且以文王元年当受命之年”②。郑玄笃信谶纬，其“己未”之说，实际上是本于纬书历法，而后世注疏家于此不知，往往引用晚出的《三统历》以证之。如《毛诗正义·大雅·文王》有云：“案《三统》之术，鲁隐公元年岁在己未，其年前惠公之末年，岁在戊午。”对此类现象，俞正燮批评道：

郑康成谓文王元年己未，鲁隐公元年己未，《诗·灵台》正义引《三统》证之。诸经《正义》不知说天者古今不同，不就经文敷畅厥旨，而引后世之法以淆之，又不悟郑专用纬说，此所云“己未”，郑亦本纬，不用《三统》。（俞正燮《癸巳类稿》卷二《文王元年郑

①俞正燮：《癸巳类稿》卷二《文王元年郑义》。
②同上。

义》)

依俞氏的看法，唐人撰《正义》不知历法会随时变易，而引后世历法以说古人之文，这种以今例古的做法只会造成释义的混乱。

又如，《礼记·玉藻》："服之袭也，充美也。"孔颖达疏云："凡敬有二体，一则父也，二则君也。父是天性至极，以质为敬，故子于父母之所不敢袒裼。君非血属，以文为敬，故臣于君所则裼。"江永论之曰：

> 《疏》说得之。后人泥于《诗》之"襢裼暴虎"，《孟子》之"袒裼裸裎"，《曲礼》之"劳毋袒"，谓袒裼皆不敬之容，臣于君前，岂反以是为敬？不知言非一端，各有所当。平居而袒裼，则不恭也，行礼则不然，故曰："不有敬事，不敢袒裼。"又曰："周旋裼袭，礼之文也。"又曰："裼袭之不相因也，欲民之毋相渎也。"古人之重裼袭如此。凡《礼经》言"裼"者，左袒而有衣也；单言"袒"者，左免衣，肉袒也。……《觐礼》侯氏请事，"右肉袒"，谓刑宜施于右。臣于君前且有肉袒之时，而又何疑于"裼"乎？古礼不合今人情甚多，如丧祭之肉袒，今人必不肯行，而古人反以是为敬。又如食饭以手，食酱以指，脱屦而燕臣，见君而解韈，此类岂可以今人之情臆断其无此事哉！(《礼记训义择言》卷五"服之袭也"按语)

对《孔疏》以及《礼经》中与礼俗有关的语词"裼"，江永在此就其用法和意义进行了考辨。依其所论，"裼"谓左袒，即脱去上衣左袖，露出裼衣，此为古代礼仪，可以表示敬意；而后人泥于《诗经》"襢裼暴虎"之类的用例，且又拘执于后代以袒裼为不敬的人情礼俗，遂致疑于《孔疏》及《礼经》中所用的"裼"字，此不免有以今例古之失——解读古书岂可尽据后代人情礼俗以悬断古之人事！

又如，"厌次"是一个古行政区划名[①]，前人有以今例古而为解者：

> 《汉书》："东方朔，平原厌次人也。"师古曰："《高祖功臣表》有厌次侯爰类，是则厌次之名，其来也久矣，而说者乃云后汉始为

①白俊山、常江《实用新方志学》(辽宁大学出版社1993年版)第158页有云："建置沿革是纵线叙述……内容包括：历代政区演变、地名变更、机构设置、土地划拨、隶属关系改变等等。……建置是按典章制度人工构建的实体，如府、州、县。"可见，行政区划地名与典章制度相关。

县，于此致疑，斯未通也。”今案：《地志》“平原富平县”注：“应劭曰：明帝更名厌次。”《续汉书》曰：“厌次本富平，明帝更名。”依师古所据，则富平本为厌次，明帝复旧名也。班氏自用旧名，非袭用后汉地名。至晋夏侯湛作《东方朔画赞》，云：“魏建安中，分厌次以为乐陵郡，故又为郡人焉。”则是以今地命古人，盖错解班书而误效之，故有此语。（陈宗起《丁戊笔记》卷上“厌次”）

此谓晋人夏侯湛据《汉书·东方朔传》之类的文献而作《东方朔画赞》，以晋时行政区划名“乐陵郡”当古之“厌次”，其弊涉“以今地命古人”。

总之，典制类语词的内涵复杂，且古今变化甚大，很容易诱发训诂上的以今例古之病。欲克服此病，最好的办法是博学深考，以通知古今。乾隆时人袁栋说：

读书人当知今知古。制度文为，以及人情风土，随时而变，随地而易。不知古，不能得事理之要领；不知今，不能悉情俗之变通。不知今，或阅历风土，或询访耆硕，俱可得之；不知古，必当博综典要，考核精详，然后可。不然，凭一人之臆见，伥伥其何之矣！（《书隐丛说》卷三“知今知古”条）

读书人若依此处所示路径而行，则庶几可以臻于“知今知古”之域，而正确训释典制类语词，免于以今例古之病，则亦有望矣！

（二）对古代文献属辞之法的理解

古人著书属文，在遣词造句、行文表达上往往有其独特的规则，非后世所多见。因此，乾嘉学者常说：“圣文活变，有不可以后人文法求之者。”[①]“圣经虽文字之祖，而不可以后人篇法、句法求之。”[②]“（古文）何得以后世时文之句法例之？”[③]依乾嘉学者之见，如果以后人的属辞之法强附古书，则易生以今例古之弊，难以正确地理解和解释古书的本意。兹举学术札记中的个案论析材料加以说明。例如：

“雍有日、月、参、辰、南北斗、荧惑、大白、岁星、填星、辰

①边廷英：《周易通义》卷十二“王假有庙”按语。
②永瑢等：《四库全书总目》卷三十七，中华书局1965年版，第317页。
③翁方纲：《复初斋文集》卷十一《答友问钟山札记》。

星、二十八宿、风伯、雨师、四海……诸逐之属，百有余庙。”师古曰：“风伯，飞廉也；雨师，屏翳也。而说者乃谓风伯箕星也，雨师毕星也。此《志》既言二十八宿，又有风伯、雨师，则知非箕、毕也。”念孙案：《周官·大宗伯》：“以槱燎祀司、中司命、飌师、雨师。”郑司农云：“风师，箕也；雨师，毕也。”郑注《尧典》，及《独断》《风俗通义》，并与此同。此汉儒相承之旧说。……风伯、雨师虽已在二十八宿之中，而既有专祀，则不得不别言之，犹之上文“参、辰、南斗”已在二十八宿之中，而既有专祀，不得不别言之也。（案《晋语》曰：“辰、参，天之大纪也。”故与南北斗并有专祀。）……考《史记·封禅书》，文正与此同，而刘奉世乃谓“参”与“南斗”为衍字，《义门读书记》又读“参辰”为“三辰”，其谬滋甚。盖诸家皆以后世属辞之例求古人之文，故辩论纷纷，而卒无一当也。（王念孙《读书杂志·汉书弟五》“参辰南北斗、风伯雨师”条）

在此，王念孙着重讨论了《汉书·郊祀志》《史记·封禅书》中星宿之名的称列问题。依古来之说，“二十八宿”中包含了“参”“辰”“斗”“风伯”（即箕）、“雨师”（即毕）等星，而上述二书却以这些星名与“二十八宿”平列而称，这如何理解呢？颜师古认为《汉书》中“风伯”“雨师”并非各指箕、毕，而即飞廉、屏翳；刘奉世谓《史记》中“参”与“南斗”均为衍字；何焯《义门读书记》称“参辰”当读为“三（叁）辰”。王念孙则认为以上诸家之说均谬，《汉书》中“风伯”“雨师”分别为箕、毕，此有汉儒古训可证，而《史记》中文字不误，无须改读；二书均以“参”“辰”诸星与“二十八宿”并称，是因为诸星已于庙庭享有专祀，为文称举时有必要将它们从“二十八宿”中剥离出来，别而言之，其不嫌于与“二十八宿”平列而称。在王念孙看来，颜师古等人因为习于后人的属辞法则（即诸星之名不与“二十八宿”平列），并以之规范古人之文，故有种种不当的论议。又如：

“以敝邑之为盟主，缮完葺墙，以待宾客。若皆毁之，其何以共命？”唐李涪《刊误》曰：“缮完葺墙，文理不达，所疑字误，遂有繁文。予辄究其义，是‘缮宇葺墙，以待宾客’，此则本书‘宇’误为‘完’。《书》曰‘峻宇雕墙’，足以为比。”段氏若膺曰：“古三字重叠者时有，安可以后人文法绳之？下文‘无观台榭’，岂非三字重叠邪？况此篇因坏垣属辞，士文伯夸垣之好，不应见毁，添设‘宇’字，则无谓矣。”引之谨案：段说是也。“若皆毁之”四字专指墙而言，则不得兼言宇矣。……李以“缮完葺”三字为繁文，案《成元年传》“臧宣叔令修赋缮完”，亦是既言“修”而又言“缮完”也。其上三字平列，而下一字总承之者，内外《传》中亦往往有之。《桓六年传》云：“嘉栗旨酒。”（《正义》曰：“所祭之酒，栗善味美。”）《文十六年传》云：“赋敛积实。”（注：“实，财也。”）《齐语》云：“论比协材。”《晋语》云：“假贷居贿。”《楚语》云：“蓄聚积实。”文义并与此同，而李以为繁复，自未晓古人属文之例耳。（王引之《经义述闻》卷十八“缮完葺墙”条）

即此观之，《左传·襄公三十一年》“缮完葺墙”句，唐人李涪以为其中“缮完葺”三字同义连用，乖于文理，而疑其“完”字乃“宇”字之误；段玉裁则认为三字同义连用的属辞之法在古文中往往有之，只是李涪于此未做详考，乃以今律古，用后世文法以绳古文，因生谬见；王引之认同段氏之论，并提供了古文中“上三字平列而下一字总承之”的大量语例予以佐证，能让人清楚地看到李涪之误是由于未达古人属文之法，以今例古造成的。又如：

“宽柔以教”句，《注》《疏》略而不释，朱子《章句》：“谓含容巽顺以诲人之不及也。”窃按：此章答“问强”，“强”以自处言之，似未及于诲人之义。“宽柔以教”，“以”字盖倒装文法，犹言“以宽柔为教”，言南方之强，皆相习为宽柔也。未可以后人文法例之，谓“以”字在“宽柔”下辄及于诲人耳。（翁方纲《礼记附记》卷七）

由翁方纲之论可知，朱熹《中庸章句》对“宽柔以教”句的训释不太精切，缘于“以后人文法例之”，误解了语法；此句其实使用了倒装文法，犹言“以宽柔为教”。今按：翁氏所论甚为精当。后人训解《中庸》此句，有与翁说相同者。如陈柱《中庸注参》：“唐蔚芝师云：宽柔以教，以宽柔为教也。老子曰：‘以天下之至柔，驰骋天下之至刚。’敛藏退守，南方之强似之。”[1]

①陈柱：《中庸注参》，北京联合出版公司2014年版，第186页。

（三）对文献语言训诂相关事项的认知

以今例古的训诂之弊，除了主要存在于前文所述语词的训释和属辞之法的理解之外，还偶见于对语言训诂所涉事项的认识、解读，如对古人撰作体例的辨识，对古书思想义理的评判，对作者创作心理的理解，等等。下面略示一例：

> 白云许氏曰："以后世观之，放淫之辞，深能道狎邪之情状者，未必皆其所自作，亦当时善为词章、深知风俗者为之耳。故愚于《东门之墠》，以为诗人道其男女之意，而非其自作。此类亦多，非独此篇，亦非独淫邪之诗为然也。"今按：《三百篇》作者，今多不可晓，但如此等淫辞，或谓他人代作，唯《溱洧》一篇乃可据信。（诗中"女曰""士曰"，明是他人叙事之辞。）若《卫风·桑中》之类，其说或当两存。（《桑中》曰"爰采唐矣，沬之乡矣。云谁之思？美孟姜矣"，亦似他人代述语气；下文曰"我"，或作代辞，说亦可通。）至如此篇语意，曰"尔"、曰"我"，明是其人自为思念之辞，乃必云他人代作，其义不亦曲乎？夫后世人心不古，立言每多假借；若《三百篇》比兴赋体，明白分别，古人言质，恐未可以后世著作之意例之也。（刘始兴《诗益》卷十六《郑·东门之墠》）

可见，宋元之际学者许谦据后世作者的"著作之意"比例而求，推定《诗经》中《东门之墠》等道男女之意的作品并非诗人自叙，应是他人代作；而乾嘉学人刘始兴认为，许谦之说嫌于以后世著作之意例古人，未可尽信。刘氏的论述能使人看到，学者们在解析文本的创作意图等问题时也容易犯以今例古之病。

第六章　学术札记中的训诂发展论

以语言解释为职志的训诂之学，能在历史上兴起，有其发生学上的根源和动因。戴震曾言："古故训之书，其传者莫先于《尔雅》，六艺之赖是以明也，所以通古今之异言……刘歆、班固论《尚书》古文经曰：'古文读应《尔雅》，解古今语而可知。'盖士生三古后，时之相去千百年之久，视夫地之相隔千百里之远无以异。昔之妇孺闻而辄晓者，更经学大师转相讲授，而仍留疑义，则时为之也。"[①]许宗彦亦云："三代以后，字体递变，古今语异，讹字渐多，施之于文，不可遽晓，于是而有诂训。"[②]这说明，时代变迁，社会发展，造成了语言文字的古今之隔，后世之人读古书而欲晓古语之义，则需通过转相解授来沟通古今、消除隔阂，训诂因之而起。在乾嘉学者看来，训诂作为一种专门的学术或学问，源远流长，历史悠久；它萌芽于先秦时学者对前人经典的解释与传述活动，而其正式出现的时间不会晚于汉代。如齐召南说：

> 人伦日用共知共由之常道曰经。圣人定为万世不易之教，其言亦曰经。经，常道也。学者不得其解，势必惑岐趋而迷所往，是以作经者圣，即解经亦始于圣。赞《周易》有《十翼》，以赞之者解之；雅言曰《诗》《书》、执礼，以雅言者解之。惟《春秋》笔削谨严，待知我者自解。若《论语》《孝经》，则吐辞为经，弟子述之，实解经要会也。《戴记》中《大学》《中庸》亦然。《孟子》即孔门经解之义疏，《尔雅》则初学解经之训诂权舆耶。（《宝纶堂文钞》卷五《古经解钩沈序》）

这也就是说，像孔子作《十翼》以解《易经》，孔子弟子纂《论语》以述

①戴震：《戴东原集》卷三《尔雅文字考序》。
②许宗彦：《鉴止水斋集》卷十四《说记·转注说》。

孔子之言，《孟子》对孔门经传进行疏解，等等，均有语言解释的成分存乎其间，表明春秋战国之世已见训诂之学的萌芽；而《尔雅》是解经的专门之书，可助初学，则训诂之学权舆于《尔雅》时代[①]。把《尔雅》的问世视作训诂之学正式形成的标志，这其实也是不少乾嘉学者所持的一种观点。如戚学标说："训诂莫古于《尔雅》。"[②]王引之有云："训诂之学，发端于《尔雅》。"[③]王筠引《崇文总目》曰："《尔雅》出汉世而有训诂之学。"[④]披览学术札记又知，乾嘉学者也有人认为训诂之学正式产生于春秋时代，因为孔子的弟子卜商（字子夏）传经解义，实际上已开训诂之学的先声。如冯云鹓云："经学、史学，后世分为两涂，而其源皆出自圣门：卜子传经，为训诂之始，世皆知之；宰子传史，开纪传之先，人罕知之。"[⑤]乔光烈说："汉世诸儒授经，推其师说渊源，章句训诂半出卜氏。以是言之，则子夏之功在六籍而贻后世者，不尤伟哉！"[⑥]此类看法，其实与康熙时学者阎若璩的一个观点一脉相承："传是楼新刊《经解》……序首云：'经之有解，自汉儒始。'予为正之曰：经之有解，自子夏始。不特于《易》有传，于《诗》有序而已，东汉徐防上言'《诗》《书》《礼》《乐》定自孔子，发明章句，始于子夏'是也。"[⑦]关于训诂学正式形成和确立的年代问题，乾嘉学者尽管见仁见智，有不同的说法，但有一点是不存异议的：训诂学正式形成的时间不会晚于西汉。这从乾嘉学者的如下一些言论中不难揣知："汉承秦焰，经传晚出，于是训诂之学专门名家，广立学官。"[⑧]"古义者，汉儒专门训诂之学，得以考见于今者也。"[⑨]"是时康成之说尚未盛行，故学者犹承古经传及汉初训诂而用之。"[⑩]又据乾隆时人彭绍升言："孔氏既没，学统岐，道术裂。二千余年，承学之士，递相祖述，专门名家，于是有

①笔者按：关于《尔雅》的作者和成书年代，历来有不同的看法，或说周公所作，或说孔子所作，或说孔子门人所作，或说作自汉初儒者，等等。《四库全书总目》卷四十谓："其书在毛亨以后，大抵小学家缀缉旧文，递相增益；周公、孔子，皆依托之词。"这当是乾嘉时期较多学者的一种看法。

②戚学标：《四书续谈外编》卷上"攻乎异端"条。

③王引之：《经籍籑诂序》，见阮元主编《经籍籑诂》卷首。

④王筠：《说文解字句读·附录》卷一，见《续修四库全书》第219册，上海古籍出版社2002年版，第521页。

⑤冯云鹓：《圣门十六子书·宰子书》卷二按语，山东友谊出版社1989年版，第992页。

⑥乔光烈：《最乐堂文集》卷五《卜子祠堂碑》。

⑦阎若璩：《尚书古文疏证》卷六上，上海古籍出版社2013年版，第362页。

⑧唐仲冕：《陶山文录》卷七《朝邑县重修文庙碑》。

⑨周中孚：《郑堂读书记》卷二《经部二》之《九经古义》。

⑩崔述：《洙泗考信余录》卷二。

训诂之学，有辞章之学，又进之为道德仁义之学。”①则训诂之学应有两千余年的历史。

以乾嘉学者的论说观之，训诂学自汉代以来薪火相传，绵历不绝，至清代发展到了一个高峰。如沈起元云：“自汉迄今，乃又有训诂之学、词章之学……书益漫汗无纪极。才智之士，驰骋游猎其中。”②阮元云：“古书之最重者莫逾于经，经自汉、晋以及唐、宋，固全赖古儒解注之力，然其间未发明而沿旧误者尚多……我朝小学训诂，远迈前代，至乾隆间，惠氏定宇、戴氏东原大明之。”③观乾嘉学术札记的论述又知，“古今经学，随世好尚转移”④，“传注于汉，疏义于唐，议论于宋，日起而日变”⑤，故汉代以来各个历史时期的训诂研究有其自身发展的理路、脉络，呈现出了不同的面貌和特点。

第一节　汉代训诂

汉代是训诂学蓬勃发展、走向繁荣的一个历史时期，在训诂学发展史上占有重要地位。乾嘉学术札记中常见这样的宏观性评价：“两汉以来，训诂盛行”⑥；“汉世训诂学盛”⑦；“汉学精于训诂，唐学详于疏证……非汉、唐则典章制度无存。”⑧

汉代训诂学的繁盛与汉代经学的昌明有着密切的关系。乾嘉学者认为，“经学莫盛于汉。自文帝置《论语》《孝经》《孟子》《尔雅》博士，其后增立五经博士，传业寖广。一经说至百万言，大师众至千余人，可谓盛矣！”⑨尤其是到了东汉，“汉儒传经学，至郑氏而极盛”⑩；“前汉诸儒皆专治一经，其兼通

①彭绍升：《二林居集》卷六《尊闻居士集叙》。
②沈起元：《敬亭文稿》卷一《题周生永年水西书屋藏书目录后》。
③阮元：《经义述闻序》，见王引之《经义述闻》卷首。
④齐召南：《宝纶堂文钞》卷五《古经解钩沈序》。
⑤王玉树：《退思易话》第五引陈念祖语。
⑥凌扬藻：《蠡勺编》卷二十二“五柳先生传”条。
⑦唐仲冕：《陶山文录》卷四《小学续编序》。
⑧陆以湉：《冷庐杂识》卷八“志学箴”条。
⑨胡培翚：《研六室文钞》卷六《国朝诂经文钞序》。
⑩牟庭相：《雪泥书屋杂志》卷四。

他经者甚少……至东汉马融、许慎等兼经始盛，郑氏康成尤能会通”[①]。而“经学本于文字训诂”[②]，经学研究离不开训诂学的资辅与支持：“训诂不明，则经不通”[③]；“穷经者必通训诂，训诂明而后知义理之趣。”[④]汉代经学也是如此：“经学必资于小学，故郑司农深通六经，而先明训诂。”[⑤]“自道德之教失而后有训诂之师，而汉儒专门授经，虽不得圣人之奥，要亦圣学之所赖以传而不坠，则犹不为无用。”[⑥]所以，汉代经学繁荣昌盛，自能大大地刺激训诂学的发展，为训诂学走向繁荣创造良好的学术环境，提供强大而持续的动力。钱大昭曾言：“世之谈经学者有二焉：一为训诂之学，一为义理之学。言训诂者，初以《尔雅》为宗，爬搜古义，神而明之，足以蕲至圣贤格物致知之妙，故两汉经师莫不从事于此。”[⑦]这说明，两汉的训诂之学因经学而兴，依附于经学而存在，是经学研究的重要内容之一。惠栋亦云：“汉人通经有家法，故有五经师训诂之学，皆师所口授，其后乃著竹帛，所以汉经师之说，立于学官，与经并行。”[⑧]这也说明，汉代经师的训诂之学是适应通经的需要而产生，并随着经学地位的确立与提升而获致炽盛之势、尊显之位。此外，乾嘉学术札记中还常见“汉儒多以著述训诂为经学”[⑨]，“汉儒说经，以训诂专门”[⑩]之类的言论，于此亦知汉代经学是以文字训诂为主旨，训诂学在服务于经学的过程中也发展了自身，以致成为经学家们的专擅之学。

就乾嘉学术札记的论述看，在经学的强力推动下，汉代训诂学研究日以隆盛，出现了不少训诂学名家，产生了不少卓有影响的训诂研究成果。如贾逵、马融、许慎、郑玄、服虔、何休等，都有值得称道的经学训诂著述。戴震引阎若璩曰：“东汉杜林于西州得漆书古文《尚书》一卷，林同郡贾逵为之作训，马融作传，（郑）康成注解，古文之说大备。”[⑪]王鸣盛说：“愚谓斯文未丧，汉

①王鸣盛：《蛾术编》卷一《说录一》“前汉诸儒少兼经”条。
②唐鉴：《学案小识》卷十四“大兴朱先生”条。
③桂馥：《晚学集》卷六《上阮学使书》。
④钱大昕：《春秋内传古注辑存序》，见严蔚《春秋内传古注辑存》卷首。
⑤钱大昭：《说文统释·自序》。
⑥汪绂：《理学逢源》卷四“师”条。
⑦钱大昭：《四书就正录序》，见王昶所辑《湖海文传》卷二十一。
⑧惠栋：《九经古义·述首》。
⑨龚炜：《巢林笔谈续编》卷上“山西夫子”条。
⑩梁章钜：《退庵随笔》卷十四。
⑪戴震：《经考》卷二。

儒之功大者四人，于经传则郑康成为最，次何休，次虞翻，次服虔；于文字则许慎；若义疏则最善者《公羊》，次《毛诗》《礼记》《仪礼》，次《周礼》，次《左传》，次《尚书》。”[①]赵翼说：“自贾谊为《左氏》训诂以授贯公，其后贾逵作《训》，服虔作《解》，谢该作《释》，及乎杜预作《集解》后，六朝遂入于经。”[②]依乾嘉学者之见，在灿若繁星的汉代训诂学家中，许慎、郑玄二人最值得尊仰，为汉代训诂研究的代表性人物：

> 许君惧文字之滋祸，于是撰为《说文》，明形声、指事之本原，取《训纂》、杜《故》、班《续训故》诸书，悉加厘正，成一家言。而郑君括囊大典，包罗众家，研精小学，设为“读如”“读为”“当为”“故书”“今书”诸读，以穷假借、转注之用，然后训诂之道大明于天下。讲诂经之学而不师两先师，犹衣食而忘先啬先蚕，师田而忘先貉先牧也。（王端履《重论文斋笔录》卷六引陶定山语）

此对许慎、郑玄在训诂研究上的成就、贡献和地位给予了很高的评价，可见乾嘉学者于许、郑之学崇奉有加，膜拜不已。再看两条评议许、郑之学的材料：

> 汉儒或通一经，或兼他经，惟许叔重慎及郑康成二大儒博通群经。……夫文字者，经义之本，王政之始。士子读书，必讲求于形声故训，而义理出焉。许氏受学贾逵，博采通人，作《说文解字》。其《自叙》云：“将以理群类，解谬误，晓学者，达神旨。其称《易》孟氏、《书》孔氏、《诗》毛氏、《礼》周官、《春秋》左氏、《论语》《孝经》，皆古文也。”子冲上书云：“六艺群书之诂，皆通其意，而天地鬼神、山川草木、鸟兽蚰虫、杂物奇怪、王制礼仪、世间人事，莫不毕载。”然则许氏诚经师之大统，圣门之功臣也。（陈鳣《简庄文钞》卷六《拟请汉儒许慎从祀议》）

> 盖一书流传既久，彼此乖异，势所必有也。墨守一家，以此攻彼，夫人而自以为能也。而郑君之学，不主于墨守，而主于兼综；不主于兼综，而主于独断。其于经字之当定者，必相其文义之离合，审

①王鸣盛：《蛾术编》卷七《说录七》“公羊传疏”条。
②赵翼：《陔余丛考》卷二“左氏传原委”条。

其音韵之远近，以定众说之是非，而以己说为之补正。（段玉裁《经义杂记序》[①]）

于此亦见许慎、郑玄在经学训诂研究上集前人之大成，取得了卓越的成就，做出了重要贡献，是汉代训诂学的杰出代表。

两汉时期的训诂研究成果丰硕，成就斐然，且具有自己鲜明的特点或特色。下面，基于乾嘉学术札记中的相关论说，对两汉训诂研究的成就与特点择要进行阐述。

一、传注之作繁富，训诂专书兴起

汉代经学繁荣，解释儒家经典的传注体著作因之十分发达、繁富。而汉代经师们解释儒家经典，又重在语言文字、名物制度等方面的训诂考据上，即乾嘉学者所谓"汉儒说经重诂训"[②]；"汉儒注经，多明训诂名物"[③]。所以，诠说儒经、随文释义的传注之作，成为汉人训诂研究成果的一种重要载体形态，代表和彰显了汉人训诂研究的成就。

据乾嘉学术札记的论述，汉代解经的传注体著述名目繁多，数量也相当可观：

> 大圣人删定六经，以垂教万世。汉兴，儒者掇拾秦烬，承七十子之绪言，发为训诂，以相诠述。其载在班氏《艺文志》者，曰说、曰传、曰故、曰通、曰微，惟大、小夏侯《尚书》则曰解故。"经解"之目列于《小戴记》，刘向《别录》属之通论，郑氏《目录》以为泛论六艺，亦不以为诂经之名。自何氏有《公羊解诂》，服氏有《春秋左氏传解谊》，而诂经之以"解"名也久矣。顾汉京以后，解经之书日繁，《隋志·经部》列卷至五千二百有奇，乃流转至今，百不一存。（朱方增《求闻过斋文集》卷三《张氏诒经堂续经解序》）

此处所言汉人传注体著述，有三点值得注意：第一，其名称虽然纷繁不

①见臧琳《经义杂记》叙录，《续修四库全书》第172册，上海古籍出版社2002年版，第289页。
②钱大昕：《潜研堂诗集》卷十《题惠松厓征君授经图》。
③王玉树：《经史杂记》卷一"赵岐注孟子"条。

一，有“说”“传”“故”“通”“微”等目，但大而言之都是儒家经典的解释之作；第二，就内容而言，其主要从训诂的角度诠述经义；第三，其数量甚巨，卷数当以千计（引文中所谓“五千二百有奇”，是指唐初尚存的历代经部著述的卷数，汉人著述的卷数包含其中）。再看一条材料：

> 自孔子没而微言绝，复罹秦火之阨。汉唐以来，掇拾经义，笺传训诂、义疏讲解之籍，无虑数千百家，汪洋浩瀚，众说纷纶，自非宏通淹贯、识力兼擅之士，安能抉择幽隐而阐发其精蕴？（吴骞《愚谷文存续编》卷一《读经题跋序》）

这里也说到汉代的儒经笺传注解之籍数量庞大，内涵精深，且多有训诂释义之说存于其间。上面所引两条材料足以说明，在经学繁荣的汉代，解经的传注体著述大量涌现，将训诂学的发展带入了一个空前兴盛的黄金时期。

在汉代，《诗》《书》《礼》《易》《春秋》等重要的儒家经典都有学者为之作注，譬如，“经之有章句者，《诗》则齐之杜抚、毛之毛亨，《礼记》则马融、卢植，《春秋》则服虔，《论语》则包氏、周氏，《孟子》则赵岐是也。其以注称者，郑元（玄）……之于《易》，郑元之于三《礼》，郑兴、郑众之于《周官》”①，如此之类，难以殚述。有的儒家经典甚至有众多学人为之注解。比如，“以训诂论，《左氏》一经，陈元、郑众、贾逵、马融、延笃、服虔、彭汪、许淑、颖容诸人之说俱在”②。下面，选择三部在后世影响较大、乾嘉学者论述较多的汉人解经著述，做简要述评，以见汉代传注之作的发达。

（一）毛亨《毛诗故训传》

关于此书的作者，“《汉志》：‘《毛诗》三十卷，《毛诗故训传》二十九卷。’俱不著为毛亨、毛苌。据郑康成《诗谱》‘鲁人大毛公为《故训传》于其家，河间献王得而献之，以小毛公为博士’，则《诗传》为毛亨作矣。”③此书是传于后世的汉代经注中较早的一种，对《诗经》的训解甚为精审，且保存了不少故训资料。乾嘉学术札记中有这样的论述：

> 《毛传》字训最古。“熙，广；肆，固”，盖据《外传》“广厚其

①杭世骏：《道古堂文集》卷一《经解》。
②洪亮吉：《春秋左传诂·自序》，中华书局1987年版，第1页。
③何琇：《樵香小记》卷下。

心，以固和之"，以为此训也。《笺》本《尔雅》破之，似未若原本之协。（程大镛《读诗考字》卷下）

曩读《毛传》，叹其精博，不独训诂为诸家所祖，即古制藉以留存者亦不少。《硕人》传云："君听朝于路寝，夫人听内事于正寝。"此即《昏义》"天子听外治，后听内职"之义也。（胡培翚《研六室文钞》卷四《与陈硕甫论毛传书》）

西汉经训之存于今者，惟《诗》毛传最可宝贵。其所征引古书逸典，孔颖达作《正义》已不能详，今备录之，俾读者有所考焉：……五、《载驱》传云："诸侯之路车，有朱革之质而羽饰。"六、《伐檀》传云："兽三岁曰特。"……二十、《駉》传云："黑身白鬣曰雒。"二十一、《閟宫》传云："常、许，鲁南鄙、西鄙。"（孙志祖《读书脞录续编》卷一"毛传逸典"条）

由此可知，《毛传》训义颇精，"师授甚远，独得《诗》之正传"[①]，多存经师相传之古义，是值得宝重的《诗经》古注。乾嘉学术札记对《毛传》的训解特点也多有关注和论析，如云："《毛传》简质，意有难明，正赖晓人善读之耳。"[②]"《毛传》最古雅，且完善。依经训义，委曲诠解，而不拘于章句。"[③]"《毛传》顺文求义，不烦改字。"[④]"毛公《诗传》多易假借之字而训以本字，已开改读之先。"[⑤]

（二）郑玄《毛诗笺》

《毛诗笺》是汉代出现的一部重要传注。"汉兴，传（《诗》）者四家，所谓齐、鲁、韩、毛，专门授受，互有异同。其后三家寖微，《毛诗》独盛，东汉郑康成作《诗笺》，申明毛义"[⑥]，为世所重。对此书，乾嘉学术札记多有不同层面的论述。例如：

《十三经注疏》，以《诗》毛传、郑笺、孔疏为冠，包罗古义，融贯群言，他部莫能及也。郑氏发明毛义，自命曰"笺"者……盖如今

---

①胡培翚：《研六室文钞》卷十《汪叔辰先生别传》。
②黄中松：《诗疑辨证》卷五"会朝清明"条。
③王玉树：《经史杂记》卷一"毛传体例"条。
④成僎：《诗说考略》卷十《大东》按语。
⑤王引之：《经义述闻·自序》。
⑥吴骞：《愚谷文存》卷一《孙氏诗评摭遗序》。

人之签记，积而成帙，故谓之“笺”。自《郑笺》行，齐、鲁、韩三家遂废，然毛、郑义亦时有异同。当时王肃、王基、孙毓、陈统之徒，或申毛以难郑，或又申郑以驳毛，袒分左右，垂数十百年。唐贞观中，因《郑笺》为《正义》，乃论归一定，终唐之世无复歧趋。（梁章钜《退庵随笔》卷十四）

此对《毛诗笺》一书的学术价值、书名由来、注释内容、传承情况等做了简要的述议，于此可以粗知该书之大略。又如：

大镛幼习经训，案头置注疏如干卷，暇时辄研究焉，而尤爱《毛诗》。窃以毛公《诂训传》之古，郑氏《笺》之精，孔氏《正义》之博且洽，群经之所不逮也。（程大镛《读诗考字》卷上）

郑君注《礼》，不如笺《诗》之详悉。（严元照《娱亲雅言》卷三）

这是说，《毛诗笺》的训释以“精”“详”见称，为一般解经传注所不逮。又如：

郑笺《诗》虽宗毛，然采用三家（“素衣朱绣”，以“绣”为“绡”；“君子好逑”，和好众妾：皆《鲁诗》说。“可以乐饥”，以“乐”为“𤻲”；“抑此皇父”，读“抑”为“意”：皆《韩诗》说），及自下己意者亦复不少，惟于《序》说不敢立异。……《郑笺》与《毛传》异者，不可胜计，然大者约数端焉：一为周公避居，一为出封加等，一为冬春昏期，一为稷契之生。按：避居，毛不如郑（详后《鸱鸮》札记）；出封加等，或出封为诸侯，或衔命出封畿，俱无明文可据，二家可以互通；霜降逆女，冰泮杀止，毛胜于郑，先儒具有成说，无庸覼缕。……至于六天帝之号、《文王》受命称王之说、《时迈》封禅之笺，郑援据广博，疏家能言其旨，毛俱无一语及焉。然则郑君之殚洽，不如毛公之简严也。（夏炘《读诗札记》卷二“郑笺”条）

由此可见，《毛诗笺》解《诗》，虽然宗主《毛传》，并对《毛传》多所发明，但并非一概遵奉毛说，而是有所补充、修改或订正，因而与《毛传》往往有所不同；其与《毛传》训释相异者，或胜或逊，情形不一。考其他学术札记所论，较多乾嘉学者认为，毛、郑异训者，大体上是毛胜于郑。如林伯桐有云："郑特偶识己意，非立异也。然《传》《笺》不同者，大抵毛义为长。"[①]胡承珙有云："《笺》之于《传》……有异毛而不如毛义者，盖毛公秦人，去周甚近，其语言文字、名物训诂已有后汉人所不能尽通者……不熟读经文，不知《传》文之妙；不细绎《传》文，不知《笺》说之多失《传》旨。"[②]尽管如此，一些乾嘉学者也注意到"郑虽改毛，然皆有根据，非同后人之臆见也"[③]。

（三）赵岐《孟子章句》

在一些乾嘉学者眼中，赵岐之学"在汉儒中最嫥陋"[④]，但其所撰《孟子章句》亦有善可陈，且对后人解《孟子》不无助益，功不可没：

> 汉人《孟子》注存于今者，惟赵岐一家。赵岐之学，以较马、郑、许、服诸儒稍为固陋，然属书离辞，指事类情，于诂训无所戾。七篇之微言大义，藉是可推。且章别为指，令学者可分章寻求，于汉传注别开一例，功亦勤矣。[⑤]

阮元此言，对《孟子章句》的训诂释义给予了肯定性评价，还特别提到该书离析章句，括其大旨，在训释体例和方法上有开创之功。《孟子章句》传于后世，常为注家所宗：

> 自炎汉赵岐作《孟子注》，纲举目张，井然有条。后陆善经、郑亢、綦毋邃诸家皆宗之，子朱子《集注》采录正复不少。[⑥]
>
> 汉人《孟子》注存于今者，惟邠卿一家。……《朱子语录》虽称其注拙而不明，与王《易》巧而不明同讥，然所作《集注》，采用赵说独多，即不明著赵氏而与之同者，几于累牍，特稍删润其语者耳。然则谓赵注为朱注之滥觞，亦无不可也。（周中孚《郑堂读书记》卷十二《经部七之上》之《孟子赵注》）

①林伯桐：《毛诗通考》卷一。
②胡承珙：《求是堂文集》卷三《与竹邨书》。
③周中孚：《郑堂读书记》卷八《经部五》上之《毛诗注疏》。
④王鸣盛：《蛾术编》卷八《说录八》"孙疏伪托"条。
⑤阮元：《孟子注疏校勘记序》，见《十三经注疏》，中华书局1980年版，第2664页。
⑥陆宗楷：《孟子注疏考证·跋》，见文渊阁《四库全书》第195册，台湾商务印书馆1986年版，第331页。

这说明，《孟子章句》在后世产生了较大影响，连宋代大儒朱熹撰作《孟子集注》，亦多采用该书之说。

从以上的述评来看，两汉时期在经学炽盛的大背景下，出现了大量解释儒经的传注体著述，凸显了汉代训诂研究的实绩和隆盛。据乾嘉学术札记所论，汉代除了有为数众多的解释儒经的传注体著述之外，还有一些解释其他部类（如史、子、集部）经籍的传注体著述。例如：

《隋书·经籍志·杂部》："《吕氏春秋》二十六卷，高诱注。"诱《序》自言尝为《孟子章句》及《孝经解》等，今已不见。世所传诱注《国策》，亦非真本，唯此书及《淮南王书》注最为可信。诱注二书，亦间有不同。……《知分篇》解云"鱼满二千斤为蛟"，而《淮南王书》又作"二千五百斤"。至于音训，亦时时不同。此盖随文生义，或又各依先师旧训为解，故错出而不相害与！（毕沅《吕氏春秋新校正·自序》）

《淮南鸿烈解》有许慎、高诱两家注，《隋书·经籍志》并列于篇。……夫以淮南王之博辩善文辞，为武帝所尊重，复得四方宾客如九师八公者，广采群籍，作为是书，固已极魁玮奇丽之观，而东汉两大儒，各以博识多闻之学，事为之证，言为之诂，亦既疏解略尽矣。（钱塘《淮南天文训补注·自序》）

王逸注《楚辞》，每篇皆有序。（王筠《菉友蛾术编》卷下）

由这些论说可知，东汉学者于史部书《战国策》，子部书《吕氏春秋》《淮南子》，集部书《楚辞》，皆有传注之作。对此类传注之作在训诂释义上的特点或特色，乾嘉学术札记还有一些或巨或细、或详或略的论说，于其精善独妙之处有所昭揭。例如：

汉以来，皆以《吕氏春秋》为正名。……高诱《注》训诂简质，于本书亦多所纠正。（梁章钜《退庵随笔》卷十七）

汉儒许叔重、王叔师皆楚人，故其注《淮南王书》《楚辞》等，喜引楚言。如《淮南注》所云"楚人以厌为昧""楚人谓扇曰箑""楚人谓豕为豨""楚人谓牢为霤""楚人谓刃顿为铢"……"楚人谓水暴溢曰濼"。虽半已淆入高诱注中，然大略皆许注也。其在《说文》

者，如“楚人以卜问吉凶为𣪠”“东楚名缶曰甾”“南楚谓盼曰睇”是矣。《楚辞章句》所引如“楚人名懑曰凭”“羌，楚人语辞也”“楚人名住曰傺”“楚人名转曰邅”“楚人谓相调笑曰咍”“楚人谓失志怅然住立为侘傺也”“楚人名圜曰抟”“楚人名结草折竹以卜曰篿”“卉，百草总名，楚人语也”“楚人名巫为灵子”……“楚谓疾行为逞”之类，不可枚举。（洪亮吉《晓读书斋四录》卷下）

可见，高诱《吕氏春秋注》、许慎《淮南子注》、王逸《楚辞章句》在训诂上各有其亮点和特长，尤其是后二者喜引楚语以解古书之义，特色鲜明。又如：

王叔师《楚辞章句》所引《诗》，或与韩、毛不同，而与《尔雅》及《列女传》有合者，盖鲁义也。其诂训亦往往有异于毛、郑，而较郑为长者。……“怨灵修之浩荡兮”，（王）注：“浩，犹浩浩。荡，犹荡荡。无思虑貌也。《诗》曰：‘子之荡兮。’”《宛丘》作“汤”，《传》：“汤，荡也。”《笺》云：“游荡无所不为。”案：叔师说较《笺》义为长。玉林公言三家《诗》每以诂训代正经，如《毛传》：“汤，荡也。”而此正文直作“子之荡兮”，可证。（臧庸《拜经日记》卷七“楚辞章句多鲁诗说”条）

《释训》自“子子孙孙引无极”以下十六句，皆用韵语，如七言古诗。此训诂之创格也。……郭璞注《释训篇》、王逸注《楚辞》，皆用韵。（梁玉绳《瞥记》卷二）

以上论说材料于王逸之注，或谓其引《诗》多取鲁义，并时有长于《郑笺》之解者，或谓其使用韵语，如同诗句，均揭橥了王注所具的特点或特色。

总之，上引学术札记的论述材料表明，以史、子、集三部类典籍为解释对象的传注之作，多有精胜独到、可圈可点之处，同样彰显了汉代训诂学的成就。由此也可看到，至东汉，训诂研究的对象在不断扩展，不再只是拘囿于儒家经典，而是延及其他部类的典籍，训诂学由此拓宽了研究范围，拥有了较大的发展空间。

汉代除了多有随文释义的传注之作外，还出现了一些荟萃训诂于一编、具有通释语义性质的专书。这从乾嘉学者的论述可见一斑：

郑氏云："《尔雅》者，孔子门人所作，以释六艺之言。"此说误。《尔雅》自是汉儒所作，荟萃诸经训诂而成之也。（王懋竑《读书记疑》卷二《毛诗》）

训诂之学，发端于《尔雅》，旁通于《方言》，六经奥义，五方殊语，既略备于此矣。（王引之《经籍籑诂序》[①]）

《说文》集三书之大成，两汉训诂萃于一书，顾不重哉！（桂馥《说文附说》[②]）

刘君（熙）所纂《释名》，其于训诂、天文、舆地之学，靡不综涉。（宋翔凤《朴学斋文录》卷二《孟子刘注序》）

刘熙《释名》，其《自序》云二十七篇。……其书参校方俗，考合古今，晰名物之殊，辨典礼之异，洵为《尔雅》《说文》以后不可少之书。（毕沅《释名疏证·自序》）

《尔雅》《方言》《说文解字》《释名》等训诂专书在两汉相继脱颖而出，表明两汉训诂研究进入到了一个学术自觉的时代，发展迅猛，成就辉煌。段玉裁曾言："《方言》十三卷，汉扬雄撰……（戴震）先生以是书与《尔雅》相为左右，学者以其古奥难读，郭景纯之注语焉不详，少有研摩者，故正讹、补脱、删衍，复还旧观；又逐条援引诸书，一一疏通证明，具列案语，盖如宋邢昺之疏《尔雅》，而精确过之，汉人训诂之学于是大备。"[③]这虽然是就戴震的学术研究而言，但同时也说明，在乾嘉学者眼中，《尔雅》《方言》之类的专书相继兴起，意味着汉代训诂学的发展在逐步走向全面、繁盛。

二、因近古之便利，得古人之真意

对汉儒的训诂研究成果，一般乾嘉学者表现出了很大的热情，给予了高度认同，可谓情有独钟，推赏备至。如阮元说："训诂必宗汉人。"[④]邵晋涵说："近日撰《尔雅正义》，……先正六书，次述古义，多引唐以前诸儒之说。宋人

①见阮元主编《经籍籑诂》卷首。
②见桂馥《说文解字义证》附录，中华书局1987年版，第1349页。
③段玉裁：《戴东原先生年谱》"四十二年丁酉五十五岁"条，经韵楼本。
④阮元：《汉读考周礼六卷序》，见段玉裁《周礼汉读考》卷首。

好新异，或乖本训，取证差少。”[①]朱骏声说：“昔朱子答张敬夫云：‘……汉儒可谓善说经者，不过只说训诂，使人以此训诂玩索经文。训诂、经文不相离异，只做一道看，直是意味深长。’旨哉斯言！朱子之所以卒为大儒也。”[②]乾嘉学者普遍推尊汉儒之训诂，一个重要的原因在于他们认为汉儒去古未远，训诂释义一般能得古人之真意。如其有云：

凡文之义，多生于形与声。汉人去古未远，其所见多古字，其习读多古音，故其所训诂要于本旨为近，虽有失焉者，寡矣。（卢文弨《抱经堂文集》卷二《九经古义序》）

汉人之诂，去圣贤为尤近，譬之越人之语言，吴人能辨之，楚人则否……盖远者见闻终不若近者之实也。……于圣贤之经，惟汉人之诂多得其实者，去古近也。（阮元《揅经室二集》卷七《西湖诂经精舍记》）

这是说，汉人去古未远，熟谙古人的语言文字，对其形、音、义易于明晓，因而在古代文献文义的解释上具有得天独厚的优势，所作训诂大多切近本旨，得其真实。又如：

汉时去古未远，或得其遗制也。（黄中松《诗疑辨证》卷五“崧高篇”条）

《周礼》“九赋”，依郑康成“口率出泉”之解，则与“九职”截然不混。汉世近古，故即时事以况古经，经义显然可睹也。后儒必谓汉法非先王所宜有，岂千百世后儒者之臆度定为先王所宜有乎？（倪思宽《二初斋读书记》卷七）

汉去古未远，其说典礼名物，虽亦依仿推测，而终胜于后世。（姚文田《邃雅堂集》卷二《诗经匡说序》）

可见，汉人去古未远，较之后世儒者，更了解古代的历史文化，更能准确地把握古代文献中所载的典章制度，故其有关典章制度的考证、解释自然较可信据。又如：

---

①邵晋涵：《南江文钞》卷八《与程鱼门书》。
②朱骏声：《传经室文集》卷四《孔子三朝记序》。

> “自天子所”，《笺》云：“自，从也。有人从王所来，谓我来矣。”按：凡言“所”，非尽在外之词。……此经殷王在京师，而亦言“所”者，犹汉京师亦谓之“行在所”。……蔡邕曰：“天子自谓所居曰‘行在所’，今虽在京师，行所至耳。巡狩天下，所奏事处皆为宫。在长安则曰奏长安宫，在泰山则曰奉高宫，唯当时所在。”汉去古未远，其称谓必有所本。（李黼平《毛诗紬义》卷十《出车》）

汉儒郑玄去古未远，对于先秦时代的语言表达习惯和王朝典章制度自有比较深入的了解，其将《诗经·小雅·出车》“自天子所”的“所”训作“王所”，指殷王所居之处，必有所据，而得其实。又如：

> 《汉书·地理志》：“……东夷天性柔顺，异于三方之外，故孔子悼道不行，设浮于海，欲居九夷，有以也。”颜师古注引《论语》此章文，云：“言欲乘桴筏而适东夷，以其国有仁贤之化，可以行道也。”案：据《志》说，则是“浮海”指东夷。夫子当日必实有所指之地，汉人去古未远，故尚能得其说，非泛言四海也。（刘宝楠《愈愚录》卷三“乘桴浮于海”条）

以此看来，汉人去古未远，对古代的历史事件或古人的生平事迹有较为清晰而全面的了解，故在解读古代文献时，往往能较顺利地“回归”文献文本产生的历史语境，从而还原文本的某些原初性意义；汉人解释《论语·公冶长》中“乘桴浮于海”的“海”，即是如此：汉人尚知孔子欲乘桴浮海之事，能实现对《公冶长》相关历史语境的回溯与重构，故将其中的“海”字具体指为东夷之域（而非泛言四海），颇得文本的原意。又如：

> 两汉经学所以当尊行者，为其去圣贤最近，而二氏之说尚未起也。……两汉之学纯粹以精者，在二氏未起之前也。[①]

由此而揆之，汉儒去圣贤最近，类能察见圣贤之道的本真所在，又未受佛、老之学的影响，所以其对圣贤之书的训解自是精纯不杂，不失圣贤之意。

总而言之，在乾嘉学者的心目中，汉儒的经籍训诂大多是值得尊奉、信从的，这不在于汉儒其人可信，而在于其说可取：汉儒近古，独享知古言、晓古

---

①阮元：《国朝汉学师承记序》，见江藩《国朝汉学师承记》卷首。

事的便利，其训有所据，其解足可征，因而往往独得经典文本的意义之真。诚如臧庸所云："读书当先通诂训，始能治经。尊信两汉大儒说，如君师之命，弗敢违。非信汉儒也，以三代下汉最近古，其说皆有所受，故欲求圣人之言，舍此无所归。"[①]当然，也有一些乾嘉学者注意到，去古未远只是为汉儒从事经典训诂提供了便利条件而已，并不能保证汉儒的训诂实践百密而无一疏，其时近古并不意味着其训诂总是近真。如崔述有云："近世学者动谓汉儒近古，其言必有所本，后人驳之非是。今《史记》此言，岂无所本者，而何以误也？特学者道听涂说，不肯详考，故遂以汉儒为皆可信耳……何其不思之甚也！"[②]王培荀说："《王制》《孟子》本无可疑，得柳子阐发，足补所未详，而汉儒实未见及。汉儒去古近，多闻遗制旧典，然亦往往以己意立说，有拘而未化者。"[③]刘台拱说："汉人推论古事，颇有不可尽据者。"[④]

三、讲究家法师承，利弊得失并存

家法，是在汉代经学传授和经学研究过程中产生的一个概念，又称"师法"。王鸣盛《十七史商榷》卷二十七"师法"条有云："《张禹传》萧望之奏禹经学精习，有师法。……《后书·卓茂传》元帝时学于长安，事博士江生习《诗》《礼》，究极师法。……汉人重师法如此。又称家法，谓守其一家之法，即师法也。"所谓"家法"，既指特定学派或师传的经学体系，又指经学传授和研究的基本规范或原则。从其后一层意义上讲，实言传授或研治某一经典，须宗主一家之学；师所传授，弟子宜加谨守，不得违改。所以，王鸣盛说："汉儒说经，各有家法。何谓家法？经者，夫子之所修，而七十子传之。递相授受，以及于汉儒，必定从一家以名其学，故谓之家法也。"[⑤]又云："（《南齐书》）第一段言：'洙泗既往，义乖七十。自后专门之学兴，命氏之儒起，同异之说，各信师言，翮守章句，期于勿失。'专门、命氏者，谓家法也，诠汉

①臧庸：《拜经堂文集》卷三《与顾子明书》。
②崔述：《洙泗考信录》卷一。
③王培荀：《管见举隅》卷一《封建论》。
④刘台拱：《经传小记》卷二。
⑤王鸣盛：《春秋内传古注辑存叙》，见严蔚《春秋内传古注辑存》卷首。

学最确。”[①]方东树亦言：“经不能遍通也。汉儒多是专门，各有师承，谓之家法。”[②]

受经学影响，汉代的训诂研究也十分重视家法师承：学者们解经释义，各有专宗，亦各有秉承。对此，乾嘉学术札记论之甚多。如：

> 汉人读书之法，与后世不同。汉人读书，必有师传，无师不能读。……汉人传经，其文字、音读、章句、训诂，必有明师面授，方能承学，无师不能自读也。（王鸣盛《十七史商榷》卷三十八“马融从昭受汉书”条）

> 所谓专门之术者，何也？即两汉经师训诂相传家法也。彼时训诂未亡，故周、孔之道有所依凭而立。（王鸣盛《十七史商榷》卷五十九“臧焘等传论南史删弃”条）

> 《齐论》《鲁论》犹《齐诗》《鲁诗》。当时齐、鲁经生各守师说，训诂、章句间有不同，遂有齐、鲁二家之别。（沈涛《交翠轩笔记》卷三）

> 汉末涿郡高氏诱，少受学于同县卢侍中子干。尝定《孟子章句》，作《孝经》《吕氏春秋》《淮南》诸解，训诂悉用师法，尤精音读。……两汉传注存者，自毛氏、何氏而外，首推郑氏。继郑氏而博学多识者，唯高氏。盖其学有师承，非赵台卿、王叔师之比也。（卢见曾《雅雨堂集》卷一《刻高氏战国策序》）

这些论说文字表明，讲究家法师承是汉代训诂研究的一个显著特点，体现了汉代训诂学在训诂观念、训诂原则与训诂方法等方面的价值取向和价值追求。

汉人的训诂研究讲究家法师承，既有其利、其得，亦有其弊、其失。这从乾嘉学术札记的相关论述可见一斑：

> 《汉志》编古书籍，以家分流，在六艺外。时六经有师承，各守家法，短在务攻异己，其长在精思古训，不作无稽之言。（俞正燮《癸巳存稿》卷十二《家数》）

---

①王鸣盛：《十七史商榷》卷六十二“刘瓛陆澄传论”条。
②方东树：《大意尊闻》卷三。

汉人说经，各有家法，恶夫凿空而为之也。然其弊胶于古训，牵于师说，往往支离破碎，而词义反隐。（姚文田《邃雅堂集》卷二《诗经匡说序》）

俞、姚二氏于汉人训诂家法之利弊得失的评估，较为客观公允。其所谓“精思古训”“恶夫凿空而为之”云云，实谓汉儒解经注重家法师承，可以避免凿空臆说，而让经典解释运行在秉承古训、渊源有自的轨道上。这一点，也有不少乾嘉学者言及：

诂训必依汉儒，以其去古未远，家法相承，七十子之大义犹有存者，异于后人之不知而作也。三代以前文字、声音与训诂相通，汉儒犹能识之，以古为师，师其是而已矣。[①]

汉儒说经，遵守家法，诂训传笺，不失先民之旨。[②]

汉儒说经，各有家法，不为向壁虚造之谈。（胡培翚《研六室文钞》卷六《国朝诂经文钞序》）

《尚书后案》云：……汉世经术重家法，博士所习，有师承案据，非能空造。（李荣陛《尚书考》卷六“周公称王辨第三”条）

如此论说文字，也都注意到了汉儒解经重家法所产生的积极效应：能有效地防止“不知而作”“向壁虚造”之类的诠释行为，令经典解释免于师心自用、虚妄无稽之病，使训诂释义得其真是，不失古经之本旨。

此外，汉人训诂讲究家法，能使古义旧闻通过师承授受的途径长久流传，可较好地保存前人所积累的训诂研究成果，裨助于后学。乾嘉学者有言：“汉儒谨守师法，训诂略备于前；宋儒讲论修明，义理大著于后。”[③]“师法日微，训诂不明”[④]；“师法亡，古义晦”[⑤]。此之所言，从正反两方面道出了汉人家法对于故训传承的重要性。举一具体例子说明：

《吕氏春秋·召类篇》：“《易》曰：‘涣其群，元吉。’涣者，贤

①钱大昕：《经义杂记序》，见臧琳《经义杂记》叙录，《续修四库全书》第172册，上海古籍出版社2002年版，第289页。

②钱大昕：《经籍籑诂序》，见阮元主编《经籍籑诂》卷首。

③姚莹：《东溟文集》卷三《与张阮林论家学书》。

④陈寿祺：《左海文集》卷四下《答王伯申侍郎书》。

⑤钱仪吉：《衎石斋记事续稿》卷一《临安儒学重建尊经阁记》。

也；群者，众也；元者，吉之始也。‘涣其群，元吉’者，其佐多贤也。”刘向《说苑·奉使篇》用之。又《说苑·至公篇》：“《易》曰：‘无首，吉。’此盖人君之公也。”此与虞、荀诸家所解不同，乃秦汉间经师古义。训“涣”为“贤”，尤可补经籍诸诂训之遗。（沈涛《铜熨斗斋随笔》卷一“吕览说苑解易”条）

此例表明，汉代学者解释《易经》，谨守家法，沿用往昔经师相承之训，使《易经》一些词句的古义（如“涣”之“贤”义）得以传于后世，后人遂可辨察古经的原初之意，以“补经籍诸诂训之遗”。此类情形，犹似四库馆臣评价汉人《白虎通义》一书所说：“方汉时崇尚经学，咸兢兢守其师承，古义旧闻多存乎是，洵治经者所宜从事也。”①

乾嘉学者也有不少人意识到，汉儒讲究家法，给训诂研究也带来了一些负面作用。像上引姚文田所谓“胶于古训，牵于师说”云云即是。在家法师承宰控下的经籍训诂实践具有很强的封闭性、保守性，的确容易滋生胶执拘牵、承谬袭讹之类的弊端。例如，《周礼·夏官·缮人》：“掌王之用弓、弩、矢、箙、矰、弋、抉、拾。”郑玄注云：“《诗》家说或谓：抉，谓引弦彄也；拾，谓韝扞也。玄谓：抉，挟矢时所以持弦饰也，著右手巨指。《士丧礼》曰：‘抉，用正王棘，若檡棘。’则天子用象骨与？”《仪礼·士丧礼》：“纩极二。”郑玄注云：“极，犹放也。以沓指放弦，令不挈也。”对郑玄之解，俞正燮评曰：

> 决、遂之事，《周礼注》引或说云：“决，引弦彄也。拾，韝扞也。”此汉人缘古制之言，于经皆合。引弦彄者，所以阖弓弦，纵之即发矢，今右巨指所著搬指，或用檡木、枣木，或用骨，其中有沓，以韦为之。《诗》谓之韘，《礼》谓之极，今谓之垫，此决之事也。韝扞者，所以遂弦，其名曰拾，著之则曰遂，以方韦为之，有组系于臂……亦曰臂衣。此遂之事也。郑既引之，而“决”“极”自为说者，由于《士丧礼》师说之误。聂崇义、陈祥道至谓决为象骨，长形外倚出其半……又因郑而更误者。（《癸巳类稿》卷三《决韘极遂解》）

依俞正燮此论，郑玄对《周礼》《仪礼》中“抉（决）”“极”的解说，不

①永瑢等：《四库全书总目》卷一百一十八，中华书局1965年版，第1015页。

及《周礼注》所引汉人或说之精当，只缘因袭了礼学先师的误说。

在家法大行、授受各殊、门户自守，缺乏交流与沟通的学术生态中，“汉儒传经，各有师承，文字训诂多有互异者”[①]，造成了诠释上的纷错乃至龃龉，难以趋同，亦难以究诘和辨别。对此，乾嘉学术札记时常论及：

自秦火以后，汉初诸儒传经者，各有师承，传闻异词，不归于一。（崔述《考信录提要》卷上《释例》）

陆德明《经典释文》所载，其字句、音训之不同者，各有意义，可以考见经师相传家法，且多至二百三十余家。（胡虔《柿叶轩笔记》）

《说文》发明六书之旨，使三代之文尚存于今日。虽其中不无拘牵脱漏，然所引证刘歆、贾逵、杜林、徐巡诸家之说，汉儒授受，各有师承。其或一书之中两引而其文各异，如“江有汜”“江有洍”，“旁逑孱功”“旁救僝功”之类，亦因传受之异而两存其说耳。（盛大士《朴学斋笔记》卷八）

周末以后，演说经制之文出于师承者，异同揝拄，亦何可胜言乎？（翁方纲《礼记附记》卷四）

三《传》之有异同，当时各有师承，孰是孰非，千载下未易辨别。（彭蕴章《归朴龛丛稿》卷六《三传异文录序》）

上之所论，说明汉人各守师承，文字、训诂多岐，未易辨别。在乾嘉学者看来，受家法师承的影响，即使是同一学者的相关训解，也时或出现先后歧异、彼此乖隔的情形：

汉儒说经，各有师承，且有一人之注而彼此不相合者，郑氏注《礼》笺《诗》，是其明证。盖群书错出，固有难以齐同者。（胡承珙《求是堂文集》卷二《与潘芸阁编修书》）

“《诗》云：‘不显不承，无斁于人斯。’此之谓也。”注：“言文王之德不显乎？不承成先人之业乎？言其显且承之，人乐之无厌也。”按：《诗·清庙》笺云：“周公祭清庙，是不光明文王之德与？

①钱大昕：《潜研堂文集》卷五《答问二》。

言其光明之也。是不承顺文王志意与？言其承顺之也。”是笺《诗》与注《礼》不同。《坊记》疏引《郑志》答炅模云：“为《记》注时，就卢君，先师亦然。后乃得毛公《传》，既古书，义又且然。”（陈鳣《简庄疏记》卷十）

合观上引两条材料可知，由于师承不同，郑玄注《礼》笺《诗》有时互异不合，如对《诗经·周颂·清庙》“不显不承，无斁于人斯”二句，其《礼记注》和《毛诗笺》所作训释彼此歧异，即为明证。总之，上述情形，犹似清初学者汪琬所言：“汉兴……世之言经者，恒各守其师说，异同离合，纷若聚讼，而莫能汇于一。”[①]

家法师承的短弊除了上面所述之外，还有如前文所引俞正燮言“短在务攻异己”。汉代家法师承的存在，导致各家各派在学术上往往对立、争锋，其弊亦不免至于挟门户之偏、逞意气之私而相互攻驳，堕陷专己守残、党同妒真之域，对训诂学的发展造成一定的负面影响。如宋翔凤说：“自汉以来，《左氏》与今文辨论纷然，各立门户，博士守师法者既不能辩明，好《左氏》者又不能求合，且惟恐不异俗说，师心之用，而微言大义晦矣。”[②]

四、治学态度朴谨，训诂方法合理

对汉儒从事训诂研究的态度，一般乾嘉学者无论是进行宏观性衡鉴，还是作微观性点评，喜以“朴”“实”“谨”“笃”“慎”等字眼作为关键词，传达出了一种肯许之意、激赏之情。不妨录示几条乾嘉学术札记中的评议性材料，以为佐证：

汉代诸儒，去古未远，训诂笺注，类能窥先圣之心，又淳朴未漓……惟各传师说，笃溯渊源。（纪昀《阅微草堂笔记》卷一）

以今论之，汉经师笃实谨悫，容有误证，而决无臆说；无稽考而言之者，郑氏所必不为也。（牟庭相《雪泥书屋杂志》卷四）

南人轻浮浅躁，北人沉潜笃实；南人虚夸诞妄，北人诚朴谦谨，

①汪琬：《尧峰文钞》卷二十六《诗说序》。
②宋翔凤：《过庭录》卷九“元年春王周正月”条。

故学尚不同。两汉、三国，经师林立……大儒皆北人。此谓传注也。（王鸣盛《蛾术编》卷二《说录二》“南北学尚不同”条）

郑于（《檀弓上》）“袪裼之”注曰：“裼，表裘也。有袪而裼之，备饰也。《玉藻》：‘麛裘青豻褎，绞衣以裼之。’鹿裘亦用绞乎?”……郑云“亦用绞乎”，疑不敢定，此说经之至慎也。（朱大韶《实事求是斋经义》卷一《驳蔡氏裼袭袒说》）

此类论评文字表明，在乾嘉学者眼里，汉儒从事训诂研究，一般具有朴谨笃实的治学态度，富于实事求是的学术精神。正因此，乾嘉学者又常常将汉人的训诂研究谓为“朴实之学”“实事求是之学”。如阮元尝言：“修学好古，实事求是，此汉人朴实之学也。”[①]陈用光有云：“援据明确，庸讵非汉儒实事求是之意?”[②]“古人实事求是之学，不可不法矣!”[③]

汉儒朴谨笃实的态度，实事求是的学风，在其训诂实践活动的很多方面都有所体现。其中最为显见的是，汉儒为训立论，重事实、讲证据、依古训，不作师心自用之臆断，不为凿空无稽之妄说：

汉人说经，皆有依据。（刘宝楠《愈愚录》卷三“鲁无君子者斯焉取斯”条）

“子贡方人”，郑康成本作“谤人”。初疑其说之不经，后读《左传·襄十四年》“庶人谤”，《正义》云：“谤，谓言其过失，使在上闻之而自改，亦是谏之类也。……”始悟子贡谤人之义如此。康成解经，悉有据依，未可轻诋。（孙志祖《读书脞录》卷二“子贡方人”条）

郑氏《笺》明《传》义，有《传》义隐约者，或申其义，或正其义，或定其音，或辨其字，虽似改字，要皆各有根据。……《北风》“其虚其邪”，《传》：“虚，邪也。”《笺》云：“邪，读如徐。”毛以“其虚其邪”言威仪虚徐，是以“邪”为“徐”字，是郑本《尔雅·释训》以正其读也。……凡此，见郑学宏通，虽似改毛，皆本经师相

①见张鉴《冬青馆甲集》卷五《揅经室文集序》所引。
②陈用光：《太乙舟文集》卷五《与邓鹿耕书》。
③陈用光：《太乙舟文集》卷五《复宾之书》。

承之训，各有根据，非若后人之师心臆断也。（王玉树《经史杂记》卷一“郑笺改字”条）

《说文》之于字，虽不能全不谬于古义，而学有师传。许氏与郑氏同时，亦不能无龃龉，然皆不类后人为凿空影响之谈。（程瑶田《解字小记·说文引经异同叙》）

由此可知，汉儒的训诂之作，无论是随文释义的传注，还是通释语义的专书，在训释立义上讲求实据，不恃胸臆为断，而于古训有征。这也正如四库馆臣所说：“汉儒之训诂，虽专门授受，株守师承，而名物典故，悉求依据，其学核实而难诬。”[①]

汉儒在训诂研究上的朴谨笃实，还具体表现为其训释和解说纯正平实，不事侈衍，不尚华辞，饶有素朴之质：

《后汉书·延笃传》曰：“夫仁人之有孝，犹四体之有心腹，枝叶之有根本也。圣人知之，故曰：夫孝，天之经也，地之义也，人之行也。君子务本，本立而道生。孝弟也者，其为人之本与！”观此，延笃以此节十九字与《孝经》十四字同引为孔子之言。……延笃，后汉人。……其论仁孝也，语质而义明，足为《论语》此章注解，不似后人求之太深，而反失圣人本意。故东汉人经说最为平正纯实。（阮元《揅经室一集》卷二《论语解》）

经书之有解，自汉儒始。马（融）、包（咸）、孔（安国）、郑（玄）止诠字义，不尚文辞，学者寻绎其中，浅深皆可自得。（秦笃辉《经学质疑录》卷二）

由是观之，汉儒说经，其义平正纯实，其辞简质自然，显现出了朴谨笃实之风。

此外，在训诂实践中，汉儒对相关事项、细节的处理也往往体现出了朴谨笃实的为学风范。譬如说，对古代文献传本中的讹文误字，不轻易直改，只于注文中予以指正：

汉儒于经字之误，必明注曰“某当作某”，未敢辄改也。（沈涛

①永瑢等：《四库全书总目》卷一百四十五，中华书局1965年版，第1237页。

《铜熨斗斋随笔》卷二“祠兵”条）

汉儒于经典传本中的讹文误字，只予注明，不敢辄改，体现了严谨审慎的治学态度。这就像郑玄遇有今古文之异字而不径改，但“于经用今文之本，而注明‘古文作某’于下，使后人有所稽考，乃解经慎重之意”[①]。又譬如，为经典作注时，以尽量给读者提供便利为期想：

《燕礼》“工歌《鹿鸣》”一节，“奏《南陔》”一节，“歌《鱼丽》”一节，“遂歌乡乐”一节，俱与《乡饮酒礼》同，郑注皆重出，不曰“已见《乡饮酒礼》”。盖篇各为注，以便诵习，不必读后篇而覆检前篇也。此正汉人朴实处。（周中孚《郑堂札记》卷四）

郑玄注《礼》，于经义相同之篇，不避繁难，各出注释，以使诵习者免于前后翻检之劳，此正彰显了汉儒为学为人的朴实。

汉儒从事训诂研究，不仅具备朴谨笃实的为学态度和实事求是的精神，还运用了一些较为科学合理的训诂方法、手段。乾嘉学术札记有如此论述：

训诂之学尚矣！《尔雅》为小学之祖，《说文》乃六书之宗。……汉刘成国撰《释名》二十七篇，其因字释义，宗《尔雅》，而因音求义，又似《说文》。于古制古音多所稽镜，洵小学不可无之书。[②]

展转相训，不离初音。汉儒言经，咸臻斯义，以迄刘熙《释名》、张揖《广雅》……靡不皆然。声音之理通，而六经之旨得矣。（洪亮吉《汉魏音·自叙》）

汉儒训故，音义相兼。《毛传》如《汝坟》“惄如调饥”，调，朝也；《小星》“维参与昴”，昴，留也。……《芄兰》诗“甲”字，《韩诗》本作“狎”。《尚书·多方》“甲于内乱”，郑、王皆以“甲”为“狎”。（惠栋《九经古义》卷五）

这表明，汉代的一些学者对于字（词）的音义关系及其演变之理，已有一定的认识，因而在训诂实践中能运用因音求义之法，以声音通训诂，使所作的训释有音义相兼之妙。此外，汉儒还用到了其他一些训诂方法和手段：

---

①胡培翚：《仪礼正义》卷一，江苏古籍出版社1993年版，第16页。
②吴慈鹤：《广释名序》，见张金吾《广释名》卷首。

郑、孔《注》《疏》……其依文衍义，使后人于训诂之间思而得之，正解经之善道也。（秦笃辉《经学质疑录》卷十五）

汉人去古未远，六书为小学，说字解经，罔弗洞究根原。（李富孙《校经庼文稿》卷十一《七经异文释自序》）

班固叙列诸子……以为合其要归，亦六经之支与流裔。汉世大儒注经，皆慎取诸子之言，为六经之辅佐。……掇其精要，乃可以羽翼夫六经。（邵晋涵《南江文钞》卷五《周耕厓意林注序》）

于此可见，依文衍义、说字求解（实即依形解义）、以子证经，也是汉儒常用的训诂方法和手段，且取得了良好的训释效应。

要特别提到的是，在探索和总结汉人训诂义例的过程中，不少乾嘉学者发现，汉儒在训诂方法论上具有一定的自觉意识，创构了一些训释条例，并能依例而行。如创立并遵用“读如”“读为”“当为”等例，即是显证：

汉人作注，于字发疑正读，其例有三：一曰读如、读若，二曰读为、读曰，三曰当为。读如、读若者，拟其音也。古无反语，故为比方之词。读为、读曰者，易其字也。易之以音相近之字，故为变化之词。比方主乎同，音同而义可推也；变化主乎异，字异而义憭然也。比方主乎音，变化主乎义。比方不易字，故下文仍举经之本字；变化字已易，故下文辄举所易之字。……当为者，定为字之误、声之误而改其字也，为救正之词。……凡言“读为”者，不以为误；凡言“当为”者，直斥其误。三者分而汉注可读，而经可读。（段玉裁《周礼汉读考·自序》）

汉世经师作注，有“读为”之例，有“当作”之条，皆由声同声近者，以意逆之而得其本字。（王引之《经义述闻》卷三十二“经文假借”条）

《说文》读例有三：……“琄，读若畜牧之畜”“犕，读若糗粮之糗”者，释其音也；……“扰，读若告言不正曰扰”者，训其义也；“雀，读与爵同”“眏，读与跌同”者，则通其字矣。（洪颐煊《读书丛录》卷九“说文读例”条）

通过乾嘉学者如此发凡举例，不难看出，在汉儒的注释训解中，所谓“读如”“读若”一般涉及文献文字的注音问题；“读为”“读曰”多用于破假借字而读以本字，其不特寓其音，并易字以释其义；“当为”常用于订正文献传本中形近而讹、声近而误的文字。汉儒创立并依用此类训释条例，且构建出了一套较为完整密致的训诂术语体系，表明汉儒的训诂研究方法在科学性、规范性、系统性等方面不无其善。

以上，从四个方面大致梳理、阐述了乾嘉学者对汉代训诂学成就、特点的论述和见解，以此可知汉代训诂学进入了繁盛时期，成就非凡，为后世训诂学的发展奠定了坚实基础。依乾嘉学者之见，汉儒的训诂研究虽然多有值得称道之处，但也并非完美无瑕，而时有各种偏弊疏失出现（前文对此已有一些零散的简论）。譬如，“汉儒故训，有师承，亦有时傅会。”[①]“汉人注经，于名物制度、语言文字之间，颇有迂曲奥衍难通之处。”[②]且看两个例子：

（《释名》）其书训释，一切皆取声相近者，诚最近古；然古人字义非必概从声出，《释名》一准此例，亦时有穿凿之病。（严元照《娱亲雅言》卷六）

《宣六年公羊传》：“灵公谓盾曰：‘吾闻子之剑，盖利剑也。子以视我，吾将观焉。’”盖欲因其进剑，诬以弑君之罪，遂出宫中之甲而攻之尔。（何休）注谓“授君剑，当拔而进其首，灵公因欲以推杀之”。汉人解经有近拙处，此类是也。（倪思宽《二初斋读书记》卷二）

这都说明，在乾嘉学者眼中，汉人的训诂研究也时有不尽精核之处。

第二节　魏晋六朝训诂

对魏晋六朝时期的训诂之学，不少乾嘉学者表现出不屑和鄙薄，但也有一些学者能以理性的眼光予以审视，在黯淡之中看到了闪光点。

①戴震：《戴东原集》卷十《与某书》。
②胡承珙：《求是堂文集》卷三《与李申耆书》。

一、总体呈衰微之势

依大多数乾嘉学者的看法，训诂之学在汉代充满活力，发展迅猛，创造了一段兴盛而辉煌的历史，但及至魏晋南北朝，便逐渐褪去了往日的奇光异彩，总体上呈现出相对式微的局面：

> 汉之经师，其训诂皆有家法，以其去圣人未远。魏晋而降，儒生好异求新，注解日多，而经益晦。辅嗣之《易》，元凯之《春秋》，皆疏于训诂，而后世盛行之，古学之不讲久矣。[①]
>
> 东西两汉，经生猬起，传注麻列，人专一经，经专一师。直至汉末有郑康成，方兼众经。自非康成，谁敢囊括大典、网罗众家、删裁繁诬、刊改漏失，使学者知所归乎？自有二刘会通南北[②]，而汉学遂亡其半矣。（王鸣盛《蛾术编》卷二《说录二》“刘焯刘炫会通南北汉学亡半其罪甚大”条）
>
> 晋魏以降，佛氏之说盛行，君大夫骛之若狂，圣人之道浸微。……汉儒说经，得失参半。永嘉以后，先汉名儒之说多亡，学者沿讹踵谬，莫之辨也。（崔述《考古续说》卷二《附论伏生传经之功》）

显而易见，上引三条论述文字都表达了同一个观点：相对于汉代而言，魏晋南北朝时期的经学训诂出现了整体性衰退，颓势难挽。平心而论，此类看法虽然有乾嘉学者宗主汉学而产生的偏见羼杂其间，但大体上是符合客观实际的。如所周知，魏晋南北朝时期，由于社会动荡不安、玄学之风流行、佛老二教日炽、儒学地位削弱等因素的影响，传统经学研究基本上是处于日就衰颓的状态，训诂学亦随之走向式微。许多乾嘉学者也经常言及这一情形。如邵晋涵说：“魏晋以降，崇尚虚无，说经者务为凿空凭臆，违离道本，《尔雅》之学殆将废坠。”[③]孙星衍说：“晋代板荡，经师遂绝，汴京沦丧，古籍尽亡。其时虽有好学之儒，抱残守缺，甚且以释典解经，遁入空谈性命之学。”[④]黄式三说：

①钱大昕：《春秋内传古注辑存序》，见严蔚《春秋内传古注辑存》卷首。

②笔者按：此“二刘”指刘焯、刘炫。其经学在北周、隋朝两代均有影响。如赵翼《廿二史札记》卷十五“北朝经学”条有云：“元魏时经学以徐遵明为大宗，周隋间以刘炫、刘焯为大宗。”

③邵晋涵：《尔雅正义·自序》。

④孙星衍：《岱南阁集》卷二《呈覆座主朱石君尚书》。

"魏末，何平叔与夏侯太初、荀奉倩、王辅嗣之徒，竞为清谈，祖尚虚无……晋、宋、齐、梁，媚佛成俗，圣教不明，儒者借《列》《庄》之语以译释典，复援圣经贤传以文饰之，其始以儒乱释，其终遂以释乱儒。"[①]这都说明，在魏晋六朝时学术思潮的影响下，学人们解释儒家经典，喜好谈玄说妙，脱弃训诂而臆说虚无之理，使得两汉注重名物训诂的经学传统几近废绝。此正所谓"魏晋而降，崇尚空言，为说经之一变"[②]。

据乾嘉学术札记的论述，魏晋六朝时的学者解经，由于不讲家法，且轻忽于文字训诂，故时常有专辄改易经典文字的现象发生。如王鸣盛指出："魏晋以下，六书放废，小学大坏，不待唐人，经典文字已被变改甚多。"[③]且看一个具体实例：

> 虞（翻）据博士《易》，改古文"遰"为"逝"，而读为"折"。今传其注中，不著改字之由。魏人注经，其例不如汉儒之谨。如翻奏郑解《尚书》违失，云："古文篆卯字读当为柳，古柳、卯同字，而以为昧。"然郑君自传古文家法，而猥肆讥谤，知虞氏虽传孟氏《易》，其改易经字多出后定，不可尽据为孟氏古文也。（宋翔凤《过庭录》卷二"明辩晢也"条）

此谓三国时人虞翻解释《易经》《尚书》，抛弃了汉人家法，轻易变改经中文字，颇不精谨。魏晋六朝学者不仅在经典文字的校理上捐弃家法，肆意改易，而且在经文的训诂释义上也常常是蔑弃师法，率意违改故训。孙星衍曾言："汉以来传儒林者，以通经诂、守家法，至晋稍衰焉。"[④]程恩泽有云："魏晋儒改故训，蔑先儒。"[⑤]臧庸更举训诂实例论证曰：

> 夫经学至魏晋改师法，如王肃、伪孔、何晏、杜预、孔晁、郭璞，皆喜新好异，不经师匠者也，故其言往往互相祖述。……（郭璞）注《方言》二"秦晋之间凡愧而见上谓之赧"，引《小雅》曰："面赤愧曰赧。"注《方言》六"山之东西自愧曰恧"，引《小雅》

①黄式三：《论语后案·自叙》。
②邵晋涵：《南江文钞》卷五《周耕厓意林注序》。
③王鸣盛：《蛾术编》卷二十六《说字十二》"卷八上考证"条。
④见梁章钜《楹联丛话》所引，鹭江出版社1996年版，第258页。
⑤程恩泽：《程侍郎遗集》卷七《癸巳类稿叉序》。

曰："心愧为恧。"……《小雅》之为王肃私撰，而《孔丛书》之由肃伪作，皆确然无疑也。(《拜经堂文集》卷二《小尔雅征文》)

镛堂少习此经，兼考旧义，见郭氏精美之语，多本先儒；支离之谈，皆由臆说。更或擅改经文，轻弃注义。……"椮谓之涔"，《尔雅》旧文并《毛诗传》皆作"槮"，而郭从《小尔雅》改"木"旁；"不荣而实者谓之秀"，众家无"不"字，而郭本有之，《音义》引"不荣之物"为证。(《拜经堂文集》卷二《录尔雅汉注序》)

由臧庸的这些论说看，包括郭璞在内的很多魏晋学者，在经典训释上往往是喜新好异，不守师法，轻弃先儒故训，甚至互相祖述伪妄之言，以致所释臆说无据，不足凭信。再看乾嘉学者所举晋人杜预不守师法、轻改故训的具体例子：

"享覜有璋"，(杜) 注："享，飨也。"案：《聘礼》："受享束帛加璧；受夫人之聘璋，享玄纁，束帛加琮，皆如初。"郑氏注："享，献也。"……"庙中将币，三享"，郑司农云："三享，三献也。"后郑谓："三享，皆束帛加璧，庭实惟国所有。《朝士仪》云：奉国地所出重物而献之，明臣职也。"服氏注此《传》同（见《释文》)。是先儒皆训"享"为"献"，独杜以"享"为"飨"，足见晋儒说经之浅。(张聪咸《左传杜注辨证》卷五)

杜预训解《左传·昭公五年》中"享覜有璋"的"享"，不从汉代先儒的训义"献"，而别出新解"飨"，实为浅陋不经之说。因有此类情形存在，一些乾嘉学者常常无奈地嗟叹汉儒之学在魏晋六朝之时寖微不显。如惠栋有言："窃谓《春秋》三传，《左氏》先著竹帛，名为古学，故所载古文为多。晋宋以来，郑、贾之学渐微，而服、杜盛行。……栋少习是书，长闻庭训，每谓杜氏解经，颇多违误。"[1]王鸣盛亦云："盖自魏晋至唐，古学几将失传。"[2]在乾嘉学者看来，魏晋学者训解经典，不从古学，轻弃汉儒经师家法，还时常造成解读上的混乱：

---

①惠栋：《左传补注·自序》。
②王鸣盛：《蛾术编》卷二十九《说字十五》"卷十一下考证"条。

汉儒经师家法，建安丧乱之后渐失其传。如何晏于经学本无所得，其撰《论语集解》，兼采众说，不欲墨守一师之言，两汉专门名家之学自兹遂破。且汉时《论语》鲁、古并行，诸家授受本各不同，若于一章之内，文字训解专主一家，犹之可也。今其书杂陈众说，一章而载三四家说，以致前后衡决、不相检照者甚多。如"未若贫而乐道"，郑本无"道"字，故其注曰："乐谓志于道。"孔本有"道"字，故其注两言"乐道"。两注并存，而经文"道"字之有无遂莫能定矣。"子在齐闻《韶》，三月不知肉味。"周生烈曰："闻习《韶》乐之盛美，故忽于肉味也。"如周解，则"不图为乐之至于斯"乃叹美之辞，非别有所指也。何氏于下文又载王肃曰："不图作《韶》乐至于此。此，此齐也。"于是郭象、江熙、范宁皆以为夫子伤慨之辞，虽不知于经之指归何若，而周、王两说固已不可合矣。（严元照《娱亲雅言》卷五）

由是观之，何晏撰《论语集解》，破除了汉儒的解经家法，致使《论语》传本中文字往往歧异莫定，而所作训释更是纷然杂出，彼此龃龉难合。

二、局部有可称之善

上述乾嘉学者们对魏晋以来训诂学的评议意见，实际上可援引康熙时学者阎若璩的一段话予以整合与归结："秦汉大儒，专精雠校训诂声音；魏晋以来，颇改师法。《易》有王弼，《书》有伪孔，杜预之《春秋》，范宁之《穀梁》，《论语》何晏解，《尔雅》郭璞注，皆昧于声音训诂，疏于校雠者也。疏于校雠，则多脱文讹字，而失圣人手定之本经；昧于声音训诂，则不识古人之语言文字，而无以得圣人之真意。"[①]以今观之，像阎氏这样将魏晋以来诸儒之训诂校雠全盘否定，以为一无是处，则显然失之偏颇。当年方东树在汉宋之争中说得好："汉儒虽专精，然岂必皆是？……魏晋以下，虽疏昧，然岂必皆无足取？"[②]即以前文提及的晋人杜预而言，其所撰《春秋左传集解》，"虽偏私党

①阎若璩：《经义杂记序》，见臧琳《经义杂记》叙录，《续修四库全书》第172册，上海古籍出版社2002年版，第287页。
②方东树：《汉学商兑》卷中之下。

护，间有瑕疵，如崔灵恩、卫冀隆所难，刘炫所规”，但亦有所长：“寻端究绪，舍短录长，分传附经，为之集解，大而天官地理，细而名物典文，罔勿剖析微渊，敷畅旨趣。”[①]

实际上，有些乾嘉学者也已意识到，魏晋六朝的训诂学研究，较之汉代虽然呈整体衰微之势，但也并非完全乏善可陈。譬如说，在儒经训诂上就有一些值得关注和肯定的注疏或专著：

> 自古以经训专门者列于儒林，若辅嗣之《易》，平叔之《论语》，当时重之，更数千载不废。方之汉儒，即或有间；魏晋说经之家，未能或之先也。（钱大昕《潜研堂文集》卷二《何晏论》）
>
> 范蔚宗《郑康成传论》曰：“王父豫章君，每考先儒经训，而长于康成，……传授生徒，专以郑氏家法。”……愚谓（范）宁能专守家法，想诸经皆各有得，于解《穀梁》也何有？唐疏《穀梁》用宁，诚为允当，可以亚于何休而无愧。（王鸣盛《蛾术编》卷七《说录七》“穀梁范宁注亚于何休”条）
>
> 沈重著《周礼义》三十一卷，《仪礼义》三十五卷，《礼记义》三十卷，《毛诗义》二十八卷，《丧服经义》五卷……熊安生撰《周礼》《礼记》义疏，各三十卷。乐逊著《孝经》《论语》《毛诗》《左氏春秋》序论十余篇，又著《春秋序义》，通贯、服说，发杜氏违。……张冲撰《春秋义略》，异于杜氏者七十余事，及《丧服义》三卷、《孝经义》三卷、《论语义》三卷。此又可见当时治经者各有心得，笔之于书，非如后世记问掇拾之学也。（赵翼《廿二史札记》卷十五“北朝经学”条）

这里提及的王弼（字辅嗣）《周易注》、何晏（字平叔）《论语集解》、范宁《春秋穀梁集解》、沈重《周礼义》、熊安生《周礼义疏》、张冲《孝经义》等，虽然难以与汉儒的传注相比肩，但其中亦不乏独立自得的见解，仍然值得重视。以乾嘉学术札记的论述观之，魏晋六朝时期，除儒经之外，其他部类的典籍也出现了一些具有学术价值或学术个性的注释之作。譬如：

①陈浩：《春秋左传注疏考证跋》，见文渊阁《四库全书》第144册，台湾商务印书馆1986年版，第676页。

史部典籍《国语》之韦昭注："韦昭注《国语》，合贾逵、虞翻、唐固诸本，参考是正，最号详核"①；"（韦氏）注中都采古训，又并参己意，实事求是，卓尔巨观。"②

史部典籍《史记》之徐广、邹诞生、裴骃注："曩贤多注《汉书》，偻指三十余家，而注《史记》者甚少。延笃、徐广、邹诞生、刘伯庄俱作《音义》……并佚不传，惟经裴参军等引用，什获一二。裴氏《集解》与小司马《索隐》、张长史《正义》附见于《史》，仅止三家，甄释探讨，庶几子长忠臣。"③

子部典籍《老子》《庄子》《列子》之旧注："处度之注简而明，昔人方之王辅嗣之注《老》，郭子玄之注《庄》。"④"昔人谓郭之注《庄》，乃成《庄》之注郭，盖不拘拘于章句文字，注《庄子》者固应尔，真创体也。"⑤这说明，张湛（字处度）《列子注》、王弼《老子注》、郭象（字子玄）《庄子注》，各有其特点和价值，故历来为学人所重。

子部典籍《山海经》之郭璞注："郭景纯注，于训诂、地理未甚精彻，然晋人之言已为近古。"⑥

魏晋六朝时不仅出现了一些值得重视的注疏之作，还产生了一些具有学术性、实用性的通释语义的训诂专书，如《广雅》《玉篇》等。不少乾嘉学者对此类专书给予了肯定性评价。如王念孙有云：

> 魏太和中，博士张君稚让继两汉诸儒后，参考往籍，遍记所闻，分别部居，依乎《尔雅》，凡所不载，悉著于篇。其自《易》《诗》《书》、三《礼》、三《传》经师之训，《论语》《孟子》《鸿烈》《法言》之注，《楚辞》、汉赋之解，谶纬之记，《仓颉》《训纂》《滂喜》《方言》《说文》之说，靡不兼载。盖周秦两汉古义之存者，可据以证其得失；其散逸不传者，可藉以窥其端绪，则其书为功于诂训也大矣！（《广雅疏证·自序》）

---

①赵翼：《陔余丛考》卷二"韦昭注国语"条。
②汪远孙：《国语发正·自序》。
③梁玉绳：《史记志疑》卷三十六末附识语。
④周中孚：《郑堂读书记补逸》卷三十《子部》之《列子注》。
⑤周中孚：《郑堂读书记补逸》卷三十《子部》之《庄子注》。
⑥阮元：《刻山海经笺疏序》，见郝懿行《山海经笺疏》，浙江人民美术出版社2013年版，第13页。

自去年八月，始作《广雅疏证》一书。是书虽不及《尔雅》《方言》之精，然周秦汉人之训诂皆在焉；若不为校注，恐将来遂失其传。(《王石臞先生遗文》卷四《与刘端临书》)

王氏在此对三国魏时张揖《广雅》的撰作特点、主要内容、学术价值等做了简要介绍，字里行间透现出了推崇、珍视之意。又如梁章钜有云：

读《尔雅》者，不可不兼读《广雅》。段懋堂（玉裁）云："小学有形、有音、有义。形书以《说文》为首，《玉篇》以下次之；音书以《广韵》为首，《集韵》以下次之；义书以《尔雅》为首，《方言》《释名》《广雅》以下次之。"按：魏张稚让（揖）因《尔雅》旧目，博采汉儒笺注及《三苍》《说文》诸书，以增广之。(《退庵随笔》卷十五)

此对张揖《广雅》、顾野王《玉篇》在小学训诂上的成就和价值亦给予了充分的肯定。

魏晋六朝时期，学者们在训诂体式、训诂方法等方面也有一些积极的探索与实践，于训诂学的发展不无助益。以训诂体式而言，创立了义疏等体，并推出了一些有价值的成果，即如乾嘉学者所说："若夫义疏之体，起南北朝"①；"义疏之学，六朝尚矣，百川并流"②，名作迭出，如："皇侃《论语义疏》……洵足以资多识而广异闻，且所采旧说数十家，标新领异，非唐以后人所能伪撰。"③就训诂方法来看，有些学者关注语词的音义关联，究声音之统贯，明训诂之会通。张揖作《广雅》即是如此："'际、接、翜，捷也。''际、接'为交接之'接'，'翜'为捷疾之'捷'，义则有条而不紊，声则殊涂而同归，此《尔雅》所以为训诂之会通也。魏张稚让作《广雅》，犹循此例。如《释诂篇》：'龖、或、员、虞、方、云、抚，有也。''龖、或、员、方、云'为有无之'有'，'虞、抚'为相亲有之'有'。……若斯之类，不可枚举。"④

①王鸣盛：《蛾术编》卷二《说录二》"南北学尚不同"条。
②沈钦韩：《幼学堂文稿》卷六《刘文淇左传疏考证序》。
③孙志祖：《读书脞录》卷二"论语义疏"条。
④王引之：《经义述闻》卷二十六"林烝天帝皇王后辟公侯君也"条。

第三节 唐代训诂

乾嘉学术札记对唐代训诂学研究的利弊得失多所论评，尤以对唐代义疏之学的评说为多。

一、义疏之学的得失

以一般乾嘉儒者的学术判断来讲，唐人在训诂研究上也取得了一定的成就，且以其所撰义疏为代表。因此，乾嘉学术札记中除了时见“疏多出于唐人”[①]“唐学详于疏证”[②]之类的简评外，还常常出现这样一些论述文字：

夫经者，常也。……既有汉之笺故，唐之义疏，宋之章句，微言大义已可无憾。（陆燿《切问斋集》卷六《切问斋文抄序》）

今儒家欲知圣道，上则考之周公、孔子作述之书，次则汉儒传经之学，又次则为唐人疏释，最下则宋人语录及后世应举之文。（孙星衍《问字堂集》卷二《杂文二·三教论》）

六经自汉儒训故后，至唐代而阐发益宏博，良由高祖首崇儒术……有唐三百年文教之盛，盖骎骎于是矣。《五经正义》之作，尤为百世之所宗仰。（吴骞《愚谷文存》卷四《唐长孙无忌等进五经正义表跋》）

在此，乾嘉学者论叙历代之经籍训诂，称言汉之传笺、唐之义疏（正义）、宋之章句（或语录），亦犹人们论文学而曰汉赋、唐诗、宋词，明显是把义疏（正义）视作唐代训诂学的标志性成果，认为它集中体现了唐人训诂研究的实绩，在学术史上占有一席之地。

在乾嘉学者看来，唐人的义疏体著作诠释经文、旧注之义，一般能做到广泛吸收前人的训诂研究成果，精求博考，寻原竟委，因而具有繁博详备、集乎

①张方湛：《稽古日钞》卷八“诸经传授注疏”条。
②陆以湉：《冷庐杂识》卷八“志学箴”条。

大成的特点：

盖说《礼记》者，汉、唐莫善于郑、孔，而注疏奥博。（梁章钜《退庵随笔》卷十五）

汉儒古训，至唐集其成，……唐初孔、贾诸儒，奉诏刊定五经及《周礼》《仪礼》义疏，《诗》与三《礼》宗郑氏学，参以南北朝诸儒之说，奥衍精博；三代上典章名物，至今藉以考见，不可谓非唐贤之功也。（胡敬《崇雅堂文钞》卷一《全椒杨学渔论语古义序》）

今言治经者，汉学尚矣，其次必曰宋，罕及唐者。余则谓唐之为功于经，不在汉下。何也？汉去古未远，注经悉有依据，其本书失传，赖唐孔颖达、贾公彦、杨士勋诸儒为之旁征博引，沿流溯源，作《正义》以明之。否则，后人懵然莫知所出，注虽存何益？（周广业《蓬庐文钞》卷三《开成石经考异序》）

可见，唐代孔颖达、贾公彦、杨士勋等著名训诂学家所撰的义疏，征引丰富，解说详明，以“奥衍精博”见长，对于疏通经义、阐明古注、传承故训等具有重要的作用和意义；假如没有唐人义疏的总结和阐发，那么对唐以前的训诂成果，后人就有可能“懵然莫知所出”、茫然不明所云。此外，唐人的义疏之作还有其他一些特点或优长之处，亦为乾嘉学者所肯定。如陶定山说：“训诂师承，波沿两汉；章句笺释，横决六朝。一旦取长弃短，务定一尊，酌雅禀经，型垂万世，其融贯群言，诚足消门户党同之习。”①翁方纲说：“汉唐注疏，去古未远，其所沿承经师训诂，有必不可废者。”②

唐人义疏虽然有不少值得称道的地方，但也存在着一些缺陷或弊端。譬如，解经宗主一家之说，致使诸家之学废失：“历魏晋及隋，传经者代不乏人，至唐集为《九经正义》，宋又益之以四经，乃专宗一家之说，而尽废诸家。”③对此弊失，齐召南更有具体的论析：“自唐作《正义》，每经专用一家之说，孔颖达于《易》用王弼、韩康伯注，于《书》用孔安国传，于《诗》用毛传、郑笺，于《礼记》用郑注，而徐彦疏《公羊》用何休学，杨士勋疏《穀

①陶定山：《唐孔颖达五经义疏得失论》，见王端履《重论文斋笔录》卷六所引。
②翁方纲：《论语附记》卷上。
③王鸣盛：《西庄始存稿》卷三十六《策问》。

梁》用范宁集解……而百家之学废矣。”[①]又譬如，解释有时陷于冗琐，故“唐人义疏，读者每病其繁”[②]。再譬如，“唐时作疏者，多仍袭前人”[③]，特别是拘守“疏不破注”之例，曲徇旧注，不能创发新义，表现出了较强的保守性。对此，本书第三章在讨论“疏”体时有所涉及，兹不赘述。

二、其他成果的评鉴

在唐代，不仅多有阐释儒家经传的义疏之作，而且还有不少其他部类典籍的注释之书，也同样昭显着当时训诂研究的成就与特色。这由学术札记中的评鉴文字可窥知一二：

> （张）守节撰《正义》，成于开元廿四年，……而《唐书·艺文志》注（司马）贞云“开元润州别驾”，是两人生于同时，而其书不相称引。司马长于驳辨，张长于地理，要皆龙门功臣，难以偏废。（钱大昕《廿二史考异》卷五《史记五·正义序》）
>
> 其书（按：指《汉书》）初成，学者即已莫不讽诵；服虔、应劭而下，解释音训，不异注经；更魏晋至唐初，名家磊落相望，而颜师古注折其衷，论者以比杜征南注《左传》，称为班氏忠臣，不谬也。[④]

由此可见，史部典籍《史记》《汉书》分别有张守节《史记正义》、司马贞《史记索隐》、颜师古《汉书注》等注释之书，皆为经典性著述，其有功于《史记》《汉书》的解诂甚大。又如：

> 杨倞注《荀子》，《序》称“其立言指事，根极理要，敷陈往古，掎挈当世……非徒诸子之言”云云。……杨注多存古义。（梁章钜《退庵随笔》卷十七）
>
> 余观李氏书，体制最善，纤文轶事，反复曲畅。遇字差互，必曰某与某通，深得六书同音假借之旨，虽裴骃等弗逮。[⑤]

---

①齐召南：《宝纶堂文钞》卷一《经解》。
②钱泰吉：《曝书杂记》卷一“删义疏繁文”条。
③姚范：《援鹑堂笔记》卷七。
④齐召南：《前汉书考证·跋语》，见文渊阁《四库全书》第251册，台湾商务印书馆1986年版，第428页。
⑤朱琦：《文选旁证序》，见梁章钜《文选旁证》卷首。

李注盛行于世，学者与颜师古《汉书》并称，良不诬也！（孙志祖《文选李注补正·自序》）

《海赋》注引伏滔《望清（涛）赋》，乃是引后人之文，反证前人之语。凡注书欲求文义明晰，亦须有此例。读此，知唐人已开其端矣。（倪思宽《二初斋读书记》卷三）

这些论述是说，子部典籍《荀子》之杨倞注，集部典籍《文选》（萧统编）之李善注，在训诂释义上均有积极的作为，故能为世所重。

除上所述，唐代还出现了一些致力于文字训诂之辑录或考辨的专书，如《经典释文》《匡谬正俗》等，对训诂学的发展也有不小的贡献。乾嘉学术札记有云：“（《经典释文》）采汉魏晋南北朝以来诸家诂训，可谓博极群书矣，非孔仲达专主一家之可拟也。于《周易》《尚书》《毛诗》《论语》《尔雅》《庄子》更为赅博。治经者，此书不可一日少也。”[①]“《经典释文》为古义之渊薮，学者得以考见先儒音训，惟赖是书，厥功甚伟。”[②]“此书辟经训之菑畬，导后人以涂径；洗专己守残之陋，汇博学详说之资；先儒之精蕴赖以留，俗本之讹文赖以正：实天地间不可无之书也。”[③]这些论说，充分肯定了《经典释文》的训诂学成就和价值。对于《匡谬正俗》，乾嘉学者也有论叙，如云：“（颜）师古更承其叔父游秦之业，注《汉书》一百卷，当时称为班氏功臣。又以世俗之言多谬误，质诸经史，匡而正之，谓之《匡谬正俗》，未成而卒。永徽中，其子扬庭编为八卷上之，奉敕录付秘阁，其中所引典籍及诸家训诂，多上世逸书，言辨而确，可资后学见闻。”[④]

第四节　宋代训诂

在中国学术史上，宋代占有独特而重要的地位，不容忽视。它是一个学术自觉的时代，也是一个学术变革的时代。此时的训诂研究也出现了重大变革，

①凌扬藻：《蠡勺编》卷七“经典释文”条。
②何琇：《樵香小记》卷下。
③卢文弨：《抱经堂文集》卷二《重雕经典释文缘起》。
④卢见曾：《匡谬正俗序》，见颜师古《匡谬正俗》卷首。

在训诂学史上书写了新的一笔。宋代训诂学的新变，给乾嘉学者留下了说不尽的话题。

一、经籍诠释发生转向

乾嘉学者有云："宋人论诗文，往往好为新奇。"① "宋儒好与前人立异，故为别解。"② "汉儒之学务实，宋儒则近名，不出新义则不能耸听，不排旧说则不能出新义。"③这些论述，大致道出了宋人惯于超越传统、求新图变的为学风尚。具体到训诂学研究上，宋代学者也同样是疑弃古旧，喜尚新奇，形成了一种迥别于前人的治学路数，求异趋变的特点较为突出。如钱大昕《十驾斋养新录》卷十八"宋儒经学"条曾言：

> 王伯厚曰："自汉儒至于庆历间，谈经者守训故而不凿。《七经小传》出，而稍尚新奇矣。至《三经义》行，视汉儒之学若土梗。古之讲经者，执卷而口授，未尝有讲义也。元丰间，陆农师在经筵，始进讲义。自时厥后，上而经筵，下而学校，皆为支离曼衍之词，说者徒以资口耳，听者不复相问难，道愈散而习愈薄矣。"（予尝见《景定建康志》，有明道《书院讲义》一卷，皆王氏所谓支离曼衍之词也。）宋初儒者，皆遵守古训，不敢妄作聪明。宋景文《唐书·儒学传》于《啖助赞》深致贬斥。盖其时孙复、石介辈已有此等议论，而欧阳公颇好之，故于此传微示异趣，以防蔑古之渐。其后王安石以意说经，诋毁先儒，略无忌惮，而轻薄之徒，闻风效尤，竞为诡异之解。如孙奕说《诗》"黾勉"，以"黾"为"蛙"；说《论语》"老彭"，以"彭"为"旁"。罗璧谓公羊、穀梁皆姜姓，真可入《笑林》矣。

细味这段论述文字，我们对宋代的经籍训诂研究不难获得如下几点印象：其一，北宋初期（具体言之，即北宋仁宗庆历以前），学人们从事经籍训诂，还能沿袭汉唐的传统，好古崇实，依用故训，不事穿凿。其二，庆历以后，学风变易，学者们在经籍训诂上捐弃先儒之说，不求故训之实，而为支离曼衍之

①郭麐：《樗园销夏录》卷上。
②朱霈：《经学质疑》卷一《周易质疑》"涣有邱"条。
③纪昀：《阅微草堂笔记》卷十二。

词，乃至竞作诡异之解。其三，经籍训诂上的风气之改，路数之变，经历了一个渐进的过程：刘敞撰《七经小传》，稍尚新奇，开启了端绪；王安石作《三经义》（即《毛诗义》《尚书义》《周礼新义》），推波助澜，形成了风气；陆佃（字农师）、孙奕之徒，闻风效尤，达到了极致。

上述钱大昕的观点，在乾嘉时期具有一定的代表性，当时不少学者也持有与之相同或相近的看法。如凌廷堪有云：

> 唐贞观十二年，诏国子祭酒孔颖达等撰《五经正义》，……天下始靡然从之，而郑、服之学寖微，唯资州李鼎祚撰《周易集解》，少存汉晋以前之旧，所谓“刊辅嗣之野文，补康成之逸象”。毅然而持之者，如此而已。此学术之又一变也。由是而行之数百年，虽其书不尽两汉之遗，而学者守训诂而不凿，考制度而必详，陆务观所云：“唐及国初，学者不敢议孔安国、郑康成，况圣人乎？”当时恪守《五经正义》者如此。啖助、赵匡舍三《传》而说《春秋》，时人未之或从也。宋刘原父《七经小传》出，稍稍自异于传注，嗣是有疑及《系辞》者，有排及《诗》《书》序者。**王文公导之于前**，**朱文公应之于后**。《大学》《中庸》，《小戴》之篇也；《论语》《孟子》，传记之类也，而谓圣人之道在是焉，别取而注之，命以“四书”之名，加诸六经之上。其于汉唐诸儒之说，视之若弁髦，弃之若土苴，天下靡然而从之，较汉魏之尊传注，隋唐之信义疏，殆又甚焉。……此学术之又一变也。（《校礼堂文集》卷二十三《与胡敬仲书》）

这里也说到，自北宋刘敞（字原父）《七经小传》问世之后，经籍训诂之学逐步违弃汉唐的旧规而渐有变化，王安石、朱熹在整个变化过程中起了关键性作用。

上引两条材料，均言及宋代庆历以后经籍训诂研究的变化，或谓宋人不遵古训而支离曼衍、以意说经，或谓宋人弃汉唐诸儒之说，而求经中所载的圣人之道，其实都是说宋人解经对汉人章句训诂的那种知识主义倾向有根本性颠覆，其重点由语言文字、名物典制的训释和考据转到了经义名理、性命道德的发明与探讨上，简而言之，即以义理说经，推明圣贤之道。这一点，其他一些乾嘉学术札记也常有论述。例如：

《乡党》一篇，大而朝庙宫庭，细而饮食服物，无一事不资考据，而《朱注》阙如，非朱子之疏也。汉唐笺传注疏，多考证制度名物，宋儒则专言义理，发圣学之根本。(路德《柽华馆文集》卷二《乡党文菑序》)

圣人之道，炳于六经。……宋世大儒，潜心体认，抉经之心，圣道以明。(唐仲冕《陶山文录》卷七《朝邑县重修文庙碑》)

朱子传注六经，缵承斯道，为往圣明正轨，为万世绝异趋。(夏炘《述朱质疑》卷九《吕成公论》)

此类论述表明，宋儒训解经典，重在义理的阐释，以发明圣贤之道为其归趋，彰显了立足于生命理性哲学的诠释学个性，与汉唐儒者侧重名物制度考证的训诂路向明显不同。

在乾嘉学者看来，宋儒在经籍训解上由语义训释到义理解释的转向，也引起了诠释方法、治学特点等方面的变化，其有不同于汉儒者：

汉儒重师传，渊源有自；宋儒尚心悟，研索易深。汉儒或执旧文，过于信传；宋儒或凭臆断，勇于改经。计其得失，亦复相当。(纪昀《阅微草堂笔记》卷一)

宋人说经，于三代古言不通，便以汉注为误，奋笔改之。(王鸣盛《十七史商榷》卷八十九“战多”条)

这说明，在经典训解上，汉儒谨守师承、笃信经传，显示出了信古有征、精谨求实的为学特色，而宋儒则注重心理的体验与感悟，以求深刻研索经典的义理，并不拘执于经文及其旧注，甚或奋笔改之，体现出了推重思辨、不事考据的治经风尚。

二、功过是非各有论断

如所周知，汉学与宋学的争锋贯穿于整个清代学术史，而“乾嘉汉学进入高潮，同时也将‘汉宋之争’推向白热化的境地”[①]。在这样的学术情境下，乾嘉学者们对宋人的经籍训解进行价值评判，自然是褒贬相参、是非错出，几

①吴根友、孙邦金：《戴震、乾嘉学术与中国文化》，福建教育出版社2015年版，第571页。

于聚讼。如褒之者有云：

汉儒去古较近，制度品节，自详于宋儒。然宋儒未尝不究心于名物，如蔡注《禹贡》、朱子《仪礼经传通解》，考据极博，而于圣贤微言奥旨，实能体验发明，洵非汉儒所能及。（李周南《四书说苑序》[①]）

朱子《论语集注》精实切当，多得圣人之旨，远非汉晋诸儒之所能及。然亦间有一二未合于经者，或沿旧说之误而未及正，或过于求深而反失其平。古人云：智者千虑，必有一失。此本事理之常，不足为异。……乃近世聪明之士，多尊汉而驳宋，虽朱注本无可议，亦必曲为说以攻之，殊属非是。（崔述《论语余说》）

朱子解经，于义理决无谬误。至于文辞训诂、名物典章，则朱子不甚留神，故其间亦不能无失。义理之得，贤者识其大也；文辞训诂、名物典章之得，不贤者识其小也。世之善学者，当识大于朱子，识小于汉唐诸儒及近代经生之说。（管同《因寄轩文二集》卷一《答陈编修书》）

以是观之，宋人训解经典，以发明义理为宗，能识得经典本文意义之大者，这较之汉唐诸儒唯求文辞训诂、名物典章而为胜。有些乾嘉学者还认为，即便是就文辞训诂而言，宋儒也时有胜于汉人之处。例如，《论语·述而》中"吾无行而不与二三子"的"与"字，"包氏（咸）训'与'为'共'，则不若朱子训'与，犹示也'。若宋儒改前人训义皆若此，则何注疏旧训之足据乎？"[②]当然，在汉学炽盛、推尊汉儒训诂的乾嘉时代，也有不少学者对宋人的经籍训解大加贬斥：

宋人弃训诂，谈义理，自谓得古人心，不知义理自训诂出，训诂舛则义理亦舛。（程恩泽《程侍郎遗集》卷七《金石题咏汇编序》）

至宋明近代说经之书，各参臆见，不合训诂，多其游辞，少有要实，或又疑经，非议周汉先儒。（孙星衍《五松园文稿》卷一《孙忠愍侯祠堂藏书记》）

①见孙应科《四书说苑》卷首。
②翁方纲：《论语附记》卷上。

文登毕恬溪大令以田，精研古训，尝谓宋儒好凿空，以俗训训古经。（陆以湉《冷庐杂识》卷二“毕大令”条）

魏晋及唐，师法渐失，然古义未尽亡也。下至宋元，义理虽精，诂训亡矣。（王鸣盛《西庄始存稿》卷二十四《古经解钩沉序》）

此之所论，对宋儒在解经实践中脱弃训诂、疑经惑传、轻忽古义而空衍义理的做法，可谓是深致不满之意，以其有游谈无根、凿空臆断之弊。在讨论经籍训释的一些具体问题时，有些乾嘉学者还对宋儒极尽指斥、讥讪之能事。例如：

《论语》“可谓仁之方也已”，孔氏安国曰：“方，道也。”邢疏：“方，犹道也。”张惕庵曰：“东西南北谓之四方。‘可谓仁之方’，言此取譬，一念乃为仁之入路也。”按：张说最得孔、邢之意。《集注》：“方，术也。”注《孟子》则曰：“术，谓法之巧者。”是“方”亦法之巧者矣，其理果可通乎？阎百诗谓“训诂之学至宋而亡”，殆不为过！（秦笃辉《经学质疑录》卷十七）

《史记·项羽本纪》“马童面之”，张晏曰：“以故人故，难视斫之，故背之也。”按：古皆以“面”为背，三国时尚然。《吴志·骆统传》：“其母送之，拜辞上车，面而不顾。”“面而不顾”亦谓背之也。刘攽作《汉书刊误》，乃云：“面之，直面向之耳。”宋人不通训诂如此。（洪亮吉《晓读书斋二录》卷上）

其中所谓“训诂之学至宋而亡”“宋人不通训诂如此”云云，可谓充满了鄙薄之情、讥诮之意。总之，不少乾嘉学者以汉学的趣尚和尺度相绳，诟病宋儒在经籍诠释上侈言义理，疏于故训考核，以为其求新立异而不得其实，即如严元照所说：“钱少詹云：说经不蕲乎新，而蕲乎确。此古今不易之论。宋儒之病，亦在求新。”①

乾嘉时代，也有一些学者折衷汉、宋之学，并以为汉、宋之儒的经典解释有其会通之处。如胡培翚有云：

人之言曰：汉学详于训诂名物，宋学详于义理。以是岐汉、宋而

①严元照：《娱亲雅言》卷一。

> 二之，非也。汉之儒者未尝不讲求义理，宋之儒者未尝不讲求训诂名物，义理即从训诂名物而出者也。特汉承秦焚书之后，典籍散亡，老师宿儒之传，不绝如线，汉儒网罗搜讨，务期博采而兼收之，故于名物训诂特详。宋承五代之敝，人心盲昧，正学不明，故宋儒以言心言性为急。此亦运会使然，非其有偏重也。（《研六室文钞》卷五《答赵生炳文论汉学宋学书》）

由此而论，宋代学者解释经典，尽管讲求义理，多言心性，但同时也注重训诂名物的考释，于训诂、义理未有偏废；易言之，宋人的经籍训解，达到了语言文字之训释与精神义理之阐释的有机融合。平心观之，胡氏此论虽然闳通不滞，但还难说是尽合实情，因为在宋代并不是所有的学人都能做到由训诂以明义理，进而使训释考据与哲理思辨两相融合；能如此而为者，只有朱熹之类的大儒，宋学的末流不可能企及。嘉道时学者姚莹有云："朱子生平用力《四子书》，训解屡有更易，盖见道愈精，析义愈密，而训故文字初不少略焉。……最先作《论语要义》，在隆兴元年。盖病王氏新学之穿凿，而诸儒说经又或支离，未能卓然不畔于道，慨然发愤，取平生所编古今诸儒之说以及门人友朋之议，尽删其穿凿支离及不得圣人之微意者，定为一书。"[①]可见，宋人在经籍训解上，并非尽如朱子以训故与义理相兼并重，而亦有"穿凿支离及不得圣人之微意"者。

第五节　元明训诂

以学术札记的论述观之，乾嘉学者对宋儒的训诂研究虽然多有非议之言，但也不乏褒誉之声；对元明时代的训诂研究则不然，乾嘉学者基本上是持否定的态度，以为训诂学发展至元明，步入了一个衰废低迷的时期。如钱大昕所云：

> 当宋盛时，谈经者墨守注疏，有记诵而无心得。有志之士，若欧

①姚莹：《东溟文集》卷二《论语集注书后》。

阳氏、二苏氏、王氏、二程氏，各出新意解经，蕲以矫学究专己守残之陋，而先生实倡之……其意气可谓壮哉！元明以来，学者空谈名理，不复从事训诂，制度象数，张口茫如，则又以能习注疏者为通儒矣。（《潜研堂文集》卷二十六《重刻孙明复小集序》）

尝病后之儒者，废训诂而谈名理，目记诵为俗生，诃多闻为丧志，其持论甚高，而实便于束书不观、游谈无根之辈。有明三百年，学者往往蹈此失。（《潜研堂文集》卷三十三《与晦之论尔雅书》）

由此可见，于文本的语言文字不加诵习，废训诂而空谈名理，弃注疏而昧乎典制，是元明时期儒者经籍诠释活动中普遍存在的现象；“由于对理性、知识和历史的放逐，这一时期被清代乾嘉学者视为历史上学风最浅薄的时代”[①]。

元明时代的经籍训诂之学为何会出现如此衰微难堪的境况呢？在乾嘉学者看来，很大程度上与宋代理学的负面影响有关。凌廷堪曾说：

元仁宗皇庆二年，诏《易》用程氏、朱氏，《尚书》用蔡氏，《诗》用朱氏，《春秋》用三传及胡氏，《礼记》用古注疏，《四书》用朱氏《章句集注》。明初因之。此学术之又一变也。元明以来，儒者墨守程、朱，亦如隋唐以前儒者墨守郑、服也。元行冲谓“宁道孔圣误，讳言郑、服非”者，则又“宁道孔圣误，讳言程、朱非”矣！疑之者，自陈氏《经典稽疑》、郝氏《九经通解》开其端，然其书或守诵习之说而未安于心，或舍传注之文而别伸其见，学者咸以诡异视之。（凌廷堪《校礼堂文集》卷二十三《与胡敬仲书》）

显而易见，元明以来儒者诠释经典，深为宋代理学所左右，主要遵用程、朱之说，一般未敢违越或置疑，于其误失亦相蹈袭；而疑之者则因学风空疏浮泛，堕陷“诡异”之域。这也如乾嘉学者盛大士《朴学斋笔记》卷六引录《明史·儒林传叙》曰：“有明诸儒，衍伊洛之绪言，探性命之奥旨，锱铢或爽，遂启歧趋，袭谬承讹，指归弥远。至专门经训，授受源流，则二百七十余年间，未闻以此名家者。经学非汉唐之精专，性理袭宋元之糟粕。”

元明时代的训诂学虽然总体上处于衰微之势，但有部分著述在训诂研究上

①周裕锴：《中国古代阐释学研究》，上海人民出版社2003年版，第273页。

不乏精义，颇有可观。兹选择乾嘉学术札记论述较多的几种介绍如下。

李治《敬斋古今黈》。施国祁论之曰："先时读之，惊其上下千古，博极群书，欣所未见。"[1]周中孚论之曰："其书专为考证而作，取四部中疑义，各为条辨……极为精审。"[2]

胡三省《资治通鉴注》。王鸣盛论之曰："史炤功在草创，究尚粗疏；至胡三省注，始成巨观，可云青出蓝，蓝谢青，《通鉴》之功臣，史学之渊薮矣。……胡学长于地理，以阎氏若璩之卓识，亦极推之，而其余一切亦略皆贯通。"[3]

方以智《通雅》。汪师韩论之曰："书之近《尔雅》者，汉则扬雄《方言》、史游《急就章》……近代则方以智《通雅》为博洽。《尔雅》释经，《通雅》释史，虽所释不止于史，而史为多。"[4]法式善论之曰："近人著书，当以邵学士晋涵《尔雅正义》、王观察念孙《广雅疏证》、阮巡抚元《经籍籑诂》为最典洽。余见桐城方密之所辑《通雅》，其该博亦不在三家下。"[5]阮元录《提要》之语云：

> 以智博极群书，撰《通雅》五十二卷，皆考证名物象数、训诂音声，穷源溯委，词必有征。明之中叶，以博洽著者称杨慎，而陈耀文起与之争，然慎有伪说以售欺，耀文好蔓引以求胜。次则焦竑，亦喜考证，而习与李贽游，动辄牵缀佛书，伤于芜杂。惟以智崛起崇祯初，考据精核，迥出其上。风气既开，国朝顾炎武、阎若璩、朱彝尊等沿波而起，始一扫悬揣之空谈。（阮元《揅经室续二集》卷二《集传录存》）

此对《通雅》之训诂考据的成就及影响给予了高度评价。

杨慎《升庵经说》。周中孚论之曰："升庵精于考证，故说经之书，俱能引据确切，独申己见，殊胜于株守传注、曲为附会者。王弇州谓其工于证经，而疏于解经。夫证经即所以解经，其致一也。弇州离而二之，岂知升庵者哉！"[6]

①施国祁：《礼耕堂丛说》。
②周中孚：《郑堂读书记》卷五十六《子部十之五》之《敬斋古今黈》。
③王鸣盛：《十七史商榷》卷三十八"马融从昭受汉书"条。
④汪师韩：《韩门缀学》卷一"五雅"条。
⑤法式善：《陶庐杂录》卷二。
⑥周中孚：《郑堂读书记》卷二《经部二》之《升庵经说》。

第六节　清代训诂

披览学术札记，很容易察见一个突出的现象：言及训诂研究时，不少乾嘉学者总是热情洋溢、自信满满地宣称“国朝”的训诂之学繁荣兴盛，夐轶前古。例如：

国初阎百诗、顾亭林诸先生倡之，后人推波助澜，谓之汉学，故训诂之家视前代为卓，乃欲抗之宋儒之上，以为学问之道无切于此。(李兆洛《养一斋文集》卷二十《杂著·训诂问》)

国朝右文，超轶前古，学士校雠之业，至今日而极盛。前此顾宁人、阎百诗、江慎修、惠定宇诸先生实始基之，而隐君子武进臧玉林先生潜德幽光，世未知其人也。今得其《经义杂记》三十卷读之，发疑正读，必中肯綮……宜百诗氏之赞叹欲绝也。[①]

即此而观，清代训诂之学度越前古，进入了鼎盛时期；清初学者顾炎武（字宁人，号亭林）、阎若璩（字百诗）等人开启汉学之端，为训诂学的复兴与繁盛奠定了良好的基础。这亦如臧庸所说：“虽小学诂训在今日为极盛，然国初诸老已启其端，如阎氏《古文尚书疏证》《四书释地》等有言小学者，再前则顾氏《音学五书》《金石文字记》中亦有之。”[②]又如英和所说：“我朝经学昌明，顾、阎导其先声，江、戴振其嗣响。”[③]

一、成果超迈前代

清代训诂之学走向繁荣兴盛，最为明显的表征是，各种体式的训诂之作层出不穷，在数量和质量上都超过了前人。就乾嘉学术札记的论述来看，清朝“诸儒……优裕治经，或释全经，或全五经，兼有汉、宋之美，而高出于六

①段玉裁：《经义杂记序》，见臧琳《经义杂记》叙录，《续修四库全书》第172册，上海古籍出版社2002年版，第289—290页。

②臧庸：《拜经堂文集》卷三《上阮云台侍讲书》。

③英和：《恩福堂笔记》卷下。

朝、唐与明千万矣”[①]，出现了不少解释儒家经典的精品名作，例如：

《周易》则惠氏栋之《述》，《尚书》则王氏鸣盛之《后案》、江氏声之《集注》，《左传》则梁氏履绳之《左通》，《周礼》则惠氏士奇之《礼说》，《仪礼》则张氏尔岐之《郑注句读》，《大戴礼》则孔氏广森之《补注》，《尔雅》则邵氏晋涵之《正义》，斯皆前古所未有者。（严元照《蕙櫋杂记》）

二百年来，专门名家者，于《易》有半农、定宇惠氏父子，于《书》有艮庭江氏、西庄王氏，于《诗》有长发陈氏，于《春秋》有复初顾氏，于《公羊》有顨轩孔氏，于《礼》有稷若张氏、慎修江氏、易畴程氏，于《尔雅》《说文》、音韵有亭林顾氏、东原戴氏、二云邵氏、懋堂段氏、石臞王氏，于诸经言天文则勿庵梅氏，言地理则东樵胡氏、百诗阎氏，言金石文字则竹汀钱氏。……凡此皆本朝经学之卓卓者。其他闭户研求，以其所得笔之于书，不可殚述。（胡培翚《研六室文钞》卷六《国朝诂经文钞序》）

在清代，不仅产生了为数甚众的解释儒家经典的著述，而且还出现了很多注释其他类别典籍的著述以及考辨古代文献的专书，等等，充分彰显了当时训诂学研究的不凡成就。且看乾嘉诸儒的述评文字：

乾嘉之间，程瑶田之《通艺录》，凌仲子之《礼经释例》，段若膺之《说文解字注》，张皋文之《虞氏易谊》，王伯申父子之《经义述闻》，汉学遗风，大畅宗旨。近阮相国刊《皇清经解》，著录百八十余种，固已卓绝古今矣。即余及门中亦不乏人，如桐城马元伯瑞辰作《毛诗传笺通释》，泾县胡墨斋承珙作《仪礼今古文疏》，乌程严铁桥可均作《仪礼古今文异同说》……俱不愧作者。而扬州焦礼堂循所成就尤伟，其《孟子正义》高出邵武士人，难以道里计。（英和《恩福堂笔记》卷下）

海内通经之士，研精许学，无虑数十家，金坛段氏称专业。曲阜桂未谷先生同时治是经，自诸生以至通籍，垂四十余年，取诸经之义

①吴英：《经句说·自序》。

与许说相发明者，作为《义证》五十卷。每字钩元探赜，征引群书，或数义，或十数义，同条共贯，又参以商周彝鼎，精校郅确。[①]

若《方言》则戴氏震之《疏证》、卢氏文弨之《校本》，《广雅》则钱氏大昭之《疏义》、王氏念孙之《疏证》，皆善本也。（严元照《蕙櫋杂记》）

所著《汉书疏证》《左传补注》《水经注疏证》《昌黎半山二集注》《三国志补注》《范石湖集注》《驳王施查三家苏诗注》，皆攻故记之谬，发新闻之秘，非好与昔人索斗也。（沈钦韩《幼学堂文稿》卷七《与刘孟瞻书》）

近《义山集》有冯孟亭（浩）注本，《樊川集》有孟亭之子鹭庭（集梧）注本，皆极精极博，不可不看。……读苏诗者，无人不知有施注。继此，查初白（慎行）有补注，冯星实（应榴）有合注，翁苏斋师亦有补注，而纪文达师评点本，尤为度人金针也。（梁章钜《退庵随笔》卷二十一）

由此可以看到，清人的训诂类著述，除了有解释儒经的注疏（如焦循《孟子正义》等）之外，还大致有如下方面：注释古代训诂专书的，如段玉裁《说文解字注》、桂馥《说文解字义证》、戴震《方言疏证》、钱大昭《广雅疏义》、王念孙《广雅疏证》等；注释古代史部书、集部书的，如沈钦韩《汉书疏证》《三国志补注》《范石湖集注》，冯集梧《樊川诗集注》，查慎行《苏诗补注》等；专门从事名物制度考据的，如程瑶田《通艺录》；侧重于考释古代典籍中疑难词句的，如王引之《经义述闻》；等等。据乾嘉学术札记所论，清代还有不少学人留意方言俗语，并致力于相关研究：

盖方言流注，或每变而移其初，而人情尤忽于所近也。余友晴江翟氏、山舟梁氏，咸博学而精心。山舟在南中，常出所著《直语类录》示余，余叹以为善。比来都门，复见晴江手辑《通俗编》，则勾稽证释，视山舟详数倍焉。二君种业树文，兼综细大，故未易伯仲。[②]

①陈庆镛：《说文义证叙》，见桂馥《说文解字义证》附录之三，上海古籍出版社1987年版。
②周天度：《通俗编序》，见翟灏著、陈志明编校《通俗编》，东方出版社2013年版，第1页。

近人翟晴江学博《通俗编》、钱辛楣少詹《恒言录》为尤著。可庐征君，固少詹之难弟也，尝著《迩言》一编，与少詹书相出入。昔人言：杜诗韩笔，无一字无来历。岂知街谈巷语，亦字字有所本！世之人习焉不察，好学深思者触类皆通。[①]

（杭世骏）所记皆三代时及汉以前语，群分类聚，使学者不劳翻阅诸书，而知当时谣俗语言之异，殊有裨于训诂之学。（周中孚《郑堂读书记补逸》卷七《续方言》）

观此可知，清代有些学者比较关注一般人轻忽不察的方言俗语，并实下钩沉稽考、爬梳释证之功，取得了一些相关研究成果，对训诂学有所贡献，如梁同书（号山舟）《直语类录》、翟灏（字晴江）《通俗编》、钱大昕（号辛楣）《恒言录》、钱大昭（号可庐）《迩言》、杭世骏《续方言》等即是。

清代学者的训诂类著作，不仅数量颇丰，而且精品甚夥，其在特定的研究领域里，或具体的研究事项上，往往能深诣独造，言前人所未言，发前人所未发，多所创获，具有很高的学术水准和学术价值。乾嘉学者曾有如此评议：

其读书卓识，超出前人，自辟涂径，为历代诸儒所未及者，约有数端：……一曰存古籍之真。……如竹君朱氏之倡刊《说文》始一终亥之本，通志堂、抱经堂之校刊《经典释文》全书，是也。一曰发明微学。惠氏之《易汉学》《周易述》，张氏之《周易虞氏义》《虞氏消息》，王氏之《广雅疏证》，段氏之《说文注》，黄梨洲、梅勿庵之本《周髀》言天文，邵二云之重疏《尔雅》，焦里堂之重疏《孟子》，是也。一曰广求遗说。余氏之《古经解钩沈》、任氏之《小学钩沈》、邵氏之《韩诗内传考》，洪氏之辑郑、贾、服诸家说为《左传诂》，臧氏之辑《仪礼丧服马王注》《礼记卢植解诂》《月令蔡邕章句》《尔雅古注》，是也。一曰驳正旧解。江氏之《深衣考误》辨深衣非六幅交，解为十二幅，《乡党图考》辨治朝本无屋无堂，顾亭林《左传杜解补正》、顾复初《春秋大事表》皆纠杜注“谅闇短丧”之谬，戴东原《声韵考》以转注为互训，历指前人解释之误，是也。一曰创通大义。……王尚书之《经传释词》标举一百六十字，以明经传中语词非

①沈涛：《迩言序》，见钱大昭《迩言》卷首。

实义，凌教授之《礼经释例》分通例、饮食例、宾客例、射例、变例、祭例、器服例、杂例，以言礼之节文等杀，是也。（胡培翚《研六室文钞》卷六《国朝诂经文钞序》）

可见，清儒训诂研究著作的学术含量之高、历史贡献之大，多为前人所未及。正因此，近代著名学者邓实认为，“清之经儒，其于义疏之外，有功于诸经及小学、古籍”①。

二、研究特点突出

清代学者的训诂研究不仅成果斐然，而且特点突出、特色鲜明。由乾嘉学术札记的论述观之，其特点或特色有如下主要方面。

（一）实事求是，学风笃朴

在清代（特别是乾嘉时期），汉学大行其道，不少学者在训诂研究上极力标榜汉儒的“实事求是”之学，以纠拨理学末流的空疏之弊。如邵晋涵笃诚地宣称：“或汇群说以定折衷，或抒心得以阐奥义，平心言之，不为亿必之说，洵有合于汉人所谓实事求是者，异日诸经说成，不将为艺林之圭臬哉？”②又如，张鉴评说其师阮元之言行云：“师尝诲鉴曰：‘修学好古，实事求是，此汉人朴实之学也。’……盖师综核九流，神识超迈，溯文字之原，探名物之始……遣词纪事，必资后人考证者，始著于篇，雅不欲以空疏无据者貌拟古人。”③可以毫不夸饰地说，“实事求是”是清代学者（特别是乾嘉学者）高高擎举的一面学术旗帜，也是清代学者在训诂研究上普遍坚守的一种学术精神。

据乾嘉学者的论说，清代学者从事训诂研究，一般能做到实事求是，表现出了笃实朴厚的学风。如阮元说：“我朝儒学笃实，务为其难，务求其是，是以通儒硕学有束发研经、白首而不能究者，岂如朝立一旨，暮即成宗者哉？”④胡培翚说：“宋之大儒，研求性命精微之旨，先其大者而亦不遗乎小。后人得其糟粕，耳食空谈，一切儒先古谊，轻于背弃，以致声音训诂之不详，而讹文

①邓实：《国学今论》，见章太炎等《中国近三百年学术史论》，上海古籍出版社2006年版，第337页。
②邵晋涵：《南江文钞》卷六《曹寅谷四书摭说序》。
③张鉴：《冬青馆甲集》卷五《揅经室文集序》。
④阮元：《国朝汉学师承记序》，见江藩《国朝汉学师承记》卷首。

脱字日多，制度名物之不讲，而蔑古荒经者众。国朝诸儒乃特矫而正之，详加厘订，一一必求其实据，不敢逞私臆断，亦运会使然，非以争胜于前人也。”① 除了这样一些宏观性论述之外，乾嘉学术札记中还有不少针对特定著作或特定学者的个例性点评。例如：

是书博大精深，所解释者，皆实事求是，不为凿空之谈。②

这是说，清初学者黄生所著《字诂》《义府》二书，在字词考释上以实事求是为原则，不事空言。又如：

阮云台师《序》称：其“皆于众说纷赜、群言岨峿之际，寻绎经文而折衷之。其所见似创，而适得夫经之意也；其所解似新，而适符乎古之制也。……余谓儒者之于经，但求其是而已矣。……里堂是书，皆能实事求是，抒所心得，非株守传注、曲为附会者可比。”观吾师所言，真可以得是书之大凡矣！（周中孚《郑堂读书记》卷二《经部二》之《群经宫室图》）

此引阮元（号云台）之序言，赞扬清儒焦循（字里堂）《群经宫室图》一书的考证训解贯穿着实事求是的治学精神。又如：

今之贤哲，如嘉定钱君、高邮王君两家，著书皆不骛荒远，惟求实是。（宋翔凤《朴学斋文录》卷二《读书丛录序》）

先南陔师湛深经术，实事求是。虽一名一物之微，必博综群籍，折衷一定。（王端履《重论文斋笔录》卷九）

上引材料，分别论及钱大昕、王念孙、王引之、王绍兰（字南陔）的训诂研究，认为他们都是以实事求是为其准则，显现出了“不骛荒远”的笃朴之风。

清儒研治训诂之学，所呈现出的实事求是、学风笃朴的特点，体现在很多具体的方面。在此，略观钱大昕对乾隆时人顾镇《虞东学诗》所作的评议，便可识上述特点之大端：

顾古湫先生通经名宿，尤长于《诗》，自《传》《笺》《正义》《集传》而外，凡宋、元、明及近人言《毛诗》者，靡不博涉而精采之，

---

①胡培翚：《研六室文钞》卷五《答赵生炳文论汉学宋学书》。
②刘文淇：《字诂义府跋》，见黄生著、黄承吉按《字诂义府合按》，中华书局1984年版，第282页。

撰为《虞东学诗》若干卷。斟酌古今，不专主一家言，义有可取，虽迩言必察；若与经文违戾，虽儒先训诂，亦不曲为附和。偶出新意，问者颐解，以为得未曾有。又尝病世人诂经多剿袭成说以为己有，故虽一字一句，必标其本书。盖不以一己之意为是，而必求诸古今之公论，以推诗人之志，设孟氏而在，其必谓之善说《诗》矣。（《潜研堂文集》卷二十四《虞东学诗序》）

此处所述顾镇（号古湫）解《诗》的优长，可以概括为如下方面：其一，释义立说，基于证据。即钱氏所谓“博涉而精采之”云云，亦即清人周中孚评曰“能根据确凿，明辨以晳”[①]。其二，不主门户，唯是是从。即钱氏所谓“斟酌古今，不专主一家言”，亦即清代四库馆臣评曰“于汉学、宋学之间，能斟酌以得其平”[②]。其三，不迷信古人，不盲从成说，唯求其真。即钱氏所谓“义有可取，虽迩言必察”云云。其四，凡所征引，载明出处，不掠人之美。此即钱氏所谓“虽一字一句，必标其本书”，亦似梁启超评清代朴学正统派之学风所说：“凡采用旧说，必明引之，剿说认为大不德。”[③]其五，用具有普遍理性的公共认知进行验证，以免个人私意对自己的理解和解释产生不良干扰。此即钱氏所谓“不以一己之意为是，而必求诸古今之公论”。揆此五者，庶可明了清儒实事求是、笃朴谨严之治学特点的大要。

（二）不拘字形，因声求义

在清代，学者们已普遍认识到字义寄于字音，训诂释义当以字音为本，而不可拘泥于字之形体，即其所谓“诂训之要，在声音不在文字”[④]；“就古音以求古义，引伸触类，不限形体”[⑤]。因为这种以声音通训诂的观念在清代得到了广泛的认同，深入人心，所以因声求义的方法在当时学人的训诂实践中也用得相当普遍。这从乾嘉学术札记的相关论述中可窥一斑。例如：

固陵毛氏出，则大反濂洛关闽之局，掊击诋诃，不遗余力，而矫枉过正，武断尚多，未能尽合古训。元和惠氏、休宁戴氏继之，谐声

①周中孚：《郑堂读书记》卷八《经部五之上》之《虞东学诗》。
②永瑢等：《四库全书总目》卷十六，中华书局1965年版，第136页。
③梁启超：《清代学术概论》，上海古籍出版社1998年版，第47页。
④王引之：《经义述闻》卷二十三《春秋名字解诂叙》。
⑤王念孙：《广雅疏证·自序》。

诂字，必求旧音；援传释经，必寻古义，盖彬彬乎有两汉之风焉。（凌廷堪《校礼堂文集》卷二十三《与胡敬仲书》）

此谓乾隆时代的惠栋、戴震等学者在训解儒经时能够求之古音，以释经字之义。又如：

我国家文运昌隆，通儒辈出，时则有若顾氏、江氏、戴氏，究心声音训诂之学，然或引其端而未竟其绪，或得其偏而未会其全。先生博学以综之，精思以审之，伟识以断之，集诸家之大成。（胡培翚《研六室文钞》卷六《王石臞先生八十寿序》）

圣人之制字，有义而后有音，有音而后有形。学者之考字，因形以得其音，因音以得其义。……怀祖氏能以三者互求，以六者互求，尤能以古音得经义，盖天下一人而已矣！（段玉裁《广雅疏证序》）

将这两条材料合而观之，不难看出：清代的很多学者（如顾炎武、江永、戴震、王念孙）精于声音训诂，能由文字声音以求古人语言之义；尤其是王念孙，在“以古音得经义”方面成就最大，世罕其匹。又如：

今子为《尔雅》之学，以声音为主，而通其训诂，余亟许之，以为得其简矣。以简通繁，古今天下之言皆有部居，而不越乎喉舌之地。（阮元《揅经室一集》卷五《与郝兰皋户部论尔雅书》）

于此可见，郝懿行（号兰皋）研治《尔雅》，能自觉使用因声求义的方法，颇得以简驭繁之妙。

据乾嘉学术札记的论述，在训诂实践中，很多清代学者能摆脱字形的束缚，广泛使用因声求义之法，以考察和探究古代文献中异词同源的词际关系以及通假之类的用字现象，等等，且往往有独到的发现和精审的见解。试举例如下：

清初黄生《义府》卷下“区区”条云：“李陵《答苏武书》：‘区区之心，窃慕此耳。’‘区区’，少意。盖指此心而言，犹云方寸耳。繁钦诗：‘何以致区区？耳中双明珠。何以致叩叩？香囊系肘后。’‘叩叩’犹‘区区’，此一声之转。今人自谓曰‘区区’，盖因少义而为自谦之辞。言‘叩叩’‘恰恰’，又因少义为无余之义。又‘扣除’‘扣算’，皆无余义也。”对此，黄生之族孙、嘉庆时学者黄承吉评曰：

> 公以“扣”与“区”为音转，此等隔音穿贯，乃从来通儒之所未知，后此惟王氏疏《广雅》足以相埒，而公实开先之不谋而合者。惟尚未明乎声纲之主曲，所谓引而不发，盖已跃如。“区”声之为“曲”，即观《左氏》之“曲池”，《公羊》作“欧蛇”而可见。“叩”声之如“区”，亦即观“欧”字读侯部之音而可见。……声通则义象无不在。①

由此评议可知，黄生能打破文字的形体限制，以声音贯穿训诂，探求语源，故谓“区”“叩”“扣”一声之转，“叩叩”犹“区区”，认为它们都是“由于时空变化而产生的同源词”②，并对这些同源词的音义关系做出了说明；黄生的训诂研究方法，为先儒所尠及，而对后来的学者启迪甚大，如王念孙在《广雅疏证》中以音转之说阐述同源词孳乳现象，即受其影响③。

黄承吉对于黄生因声求义、考辨同源之词，可谓推赞有加，而他自己在训诂研究上也是常用因声求义之法，并有独到而精辟的见解。刘文淇曾言：

> （黄春谷）先生谓：“……文字之训诂，莫非本于声音。故凡字义，以所从之声纲为主，而偏旁乃逐物形迹之目。”又谓：“字义必视乎随文所用，而字之本义则一核其本字之声，斯义无不明，而其字义迁流之故，亦即于字中可见。明乎此，则知‘风’‘刺’‘谏’‘戒’等字，初不主于刺恶，而《诗序》‘上以风化下’数句，益确然知为正风，而非变风。”此皆发前人所未发者，尤治经者之一大快事也。（《青溪旧屋集》卷六《梦陔堂文说序》）
>
> （黄春谷）观察尝谓：“古者文字之源，主声音而不主形迹，故古书中凡声近之字多可通假，多相训诂。”为《经说》《文说》发明以声为纲之义。文淇抠衣之际，幸得饫闻其说。④

刘氏此论表明，黄承吉（号春谷）不仅在理论上阐扬“文字之训诂，莫非

①黄生著、黄承吉按：《字诂义府合按》，中华书局1984年版，第213页。

②吴泽顺：《黄生训诂学方法论》，《江淮论坛》1994年第1期。

③吴泽顺《清以前汉语音训材料整理与研究》一书有云：“（黄生）这种重视声纽作用的转语学说，给清代戴震、王念孙等人以很大启发。”见该书之商务印书馆2016年版，第402页。

④刘文淇：《字诂义府跋》，见黄生著、黄承吉按《字诂义府合按》，中华书局1984年版，第284页。

本于声音”的诠释理念，而且在实践中不拘于偏旁之目，自觉地运用因声求义之法，审核本字之声，以探明字之本义、引申义，如其《文说》考释《诗序》中“风”“刺”等字之意，即为明证。

在训诂实践中，清代学者还经常运用因声求义之法，探讨典籍中文字通借现象，以明本字音义。郝懿行撰作《尔雅义疏》就是这样。他曾说：

> 某近为《尔雅义疏·释诂》一篇，尚未了毕。窃谓诂训之学，以声音、文字为本，转注、假借各有部居，疏通证明，存乎了悟。前人疏义，但取博引经典以为籍征，不知已落第二义矣。鄙意欲就古音古义中博其旨趣，要其会归，大抵不外同、近、通、转四科，以相统系。先从许叔重书得其本字，而后知其孰为假借，触类旁通，不避繁碎，仍自条理分明，不相杂厕。其中亦多佳处，为前人所未发。（《晒书堂文集》卷二《又与王伯申学使书》）

由此看来，郝懿行解释《尔雅》及相关古籍，能以声音通训诂，破其假借之字而究明本字，多所独得，成效卓著。今人张涌泉说：“很显然，郝氏是把‘音声为本’作为自己疏解《尔雅》的指导思想的。在具体实践上，郝氏运用声训疏解《尔雅》的工作大致包括以下两个方面：1. 以声训推明《尔雅》经文文字假借；……2. 以声训推明其他古书文字假借，借以与《尔雅》经文相证发。”①

（三）触类比勘，旁通互证

在训诂研究（尤其是经籍训诂研究）上，不少清代学者明确主张广泛参稽文献，观其会通，将具有类同性的语言材料予以排比，相互参照、彼此释证，由此推导或归纳出特定语言单位的意义。乾嘉学术札记中多有这方面的鼓倡之言。例如：

> 《春秋》属辞比事，于传多及之耳，实亦不止于三《传》也，《易》《书》《诗》《论语》《孝经》《孟子》《尔雅》皆其通会处也。诚能触类而比之，件系而参考之，于此可以渐得圣人之用心，可以验群经记述之先后本末，可以见百家师说之同异得失。（翁方纲《复初斋

①张涌泉：《谈郝懿行的〈尔雅义疏〉》，见《著名中年语言学家自选集·张涌泉卷》，上海教育出版社2011年版，第88—90页。

文集》卷十一《与鲁习之书》）

群曰："贯穿融会若何？愿受教。"（俞）先生曰："诸生以经义应举子试者，仅就训诂敷衍成文而已；予所谓'贯穿'者，如串散钱，各从其类，贯则联属，而共相发明矣。"（钱陈群《香树斋文集》卷二十七《杂著·诗经兵法辨》附识语）

凡考一字，必博观互证而后明。（段玉裁《古文尚书撰异》卷二十四"我乃其大罚极之"条）

后儒注经，不若以经证经尤为可信。（倪思宽《二初斋读书记》卷七）

很显然，这些言论都是倡导学者在经籍训诂上触类比勘、彼此互证、共相发明，以收融会贯通、征实可信之效。

清代学者不仅在理论上大力标举触类比勘、旁通互证的训诂研究方法，而且在实践中也常是自觉地将这一方法用于具体的研究。乾嘉学术札记中不少论评可以证实这一点：

其（按指陈昌齐）学旁推交通之中，加以正讹纠谬。每发一论，皆得古人之意义，而动合自然。故余所著《广雅疏证》《淮南内篇杂志》，辄引先生之说，以为楷式。（王念孙《王石臞先生遗文》卷二《陈观楼先生文集序》）

今君为读书之法，悉究谐声之本，深明假借之用；纷纶断阙，旁推交通；千古绝续，语于一堂。（宋翔凤《朴学斋文录》卷二《读书丛录序》）

此言清儒陈昌齐（号观楼）、洪颐煊考辨古书之义而能"旁推交通"，是谓陈氏、洪氏能融贯群书之言，由此及彼，触类而推之，参会而通之，以得其义训。又如：

其书（按指《经义述闻》）皆摘经句为题而解之……凡前人传注不皆合于经，则择其合经者从之；其皆不合，则以己意逆经意，而参之他经，证以成训，而别为之说。（周中孚《郑堂读书记》卷二《经部二》之《经义述闻》）

其中所谓“参之他经”云云，实际上是说王引之在《经义述闻》中考求经义，能做到以群经参较互证，触类而通之。由此复观王引之的其他著述，可知触类比勘、旁通互证也是他从事训诂研究的一贯做法。如其所撰《经传释词》，嘉道时人钱熙祚在《经传释词跋》中将其释词之法归纳为六条，其中有这样几条：

举同文以互证者，如据隐公六年《左传》“晋郑焉依”，《周语》作“晋郑是依”，证“焉”之犹“是”；据庄二十八年《左传》“则可以威民而惧戎”，《晋语》作“乃可以威民而惧戎”，证“乃”之犹“则”。有举两文以比例者，如据《赵策》“与秦城何如不与”，以证《齐策》“救赵孰与勿救”，“孰与”之犹“何如”。……有采后人所引以相证者，如据《庄子》引《老子》“故贵以身于天下，则可以托天下；爱以身于天下，则可以寄天下”，证“于”之犹“为”。[1]

这里所列述的“举同文以互证”“举两文以比例”等释词之法，质而言之，均不外乎是触类比勘、旁通互证的训诂之术。

在王引之的时代，以触类比勘、旁通互证为训诂法式的学者，可谓比比皆是，数不胜数。如焦循即为其中的代表性人物。王引之曾评其解《易》之作云：

日者奉手书，示以说《易》诸条，凿破混沌，扫除云雾，可谓精锐之兵矣！一一推求，皆至精至实。要其法，则“比例”二字尽之。（《王文简公文集》卷四《与焦理堂先生书》）

其称焦循的解《易》之法可赅之以“比例”二字，诚为精允的当之论。此所谓“比例”，与王引之曾经所说的“比例而知，触类长之”[2]的意涵相通，指言比勘互证、触类引申的诠释方法[3]。焦循解释其他典籍，也多用此法。如其

---

①见王引之《经传释词》，岳麓书社1984年版，第244页。

②王引之：《经传释词·自序》，岳麓书社1984年版，第1页。

③就焦循的《易》学而言，所谓“比例”是指“焦循在‘相错’基础上进一步确立卦爻之间的等值关系的法则”。（陈居渊语）从方法论的角度看，其与乾嘉学者惯用的“比例”之法有着相同的特点，即“分析掌握全经，从错综参伍中分类归纳，得出通则或通训。然后以此通则、通训，演绎其他实例，或继续推论，得所未知”。参见王茂等著《清代哲学》（安徽人民出版社1992年版），第695—696页。

有云：

> 以《孟子》释《论语》，即以《论语》释《周易》，无不了然明白，无容别置一辞。至《论语》一书之中，参伍错综，引申触类，其互相发明之处，亦与《易》例同。如告子贡曰“吾一以贯之”，未言“一贯”何谓也，则又言以“一贯”告曾子，而曾子语门人曰：“夫子之道，忠恕而已矣。”则所谓“一以贯之”者，谓忠恕也。推之，凡言“己所不欲，勿施于人”，“己欲立而立人，己欲达而达人”，皆“一贯”之道也。言“巧言令色，左邱明耻之，邱亦耻之”，未言何以可耻也，则又言“巧言令色，鲜矣仁”，则知所以可耻者，以其鲜仁也。……治《论语》之途径宜若是，庶乎举一隅以三隅反也。（焦循《雕菰集》卷十六《群经补疏自序·论语何氏集解》）

于此可见，焦循训解《论语》中一些词句的意义，正是循着触类比勘、旁通互证的路数进行的。

通过以上举例性的述论，可以看到，触类比勘、旁通互证，在清儒那里就像一种充满神奇力量的法术，受到普遍崇奉，并被广泛施用，以扫除训诂研究上的疑云迷雾。有如今之学者所云：“‘旁推交通’四字，正是乾嘉时扬州诸儒治学的遗规，像王念孙、阮元的研究训诂，汪中的研究诸子，焦循的研究《周易》，黄承吉的研究字学，都是采用‘旁推交通’的方法去进行的。”[①]又云：清儒“研究的方法，是对所研究的问题，广泛地搜寻材料，每事必穷根源，所言必求依据，讲究旁参互证，解决逻辑矛盾，反对空谈臆度，也反对孤证立说。这种风尚，到乾隆、嘉庆之际达到全盛时期”。[②]

①张舜徽：《清代扬州学记》，上海人民出版社1962年版，第198页。
②朱维铮：《考经和考史》，见《壶里春秋》，上海文艺出版社2002年版，第222页。

第七章　学术札记训诂理论的综合考察

在现代学术思维和方法的导引之下，我们对乾嘉学术札记中的训诂理论进行了发掘、整理和研究，深有感触的是：清代乾、嘉二朝不仅是训诂实践取得辉煌成就的黄金时期，而且也是训诂学理论不断探索、长足发展的重要阶段；此时的训诂学理论虽然缺乏严整绵密的显性体系，但其内涵之丰富、思想之深邃都是前所未有的，其秉有的学术个性也是十分鲜明的，充分彰显了乾嘉学者深睿卓越的学术智慧和充满时代气息的学术精神。上述训诂学理论尽管经历了上百年时光的淘洗与沉淀，但我们在当下仍能感受到它的生机与活力，察觉到它超越时空的普适性以及可资借鉴、利用的价值。

在本章，我们打算对乾嘉学术札记的训诂理论做一些综合性考察，尽可能系统、客观地总结或揭示其特点、价值、缺陷等，以期为今人深入地理解、认识这种训诂理论提供一些参考。

第一节　训诂理论的特点

乾嘉学术札记中的训诂理论，从学术精神、学术思维、学术品格、学术观点等侧面予以审视，有如下一些主要特点。

一、学术精神：具有崇实性、求真性

乾嘉时代，以考据为主要治学方式的乾嘉学派崛然而起，在学术界占据主流之位，尽显其能。学者们在考据学的研究活动中，以“实事求是”为准则，

讲究严密实证，论必有据，据必可信，表现出了崇实黜虚、务实求真的学术精神。诚如章炳麟所云："盖近代学术，渐趣实事求是之途，自汉学诸公分条析理，远非明儒所能企及。逮科学萌芽，而用心益复缜密矣。"[①]梁启超评论说："（乾嘉学者）治学根本方法，在'实事求是''无征不信'。"[②]具体到训诂学研究上也是这样，乾嘉学者们把"实事求是"奉作训诂研究的基本理念或宗旨，重事实，讲证据，笃于深求，耻于轻信，强调实证不诬。清人陈康祺说："本朝乾嘉诸儒，说经铿铿，实事求是。"[③]皮锡瑞说："乾隆以后，许、郑之学大明，治宋学者已鲜。说经皆主实证，不空谈义理。是为专门汉学。"[④]今人周大璞言之更详："清代训诂家戴震、程瑶田、段玉裁、钱大昕、王念孙、王引之等人继承了汉学求实的传统，能够实事求是地从事训诂的研究。他们既反对'望文虚造而违古义'，也反对'墨守成训而鲜会通'。也就是说，既不盲从旧说，也不妄立新义。他们强调'日新'，主张'会通'，总是埋头苦干，收集许多材料，做了许多考证。例不十，法不立。每有创获，必定列举充分的佐证，决不任意乱说。"[⑤]

当然，上引论述文字主要是就乾嘉学者的训诂实践而言；如果考察乾嘉学者的训诂理论，其实也同样是以务实求真为重。乾嘉学者们论述训诂态度、训诂方法、训诂效果等，其价值取向和目标追求，往往可用一个字来概括，那就是"实"，即实在、真实之谓。下举乾嘉学术札记中的论述材料以为证：

> 余之说经，推明古训，实事求是而已，非敢立异也。（阮元《揅经室集·自序》）
>
> 学者实事求是，自当据元凯以规景纯之失，何得袭谬承讹，而以不误者为误乎？（王引之《经义述闻》卷十八"高其闬閎"条）
>
> 史书之文中有误字，要当旁证，以求其是，不必曲为之说。（杭世骏《订讹类编续补》卷上"误字"条）
>
> 三代以前，文字、声音与训诂相通，汉儒犹能识之。以古为师，

①章炳麟：《答铁铮》，见陈平原编校《中国现代学术经典·章太炎卷》，河北教育出版社1996年版，第626页。

②梁启超：《清代学术概论》，上海古籍出版社1998年版，第5页。

③陈康祺：《郎潜纪闻初笔》卷八。

④皮锡瑞：《经学历史》，中华书局2008年版，第341页。

⑤周大璞主编：《训诂学初稿》（第5版），武汉大学出版社2013年版，第350页。

师其是而已矣，夫岂陋今荣古，异趣以相高哉！先生之书，实事求是，别白精审，而未尝驰骋其辞，轻诋先哲，斯真儒者之学，务实而不务名者。①

可见，乾嘉学者论述古籍训诂问题，常常是以“实事求是”相号召，提倡从经典文本的实际出发，通过务实的解读和客观的重构，推明或还原经典文本的固有意义，其言其论总是贯注着崇实黜虚、务实求真的学术精神。

乾嘉学术札记中训诂理论在学术精神上所具有的崇实性、求真性，突出地体现在如下一些思想主张上。

第一，在经典诠释的路向上，由先儒之说以推寻经义训诂，由经义训诂以推求圣贤义理。试观如下理论材料：

松崖先生之为经也，欲学者事于汉经师之故训，以博稽三古典章制度，由是推求理义，确有据依。（戴震《戴东原集》卷十一《题惠定宇先生授经图》）

士人读书，当从经学始，经学当从注疏始。空疏之士……读注疏不终卷而思卧者，是不能潜心揅索，终身不知有圣贤诸儒经传之学矣。至于注疏诸义，亦有是有非。我朝经学最盛，诸儒论之甚详，是又在好学深思、实事求是之士，由注疏而推求寻览之也。（阮元《揅经室三集》卷二《江西校刻宋本十三经注疏书后》）

说经之法，义理非训诂则不明，训诂非义理则不当，故义理必求其是，而训诂则宜求其古。义理之是者，无古今，一也。如其不安，则虽古训犹宜择焉。（胡承珙《求是堂文集》卷二《寄姚姬传先生书》）

此均强调解经应该首先从推明古代经师训解入手，解决文字训诂问题，再由文字训诂以通圣贤之义理，如此循序以进，得其据依，以收实事求是之效。

第二，立足实证，据实立论，不为无稽之臆说。乾嘉学者有云：

若夫依于传闻以拟其是，择于众说以裁其优，出于空言以定其

①钱大昕：《经义杂记序》，见臧琳《经义杂记》叙录，《续修四库全书》第172册，上海古籍出版社2002年版，第289页。

论，据于孤证以信其通……皆未至十分之见也。以此治经，失“不知为不知”之意，而徒增一惑。（戴震《戴东原集》卷九《与姚孝廉姬传书》）

取经史百家，朝研夕稽，证其异同，辨其得失，以声音文字通其原，以转写讹舛穷其变，勿敢向壁虚造，勿敢剿袭陈言。（洪颐煊《读书丛录·自序》）

凡说经者，当就经文所有者精语之，不当于经文所未有者演测之。（翁方纲《论语附记》卷下）

说经不于实事求是，而但据空言，吾未见其可也。（凌廷堪《礼经释例》卷八）

其论经籍训诂研究，或强调证据充分，知见深切，力避轻率为说，或倡言广稽博证，求其实据，务戒臆造剿袭，或主张依经文之所有者深思精求，切实立论，杜绝凭空推想，都体现了崇实求真的为学趣尚。乾嘉学者评判他人训诂研究成果之优劣，也往往是以此为其准矱。例如：

自宋沈存中、吴虎臣、洪景卢、程泰之、孙季昭、王伯厚诸公，穿穴经史，实事求是，虽议论不必尽同，要皆从读书中出，异于游谈无根之士，故能卓然成一家言，而不得以稗官小说目之也。[①]

（臧）琳字玉林……深明汉学，熟于声音训诂。其撰是书，……会稡唐以前诸儒之说，辨其离合，皆有确征，不由臆决，其有功于经学甚巨。（周中孚《郑堂读书记》卷二《经部二》之《经义杂记》）

此对宋、清儒者的相关研究成果给予正面评价，就是因为这些成果在持论立说上能做到无征不信、实证不诬，不做虚妄之臆断，不为无据之游谈。在乾嘉学者眼里，“实事求是，非可望文臆断也”[②]，故宜戒绝臆断之习。

第三，于前贤时彦之说既不曲徇墨守，也不妄诋轻弃，据实以究，折衷以定，博采其长。且看论述材料：

好学深思，必求其是，不惑于晚近之说，而亦不株守前人。[③]

---

①钱大昕：《娱亲雅言序》，见严元照《娱亲雅言》卷首。
②钱仪吉：《衎石斋记事续稿》卷十《粤海堂诸子课业评》。
③王念孙：《群经识小序》，见李惇《群经识小》卷首。

凡先儒旧说，苟非在我实有确据，而在彼实有违碍者，乃不得已而拟订之，否则万勿执己见以妄改。（翁方纲《论语附记》卷上）

依样葫芦，可笑！后之言义理者，宁背经而不敢背朱；言考据者，宁背经而不敢背郑，皆是类也。（赵绍祖《读书偶记》卷二“胥鼓南”条）

说经必诋郑、服，论学先薄程、朱，虽一孔之明非无可取，而其强词以求胜者，特出于门户之私，未可谓之善读书也。（钱大昕《娱亲雅言序》）

综此以论，治训诂者当以务实求真为宗，于先儒后学的研究成果，既不盲从，亦不轻弃；应破除门户之见，博观众家之说，折衷其是。基于这样的理念，乾嘉学者对那些不拘一家、兼采众说、择善而从的训诂研究成果给予了较高的评价。例如：

我朝儒者束身修行，好古敏求，不立门户，不涉二氏，似有合于实事求是之教。仁和宋氏咸熙，潜修力学，……以所著《惜阴日记》相质，其间考订经史古籍，皆据实以求是。（阮元《揅经室三集》卷五《惜阴日记序》）

张君于海殚一生之心力，著成《四书集解》一书。其书博采诸家之说……不执古注疏，不执朱子《集注》，胪陈众说而折其衷，此古人所谓实事求是者欤！（石韫玉《独学庐四稿》卷二《张氏四书集解序》）

东原少从婺源江慎修游……研精汉儒传注及《方言》《说文》诸书，由声音、文字以求训诂，由训诂以寻义理，实事求是，不偏主一家，亦不过骋其辨以排击前贤。（周中孚《郑堂读书记》卷五十九《子部十之八》之《戴氏遗书》）

上面所引者，分别论及清儒宋咸熙《惜阴日记》、张于海《四书集解》、戴震所撰训诂诸书，对其实事求是、不墨守一家、不妄意排击的为学风范推赏有加。

乾嘉学术札记中训诂理论所涵纳的崇实求真的学术精神，除了主要体现在前述一些原则性的思想主张上外，还在一些关于训诂的具体问题的论述中有所显现。譬如，乾嘉学术札记论述“以目验之”的方法（见本书第四章《学术札记中的训诂方法论》所述），要求把对书面语言文字的解释与调查、观察所得的事实材料结合起来，用后者辅助或验证前者，以求相关解释符合客观实际，可信可据，这显现出了“眼见为实”的认知诉求，阐扬了崇实求真的为学精神。又如，乾嘉学术札记对“轻改经字”“穿凿附会”“望文生训”“增字解经”“以今例古”等训诂现象多所疵议（见本书第五章《学术札记中的训诂弊病论》所述），视其为危害甚大、应当竭力戒除的训诂弊病，也显现出了学术札记中训诂理论崇实求真的学术追求。又如，以本书第六章《学术札记中的训诂发展论》的梳理和论析观之，对历代（尤其是汉代、清代）以实事求是、朴谨笃实的态度和方法治学的训诂学家，乾嘉学术札记往往给予了特别关注和高度评价，由此亦见其训诂理论对崇实求真之学术精神的认同和高扬。

二、学术思维：具有创新性、辩证性

学术的发展总是继承与创新的辩证统一。清代乾嘉时期的训诂学也是如此，其时“研究训诂的学者有两个派别：一派是以惠栋、江声为代表的‘钩沉’之学。这一学派以辨识古训、疏明古义为主，目的是运用语言文字学来阐明古书上没有弄明白的理论问题和具体问题，使学者能进一步理解前代的训诂。另一派是以戴震为代表的‘创新’之学。这一学派以纠正旧注、创建新说为主，目的是批判旧注、发明新义，从而提出训诂的新理论，使训诂学的研究得到进一步提高”[①]。就乾嘉学术札记中的训诂理论而言，虽然也有继承、守旧的一面，但创新发展仍占主导地位，多层面地映现出了乾嘉学者学术思维的创新性。如从以下两个方面来考察，则对这种创新性更是易于知见。

第一，其理论倡导创新型研究，主张不泥旧见，勇于质疑，力创新说。例如：

疏家拘泥之误，不可不辨。（王懋竑《读书记疑》卷三《礼记》）

古注之善者采之，浅者、误者弃之。其有新义，即下己意。（阮

①陆宗达：《训诂简论》，北京出版社2002年版，第9页。

元《揅经室一集》卷五《与高邮宋定之论尔雅书》）

由借字之古音，以考同音之本字，惟求合于经文，不敢株守旧说。（王引之《经义述闻》卷三十二“经文假借”条）

治经者苟三复文义，而心有未安，虽舍旧说以求之可也。（王引之《经义述闻》卷三十二“增字解经”条）

于朱子说未安者，一概护之，岂朱子之本意哉？尝谓朱子本公也，而后人私之，甘背孔、孟，而必从其误说，殊可叹也！（秦笃辉《经学质疑录》卷二十）

康成亦惑于其说，迁就不经之谈，疑误后来，不可不正。（宋翔凤《过庭录》卷六“鲁世家成王七年二月乙未”条）

这些论述表明，不少乾嘉学者在训诂研究上主张破除因循蹈故、人云亦云之习，大胆质疑成说，匡正旧解之误，勇立新创之义。此类主张背后所蕴含的学术思维，明显具有批判性、突破性和创造性，概而言之即具有创新性。这种思维的创新性，在本书前述乾嘉学术札记的很多训诂理论中其实已有体现。譬如，本书第三章《学术札记中的训诂体式论》述及“疏”体时，裒辑了乾嘉学者的一些相关论述，如梁玉绳云：“唐人义疏之学最拘。”陶澍云：“后儒作疏，亦墨守传注，唯恐逾越。”胡培翚云：“六朝、唐人之作疏，往往株守注义，不参众说，故有‘宁言周、孔误，莫道郑、服非’之谣……今惟求之于经，是非得失，一以经为断，勿拘疏不破注之例。”这些有关唐人旧疏和清代新疏的论述文字，均以是否能扬弃旧说、创发新义作为评判优劣的标准，将观念创新、知识创新置于重要地位，可谓昭显了学术思维的创新性。又如，本书第六章《学术札记中的训诂发展论》中，胪举了一些乾嘉学者关于历代学人训诂研究之得失的见解，如姚文田云：“汉人说经，各有家法，恶夫凿空而为之也。然其弊胶于古训，牵于师说，往往支离破碎，而词义反隐。”崔述云：“永嘉以后，先汉名儒之说多亡，学者沿讹踵谬，莫之辨也。”此类理论见解，明显是基于破旧立新的价值追求而提出的，融注了乾嘉学者的创新性学术思维。

第二，其理论研究在广度、深度上均有开创性拓展。

纵观乾嘉学术札记，不难发现，乾嘉学者们在训诂实践上俛焉孳孳，用力至勤，而于训诂理论问题也有所置意，时常以三言两语表达自己的理论见解。

其训诂理论来源于具体而真切的训诂实践，注重探讨训诂实践中的新情况，解决训诂实践中的新问题，总结训诂实践中的新经验，因而在研究的广度、深度上都远远超过前人，彰显了创新性思维的活力与魅力。

如果将乾嘉学术札记中纷若散珠的训诂理论稍加贯串，很容易看到，其在研究的对象、范围、层次等方面较之前代有开创性拓展，提出（或使用）了一系列新概念、新命题、新方法、新原理等，使训诂理论研究获得了突破性进展。对此，结合本书前文的相关发掘与论析略作阐述如下。

乾嘉学术札记中的训诂理论使用了一些新概念，并对概念的内涵偶或有所界说。比如，本书第二章《学术札记中的训诂对象论》提到，乾嘉学者论述古代文献中的词汇时，经常用到一个概念——“连语”。如王念孙《读书杂志·汉书弟十六》“连语”条云：“凡连语之字，皆上下同义，不可分训。说者望文生义，往往穿凿而失其本指。”其中所使用的“连语”概念[①]，是一个颇具新意的概念。周掌胜说：“（王念孙）在前人‘复语’概念上提出了‘连语’的概念，更重要的是指出了这种现象的本质特征和学者误解的原因，对后人的启发极大。”[②]又如，乾嘉学术札记中还经常用到“连类而及”概念。如李惇《群经识小》卷七“华周杞梁之妻”条：“《说苑》云：‘杞梁与莒战斗，杀二十七人而死，妻闻而哭，城为之阤，而隅为之崩。’案：《左传》《戴记》《说苑》皆无华周妻哭之事，不过连类而及，如‘禹、稷过门不入’耳。”本书第一章第三节《训诂之条件》引王引之《经义述闻》中语：“古人之文多有连类而及者。……《乐记》曰：‘乐行而伦清，耳目聪明，血气和平。’乐以听为主，当云‘耳聪’，而《记》并称‘目明’，亦是连类而及也。”其中所用到的“连类而及”概念，清代以前未见有人施之于训诂问题研讨，当是清儒之创用。

乾嘉学术札记中的训诂理论还提出了一些充满创新智慧的命题，为训诂学的持续发展奠定了坚实的理论基础。如本书第四章《学术札记中的训诂方法论》讨论“因声求义”之法时，述及学术札记中一些涉及语言文字音义关系的理论命题，如“古人以音载义”“故训音声，相为表里”“义存乎声”“声之中有意也”“诂训之要，在声音不在文字”等。此类命题都是汉语训诂学史上重

①此“连语”与古人所谓“謰语”不完全相同。李运富《王念孙父子的“连语观”及其训解实践》一文（1990年）对此辨之甚详，可参看。

②周掌胜：《同义复词研究与语文辞书编纂》，浙江大学出版社2015年版，第4页。

要的理论创新成果，有着不容小觑的价值和意义。周祖谟评之曰：

在理论方面，清代学者在训诂学方面最大的贡献是沟通语言与文字的关系，提出研究文字和字义必须理解声音，不理解声音就无以解决从文字形体上所不能解决的问题，甚至有时会陷于迷惘而不知所措。因为语言是用声音来表达意义的，文字只是记录语音的符号，所以必须了解文字的声音，从声音去探求意义。①

吴泽顺评之曰：

这些关于"训诂之旨"的论述，既是对几千年训诂实践的总结，也是对这一古老学科的理论创新。段王诸人不但创建了因声求义的理论，又以其杰出的训诂实践成果丰富了这一理论的内涵，夯实了这一理论的基础。②

于此可见乾嘉学者训诂理论的创新特色和实践意义。

乾嘉学者基于丰富的训诂实践经验，总结出了一套套行之有效的训诂方法，并在学术札记中有所阐论，也同样体现出了学术思维的创新性。本书第四章《学术札记中的训诂方法论》中所列训诂方法有九：因声求义、依形解义、考求故训、循文求义、旁通互证、以图解经、方言证古、名字证发、以目验之。这九种方法，尽管有一些是清代以前学人在训诂实践中经常用到的，如因声求义、依形解义等，但并未见有人像清儒那样从理论上对它们进行比较全面的总结、比较深入的阐析；而其中有些方法，如名字证发、以目验之等，则是清代以前学人所罕用的，更遑论前人能从理论上对它们进行较深入的探讨。这样，乾嘉学者对上述训诂方法的总结和阐论，便自然富有理论创新的精神和价值。

总而言之，乾嘉学术札记中训诂理论对创新型研究的倡导，以及其理论本身的开创性拓展，均透现出了乾嘉学者学术思维的创新性；从某种意义上讲，乾嘉学术札记中训诂理论也是创新性思维的结晶和产物。

乾嘉学术札记中的训诂理论不仅体现了学术思维的创新性，还彰显了学术

①周祖谟著、周士琦编：《周祖谟语言文字论集》，人民教育出版社2000年版，第240页。
②吴泽顺：《清以前汉语音训材料整理与研究》，商务印书馆2016年版，第414页。

思维的辩证性。它时常强调用发展变化的眼光看待训诂对象，在古代文献语言文字的运动、变化中把握其发展规律，了解其时代特点，深察其语境因素，从而因时因境地做出恰切适当的训解。本书前文所列举的乾嘉学术札记中训诂理论材料，多有这方面的论述文字。如：

古人之文，未可以今之文义测量也。（王鸣盛《蛾术编》卷七十五《说集一》“赋比兴”条）

凡讲小学，必宗《说文》，然当究其意旨，不可拘其形体。凡一代有一代之字，何必尽泥《说文》？（臧庸《拜经日记》卷二“周礼以今证古”条引段玉裁语）

这是说，古代文献中的语言文字表达因时而异，所以治训诂者须有辩证观点与历史观念，注意语言文字的时代性差异，而不可泯其参差、据今测古、执一以求。以乾嘉学者之见，如果不能依是而行，则会出现训释上的种种偏误：

景纯于经术本疏，往往不考古训，望文生义。（钱大昕《潜研堂文集》卷十《答问七》）

去古已远，千余年后名目不能不变，据其时俗之名以折古人，未为得也。（李惇《群经识小》卷八“一鱼二名”条）

自隶体假借，读者望文生义，遂使古训拘而不能通矣。（桂馥《晚学集》卷二《蔡中郎名字说》）

此所引理论性材料表明，训诂研究者如果缺乏动态的辩证思维，昧于文献中语言文字的时代性差异，执一而求，训释时就难免有望文生义、以今例古之弊，无法求得文献作者的本意。再看本书前文所列的两条训诂理论材料：

《四书》中字义一律者多，微别者亦有，须各随文义，从其清切者言之。（秦笃辉《经学质疑录》卷十三）

毛公之传《诗》也，同一字而各篇训释不同，大抵依文以立解，不依字以求训。（阮元《毛诗注疏校勘记序》）

其旨甚明：训解文献中的语言文字，应从考察分析文本的语境入手，随文观义，在语境的各种制约关系中探求和确定特定语言单位的意义，而不可偏执一端、以一御多。

乾嘉学术札记中训诂理论所具有的思维辩证性，除了体现在前述因时因境为训的主张上外，还表现为要求训释者具备整体观念，关注文献中语言文字内在的统一性、类同性、关联性，既着眼于训诂对象的自身，又顾及相关的其他因素，用系统的观点、联系的观点去把握和解释训诂对象的意义。学术札记有云：

以彼此前后相参证；……取证于诸经；诸经所无，乃取证于秦汉间人言之近古者……融会诸说，归于以经解经。（梁章钜《退庵随笔》卷十四）

经学要在以经证经，以先秦两汉之书证经，……反覆推校，求其会通，故曰必通全经而后可通一经。①

《论语》一书之中，参伍错综，引申触类，其互相发明之处，亦与《易》例同。……治《论语》之途径宜若是，庶乎举一隅以三隅反也。（焦循《雕菰集》卷十六《群经补疏自序·论语何氏集解》）

因文字而得古音，因古音而得古训，此一贯三之道，亦推一合十之道也。（钱大昕《潜研堂文集》卷二十四《小学考序》）

其论或强调以不同文献中的相关文字参证互解，会通其义；或主张以同一文献中的有关词句相互发明，触类旁通；或要求注意文字之形、音、义间的内在联系，因形因音以求义，不能片面孤立地考察字义。此类理论性论述，明显贯穿着系统的观点、联系的观点，是辩证思维能力的体现。

三、学术品格：具有实践性、实用性

以今观之，理论既源于实践又能服务于实践，是学术理论良好品格的一种具体体现。乾嘉学术札记中的训诂理论就具备这样的学术品格，它深深根植于古今学人的训诂实践，从训诂实践的沃土中奋然生发，又以服务于训诂实践为其依归，且能为古代文献语言的解释活动提供有效的指导，因而显示出了很强的实践性和实用性。

我国传统训诂学往往被人目为“经学的附庸”，主要是因为它十分关注古

①钱大昕：《与王德甫书》，见王昶所辑《湖海文传》卷四十。

代文献（特别是古代儒家经典）语言的诠释问题，强调为古代文献语言解释服务，并视之为自身学术价值的根本所在，显露出了注重实践和实用的特点。所以，许嘉璐说："重实用，在中国古代语言学中也就是注重对古代文献进行解释的功能，或曰对古代文化进行诠释的功能。"①乾嘉时期的训诂学也不例外：不仅其具体的实践形式主要表现为训释古代的经典文献，而且其理论研究也多是以古代经典文献训释问题为对象。具体到乾嘉学术札记中的训诂理论上，情形正是如此，它所聚焦的问题一般涉及古代经典文献的语言文字及其训释。略举几例以明之：

"偓促""律魁"皆叠韵也。凡叠韵之字，皆上下同义，不宜分训。（王念孙《读书杂志余编》卷下"律魁放乎山间"条）

经文数句平列，义多相类。如其类以解之，则较若画一；否则，上下参差而失其本指矣。（王引之《经义述闻》卷三十二"经文数句平列上下不当歧异"条）

去凿空妄谈之病而稽于古，取古人之传注而得其声音之理，以知其所以然；而传注之未安者，又能博考前训以正之，庶可传古圣贤著书本旨。②

凡说经，求其悉依经义，一字不敢多出，乃为得之。（翁方纲《礼记附记》卷七）

凡经文如字读之而有不可通，必不得已，有他经可据改作某字，而其义划然，改之可也；若无经典明证改之，而反不若如字读之顺也，曷用改之乎？（黄中松《诗疑辨证》卷六"置字"条）

说经者不求之于声，而泥于形以诂义，鲜有不纡曲者矣。（邓廷桢《双砚斋笔记》卷一）

由学术札记中的这些材料来看，乾嘉学者的训诂理论往往是针对古代经典文献的语言文字及其训释而提出的。由此还可进一步看到，乾嘉学者的训诂理论一般是生发于真切而具体的文献训诂实践，它是从古今学人的文献训诂实践

①许嘉璐：《语言文字学的传统：辉煌的过去》，见《未辍集》，中国社会科学出版社2000年版，第23页。
②王引之：《经籍籑诂序》，见阮元主编《经籍籑诂》卷首。

中总结出的带有理性思辨色彩的观点，是把个体性、自发性的文献训诂实践经验加以提炼而升华为具有普遍性、自觉性的理念，它以服务于文献训诂实践而促其训释精当、尽得古人撰述本旨为归趋。

乾嘉学术札记中的训诂理论因为源于训诂实践，切于实际，具有很强的可操作性，所以往往能在训诂实践中得到成功的应用，为相关实践提供有效的支撑或指导。不妨以高邮王氏的训诂理论与实践为例来说明。王引之在《经义述闻·自序》中曾言：

> 大人曰："诂训之指，存乎声音，字之声同声近者，经传往往假借。学者以声求义，破其假借之字而读以本字，则涣然冰释。……"大人又曰："说经者期于得经意而已。前人传注不皆合于经，则择其合经者从之；其皆不合，则以己意逆经意，而参之他经，证以成训，虽别为之说，亦无不可。必欲专守一家，无少出入，则何邵公之墨守，见伐于康成者矣。"故大人之治经也，诸说并列，则求其是；字有假借，则改其读，盖孰（熟）于汉学之门户，而不囿于汉学之藩篱者也。引之过庭之日，谨录所闻于大人者，以为圭臬，日积月累，遂成卷帙。既又由大人之说触类推之，而见古人之诂训有后人所未能发明者，亦有必当补正者，其字之假借有必当改读者，不揆愚陋，辄取一隅之见，附于卷中，命曰《经义述闻》，以志义方之训。

这说明，王念孙（即引文中所谓"大人"）提出的"诂训之指，存乎声音"等训诂理论①，不仅在他自己的训诂实践中变作了他自觉遵循的法度和自觉施用的法术（引文中"大人之治经也"云云可证），而且对王引之的训诂实践也发挥了良好的引领、指导作用（引文中"谨录所闻于大人者"以下一段文字可证）。

由以上所举例证来看，乾嘉学术札记中的训诂理论，既以文献训诂实践为源泉，又能在文献训诂实践中得到卓有成效的应用，助力解决实际问题，明显

---

①笔者按：此处所引王念孙所谓"诂训之指，存乎声音"云云，与王氏《广雅疏证·自序》中一些文字的旨趣相合，盖本于此序。其序有云："诂训之旨，本于声音。……此之不寤，则有字别为音，音别为义，或望文虚造而违古义，或墨守成训而尟会通，易简之理既失，而大道多岐矣。今则就古音以求古义，引伸触类，不限形体。苟可以发明前训，斯凌杂之讥，亦所不辞。"笔者在本书研究中将序、跋纳入了札记的范畴，故将王氏"诂训之指，存乎声音"云云亦视为学术札记中的训诂理论。

具有实践性、实用性的品格。这一点，后世也有一些学者论及。如陆宗达说：

（清代）两派训诂学家，特别是“创新”学派的训诂学家，对训诂学的发展作出了巨大的贡献：他们一方面研究汉代训诂家对古书的注释，搜集古训，而且从毛亨的《诗经诂训传》及其他注释书中归纳出训诂法则和训诂条例；另一方面，他们又研究《尔雅》《说文解字》以及张揖的《广雅》等训诂专书，作了“疏证”，提炼出训诂学的理论，使训诂专书的数量大大增多，质量也有了显著的提高。他们在理论上首先建立了汉字形、音、义的完整体系，而且总结出“因音明义”“以义证音”的规律，找到了通过文字研究通晓古代语言的途径。在语言文字理论有了进一步发展后，他们又将这些理论运用到训诂实践中去，更深入地研讨古训和旧注，重新分析古代文献的语言，从而解决了更多的疑难，订正了汉唐以来注疏的遗漏和谬误。[①]

陆氏这些精辟的论述，能让人清楚地看到，清代的一些训诂学家，特别是乾嘉时期“创新”学派的训诂学家（主要指戴震、段玉裁、王念孙、王引之等人），以古今学人大量的古书注释、疏证实践为基础，“提炼出训诂学的理论”，“又将这些理论运用到训诂实践中去”，取得了辉煌的成就，表明其理论源于实践而又能有效地指导实践，具有很强的实践性和可操作性。今人李亚明也有类似的看法，兹摘引其说如下：

清代乾嘉学派，已把形音义互相求证的训诂方法从自发的经验上升为自觉的理论，继而再运用到训诂实践中去。戴震认识到“故训声音，相为表里”，进而提出“疑于义者，以声求之；疑于声者，以义证之”的训诂方法。段玉裁揭示形音义三者之间存在着内在的必然的联系：“小学有形有音有义，三者互相求，举一可得其二。有古形有今形，有古音有今音，有古义有今义，六者互相求，举一可得其五。……”王念孙更是深谙其中规律：“窃以训诂之旨，本于声音。……今则就古音以求古义，引伸触类，不限形体。”……戴、段、二王正是因为从训诂实践中初步升华出了训诂学理论认识，所以

①陆宗达：《训诂简论》，北京出版社2002年版，第10页。

才使在训诂学理论指导下的训诂实践达到了炉火纯青、登峰造极的程度。①

以上论述也表明，乾嘉学者的“故训声音，相为表里”等训诂理论（其多为学术札记中的训诂理论）是对训诂实践经验的总结和升华，又能在训诂实践中行之见效，其有用、适用、管用的学术品性十分显著。

四、学术观点：具有会通性、开放性

乾嘉时期，在学术研究（特别是训诂研究）上，不少学者主张兼收并蓄、取长补短、虚心切磋、平等商榷，而反对拘守一隅、入主出奴、负气争高、相互攻讦。如王鸣盛说：

> 会通众家，不拘一师。大儒而必守家法则学散，末流而效大儒则学乱。（《蛾术编》卷五《说录五》“郑康成说经会通众家不拘一师”条）
>
> 君子无所争。凡事如此，学术亦然。周公之礼乐，孔子之仁义，郑、服之训诂，朱、陆之性理，一而已矣。……惟圣人为能观其会通。大贤以下，各专一美，则各出其能，以合而明道可也；而乃互相訾謷，此是彼非，入主出奴，何其陋也！（《蛾术编》卷八十一《说通一》“无争”条）

显然，这是倡导学者广采博取，观学问之会通，不可入主出奴、厚此薄彼、相互訾謷，应以“无争”为贵。当然，其所谓“无争”，不是指放弃学术争鸣，而当是说学术探讨不得讥议訾毁、争强自高。这就犹似下引乾嘉学者论学之言曰：

> 愚以为学问乃千秋事，订讹规过，非以訾毁前人，实以嘉惠后学，但议论须平允，词气须谦和。一事之失，无妨全体之善，不可效宋儒所云一有差失，则余无足观耳。（钱大昕《潜研堂文集》卷三十五《答王西庄书》）

---

①李亚明：《植根于传统语言文字学的陆王训诂学理论》，见《陆宗达先生百年诞辰纪念文集》，中国广播电视出版社2005年版，第228页。

（严）元照遵其训，于是有《娱亲雅言》之作。每辨论古义，必进质于君而后笔之，遇有排击先儒过当者，则又诫之曰："辨而争胜，非学也。议论深刻，非徒招忌，亦恐损福，不愿汝曹效之也。"（钱大昕《潜研堂文集》卷四十五《严半庵墓志铭》）

合观此处所录钱大昕、严树萼（字半庵，严元照之父）的论学之言可知，学术争鸣乃至订讹规过，是值得提倡的学术讨论和学术批评，其有益于学术的传承与发展，只是此类学术讨论和学术批评应当以公正理性为根本原则，以平和宽容为基本态度，而不得以"辨而争胜"为能，不可极意诋毁、刻薄訾议。

总观学术札记中的训诂理论材料可见，很多乾嘉学者较好地践行了上述学术主张：在理论探讨上，对于他人正确合理的观点，能充分肯定，并予吸纳；当他人的观点不合于己时，则能平心静气地进行商榷。因此，其训诂理论显现出了相互吸摄、融合贯通的会通性，以及相互碰撞、多元共存的开放性。略举其例如下。

我们知道，"乾嘉时期，各地汉学家在同一旗帜下，相互学习与切磋，相互吸收与融合，形成了一个互为师友的学术局面。吴地学者吸收皖地学者的长处，皖地学者也有吴地学术的营养。"[①]像戴震的训诂理论研究即是如此，他曾吸收和融会了惠栋（号松崖）的理论观点。惠栋尊崇汉学，解经重故训，认为"汉经师之说，立于学官，与经并行。五经出于屋壁，多古字古言，非经师不能辨。经之义存乎训，识字审音，乃知其义。是故古训不可改也，经师不可废也"[②]。戴震于惠栋的这一训诂学思想有所融摄，主张解经从推明经典文字的故训入手，以求经典之义理。他明确指出："故训明，六经乃可明。后儒语言文字未知，而轻凭臆解，以诬圣乱经，吾惧焉。"[③]又说："故训明则古经明，古经明则贤人圣人之理义明，而我心之所同然者乃因之而明。贤人圣人之理义非它，存乎典章制度者是也。松崖先生之为经也，欲学者事于汉经师之故训，以博稽三古典章制度，由是推求理义，确有据依。彼岐故训、理义二之，是故训非以明理义，而故训胡为？理义不存乎典章制度，势必流入异学曲说而不自

①暴鸿昌：《乾嘉考据学流派辨析——"吴派""皖派"说质疑》，见《暴鸿昌文集》，黑龙江教育出版社1998年版，第315页。
②惠栋：《九经古义·述首》。
③戴震：《戴东原集》卷十《六书音韵表序》。

知，其亦远乎先生之教矣。”[①]显然，此类学术札记中的训诂理论，吸收、熔铸了惠栋的训诂观念。正如钱穆所说：“东原深推松崖，谓舍故训无以明理义……则东原论学著书，其受松崖之影响，居可见矣。”[②]由此亦可知，戴震与吴派的代表人物惠栋“虽也有学术分歧，但为了批评时代学术所面对的共同大敌——凿空说经，只能是缩小、淡化二者之间的分歧，而致力于发扬汉儒精神中通过‘训故’方式说经的长处”[③]；如此求同存异、兼收并蓄，其理论因之显示出了较强的包容性、会通性。

再举王引之的训诂理论为例。以学术札记观之，王引之对因声求义问题多有探讨，形成了一系列精辟的理论观点。如其《经义述闻》有云：“诂训之要，在声音不在文字。”（卷二十三）“夫古字通用，存乎声音。今之学者不求诸声，而但求诸形，固宜其说之多谬也。”（卷三）“大氐双声叠韵之字，其义即存乎声；求诸其声则得，求诸其文则惑矣。”（卷三十一）“古人字多假借，循声而改之则得，如字以求之则塞矣。”（卷十四）此类学术札记中的训诂理论，如果寻原竟委，推究其渊源之所自，则应当追溯到清初以来一些学者的相关理论见解，如顾炎武所谓“读九经自考文始，考文自知音始”，戴震所谓“故训音声，相为表里”，“疑于义者，以声求之”，钱大昕所谓“古人以音载义，后人区音与义而二之，声音之不通，而空谈义理，吾未见其精于义也”[④]，王念孙所谓“诂训之旨，本于声音……就古音以求古义，引伸触类，不限形体”，等等。前辈学者的这些理论观点，都应是上述王引之训诂理论的源头活水，王氏在充分予以吸收融会的基础上又加推阐、发展，使因声求义之说益趋邃密，而其理论也具备了会通融贯的特点。

学术札记中的训诂理论，不仅因为相互吸摄、有机融合而具会通性，而且还因为相互碰撞、各抒所见而有开放性。乾嘉学者在理论研讨上一般能做到独立思考、勇于探索、自由辩论，遇观点相左时能平等对话，客观公允、冷静理性地展开学术批评，常有不同思想的交锋和不同观点的激荡。诚如梁启超所说：“所见不合，则相辩诘，虽弟子驳难本师，亦所不避，受之者从不以为

①戴震：《戴东原集》卷十一《题惠定宇先生授经图》。
②钱穆：《中国近三百年学术史》，中华书局1986年版，第327页。
③吴根友、孙邦金：《戴震、乾嘉学术与中国文化》，福建教育出版社2015年版，第804页。
④钱大昕：《潜研堂文集》卷二十四《诗经韵谱序》。

忤。辩诘以本问题为范围，词旨务笃实温厚，虽不肯枉自己意见，同时仍尊重别人意见。有盛气凌轹，或支离牵涉，或影射讥笑者，认为不德。”[①]乾嘉学术札记中训诂理论材料所反映出的情况，与之相符。举两例以明之：

> 近嘉定钱学渊教授欲离析《说文》，系之以声。考……《梦溪笔谈》云：“王圣美治字学，演其义以为右文。古之字书，皆从左文。凡字，其类在左，其义在右。如木类，其左皆从‘木’。所谓右文者，如‘戋’，小也，水之小者曰‘浅’，金之小者曰‘钱’，歹而小者曰‘残’，贝之小者曰‘贱’。如此之类，皆以‘戋’为义。”张世南《游宦纪闻》云：“自《说文》以字画左旁为类，而《玉篇》从之。不知右旁亦多以类相从。如……‘青’字有精明之义，故日之无郭蔽者为‘晴’，水之无溷浊者为‘清’，目之能明见者为‘睛’，米之去粗皮者为‘精’。”是皆钱氏系声之说也，特未精耳。盖声同则义得相通，是六书造微之学，宋人固已见及之。（焦循《易余籥录》卷四）

这段议论其实主要是针对乾嘉学者钱塘的如下观点而发：“夫文字惟宜以声为主，声同则其性情旨趣殆无不同。若夫形，特加于其旁以识其为某事某物而已，固不当以之为主也。……文者，所以饰声也；声者，所以达意也。声在文之先，意在声之先。至制为文，则声具而意显，以形加之为字，字百而意一也。意一则声一，声不变者，以意之不可变也，此所谓文字之本音也。今试取《说文》所载九千余文，就其声以考之，其意大抵可通；其不可遽通者，反之而即得矣。且以童子时诵习者证之，如‘政者，正也’，‘仁者，人也’，‘谊者，宜也’，非孔子之言乎？然则因声见意者，周人之法也，可以明文字之宜何主矣。仆以此窃不自揆，欲别为一书，以申其鄙陋之见。取许氏之书，离析合并，重立部首，系之以声，而采经传训诂及九流百氏之语以证焉。”[②]对此观点，焦循在上列引文中做出了评议，认为钱塘遵承宋人的“右文说”，阐述文字声同则义得相通之理，所论基本正确，但“特未精耳”。详味其语意，知焦氏以为钱说犹有未慊于心者，乃直言“未精”；而所谓“未精”，盖有两层含

①梁启超：《清代学术概论》，上海古籍出版社1998年版，第47页。
②钱塘：《溉亭述古录》卷二《与王无言书》。

意：一是钱氏因袭宋人的“右文说”，无多发明；二是钱氏论述声同义通现象，仍是着眼于形声字中声符的形体，未能彻底摆脱字形的束缚（如钱氏举“政者，正也”“仁者，人也”诸例以证，又言“重立部首，系之以声”[①]）。依焦氏的一贯观点，声同（或声近）义通现象不止是见于声符相同之字，还广泛存在于没有形体联系的文字之间：“古者命名辨物，近其声即通其义。如：‘天’之为‘颠’，‘日’之为‘实’（《说文》）；‘春’之为‘蠢’，‘秋’之为‘愁’（《乡饮酒义》）……无不以声之通，而为字形之借。故闻其声即知其实，用其物即思其义。”[②]明乎此，则知焦氏所言“未精”，也当是指钱氏因循宋人“右文说”，拘执于字形。这就像张舜徽所说：钱塘之所言，“可谓达本之论，与宋人右文之说，实有相应者。顾昔人昌言右文，但拘泥于声旁之同形者，故其说往往疐碍而不可通。……形声字中借字为声之法，亦复变易不居，未可执一以求。如徒拘泥于声旁之同形者，遽谓为义无不同，虽有偶合，固未足以通贯一切字也。宋人昌言右文，而不解形声字中有借声之例。执一推求，往往而谬。”[③]由此例可知，乾嘉学者在学术札记中讨论训诂学问题，遇意见不相合时，能开诚布公、辞气平和地提出自己的看法，透现出自由、开放的学术精神。

再看一例。方东树曾言：

> 高邮王观察曰：“双声叠韵之字，义即存乎声；求诸声则得，求诸字则惑且凿。”故作二十一部韵以明之。此皆知主于求声以明义，特不知即古书专以双声叠韵明之之尤为易明也。盖不明双声，则不能定所切之音；而不求之古书，则不知所切声韵之或有抵牾，故有双声非声、叠韵非韵者矣。甚矣，学问之道，非一人之智所能毕其全功者也！（《考槃集文录》卷四《许氏说文解字双声叠韵谱序（代）》）

其中“双声叠韵之字”云云，见于王念孙《广雅疏证》。以上引方氏之言看，他对王念孙在双声叠韵之字上“主于求声以明义”表示了基本肯定，但同

①笔者按：此二句之意，当谓依据形声字右文确立部首。黄金贵《论形声字本义的探求》一文（载向光忠主编《说文学研究》第1辑，崇文书局2004年版）有云：“应仿《同源字典》，编撰形声字右文字典……前贤已有为此者。清人有将《说文》九千余字考定右文，‘重立部首，系之以声’，以文献训诂为证，沈兼士‘惜其所著书未见传本’。”

②焦循：《易话》卷下“周易用假借论”条。

③张舜徽：《清人笔记条辨》，华中师范大学出版社2004年版，第195—196页。

时也指出其所论、所为尚有未能尽善之处，谓其“不知即古书专以双声叠韵明之之尤为易明”。于此也可看到乾嘉学术札记中的训诂理论不是“一言堂”式的独是独非，相反，其中有不同的声音在传递，有多元的观点在碰撞，且以平等交流与对话为前提，充盈着学术研讨的开放性。

第二节 训诂理论的局限性

如所周知，古代传统学术一般带有较强的实用性色彩和感性化倾向，注重于具体问题的思考，侧重于个性直观的体验，而不太看重形而上的哲理思辨与理性探究，更不重视理论体系的形式建构，“因此，在整个中国学术史上，鉴赏性的或诠释性的学术精品固然不少，但‘系统化’的论著，包括结构谨严、推论精密的理论著作和贯通史实、环环相扣的历史著作，却相当罕见”[①]。清代乾嘉学术也不例外。章学诚评价乾嘉考据之学说：“自四库馆开，寒士多以校书谋生。而学问之途，乃出一种贪多务博而胸无伦次者，于一切撰述，不求宗旨，而务为无理之繁富。……明知其载非伦类，辄以有益后人考订为辞，真孽海也。”[②]显然，章氏此论实谓乾嘉考据学陷于繁碎饤饾之弊，缺少宗旨会通之趣。

具体到乾嘉时代的语言学上，特别是训诂学上，情形亦有如上之所述，往往是立足于语文的实际运用形态，围绕一些具体问题展开研讨，在古书一词一句的考证辨释上致思用力，而普遍缺乏宏观、自觉的理性思考。诚如论者所说：“大约从乾嘉时代起，语言学家们几乎忘记了哲学，重实证而轻思辨，重感性而轻理性，不善于把实际已普遍使用的科学方法上升到理论的高度，用认识论去阐释和论证这些方法。……当时只有一个戴震，二者皆精，因而在治小学的方法方面建树也多，只可惜和者盖寡，连他的学生们如段玉裁、王念孙，也没有学到这一手，因而只能承其一体，在局部上发挥发展。这一时期所形成的传统，影响是巨大的，直到今天，语言学界，特别是训诂学界，偏重考据忽

①龚刚：《钱锺书与文艺的西潮》，南开大学出版社2014年版，第210页。
②章学诚：《丙辰札记》。

视理论的倾向犹在。”[①]

正因为乾嘉之时学人们大多不太重视训诂问题的理论性探讨，加之受时代的局限和观念、条件等的限制，所以其训诂理论研究整体上自然难以达到充分深入、周全无懈的境地，而乾嘉学术札记中的训诂理论也天然地存在一些局限和不足。

一、话语形态的局限性

这里所谓“话语形态”，是就理论话语的外在性逻辑结构、表述方式等方面的特征而言。以此而论，乾嘉学术札记中训诂理论主要有如下局限性。

（一）缺乏形式上的系统

在话语形态（或存在形态）上缺乏组织化、系统化，一般没有完整、显性的理论体系，这是学术札记中训诂理论最为明显而突出的不足之点。我们在本书的《绪论》中已说到，乾嘉学者在学术札记中对训诂问题所作的理论性探讨和阐述，大多是碎片化的，只言片语，随境而发，而且往往是零珠碎玑般地散见于各处，羼杂于或长或短的考据性文字之中，缺乏独立、完整的显性体系。例如：

> 古“亮”“谅”一字。“岂若匹夫匹妇之为谅也”，注：“谅，小信。”“君子不亮，恶乎执?”则注：“亮，信也。”皆随文立义，言非一端。疏：“亮之为义，其体在信，其用在明；惟明为能明善，在信为能诚身。”（赵佑《四书温故录》“君子不亮恶乎执”条）

> 无妄之“妄”，或训为“虚妄”（《释文》《正义》），或训为“望”（《释文》引马、郑、王肃注），又或训为“亡”（虞注《象传》“物与无妄”）。随文见义，固各有所当也。（王引之《经义述闻》卷二“正乎凶也”条）

> “敬业乐群”之“群”，与《易》“涣其群”之“群”亦不同。凡字义有两训者，只宜随文解之。如“泰而不骄”之“泰”为安舒，“拜”下之“泰”为侈肆，又可比而同之乎?（秦笃辉《经学质疑录》

---

①许嘉璐：《关于训诂学方法的思考》，《北京师范大学学报》1988年第3期。

卷十三）

所引学术札记的这些论说材料中，加着重号的文字皆为理论性阐述，谓古代文献中的特定语词受特定语境的规约而各有其义，故宜随其语境而解之。显然，此类训诂理论都不是统摄在某个逻辑结构严整的显性体系之下，而是散列、附丽在特定语词的考证辨释之中，显得一鳞半爪，甚为零碎。乾嘉时期，即使是对训诂理论研究做出过突出贡献的一些学者也未免于此。例如，“在乾嘉学者中，王念孙幼承家学，又得名师指教，其学笼有钱、戴，文字、音韵、训诂的造诣都很精深。以王氏的学识和才力，本可直接从事理论专著，无须借他书以立说。但他却没有做到这一点，而是和其他人一样，其理论、观点、方法仅散见在各种著述之中，未有系统的概括和阐述。这是受清代学术崇实轻理、重经轻术风尚影响，王氏个人认识局限的结果”[①]。可见，像王念孙这样卓有建树的乾嘉训诂学大师，其训诂理论也缺乏显性系统，只是散金碎玉般地存在于各种著述（也无疑包括学术札记）之中。当然，列举上述例证，并不是说乾嘉学术札记中的训诂理论没有内在的组织构造和逻辑机理；如果对其作总体性观照，便知其中存在着立体化的、动态生成的隐性系统。这与古代文学理论的情形颇相似：“中国古代文学理论批评体系是一个‘潜体系’……在古代中国人，领悟之后并不再需要辨析什么，亟亟说明什么……而不是像西人基于认识论认同而发展出的科学精神，造成了古代各种理论体系，包括文学理论体系和文学范畴体系，其深邃的思想，丰富的内容，弥漫和洋溢在一个立体网状的动态构造之中，而其平面静态的结构图式，则并不十分分明。”[②]

（二）概念、术语模糊不清

乾嘉学术札记中训诂理论在话语形态上的局限与不足，除了上文所揭外，还体现在概念、术语的模糊性上。陆宗达、王宁有言：“不论在自然科学或社会科学中，不同的概念反映不同的现象，在理论上是应当分辨得一清二楚的。……科学的概念需要明确的术语来表达。术语是科学理论形成的基础，又是发展理论的必要条件。……但是，总的说，旧的训诂之学具有明确界说的术语是不多的。”[③]以此审视乾嘉学术札记中训诂理论，情形确然如此，其中有些

①李建国：《汉语训诂学史》，上海辞书出版社2002年版，第259页。
②汪涌豪：《范畴论》，复旦大学出版社1999年版，第630—631页。
③陆宗达、王宁：《训诂方法论》，中国社会科学出版社1983年版，第12—14页。

概念、术语的内涵与外延往往缺乏明确的界定，因而模糊不清、游移不定，显露出了传统训诂学固有的典型缺陷。举例来说，乾嘉学术札记中训诂理论经常用到“连语”概念，如王念孙《读书杂志·汉书弟十六》“连语”条云：“凡连语之字，皆上下同义，不可分训。说者望文生义，往往穿凿而失其本指。”王筠《菉友蛾术编》卷上：“重言、连语，皆即声为义。”此对“连语”虽然有所界说，但较为含糊，以致今人在理解和判断上往往出现分歧：有的学者以为《读书杂志》所讲的“连语”，包含了今人所说的联绵词和同义复词两类[①]，有的学者则认为其所谓“连语”实际上“就是同义并列复合词（或同义连用）。……‘连语’不等于‘联绵字’和‘謰语’。……所谓‘连语’‘謰语’‘联绵字’‘复音单纯词’是四个不同的概念”[②]。推究上述理解和判断的歧异之因，实乃由于清儒的“连语”概念缺乏明确的界定。此外，还有其他一些概念、术语也显得模糊含混。李运富论高邮王氏父子的训诂研究，有云：

> 术语使用混乱，是王氏理论认识模糊的又一种表现。如“声同”“声近”有时有别，而有时无别，“义同”“义近”亦然。又如“声转”“变转”“递转”“转声”“语转”“一声之转”“转语”“语之转”“正转”等等亦时同时异，界限不清。再如“侈言之”“约言之”“急言之”“徐言之”“轻重”“缓急”“合声”“切语”等等亦或相混。“单言之”“重言之”“合言之”本来畛域分明，但“单言之则为虍，重言之则为於䖾耳”，此“重言之”与一般的“重言之”又不同。至于“声近义同”“声义并同”“并字异而义同”等等所包括的复杂情况，通假、假借、同源、异体等现象混为一谈的情况，就更不用说了。[③]

其中所提及的模糊含混的概念、术语，有一些也见于王氏父子学术札记中的训诂理论，故由此可以管窥乾嘉学术札记中训诂理论在概念、术语使用上的短弊。

---

①郭在贻：《训诂学》，中华书局2005年版，第141页。
②李运富：《王念孙父子的“连语观”及其训解实践》（上），《古汉语研究》1990年第4期。
③李运富：《王念孙父子的“连语观”及其训解实践》（下），《古汉语研究》1991年第2期。

（三）缺少充分的论析阐释

乾嘉学术札记中训诂理论在话语形态上的局限与不足，还表现为言说方式主要采取直观点悟式，言其然者多，言其所以然者寡；对训诂问题的论说，往往是以三言两语简括出之，点到即止，不能在理论层面上做深入系统的分析、论证和逻辑推演。举例来说明：

> “贞”训为“正”，又训为“当”；“正”训为正直之“正”，又训为正当之“正”者，古义相因，触类而长。故元亨之“元”，或训为“善”、为“长”（《文言》），又或训为“大”（《彖传》）。（王引之《经义述闻》卷二“正乎凶也”条）

> 据《尔雅》，“疏”“穀”对言，穀其细小者矣。蒙“疏”之义而广之，则诸穀亦有其粗大者，亦别之曰“疏”。黍、稷、稻、粱四者，稷为最大，故谓稷食为“疏食”；稻其次大者，味又美，故《曲礼》于祭宗庙，命之曰“嘉疏”。然此皆展转相因，随时生义以命名也。（程瑶田《九谷考》卷二）

即此而观之，王、程二人在其考释词语的活动中对词义运动现象心有所明，便做了简要的理论性点说，指出“古义相因，触类而长”，“展转相因，随时生义”，这揭示了词义运动过程中的部分事实真相，触及了词义发展演变的规律。其实，在此基础上还可做更进一步的理性分析和说明，譬如从认知心理、语言发展等维度阐析如下问题：语词何以能相因生义、触类而长？语词之相因生义，为什么会“随时生义”？但对诸如此类涉及“所以然”的问题，王、程二人没有再做更深入的分析、论证和阐释，而只是满足于能为具体文献语言的解读提供帮助，因而在理性思辨与理论开掘的深刻性上不免显得略有欠缺。再看如下例子：

> 后儒注经，不若以经证经尤为可信。（倪思宽《二初斋读书记》卷七）

> 诚能触类而比之，件系而参考之，于此可以渐得圣人之用心，可以验群经记述之先后本末，可以见百家师说之同异得失。（翁方纲《复初斋文集》卷十一《与鲁习之书》）

乾嘉学术札记多有此类主张运用以经证经、比类而推的解经方法的言论，它们显然都是对经籍训诂实践经验所作的理论总结，确有理论价值和实践价值。但此类有关研究方法的论述，只是揭示了训诂实践中以经证经、比类而推之训诂方法的可行性和有效性，而于一些与"所以然"相关的问题（比如这种方法可行的科学依据是什么，其能产生良好诠释效应的原理何在），乾嘉学者们没有深入到文献语言的内部，从更高的理论层面上予以分析、论证和阐释。因此，学者们的相关论述，所表达出的其实是一种经验论的认识论思想，其方法论内涵及理论内涵的深度也因之稍显不够。总之，学术札记中训诂理论常用直观点悟的简约方式作论议，令其话语形态所呈现出的往往只是一种基本的事实判断，反映出乾嘉学者对研究对象多有"知识考古学"式的现象发掘与真相还原，而普遍缺少深层的理论（甚或哲学）思辨与探索。

乾嘉学术札记的训诂理论多以直观点悟的言说方式即境抒感、随兴发挥，不注重分析论证、逻辑推演，这样的话语形态在中国古代传统学术中也较为多见。如古代文论即是如此："不离开经验状态的直观、直感，即以直观和隐喻的言说方式来陈述意旨。古代文论的经典性的文本基本上不采取分析性、论证性的方式进行言说……古代文论的意义生成过程并不依赖于概念清晰、判断准确、论证可靠的逻辑推演，而依赖于文学理论家独特的人生感悟和对文学艺术的敏锐性。"①以今论之，此与汉民族的思维方式、价值取向、学术传统等的影响和制约有关，未可深责古之学者。

二、思想观点的局限性

乾嘉学者在学术札记中对训诂问题的理论性阐述，往往是基于丰富而扎实的训诂实践经验，大多陈义甚精，具有较为丰厚、深刻的理论内涵，为后世训诂学的发展提供了有益的理论资源。譬如，在《十驾斋养新录》里，钱大昕"有很多精辟见解涉及研究汉语历史音韵和文字、训诂等学术问题。……他的见解和研究心得，多方面牵涉到清代语言学研究音韵、文字、训诂的理论认识

①翁礼明：《礼乐文化与诗学话语》，巴蜀书社2007年版，第217页。

问题，对后学有较大的启发"[①]。又如"王引之的训诂理论，集中地表现在《经义述闻·通说》所收各篇论文中，其中批评前人望文生训和增字解经的弊病以及论经文假借各条，尤为明白剀切，为研究训诂学和注释学者所不可不反复细读的重要文献"[②]。但同时我们也要看到，乾嘉学术札记中的训诂理论并非尽善尽美，而有一些不够严谨科学甚至错误的思想观点，显露出了它的局限性。

（一）个人因素制约下的观点偏差

乾嘉学术札记中的训诂理论，因受学者们个人的学识、认知、性格等方面不利因素的限制和影响，在思想观点上也存在着值得进一步斟酌和商议的地方，甚至还有不够正确合理之处。举一些实例如下。

比如，关于经籍训诂的发生、发展问题，乾嘉学术札记常有讨论，有一种观点认为经籍训诂及其考订出现于汉代。例如：

> 经书之有解，自汉儒始。马（融）、包（咸）、孔（安国）、郑（玄）止诠字义，不尚文辞，学者寻绎其中，浅深皆可自得。（秦笃辉《经学质疑录》卷二）

> 有训诂之考订，有辨难之考订，有校雠之考订，有鉴赏之考订。古之立言者，欲明义理而已，不知后之人有考订也。古之为传注者，欲明义理而已，不知后之人有考订也。……然而原其大要，则稽古之勤，自汉儒始。（翁方纲《复初斋文集》卷七《考订论》中之一）

很明显，这些论述文字都主张经籍训诂及其考订始于汉代。此类观点其实是承续前人而来，像上引秦笃辉的札记之言，即取自康熙时人王复礼《四书正误·自序》；康熙时人纳兰性德《通志堂集》卷十《经解总序》也曾明确地指出："经之有解，自汉儒始。"然则，乾嘉学术札记所认同的此类观点，是否为符合历史真实的科学判断呢？考诸史实，知其难以成立，经籍训诂及其考订早在先秦时代就已出现。康熙时人阎若璩曾驳正纳兰性德之说云："传是楼新刊《经解》……序首云：'经之有解，自汉儒始。'予为正之曰：经之有解，自子

①周斌武：《钱大昕与清代音韵学》，见《卿云集——复旦大学中文系七十五周年纪念论文集》，上海古籍出版社2002年版，第487页。
②郭在贻：《训诂学》，中华书局2005年版，第141页。

夏始。不特于《易》有传，于《诗》有序而已，东汉徐防上言‘《诗》《书》《礼》《乐》定自孔子，发明章句，始于子夏’是也。”①阎若璩此所谓“经之有解，自子夏始”，是否确凿，暂且置而不论，但其以为经籍训诂不始于汉代而始于先秦，应当是可以采信的。再看今人李建国的相关见解：

> 西周的教育制度健全，教学内容统一。……从“离经辨志”到“知类通达”，教学授受，训诂是须臾不可离弃的。……春秋战国时期，训诂特别活跃。……连绵不断的兼并战争，频繁的朝聘盟会，需要训诂沟通语言间的隔阂，统一认识。春秋时期各国外交人员必须会说《诗》，随机引用，恰如志义，才能致命而不辱。《国语·周语下》记载晋羊舌肸聘于周，给周单靖公解说《诗·昊天有成命》：“其诗曰：‘昊天有成命，二后受之，成王不敢康。夙夜基命宥密，於，缉熙！宜厥心肆其靖之。’……夫道‘成命’者，而称‘昊天’，翼其上也。‘二后受之’，让于德也。‘成王不敢康’，敬百姓也。‘夙夜’，恭也。‘基’，始也。‘命’，信也。‘宥’，宽也。‘密’，宁也。‘缉’，明也。‘熙’，广也。‘亶’，厚也。‘肆’，固也。‘靖’，和也。……”这一段对《诗》的解释，就是训诂。另一方面，宗周礼坏乐崩，礼乐征伐自诸侯出，适应各阶级的学说应运而生，形成百家争鸣的学术局面，有力地推动了训诂的发展。②

由此不难得见，经籍训诂及其考辨的活动已频繁地见于先秦时代。综合古今学者的这些相关论述来看，前述乾嘉学术札记中以经籍训诂及其考订始于汉代的观点，显然难以成立，不符合训诂学发展史的实际情况。

又如，关于古代伪书中的故训资料是否可用的问题，乾嘉学术札记也有一些论述。例如：

> 顾其于近儒惠定宇、戴东原诸公之说，引古义以驳正之，未始不可，而于毛、郑《诗》《礼》传、注，亦凭文字假借之义，辨其非是，恐启后学蔑古注而逞新说之弊；至伪孔《书传》，《家语》伪本，近儒皆不屑称道，而亦引以为证，是太不分泾渭矣。此则贤智之过

①阎若璩：《尚书古文疏证》卷六上，上海古籍出版社2013年版，第362页。
②李建国：《汉语训诂学史》，上海辞书出版社2002年版，第14页。

也。（周中孚《郑堂读书记》卷二《经部二》之《经义述闻》）

周中孚在此对王引之《经义述闻》的训诂研究进行了述评，其中有的观点是较为客观平允的，如谓《经义述闻》于并世惠、戴诸家曲加驳正，固无不可，此足为王氏诤友[①]。但是，其中所谓"至伪孔《书传》，《家语》伪本"云云，以王氏征引伪孔《书传》为"贤智之过"，则似苛责太过，有偏颇之失。《孔传》尽管为魏晋时伪作，但去汉未远，犹存前人故训，仍有训诂学的参考利用价值。正如清人焦循所云：

东晋晚出《尚书孔传》，至今日稍能读书者皆知其伪。……置其为假托之孔安国，而论其为魏晋间人之传，则未尝不与何晏、杜预、郭璞、范宁等先后同时；晏、预、璞、宁之传注可存而论，则此《传》亦何不可存而论？（《尚书补疏·自叙》）

后世学者也多有类似的看法。如近人吴承仕有云："魏晋传注行世者希，此本虽伪，尚完具无阙，固学者所不能废。"[②]今人马雍说：此书虽然是"冒充孔安国所作"，但"它的学术价值，可与郑玄、王肃等人的注解相提并论"。[③]由此看来，高邮王氏在训诂研究中引伪《孔传》以为证，并无不当，而周中孚的看法显然有欠公平允当。

又比如，王鸣盛在学术札记中对古代学者郭璞、赵岐的训诂研究有如下一些评价：

郭景纯经学浅陋，注《尔雅》甚简略。其前诸家必皆胜于郭，邢昺乃以郭为称首，取其简略易为疏耳。（《蛾术编》卷八《说录八》"邢序"条）

赵岐在汉儒中最孱陋。（《蛾术编》卷八《说录八》"孙疏伪托"条）

《淮南王安传》："日夜与左吴等案舆地图。"苏林曰："舆，犹尽载之意。"……愚谓《孟子》"晋之《乘》"，赵岐注："兴于田赋乘马之事，因以为名。"朱子兼采或说云："取载当时行事而名。"或说颇

①张舜徽：《清人笔记条辨》，华中师范大学出版社2004年版，第207页。
②吴承仕：《经典释文序录疏证》，中华书局1984年版，第71页。
③马雍：《〈尚书〉史话》，中华书局1982年版，第59—60页。

通，正与苏林合。……赵岐，汉之俗儒，不尽可从也。（《十七史商榷》卷二十四“舆地图”条）

此对郭璞、赵岐的注释基本上持否定态度，显然有失公平合理。即以郭璞《尔雅注》而言，其中虽有未能尽得其解之处，但总体上不失为一部有见解、有价值的训诂类著作。对此，古今学者已有不少论评。如唐人陆德明《经典释文·序录》有云：“先儒多为亿必之说，乖盖阙之义，唯郭景纯洽闻强识，详悉古今，作《尔雅注》，为世所重。”清人邵晋涵《尔雅正义·自序》说：“郭景纯明于古文，研核小学，择撢群艺，博综旧闻，为《尔雅》作注。援据经传，以明故训之隐滞；旁采谣谚，以通古今之异言；制度则准诸礼经，薮泽则测其地望；诠度物类，多得之目验。”今人李建国说：“郭璞的注文用晋代口语解释《尔雅》《方言》……对于语言学史的贡献是很大的。他所揭示的‘反训’‘转相训’的训诂原理及‘转语’条例，也对后世训诂学产生了深远影响；他的注文与原书已成为不可分割的整体，继续为研究者所应用。”[①]再以赵岐的《孟子章句》而论，也同样是小疵不掩大醇。正如阮元所说：“赵岐之学，以较马、郑、许、服诸儒稍为固陋，然属书离辞，指事类情，于诂训无所戾。七篇之微言大义，藉是可推。”[②]又如焦循所言：“叠诂训于语句之中，绘本义于错综之内，于当时诸家，实为精密而条畅。”[③]正因为赵书在训诂研究上多有建树，不乏精义，所以宋代大儒朱熹作《孟子集注》，“采用赵说独多，即不明著赵氏而与之同者，几于累牍，特稍删润其语者耳。然则谓赵注为朱注之滥觞，亦无不可也”[④]。从以上所述来看，王鸣盛在训诂学批评上往往缺少客观公允之心，自逞意气，非有他所倡言的“无争”（见上文所引《蛾术编》卷八十一“无争”条）之风，因而导致其议论有时偏颇失实，即如陈垣评曰：“王西庄好骂人，昔贤每遭其短薄，如谓刘向为西汉俗儒；谓李延寿学浅识陋，才短位卑；谓杜元凯剽窃；蔡九峰妄缪……皆见其所著《蛾术编》及《十七史商榷》。盖其天性如此，又乏修养，自以为是，而不知人之窃笑之也。”[⑤]

①李建国：《汉语训诂学史》，上海辞书出版社2002年版，第105页。

②阮元：《孟子注疏校勘记序》，见《十三经注疏》，中华书局1980年版，第2664页。

③焦循：《孟子正义》卷一，中华书局1987年版，第27页。

④周中孚：《郑堂读书记》卷十二《经部七之上》之《孟子赵注》。

⑤陈垣：《书十七史商榷第一条后》，见王鸣盛著、黄曙辉点校《十七史商榷》附录，上海古籍出版社2013年版，第1552页。

最后，再看一个小例。尚镕《聚星札记》“说文多疏漏”条有云：

《说文》不载“刘、铭、塾、亮、愈”诸字，盖一家之学，自不能辞疏漏之咎。

此对通释语义的训诂专书《说文解字》漏收“刘、铭、塾、亮、愈”诸字颇为不满，指斥许慎不能辞其疏漏之咎。其实，此论近于苛刻无理：一则编撰《说文解字》这一类的专书，不可能将天下用字搜罗毕尽，此与今人编纂字典辞书的情形同理；二则《说文解字》行世已久，传抄刊刻之本多至无法悉数，其中出现讹脱衍倒之字自是在所难免，故“刘、铭、塾、亮、愈”诸字也有可能为原书所收载，只是在展转抄刻过程中被人不慎遗漏而已，若此，谓许慎难辞疏漏之咎，岂不是厚诬古人？

由上举例可见，乾嘉学术札记中的训诂理论在观点上也时有不尽严谨合理者，且主要是由于学者个人理解、认识乃至性情上的偏差或偏激造成的。

（二）门户风气影响下的思想偏见

乾嘉学术札记中训诂理论在思想观点上的局限性，除了上文所述之外，还表现为受门户风气的影响而局部存在思想观念上的偏见。结合乾嘉时期的学术背景来看，这种门户偏见的形成，又与汉学思潮盛行以及汉宋学术之争的负面作用有很大关系。

众所周知，乾嘉时代，汉学大行天下，成为主流学术思潮。它“导源于明末清初的顾炎武，主张根据经书和历史立篇，以达到‘明道救世’的目的。但到了乾、嘉时代，由于政治、社会各种历史因素的改变，学者只继承古文经学派的训诂方法，加以条理发展，施于古籍整理和语言文字的研究，形成所谓‘朴学’”[①]。在清代，“汉学”是相对于“宋学”而言的，前者以训诂考据为主，而后者以探究义理为要。如清人胡承珙说：“自有谓汉学详于训诂，宋学晰于义理者，遂若判为两途。”[②]乾嘉时期，汉学占据着知识界的核心地位，炙手可热，引发了宋学的反弹：“面对汉学风靡，一味复古，宋学营垒中人目击其弊，亦不乏起而颉颃者。”[③]汉、宋两派遂在学术上展开了辩论争锋，双方纷

①周予同：《经学和经学史》，上海人民出版社2012年版，第142页。
②胡承珙：《求是堂文集》卷四《四书管窥序》。
③陈祖武、朱彤窗：《乾嘉学派研究》，河北人民出版社2005年版，第566页。

纷著书为文，抉摘对方之短：“为汉学者，訾宋学为空疏；为宋学者，訾汉学以破碎。门户相非，半皆习气。”①

随着汉学思潮的涌动、汉宋之争的展开，“学者多生门户之弊”②。在此境况下从事训诂理论研究，学者们有时也为门户之私所拘牵，发言持论难以一秉至公，而失之偏蔽。这在学术札记的训诂理论中也有一定的反映。请看惠栋一些理论的思想观点：

宋儒不识字。（《松崖笔记》卷一“主一无适”条）

唐时所存东汉、六朝之书，皆亡于北宋。北宋人已不好古，故使诸书皆亡。所亡经义，尤可惜也。（《松崖笔记》卷三“北宋”条）

训诂，汉儒其词约，其义古，宋人则辞费，文亦近鄙。（《九曜斋笔记》卷二“训诂”条）

宋儒经学，不惟不及汉，且不及唐，以其臆说居多而不好古也。（《九曜斋笔记》卷二“趋庭录”条）

于此观之，惠栋笃信汉儒经说，以为“凡古必真，凡汉皆好”（梁启超评语），而对宋儒的经籍训诂则一味贬抑毁损，以其为一无是处。这显然是夸大其词的不实之论，是出于门户偏见的有意诋毁，不足为训。

再看秦笃辉对朱熹之经典诠释实践的评议：

《论语》《大学》诸篇，乃诸子亲炙圣人，共订为书，自来相传有序，宋儒辄疑为错简，将不胜其疑矣。本“五十”也，而易为“卒”；本“亲民”也，而易为“新”。诸如此类甚多，将不胜其易矣，是诬圣也。……诬圣诬贤，下语未免太厉，但圣经必不可擅改，诸贤必不可妄非，则为定论。（《经学质疑录》卷二）

秦笃辉的此番论说，其实与他扬汉抑宋的学术立场有关。秦氏曾撰《平书》一书，其“宗旨是‘考订学术得失之源，推求国家治乱之本，广核时务应用之方’，而贯穿其中的一个重要思想就是批判宋学，尤其是驳诘朱熹”③。正因为本有如此学术立场，故秦氏在上列引文中对朱熹解经过程中所进行的校勘

①谢章铤：《赌棋山庄文集》卷四《答石生廉夫书》。

②张之洞：《创建尊经书院记》，见《张之洞诗文集》，上海古籍出版社2015年版，第231页。

③叶贤恩：《秦笃辉——批判理学的思想家》，见《湖北名人》，湖北人民出版社2011年版，第267页。

工作一概否定，甚至深文巧诋，被之以“诬圣”的恶名。平心而论，儒家经典进入社会传承系统后，文字上出现讹夺错乱等情形难以避免，如汉人刘向校理《尚书》时，就曾“以中古文校欧阳、大小夏侯三家经文，《酒诰》脱简一，《召诰》脱简二。率简二十五字者，脱亦二十五字，简二十二字者，脱亦二十二字。文字异者七百有余，脱字数十”[①]。因此，秦氏认为儒经文字因圣贤订定、相传有序而必无讹误，不可改之，这显然是不经之说。再者，朱熹于校勘之学，有精深的造诣，且成就显著。钱穆说：“其整理文学古籍，平生有三书。四十四岁成《诗集传》，六十八岁成《韩文考异》，七十岁成《楚辞集注》。……朱子《韩文考异》，成于晚年，学诣既邃，偶出绪余，莫非精圆绝伦。虽若仅为校勘之末务，而训释之精，考据之密，后来清儒能事，此书实已兼备。”[②]以解经过程中的文字校勘而言，朱熹也同样是卓然有成，虽然时或有校改不当之处，但总体上是较为精审可信的。因此，秦氏将朱熹的校勘工作一概指为“诬圣”，显然是囿于门户之偏。

乾嘉学术札记的训诂理论中出现门户偏见，不仅与汉宋学术之争的负面影响有关，而且还与汉学内部不同派别的学者各执己见相涉。举一例说明：

> 其（按指余萧客）学可谓有本，而其存古之功可谓大矣！后人欲求传注诂训之学者，合注疏及是书求之，足矣！吾交天下士，得通经者二人：吴郡惠定宇、歙州戴东原也。间与东原从容语：“子之学于定宇何如？”东原曰：“不同。定宇求古，吾求是。”嘻！东原虽自命不同，究之求古即所以求是，舍古无是者也。（王鸣盛《西庄始存稿》卷二十四《古经解钩沉序》）

王鸣盛在此表达了一个经籍训诂学观点：墨守古训即是学有根本，求古即为求是。显然，此与惠栋“古训不可改也，经师不可废也”之类的观点如出一辙，究其实即为“凡古必真，凡汉皆好”。此类思想观点的学理性错误无须详辨，其在实践中所带来的负面效应，也必定如王引之在评议惠栋训诂研究时所指出的：“惠定宇先生考古虽勤，而识不高，心不细，见异于今者则从之，大

①班固：《汉书·艺文志》，中华书局1962年版，第1706页。
②钱穆：《朱子与校勘学》，见宋史座谈会编辑《宋史研究集》1964年第2辑。

都不论是非。"[①]也就是说，求古未必能达到求是。而考究上述王鸣盛思想观点的成因，与其信奉汉学吴派代表人惠栋的治学理念有关。惠栋主张信古崇汉，而王鸣盛则曰："夫子称'信而好古'，又称'好古敏求'。居今日而言古，唐以前书是也。"[②]"经以明道，而求道者不必空执义理以求之，……但当墨守汉人家法，定从一师而不敢佗徙。"[③]明乎此，知上述王氏的思想观点其实是蔽于门户而产生的偏见。

第三节　训诂理论的贡献与影响

以本书前文的发掘、梳理和阐述观之，乾嘉学者们利用学术札记这一撰述样式和学术载体，进行训诂学的理论探索与研讨，取得了不凡的成绩。相对于文献语言的训释实践而言，这种理论探索与研讨尽管整体上显得较为薄弱，不够充分深入，但也总结了一些新经验，研究了一些新情况，提出了一些新观点，将训诂学的理论研究向前推进了一大步，厥功亦可谓甚巨。纵观训诂学发展史，乾嘉学术札记中训诂理论的学术贡献、学术地位是相当重要的，学术影响也十分深远。以下，择其贡献、影响较为突出的方面略谈几点。

一、改变了过去训诂重形不重音的观念

长期以来，历史上的学者们从事训诂研究，有着很强的字本位观念，注重通过汉字形体的分析来探求和解释语言文字的意义，但往往由于过分依赖汉字字形，为其所束缚，忽视了语言的声音本质，故有重形不重音的短弊。如王力说："古人解释字义，往往只根据字形。直到王念孙、章炳麟等，才摆脱了字形的束缚。"[④]蒋绍愚说："在传统的古汉语研究中一直是以'字'为单位，'字'的观念在人们头脑里根深蒂固……不自觉地把字和词混同起来，或者把

①王引之：《王文简公文集》卷四《与焦理堂先生书》。
②王鸣盛：《十七史商榷》卷八十二"唐律"条。
③王鸣盛：《十七史商榷·自序》。
④王力：《新训诂学》，见《龙虫并雕斋文集》第1册，中华书局1980年版，第317页。

汉字直接与概念联系起来。”①徐时仪说：“在清乾嘉以前，我国的语文研究中重形不重音的观点和方法一直占统治地位。学者们在探求词义时，往往拘泥于‘依形辨义’，过多地偏重于汉字的形体分析，仿佛文字就是直接表示意义的，从而相对地忽略了语音这一因素。”②诸家所述的此类重形不重音现象，在乾嘉以前学者的训诂实践中屡见不鲜，他们斤斤然拘于文字的形体，结果往往导致望文生义、凭臆作解之类的弊端。下面以一些实例来说明。

许慎《说文解字·大部》：“奚，大腹也。”此将“奚”的本义解为“大腹”，实误，缘于许慎泥于“奚”的小篆字形。甲骨文“奚”字作，像被绳索绑缚之人，其本义应为奴隶。古书中亦有相关用例。如《周礼·天官·序官》：“奚三百人。”郑玄注：“古者从坐男女没入县官为奴，其少才知以为奚。今之侍史官婢，或曰奚，宦女。”因为许慎训解文字有时存在着过于拘守字形的情形，故后世学人评曰：“《说文》说解，有拘泥字形者。”③“拘泥字形，望文生训……有时不免出于臆断。”④

颜之推《颜氏家训·书证》：“《尸子》曰：‘五尺犬为犹。’《说文》云：‘陇西谓犬子为犹。’吾以为人将犬行，犬好豫在人前，待人不得，又来迎候。如此往还，至于终日。斯乃豫之所以为未定也，故称犹豫。或以《尔雅》曰：‘犹如麂，善登木。’犹，兽名也。既闻人声，乃豫缘木，如此上下，故称犹豫。”这其实是望文生义的错误解释：“‘犹豫’是一个不可分拆的双声联绵字，是一个双音节的单纯词（即只有一个词素）。把语言中表示迟疑之意的‘yóu yú’记录下来，用了‘犹豫’的字样，有时也写作声音相同或相近的‘犹与’‘容与’‘夷犹’等字样。在这里，‘即形求义’的路是走不通了，不可以拘泥于文字形体，应当‘即音求义’。”⑤

《史记·刺客列传》：“樊於期偏袒搤捥而进曰：‘此臣之日夜切齿腐心也，乃今得闻教！’遂自刭。”其中的“腐心”，唐人司马贞《史记索隐》注云：“腐，亦烂也。犹今人事不可忍云‘腐烂’然，皆奋怒之意也。”此将“腐心”之“腐”释作腐烂，误也。其为“拊”的音借字，“拊”乃拍、击之义。王念

①蒋绍愚：《古汉语词汇纲要》，商务印书馆2005年版，第27—28页。
②徐时仪：《慧琳音义研究》，上海社会科学院出版社1997年版，第32页。
③吕思勉：《节注说文议》，见《论学集林》，上海教育出版社1987年版，第153页。
④孙钧锡：《中国汉字学史》，学苑出版社1991年版，第78页。
⑤祝鸿熹：《识字辨词漫笔》，浙江教育出版社1985年版，第36页。

孙《读书杂志·史记弟五》云："引之曰：腐，读为拊。《尔雅》曰：'辟，拊心也。'郭注：'谓椎胸也。'《燕策》正作'拊心'。《索隐》训腐为烂，非是。"如此看来，司马贞拘执于"腐"字而依形求义，"用假借字的字形来解释词义，必然犯望文生训的毛病"[①]。

陆佃《埤雅》卷三："麞，如小鹿而美，故从章也。章，美也。"又卷四："（豺、狼）皆兽之有才智者，故豺从才，狼从良作也。""鼠善害苗，而猫能捕鼠，去苗之害，故猫之字从苗。"此对"麞""豺""狼""猫"诸字的解释，"与王安石的'滑'为'水之骨'，'坡'为'土之皮'等颇为相似。……陆佃的文字训诂法，完全是王安石的一套。这一派把形声字'一切说之以会意之法，蹈空凭臆，舍实证而尚独断，故学者多非之'。（沈兼士先生语）这个批评很严厉，也确是事实"[②]。所以，黄侃说："陆佃、王雱，舍望文生义外，无复他技。"[③]

由上举训诂之例看，清代以前学人往往忽视语言文字音义结合的属性，而固执于字形与字义之间的关系，依循字面勉强作解，由此显现出了重形不重音的观念。

及至清代乾嘉时期，随着对语言与文字的关系以及语言音义关系的认识趋于理性、深入，学者们的训诂观念有了颠覆性的转变，他们极力主张突破字形的束缚，以声音通训诂，并旗帜鲜明地倡导"因声求义"的训诂方法。本书前文所引学术札记的训诂理论材料多有这方面的论述。如戴震谓"疑于义者，以声求之"；李惇谓"声音、训诂通一为道"；王念孙谓"就古音以求古义，引伸触类，不限形体"；王引之谓"诂训之要，在声音不在文字"；邓廷桢谓"因声求义，庶为得之"，"泥于其形则龃龉不安，通乎其声则明辨以晰"；王筠谓"形容之词，以声为重，不必拘拘于字体也"。此类论述甚夥，不一一具引。乾嘉学者们还基于"音近义通"等观点，对不拘字形、因声求义之训诂观念与方法的合理性做了一些理论上的阐述。如阮元谓"义从音生也，字从音义造也。……字出乎音义，而义皆本乎音也"；王引之谓"（经典）往往本字见存，而古本则不用本字，而用同声之字"；邓廷桢谓"经典异文，凡义同者其

①许威汉：《训诂学》，商务印书馆2014年版，第26页。
②刘又辛：《文字训诂论集》，中华书局1993年版，第63页。
③黄侃：《尔雅略说》，见《黄侃论学杂著》，上海古籍出版社1980年版，第398页。

声必同，不在字形之别也”；王筠谓“重言、连语，皆即声为义”。这表明，不拘字形、因声求义的观念广为学人们所接受、所认同，成为一种时代性的共识。显然，这种观念是对过去重形不重音的训诂观念的一种反拨和超越，对于克服和扭转过去重形不重音的训诂积习起到了重要的积极作用。验之乾嘉学者的训诂实践可知，他们在上述训诂理论观念的指导下，总是自觉地摆脱字形的羁绊，以声音通训诂，利用语音的线索释证同源词、训解联绵词、破假借求本字等，解决了不少长期悬而未决的具体疑难问题，取得了巨大成就。这方面的具体个例，本书前文所举甚多，兹不赘具。上述训诂理论观念，在乾嘉以后的时代里同样深入人心，为广大学者所接受、所遵从，一直发挥着持续而深刻的影响作用。此由晚清以及近现代一些学者的训诂学思想与主张可以得见一斑。如晚清俞樾倡言：“古字以声为主，不泥其形。”[①]“古训多存乎声，以声求之，义斯在矣。”[②]“凡形况之辞，本无定字，亦无定义，在以声求之而已。”[③]“读古书者当依声而求字，勿逐字而求解。”[④]晚清孙诒让强调：“以声类通转为之錧键，故发疑正读，奄若合符。”[⑤]“古字古言，转多沿袭未改，非精究形声通假之原，无由通其读也。”[⑥]近人汪荣宝指出：“重言形况，以声为义，尤难定其文字之是非。《法言》多韵语，今以声韵求之。”[⑦]“凡连语皆以声为义，不容析诂。”[⑧]今人王力说：“段玉裁、王念孙等主张以声音明训诂，这正是研究同源字的方法。……同源字还有一个重要的条件，就是读音相同或相近，而且必须以先秦古音为依据。”[⑨]今人郭在贻说：“形音义是汉字的三要素，其中音与义的关系尤为密切。我国清代乾嘉考据学派的学者们对这点有明确的认识，所以他们大力提倡因声求义的方法，并在训诂实践中加以广泛的运用。……因声求义的方法，实在是太重要了……其基本精神是科学的。”[⑩]细审晚清、近现代学者的这些言论，其精神实与前述乾嘉学者有关不拘字形、因声

①俞樾：《群经平议》卷九“总角丱兮”条。
②俞樾：《群经平议》卷十一“我龙受之”条。
③俞樾：《诸子平议》卷二十八“攫啮搏击之兽鲜”条。
④俞樾：《群经平议》卷四“古我前后罔不惟民之承保”条。
⑤孙诒让：《札迻·自序》，中华书局1989年版，第2页。
⑥孙诒让：《墨子间诂·自序》，中华书局1986年版，第2页。
⑦汪荣宝：《法言义疏》卷八，中华书局1987年版，第161页。
⑧汪荣宝：《法言义疏》卷十四，中华书局1987年版，第364页。
⑨王力：《同源字典》，商务印书馆1982年版，第1—12页。
⑩郭在贻：《训诂的方法》，见《新编训诂丛稿》，浙江大学出版社2010年版，第43—45页。

求义的理论一脉相承、紧相接续，说明自乾嘉以来的学人们自觉地放逐了往昔重形不重音的训诂观念，力图循着语音的线索突越字形的迷障，探得语言文字意义的真相。这种观念的历史性、革命性转变，从某种意义上也应归功于乾嘉学术札记中训诂理论的大力倡导和推助。王力曾评价乾嘉时代的训诂学研究说：

文字本来只是语言的代用品。……但是，古代的文字学家们并不懂得这个道理，仿佛文字是直接表示概念的：同一个概念必须有固定的写法。意符似乎是很重要的东西；一个字如果不具备某种意符，仿佛就不能代表某种概念。这种重形不重音的观点，控制着一千七百年的中国文字学（从许慎时代到段玉裁、王念孙的时代）。直到段玉裁、王念孙，才冲破了这个藩篱。文字既是代表有声语言的，同音的字就有同义的可能：不但同声符、不同意符的字可以同义；甚至意符、声符都不同，只要音同或音近，也还可能是同义的。这样，古代经史子集中许多难懂的字都讲清楚了。这是训诂学上的革命。①

可见，乾嘉学者能自觉地打破字形的束缚，直以古音求古义，令训诂研究由以形训为主发展为以音为纲，有效地矫正了重形不重音的传统积习，促使训诂研究迈上了一条宽广的道路，这在训诂学史上具有里程碑式的意义。王力这段精辟中肯的论说文字，也同样可用来评价乾嘉学术札记中训诂理论的学术贡献和历史地位。

二、促使传统训诂学向科学语言学转轨

从根本上、整体上讲，乾嘉时代的训诂学研究属于传统语言学的范畴，或者说属于语文学的范畴，还不能划归现代意义上的“语言学”之列。这是因为，前者主要是从文献的角度研究语言文字，或者说以研究古代文献及其书面语为主，偏重于古代文献的考订、校释等，而后者则以语言本体为研究对象，探讨语言的内部结构、社会功能、历史发展等方面的问题，侧重于揭示语言的本质及其存在、发展的规律。当然，这样给乾嘉时代的训诂学研究

①王力：《中国语言学史》，山西人民出版社1981年版，第156—157页。

定性定位，并不意味着它与近现代语言学遥隔不通；相反，我们认为，乾嘉时代的训诂学研究已包蕴有现代意义上的语言学的一些基质和特性，已朝着科学语言学的门槛迈进，为我国近代语言学登上历史舞台奠定了基础。就此而言，乾嘉学术札记中的训诂理论又起到了至关重要的作用，可谓是经验训诂学向理论训诂学转化的无形推手，是传统小学朝着科学的语言学迈进的内在驱动力之一；或者说，乾嘉学术札记中的训诂理论，为传统训诂学乃至整个小学进入近代语言学的殿堂搭建了台阶。作如是观，主要依据如下几方面的基本事实和学术表征。

第一，已具备后世语言学研究的基本观念和根本原则。

综考学术札记的论述材料可知，乾嘉学者在训诂理论研究过程中，对语言的本质问题已有较深入的思考和较深刻的认识，并能在此基础上提出训诂学研究的根本原则。本书在前文反复提到，乾嘉学者在学术札记中研讨训诂问题时，常言“古人以音载义”“义皆本乎音”“义存乎声”“声之中有意也”“因声而知义”“因古音而得古训”“因声求义，义明而声亦愈以无疑”等。这些关涉语义与语音（或曰概念与声音）关系问题的理论成果，认为语言中的词是意义与声音的结合体，二者具有对应关系，故而因声求义应成为训诂学的根本大法。乾嘉学者的此类理论探讨已触及了语言的本质问题以及语言研究的根本原则问题，其认识已与现代语言学的观点十分接近。比如，现代语言学的奠基人索绪尔指出：“语言符号是一种两面的心理实体”，其所“连结的不是事物和名称，而是概念和音响形象”；“有些概念，如‘房子’、‘白’、‘看见’等等，就它们本身考虑，是属于心理学的，要同音响形象联结起来，才能成为语言学的实体。在语言里，概念是声音实质的一种素质，正如一定的音响是概念的一种素质一样。”①索绪尔的此类论述，其实是“根据（语言）符号的关系与特性来认识语言的本质，并且把它作为语言研究的基本方法”，以及语言研究的根本原则——符号关系原则②。而观乾嘉学术札记中所谓“义皆本乎音”“义存乎声”云云，其实也是着眼于语言符号的关系特征，把语言实体看作是声音和概念的辩证统一体，二者相须配伍；而所谓“因声而知义”“因声求义”云云，

①［瑞士］索绪尔：《普通语言学教程》，商务印书馆1980年版，2009年第13次印刷，第94、141页。
②皮鸿鸣：《索绪尔语言学的根本原则》，见赵蓉晖编《索绪尔研究在中国》，商务印书馆2005年版，第304页。

主张训诂释义从语音入手，这其实也正是基于符号关系原则而提出的训诂学研究基本方法、根本原则。显然，这与近现代语言学研究的基本观念和根本原则有着本质上的相合之处，因而“义存乎声”“因声求义”之类的理论观点是“符合现代语言学理念的观点”[①]。既如此，那么它在传统训诂学研究由传统小学向近现代语言学的历史性过渡中自能发挥巨大的推动作用。事实也正是如此，“乾嘉时期‘因声求义’理论的提出……在汉语的研究中产生革命性的影响”，“使汉语研究的水平迈上了一个新台阶”[②]，而有科学语言学的某些特质。

第二，对语言的根本属性已有一定的认识和阐释。

乾嘉学者对训诂学理论的研究，虽然“未造就出中国近代的语言哲学，但它却引发了人们对语言本身的深切关注。……与西方语言哲学家不同，乾嘉学者往往将自己对意义问题的思索和理解渗透在一些为具体问题而发的议论中”[③]。这些议论，往往反映出乾嘉学者对语言本身的一些根本属性有所认识和把握。例如：

> 是时高祖尚在，乃已称“高祖”。古人追叙前事，文法往往如此。疏节阔目，文义自明，固不如后人之密也。（赵翼《陔余丛考》卷二十二“古人追叙前事文法”条）
>
> 取叠韵之字以为语助，古语类多如此。（梁履绳《左通补释》卷二十八“谓司城子梁”条）
>
> 诸经用“兹”“斯”“此”各有别。《尚书》多言“兹”，《论语》多言“斯”，《大学》以后之书多言“此”。《论语》之言“斯”者七十，而不言“此”。（李调元《剿说》卷四）
>
> 凡事有两端，云“某及某”者，行文之常也。《仪礼》多以“及”为“若”（“幂用绤若锡”之类），……《书》则用“于”用“越”。“敬于和”犹言“敬与和”也。（孔广森《经学卮言》卷二“不克敬于和”条）

以上实谓古代特定的社会群体在语言运用上具有一定的习惯或规则，古书

①董琨：《传统语言学的回顾与继承》，见《述学集》，商务印书馆2012年版，第267页。
②徐通锵：《汉语结构的基本原理：字本位和语言研究》，中国海洋大学出版社2005年版，第126、81页。
③康宇：《乾嘉时期的语言哲学问题》，《文史哲》2015年第2期。

中的语言往往有其内部的统一性。这表明，乾嘉学者已体察到了语言所具有的社会性、系统性。不仅如此，乾嘉学者还基于对语言社会性、系统性的体认，要求训诂释义做到旁通曲证、以经证经、相互发明：

一字之义，当贯群经，本六书，然后为定。（戴震《戴东原集》卷九《与是仲明论学书》）

凡故训之难了者，苟能旁通曲证，未尝不可得其解。若专泥一字，有不能强为之说者矣。（严元照《娱亲雅言》卷六）

揆之本文而协，验之他卷而通，虽旧说所无，可以心知其意者也。（王引之《经传释词·自序》）

后人读书，当以经证经，不得墨守唐人家法。（朱大韶《春秋传礼征》卷二）

以本节本句参证他篇，比类以测义，或引他经互相发明者也。（梁章钜《退庵随笔》卷十四）

这些关于训诂方法的论述，明显是立足于语言的社会性和系统性而展开的。正如王力所说："（清儒的语言研究）比较地注意语言的社会性和系统性。清儒反对孤证，就语言研究来说，实际上就是重视语言的社会性。清儒主张以本书证本书，实际上就是重视语言内部的统一。"①

乾嘉学者在学术札记中对言与意的关系问题多有论述，揭橥了语言的模糊性：

汉儒……往往以己意立说，有拘而未化者。事有万端，非言能尽，在读者善为体会耳。（王培荀《管见举隅》卷一《封建论》）

读古人书，当知其立言之意，而不可拘滞于其辞。（王玉树《经史杂记》卷五"毛氏议礼之非"条）

由此看来，言与意有时彼此参差，不完全对称：言不尽意、言外有意，都使语言符号的能指和所指的对应关系出现了松动。这其实揭示了语言固有的一种属性——模糊性。

关于语言的根本属性问题，近现代语言学也颇关注，形成了一些重要观

①王力：《略论清儒的语言研究》，见《龙虫并雕斋文集》第3册，中华书局1982年版，第356页。

点。如在近现代语言学界，“法国以梅耶（1866—1936）为代表的社会学派把语言的社会性看作语言的本质特征。以索绪尔（1857—1913）为代表的结构主义学派把符号性和系统性看作是语言的本质特征。……现在札德提出模糊理论，又增加了语言的模糊性作为自然语言的一大本质特征”①。由此复观上引乾嘉学术札记关于语言根本属性的论述，在观念上明显有相契于近现代语言学的地方，包含着现代性、科学性的内涵。这对于推动、促进传统训诂学乃至整个小学向近代语言学的科学化发展，无疑具有重要的作用。

第三，探究、总结了语言存在与发展的一些规律。

在训诂学研究中，乾嘉学者虽然以文献语言的具体训释为主导面，但也做了一些涉及语言本体的宏观性研究。他们往往能在观察大量语言现象、语言事实的基础上，深入到语言内部，探寻语言背后潜藏的种种奥秘，发掘出语言存在和发展的原理、规律，将其总结升华为具有普遍意义的理论认识。请看学术札记中的材料：

> 会同谓之大朝觐会同，亦犹唐曰陶唐，商曰殷商，楚曰荆楚。古人语不厌复，经传中往往有此。何以兼称朝觐会同？曰：古人语多连及。（孙经世《惕斋经说》卷三《会同解》）
>
> 凡事理之相近者，其名即相同。……故事理之相近者，既有本意，即有借义。（王引之《经义述闻》卷二十一“嚚瘖不可使言”条）
>
> 古人之字，辄有相反为训者，如“乱”为“治”，“故”为“今”，“徂”为“存”是也。（王鸣盛《蛾术编》卷三十三《说字十九》“尔雅不可驳”条）
>
> 古人语意轻重不嫌同辞。一字而兼两义者，其义必相近；就其相近之中则必有重轻。……即以“放”字论之，“放驩兜于崇山”……当训弃、训逐；“汤放桀”“伊尹放大甲”，则当训置。（严元照《娱亲雅言》卷五）
>
> 凡字音异形同者，意古止一音。声音递嬗，各就其时语音分之。（俞正燮《癸巳存稿》卷三《书释文后》）
>
> 古人音随义转，故字或数音。（钱大昕《十驾斋养新录》卷一

①伍铁平：《模糊语言学》，上海外语教育出版社1999年版，第89页。

“毛诗多转音”条）

像这样一些材料，注重理论的概括，归纳总结了古代汉语存在和发展的一些规律，具体涉及古代汉语的语词构成法则、新词创造方法、词义存现方式、语音演变特点，等等，其中不乏真知灼见。这反映出乾嘉学者对语言现象也有一些宏观的考察和归纳，能够部分地揭示语言的规律。此类研究，明显与后世语言学研究的旨趣有相通之处。

仅就上述三点来看，乾嘉学术札记中的训诂理论不乏先进性、科学性，契合了近代乃至现代语言学的一些理念和特质，能与之有效接轨，有力地促进了传统训诂学乃至整个小学向近代科学语言学的转化，并为近代语言学研究奠定了良好的基础。

三、为乾嘉以后的训诂学研究奠基铺路

乾嘉以降，训诂学名家辈出，代不乏人，如晚清俞樾、黄以周、孙诒让、于鬯，近人章炳麟、黄侃、刘师培、沈兼士、杨树达，今人王力、陆宗达、郭在贻，等等。他们在训诂学领域都卓有建树，成就斐然。例如，俞樾仿拟高邮王氏之书而作《群经平议》《诸子平议》，校释儒经百氏之书，多有创获，曾国藩赞之曰：“俞君一何伟，跬步追曩哲。尽发高邮奥，担囊破其鐍。”[①]所作《古书疑义举例》，发凡起例，祛惑释疑，深有裨于古书的解读，梁启超称之为“训诂学之模范的名著”[②]。又如，章炳麟倡言合文字、训诂、音韵三者为“语言文字之学”，使训诂学彻底摆脱了经学附庸的地位，成为独立之学；其所撰《国故论衡》《小学答问》《新方言》《文始》诸著，在训诂学研究上继承传统而开新，“其精义多乾嘉诸老所未发明……其影响于近年来学界者亦至巨”[③]；其与弟子黄侃开创了“章黄学派”，饮誉海内外。又如，今人陆宗达的训诂研究“从根本上系统地传承与发展了章黄学术的成果、方法与理论。……确立训诂学的发展趋向和训诂方法科学化的途径，为建立科学

①曾国藩：《题俞荫甫〈群经平议〉〈诸子平议〉后》，见唐浩明编《曾国藩诗文集》，岳麓书社2015年版，第92页。
②梁启超：《清代学术概论》，上海古籍出版社1989年版，第63页。
③同上书，第95—96页。

的汉语词义学创造条件。……在传统语言文字学研究中强调理论建设，注重普及与应用”[①]；他与王宁合著的《训诂方法论》一书，“对于训诂学的理论建设具有开创性的意义，所总结出的科学的训诂方法对于训诂学的发展有相当的启发价值”[②]。晚清以后的这些训诂学大家，与乾嘉学术有着深刻的渊源关系，蒙其化泽，受其陶染，并又在继承中发展，在发展中创新，故其学能至于精深宏大。乾嘉学者对后世学人的影响，除了来自其训诂实践外，还有训诂理论，其中包括学术札记的训诂理论。

（一）学术精神的激勉

实事求是、无征不信，是广大乾嘉训诂学者的治学精神。他们继承了汉儒的敦朴学风，极力主张训诂研究不骛于空言，不惑于众说，不据于孤证，而将崇实黜虚、务实求真的学术大纛高高擎举。对这种学术精神，乾嘉学术札记中的训诂理论论之甚多，前文已有不少引述。例如：“余之说经，推明古训，实事求是而已，非敢立异也。”“说经不于实事求是，而但据空言，吾未见其可也。”“好学深思，必求其是，不惑于晚近之说，而亦不株守前人。”学术札记中训诂理论所倡扬的这种以“实”“真”为质核的学术精神，如火得薪，绵传不绝，为乾嘉以后许多学者所崇奉，产生了积极的激勉作用。这由后世一些学者的相关言论可见一斑：

> 君此注实事求是，不务穿凿，无稽勿言，不知盖阙，诚善读古书者。（俞樾《春在堂杂文三编》卷三《任彦升集笺注序》）
>
> 凡古书之义，必求其安，未可喜新而厌故也。（俞樾《诸子平议》卷七“景公燕赏于国内”条）
>
> 学不专主一家。……按文究例，经生之功；实事求是，通儒之学。（黄以周《礼书通故》卷五十《叙目》）
>
> 研精覃思，钩发沈伏，字字征实，不蹈空言，语语心得，不因成说。……实事求是之学，虑非可临时卒辨，即吾作《新方言》，亦尚费岁余考索。[③]

---

①宋永培：《陆宗达、王宁先生学术的渊源、传承与发展》，见《〈说文〉与训诂研究论集》，商务印书馆2013年版，第46—50页。

②潘悟云、邵敬敏主编：《二十世纪中国社会科学·语言学卷》，上海人民出版社2005年版，第186页。

③章炳麟：《再与人论国学书》，见陈平原编校《中国现代学术经典·章太炎卷》，河北教育出版社1996年版，第636页。

吾人释经，应有一定规则。解诂字义，先求《尔雅》《方言》有无此训，不宜离已有之训诂而臆造新解也。（黄侃语[1]）

树达近年研讨文字之学，于许书不肯过信，亦不欲轻诋，可信者信之，疑而不能决者阙之。其有订正许说者，必于故书雅记广求征证，确见其不然，然后言之。若单文孤证，则姑以为假定，不敢视为定论也。[2]

研究任何学问，都要有一个好的学风。训诂学是朴学，也就是朴实之学，它最忌主观臆测和哗众取宠，与之相反，它要求实事求是、无征不信。具体说来，应注意如下三点：一曰务平实，忌好奇；二曰重证据，戒臆断；三曰宁阙疑，勿强解。[3]

上引俞樾、黄以周、章炳麟等乾嘉以后学者的言论，其中所包含的学术主张都显而易见：应当秉持实事求是、客观公正的态度从事训诂研究，以求语言文字之真义；换言之，即要求以崇实黜虚、务实求真为治学的精神与原则。如从训诂实践的层面来考察，上述学者也很好地践行了他们的主张。例如，俞樾从事古籍训诂研究，力求做到从文本的实际出发，言之有据，持之有故，于所不知则阙之不论，譬如对《管子·地员》中的“走”字注曰“未详”[4]，对《论语·微子》中的“虞仲”议曰：“不详何人……书传无征，宜从盖阙。”[5]所以，刘师培认为俞樾训诂研究中的观点虽然不无可议之处，“然言必有验，迥异浮谈”[6]。又如，被陈寅恪誉为“今日赤县神州训诂学第一人”的杨树达，从事文字训诂研究能做到“广综经典，稽诸金石以究其源，推之声韵以尽其变，于许氏一家之学，不敢率为异说，亦不敢苟为雷同。每树一义，按之字例而合，验之声韵而准，证之经典旧文而无乎不洽”[7]。若论上述自晚清迄今的学者们之所以具有崇实黜虚、务实求真的学术精神，无疑应归因于乾嘉学术对他们的深刻影响。即以俞樾来说，他曾赋诗称“闭户研经春复秋，心香一瓣奉

①黄侃述、黄焯编：《文字声韵训诂笔记》，上海古籍出版社1983年版，第223页。
②杨树达：《答人论文字学书》，见《积微居小学述林》卷七，中华书局1983年版，第305页。
③郭在贻：《训诂学》，中华书局2005年版，第81页。
④俞樾：《诸子平议》卷五“其草如茅与走”条。
⑤俞樾：《群经平议》卷三十一“虞仲”条。
⑥刘师培：《南北考证学不同论》，见《国学发微》，广陵书社2013年版，第249页。
⑦曾运乾：《积微居小学述林序》，见杨树达《积微居小学述林》，中华书局1983年版，第2页。

高邮”，自注云：“余治经宗高邮王氏之学”[①]；又谓治训诂学当熟读高邮王氏的学术札记《经义述闻》和《读书杂志》：“若欲讨论声音训诂，则莫妙于先熟读高邮王氏《述闻》《杂志》二书，门径既正，自能深入。”[②]再以杨树达来说，也同样是濡染于乾嘉诸老之学甚深，自言“生平服膺高邮王氏，念王氏兼治虚实，学乃绝人”[③]，王力谓其“继承了乾嘉的朴学，各方面的造诣都颇深”[④]。像俞樾、杨树达这样一些致力于训诂之学的后代学者既然如此推重、服膺乾嘉学术，那么乾嘉学者的训诂学，包括学术札记中的训诂理论，就自然能在他们学术精神的形成过程中发挥积极的影响作用。上引俞樾等学者的言论主张正可以证实这一点，其精神内核与乾嘉学术札记中的相关训诂理论可谓泯然相合，显然与这种理论一脉相承，有着内在的渊源关系。

总之，乾嘉学术札记中训诂理论所倡扬的崇实黜虚、务实求真的学术精神，对乾嘉之后众多学者给予了正面的引导和激励，这应是不争的事实。这种学术精神，既像奠基之石，又似源头活水，给后继者以支持和补益。

（二）研究路向的启示

乾嘉学术札记中的训诂理论，对后世训诂学乃至整个语言文字学的研究路向具有一定的启示作用。后世一些学者正是在其训诂理论的启发之下，对训诂学乃至整个语言文字学的研究路向做进一步的拓展开新，将相关研究不断向纵深推进。如杨树达的文字语源学研究就是一个典型的例子。杨树达在训诂研究中十分注重推寻语源，认为“语根既明，则由根以及干，由干以及枝叶，纲举而万目张，领挈而全裘振，于是训诂之学可以得一统宗，清朝一代极盛之小学可以得一结束”[⑤]。他的文字语源学研究成果丰硕，成就卓著，不论是理论上还是实践上都有不凡的建树；所著《积微居小学述林》《积微居小学金石论丛》等为其代表性成果，此类著述着力依循声类以探文字语源，发明文字训诂，“从理论到方法都有所创新，对推动汉语语源研究作出了贡献”[⑥]。所以，陆宗达、王宁说：“从近代开始，汉语字源的研究有了很大的进展，刘师培、

①俞樾：《丁卯五月至金陵谒湘乡师相赋呈四律》，见《春在堂诗编》（壬戌编）。
②俞樾：《春在堂尺牍》卷四《与王补帆同年》。
③杨树达：《积微居小学金石论丛·自序》，上海古籍出版社2013年版，第1页。
④王力：《中国语言学史》，山西人民出版社1981年版，第179页。
⑤杨树达：《形声字声中有义略证》，见《积微居小学金石论丛》，上海古籍出版社2013年版，第55页。
⑥刘又辛、李茂康：《训诂学新论》，巴蜀书社1989年版，第262—263页。

杨树达等先生的著作中，更深入地探讨了字源的理论。”[①]李建国说：“（杨树达）以探求文字的语源为指归。……致力于根柢，注重实证，一字一义，考据精详，规律谨严，文如雕栏玉砌……为现代语言学上的训诂大家。”[②]杨树达在释字求义的训诂实践中，致力于探求文字语源，注重总结相关规律，其研究往往有超乎前人的创见，甚至较之乾嘉诸老亦不乏精胜之处。正如他自己所说：“盖予循声类以探语源，因语源而得条贯，其径程如此。独念胜清三百年间，小学如日中天，臻于极盛。金坛段君、高邮王君夐绝一世，其于创通大例，顾未有闻，予以顽质，乃邂逅得之。”[③]“我自愧功力之深邃不及段、王，但以我的成绩论，又似乎有比段、王进步了一些的地方。”[④]客观而论，杨氏的此番自述并非虚嚣自矜之辞。譬如其言乾嘉诸老在“创通大例”方面尚有欠缺，而自己于此乃有所得，是符合客观事实的。他所归纳的“形声字中声旁往往有义”“形声声类有假借”“同义字往往同源”“义相近则受名之由亦相近”等条例，就显示出了他在“创通大例”上的高识卓见，“不但说得比前人明确得多，而且验诸实践都是可信的，对于探讨语言文字的发展规律都有十分重要的启示”，可“直接用于指导训诂实践”[⑤]。由上看来，杨氏发凡举例，探求文字语源，“因语源而得条贯”，是有意识地将传统训诂学推向语源学领域，在研究路向上显现出了新训诂学[⑥]的特点。如果推原杨氏这一研究路向的选择、确立之因，则除了受到国外语言学、章炳麟字源学等的影响[⑦]之外，还与乾嘉训诂学（包括札记中的训诂理论）给予的滋养、启发有关。杨氏曾言：“自清儒王怀祖、郝兰皋诸人盛倡声近则义近之说，于是近世黄承吉、刘师培后先发挥形声字义实寓于声，其说亦既圆满不漏矣。……予年十四五，家君授以郝氏《尔雅》、王氏《广雅》诸编，颇知声近则义近之说。游倭归后，契心高邮王氏之

①陆宗达、王宁：《训诂与训诂学》，山西教育出版社1994年版，第404页。

②李建国：《汉语训诂学史》，上海辞书出版社2002年版，第318、324页。

③杨树达：《积微居小学金石论丛·自序》，上海古籍出版社2013年版，第2页。

④杨树达：《积微居小学述林·自序》，中华书局1983年版，第5页。

⑤许嘉璐：《苍史功臣　叔重诤友——〈说文〉杨氏学述略》，见湖南师范大学学报编《杨树达诞辰百周年纪念集》，湖南教育出版社1985年版，第68—69页。

⑥王力在《同源字论》一文（载《中国语文》1978年第1期）中说：“同源字的研究，可以认为是一门新的训诂学。”

⑦杨树达在《积微居小学述林·自序》中说：“我研究文字学的方法，是受了欧洲文字语源学Etymology的影响的。……因此我后来治文字学，尽量地寻找语源。”又其《积微居小学金石论丛·自序》云：“初读章君《文始》，则大好之。”

学，……念王氏兼攻虚实，故近五年来，专治训诂音韵，诚不自量其微弱，欲于声音训诂相通之业有所发皇。”[①]罗常培有言：“遇夫先生的研究方法，主要是得之于高邮王氏父子和金坛段氏。”[②]即此而观之，杨氏选择、确定文字语源探寻这一研究路向，以发皇声音训诂之业，明显是受了乾嘉诸老训诂学的启发，包括乾嘉学术札记中“声近义通”“因声求义”等训诂理论的启迪。

乾嘉学术札记中训诂理论给予后代训诂学家研究路向上的有益启示，不仅有宏观性的（如上举杨氏之例），而且还有微观性的，其主要体现在对具体词句的训释上。例如：

> 家大人曰：……凡事理之相近者，其名即相同。籧篨、戚施、侏儒，皆疾也，故人之不肖者亦曰籧篨、戚施、侏儒。……物之粗丑者亦曰籧篨、戚施。……侏儒，短人也，故梁上短柱亦谓之侏儒。《淮南·主术篇》曰“修者以为櫚榱，短者以为朱儒、枅栌”，是也。（王引之《经义述闻》卷二十一“嚚瘖不可使言”条）

高邮王氏父子在此所作的理论概括以及例证分析，既指明了异物同名之词的特点，同时也间接提供了研究此类语词的思路。由其所述不难体会到：对于性状特征相似的不同事物，人们在相似性联想的心理机制的作用下，往往赋予它们相同的名称，形成了异物同名现象；异物同名之词往往具有语义上的共同点，譬如指不肖之人的“籧篨”与指粗丑之物的“籧篨”，都含有“粗陋不良”的意思，故利用异物同名之词的这种特点，可以探究一些事物得名的由来，求得语词的命名之意，有如论者所说：“甲事物立名之由可从乙事物之名求得。”[③]例如《淮南子》中指梁上短柱的“侏儒”，欲明其立名之由及命名之意，便可依据指短人的“侏儒”予以推求，由此即知前者是因外形特征相似（即事理相近）于后者而得名，命名立意之义在于“短”。王氏父子的以上论述，对后世学者的训诂研究有较大的启迪作用和借鉴意义。比如晚清俞樾考释《公羊传·文公十五年》中的“筭”字，即颇受其益：

---

①杨树达：《形声字声中有义略证》，见《积微居小学金石论丛》，上海古籍出版社2013年版，第43、56—57页。

②罗常培：《悼杨树达（遇夫）先生》，见湖南师范大学学报编《杨树达诞辰百周年纪念集》，湖南教育出版社1985年版，第255—256页。

③王小莘：《王氏父子“因声求义”述评》，《华南师范大学学报》1988年第4期。

"笋将而来也"，《解诂》曰："笋者，竹篾，一名编舆，齐鲁以北名之曰笋。将，送也。为叔姬淫，恶鲁类，故取其尸置编舆中，传送而来，胁鲁令受之。"樾谨按：公孙敖之死，至此已阅八月，岂其尸犹可置编舆中？何解非也。今按：笋者，以横木县其棺，使人舁之也。其名盖起于笋虡之笋。《考工记》"梓人为笋虡"，郑注曰："乐器所县，横曰笋，从曰虡。"凡事理之相近者，名即相通。横木以县钟鼓谓之笋，故横木以县棺亦谓之笋。试比类以求之，床前横木谓之杠，《说文·木部》："杠，床前横木也。"而横木以渡水亦谓之杠，《孟子·离娄篇》"十一月徒杠成"是也。车前横木谓之扃，《宣十二年左传》服注："扃，车前横木也。"而横木以举鼎亦谓之扃，《仪礼·士冠礼》"设扃鼏"是也。皆其例矣。（《群经平议》卷二十三"笋将而来也"条）

很明显，俞樾考释《公羊传》中"笋"字，受到了上引王氏父子论述文字的启迪，悟出了解决此字义训问题的思路和途径，即从异物同名之词的比勘分析入手，在探求命名之意的基础上训释此字。具体言之，将丧用之"笋"与笋虡之"笋"进行比较，并依据"事理之相近者，名即相通"的原理，推定丧用之"笋"的形状、功能等特征应当相似于笋虡之"笋"（即事理相近），且以此而得名，进而认定前者是指悬于棺上的横木，而非指竹篾或编舆。同时，又举同名异物（事）之词"杠""扃"各自意义间的关联性予以佐证，以增强解释的说服力。俞氏之说具有一定的可信度，故为一些学者所取用，如陈立《公羊义疏》即是。

再举一例。《墨子·天志上》："多诈者不欺愚。"晚清学者于鬯解释其中"诈"字云：

"多诈"即谓多智，此"诈"字不必为恶辞，故能不欺愚。上文云"强者不劫弱，贵者不傲贱"，"强"与"弱"对，"贵"与"贱"对，则此"诈"与"愚"对，"诈"非智义而何？不然，则下文"多诈欺愚"可解，而此"不欺愚"不可解。既诈矣，何得不欺乎？且多诈矣，欺不愈甚乎？古人用字有未可拘以习义者，如"佞"，恶辞也，而或以为才；"毒"，恶辞也，而或以为治。此类甚多，"诈"亦其一矣。[①]

于鬯以为“诈”字是褒义词，应释作“智”，其说甚新而有理。如此为训，显然是以前人的“美恶不嫌同辞”说作为理论支持。对于“美恶不嫌同辞”问题，以前学者（如郭璞）已有论说，乾嘉学者在学术札记中更有详明的阐论，如刘台拱《经传小记》卷二：“‘慊’之训本为不足，而反之即为快足。此义之反复旁通，美恶不嫌同名者也。”严元照《娱亲雅言》卷四：“古人美恶轻重不嫌同辞，读者不可以辞害志也。洪景卢、王伯厚执‘贰’‘叛’二字，诋斥左氏，其论诚正，然未明乎古人用字之法，不免冤古人矣！”梁章钜《论语旁证》卷八：“翟氏灏曰：‘乱’之训‘治’，犹‘故’之训‘今’，‘在’之训‘徂’，‘允’之训‘佞’，义有反复旁通，美恶不嫌同名者。周公作《尔雅》，已具此释例，不仅始荀卿子矣。”此外，乾嘉学者还对“佞”“毒”二字有过专门考释。如阮元《释佞》有云：“后世‘佞’字全弃高材、仁、巧之美义，而尽用口谲口给之恶义，遂不敢如《史记》以‘巧佞’属之周公矣。……若‘佞’全是恶，岂古人皆以喜口谲口给之小人待人，而自居于不口谲不口给之君子乎？”王引之《经义述闻》卷二：“《广雅》训‘毒’为‘安’，盖《周易》旧注也，视诸说为长。《老子》曰‘亭之毒之’，亦谓平之安之也。”由此复观于鬯对《墨子》“诈”字的解释，其不拘于习见之训，抉发幽隐之义，应当是受到了前人著述（特别是乾嘉学术札记）对“美恶不嫌同辞”现象的理论阐述与个案论析的启发，从而找到了探求“诈”字之解的正确路径。

（三）训诂方法的引导

乾嘉时期，学者们对训诂方法问题极为重视，既有理论上的自觉性，又有实践上的主动性。他们全面继承了古代经学家的训诂考据方法，并在此基础上加以条理、完善和发展，施之于古籍整理与语言文字研究，使训诂研究的方法进入了一个相对完备、成熟、科学的新阶段。今人王宁说：“（清代训诂学）全盛时期的特点，是在语言文字考据上理论日趋严密，方法日趋精湛。”[②]李建国说：乾嘉时期的学者“多能守凡例，括纲要，具有严密的方法和审慎的态度，治学自成系统”。[③]对此，通过本书第四章《学术札记中的训诂方法论》中

①于鬯：《香草续校书》，中华书局1963年版，第199页。
②王宁：《训诂学原理》，中国国际广播出版社1996年版，第202页。
③李建国：《汉语训诂学史》，上海辞书出版社2002年版，第288页。

所述乾嘉学者的理论研究和训诂实践，也能有所领略。

历时地看，乾嘉学者研治训诂的方法在后世产生了深远的影响，“不但在老一辈的脑子里根深蒂固，而且老一辈还把它当做法宝传给新的一代”①，因此有不少学人奉乾嘉训诂之法为圭臬。此由后代一些学者的治学情形可以得见一斑。例如，孙诒让《尚书骈枝·自叙》有云：“乾嘉经儒治《尚书》者，如王西庄、段若膺、孙渊如、庄葆琛诸家，多精通雅诂，而王文简《述闻》《释词》释古文辞，尤为究极微眇。余少治《书》，于商周命诰辄苦其不能尽通，逮依段、王义例，以正其读，则大致文从字顺。”又如，章炳麟“学术领域广阔，而且在众多领域造诣极深，常人难以望其项背。而章氏之所以能有这么大的学术成就，其中一个重要原因就是他掌握了乾嘉学术的研究方法”②，譬如他将“重形体而轻声类”者视为小学的末流，主张形音义三者贯通，且以音为纲，这“无疑是受乾嘉以来‘就古音以求古义’训诂方法的影响”③。又如，郭在贻说：“笔者研究训诂，大体上还是沿用清代乾嘉学派所开创的那些方法，尤重字、词古义的抉发和假借义的探求。”④

乾嘉学者的训诂方法对后代训诂研究产生影响，其途径除了训诂实践的示范和启发之外，还应有训诂理论（包括学术札记中训诂理论）的指引和诱导。下面以旁通互证之法为例，略论学术札记中训诂理论对后人训诂方法的指引作用。

我们知道，清代学者（特别是乾嘉学者）在训诂实践中普遍使用了“广征故训，比类旁通”的方法，他们“在研究语言文字的同时，搜集和整理了大量的古代典籍及其注释训说，这就使他们在进行分析时有丰富而可靠的文献基础以为佐证……他们在丰富的资料中进行分析、比较、综合、归纳，‘例不十，法不立’”⑤。不仅如此，乾嘉学者对“比类旁通”、比较互证之法还给予了理论上的阐述，此由本书第四章中有关乾嘉学者旁通互证法的介绍和论析，可以知其大略，兹不赘述。

---

①王力：《略论清儒的语言研究》，见《龙虫并雕斋文集》第3册，中华书局1982年版，第362页。

②吴根友、孙邦金：《戴震、乾嘉学术与中国文化》，福建教育出版社2015年版，第969页。

③陈志峰：《太炎的学术变迁与“语言文字之学”的独立因缘》，见崔宜明等主编《东方哲学》第8辑，上海书店出版社2015年版，第147页。

④郭在贻：《训诂丛稿·前言》，上海古籍出版社1985年版，第4页。

⑤殷孟伦：《训诂学的回顾与前瞻》，见《子云乡人类稿》，齐鲁书社1985年版，第31页。

乾嘉学者对旁通互证法的论述，特别是在学术札记中所作的相关论述，对后世学者的训诂理论研究具有重要的影响、指引作用。这从后世学者对旁通互证法的探讨和阐论可窥其崖略：

若腥客之书，不分经而分类，以经证经，一展卷而咸在，可使学者触类贯通于治经之事，事半而功倍。（俞樾《春在堂杂文四编》卷六《皇清经解检目序》）

古人制礼之意，可比例而见。（俞樾《群经平议》卷十五“适子冠于阼”条）

例必展转旁通。小学有专有通，治之者必能专而后能通。夫一书有一书之条例，治之者必首知其书之例而分讨之，次综群书之例而比类旁通之，夫而后言专则精，言博则通矣。盖不分不足以致其精，不合不足以观其通。既精且通，始可言治小学。然则熟于展转旁通之法，庶于小学造乎其颠矣。（黄侃语[①]）

关于俗语词研究的方法，可以从两方面来看。一是从大处着眼，即方法论的问题，不外乎六个字：归纳、比较、推勘。即是说，俗语词研究必须建立在归纳语言材料的基础上，在归纳的基础上进行比较，在比较的基础上进行推勘。……二是具体的考释方法。……可以概括为如下几点：一是审辨字形，二是比类综合……七是方言佐证。……比类综合，即是把同一类型的语言材料搜集排列在一起，然后加以比较和推勘。[②]

此所引者，均论及比类旁通、比较互证的训诂方法。以其与乾嘉学者学术札记中所谓“融会全书，彼此互证，得古人以经解经之法”“据一经以核群经，即汇群经以治一经，引伸触类，所由融会贯通也”“以本节本句参证他篇，比类以测义，或引他经互相发明者也”云云相比较，在精神要义上可谓合若符契。显然，这不是一种偶然的巧合，而是乾嘉学者发其先声于前、后世学人从之应和于后所出现的一种历史必然；乾嘉学者的训诂理论研究于后世学人实有导夫先路、指示津梁之功。

①黄侃述、黄焯编：《文字声韵训诂笔记》，上海古籍出版社1983年版，第10页。
②郭在贻：《训诂学》，中华书局2005年版，第114—115页。

从训诂实践的层面来考察，乾嘉学者有关旁通互证法的理论概括和阐述，对后世学者其实也有良好的启诱引导作用。举一些实例：

《商书》言“其如台”者四：《汤誓篇》：“夏罪其如台。”《高宗肜日篇》：“乃曰其如台。”《西伯戡黎篇》：“今王其如台。”《殷本纪》皆易其文曰“柰何”，惟此篇“卜稽曰其如台”，《本纪》不载。以类求之，则亦当为“柰何”。盖古语如此也。（俞樾《群经平议》卷四“不能胥匡以生卜稽曰其如台”条）

俞樾在此考释《尚书·盘庚上》“其如台”一语之义，是用《尚书》之《汤誓》《高宗肜日》《西伯戡黎》三篇中的同类用例来比较互证、触类旁通：此三篇中的“其如台”，均被《史记·殷本纪》以训诂代经文的方式改易为“柰何”，故依类而推之，《盘庚上》中的“其如台”也应以“柰何”为训。

又如，《公羊传·隐公元年》云：“何言乎王正月？大一统也。”于鬯释其中“大一统”曰：

“大一统”者，大其一统也。言所以正月系以王者，大文王之一统也。此“大”字读微逗，而从来读者以“大一统”三字连文，则未察《公羊》之字例矣。《公羊》多用“大”字。下传云：“曷为谓之克？大郑伯之恶也。”《三年传》云：“君子大居正。”《七年传》云：“执之则其言伐之何？大之也。”又云：“其地何？大之也。”全传中“大”字不胜枚举，皆与此“大一统”之“大”同。“一统”者亦不谓一统天下也，但谓建子之一统耳。……何休《解诂》殊不可晓，而后之说者亦未有拈出此“大”字之义。①

由此观之，于鬯训解“大一统”，将其与《公羊传》中“大郑伯之恶”“大居正”“大之也”等结构相类的文句进行互勘比证，发现此类文句中的“大”均处于谓语的位置，是动词，而非形容词大小之“大”，遂据这一遣词用字之例旁通类推，认定“大一统”之“大”亦是动词，意为“以……为大”，亦即“尊崇”之意。今按：于鬯之说较为可信，今人多有如是为解者。如陈恩林说：“‘大一统’的‘大’字，在这里也不作大、小的大解……而应解作尊、

①于鬯：《香草校书》卷四十九，中华书局1984年版，第979页。

重、贵。……‘大一统’之义应释为‘尊一始’，这也就是它最初的涵义。”①蒋庆说：“传文中‘大一统’的‘大’字不是形容词‘大小’之‘大’，而是动词‘尊大’之‘大’，用今天的话来说就是‘推崇’的意思。”②

再看章炳麟对《孟子·万章上》中“之”“其”的辨析和解释：

> 古人文义，与今世习用者或殊，而世必以近语绳之。或举《孟子·万章篇》“亲之欲其贵也，爱之欲其富也”，谓“之”“其”同义，而用之不得不异。野哉！其未知，盖阙也。《康诰》：“孟侯，朕其弟，小子封。”“朕其弟”即“朕之弟”也。……《左》定二年传：“夺之杖，以敲之。”“夺之杖”即“夺其杖”也。夫何不可代用乎？盖“之、其、是、者”四文，古实同义互用，特语有轻重，则相变耳。《鸿范》曰“时五者来备”，《宋世家》作“五是来备”。（《后汉书·李云传》作“五氏”。“氏”“是”同音通用。《荀爽传》作“五韪”，以“韪”训“是”，非其义也。）以“是”同“者”训矣。且“五是”，亦“时五”之倒语也。《艺文志》“儒家者流”……“儒家”宜读，“者流”为句。“者流”，犹言“此流”也。《释训》：“之子者，是子也。”故“之”亦与“是”“此”义同。比类观之，知古人于普通代名词，通言互用，不得以《孟子》“之”“其”偶异，而谓辞气异施矣。③

此例也是运用旁通互证、比类以求的训诂方法，将古代典籍中与《孟子·万章上》“之”“其”之意义和用法相类的一些用例进行比较分析（即其所谓“比类观之”），以证“‘之、其、是、者’四文，古实同义互用”，进而认定“古人于普通代名词，通言互用”。今按：上引章氏的考辨之言，当是针对马建忠《马氏文通·例言》中的如下说法而发：“尝谓《孟子》‘亲之欲其贵也，爱之欲其富也’两句中‘之’‘其’两字，皆指象言，何以不能相易？”而章氏的观点不无可取之处，古书中确有“之”“其”通用之例，亦如近人杨树达所言：“古人文字，‘之’字可用为‘其’，‘其’字亦可用为‘之’，颇无划然之

①陈恩林：《论〈公羊传〉的大一统思想》，见《逸斋先秦史论文集》，吉林文史出版社2010年版，第166页。

②蒋庆：《政治儒学：当代儒学的转向、特质与发展》，福建教育出版社2014年版，第246页。

③章炳麟：《正名杂义》，见《訄书》，辽宁人民出版社1994年版，第137—138页。

界限。”①

以上列俞樾、于鬯、章炳麟的解经之例来看，乾嘉以后的学者在训诂实践中常常能自觉地运用旁通互证之法，将古代经典中具有类同关系的语言材料联系起来，由此及彼、依类推导，以解决训诂中的疑难问题。究其实，他们所用的旁通互证法也就是以经证经，比例互观，触类而求。此与乾嘉学术札记中“经之有说，触类旁通”“后儒注经，不若以经证经尤为可信”“参证他篇，比类以测义”云云所倡导的训诂方法实相符契。因此，像上述俞樾、于鬯、章炳麟之类的后世学者能自觉、合理地运用旁通互证之法，当与乾嘉学术札记中相关训诂理论的启导有一定关系。

当然，乾嘉学术札记中训诂理论在训诂方法上对后世学者的指引和诱导，不止是体现在旁通互证法上，除此还有其他一些方法，比如本书第四章所提及的名字证发法。清以前的学者于名字证发法较少使用，而乾嘉学者不仅从理论上予以盛倡，而且在实践中广泛使用。此对后世学者产生了较大影响。如章炳麟在《正名杂义》中说：“若能搜集故言，如昔儒之为《春秋名字解诂》者，其于古训当愈明也。”②又如，俞樾不仅撰作了《春秋名字解诂补义》，还常在经籍训诂中据古代人名资料推考古义。例如《尚书·盘庚上》：“先王有服，恪谨天命。”俞氏《群经平议》卷四解云：“《说文·又部》：‘𠬝，治也。从又从卪。卪，事之制也。’然则服事之‘服’字本作‘𠬝’。……卪为事之制，故服亦为制。郑石制字子服，是也。……此云‘先王有服’，言先王有制也。……其下云‘以常旧服正法度’，所谓‘常旧服’即先王之制矣。”此据春秋时人郑石制的名字，考释《盘庚上》“服”字之义，谓其意指制度。此外，乾嘉学术札记对因声求义、考求故训、循文求义等方法所作的相关论述，对后世学者的训诂研究也有积极的引导作用，限于篇幅，在此不一一阐论。

①杨树达：《古书疑义举例续补》卷二，见《古书疑义举例五种》，中华书局2005年版，第226页。
②章炳麟：《正名杂义》，见《訄书》，辽宁人民出版社1994年版，第133页。

余论：学术札记训诂理论的现代转化

由本书前文的论述不难看到，乾嘉学术札记中的训诂理论有着丰厚的思想内涵和重要的学术价值，是一笔厚重的文化遗产，是一种宝贵的传统学术资源。因此，我们不能让这种训诂理论在故纸黄卷中尘封湮埋，而应尽力消除历史的间距，使它由古代传统变作当代资源，为建设现代训诂学服务。这样，就自然引发出乾嘉学者训诂理论的现代转化问题。所谓“现代转化”，就是把乾嘉学者的训诂理论作为一种学术资源进行开发利用，通过发掘、阐释、重构等工序，使之与现代学术对接，以创造性地建设今天的训诂学。

下面，拟就“现代转化”的相关问题发表一些粗浅的看法。

我们知道，传统训诂学长期处于经学附庸的地位，注重实际问题的解决，缺乏原理的探讨、规律的总结和体系的构建等，理论研究总体上显得较为薄弱。直到清末民初，才出现了比较全面系统的训诂学理论研究，训诂学随之进入了现代学术研究阶段。嗣后，在众多学者的不断努力下，训诂学的理论建设稳步向前推进，取得了可喜的成就。但由于训诂学理论建设起步较晚，加之“训诂学终究是一门古老的学问，传统的影响比较大，因袭的负担比较重，再加上这门学科的研究对象比语言科学的其他学科更为复杂，目前还很难说它的理论建设已经基本完善”①。因此，训诂学理论建设还任重道远，仍需要进一步的拓展与深化。然则，如何加强理论研究，完善和发展现代训诂学呢？路径虽多，但较为合理可行的做法是：发掘、清理传统训诂学资源，从中吸取有用的成分，通过特定的理论加工处理程序，使之参与现代训诂学的系统编码。这正如许嘉璐所说：“训诂学理论的建设为时不长，成果尚少，原因之一是对于传统训诂学留给我们的家底儿至今也还远未摸透（包括从今天的高度上作出再

①白兆麟：《关于训诂方法科学化的思考——纪念中国训诂学研究会成立十周年》，见《国学与中华传统文化》，安徽人民出版社2014年版，第136页。

评价）。训诂学的比较理想的理论体系主要地应该建立在前人成果的基础上，因为它是总结式的学科。没有继承就谈不到发展；继承得不好，发展也会是短命的。”[①]如果循此而为之，我们无疑应把乾嘉学术札记中的训诂理论作为重要的资源加以开发利用，以促进现代训诂学的建设与发展，因为这种理论是传统训诂学资源中的优质部分，它的很多见解不仅深刻精辟，包含着独特的学术智慧，而且大多具有较强的现代适用性与未来发展的引导性（本书第七章第三节对此略有论述，可参），具备参与后代理论创造的潜质，值得传承和光大。

当然，乾嘉学术札记中的训诂理论要想由古代传统变为当代资源，则需经过现代的陶炼和转化，而不可原样照搬，因为这种理论不太系统，有的还不够透彻，且表达方式老旧，术语概念也多有模糊性和不确定性，如果不进行现代转化而直接将其搬置于现代学术语境之下，它必定会遭遇由理论异质性所引发的龃龉乃至冲突，无法长久立足。诚如王宁所言：旧训诂学进入当代后，“是否站得住脚，取决于它是否能改变自己理论上和方法上与现代不相适应的状态，用新的姿态来继承和发展既往的精华”。“要是把它原封不动地搬到今天，拿不出几分有说服力的道理来，具有现代科学素养的人是绝不会接受的。”[②]总之，建构和发展现代训诂学，不仅应当发掘、利用乾嘉学术札记中训诂理论资源，而且还要对这种资源进行现代的转化，使之获得一种自觉的当下意识。在这方面，今人做了一些工作，但还做得不够。蒋绍愚说：“我们今天面对着的训诂学遗产，是极为丰富的材料（历代的注释、字书、音义等等，还有散见于笔记、杂著中的词语诠释），以及大量极为精辟然而散见于各处的理论观点，亟待我们去整理、归纳、总结。而这方面的工作，至今还做得很不够。”[③]周大璞说：“从总的情况看，杂考笔记中的训诂资料，还远远没有被充分利用。我们希望能有更多的人来开发这个宝库，整理这些资料，使它从杂乱的变成有条理的、有系统的、便于运用的东西，以便发挥其应有的作用。”[④]由蒋、周二位所言不难推知：今人对乾嘉学术札记中训诂理论材料的开发利用是不甚充分的，对其理论的现代转化则更是欠缺。所以，加强这种现代转化工作，显得十

---

①许嘉璐：《论训诂学的性质及其他》，见《未辍集》，中国社会科学出版社2000年版，第111页。
②王宁：《训诂学原理》，中国国际广播出版社1996年版，第5页。
③蒋绍愚：《古汉语词汇纲要》，商务印书馆2005年版，第13页。
④周大璞主编：《训诂学初稿》（第5版），武汉大学出版社2013年版，第173页。

分必要。

在我们看来，乾嘉学术札记中训诂理论的现代转化，应力争达到如下目标：将该训诂理论作为对训诂及训诂研究问题的一种理解和认识，依据现代学理对其进行发掘、阐释乃至解构等，使其获得现代话语形态和现代学术意识，能与现代学术接轨，并令其学术智慧与现实价值得到充分的彰显，能为当下训诂学理论建设提供思想资源，为当下的训诂实践提供有效的介入支持，从而促进训诂学在当代的整体繁荣与发展。

实行乾嘉学术札记中训诂理论的现代转化，是一件繁难而复杂的工作，甚至可以说是一项浩大而艰巨的工程，故未可求功责效于旦夕之间，而需要经历一个循序渐进、长时间探索研讨的过程，并且还需要采用行之有效的研究策略。

具体实施上述现代转化工作，可选用的研究策略应是多种多样，非一而足。在此依凭我们自己的经验设想，提出两种，以供参考。

一、先主后次

我们在本书的《绪论》中说到，乾嘉学术札记的数量相当庞大，仅以分条记录、合而成卷之书来说，应当是数以百计，除此还有散见于各处、其数难以胜计的序跋、书牍类的文章。面对如此浩繁丰富的乾嘉学术札记资源，要想实现其中训诂理论的现代转化，显然不可望于速战速决，毕其功于一役，而有必要采取整体设计、分段实施、逐步推进的研究策略来进行。具体言之，首先对现存乾嘉学术札记资料进行全面盘点和清理，在摸清“家底”、掌握全局的基础上，根据学术成就的高下、影响力的大小分出轻重主次，明确哪些札记资料是重要的、为主的，哪些是次要的、为辅的，并依次排出顺序，列出一份拟作研究的学术札记的清单；然后采取“先主后次”的方式分段进行上述转化工作，即先选择那些重要的札记来进行研究、转化，然后逐步扩及其余，直到完成全部的转化工作。比如，首先可考虑选择王念孙《读书杂志》、王引之《经义述闻》、钱大昕《十驾斋养新录》、赵翼《陔余丛考》、李惇《群经识小》等一批最重要的学术札记作为研究对象，以此为切入口，进行局部的转化；俟此期工作完成，再选择其他一些次要的学术札记开展第二期的研究、转化工作。如此递进，以至竣役。像这样分期、分段地稳步推进，不断积累，庶可汇涓滴以成流，集众腋以为裘，较好地完成整个转化工作。要完成如此浩大而艰巨的工程，显然非一人一时之力所能济，而需众多的学者参与进来，共襄此事，俾其各竭学识才力，以蒇全功；除此，还需有学识精博、认真负责、富于组织能力的学术牵头人来统筹谋划、协调全局。

二、还原与创发相统一

所谓“现代转化”，意味着对传统学术实行改造翻新；但改造翻新并非凭空臆造、标新立异，而应以传统学术资源的开发利用为基础。所以，乾嘉学术札记中训诂理论的现代转化，应当坚持继承与创新相结合的原则，处理好传统学术的历史性继承与创造性发展之间的关系。这样，着眼于传统学术资源之发掘、传承的“还原”与立足于继往开来之扬弃、超越的“创发”，有必要共举并进，相互结合，二者不能有所偏废。直白言之，也就是要把“照着讲”与“接着讲”统一起来。

“照着讲”与“接着讲”，原本是冯友兰就中国哲学研究提出的命题。“按照冯友兰先生的说法，哲学的创造活动是一种‘接着讲’的活动，哲学史的研究，则是一种‘照着讲’的活动。‘接着讲’和‘照着讲’，是一个形象的说法。……哲学的思想生产或创造与哲学的历史发生犹一体之两面，不可分割。用冯友兰先生的术语说，一个时代的哲学，应当包括‘接着讲’与‘照着讲’这两个方面的统一。我们讲‘中国哲学’，亦应如此。”[①]中国哲学研究要讲求“照着讲”与“接着讲”的统一，而在当下从事乾嘉学术札记中训诂理论的现代转化，何尝不应当如此呢？对于后者来说，“照着讲”就是要致力于对清儒训诂理论的本体性理解和诠释，使其固有的意涵和内在的精神能得到最大限度的还原和敞显；“接着讲”则是要以现代学术意识为参照系，在充分吸收清儒训诂理论精华的基础上，进行新的开掘和拓展，以建构现代训诂学，实现传统训诂理论的创新性发展。所以，从事上述训诂理论的现代转化而将“照着讲”与“接着讲”相结合，则既不是死守教条地“照本宣科”，也不是抛弃一切地“另起炉灶”，而是既能弘扬传统，有所吸纳与承续，又能别开生面，有所扬弃与超越。在我们看来，只有如是而为，传统训诂学与现代训诂学才可能相融互补，从而使“旧学”在“新知”的附益下显得更加邃密，“新知”在“旧学”的滋养下变得更为深沉。

①李景林：《思想生产与学术研究——中国哲学研究方式之反思》，见郭齐勇、欧阳祯人主编《问道中国哲学：中国哲学史研究的现状与前瞻》，九州出版社2014年版，第86—87页。

（一）还原——“照着讲”

“照着讲”重在客观的历史性叙述和解释，应在发掘和梳理原始资料的基础上讲清楚乾嘉学者在学术札记中讨论了一些什么样的训诂理论问题，他们对这些理论问题又是怎样论究的，有什么样的观点和见解，等等，由此展现乾嘉训诂学理论的真实面貌。在前文中我们反复说到，乾嘉学术札记中的训诂理论缺乏形式上的系统，大都是碎片化的，散见于各处，一般缺少严密的思辨性论证或充分的形而上阐发，对问题的理论性分析或概括往往是随具体语言文字的考释而出之，三言两语，随境点化、略启其端而已；换言之，学人们在学术札记中进行训诂理论研究，其成果大都是训诂考据的副产品，零散、驳杂而简质。鉴于此类情形，今天在“照着讲”的时候，有必要做好如下一些基本工作：

首先，对乾嘉学术札记中训诂理论材料进行发掘、清理。具体说来，就是全面盘点和审稽学术札记中涉及训诂研究的材料，从中抉发、钩剔出那些最能体现乾嘉训诂学精神特质的理论性材料，然后加以汇整条处。如此工作，旨在确定“照着讲”所要“讲”的对象。

其次，在合理类聚、充分考察原始理论材料的基础上，梳理头绪，提炼思想，分析、抽引出乾嘉学者训诂理论所涉“问题域”的类别、结构，以此彰显乾嘉学者训诂理论的要点、关注点。通俗言之，即通过“照着讲”，让今人明白古人主要讲了哪些问题。此类工作，今之学者也曾做过一些。例如，张其昀《〈读书杂志〉研究》一书就王念孙《读书杂志》中的训诂问题进行了讨论，根据王氏著作中的校释实例或相关理论性阐述，将王氏的训诂方法归纳总结为“声训类”“义训类”两大类，“义训类”下又分“直训”和“推训”两类，“推训”下又分“据异文推其训”“据对文推其训”“据连文推其训”等类。此类研究成果，虽然主要是通过考察训诂实践中的个体经验来萃取理性知识，升华出理论，但也有部分是依据学术札记中的论述材料而进行的理论归纳，因而也彰显了乾嘉学者训诂理论的要点、兴趣点，能使人对其训诂理论所包含的“问题域”有所了解。

再次，诠释乾嘉学术札记中训诂理论的固有含意。具体言之，即对学术札记中训诂理论所涉及的一些重要概念、命题、观点等，通过考辨分析，做出解释，令其本原性意义了然明晰。如此“照着讲”，旨在让今人确切地了解古人训诂理论原有的内涵。后世学者的研究也有涉及此类工作的。例如，今人对学术札记中“复语”概念的解释：“此指由上下同义的两个单音节词平列而成的词。王引之说：‘古人自有复语’。”[①]又如，今人对学术札记中“因声求义”理论的解释：“王念孙所谓‘就古音以求古义，不限形体’者，并不是不注意字形，而是打破字形的表面障碍，不受形体的拘束罢了。”[②]又如，今人对学术札记中“相对为文”“文同一例”之说的解释：“王氏所说的‘相对为文’是指上下两句句法结构对称（即相同）；王氏所说的‘文同一例’是指两句、更多的是指两句以上或全篇、全书用同一造句格式，所谓‘例’即是指句法格式类型。”[③]

由上观之，“照着讲”重在对学术札记中训诂理论本身的思想内涵进行探索和解读，以使这种理论的本来面目和内在精神得到一种相对真实的“还原”；当然，它不是一种简单机械的“稽古”或“讲古”，而有现代学术的思维要素、知识要素等融注其间。

（二）创发——“接着讲”

“接着讲”是实现乾嘉学术札记中训诂理论现代转化的关键所在，应当关注和做好如下一些主要工作。

第一，以现代人的眼光和意识来观照学术札记中的训诂理论，并运用现代学术原理、现代学术话语给予恰当的阐释和演绎，由此激活和创生清儒训诂理论的思想内涵，使之与现代学术接轨，焕发出回应和解答现实问题的潜能，裨助当下的训诂学理论建设。例如，乾嘉学者程瑶田《果赢转语记》云：“双声叠韵之不可为典要，而唯变所适也。声随形命，字依声立，屡变其物而不易其名，屡易其文而弗离其声。物不相类也，而名或不得不类；形不相似，而天下之人皆得以是声形之，亦遂靡或弗似也。”又《释草小记》云：诸物称名相同，“或以形似，或以气同，相因而呼。称名取类，大率不可典要，而其势有不得不相借者。”对此理论观点，孙雍长在《训诂原理》一书中做了如下解读：

> 把“异物同名”现象看作是语言中的“声义同源”规律的一种反映，也是到了清代乾嘉学者才有的一种自觉认识。这首先要提到程瑶

①吴孟复：《训诂通论》，安徽教育出版社1983年版，第78页。
②齐佩瑢：《训诂学概论》，中华书局2004年版，第50页。
③孙良明：《王念孙的句式类比分析法》，《古汉语研究》1994年第4期。

田。……（其）所谓“声随形命”，“或以形似，或以气同，相因而呼”，即指“名之于实各有义类”而言；所谓“屡变其物而不易其名”，“物不相类也，而名或不得不类”，即指表象联想律所导致的异物同名式的声义同源现象而言。程氏认为异物同名“不可为典要，而唯变所适”，这就告诉我们，不能用科学概念的标准，用逻辑的“矛盾律”来看待语言中的异物同名问题，而只能用“义类”的观点来解释它。①

此处解读程瑶田的训诂理论，既对其显性意涵有所解说和揭示，又据现代语源学、认知心理学、逻辑学的学理，对其隐性意涵进行了抉发、演绎和推阐。如是而为，一方面能使程氏训诂理论的内涵得到较大程度的释放和敞显，另一方面能将古代意识转换为现代意识，促使程氏训诂理论融入现代学术语境，参与当下训诂学理论建设。又如，王念孙《读书杂志》有云：“荀书多古义，杨注未了，往往释以今义，遂致舛误。”“盖诸家皆以后世属辞之例求古人之文，故辩论纷纷，而卒无一当也。”对此类理论性材料，王云路做了这样的阐发：

历史地看待语言现象，既注重语言的共时性、稳固性，又注重语言的历时性，注意它的流变、发展，探索其间的脉络关系，这是王氏方法论的又一特色。……古今词语有别，古人行文属辞也与今不同，王氏反对以今律古……明确提出依古人属辞之例推求古人之文的主张，并在校释中充分体现这一思想，每每指出：“古人之文，不嫌于复。”“古人自有复语耳。”“古人行文，不如是之拘也。”强调客观地、历史地看待古籍，这是他训诂方法论的主要内容。②

在此，王云路运用现代语言学理论，对《读书杂志》中的相关论述材料进行了分析和阐释，并向深层发掘其思想内涵，做出了富有现代学术意识的理论推演和提升，深刻地揭示了这些材料中所蕴含的方法论意义，有利于此类古代训诂理论进入现代学术系统。

第二，吸纳学术札记训诂理论中富有生命活力的成分，构建、完善训诂学

①孙雍长：《训诂原理》，语文出版社1997年版，第145页。
②王云路：《〈读书杂志〉方法论浅述》，《杭州大学学报》1990年第2期。

理论框架或学科体系。我们知道，黄侃于上世纪20年代在高校开设训诂学课，撰有提纲性质的《训诂学讲词》，初步搭建起了训诂学的大框架，他可谓“是初步建立起训诂学一个理论体系的第一人”①。继黄侃之后，有不少学者致力于训诂学理论框架或学科体系的建构，使之不断朝着系统化、科学化方向发展。但至目前，此项工作还没有完结，仍需要“借助现代科学的眼光重新反观传统、解释传统和调整传统内部的结构，尽可能较为全面地对积淀在传统训诂学深层的内涵进行发掘，而后从哲学、逻辑、历史的层次上进行清理，通过分解、选择、组合、重构等工序，创建具有现代特色的训释古代文献词语的训诂学理论体系”②。有鉴于此，在当前实行乾嘉学术札记中训诂理论的现代转化，可以择取该理论中仍具价值、活力的部分，经过整合、重构等工序处理，用于当下训诂学理论体系的建构与完善。举例来说，乾嘉学术札记中有不少精彩的理论见解涉及训诂方法问题，像本书第四章《学术札记中的训诂方法论》中所列“以图解经”“名字证发”“以目验之”等方法，乾嘉学者论之甚多，虽然零散，但有不少卓见精识，是其丰富的训诂实践的结晶，至今仍具实用性、启示性。而遗憾的是，上述这些方法在目前的训诂学理论体系中不仅没有占据重要的位置，甚至有的未能获得一席之地。这显然有欠合理。故在当下构建、完善训诂学理论体系，可以考虑将其吸收进来，并据现代学术理念和学术取向，对这些方法的内涵、运作等做出一些新的规定。若此，可助学术札记中训诂理论由零散感悟式的古典样态向系统建构式的现代样态转化。

第三，在充分评估、权衡学术札记中训诂理论之利弊得失的基础上，通过各种有效的转换，推陈出新，生成新的术语（包括赋予旧的术语概念以新义）、命题、观点、方法等，创构出现代性与科学性相统一的新理论，并使之进入到现代训诂学的场域之中，以推动现代训诂学基础理论建设向纵深发展。就此而言，我们认为今陆宗达、王宁二位学者在传统训诂学的现代转换上所作的一些探索与实践，具有借鉴意义，可取以为法。陆、王二位在训诂学术语建设、训诂学原理探求、训诂方法的阐述等方面曾做过大量工作。譬如，在训诂学术语概念的建设上致力于旧术语的清理和新术语的确定。例如，他们认为传统训诂学中使用的术语“通假”，实际上“反映了两种不同的文字现象：一是

①殷孟伦：《训诂学的回顾与前瞻》，见《子云乡人类稿》，齐鲁书社1985年版，第36页。
②许威汉：《训诂学》，商务印书馆2014年版，第153页。

同源通用字；二是同音借用字”，容易造成混乱，因而主张废除“通假”这一术语，并将该术语所指的两种现象加以离析，新设“同源通用字”和“同音借用字”两个术语分别予以指说。又譬如，古代训诂学家对语词的音义关系问题多有阐论（如清儒有“音近义通说”），但理论认识往往失于偏颇。有鉴于此，陆、王二位在前人研究的基础上，对音义关系的原理进行了系统论证，“从区分原生词与派生词入手，论证了音义关系的两种情况。一种情况，‘在语言发生的起点，音与义的关系完全是偶然的，经社会约定而巩固。正因为如此，同一声音可以表达多种完全无关的意义，语言中因此产生大量意义无关的同音词；而相同或相近的意义又可以用不同的声音来表达，语言中因此又产生大量声音相异的同义词。’这说明原生词音义的结合是偶然的。另一种情况，‘随着社会的发展和人类认识的发展，词汇要不断丰富，在原有词的基础上要产生新词，新词产生的一条重要的途径，就是在旧词引申到距本义较远之后，在一定条件下脱离原词而独立。有的音虽无变，已成他词，也有的音有稍变，更为异语。这就是词语的分化，也就是派生词。’这说明派生词与源词的音义存在着历史渊源关系……通常所说的‘音近义通’就是这种历史渊源关系的体现。”[①]由上所举之例看，陆、王二位在扬弃传统训诂之学的基础上创设了新术语，提出了新观点，取得了很好的效果。这对于我们今天“接着讲”，促进乾嘉学术札记中训诂理论的现代转化，具有启示作用，值得学习。

第四，借鉴、吸收国外现代语源学、语义学、诠释学等相关学科的有用成分，对乾嘉学术札记中训诂理论作进一步的开掘与拓展，从而实现中西对话与融合，建设具有开放性、前沿性的现代训诂学。殷孟伦曾指出：应当“吸收外国语言学的先进理论和科学方法，使训诂学更为科学化、系统化。”[②]王宁说：“训诂学借鉴国外语言学的理论，吸收世界有关科学的新成果，会不会把它搞得‘不伦不类’？这要看借鉴是否必要和借鉴如何进行。语言既有民族性特点，又有世界共同性。正因为有共同性，所以借鉴不但是必要的，而且是可能的。”[③]对于乾嘉学术札记中的训诂理论，也可适当地借鉴、吸收国

①李国英：《重读〈训诂与训诂学〉——纪念陆宗达师诞辰一百周年》，见《陆宗达先生百年诞辰纪念文集》，中国广播电视出版社2005年版，第208页。
②殷孟伦：《训诂学的回顾与前瞻》，见《子云乡人类稿》，齐鲁书社1985年版，第41页。
③王宁：《训诂学原理》，中国国际广播出版社1996年版，第11页。

外相关学科的新理论、新成果来充实它、发展它，这有助于传统训诂学走向现代，甚至走向世界。例如，杨树达以乾嘉诸老的声音训诂之学（包括乾嘉学术札记中声近义通、因声求义等训诂理论）为根基，同时吸收欧洲文字语源学（Etymology）的理论与方法，将传统训诂学引入文字语源学之路，并在理论和实践上覃思研精、黾勉赴之，取得了不凡的成就，令传统训诂学别开生面。正如论者所说："遇夫先生的研究方法，主要是得之于高邮王氏父子和金坛段氏，同时还吸收了一些近代学者和外国学者的新方法，所以他的成就有些地方又超乎王念孙、王引之父子和段玉裁之上。"[①]"近代西学东渐，黄侃、杨树达等大批训诂学家接触到了西方语言及其语源学，其科学的思维方法、先进的语源学理论，都对他们的研究产生很大影响，传统训诂研究也因之进入了'新训诂学'，即词源学的领域。"[②]可见，杨氏既能吸纳西方思想，又不离弃传统；既以古人的训诂理论与实践为根基，又能自出机杼。在我们看来，这应成为今天从事乾嘉学术札记中训诂理论现代转化而致思用力的一个方向。循此方向而行，其实有很多工作可做。举例来讲，乾嘉学术札记中的训诂理论常见这样的说法："古人立言，随文见义"；"随文见义，固各有所当也"；"循文求义，各申厥旨"；"依文以立解"；"各随文义，从其清切者言之"；"凡字义有两训者，只宜随文解之"；"以本文语脉求之"。此类理论观点，与国外现代语境学思想有相通之处，故可借鉴、引入国外语境学某些先进的理论、方法对其进行解读、重构，以实现理论的创新，扩展现代训诂学理论创造的空间。自二十世纪20年代英国学者马林诺夫斯基初步建构起"语境"（Context）理论后，语境便逐渐成为语言学、社会学、哲学等学科研究的重要课题。有不少国外学者对语言语境进行了多维度的研究，如弗斯（J. R. Firth）、海姆斯（D. H. Hymes）、温德勒（Verdler）、莱昂斯（Lyons）等人即是代表，他们都有一些在世界范围内产生影响的理论成果。我们在从事上述"现代转化"时，可不妨引进国外语境学理论来对上述乾嘉学者"古人立言，随文见义"之类的观点做出具有建构性的现代阐释，甚至还可参酌、借鉴国外语境学的理论与方法，在上引乾嘉学者理论观点的基础上进行拓展，重构

①罗常培：《悼杨树达（遇夫）先生》，见湖南师范大学学报编《杨树达诞辰百周年纪念集》，湖南教育出版社1985年版，第255—256页。

②卞仁海：《训诂学理论及实践：黄侃与杨树达》，《励耘语言学刊》2015年第1期。

出既能沟通中西又符合汉语自身特点的语境理论（如语境构成要素论、语境意义分析法等），以此丰富和发展现代训诂学理论。

以上，我们对“还原”与“创发”（亦即“照着讲”与“接着讲”）相统一的问题做了一些粗简的论析，意在为做好乾嘉学术札记中训诂理论的现代转化工作略尽绵薄；所言难以尽当，聊备参考而已。由我们的此类论述能够看出，在从事学术札记训诂理论的现代转化过程中，大致可采用如下一些具体方式：(1) 翻译式，即以现代学术话语揭橥原理论的本意，如前文所引“王氏所说的‘相对为文’是指上下两句句法结构对称（即相同）；王氏所说的‘文同一例’是指两句、更多的是指两句以上或全篇、全书用同一造句格式，所谓‘例’即是指句法格式类型”，即是其例。(2) 发微式，即对原理论的隐性内涵进行阐发，使之昭显。如前文提及程瑶田所言“屡变其物而不易其名”，“物不相类也，而名或不得不类”，今学者谓其“把‘异物同名’现象看作是语言中的‘声义同源’规律的一种反映……指表象联想律所导致的异物同名式的声义同源现象而言”，就揭示了程氏理论潜藏的内在意涵，具有探幽索隐、抉奥发覆之功。(3) 引申式，即依循原理论的内在逻辑进行推演，将其从具体延伸到一般，使之具有更深广的普遍性意义。如前文所提及的王念孙《读书杂志》中“古人之文，不嫌于复”“古人自有复语耳”“古人行文，不如是之拘也”云云，在特定的语境下，本来各有其具体的内涵①，而今之学者在明其具体意涵的基础上，顺随其逻辑理路加以推演延伸，谓其主张“依古人属辞之例推求古人之文”，进而言其“强调客观地、历史地看待古籍”，“注重语言的历时性”，“反对以今律古”。此颇得引申延展之妙。(4) 重构式，即或对原理论中的术语进行改造，或在原理论的基础上做出新的论证，或赋予原理论以新的话语形态，等等。如前文所举的例子：将传统术语“通假”置换为“同源通用字”和“同音借用字”；在前人“音近义通说”等理论的基础上，对音义关系的原理进行系统论证，从区分原生词与派生词入手，论证音义关系的两种情况；将学术札记中“古人立言，随文见义”之类的理论，置于现代语境学的框架下进行考察和重建。学术札记中训诂理论的现代转化方式，除了上文所述四种之外，还

①譬如“古人之文，不嫌于复”，本谓古人为文而用“同义变文”之法，不嫌同义词复用，如《史记·周本纪》“伐诛武庚，杀管叔”中的“杀”“诛”即其例。后人不明其文法，乃误以“杀”“诛”为意义相复而删“杀”字。

有其他一些，限于篇幅，不一一列述。在转换过程中，应当根据具体情况采用恰当的方式进行处理，还应注意将多种方式配合起来使用，不必拘执于某一种。

总而言之，乾嘉学术札记中训诂理论的现代转化，是一个值得用心关注、用力探讨的重要课题。如果有更多的学者措意于此、致力于此，则治之愈众而研之愈精，而乾嘉学术札记中的传统理论资源一定会在现代学术语境中大放异彩，将为现代训诂学的理论建设发挥重要的作用！

附录：引用古籍书目

（按古籍作者或编者的姓氏音序排列）

边廷英：《周易通义》，清道光十六年刻本。

陈本礼：《太玄阐秘》，《聚学轩丛书》本。

陈昌图：《南屏山房集》，清乾隆五十六年陈刻本。

陈　奂：《诗毛氏传疏》，清道光二十七年刻本。

陈　仅：《诗诵》，清光绪十一年木活字本。

陈康祺：《郎潜纪闻初笔》，中华书局1984年版。

陈　澧：《东塾读书记》，上海古籍出版社2012年版。

陈　鳣：《简庄疏记》，张钧衡辑刊《适园丛书》本。

陈　鳣：《论语古训》，清嘉庆元年刻本。

陈寿祺：《左海文集》，清道光年间刻本。

陈树华：《春秋经传集解考正》，《续修四库全书》影印清抄本。

陈廷敬：《杜律诗话》，日本正德三年刻本。

陈　仪：《陈学士文集》，清乾隆五年兰雪斋刻本。

陈用光：《太乙舟文集》，清道光二十三年刻本。

陈　瑑：《国语翼解》，中华书局1985年印《丛书集成初编》本。

陈宗起：《丁戊笔记》，清光绪十一年陈氏刻本。

成　僎：《诗说考略》，清道光十年信芳阁木活字印本。

程大镛：《读诗考字》，清道光二十五年丛桂轩刻本。

程端礼：《程氏家塾读书分年日程》，文渊阁《四库全书》本。

程恩泽：《程侍郎遗集》，《粤雅堂丛书》本。

程瑶田：《九谷考》，清嘉庆年间刻《通艺录》本。

程瑶田：《释虫小记》，清嘉庆年间刻《通艺录》本。

程瑶田：《释草小记》，清嘉庆年间刻《通艺录》本。

程瑶田:《解字小记》,清嘉庆年间刻《通艺录》本。

程瑶田:《仪礼丧服文足征记》,清嘉庆年间刻《通艺录》本。

崔　述:《考信录提要》,清嘉庆道光年间陈履和递刻《考信录》本。

崔　述:《丰镐考信录》,清嘉庆道光年间陈履和递刻《考信录》本。

崔　述:《洙泗考信录》,清嘉庆道光年间陈履和递刻《考信录》本。

崔　述:《考古续说》,清嘉庆道光年间陈履和递刻《考信录》本。

崔　述:《考信附录》,清嘉庆道光年间陈履和递刻《考信录》本。

崔　述:《王政三大典考》,清嘉庆道光年间陈履和递刻《考信录》本。

崔　述:《读风偶识》,清嘉庆道光年间陈履和递刻《考信录》本。

崔　述:《论语余说》,清嘉庆道光年间陈履和递刻《考信录》本。

崔　述:《五服异同汇考》,清道光四年东阳县署刻本。

崔应榴:《吾亦庐稿》,《皇清经解》本。

戴　晟:《寤砚斋集》,清乾隆年间刻本。

戴　熙:《习苦斋集》,清同治五年张曜刻本。

戴　震:《戴东原集》,清道光元年刻《经韵楼丛书》本。

戴　震:《毛郑诗考正》,清乾隆二十四年刻《戴氏遗书》本。

戴　震:《经考》,清李文藻家钞本。

戴　震:《考工记图》,商务印书馆1955年版。

戴祖启:《尚书协异》,清嘉庆元年田畿刻本。

邓廷桢:《双砚斋笔记》,中华书局1987年影印清光绪二十二年刊本。

邓显鹤:《南村草堂文钞》,清咸丰元年刻本。

段玉裁:《古文尚书撰异》,清道光元年刻《经韵楼丛书》本。

段玉裁:《诗经小学》,清嘉庆四年拜经堂刊本。

段玉裁:《经韵楼集》,清嘉庆十九年刻本。

段玉裁:《周礼汉读考》,清嘉庆年间经韵楼刻本。

法式善:《陶庐杂录》,清嘉庆二十二年刻本。

方　苞:《周官析疑》,《续修四库全书》影印抗希堂刻本。

方东树:《考槃集文录》,清光绪二十年刻本。

方东树:《汉学商兑》,凤凰出版社2016年版。

方东树:《大意尊闻》,清同治五年刻本。

方濬师：《蕉轩随录》，中华书局1995年版。
方濬颐：《二知轩文存》，清光绪四年刻本。
方祖范：《四书解琐言》，清道光元年刻本。
冯登府：《论语异文考证》，清道光十四年广东学海堂刻本。
龚　炜：《巢林笔谈》（含《续编》），中华书局1981年版。
顾栋高：《毛诗订诂》，清光绪年间江苏书局刻本。
顾广圻：《思适斋集》，清道光二十九年徐渭仁刻本。
顾广誉：《学诗正诂》《学诗详说》，清光绪三年刻本。
顾　堃：《觉非盦笔记》，清光绪八年刻本。
顾炎武：《亭林文集》，《四部丛刊》影印清康熙本。
桂　馥：《札朴》，中华书局1992年版。
桂　馥：《晚学集》，清道光二十一年刻本。
郭　麐：《樗园销夏录》，清嘉庆年间刻本。
杭世骏：《订讹类编》（含《续补》），中华书局1997年版。
杭世骏：《道古堂文集》，清光绪十四年刊本。
郝　敬：《论语详解》，明《九部经解》本。
郝懿行：《晒书堂笔记》，清嘉庆至光绪年间刻《郝氏遗书》本。
郝懿行：《晒书堂笔录》，清嘉庆至光绪年间刻《郝氏遗书》本。
郝懿行：《晋宋书故》，清嘉庆至光绪年间刻《郝氏遗书》本。
郝懿行：《晒书堂文集》，清嘉庆至光绪年间刻《郝氏遗书》本。
郝懿行：《尔雅义疏》，上海古籍出版社1983年影印本。
何绍基：《东洲草堂文钞》，清光绪年间刊本。
何　琇：《樵香小记》，中华书局1985年印《丛书集成初编》本。
洪亮吉：《汉魏音》，清乾隆五十年刻本。
洪亮吉：《晓读书斋杂录》，清道光二十二年刻本。
洪颐煊：《读书丛录》，清道光二年富文斋刻本。
洪颐煊：《筠轩文钞》，《邃雅斋丛书》本。
洪震煊：《夏小正疏义》，清嘉庆庚辰刻本。
侯　康：《春秋古经说》，中华书局1985年印《丛书集成初编》本。
胡秉虔：《说文管见》，中华书局1985年印《丛书集成初编》本。

胡培翚:《研六室文钞》,清道光十七年泾川书院刻本。
胡承珙:《求是堂文集》,清道光十七年刻本。
胡文英:《诗疑义释》,清乾隆年间留芝堂刻本。
黄　达:《一楼集》,清乾隆年间刻本。
黄式三:《论语后案》,清光绪九年刻本。
黄中松:《诗疑辨证》,文渊阁《四库全书》本。
惠　栋:《九经古义》,商务印书馆1937年印《丛书集成初编》本。
惠　栋:《松崖笔记》,清光绪年间刊《聚学轩丛书》本。
惠　栋:《九曜斋笔记》,清光绪年间刊《聚学轩丛书》本。
惠　栋:《左传补注》,文渊阁《四库全书》本。
惠士奇:《易说》,《皇清经解》本。
纪　昀:《阅微草堂笔记》,浙江古籍出版社2010年版。
家铉翁:《春秋详说》,文渊阁《四库全书》本。
姜宸英:《湛园札记》,文渊阁《四库全书》本。
姜兆锡:《书经参义》,《续修四库全书》影印清刻本。
江　藩:《国朝汉学师承记》,中华书局1983年版。
江　永:《礼记训义择言》,中华书局1985年印《丛书集成初编》本。
江　永:《群经补义》,文渊阁《四库全书》本。
江　永:《乡党图考》,文渊阁《四库全书》本。
蒋超伯:《南漘楛语》,清同治十年两疁山房刻本。
蒋湘南:《七经楼文钞》,清同治八年刻本。
焦　循:《雕菰集》,中华书局1985年印《丛书集成初编》本。
焦　循:《尚书补疏》,清道光六年刊《焦氏丛书》本。
焦　循:《春秋左传补疏》,清道光六年刊《焦氏丛书》本。
焦　循:《毛诗补疏》,清嘉庆年间刻本。
焦　循:《易余籥录》,清光绪年间李氏刻《木犀轩丛书》本。
焦　循:《易话》,清道光六年半九书塾刻本。
焦　循:《易通释》,清嘉庆年间刻《雕菰楼易学》本。
焦　循:《易章句》,清嘉庆年间刻《雕菰楼易学》本。
焦以恕:《仪礼汇说》,清乾隆三十七年研雨斋刻本。

金　鹗：《求古录礼说》，清光绪二年孙熹刻本。
孔广森：《经学卮言》，华东师范大学出版社2010年版。
孔广森：《礼学卮言》，清嘉庆十七年刻本。
孔广森：《大戴礼记补注》，中华书局1985年印《丛书集成初编》本。
雷学淇：《介庵经说》，中华书局1985年印《丛书集成初编》本。
李　惇：《群经识小》，清道光年间李培紫刻本。
李黼平：《毛诗紬义》，清道光七年刻本。
李富孙：《校经庼文稿》，清道光元年家刻本。
李赓芸：《炳烛编》，中华书局1985年印《丛书集成初编》本。
李林松：《周易述补》，《皇清经解续编》本。
李调元：《童山文集》，清道光五年刊增修本。
李调元：《礼记补注》，清光绪年间刻《函海》本。
李贻德：《春秋左氏传贾服注辑述》，清同治五年朱兰刻本。
李兆洛：《养一斋文集》，清道光二十三年活字本。
李中简：《嘉树山房文集》，清嘉庆六年刻本。
梁同书：《频罗庵遗集》，清嘉庆二十二年刻本。
梁履绳：《左通补释》，清光绪年间补修本。
梁玉绳：《瞥记》，清嘉庆年间刻《清白士集》本。
梁玉绳：《史记志疑》，中华书局1981年版。
梁章钜：《退庵随笔》，清道光十六年刻本。
梁章钜：《归田琐记》，中华书局1981年版。
梁章钜：《论语旁证》，清同治十二年长乐梁氏家刻本。
梁章钜：《文选旁证》，清道光榕风楼刻本。
林伯桐：《毛诗通考》，中华书局1985年印《丛书集成初编》本。
凌廷堪：《校礼堂文集》，清嘉庆十八年刻本。
凌廷堪：《礼经释例》，中华书局1985年印《丛书集成初编》本。
凌扬藻：《蠡勺编》，中华书局1985年印《丛书集成初编》本。
刘宝楠：《释谷》，《皇清经解续编》本。
刘宝楠：《愈愚录》，清光绪十五年广雅书局刻本。
刘逢禄：《刘礼部集》，清道光十年思误斋刻本。

刘逢禄:《尚书今古文集解》,《皇清经解续编》本。

刘凤诰:《存悔斋集》,清道光十七年刻本。

刘光蕡:《大学古义》,烟霞草堂遗书本。

刘台拱:《经传小记》,清嘉庆十三年刻《刘端临先生遗书》本。

刘台拱:《论语骈枝》,清嘉庆十三年刻《刘端临先生遗书》本。

刘　开:《刘孟涂文集》,清道光六年檗山草堂刻本。

刘青芝:《周礼质疑》,清乾隆二十一年刻本。

刘始兴:《诗益》,乾隆年间尚古斋刻本。

刘文淇:《青溪旧屋集》,清光绪九年刻本。

刘　沅:《周易恒解》,清嘉庆年间刻本。

刘毓崧:《通义堂文集》,1918年刻《求恕斋丛书》本。

柳兴恩:《穀梁大义述》,《皇清经解续编》本。

龙启瑞:《经德堂别集》,清光绪四年龙继栋刻本。

卢秉钧:《红杏山房闻见随笔》,清光绪十八年卢氏家塾刻本。

卢文弨:《抱经堂文集》,清乾隆六十年刻本。

卢文弨:《龙城札记》,中华书局2010年版。

卢文弨:《钟山札记》,中华书局2010年版。

陆继辂:《合肥学舍札记》,清光绪四年兴国州署刻本。

陆陇其:《松阳讲义》,文渊阁《四库全书》本。

陆　燿:《切问斋集》,清乾隆五十七年晖吉堂刻本。

陆以湉:《冷庐杂识》,中华书局1984年版。

罗有高:《尊闻居士集》,清光绪七年刻本。

马瑞辰:《毛诗诂训传名义考》,见《毛诗传笺通释》卷一《杂考各说》,中华书局1989年版。

牟庭相:《雪泥书屋杂志》,清咸丰年间安吉官署刻本。

倪思宽:《二初斋读书记》,清嘉庆八年涵和堂刻本。

牛运震:《读史纠谬》,清嘉庆二十三年刊《空山堂全集》本。

牛运震:《周易解》,清嘉庆二十三年刻本。

潘　耒:《遂初堂诗集》,清康熙四十九年刻本。

彭绍升:《二林居集》,清嘉庆四年味初堂刻本。

彭蕴章：《归朴龛丛稿》，清同治七年刊《彭文敬公全集》本。

戚学标：《四书偶谈》（含《四书偶谈续》，分内编、外编），清乾隆年间景文堂刻本。

戚学标：《四书续谈》（分内编、外编），清嘉庆年间刻本。

戚学标：《鹤泉文钞续选》，清嘉庆十八年刻本。

祁寯藻：《马首农言》，清咸丰年间刻本。

齐召南：《宝纶堂文钞》，清嘉庆二年刻本。

钱陈群：《香树斋文集》，清乾隆二十九年刻本。

钱大昕：《廿二史考异》《三史拾遗》，上海古籍出版社2004年版。

钱大昕：《潜研堂文集》，清嘉庆十一年刻本。

钱大昕：《十驾斋养新录》，江苏古籍出版社2000年版。

钱大昭等：《迩言等五种》，商务印书馆1959年版。

钱大昭：《汉书辨疑》，中华书局1985年印《丛书集成初编》本。

钱大昭：《说文统释自序》，清光绪八年郭传璞刻《金峨山馆丛书》本。

钱　绮：《左传札记》，清咸丰七年钝研庐刊本。

钱泰吉：《曝书杂记》，清道光年间刻《别下斋丛书》本。

钱泰吉：《甘泉乡人稿》，清光绪十一年增修本。

钱　塘：《溉亭述古录》，清道光年间刊《文选楼丛书》本。

钱仪吉：《衎石斋记事续稿》，清光绪六年钱彝甫印本。

乔光烈：《最乐堂文集》，清乾隆二十一年刻本。

乔松年：《萝藦亭札记》，清同治十二年刻本。

秦笃辉：《经学质疑录》，清道光墨缘馆刻本。

全祖望：《鲒埼亭集外编》，清嘉庆十六年刻本。

任大椿：《字林考逸》，江苏广陵古籍刻印社1987年影印本。

任启运：《清芬楼遗稿》，清嘉庆二十二年刻本。

茹敦和：《越言释》，清光绪四年刻本。

阮　元：《揅经室集》，《四部丛刊》影印清道光本。

阮　元：《定香亭笔谈》，中华书局1985年印《丛书集成初编》本。

阮　元（编订）：《诂经精舍文集》，商务印书馆1936年版。

阮　元（主编）：《经籍籑诂》，上海古籍出版社1989年影印本。

邵晋涵:《南江文钞》,清道光十二年刻本。

沈赤然:《寒夜丛谈》,清光绪十一年赵氏重刊本。

沈起元:《敬亭文稿》,清乾隆年间增修本。

沈钦韩:《幼学堂文稿》,清道光八年增修本。

沈　涛:《铜熨斗斋随笔》,中华书局2004年影印《清人考订笔记（七种）》本。

沈　涛:《交翠轩笔记》,中华书局2004年影印《清人考订笔记（七种）》本。

沈　垚:《落帆楼文集》,1918年《吴兴丛书》本。

沈兆沄:《篷窗续录》,清咸丰年间刻本。

盛百二:《柚堂笔谈》,清乾隆三十四年潘莲庚刻本。

盛大士:《朴学斋笔记》,刘承干辑刊《嘉业堂丛书》本。

盛世佐:《仪礼集编》,文渊阁《四库全书》本。

施国祁:《礼耕堂丛说》,清光绪年间刊《湖州丛书》本。

石韫玉:《独学庐稿》,清同治年间写刻本。

宋翔凤:《过庭录》,中华书局1986年版。

宋翔凤:《朴学斋文录》,清嘉庆二十五年刊《浮溪精舍丛书》本。

苏秉国:《周易通义》,清嘉庆二十一年刻本。

孙承泽:《藤阴札记》,清雍正十一年刻本。

孙经世:《惕斋经说》,清道光二十三年刻本。

孙星衍:《问字堂集》,《四部丛刊》影印嘉庆兰陵孙氏刻《孙渊如先生全集》本。

孙星衍:《岱南阁集》,《四部丛刊》影印嘉庆兰陵孙氏刻《孙渊如先生全集》本。

孙星衍:《五松园文稿》,《四部丛刊》影印嘉庆兰陵孙氏刻《孙渊如先生全集》本。

孙星衍:《平津馆文稿》,《四部丛刊》影印嘉庆兰陵孙氏刻《孙渊如先生全集》本。

孙衣言:《逊学斋文钞》,清同治年间增修本。

孙应科:《四书说苑》,清道光年间刻本。

孙志祖：《读书脞录》，清嘉庆己未家刻本。
唐　鉴：《学案小识》，清道光二十六年四砭斋刻本。
唐仲冕：《陶山文录》，清道光二年刻本。
陶　澍：《印心石屋文钞》，清道光年间刻本。
汪　绂：《双池文集》，清道光一经堂刻本。
汪　绂：《理学逢源》，清道光十八年敬业堂刻本。
汪启淑：《水曹清暇录》，北京古籍出版社1998年版。
汪师韩：《韩门缀学》，清乾隆年间刻《上湖遗集》本。
汪师韩：《谈书录》，清乾隆年间刻《上湖遗集》本。
汪士铎：《汪梅村先生集》，清光绪七年刻本。
汪　琬：《尧峰文钞》，《四部丛刊》影印林佶写刻本。
汪惟宪：《积山先生遗集》，清乾隆三十八年汪新刻本。
汪　中：《大戴礼记正误》，《皇清经解》本。
王昌寿：《王文简公行状》，《雪堂丛刻》本。
王　昶（编辑）：《湖海文传》，清道光十七年经训堂刻本。
王　昶：《春融堂集》，清嘉庆十二年塾南书舍刻本。
王步青：《巳山先生文集》，清乾隆年间敦复堂刻本。
王端履：《重论文斋笔录》，清道光二十六年授宜堂刻本。
王懋竑：《读书记疑》，清同治十一年福建抚署刻本。
王鸣盛：《蛾术编》，清道光二十一年世楷堂刻本。
王鸣盛：《十七史商榷》，上海古籍出版社2013年版。
王鸣盛：《西庄始存稿》，清乾隆三十年刻本。
王鸣盛：《尚书后案》，清乾隆四十五年王氏礼堂刻本。
王念孙：《读书杂志》，江苏古籍出版社1985年影印王氏家刻本。
王念孙：《王石臞先生遗文》，1925年罗氏铅印《高邮王氏遗书》本。
王培荀：《管见举隅》，清道光二十八年刻本。
王聘珍：《大戴礼记解诂》，中华书局1983年版。
王绍兰：《读书杂记》，中华书局1988年版。
王绍兰：《王氏经说》，中华书局1985年印《丛书集成初编》本。
王绍兰：《许郑学庐存稿》，清道光二十九年刻本。

王士祯：《带经堂诗话》，人民文学出版社1963年版。
王士祯：《居易录》，文渊阁《四库全书》本。
王　澍：《大学困学录》，齐鲁书社1997年影印本。
王　甗：《学易》，清道光二年炉雪山房刻本。
王又朴：《易翼述信》，文渊阁《四库全书》本。
王引之：《经义述闻》，江苏古籍出版社1985年影印清道光七年刻本。
王引之：《王文简公文集》，1925年罗氏铅印《高邮王氏遗书》本。
王应奎：《柳南随笔》《柳南续笔》，中华书局1983年版。
王玉树：《经史杂记》，清道光十年芳梫堂刻本。
王玉树：《退思易话》，清道光十年芳梫堂刻本。
王元启：《读韩记疑》，清嘉庆五年王尚珏刻本。
王　筠：《菉友蛾术编》，清咸丰十年宋官疃刻本。
王　筠：《毛诗双声叠韵说》，《续修四库全书》影印清刻本。
王　筠：《说文释例》，中华书局1987年影印本。
王　植：《正蒙初义》，文渊阁《四库全书》本。
翁方纲：《复初斋文集》，清道光年间李彦章校刻本。
翁方纲：《礼记附记》，《续修四库全书》影印稿本。
翁方纲：《论语附记》，中华书局1985年印《丛书集成初编》本。
吴昌宗：《四书经注集证》，清嘉庆三年刻本。
吴其濬：《植物名实图考》，清道光山西太原府署刻本。
吴　骞：《尖阳丛笔》，《续修四库全书》影印清抄本。
吴　骞：《愚谷文存》及其《续编》，清嘉庆年间刻本。
吴　英：《经句说》，清嘉庆二十三年有竹石轩刻本。
吴玉搢：《说文引经考》，清光绪二年刻本。
武　亿：《群经义证》，清嘉庆二年授堂刻本。
武　亿：《三礼义证》，清道光二十三年授堂刻本。
武　亿：《经读考异》，清道光二十三年重刊本。
武　亿：《句读叙述》，清乾隆五十四年刻本。
席世昌：《席氏读说文记》，中华书局1985年印《丛书集成初编》本。
夏味堂：《诗疑笔记》，清嘉庆十九年梅华书屋刻本。

夏　炘：《读诗札记》，清咸丰三年刻本。
夏　炘：《述朱质疑》，清咸丰年间景紫山房刻本。
谢章铤：《赌棋山庄文集》，清光绪十年刻本。
许　瀚：《攀古小庐杂著》，清光绪年间海丰吴氏刊本。
许宗彦：《鉴止水斋集》，清嘉庆二十四年德清许氏家刻本。
徐　鼎：《毛诗名物图说》，清华大学出版社2006年版。
徐养原：《顽石庐经说》，《皇清经解续编》本。
徐养原：《仪礼古今文异同》，清光绪年间刊《湖州丛书》本。
徐　增：《而庵诗话》，《昭代丛书》本。
徐　鼒：《读书杂释》，中华书局1997年版。
严　杰（编辑）：《经义丛钞》，《皇清经解》本。
严可均：《铁桥漫稿》，清道光十八年四录堂刻本。
严　蔚：《春秋内传古注辑存》，清乾隆年间二酉斋刻本。
严元照：《娱亲雅言》，清光绪年间刊《湖州丛书》本。
严元照：《蕙櫋杂记》，《续修四库全书》影印清劳权抄本。
严元照：《尔雅匡名》，清嘉庆二十五年刻本。
颜师古：《匡谬正俗》，清同治十二年刊《小学汇函》本。
杨　慎：《谭苑醍醐》，文渊阁《四库全书》本。
姚　范：《援鹑堂笔记》，清道光年间姚莹刻本。
姚　莹：《东溟文集》，清同治六年刻本。
姚　鼐：《惜抱轩笔记》，清同治五年刻《惜抱轩全集》本。
姚　鼐：《惜抱轩九经说》，清同治五年刻《惜抱轩全集》本。
姚文田：《邃雅堂集》，清道光元年江阴学使署刻本。
叶廷琯：《吹网录》，清同治八年刻本。
叶　酉：《春秋究遗》，文渊阁《四库全书》本。
英　和：《恩福堂笔记》，清道光十七年刻本。
余廷灿：《存吾文稿》，清咸丰五年云香书屋刻本。
俞　檀：《易学管窥》，《续修四库全书》影印清抄本。
俞正燮：《癸巳类稿》，商务印书馆1957年版。
俞正燮：《癸巳存稿》，商务印书馆1957年版。

俞　樾:《群经平议》，清光绪二十五年刻《春在堂全书》本。
俞　樾:《诸子平议》，清光绪二十五年刻《春在堂全书》本。
俞　樾:《春秋名字解诂补义》，清光绪二十五年刻《春在堂全书》本。
俞　樾:《春在堂杂文》，清光绪二十五年刻《春在堂全书》本。
俞　樾:《春在堂尺牍》，清光绪二十五年刻《春在堂全书》本。
袁　栋:《书隐丛说》，清乾隆年间写刻本。
袁　枚:《随园随笔》，清嘉庆十三年刻本。
臧　庸:《拜经日记》，清嘉庆二十四年武进臧氏拜经堂刻本。
臧　庸:《拜经堂文集》，1930年宗氏石印本。
臧寿恭:《左氏古义》，清劳氏丹铅精舍钞。
张方湛:《稽古日钞》，清乾隆二十九年秋晓山房刻本。
张　鉴:《冬青馆甲集》，1915年刻《吴兴丛书》本。
张金吾:《广释名》，清嘉庆二十一年爱日精庐刻本。
张　澍:《续黔书》，中华书局1985年印《丛书集成初编》本。
张文虎:《舒艺室诗存》，清光绪年间刻本。
章学诚:《文史通义》，辽宁教育出版社1998年版。
章学诚:《丙辰札记》，中华书局1986年版。
赵绍祖:《读书偶记》，中华书局1997年版。
赵　翼:《陔余丛考》，商务印书馆1957年版。
赵　翼:《廿二史札记》，凤凰出版社2008年版。
赵　佑:《四书温故录》，清乾隆五十二年刻《清献堂全编》本。
赵　佑:《尚书质疑》，清乾隆五十二年刻《清献堂全编》本。
赵　佑:《读春秋存稿》，清乾隆五十二年刻《清献堂全编》本。
郑复光:《费隐与知录》，清道光年间活字本。
钟　褱:《攷厓考古录》，清嘉庆十三年阮元刻本。
钟文烝:《春秋穀梁经传补注》，清光绪年间刻本。
周柄中:《四书典故辨正》《四书典故辨正续》，清嘉庆年间刻本。
周广业:《孟子四考》，清乾隆六十年省吾庐刻本。
周中孚:《郑堂读书记》（含《补逸》），上海书店出版社2009年版。
周中孚:《郑堂札记》，中华书局1985年印《丛书集成初编》本。

朱大韶：《实事求是斋经义》，《皇清经解续编》本。
朱大韶：《春秋传礼征》，张钧衡辑刊《适园丛书》本。
朱骏声：《传经室文集》，1913年刻《求恕斋丛书》本。
朱　霈：《经学质疑》，清嘉庆六年望岳楼活字本。
朱士端：《强识编》（含《续编》），清同治元年刻本。
朱　熹：《晦庵集》，《四部丛刊》影印明刻本。
朱亦栋：《群书札记》，清光绪四年武林竹简斋刻本。
朱彝尊：《曝书亭集》，《四部丛刊》影印本。
朱彝尊：《经义考》，文渊阁《四库全书》本。
庄述祖：《五经小学述》，道光十六年庄氏刻本。